合格トレーニング

よくわかる簿記シリーズ

TRAINING

日商簿記1級

工業簿記・原価計算

Ⅲ

はしがき

本書は，日本商工会議所主催の簿記検定試験の出題区分に対応した受験対策用問題集です。「合格力をつけること」を本書の最大の目的として，ＴＡＣ簿記検定講座で培ってきた長年のノウハウをここに集約しました。

本書は，特に次のような特徴をもっています。

1．合格テキストに準拠

本書は，テキストで学習した論点のアウトプット用トレーニング教材として最適です。本書は『合格テキスト』の各テーマに準拠した問題集ですので，ぜひ『合格テキスト』と併せてご使用ください

2．各問題に重要度を明示

各問題には，各論点の出題頻度などにもとづいて重要度を★マークで表示しましたので学習計画に応じて重要度の高い問題を選びながら学習を進めていくことができます。

★★★ … 必ず解いてほしい重要問題
★★☆ … 重要問題を解いた後に可能なかぎり解いてほしい問題
★☆☆ … 時間に余裕があれば解いてほしい問題

3．詳しい解説つき

単に解答だけでなく「解答への道」として詳しい解説を付し，解いた問題を確認するうえでネックとなる疑問点の確認ができるようにしてあります。また『合格テキスト』と併用することで，より理解が深まります。

4．解答用紙ダウンロードサービスつき

繰り返し演習し，知識の定着をはかるために，解答用紙のダウンロードサービスをご利用いただけます。TAC出版書籍販売サイト・サイバーブックストア（URL　https://bookstore.tac-school.co.jp/）にアクセスしてください。

本書はこうした特徴をもっていますので，読者の皆さんが検定試験に合格できる実力を必ず身につけられるものと確信しています。

なお，昨今の会計基準および関係法令の改定・改正にともない，日商簿記検定の出題区分も随時変更されています。本書はＴＡＣ簿記検定講座と連動することで，それらにいちはやく対応し，つねに最新の情報を提供しています。

現在，日本の企業は国際競争の真っ只中にあり，いずれの企業も実力のある人材，とりわけ簿記会計の知識を身につけた有用な人材を求めています。読者の皆さんが本書を活用することで，簿記検定試験に合格し，将来の日本を担う人材として成長されることを心から願っています。

2023年10月

ＴＡＣ簿記検定講座

Ver. 8. 0 刊行について

本書は，『合格トレーニング　日商簿記１級　工原Ⅲ』Ver. 7. 0について，最近の試験傾向に対応するために改訂を行ったものです。

問題編　CONTENTS

※　本書のテーマは『合格テキスト　日商簿記１級工業簿記・原価計算Ⅲ　Ver. 8. 0』に完全準拠しています。テーマ01「経営管理のための会計情報」およびテーマ09「差額原価収益分析」につきまして，本書，合格トレーニングに問題は掲載しておりませんが，テキストの内容をご理解いただければ学習上，支障はございません。

問題編

合格トレーニング

日商簿記1級 工業簿記 原価計算 III

直接原価計算

理解度チェック

問題2-1 ★★★

当社の次の資料にもとづいて，下記の設問に答えなさい。

（資　料）

1．製品単位あたり原価

直接材料費	150円
加　工　費	300
合　計	450円

（注）加工費は生産量を基準として製品に予定配賦している。1期間における加工費の予算額は2,400,000円（うち固定費は1,440,000円）であり，正常生産量は8,000個である。

2．製品単位あたり売価　　650円

3．販売費及び一般管理費（すべて固定費）　　1,000,000円

4．生産・販売量（単位：個）

	第1期	第2期	第3期	第4期	合　計
期首在庫量	——	——	1,500	600	——
当期生産量	8,000	9,000	7,700	8,000	32,700
当期販売量	8,000	7,500	8,600	8,600	32,700
期末在庫量	——	1,500	600	——	——

（注）期首・期末仕掛品は存在しないものとする。

5．固定加工費の実際発生額は1,440,000円であり，原価差額は操業度差異のみが生じる。なお，操業度差異は各期の売上原価に賦課する。

〔設問1〕

全部実際原価計算による損益計算書を作成しなさい。

〔設問2〕

直接実際原価計算による損益計算書を作成しなさい。

〔設問3〕

全部実際原価計算と直接実際原価計算による営業利益の差を計算式で示しなさい。

問題2-2 ★★★

T社では，製品Sを製造・販売している。これまで全部原価計算による損益計算書を作成してきたが，販売量と営業利益の関係がわかりにくいため，過去２期分のデータをもとに直接原価計算による損益計算書に作り替えることとした。次の（資料）にもとづいて，解答用紙の直接原価計算による損益計算書を完成しなさい。

（資　料）

⑴　製品Ｓ１個あたり全部製造原価

	前々期	前　期
直接材料費	？円	980円
変動加工費	400円	？円
固定加工費	？円	？円
	2,110円	2,055円

⑵　固定加工費は前々期，前期とも1,500,000円であった。固定加工費は各期の実際生産量にもとづいて実際配賦している。

⑶　販売費および一般管理費（前々期・前期で変化なし）
変動販売費　500円/個　　　固定販売費および一般管理費　　？　円

⑷　生産・販売状況（期首・期末の仕掛品は存在しない）

	前々期	前　期
期首製品在庫量	0個	0個
当期製品生産量	2,000個	2,400個
当期製品販売量	2,000個	2,000個
期末製品在庫量	0個	400個

⑸　全部原価計算による損益計算書（単位：円）

	前々期	前　期
売　上　高	8,000,000	8,000,000
売 上 原 価	4,220,000	4,110,000
売上総利益	3,780,000	3,890,000
販売費および一般管理費	3,000,000	3,000,000
営 業 利 益	780,000	890,000

理解度チェック

問題2-3　★★★

当社は，製品αを製造販売している。以下の資料にもとづいて下記の設問に答えなさい。

（資　料）

1．実際製造費用

	第1年度	第2年度
変　動　費		
直接材料費	1,320,000円	1,330,000円
直接労務費	704,000	700,000
製造間接費	616,000	630,000
計	2,640,000円	2,660,000円
固　定　費		
製造間接費	792,000	855,000
合　計	3,432,000円	3,515,000円

2．第1年度および第2年度の両年度とも，期首仕掛品および期末仕掛品はない。

3．製品αの生産量と販売量

	第1年度	第2年度
期首製品在庫量	1,200個	1,500個
期中製品生産量	8,800	9,500
期中製品販売量	8,500	9,000
期末製品在庫量	1,500	2,000

4．第2年度の製品販売単価は600円である。

5．第2年度の実際販売費及び一般管理費

変動(販売)費	200,000円
固　定　費	640,000

6．棚卸資産の原価配分方法は先入先出法による。

〔設問1〕

当社の第2年度における年間の損益計算書を，全部原価計算方式によって作成し，実際営業利益を計算しなさい。

〔設問2〕

当社の第2年度における年間の損益計算書を，直接原価計算方式によって作成し，実際営業利益を計算しなさい。

理解度チェック □□□

問題2-4 ★★★

単一工程によって製品βを量産する当社の次の資料にもとづいて，下記の設問に答えなさい。

（資　料）

1．加工費は製品生産量を基準として予定配賦している。年間の正常生産量は14,400個，年間の加工費予算額は，変動費が2,880,000円，固定費が5,760,000円である。

2．原価差額はその月の売上原価に賦課している。

3．月末棚卸資産の評価は先入先出法による。

4．製品βの販売価格は1,500円/個である。

5．生産・販売資料

月初仕掛品量	300個	(0.6)	月初製品量	200個
当月投入量	1,050		当月完成品量	1,200
合　計	1,350個		合　計	1,400個
月末仕掛品量	150	(0.4)	月末製品量	400
当月完成品量	1,200個		当月販売量	1,000個

（注1）直接材料はすべて工程の始点で投入している。

（注2）(　　) 内の数値は加工費進捗度である。

6．原価資料

	直接材料費	変動加工費配賦額	固定加工費配賦額
(1) 月初仕掛品	96,000円	?	?
(2) 月初製品	64,000円	?	?

(3) 直接材料仕入高……………………………………340,000円

(4) 直接材料月初有高…………………………………71,000円

(5) 直接材料月末有高…………………………………96,000円

(6) 加工費実際発生額

変動加工費……………………………………………234,000円

固定加工費……………………………………………478,000円

(7) 販売費及び一般管理費

変動販売費……………………………………………100円/個

固定販売費及び一般管理費…………………………252,000円

〔設問1〕

全部原価計算方式による損益計算書を作成しなさい。

〔設問2〕

直接原価計算方式による損益計算書を作成しなさい。

理解度チェック

問題2-5　★★★

製品αを量産する当社の次の資料にもとづいて，下記の設問に答えなさい。

（資　料）

1．生産・販売データ

期首仕掛品	500個(50%)
当 期 投 入	4,300個
期末仕掛品	300個(50%)
期 首 製 品	400個
期 末 製 品	100個

（注1）直接材料はすべて工程の始点で投入している。

（注2）(　.　) 内の数値は加工費進捗度である。

（注3）期末棚卸資産の評価は，先入先出法による。

2．原価データ

	直接材料費	変動加工費	固定加工費
期首仕掛品原価	402,500円	125,000円	214,500円
当期製造費用	3,171,250円	2,675,200円	4,012,800円
期首製品原価	322,000円	200,000円	343,200円

〔設問1〕

直接原価計算方式による損益計算書を作成するとともに，ころがし計算法（段階調整法）で固定費調整を行い，全部原価計算方式による営業利益を示しなさい。

〔設問2〕

変動加工費にもとづく一括調整法で固定費調整を行った場合の全部原価計算方式による営業利益を求めなさい。

理解度チェック

問題2-6 ★★★

単一工程によって製品βを量産する当社の次の資料にもとづいて，下記の設問に答えなさい。

（資　料）

1．生産・販売データ

期首仕掛品量	700個	(0.4)	期首製品量	400個
当期投入量	4,900		当期完成品量	5,000
合　計	5,600個		合　計	5,400個
期末仕掛品量	600	(0.8)	期末製品量	900
当期完成品量	5,000個		当期販売量	4,500個

（注1）直接材料はすべて工程の始点で投入している。

（注2）（　　）内の数値は加工費進捗度である。

2．実際原価データ

	変動費	固定費
直接材料費	400円/個	——
加工費	200円/個	1,560,000円
販売費	50円/個	205,000円
一般管理費	——	360,000円

3．その他のデータ

(1) 製品βの販売価格は1,300円/個である。

(2) 期首仕掛品，期首製品に含まれる固定費はそれぞれ98,000円，140,000円である。

(3) 期末棚卸資産の評価は，先入先出法による。

(4) 前期における変動製造原価の実績は当期と同額であった。

〔設問1〕

全部原価計算方式による損益計算書を作成しなさい。

〔設問2〕

直接原価計算方式による損益計算書を作成するとともに，固定費調整（ころがし計算法）により全部原価計算の営業利益を示しなさい。

理解度チェック □□□

問題2-7　★★★

製品αを製造・販売する当社の以下の資料により，下記の設問に答えなさい。

（資　料）

1．製品αの製品原価は原料費と加工費からなる。原料費については，完成品と月末仕掛品への原価配分として先入先出法を採用しており，実際総合原価計算を適用している。加工費については，製品生産量を配賦基準として，変動費と固定費とを区別し，それぞれ別個の配賦率により年間を通じて予定配賦している。製品αの年間正常生産量は72,000kgであり，加工費の年間予算は，変動加工費が8,640,000円，固定加工費が7,200,000円である。

2．当月の生産・販売データ

月初仕掛品量	1,000kg	(4/5)	月初製品量	1,500kg
当月投入量	6,000		当月完成品量	5,800
合　計	7,000kg		合　計	7,300kg
月末仕掛品量	1,200	(1/2)	月末製品量	1,800
当月完成品量	5,800kg		当月販売量	5,500kg

（注）原料は工程の始点で投入される。上記（　　）内は加工費の進捗度を示す。

3．当月の実際製造原価

(1)　月初仕掛品原価

原料費……………………………　391,000円

変動加工費配賦額………………　?

固定加工費配賦額………………　?

(2)　当月製造費用

原料費……………………………2,520,000円

変動加工費………………………　644,000円

固定加工費………………………　618,000円

4．当月の実際販売価格，販売費及び一般管理費のデータ

(1)　製品販売価格……………………　1,300円/kg

(2)　販売費

変動販売費………………………　120円/kg

固定販売費………………………　651,000円

(3)　一般管理費（固定費）…………　968,000円

5．月初製品有高は915,000円であり，製品の庫出単価の計算は先入先出法によること。

6．原価差異は，当月の売上原価に賦課する。

〔設問1〕

当月の月末仕掛品原価総額を，(1)全部原価計算を採用した場合と，(2)直接原価計算を採用した場合に分けて計算しなさい。

〔設問2〕

当月の損益計算書を，(1)全部原価計算を採用した場合と，(2)直接原価計算を採用した場合に分けて作成しなさい。また，直接原価計算による損益計算書の末尾に固定費調整を行って，直接原価計算による営業利益を全部原価計算による営業利益に修正しなさい。

理解度チェック

問題2-8 ★★★

当社は製品βを製造・販売し，累加法による実際工程別総合原価計算を採用している。製品βは，第1工程と第2工程を経て完成する。第1工程では，工程始点で原料Aを，工程を通じて平均的に原料Bを投入して加工する。第2工程では，第1工程完成品を加工するが，工程を通じて平均的に原料Cを投入し，工程終点で材料Dを投入する。

当社の下記の資料にもとづいて，全部原価計算による損益計算書と直接原価計算による損益計算書を完成しなさい。また，直接原価計算による営業利益に固定費調整を行って，全部原価計算の営業利益に修正しなさい。ただし，原料費の計算は，原料Aには平均法，他の原材料には先入先出法を用いて行うこと。各工程の完成品と月末仕掛品への原価配分および製品の庫出単価の計算には先入先出法を用いること。製造活動から生じた原価差異は，当月の売上原価に賦課すること。減損費は適切な方法で良品に負担させること。なお，加工費は変動加工費と固定加工費とに分け，工程別に変動予算が設定されている。製品βの生産量を基準にして予定配賦（正常配賦）すること。

（資　料）

1．製品βの販売実績データ

月初在庫量	500個
当月販売量	1,800個
月末在庫量	700個

（注1）製品βの販売単価は，10,000円である。

（注2）月初製品の単位原価は，5,550円（変動費3,450円，固定費2,100円）である。

2．各工程の生産実績データ

	第1工程		第2工程	
月初仕掛品	300個	(2/3)	400個	(1/2)
当月着手	2,500		2,000	
合　計	2,800個		2,400個	
月末仕掛品	800	(1/2)	300	(1/3)
正常減損	0		100	
完成品	2,000個		2,000個	

（注1）(　　) 内の数値は，仕掛品の加工費進捗度を示す。

（注2）減損は第2工程の終点で発生する。

3．月初仕掛品の原価データ

(1) 第1工程月初仕掛品原価

原材料費：原料A 258,000円　　原料B 262,000円

変動加工費：120,000円　　固定加工費：240,000円

(2) 第2工程月初仕掛品原価

原材料費：原料C 30,400円

変動加工費：90,000円　　固定加工費：180,000円

前工程費：1,588,000円（変動費1,108,000円，固定費480,000円）

4．原材料の購入・消費実績データ

	原 料 A	原 料 B	原 料 C	材 料 D
月初在庫量	400kg @1, 150円	250kg @3, 430円	80kg @360円	50ケース @620円
当月購入量	1, 600kg @1, 275円	950kg @3, 250円	720kg @405円	250ケース @660円
当月消費量	1, 800kg	900kg	720kg	200ケース

（注）製品βは10個ごとに箱詰めにしており，材料Dはその包装箱である。材料Dは工程終点で減損が発生した後で投入される。

5．加工費の年間予算データ

(1) 第1工程　予定(正常)生産量…………………………25, 200個
変動加工費予算…………………………15, 120, 000円
固定加工費予算…………………………30, 240, 000円

(2) 第2工程　予定(正常)生産量…………………………25, 200個
変動加工費予算…………………………11, 340, 000円
固定加工費予算…………………………22, 680, 000円

6．加工費の当月実績データ

(1) 第1工程　変動加工費………………………………1, 350, 000円
固定加工費………………………………2, 670, 000円

(2) 第2工程　変動加工費………………………………950, 000円
固定加工費………………………………1, 920, 000円

7．販売費及び一般管理費の当月実績データ

(1) 変動販売費………………………………………………1, 080, 000円
(2) 固定販売費………………………………………………1, 260, 000円
(3) 一般管理費(すべて固定費)…………………………2, 323, 000円

理解度チェック

問題2-9 ★★★

製品γを生産・販売している当社の以下の資料にもとづいて，下記の設問に答えなさい。

（資　料）

1．生産データ

	×1　年　度	×2　年　度
期首仕掛品量	0個	2,000個(1/2)
当期投入量	9,500個	8,000個
当期完成品量	7,500個	8,500個
期末仕掛品量	2,000個(1/2)	1,500個(1/2)

（注）原料はすべて工程の始点で投入される。（　　）内の数値は加工費進捗度を示す。

2．製造原価（当期製造費用）データ

	×1　年　度	×2　年　度
原料費	4,132,500円	3,616,000円
変動加工費	5,227,500円	5,214,000円
固定加工費	3,136,500円	3,128,400円
合計	12,496,500円	11,958,400円

3．販売データ

	×1　年　度	×2　年　度
期首製品量	0個	500個
当期完成品量	7,500個	8,500個
当期販売量	7,000個	8,000個
期末製品量	500個	1,000個

4．その他のデータ

(1)　×2年度の販売単価は2,700円/個である。

(2)　仕掛品，製品の原価配分方法は先入先出法による。

(3)　×2年度の販売費及び一般管理費は次のとおりである。

変動販売費　　250円/個　　固定販売費　　1,940,000円

一般管理費(すべて固定費)　　2,151,000円

〔設問1〕

×2年度の損益計算書を全部原価計算方式によって作成しなさい。

〔設問2〕

×2年度の損益計算書を直接原価計算方式によって作成しなさい。

〔設問3〕

直接原価計算方式の営業利益を固定費調整（ころがし計算法）により，全部原価計算方式の営業利益に修正しなさい。

〔設問4〕

固定費調整を一括調整法によった場合の×2年度末貸借対照表における製品および仕掛品の金額を計算しなさい。なお，先入先出法の考え方により，当期の変動加工費に対する固定加工費の比率を用いて計算すること。

理解度チェック

問題2-10　★★★

当社は製品Ｚを製造・販売し，累加法による実際工程別単純総合原価計算を行っている。その製造過程は，第１工程の始点で原料Ａを投入して，これを加工したのち第２工程に振り替える。第２工程では工程を通じて平均的に原料Ｂを投入し，さらに，工程の終点で材料Ｃを投入して製品Ｚは完成する。製品Ｚの払出単価の計算，各工程における完成品と月末仕掛品への原価配分および原料Ａの庫出単価の計算については先入先出法を，原料Ｂと材料Ｃの庫出単価の計算には平均法をそれぞれ用いている。

補助部門費の配賦は階梯式配賦法と複数基準配賦法によっている。加工費は工程別に直接作業時間にもとづき予定配賦率を用いて配賦している。その際に発生する原価差異は全額当月の売上原価に賦課している。また，正常仕損費の処理はいずれの工程も度外視法によっており，負担関係は仕損の発生点の進捗度により決定している。なお，正常仕損費はいずれの工程も当月投入分からのみ発生するものとする。

そこで，当月の実績データは次のとおりであったとして，解答用紙の直接原価計算による損益計算書と全部原価計算による損益計算書および（ころがし計算法による）固定費調整表を完成しなさい。

（資　料）

１．製品Ｚの販売データ

月初在庫量	400個
当月生産量	4,800
合　計	5,200個
月末在庫量	600
当月販売量	4,600個

（注１）販売価格は，6,000円/個である。

（注２）月初製品の原価は，変動費2,480円/個，全部原価4,060円/個である。

２．各工程の生産データ

	第１工程		第２工程	
月初仕掛品	600個	(1/2)	500個	(4/5)
当 月 投 入	5,000		5,000	
合　計	5,600個		5,500個	
正常仕損品	200	(1/2)	200	(1/2)
月末仕掛品	400	(1/4)	500	(3/5)
完　成　品	5,000個		4,800個	

（注１）カッコ内の数値は，仕掛品の加工費進捗度または正常仕損の発生点の進捗度を示している。

（注２）第１工程の正常仕損品には評価額はないが，第２工程の正常仕損品には394.6円/個の評価額があり，すべて変動費に由来している。そこで原価計算上は，前工程費から216円/個，自工程費から178.6円/個（うち原料Ｂ部分が14.1円/個，変動加工費部分が164.5円/個）を控除する。

3．月初仕掛品原価

	第1工程仕掛品	第2工程仕掛品
自工程費		
原材料費	348,720円	39,840円
変動加工費	266,400円	386,560円
固定加工費	222,000円	289,920円
前工程費		
変動費	——	774,200円
全部原価	——	1,158,525円

4．原材料の購入・消費データ

	原料A		原料B		材料C	
月初在庫量	1,200kg	@355円	300kg	@123.5円	150kg	@86円
当月購入量	7,600kg	@360円	3,900kg	@127円	1,050kg	@90円
当月消費量	8,000kg		3,760kg		960kg	

5．加工費のデータ

(1) 月次予算データ

	合計	製造部門		補助部門	
		第1工程	第2工程	動力部	事務部
予定直接作業時間（時間）	——	3,000	2,500	——	——
従業員数（人）	310	120	140	40	10
動力消費能力（kwh）	78,000	42,000	36,000	——	——
動力予定消費量（kwh）	72,000	40,000	32,000	——	——
第1次集計費予算					
変動費（円）	9,110,000	3,070,000	3,628,000	2,412,000	——
固定費（円）	7,200,000	2,331,000	2,295,000	1,944,000	630,000
合計（円）	16,310,000	5,401,000	5,923,000	4,356,000	630,000

（注）補助部門費の配賦には階梯式配賦法と複数基準配賦法（変動費と固定費を別個の基準で配賦する方法）を使用している。

(2) 当月実績データ

	合計	製造部門		補助部門	
		第1工程	第2工程	動力部	事務部
実際直接作業時間（時間）	——	2,880	2,450	——	——
動力実際消費量（kwh）	71,000	39,400	31,600	——	——
実際第1次集計費					
変動費（円）	8,882,800	2,941,400	3,559,700	2,381,700	——
固定費（円）	7,193,000	2,313,500	2,281,500	1,953,000	645,000
合計（円）	16,075,800	5,254,900	5,841,200	4,334,700	645,000

（注）補助部門費の製造部門への配賦額は，変動費は予定配賦率に実際消費量を掛けて計算する。固定費は予算額を消費能力にもとづいて配賦する。

6．当月実際販売費・一般管理費

変動販売費：1,367,000円

固定販売費：2,223,000円

一般管理費（すべて固定費）：3,494,200円

Theme 03 直接標準原価計算

理解度チェック

問題3-1 ★★★

当社の以下の資料にもとづき，直接標準原価計算方式の損益計算書を作成しなさい。

（資　料）

1．製品1単位あたりの標準製造原価

直接材料費	20円/kg	×	5 kg	=	100円
直接労務費	30円/時間	×	10時間	=	300円
製造間接費	50円/時間	×	10時間	=	500円
製品単位あたりの全部製造原価					900円

2．予算データ（月間）

基準操業度	20,000直接作業時間
固定製造間接費	600,000円
変動販売費	60円/個
固定販売費	100,000円
一般管理費	200,000円(すべて固定費)

3．生産・販売データ

月初仕掛品量	420個	(0.5)	月初製品量	220個
当月投入量	1,960		当月完成品量	2,130
合　計	2,380個		合　計	2,350個
月末仕掛品量	250	(0.4)	月末製品量	350
当月完成品量	2,130個		当月販売量	2,000個

（注1）直接材料はすべて工程の始点で投入している。

（注2）（　）内の数値は加工費進捗度である。

4．当月実績データ

販売価格	1,350円/個
直接材料費	192,000円
直接労務費	602,500円
直接作業時間	20,100時間
変動製造間接費	406,000円
固定製造間接費	609,000円
変動販売費	121,000円
固定販売費	98,000円
一般管理費	213,000円（すべて固定費）

理解度チェック

問題3-2 ★★★

当社では，製品Ｓを製造・販売し，直接標準原価計算制度を採用している。

20×3年度５月の予算データは次のとおりである。

	予算データ
標準変動費（１個あたり）	
直接材料費	@2, 000円×２kg　…4, 000円
直接労務費	@1, 000円/時×２時間…2, 000円
製造間接費	@3, 000円/時×２時間…6, 000円
販売費	500円
固定費総額	400, 000円

20×3年度５月の実績は次のとおりであった。

	実績データ
製品完成量	300個
月末仕掛品量	50個
製品販売量	280個
月末製品量	20個
販売単価	30, 000円
変動費	
直接材料費	@1, 950円×710kg…1, 384, 500円
直接労務費	@1, 100円/時×660時間…726, 000円
製造間接費	1, 980, 000円
販売費	145, 000円
固定費総額	364, 500円

（注１）月初の仕掛品・製品はなかった。

（注２）月末仕掛品の加工費進捗度は40％であった。

以上のデータにもとづき，直接標準原価計算ベースの実際損益計算書を作成しなさい。

理解度チェック □□□

問題3-3 ★★★

当社は製品Nを製造・販売しており，原価計算は，直接標準原価計算制度を採用している。以下の資料にもとづいて，実際損益計算書を完成しなさい。

[20×3年度の予算および実績資料]

(1) 売上高および製品1個あたり変動費に関するデータ

	予算	実績
販売単価	20,000円	19,800円
生産・販売数量	20,000個	22,000個
直接材料費	@3,000円	?
変動加工費	@4,000円	?
変動販売費	@1,000円	@1,100円

(2) 製品原価標準

直接材料費	600円×5kg…	3,000円
変動加工費	2,000円×2時間…	4,000円
計		7,000円

(3) 実際変動製造原価

直接材料費	69,500千円（115,000kg）
変動加工費	90,000千円（46,000時間）

（注）（　）内は，実際消費量および実際作業時間を表す。

(4) 固定費

	予算	実績
固定加工費	90,000千円	94,000千円
固定販売費	30,000千円	34,900千円
一般管理費（すべて固定費）	80,000千円	91,000千円
計	200,000千円	219,900千円

理解度チェック

問題3-4　★★★

当社の以下の資料にもとづいて，下記の設問に答えなさい。

（資　料）

1．標準原価カード

標準原価カード(製品１個あたり)		
直接材料費	@500円×５kg　=	2,500円
直接労務費	@600円×４時間 =	2,400円
製造間接費	@900円×４時間 =	3,600円
		8,500円
月間固定製造間接費予算額		27,000,000円

2．生産データ

月初仕掛品	800個	(0.5)
当月投入	11,400	
合　計	12,200個	
月末仕掛品	1,500	(0.8)
完　成　品	10,700個	

（注１）直接材料はすべて工程の始点で投入される。

（注２）(　　) 内の数値は加工費進捗度を示す。

3．原価データ

(1) 直接材料実際消費額は28,080,000円で，月初材料棚卸数量は1,700kg，当月材料仕入数量は60,000kg，月末材料棚卸数量は3,200kgであった。

(2) 直接労務費実際発生額は28,132,500円で，実際直接作業時間は46,500時間であった。

(3) 製造間接費実際発生額は40,250,000円で，そのうち変動費は13,650,000円であった。

(4) 製造間接費は直接作業時間を配賦基準としており，変動費率は300円/時間である。

(5) 標準変動販売費（製品１単位あたり）は120円である。

(6) 変動販売費実際発生額は1,329,500円である。

(7) 固定販売費実際発生額は2,062,000円である。

(8) 一般管理費実際発生額（全額固定費）は4,950,000円である。

(9) 当月中の製品（１単位）売価は10,000円である。

(10) 月初製品棚卸数量は1,600個，月末製品棚卸数量は2,300個である。

〔設問１〕

全部標準原価計算による損益計算書を作成しなさい。

〔設問２〕

直接標準原価計算による損益計算書を作成し，その末尾において固定費調整を行い，全部標準原価計算の営業利益に修正しなさい。

理解度チェック

問題3-5　★★★

製品Ａを製造・販売する当社（12月末決算）の経理部で，20×1年12月31日の夜，何者かが侵入し社内資料が荒らされる事件が起きた。原価計算関係の書類も一部が盗難されたのであろうか紛失してしまっている。残っていたのは下記のデータであるが，まだ未整理の状態で無関係の資料も混じっている。そこで，これらのデータの中から適切なものを選び，解答用紙に示された20×1年の(1)全部原価計算方式の損益計算書，(2)直接原価計算方式の損益計算書，および(3)付属資料を作成しなさい。

なお，当社では，製品Ａの製造原価は原料費と加工費に，加工費は変動加工費と固定加工費に分類し，標準原価計算制度を採用している。原価標準は製品１個あたりで設定されており，製造原価差異は，全部原価計算の場合には，原料費差異は価格差異と数量差異に，加工費差異は変動加工費予算差異，固定加工費予算差異，変動加工費能率差異，固定加工費能率差異，操業度差異に分析している。加工費の基準操業度は年間正常加工時間である。また，直接原価計算の場合には，変動販売費について変動販売費予算差異を把握している。製造原価差異は，全部原価計算による期間損益計算上，全額を標準売上総利益から控除しており，期末棚卸資産には配分しない。直接原価計算の場合は，標準変動製造原価差異は標準貢献利益からその全額を控除している。期首の原料および期首・期末の仕掛品はなかった。

〔現時点で入手できた20×1年の年間データ〕

(1)　売上高（製品Ａの販売単価は期中一定）……………………… 9,360,000円
(2)　原料１kgあたり実際単価……………………………………………… 65円
(3)　有価証券の売却価格…………………………………………………… 520,000円
(4)　固定加工費年間予算額………………………………………………… 2,250,000円
(5)　実際固定販売費および一般管理費…………………………………… 720,000円
(6)　製品Ａ１個あたり標準変動販売費…………………………………… 30円
(7)　売却した備品の帳簿価額……………………………………………… 245,000円
(8)　製品Ａ１個あたり全部標準製造原価………………………………… 390円
(9)　原料期末残高…………………………………………………………… 81,900円
(10)　加工費実際発生額（変動加工費と固定加工費の合計）……… 4,017,000円
(11)　期首製品数量…………………………………………………………… 200個
(12)　製品Ａ１個あたり標準変動製造原価………………………………… 240円
(13)　数量差異………………………………………………………………… 32,400円（借方）
(14)　固定加工費予算差異…………………………………………………… 10,000円（借方）
(15)　変動販売費予算差異…………………………………………………… 28,800円（借方）
(16)　原料１kgあたり標準単価……………………………………………… 60円
(17)　期末製品数量…………………………………………………………… 400個
(18)　製品Ａ１個あたり原料標準消費量…………………………………… 2kg
(19)　製品Ａ１個あたり標準加工時間……………………………………… 3時間
(20)　変動加工費能率差異…………………………………………………… 16,000円（借方）
(21)　当期生産量……………………………………………………………… 14,600個
(22)　当期原料仕入高………………………………………………………… 2,015,000円

理解度チェック

問題3-6 ★★★

製品αを製造・販売する当社経理部で，20×0年12月31日の夜，火災事故が起き，原価計算関係の書類の一部が焼失した。消火活動の中から辛うじて下記のデータを持ち出すことができたが，まだ未整理状態で，無関係の資料も混じっている。そこでこれらのデータの中から適切なものを選び，解答用紙に示された20×0年の(1)全部原価計算方式の損益計算書，(2)直接原価計算方式の損益計算書および(3)付属資料を作成しなさい。

なお，当社では，製品αの製造原価は原料費と加工費に，加工費は変動加工費と固定加工費に分類し，標準原価計算制度を採用している。原価標準は，製品１個あたりで設定されており，製造原価差異は，全部原価計算の場合には，原料費差異は価格差異と数量差異に，加工費差異は変動予算を利用した変動加工費予算差異，固定加工費予算差異，操業度差異に分析している。また，販売費及び一般管理費差異は，変動予算を利用した変動販売費予算差異と固定販売費・一般管理費予算差異とに分析している。製造原価差異は，全部原価計算による期間損益計算上，全額を標準売上総利益から控除しており，期末棚卸資産には配分しない。直接原価計算の場合は，標準変動原価差異は標準貢献利益から，その全額を控除している。期首・期末の仕掛品はない。

（焼失を免れた20×0年の年間データ）

(1) 売上高……………………………………………………………… 3,888,000円
(2) 標準売上総利益………………………………………………… 972,000円
(3) 標準変動販売費………………………………………………… 64,800円
(4) 短期借入金の期末残高………………………………………… 520,000円
(5) 標準貢献利益…………………………………………………… 1,879,200円
(6) 変動販売費予算差異…………………………………………… 16,200円（借方）
(7) 固定販売費・一般管理費予算差異……………………………… 34,800円（貸方）
(8) 製品αの１個あたりの標準原料費……………………………… 360円
(9) 流動資産期末有高……………………………………………… 388,800円
(10) 原料費価格差異………………………………………………… 61,800円（貸方）
(11) 原料年間仕入高………………………………………………… 1,800,000円
(12) 変動加工費予算差異…………………………………………… 102,400円（借方）
(13) 固定加工費予算差異…………………………………………… 14,600円（借方）
(14) 直接工賃金支払高……………………………………………… 708,500円
(15) 固定販売費・一般管理費予算…………………………………… 300,000円
(16) 操業度差異……………………………………………………… 45,000円（貸方）
(17) 実際固定加工費………………………………………………… 914,600円
(18) 実際売上総利益………………………………………………… 873,200円
(19) 製品αの１個あたりの標準変動製造原価……………………… 600円
(20) 原料費数量差異………………………………………………… 88,600円（借方）

理解度チェック □□□

問題3-7　★★★

当社では，製品Qを製造・販売しており，標準原価計算を採用している。次の（資料）のもとで，20×3年の４月，５月について，全部原価計算と直接原価計算のそれぞれで月次の予算損益計算書を作成する場合に，下記の問いに答えなさい。

（資　料）

1．20×3年の計画生産販売量

	４月	５月
月初製品在庫量	100個	400個
生　　産　　量	2,000個	1,800個
販　　売　　量	1,700個	1,900個
月末製品在庫量	400個	300個

（注）月初・月末に仕掛品はない。

2．製品Qの販売単価は4,500円，製品の原価標準は3,000円（内1,600円は固定費），月間の予算操業度は2,000個である。

3．変動販売費の原価標準は250円，月間の固定販売費・一般管理費予算は600,000円である。

4．当社の月間最大生産量は2,250個である。また，月末の製品在庫は最大650個まで保有可能である。

5．当社では，製品Qを毎月最低1,600個は生産することにしている。また，月末製品在庫は100個以上を保有することにしている。

6．予定操業度差異は，当月の売上原価に賦課する。

〔問１〕20×3年４月について，全部原価計算の営業利益と直接原価計算の営業利益はそれぞれいくらか。

〔問２〕20×3年５月について，全部原価計算の営業利益は，直接原価計算の営業利益に比べて，いくら大きいか，あるいは小さいか。

〔問３〕全部原価計算の場合，20×3年５月の営業利益は，４月の営業利益に比べて，いくら大きいか，あるいは小さいか。

〔問４〕全部原価計算においては，販売量の増減だけでなく，生産量の増減によっても営業利益は増減する。そこで，４月と５月を比較して，〔問３〕の営業利益増減額を販売要因と生産要因に分ければ，それぞれいくらか。

〔問５〕全部原価計算において，４月と５月の販売量は計画どおりであることを前提とした場合，生産量を増減させることで，２か月間の営業利益の合計が最大となる場合と最小になる場合を比較すると，その差額はいくらか。

理解度チェック

問題3-8 ★★★

当社は実際原価計算を採用している。季節ごとに当社の業績を比較するため，20×5年度の各四半期について営業利益を計算する。次の資料のもとで，全部原価計算と直接原価計算のそれぞれで損益計算書を作成する場合に，下記の問に答えなさい。原価差異は，四半期ごとにすべて売上原価に賦課している。

（資　料）

1．生産・販売に関するデータ

(1)　製品は年間を通して1個あたり5,500円で販売した。

(2)　四半期の各売上高

第1四半期	第2四半期	第3四半期	第4四半期
15,400,000円	18,150,000円	15,400,000円	12,100,000円

(3)　四半期の各生産量

第1四半期	第2四半期	第3四半期	第4四半期
3,000個	3,300個	2,900個	1,900個

（注）第1四半期の期首製品棚卸高はなく，また各期首，期末における仕掛品はない。

2．原価データ

(1)　製品単位あたり変動製造直接費は1,000円/個である。

(2)　製造間接費は正常生産量を基準に各製品に予定配賦している。製造間接費年間予算は36,000千円であり，年間正常生産量は12,000個である。

当期において各月の生産量はすべて正常の範囲内であり，いずれの月も製造間接費は予算どおりに発生している。原価計算期間1か月間の最小生産量は600個で製造間接費発生額は2,280千円であり，最大生産量は1,100個で製造間接費発生額は3,180千円であった。操業度差異以外の原価差異は生じなかった。

(3)　製品単位あたり変動営業費は200円/個である。

(4)　固定営業費予算は毎月400千円である。

(5)　月間予算は年間予算の $\frac{1}{12}$ である。

〔問1〕製造間接費について原価の固変分解を行い，製品1個あたりの変動製造原価（変動製造直接費＋変動製造間接費）と年間固定製造間接費（月間固定製造間接費×12か月）を計算しなさい。

〔問2〕全部原価計算と直接原価計算で計算される年間の営業利益合計をそれぞれ算出しなさい。

〔問3〕第2四半期の全部原価計算の営業利益は，直接原価計算の営業利益に比べて，いくら違うか。

〔問4〕第3四半期の全部原価計算の営業利益は，直接原価計算の営業利益に比べて，いくら違うか。

〔問5〕全部原価計算によると，第1四半期と第3四半期では，販売量が同じにもかかわらず算出された営業利益は異なる。そこで，①それぞれの四半期の営業利益を計算しなさい。さらにこの結果から，②生産量が1個増加するごとに営業利益はいくらずつ変化するか，解答用紙の形式にしたがって答えなさい。

Theme 04 企業予算の編成

理解度チェック

問題4-1 ★★★

製品αを量産する当社は，全部標準原価計算を採用しており，現在，次期（×2年度）の予算を編成中である。そこで下記の条件にもとづき，×2年度の予定損益計算書および予定貸借対照表を作成しなさい。

〔計算条件〕

(1) 製品原価標準

原料費	10円/kg×50kg	＝ 500円/個
加工費		
変動加工費	300円/時×1時	＝ 300
固定加工費	100円/時×1時	＝ 100
合計		900円/個

なお，年間の予算操業度は，150,000機械稼働時間である。

(2) ×1年度期末貸借対照表（単位：万円）

流動資産		流動負債	
現金	1,500	買掛金	640
売掛金	1,550	未払法人税等	500
製品	180	流動負債合計	1,140
原料	250	固定負債	
その他	1,320	社債	3,000
流動資産合計	4,800	負債合計	4,140
固定資産		純資産	
土地	4,000	資本金	4,000
建物・設備	4,500	利益準備金	1,000
差引：減価償却累計額	(800)	任意積立金	1,860
固定資産合計	7,700	繰越利益剰余金	1,500
		純資産合計	8,360
資産合計	12,500	負債・純資産合計	12,500

(3) ×1年度の繰越利益剰余金は，配当金を支払った後，200万円を任意積立金とする。

(4) ×2年度予算データ

① 製品年間計画販売量150,000個，販売単価1,120円，製品はすべて掛売りである。期首製品在庫量および期末製品所要在庫量はともに，2,000個。製品αの製造に必要な原料Sの期首在庫量および期末所要在庫量は，ともに250,000kgで，仕入単価は10円。原料の購入はすべて掛買いである。なお，仕掛品の在庫は無視する。

② 加工費予算については，公式法変動予算が設定されており，加工費の許容額は300円/時×機械稼働時間＋1,500万円で計算される。なお，1,500万円の固定費のうち，80万円は減価償却費であって，それ以外の固定費および変動費はすべて現金支出原価である。

③ 販売費予算についても公式法変動予算が設定されており，その許容額は40円/個×製品販売量+850万円で計算される。一般管理費予算（すべて固定費）は年間950万円である。なお，販売費・一般管理費の予算中に，10万円の減価償却費（固定費）が含まれ，減価償却費以外はすべて現金支出原価である。

④ 予想現金収支（単位：万円）

	四半期				
	1	2	3	4	合計
売掛金回収	3, 920	3, 995	3, 465	3, 170	14, 550
支払					
原料費	1, 245	1, 380	1, 228	1, 377	5, 230
労務費	1, 262	1, 435	1, 232	1, 135	5, 064
その他の経費	743	925	840	738	3, 246
法人税	500				500
社債利息		120		120	240
機械購入				950	950
配当金	1, 000				1, 000
合計	4, 750	3, 860	3, 300	4, 320	16, 230

⑤ 各四半期末に保有すべき最低現金残高は，1, 000万円である。四半期末の現金残高が1, 000万円に満たないと予想される場合は，あらかじめその四半期の期首に，最低必要額を銀行から年利4％で500万円の倍数額で借り入れておく。その後，各四半期の期末資金に余裕があると予想される場合には，借りた元金はできるだけ早く，500万円の倍数額で各四半期末に返済する。なお，その場合利息は，返済する元金分の利息だけを，元金とともに支払う。ただし，借入金が1年間を超える場合は，借り換えなければならない。

⑥ 法人税等の税率は，40％とする。

理解度チェック

問題4-2　★★★

製品βを量産する当社は，直接標準原価計算を採用しており，現在，次期（×3年度）の予算を編成中である。そこで下記の条件にもとづき，×3年度の予算を編成し，予定損益計算書および予定貸借対照表を作成しなさい。ただし，予定損益計算書は直接原価計算方式で作成し，固定費調整を行って全部原価計算の営業利益（操業度差異は売上原価に賦課して計算した営業利益）に修正すること。また，予定貸借対照表は全部原価計算方式によって作成しなさい。

〔計算条件〕

(1)　製品原価標準

直接材料費	40円/kg×10kg	= 400円/個
直接労務費	100円/時×１時	= 100
変動製造間接費	150円/時×１時	= 150
変動製造原価合計		650円/個

(2)　×2年度期末貸借対照表（単位：万円）

流動資産		流動負債	
現　金	1, 480	買掛金	1, 320
売掛金	1, 800	未払法人税等	500
製　品	280	流動負債計	1, 820
材　料	240	固定負債	
その他	1, 200	社　債	3, 000
流動資産計	5, 000	負債計	4, 820
固定資産		純資産	
土　地	2, 000	資本金	4, 000
建物・設備	8, 800	利益準備金	1, 000
差引：減価償却累計額	(800)	任意積立金	2, 800
固定資産計	10, 000	繰越利益剰余金	2, 380
		純資産計	10, 180
資産合計	15, 000	負債・純資産合計	15, 000

(3)　×2年度の繰越利益剰余金は，配当金を支払った後，600万円を任意積立金とする。

(4)　×3年度予算データ

①　製品年間計画販売量120, 000個，販売単価1, 000円，製品はすべて掛売りである。期首製品在庫量は4, 000個，期末製品所要在庫量は2, 000個である。製品βの製造に必要な主材料の期首在庫量は60, 000kg，期末所要在庫量は80, 000kgであって，その仕入単価はkgあたり40円である。主材料の購入はすべて掛買いであり，仕掛品の在庫は無視する。

②　製造間接費予算は，公式法変動予算が設定されており，その許容額は，150円/時×直接作業時間＋600万円で計算される。なお，600万円の固定費のうち，100万円は減価償却費であって，その他の固定費および変動費はすべて現金支出原価である。また，もし全部標準原価計算を行う場合には，年間正常生産量は120, 000個であり，この正常生産量を基準に製造間接費は配賦される。

③　販売費予算についても公式法変動予算が設定されており，その許容額は90円/個×製品販売量＋680万円で計算される。一般管理費予算（すべて固定費）は年間800万円である。なお，販売費・一般管理費の予算中に，60万円の減価償却費（固定費）が含まれ，減価償却費以外はすべて現金支出原価である。

④　予想現金収支（単位：万円）

	四半期				
	1	2	3	4	合計
売掛金回収	3, 850	3, 000	2, 500	3, 100	12, 450
支出					
主材料	1, 200	1, 250	1, 000	1, 280	4, 730
労務費	880	820	800	815	3, 315
経費	680	680	660	615	2, 635
法人税	500				500
社債利息		90		90	180
機械購入		1, 000			1, 000
配当金	1, 400				1, 400
支出合計	4, 660	3, 840	2, 460	2, 800	13, 760

⑤　各四半期末に保有すべき最低現金残高は，1, 000万円である。四半期末の現金残高が1, 000万円に満たないと予想される場合は，あらかじめその四半期の期首に，500万円の倍数額で最低必要額を，銀行から年利４％で借り入れておく。その後，各四半期の期末資金が1, 000万円を超えると予想される場合には，1, 000万円を超える現金残高により，借りた元金はできるだけ早く，500万円の倍数で各四半期末に返済する。なお，その場合利息は，返済する元金分の利息だけを，元金とともに支払う。ただし，この借入金は短期借入金なので，借入期間は１年間を超えてはならない。

⑥　法人税等の税率は，40％とする。

理解度チェック □□□

問題4-3 ★★★

製品γを製造・販売する当社は，直接原価計算制度を採用している。下記の条件にもとづき，当社の×1年度第３四半期の中の10月，11月の予算を編成し，直接原価計算基準の月次予定損益計算書および予定貸借対照表を作成しなさい。

〔計算条件〕

(1) 製品原価標準

原　料　費	50円/kg×10kg ＝	500円/個
変動加工費	150円/時×１時 ＝	150円/個
変動製造原価合計		650円/個

(2) 貸借対照表　×1年９月30日（単位：円）

流動資産		流動負債	
現　金	2,500,000	買　掛　金	10,960,000
売　掛　金	26,640,000	借　入　金	0
製　品	5,460,000	流動負債計	10,960,000
原　料	4,160,000	固定負債	0
流動資産計	38,760,000	純資産	
固定資産		資　本　金	80,000,000
土　地	36,240,000	資本剰余金	20,000,000
建物・設備	50,000,000	繰越利益剰余金	14,040,000
固定資産計	86,240,000	純資産計	114,040,000
資産合計	125,000,000	負債・純資産合計	125,000,000

（注）製品は変動製造原価で計上されている。また，建物・設備は減価償却累計額差引後の数値である。

(3) ×1年度予算データ

① 製品γの予算販売単価は，740円である。

② 売上高予算

９月（実績）	@740円×45,000個	……33,300,000円
10月	@740円×42,000個	……31,080,000円
11月	@740円×40,000個	……29,600,000円
12月	@740円×45,000個	……33,300,000円
１月	@740円×37,000個	……27,380,000円

③ 売上高の現金売りと掛売りの割合
月間売上高の20%は現金売りで月末に回収，残り80%は掛売りで，翌月末に現金で回収する。

④ 各月末製品所要在庫量は，翌月製品計画販売量の20%である。

⑤ 各月末原料所要在庫量は，翌月原料計画消費量の20%である。

⑥ 月間原料購入額の50%は購入月末に現金で支払い，残り50%は買掛金とし翌月末に現金で支払う。

⑦ 固定加工費の月次予算は2,250,000円で，そのうち500,000円は減価償却費であり，残りは現金支出費用である。変動販売費は製品１個あたり８円であって，固定販売費及び一般管理費の月次予算は540,000円であるが，そのうち100,000円は減価償却費で，残りは現金支出費用である。

⑧　予想現金支出

原料購入代金の支払いおよび資金借入による利子支払を除き，予想される現金支出額は次のとおりである（単位：円）。

	10月	11月
材　料　費	3, 650, 000	3, 500, 000
労　務　費	4, 240, 000	4, 240, 000
経　　　費	876, 000	920, 000
機 械 購 入	5, 400, 000	——
合　　　計	14, 166, 000	8, 660, 000

（注）上記機械は10月１日に購入し，その代金は10月末に支払う予定である。この機械の減価償却費は，⑦の500, 000円の中に含まれている。

⑨　各月末に保有すべき最低の現金残高は，2, 500, 000円である。

⑩　資金調達と返済

現金が不足する月においては，月末に年利12％でその不足額を借り入れる。現金が必要額を超過する月においては，月末にその超過額を借入金の返済に充てる。支払利息は，計算を簡略化するため日割りではなく，月々１か月分の利子を現金で支払うこととする。すなわち，月末にその月の未返済額に月利１％を乗じた額を現金で支払う。

理解度チェック

問題4-4　★★☆

製品Ｐを製造・販売する当社では，全部標準原価計算を採用している。下記の資料にもとづき，⑴資料２．の①～④を求めなさい。また，当社の20×4年度第３四半期（20×4年10月１日～20×4年12月31日）の10月および11月の予算編成を行い，⑵全部原価計算ベースの予定損益計算書と予定貸借対照表を作成し，⑶付属の予想現金収支一覧表も作成しなさい。なお，直前の８月および９月の活動はすべて予算（計画）通りに行われたものとする。

（資　料）

１．製品原価標準

直接材料費	200円/kg　×　6 kg/個＝	1,200円/個
直接労務費	1,000円/時間×１時間/個＝	1,000
変動製造間接費	800円/時間×１時間/個＝	800
固定製造間接費	1,000円/時間×１時間/個＝	1,000
	合　計	4,000円/個

２．貸借対照表（20×4年９月30日）（単位：千円）

流動資産		流動負債	
現　　金	80,900	買　掛　金	④
売　掛　金	①	借　入　金	70,000
製　　品	②	小　計	?
原　　料	③	固定負債	0
小　計	?	株主資本	
固定資産		資　本　金	1,600,000
土　　地	844,000	資本剰余金	400,000
建物・設備	1,356,000	利益剰余金	406,060
小　計	2,200,000	小　計	2,406,060
合　　計	?	合　　計	?

（注）建物・設備は減価償却累計額控除後の金額である。

３．20×4年度予算データ

⑴　製品Ｐの予算販売単価は7,000円/個である。

⑵　製品Ｐの月別計画販売数量（９月は実績販売数量）

９月　75,000個　　10月　80,000個　　11月　70,000個　　12月　75,000個
１月　70,000個

⑶　売上高の現金回収

月間売上高の80％は当月末に現金で回収，残り20％は売掛金として翌月末に現金で回収する。貸倒れはない。

⑷　各月末の製品および原料の所要在庫量

各月末の製品所要在庫量および原料所要在庫量は，それぞれ，翌月の製品計画販売量の20％および原料計画消費量の30％である。仕掛品の月末在庫はない。

⑸　原料購入の現金支払い

月間原料購入額のうち90,000千円までは当月末に現金で支払い，90,000千円を超える場合はその分を買掛金として翌月末に現金で支払う。

⑹　製造間接費予算

変動製造間接費の予算は直接作業時間あたり800円，固定製造間接費の月次予算は75,000千円で

ある。この75,000千円の固定製造間接費のうち，8,200千円は建物・設備の減価償却費であり，その他の固定費および変動費はすべて現金支出費用である。

月間正常生産量と計画生産量との差から生じる予定操業度差異は，各月の売上原価に賦課する。月間正常直接作業時間（基準操業度）は75,000時間である。

(7) 販売費・一般管理費予算

変動販売費の予算は製品Ｐ１個あたり250円であり，固定販売費・一般管理費の月次予算は176,000千円である。この176,000千円の固定販売費・一般管理費のうち，8,900千円は建物・設備の減価償却費であり，それ以外はすべて現金支出費用である。

(8) 各月末に保有すべき現金所要残高は，80,000千円である。

(9) 資金調達と返済計画

各月の営業活動および投資活動による収支の結果，月末に保有すべき金額に現金が足りないと予想される場合は，月末に1,000千円の倍数額で最低必要額を銀行より借り入れる。現金が超過すると予想される場合は，月末に1,000千円の倍数額でその超過額を借入金の返済に充てる。各月の支払利息は，計算を簡略にするため本問の解答にあたっては，その月の月初借入残高に月利１％を乗じて計算し，その金額を月末に現金で支払う。

(10) 予想現金収支（借入れにともなう収支は除く）（単位：千円）

	10月	11月
収　入：		
製品現金売上	?	?
売掛金回収	?	?
支　出：		
原料現金仕入	90,000	?
買掛金支払	?	?
給　　与	157,800	?
諸　経　費	236,500	?
営業用設備購入	0	48,000

（注１）営業用設備48,000千円を11月１日に取得する予定であり，代金は11月末に支払われる。減価償却は，耐用年数10年，残存価額はゼロ，定額法により行う。当該減価償却費は，上記の資料(7)には含まれていない。

（注２）給与計算期間と原価計算期間は一致している。

Theme

05 原価・営業量・利益関係の分析

理解度チェック

問題5-1 ★★★

当社は，ハンバーガーを主力製品とするファースト・フード・レストランを経営する会社である。国内で20の支店を持っているが，なかでも東京の水道橋店と池袋店の成長はめざましく，両店とも料理の種類にピザを加える可能性を検討中である。

ピザの製造・販売に要する月間の原価予測（単位：万円）

製造・販売量	4,500枚	9,000枚
材料費：生地	31.0	62.0
サラミ	23.0	46.0
チーズ	39.5	79.0
トマト	15.0	30.0
燃料費	23.2	37.7
料理人給料	40.4	50.5
設備減価償却費	200.0	200.0
修繕・維持費	7.9	9.8
雑　費	5.0	5.0
合　計	385.0	520.0

〔問〕

ピザの製造・販売に要する月間の原価予測データの原価分解を行って，月間の原価予想総額（Y）をY＝a＋bXの形で答えなさい。ただし，a＝月間の固定費，b＝変動費率，X＝ピザの製造・販売枚数とする。

理解度チェック

問題5-2 ★★★

当社は各種の電気冷蔵庫を製造・販売しているが，その中のT型冷蔵庫用のコンプレッサーは，横浜工場の第4製造部で製造している。

過去6か月間の第4製造部の生産および原価データ

(1) 生産データ　T型冷蔵庫用のコンプレッサー　3,000台（期首と期末の仕掛品はない）

(2) 原価データ　直接材料費（変動費）　1,500万円，直接労務費（変動費）　2,100万円，
製造間接費（準変動費）　3,000万円

(3) 製造間接費データの月別内訳（すべて正常値である）

月	製造間接費発生額	コンプレッサー完成量
1	495万円	485台
2	463万円	460台
3	515万円	510台
4	502万円	495台
5	547万円	580台
6	478万円	470台
合　計	3,000万円	3,000台

〔問〕

上記データにもとづき，第４製造部の製造間接費について，高低点法により原価分解を行って，⑴製品１台あたりの変動製造間接費，⑵（６か月間ではなく）月間の固定製造間接費を計算しなさい。

理解度チェック □□□

問題5-3　★★★

当社の正常操業圏は，月間正常機械稼働時間（2,500時間）を基準操業度（100％）とすると，その60％から120％である。そこで次に示す過去６か月分の実際原価データにもとづき，高低点法（High-low point method）によって原価分解を行い，来月（10月）の製造原価と販売費・一般管理費の発生額をそれぞれ予測しなさい。なお，10月の予想機械稼働時間は，2,700時間である。

（資　料）

月	機械稼働時間（時）	製造原価（円）	販売費・一般管理費（円）
4	1,670	3,858,160	490,640
5	1,510	3,539,800	451,800
6	1,385	3,383,100	417,950
7	2,320	5,153,300	607,350
8	2,460	5,430,840	622,600
9	2,520	5,539,600	633,600

理解度チェック □□□

問題5-4　★★★

当社のなんば工場の直接作業時間（X）と補助材料費（Y）の実績記録は，下記のとおりである。これらはすべて正常なデータである。

月	直接作業時間（X）	補助材料費（Y）
7	800時間	105,000円
8	1,200	105,000
9	400	45,000
10	1,600	165,000
合　計	4,000時間	420,000円

〔問〕

補助材料費の原価線は，Ｙ＝ａ＋ｂＸで表されるものとして，上記のデータにもとづき，最小自乗法によってａ（固定費）とｂ（変動費率）を求めなさい。計算にあたっては，下記の表を利用するのが便利である。

月	X	Y	X・Y	X^2
7	800	105,000		
8	1,200	105,000		
9	400	45,000		
10	1,600	165,000		
合計	4,000	420,000		

理解度チェック

問題5-5　★★★

次の資料をもとにして，下記の設問に答えなさい。

（資　料）

販　売　数　量	3,000個
単位あたり販売価格	5,000円
単位あたり変動費	3,250円
固　定　費	4,620,000円

〔設問１〕

損益分岐点における売上高および販売数量を求めなさい。

〔設問２〕

安全（余裕）率を求めなさい。

〔設問３〕

営業利益1,400,000円をあげるのに必要な売上高および販売数量を求めなさい。

〔設問４〕

売上高営業利益率10％をあげるのに必要な売上高および販売数量を求めなさい。

〔設問５〕

売上高24,000,000円で売上高営業利益率18％をあげるには，固定費をいくら節約すればよいか求めなさい。

理解度チェック

問題5-6　★★★

当社では，直接原価計算方式の損益計算書を作成している。当月の直接原価計算方式の損益計算書は以下のとおりである。販売単価，単位あたりの変動製造原価および変動販売費，固定費が来月以降も当月実績どおり予定されているものとして，下記の設問に答えなさい。

損益計算書（直接原価計算）　（単位：円）

売上高		20,000,000
変動売上原価		11,000,000
変動製造マージン		9,000,000
変動販売費		1,000,000
貢献利益		8,000,000
固定費		
製造原価	4,000,000	
販売費・一般管理費	2,000,000	6,000,000
営業利益		2,000,000

〔設問１〕

損益分岐点における売上高を求めなさい。

〔設問２〕

営業利益3,000,000円をあげるのに必要な売上高を求めなさい。

〔設問３〕

売上高営業利益率20％をあげるのに必要な売上高を求めなさい。

〔設問４〕

安全（余裕）率を求めなさい。

理解度チェック

問題5-7 ★★★

製品αを量産する当社は，直接原価計算を実施している。製品αの販売単価に占める変動製造原価の割合は60％で，変動販売費の割合は５％である。月間の固定費は，製造固定費が3,513万円，販売・一般管理固定費が512万円である。また，法人税率は40％である。

上記の条件にもとづき，次の問いに答えなさい。

〔問１〕

当社の月間の損益分岐点売上高を計算しなさい。

〔問２〕

税引前の営業利益が，売上高の10％になる売上高を求めなさい。

〔問３〕

月間の目標営業利益が税引後で1,050万円であるとして，この目標を達成する売上高を求めなさい。

理解度チェック

問題5-8 ★★★

次の資料をもとにして，下記の設問に答えなさい。

（資　料）

販　売　数　量	5,000個
単位あたり販売価格	4,000円
単位あたり変動費	2,080円
固　　定　　費	8,640,000円

〔設問１〕

予想営業利益を求めなさい。

〔設問２〕

損益分岐点における売上高および販売数量を求めなさい。

〔設問３〕

安全（余裕）率を求めなさい。

〔設問４〕

経営レバレッジ係数を求めなさい。

〔設問５〕

売上高が20％増加したときの予想営業利益増加額を経営レバレッジ係数を用いて計算しなさい。

理解度チェック

問題5-9　★★★

製品βを製造・販売する当社では，来年度の利益計画のため，次の予算原案を考慮中である。なお，当社では直接原価計算制度を採用している。

⑴　製品β 1個あたりの予算製造原価（単位：円）

	変動費	固定費	合　計
原料費	1, 750	——	1, 750
加工費	950	300	1, 250
製造原価合計	2, 700	300	3, 000

（注）製品1個あたり固定加工費300円は，年間固定加工費予算7, 200, 000円÷製品βの年間正常生産量24, 000個により算出される。

⑵　販売費・一般管理費予算

製品β 1個あたりの変動販売費予算……………………420円

年間の固定販売費・一般管理費予算…………2, 784, 000円

⑶　製品β 1個あたりの予定販売価格……………………5, 200円

⑷　年間計画生産量と販売量とは等しい。期首・期末仕掛品は少ないので無視する。

以上の条件によって，(A)当社の年間の損益分岐点の販売量を求めなさい。さらに(B)当社の年間の計画販売量が24, 000個であるとして，その場合の安全率（margin of safety；M/S比率…計画販売量と損益分岐点の販売量とが，どれほど離れていて安全かを示す比率）を計算しなさい。

さらに次の条件を追加する。

⑸　来年度予想使用総資本は，96, 000, 000円であり，年間目標使用総資本経常利益率（税引後年間経常利益÷年間予想使用総資本×100）は12%である。ただし，法人税等の税率は40%とする。

⑹　月間営業外収益見積額は364, 000円，月間営業外費用見積額は428, 000円である。
これらは月間固定費の修正項目として処理する。

以上の条件にもとづき，(C)年間の目標使用総資本経常利益率を達成する月間（年間ではなく）の目標販売量を求めなさい。

理解度チェック

問題5-10 ★★☆

製品αを量産する当社では，直接原価計算制度を採用しており，来年度の予定損益計算書は次のとおりである。そこで，下記の設問に答えなさい。

予 定 損 益 計 算 書

売 上 高	@800円	×	15,000kg…………	12,000,000円
変 動 費	@320円	×	15,000kg…………	4,800,000円
貢献利益	@480円	×	15,000kg…………	7,200,000円
固 定 費………………………………………				4,500,000円
営業利益………………………………………				2,700,000円

〔設問１〕

他の条件に変化はなく，製品の販売価格だけを10%引き上げた場合，営業利益はいくらになるか。

〔設問２〕

他の条件に変化はなく，製品の販売量だけを10%増加した場合，営業利益はいくらになるか。

〔設問３〕

製品の販売単価を10%値下げすると，販売量は20%増加すると予測された。その場合の営業利益はいくらになるか。

〔設問４〕

原材料価格が値上がりしたので，製品単位あたり変動費が10%増加する見込みである。その場合の営業利益はいくらになるか。

〔設問５〕

他の条件に変化はなく，固定費だけが10%増加した場合，営業利益はいくらになるか。

〔設問６〕

大綱的短期利益計画の策定上，次のような原価情報を入手した。

(1) 競争相手が売価を値下げしたので，当社も従来の販売量を維持するために，販売単価を５%値下げせざるを得ない。

(2) 労働組合との交渉により，賃金ベースアップのため，製品単位あたり変動費は従来に比べ４%増加する見込みである。

(3) しかしながら，100万円の設備投資をすれば，原材料および労働力の消費が節約されて，製品単位あたり変動費は従来に比べ10%減少すると期待される。

(4) 現在の経営資本は1,000万円であるが，上記(3)の100万円の設備投資を行い，経営資本を増加させると，減価償却費などの固定費が年間10万円増加する。

以上(1)から(4)までの条件にもとづき，予想営業利益と予想経営資本営業利益率を計算しなさい。

理解度チェック

問題5-11 ★☆☆

製品βを大量に生産・販売している当社の次の資料にもとづいて，下記の設問に答えなさい。

（資　料）当年度の実績と来年度の予測

当年度は製品βの需要が落ち込み，この傾向は来年度も続くと予想されるため，来年度は販売価格を当年度実績（2,400円/個）より10％引き下げることによって，販売量の落ち込みを当年度実績（10,000個）の５％減に抑える予定である。なお，当年度末および来年度末において棚卸資産在庫は存在しないものとする。

製品１個あたり直接材料費（すべて変動費）は，材料価格の上昇により来年度は当年度実績（250円/個）の20％増しと予測されている。また，製品１個あたり直接労務費（すべて変動費）は労働者不足から人件費が上昇しているため，当年度実績（500円/個）よりも12％上昇する見込みである。

上記のとおり，販売量が伸び悩むと予測できるため，設備投資も控える予定である。これにより，固定製造間接費総額は当年度実績（3,300,000円）の１/11だけ減少した額と見込まれる。なお，変動製造間接費については，当年度実績（230円/個）と同一水準であると予測される。

販売費については，製品１個あたり変動販売費は当年度実績（100円/個）の70％にまで減少する見込みである。なお，固定販売費は当年度実績（945,000円）と同額と予測されている。また，一般管理費（すべて固定費）についても当年度実績（1,115,000円）と同額であると予測される。

営業外収益および営業外費用については，それぞれ当年度実績（1,285,000円，1,725,000円）と同額であると予測される。

年間の使用総資本は30,000,000円で，法人税等の税率は40％である。

〔設問１〕

直接原価計算方式による来年度の予算損益計算書を作成しなさい。

〔設問２〕

〔設問１〕の予算損益計算書にもとづいて，次の数値を求めなさい。

(1)　損益分岐点売上高

(2)　目標営業利益5,000,000円を達成するための売上高

(3)　目標売上高営業利益率25％を達成するための売上高

(4)　予算販売量が達成できた場合の安全余裕率（％単位で，小数点以下第２位を四捨五入）

(5)　税引後の目標総資本経常利益率12％を達成するための売上高

〔設問３〕

〔設問１〕の予算損益計算書にもとづいて，追加的に次の事象が起こった場合の営業利益の金額を求めなさい。

(1)　経営の引き締めを強く実施することにより，固定製造間接費の総額が当年度実績より１/11ではなく10％減少し，固定販売費が４％だけ減少する場合

(2)　材料購買活動の効率化を図り，製品１個あたり直接材料費の上昇率を20％ではなく10％に抑え，一般管理費が当年度実績より169,800円だけ上昇する場合

(3)　販売価格の下落を10％ではなく12％にすることによって，販売量の落ち込みをゼロにすることができる場合

(4)　(1)〜(3)の事象が同時に起こった場合

理解度チェック

問題5-12 ★★★

当社は製品αを製造・販売し，実際正常原価計算を採用している。

(1) 20×1年度予算原価データは，次のとおりであった。

a．製品αの１kgあたりの変動製造・販売費　　原　料　費　930円/kg
　　変動加工費　550円/kg
　　変動販売費　 30円/kg

b．製品αの固定製造・販売・一般管理費許容額（多桁式予算，正常操業度は15,000kg）

（単位：円）

生　産　量	0kg～6,000kg未満	6,000kg～12,000kg未満	12,000kg～18,000kg未満
操　業　度	0％～40％未満	40％～80％未満	80％～120％未満
監督者給料	1,276,000	1,644,700	2,126,000
そ　の　他	2,124,000	2,124,000	2,124,000
固定加工費計	3,400,000	3,768,700	4,250,000
給　　料	1,200,000	1,200,000	1,200,000
そ　の　他	800,000	800,000	800,000
固定販売・一般管理費計	2,000,000	2,000,000	2,000,000
固定費合計	5,400,000	5,768,700	6,250,000

(2) 20×2年度の利益計画上予想される事項は，次のとおりである。

a．競争相手が製品の販売価格を値下げしたので，当社も製品α 1kgあたりの販売価格2,600円を，５％引き下げざるをえない。

b．輸入原料の値下がりで，製品α 1kgあたりの原料費は２％引き下げることにする。

c．電力料金が値下がりしたので，製品α 1kgあたりの変動加工費は４％引き下げる。

d．運賃が値上がりしたので，製品αの変動販売費は1kgあたり２％引き上げる。

e．火災保険料，賃貸料などが値上がりしたので，固定加工費予算は86,000円，固定販売費・一般管理費予算は52,000円だけ，前年度より増加する。

f．営業外収益は246,000円，営業外費用は288,000円発生する見込みである。

g．期首，期末の仕掛品，製品は無視する。

上記データにもとづき20×2年度について，①損益分岐点の販売量，②売上高経常利益率が10％になる販売量を求めよ。また，年間の使用総資本は22,560,000円で，法人税等の税率は40％であり，税引後の目標総資本経常利益率が20％であるとして，③この目標総資本経常利益率を達成する税引前の目標経常利益額，および④その目標経常利益額を達成する販売量を求めよ。さらに，⑤その目標販売量のときの安全率（margin of safety）を計算しなさい。ただし，営業外収益，費用については，固定費総額の修正により処理すること。また，計算の途中で端数が生じるときは四捨五入せず，分数で計算しなさい。

理解度チェック

問題5-13　★★★

当社は，ピザを主力製品とするファースト・フード・レストランを経営している。次年度の利益計画を策定中で，以下に示す資料（１～３）にもとづいて，次の３つの代替案を検討している。

代替案１：ピザを現行単価1, 500円で販売する。販売数量は300, 000枚と予想される。

代替案２：ピザの販売単価を1, 300円に値下げする。販売数量は350, 000枚と予想される。

代替案３：ピザの販売単価を1, 300円に値下げすると同時に，販売費を（販売数量に関係なく）1, 200万円増額する（資料１(4)）。販売数量は400, 000枚と予想される。

（資　料）

1．過去のデータによれば，ピザの製造・販売に要する原価は，年間製造・販売数量240, 000枚で34, 416万円，480, 000枚では56, 016万円である。しかし，次年度には次の事項(1)～(5)が予想される。

(1)　輸入原料の値下げで，直接材料費は30％減少する。なお，変動費に占める直接材料費の割合は80％である。

(2)　電力・電話などの料金値下げで，直接材料費以外の変動費が10％減少する。

(3)　人件費，賃借料などの値上げで，固定費が1, 584万円増加する。

(4)　代替案３では，固定販売費を1, 200万円増額する。

(5)　期首・期末の仕掛品，製品はない。

2．投下資本総額は42, 000万円である。

3．法人税率は40％である。

以上のデータにもとづいて，以下の各問いに答えなさい。

〔問１〕

過去のデータによれば，ピザ１枚あたり変動費および年間固定費はいくらか。

〔問２〕

次年度の予想値にもとづいて，各代替案の損益分岐点販売数量および安全率（安全余裕率）を計算しなさい。また，各代替案の税引後投下資本利益率（税引後営業利益÷投下資本×100）を計算しなさい。なお，法人税額は営業利益に法人税率を掛けて計算すればよい。端数が生じる場合には，％については小数点以下第２位で，枚数については小数点以下第１位で四捨五入すること。

〔問３〕

目標投下資本利益率を8. 96％として，その投下資本利益率（税引後）を達成するために必要な各代替案の販売数量（目標販売数量）を計算しなさい。端数が生じる場合には，小数点以下第１位で四捨五入すること。

理解度チェック

問題5-14 ★★★

当社は，事業部を投資センターとして位置づけ，各事業部の業績を投下資本利益率（ROI）によって評価している。また，事業部のROI（＝税引後営業利益／投下資本）にもとづいて事業部長にボーナスを支払っている。さて，X事業部は製品Aを製造・販売しているが，本年度の実績予想は次のとおりである。

損益計算書　　（単位：千円）

売上高　@240千円×2,000個		480,000
変動費		
直接材料費　@90千円×2,000個	180,000	
直接労務費　@30千円×2,000個	60,000	
変動製造間接費	42,400	
変動販売費	9,600	292,000
貢献利益		188,000
固定費		
固定製造間接費	82,000	
固定販売費・一般管理費	54,000	136,000
営業利益		52,000
法人税		15,600
税引後営業利益		36,400

X事業部の事業部長は，来年度の利益計画に当たって，以下の３つの代替案を検討している。各代替案につき，(1)売上高，(2)税引後営業利益，(3)ROI，(4)損益分岐点販売個数，(5)安全余裕率（margin of safety），および(6)税引後８％のROIを得るために必要な販売個数を計算しなさい。ただし，投下資本は「売上高の20％＋400,000千円」，法人税率は30％とする。なお，計算過程で端数が生じる場合，売上高と利益は千円未満，ROIと安全余裕率（いずれもパーセント）は小数点第２位以下を切り捨てなさい（例：本年度のROI＝36,400千円／496,000千円＝0.073387…→7.3％）。販売個数に端数が生じる場合には，小数点以下の端数を切り上げて整数で答えなさい。

案１……本年度実績どおりとする。

案２……販売価格は240千円のまま固定販売費を7,000千円追加し，2,200個販売する。

案３……販売価格を280千円に引き上げる。そのとき販売数量の大幅な減少が見込まれるが，単位あたり直接材料費を3,600円，単位あたり直接労務費を2,400円増額すると共に，固定製造間接費を13,000千円，固定販売費を14,000千円追加することにより，1,800個販売する。

理解度チェック

問題5-15 ★★★

当社は製品α，製品βおよび製品γの３種類を生産・販売している。そこで，以下の資料にもとづいて，下記の設問に答えなさい。

（資　料）

	製品α	製品β	製品γ
販売単価	1,500円/個	1,000円/個	800円/個
変動製造原価	720円/個	485円/個	400円/個
変動販売費	180円/個	165円/個	160円/個
固定製造原価	1,260,000円	1,080,000円	882,000円
固定販売費	495,900円	297,500円	198,400円
一般管理費（すべて固定費）		2,400,000円	

（注）一般管理費は各製品に共通的に発生する。

〔設問１〕

製品α，製品βおよび製品γの販売量割合を５：３：２で一定とした場合，⑴各製品の損益分岐点販売量を求めなさい。また，⑵目標営業利益2,265,000円を達成するために必要な各製品の販売量を求めなさい。

〔設問２〕

製品α，製品βおよび製品γの売上高割合を５：３：２で一定とした場合，各製品の損益分岐点売上高を求めなさい。

理解度チェック □□□

問題5-16 ★★★

当社では，現在20×2年度の利益計画を策定中である。次の資料にもとづいて，下記の設問に答えなさい。

（資　料）

1．20×1年度のデータ

⑴　製品1個あたりの資料

	製品α	製品β
販売価格	1,000円	1,250円
変動費		
原料費	400円	500円
変動加工費	350	410
変動販売費	20	30
貢献利益	230円	310円

⑵　年間固定費予算（すべて共通固定費）

固定加工費……………………………………1,200,000円

固定販売費……………………………………795,000円

一般管理費（すべて固定費）…………………1,515,000円

⑶　製品αおよび製品βの販売量の割合は1：1とする。

2．20×2年において変化する事項

⑴　販売価格につき，製品の需要の関係で製品αは5％値下げし，製品βは4％値上げする。

⑵　両製品とも，原料費が10％増加する。

⑶　変動販売費が，製品αは5％，製品βは10％それぞれ増加する。

⑷　固定販売費が21,000円増加する。

⑸　営業外収益が123,200円，営業外費用が146,900円発生すると予想され，これらは固定費の修正項目とする。

⑹　製品αと製品βの販売量の割合は4：5に改める。

⑺　その他の事項は変化がないものとする。なお，仕掛品・製品の期首・期末在庫はなかったものとする。

〔設問1〕

20×1年度における各製品の損益分岐点販売量を求めなさい。

〔設問2〕

20×1年度において，製品αと製品βの売上高の割合を1：3，年間経営資本が1,544,000円，法人税率40％とした場合，税引後の目標資本営業利益率（＝税引後年間目標営業利益÷年間経営資本×100）15％を達成するための，製品αと製品βの売上高はそれぞれいくらになるか求めなさい。

〔設問3〕

（資料）2の変化事項を考慮して，20×2年度における各製品の損益分岐点販売量を求めなさい。

理解度チェック

問題5-17 ★★★

製品αを量産する当社は，全部実際正常原価計算を採用している。20×2年度（1月～12月）予算の原価と販売価格データおよび，現在は5月であるが，翌6月の計画生産・販売量は次のとおりである。

1．製品1kgあたり予算原価

原　料　費	1,200円
変動加工費	1,000円
固定加工費	800円
製造原価	3,000円

なお，固定加工費は，年間加工費予算57,600,000円を年間正常生産量72,000kgで割って計算されており，加工費はこの72,000kgを年間基準操業度として予定配賦される。

2．販売費・一般管理費予算

製品1kgあたり変動販売費	600円
月間固定販売費・一般管理費	6,820,000円

3．6月の計画生産・販売量

期首在庫量	2,200kg
当月生産量	5,500kg
当月販売量	5,000kg
期末在庫量	2,700kg

（注）月間計画生産量は，年間当初は6,000kgであったが，来月（6月）は不況のため5,500kgに下方修正した。予想操業度差異は当月の売上原価に賦課する。

4．製品αの予算販売価格は1kgあたり5,500円である。

上記の条件にもとづき，次の問いに答えなさい。

〔問1〕

6月の損益分岐点の販売量はいくらか。

〔問2〕

6月の安全余裕率は何パーセントか。

〔問3〕

6月の損益分岐点比率は何パーセントか。

理解度チェック

問題5-18 ★★★

製品βを製造・販売する当社では，来年度の利益計画のため，次の予算原案を考慮中である。

⑴ 製品β１個あたりの予算製造原価

	変動費	固定費	合　計
直接材料費	1,200円	――円	1,200円
直接労務費	1,000	――	1,000
製造間接費	200	400	600
合　計	2,400円	400円	2,800円

（注）製品１個あたりの固定製造間接費標準配賦額400円は，年間の固定製造間接費予算4,800,000円÷年間の正常生産量12,000個により算出されている。

⑵ 販売費・一般管理費予算

製品β１個あたりの変動販売費予算………………　80円

年間の固定販売費・一般管理費予算………2,400,000円

⑶ 製品β１個あたりの予定販売価格…………………3,280円

⑷ 年間計画生産量と販売量とは等しい。期首・期末仕掛品は少ないので無視する。

⑸ 来年度予想使用総資本は，24,240,000円であり，年間目標使用総資本経常利益率（税引後年間経常利益÷年間予想使用総資本×100）は12%である。ただし，法人税等の税率は40%とする。

⑹ 月間営業外収益見積額は201,800円，月間営業外費用見積額は197,800円である。

⑺ 来年度はやや景気にかげりが予想されるので，とりあえず計画生産量と販売量を下記のように修正した。

期首製品在庫量………	2,000個	期中製品生産量………	10,800個
期中製品販売量………	11,300個	期末製品在庫量………	1,500個

以上の条件にもとづき，次の各設問に答えなさい。

〔設問１〕

当社が直接標準原価計算制度を採用していると仮定して，年間の目標使用総資本経常利益率を達成する，月間の目標販売量を計算しなさい。

〔設問２〕

当社が全部標準原価計算制度を採用していると仮定して，年間の目標使用総資本経常利益率を達成する，月間の目標販売量を計算しなさい。ただし，月々の操業度差異は，各月の売上原価に賦課するものとする。

Theme 06 最適セールス・ミックスの決定

理解度チェック

問題6-1 ★★★

当社では，製品Aと製品Bを製造・販売しており，直接標準原価計算を採用している。次年度の予算編成に際し，現在までに次の情報を入手している。

1．各製品1個あたりの販売価格，変動加工費，変動販売費，組立時間

	製　品　A	製　品　B
1個あたりの販売価格	5,000円	6,000円
1個あたりの変動加工費	2,400円	2,500円
1個あたりの変動販売費	400円	500円
1個あたりの組立時間	2時間	3時間

また，固定費については，両製品に個別に発生する固定費はなく，両製品に共通して発生する固定費は1,000万円である。

2．組立部の生産能力は14,000時間である。

3．当社の市場占拠率の関係から，製品Aに対する需要限度は4,000個，製品Bに対する需要限度は3,000個であって，それを超えて製造・販売することはできない。

上記の条件にもとづき，⑴最適セールス・ミックスと，そのときの⑵年間営業利益を求めなさい。

理解度チェック

問題6-2 ★★★

当社は健康食品を製造・販売する中小企業であり，20×1年度の第1四半期の予算を編成中である。そこで，下記の条件にもとづき設問に答えなさい。

〔条　件〕

1．当社では4種類の製品を製造・販売しており，第1四半期の製品品種別計画生産・販売量の予算原案は次のとおりである。

製品品種	計画生産・販売量	長期契約最低販売量	予想最大販売量
A	4,000個	2,000個	6,000個
B	12,000個	5,000個	12,000個
C	6,000個	2,000個	8,000個
D	7,000個	3,000個	10,000個
合計	29,000個	12,000個	36,000個

なお，長期契約最低販売量とは，当社が小売店に長期契約で第1四半期中に供給しなければならない最低の販売量のことであり，予想最大販売量とは第1四半期中に見込まれる最大の販売量のことで，販売部長によるかなり精度の高い予測値である。

2．製品品種別機械加工時間

製品品種	製品単位あたり機械加工時間		計画生産量		計画加工時間合計
A	0.5時間	×	4,000個	…………	2,000時間
B	0.8時間	×	12,000個	…………	9,600時間
C	0.6時間	×	6,000個	…………	3,600時間
D	0.4時間	×	7,000個	…………	2,800時間
合計			29,000個	…………	18,000時間

なお，製品単位あたり機械加工時間とは，各製品に共通に使用される主要設備の機械加工時間のことであり，この主要設備の最大生産能力は18,000時間である。したがって，予算原案の計画生産量は，主要設備をその生産能力限界まで利用する計画案である。

3．製品品種別１個あたりの販売価格（市場価格）と原料費

	A	B	C	D
販売価格	3,000円	4,000円	3,600円	2,500円
原料費単価	1,100円	680円	960円	940円

4．製造加工費，販売費及び一般管理費

製造加工費については，機械加工時間が6,000時間のときは15,600,000円，18,000時間のときは32,400,000円が第１四半期の許容予算である。また，製品別計算では，加工費は，機械加工時間（基準操業度18,000時間）にもとづき，各製品品種に配賦している。なお，第１四半期の販売費及び一般管理費予算は，変動費はなく，固定費が12,500,000円である。

〔問１〕

加工費の原価分解を行って，機械加工時間あたり変動加工費率と固定加工費（第１四半期予算額）を計算しなさい。

〔問２〕

予算原案について，直接原価計算方式により予定損益計算書を作成し，予算営業利益を計算しなさい。

〔問３〕

予算原価を検討してみると，セールス・ミックス（売上高中に占める各製品品種の構成割合）を改善すれば，さらに営業利益を増加せしめる可能性がある。そこで，上記資料に示された条件のもとで，最大の営業利益が得られる最適セールス・ミックスを求めなさい。それを予算原案に対する改訂案とし，改訂案を採用した場合の予定損益計算書を作成したうえで，予算原案よりも営業利益がいくら増加するかを計算しなさい。

理解度チェック

問題6-3　★★★

当工場は，製品X，製品Yの２種類の製品を製造販売している。製品X，製品Yは，それぞれの専用設備での作業をしたのち，共通設備での作業が必要である。すなわち，製品Xは，専用設備Xでの作業と共通設備での作業が必要であり，製品Yは，専用設備Yでの作業と共通設備での作業が必要である。

製品X，製品Yには現在十分な需要があり，当面は生産した分だけの販売は可能であると見込まれる。次の資料をもとに以下の問いに答えなさい。

（資　料）

1．製品ごとの販売単価と１個あたり標準直接材料費

	販売単価	標準直接材料費
製品X	18,000円	4,500円
製品Y	16,800円	2,700円

2．設備ごとの各製品１個あたり標準機械作業時間

	専用設備X	専用設備Y	共通設備
製品X	２時間	——	1.2時間
製品Y	——	２時間	1.8時間

3．各設備の月間生産能力

月間生産能力（機械作業時間）はいずれの設備も3,600時間である。

4．１機械作業時間あたり標準加工費率（各設備共通）

標準変動加工費率 1,500円/時間

標準固定加工費率 1,000円/時間

〔問１〕製品Xと製品Yの１個あたり貢献利益を計算しなさい。

〔問２〕製品Xのみを可能なだけ生産した場合の，月間貢献利益を求めなさい。

〔問３〕製品Xのみを可能なだけ生産した場合の，共通設備の予定遊休時間を求めなさい。

〔問４〕製品Xを可能なだけ生産した場合の，製品Yの最大生産量を求めなさい。

〔問５〕製品Yを可能なだけ生産した場合の，製品Xの最大生産量を求めなさい。

〔問６〕以下の文章の（　　）にもっとも適切な語句を，［　　］に適切な数値を入れなさい。語句は下記の語群から選択しなさい。

製品Xを可能なだけ生産したうえで，製品Yを最大生産量まで生産した場合を前提として，製品Xの生産を３個あきらめるとすると，製品Yの生産量を［　①　］個（　②　）させることができる。このとき，製品Xの生産を３個あきらめることによって貢献利益が［　③　］円（　④　）し，製品Yの生産量を［　①　］個（　②　）させることによって貢献利益が［　⑤　］円（　⑥　）する。結果，全体として貢献利益が［　⑦　］円（　⑧　）することから，製品Xを可能なだけ生産するほうが，製品Yを可能なだけ生産するより（　⑨　）であることがわかる。

語群：貢献，埋没，増加，減少，有利，差額，不利

〔問７〕月間貢献利益を最大にする製品X，製品Yの最適な組合わせを求めなさい。また，そのときの月間貢献利益総額を求めなさい。

〔問８〕共通設備の月間利用可能時間を360時間長くすることができたとすると，それによりどれだけの月間貢献利益が増加するか。最適な組合わせを前提にして答えなさい。

〔問９〕〔問８〕の条件は削除する。製品Xの専用設備Xにおける１個あたりの機械作業時間を1.5時

間に短縮できたとすると，それによりどれだけ月間貢献利益が増加するか。最適な組合わせを前提にして答えなさい。

理解度チェック □□□

問題6-4 ★★★

当社では，製品α，βを生産・販売している。製品α，βに関する次の資料にもとづいて，最適セールス・ミックスとそのときの営業利益を求めなさい。

（資　料）

(1) 製品α，βの原価データ

	製　品　α	製　品　β
直接材料費	100円×2 kg　=200円	100円×5 kg　=500円
直接労務費	150円×2 DLH=300円	150円×4 DLH=600円
変動製造間接費	100円×4 MH　=400円	100円×2 MH　=200円
共通固定費	1,000,000円	

(2) 製品α，βの販売データ

	製品α	製品β
販売価格	2,200円	2,500円
変動販売費	100円	200円
実現可能需要量	2,200個	1,800個

(3) その他のデータ

最大直接作業時間	8,000DLH
最大機械作業時間	10,000MH

理解度チェック □□□

問題6-5 ★★★

製品αおよびβを量産する当社では，直接標準原価計算を採用している。

(1) 両製品とも，材料を機械加工部で加工し，次いで組立部で組み立てて完成する。これらの製造部門における各製品1個あたりの標準作業時間と月間の生産能力は，次のとおりである。

	機械加工部	組　立　部
製品α　1個あたりの標準作業時間	2.0時間	1.0時間
製品β　1個あたりの標準作業時間	4.0時間	1.2時間
月間生産能力	16,000時間	6,000時間

(2) 当社の市場占拠率の関係から，製品αに対する需要限度は4,500個，製品βに対する需要限度は6,000個であって，それを超えて製造・販売することはできない。

(3) 両製品に関する財務データは，次のとおりである。

	製品α	製品β
販売単価	2,500円	3,750円
製品単位あたり標準変動費	1,500円	2,250円

なお，両製品の月間共通固定費予算は，425万円である。

上記の条件にもとづき，次の問いに答えなさい。

〔問１〕

製品αおよびβを月間何個ずつ生産・販売すれば，最大の営業利益が得られるか，すなわち，月間の最適セールス・ミックスを求めなさい。なお，この問題は，簡単なグラフを描いて考えると，容易に解けるであろう。

〔問２〕

最適セールス・ミックスのときの，税引前の月間営業利益はいくらか。

〔問３〕

製品βについては，将来さらに競争が激化し，値下げをする可能性が予想される。そこで，他の条件に変化はないものとして，この製品１個あたりの貢献利益が，いくらより少なくなれば，上で求めた最適セールス・ミックスが変化するであろうか。

理解度チェック

問題6-6 ★★★

当社は機械加工，組立，仕上の各工程を有し，従来より３種類の製品α，βおよびγを製造・販売している。次期の予算編成に際し，次の情報を入手している。そこで，この情報にもとづいて，下記の設問に答えなさい。

(1) 各製品の販売単価，単位あたり直接原価（変動費）は次のように推定される。

	製品α	製品β	製品γ
販売単価	6,000円	5,000円	14,000円
直接原価	3,000円	3,000円	9,000円

(2) 期間原価（固定費）は1,400,000円と推定される。

(3) 製造販売活動を制約する条件は，各工程の稼働能力であって，次期における各工程の最大稼働能力は次のとおりである。

機械工程………4,600時間　　組立工程………4,200時間

仕上工程………4,300時間

(4) 各製品単位あたり加工時間は次のとおりである。

	製品α	製品β	製品γ
機械工程	３時間	４時間	２時間
組立工程	２時間	４時間	２時間
仕上工程	３時間	１時間	１時間

(5) 各製品の需要限度は次のとおりである。

製品α………　500単位

製品β………　300単位

製品γ………1,500単位

〔設問１〕

次期における最適セールス・ミックスを求めなさい。

〔設問２〕

最適セールス・ミックスのもとでの予想営業利益を求めなさい。

理解度チェック □□□

問題6-7　★★★

〔問題１〕

なにわ工場の直接作業時間（Ｘ）と補助材料費（Ｙ）の実績記録は，下記のとおりである。

	直接作業時間（Ｘ）	補助材料費（Ｙ）
１月	980時間	1,764千円
２月	780時間	1,627千円
３月	860時間	1,692千円
４月	1,120時間	1,926千円
５月	1,220時間	2,137千円
６月	1,040時間	1,854千円
合計	6,000時間	11,000千円

（注）月間正常直接作業時間は1,000時間であり，正常操業圏は1,000時間を基準操業度（100%）とすると，80%から120%の範囲である。

（問１）

補助材料費の原価線は，Ｙ＝ａ＋ｂＸで表せるものとして，上記のデータにもとづき，高低点法によってａ（固定費）とｂ（変動費率）を計算しなさい。

（問２）

同じデータにもとづき，最小自乗法によってａ（固定費）とｂ（変動費率）を求めなさい。計算にあたっては，下記の表を利用するのが便利である。

月	X	Y	X・Y	X^2
合計				

〔問題２〕

ＳＤ製作所では，テレビゲームを製造・販売している。製品には，スタンダード・モデル（ＳＴ）とデラックス・モデル（ＤＸ）とがあり，両製品品種の１台あたりの売価と変動費（製造原価，販売費・一般管理費中の変動費）は，下記のとおりである。

	ＳＴ	ＤＸ
１台あたりの販売価格	30,000円	50,000円
１台あたりの変動費	18,000円	27,500円

また，固定費については，個別固定費はなく，月間の共通固定費は510万円である。

ＳＴ製品とＤＸ製品の販売量は，５：３の割合で販売するものとする。

（問１）

上記の条件にもとづき，ＳＴ製品とＤＸ製品について，損益分岐点の月間販売量を求めなさい。

（問２）

同じ条件のもとで月間の目標営業利益が765万円であるとする。この場合のＳＴ製品とＤＸ製品の目標販売量を求めなさい。

〔問題３〕

上記ＳＤ製作所につき，５：３の割合で販売するという条件および月間の目標営業利益が765万円であるとする条件は削除し，それ以外の条件（すなわち，両製品の１台あたりの販売価格と変動費，月間の共通固定費の条件）は有効であるとして，さらに次の条件を追加する。ＳＴ製品とＤＸ製品の両品種とも，機械加工部を経て組立部で完成する。両品種の部門別標準作業時間は次のとおりである。

	機械加工部	組　立　部
ＳＴ１台あたり標準作業時間	４時間	１時間
ＤＸ１台あたり標準作業時間	５時間	３時間
各部門の月間生産能力	3,600時間	1,320時間

ただし，ＤＸ製品は，マイクロチップの入手が困難なため，月間300台までしか生産できない。

（問１）

上記の条件にもとづき，ＳＴ製品とＤＸ製品を月間何台ずつ生産・販売すれば最大の営業利益が得られるか。なお，この最適セールス・ミックスを求めるためには，下記の図を利用し，簡単なグラフを描いてみると容易に求められるであろう。

（問２）

さらに⑴マイクロチップの入手に努力した結果，ＤＸ製品を月間300台でなく，400台まで生産することが可能となった。⑵市場におけるＳＴ製品の販売競争が激化し，ＳＴ製品の販売価格を１台あたり30,000円から25,000円に引き下げざるをえなくなった。以上の条件を追加した場合，ＳＴ製品とＤＸ製品を月間何台ずつ生産・販売すれば，最大の営業利益が得られるであろうか。

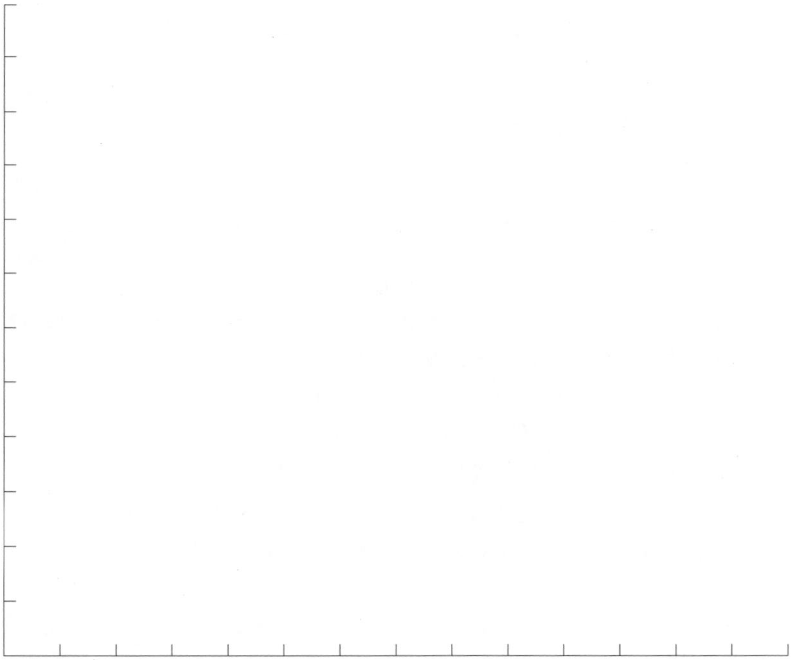

Theme

07 事業部の業績測定

理解度チェック

問題7-1 ★★★

当社では，製品α，製品βおよび製品γを生産・販売している。当事業年度における製品別損益計算書は次のとおりであった。

製品別損益計算書　　（単位：千円）

	製品α	製品β	製品γ	合　計
売　上　高	750,000	330,000	420,000	1,500,000
売上原価	510,000	282,000	264,000	1,056,000
売上総利益	240,000	48,000	156,000	444,000
販売費・一般管理費	165,000	99,000	126,000	390,000
営業利益	75,000	△51,000	30,000	54,000

これを見た当社の社長は，製品βの営業利益が△51,000千円であるため，製品βの生産・販売を中止するように指示をした。

しかし，この判断は正しいものではない。そこで，以下の追加資料をもとに，各製品の収益性が正しく判断できるように製品別損益計算書を作成しなさい。

（追加資料）

1．製造原価のうち変動費は，それぞれの売上高に対して，製品αは45%，製品βは30%，製品γは35%である。

2．販売費・一般管理費のうち固定費は売上高の10%の割合で各製品に対して配賦している。

3．固定製造原価のうち個別固定費が，製品αは112,500千円，製品βは33,000千円，製品γは63,000千円であり，それ以外の固定製造原価および固定販売費・一般管理費は各製品に共通して発生するものである。

理解度チェック

問題7-2 ★★★

当社のα事業部では製品αを製造・販売している。そこで，以下の資料にもとづいて，事業部別予算損益計算書を作成しなさい。

（資　料）当期の予算案

1．製品αの単位あたり予算販売価格と標準製造原価

単位あたり予算販売価格 ………………… 7,000円

単位あたり標準製造原価

直接材料費	：300円/kg	× 2 kg	=	600円
直接労務費	：400円/時間	× 5 時間	=	2,000円
製造間接費	：480円/時間	× 5 時間	=	2,400円
合　計				5,000円

（注）製造間接費は公式法変動予算によっており，基準操業度は25,000時間である。

2．製品αの固定製造間接費予算額は7,500,000円であり，このうち80％がα事業部長にとって管理可能である。

3．α事業部に直接跡づけられる販売費及び一般管理費予算額は6,500,000円で，単位あたり予算変動販売費は500円，固定販売費及び一般管理費のうち70％がα事業部長にとって管理可能である。また，本社費が各事業部の活動状況に関係なく，一定額だけ配賦される。

4．製品αの予定生産量および予定販売量は等しく5,000個であり，全部原価計算方式によって作成された損益計算書における営業利益は1,500,000円である。

理解度チェック

問題7-3 ★★★

当社のα事業部では製品αを生産・販売している。α事業部に関する次の資料にもとづいて，下記の設問に答えなさい。

（資　料）

生産・販売数量	8,000個	
単位あたり販売価格	5,000円	
単位あたり変動製造原価	2,600円	
単位あたり変動販売費	650円	
α事業部に跡づけ可能な固定費	7,500,000円	（うちα事業部長が管理可能な固定費は80％）
本社費のα事業部配賦額	2,500,000円	（合理的な配賦額である）
α事業部に跡づけ可能な投資額	40,000,000円	（うちα事業部長が管理可能な投資額は80％）
当社の資本コスト率	6％	

〔設問１〕

事業部別損益計算書を作成しなさい。

〔設問２〕

事業部長の業績測定尺度としての投下資本利益率と残余利益を計算しなさい。

〔設問３〕

事業部自体の業績測定尺度としての投下資本利益率と残余利益を計算しなさい。

〔設問４〕

残余利益を組み込んだ事業部別損益計算書を作成しなさい。

理解度チェック

問題7-4 ★★★

当事業部の総資本は3,000万円である。当社の資本構成は負債が40％，自己資本が60％である。また，負債の税引前資本コスト率は５％，自己資本の資本コスト率は14％，法人税率は40％である。なお，当事業部の税引前の総資本営業利益率は25％であった。

以上の条件にもとづき，与えられた投下資本および利益額はすべて事業部長にとって管理可能なものとして，下記の各問いに答えなさい。

〔問１〕

当事業部の税引後残余利益を計算しなさい。

（追加資料）

当事業部では，新規投資プロジェクトの採否を検討中である。この新規投資プロジェクトは投資額1,500万円，税引後で12％のリターンが見込まれている。

そこで，事業部長がこの新規プロジェクトを採用するか否かを，以下の問いごとに解答用紙の形式にしたがって判断しなさい。

〔問２〕

投下資本利益率（税引後）によって事業部長の評価をする場合。

〔問３〕

税引後残余利益によって事業部長の評価をする場合。

理解度チェック

問題7-5 ★★★

当社では，組織形態として事業部制を採用しており，各事業部においてそれぞれ単一製品の生産・販売を行っている。現在，α事業部とβ事業部について次年度の予算損益計算書の作成を行っているところである。なお，当社では原価計算方式として直接標準原価計算を採用している。そこで，次の資料にもとづいて，下記の設問に答えなさい。

（資　料）

1．原価標準に関する資料

	製品α	製品β
直接材料費：変動費	900円/個	765円/個
直接労務費：変動費	975円/個	675円/個
製造間接費：変動費	600円/個	600円/個
固定費	330円/個	255円/個

（注）基準操業度は次年度の予定生産量である。

2．販売予算に関する資料

(1) 次年度においては，α事業部で製品αを販売価格4,500円/個で25,000個，β事業部で製品βを販売価格3,600円/個で100,000個販売する予定である。なお，期首および期末製品・仕掛品は一切存在しない。

(2) 変動販売費については，α事業部およびβ事業部でそれぞれ製品1個あたり225円および120円発生すると見積られている。

(3) 固定販売費については，次年度においてα事業部およびβ事業部でそれぞれ7,500千円および22,500千円発生すると見積られている。

3．一般管理費予算に関する資料

次年度において，一般管理費がα事業部およびβ事業部でそれぞれ18,000千円および37,500千円発生すると見積られている。なお，一般管理費は各事業部の操業水準にかかわりなく一定額発生するものである。

4．本社費配賦額に関する資料

次年度において，各事業部に共通の本社費をα事業部およびβ事業部にそれぞれ12,000千円および36,000千円配賦する予定である。なお，本社費配賦額は各事業部の操業水準にかかわりなく一定額発生するものであり，単に経営者の方針にもとづいたものである。

5．各事業部長の管理可能性に関する資料

次年度における各事業部の予算額に占める各事業部長の管理可能な額の割合は次のとおりである。

	α事業部	β事業部
製造間接費(固定費)	60%	70%
固定販売費	78%	60%
一般管理費	65%	57%

6．各事業部の投下資本に関する資料

(1) 投下資本額

	α事業部	β事業部
変動資本	売上高の20%	売上高の20%
固定資本	102,500千円	648,000千円

なお，変動資本の全額が各事業部長にとって管理可能である。また，固定資本のうちα事業部長およびβ事業部長は，それぞれ97,500千円および428,000千円だけ管理可能である。

(2) 資本コスト率

当社では，以下のデータから算出される加重平均資本コスト率を全社的に用いている。なお，資本構成割合は調達額にかかわらず一定とする。

調達源泉	構成割合	資本コスト率
借 入 金	30%	7.0%
社 債	20%	6.0%
自己資本	50%	9.4%

〔設問1〕

当社の加重平均資本コスト率を求めなさい。

〔設問2〕

事業部長の業績測定および事業部自体の業績測定にとって適切であると考えられる予算損益計算書を，α事業部およびβ事業部について作成しなさい。

〔設問3〕

両事業部長の業績測定に役立つように，投下資本利益率と残余利益を計算しなさい。

〔設問4〕

両事業部の業績測定に役立つように，投下資本利益率と残余利益を計算しなさい。

(追加資料)

調査の結果，次年度においてα事業部には遊休生産能力が存在することが判明した。そこで，この遊休生産能力を利用して新製品γの生産・販売を行うプロジェクトが現在検討されている。

1．製品γの販売価格は3,200円/個に設定し，次年度において10,000個生産・販売する予定である。

2．製品γの変動費は3,000円/個発生すると見積られている。なお，このプロジェクトによって追加的に発生する固定費は一切ない。

3．このプロジェクトに対する投下資本は総額20,000千円であり，α事業部長にとってすべて管理可能である。

〔設問5〕

仮に当社が，各事業部長の業績評価に管理可能投下資本利益率を用いている場合，α事業部長はこのプロジェクトを採用するか否かを解答用紙にしたがって答えなさい。

〔設問6〕

仮に当社が，各事業部長の業績評価に管理可能残余利益を用いている場合，α事業部長はこのプロジェクトを採用するか否かを解答用紙にしたがって答えなさい。

〔設問7〕

全社的にみて，このプロジェクトを採用すべきか否かを解答用紙にしたがって答えなさい。

理解度チェック

問題7-6 ★★★

当社は，ハンバーガーを主力製品とするファースト・フード・レストランを経営する会社である。国内で20の支店を持っているが，なかでも東京の水道橋店と池袋店の成長はめざましく，両店とも料理の種類にピザを加える可能性を検討中である。

1．両支店のピザ導入前の年次貸借対照表と年次損益計算書（単位：万円）

	水道橋店	池袋店
年次貸借対照表		
流動資産	11,700	6,000
固定資産	46,800	12,000
資産合計	58,500	18,000
流動負債	2,100	1,600
固定負債	21,300	5,600
負債合計	23,400	7,200
資本	35,100	10,800
負債・資本合計	58,500	18,000
年次損益計算書		
売上高	73,125	14,400
費用	58,500	10,800
税引前利益	14,625	3,600

2．水道橋店または池袋店にピザを導入する場合の共通のデータ

(1) ピザの製造・販売に要する月間の原価予測（単位：万円）

製造・販売量	7,500枚	15,000枚
材料費：生地	42.5	85.0
サラミ	32.5	65.0
チーズ	52.0	104.0
トマト	22.5	45.0
燃料費	26.2	55.3
料理人給料	43.4	81.2
設備減価償却費	178.75	178.75
修繕・維持費	10.9	19.5
雑費	7.5	7.5
合計	416.25	641.25

(2) ピザ導入に要する投資額は，9,000万円であって，その内訳は，流動資産600万円，固定資産8,400万円であり，資本源泉では流動負債400万円，固定負債3,200万円，資本5,400万円を充てる予定である。

(3) ピザの販売単価は600円であり，月間の予想販売量は12,000枚である。

3．法人税率と資本コスト率

この計算上，法人税率は40％とする。また，当社の全社的資本調達源泉別の資本コスト率は下記のとおりである。

資本源泉	構成割合	源泉別資本コスト率
負　　債	40％	7％(支払利子率)
資　　本	60％	12％
	100％	

上記の条件にもとづき，次の問いに答えなさい。

〔問1〕

ピザの製造・販売に要する月間の原価予測データの原価分解を行って，月間の原価予想総額（Y）をY＝a＋bXの形で答えなさい。ただし，a＝月間の固定費，b＝変動費率，X＝ピザの製造・販売枚数とする。

〔問2〕

ピザの月間の損益分岐点販売量を求めなさい。

〔問3〕

ピザ投資案の年間投資利益率を，税引後利益を用いて計算しなさい。以下，投資利益率の計算では，すべて税引後利益で計算すること。

〔問4〕

ピザの年間投資利益率が24％になるような月間のピザ販売量は何枚か。

〔問5〕

水道橋店と池袋店について，ピザ投資案を導入する前と導入した後の年間投資利益率を計算しなさい。

〔問6〕

下記は当社の社長と常務との会話である。この文の①から⑩までの［　　］の中の不要な文字を消すか，あるいは適当な文字または数値を記入して文章を完成しなさい。

社長「支店の業績を評価する尺度として，投資利益率を採用してきたが，この尺度に問題はないだろうか。」

常務「現在，水道橋店と池袋店では，ピザ投資案の採否を検討中です。もしピザ投資案を採用すると，水道橋店の投資利益率は①［増加，減少］しますが，池袋店の投資利益率は②［増加，減少］します。したがって，水道橋店長はピザ投資案を③［採用する，採用しない］が，池袋店長はこれを④［採用する，採用しない］でしょう。しかし，全社的に見れば，ピザ投資案はかなり⑤［有利，不利］な投資案です。全社と支店との目標整合性の観点からすると，支店の業績は，投資利益率よりも残余利益によるほうがよいと思われます。」

社長「なるほど。しかし，わが社の資本コスト率はいくらだろうか。」

常務「当社の調達源泉別加重平均資本コスト率は⑥［　　］％です。最近，残余利益法の一種である経済的付加価値法が注目されています。この方法では，支店の税引後の利益から，支店の資金使用資産総額（つまり固定資産額と運転資本の合計額）に全社の加重平均コスト率を掛けて計算した資本コストを差し引いて経済的付加価値額を計算します。この方法によれば，ピザ投資案を採用する場合，水道橋店の資金使用資産総額は⑦［　　］万円，経済的付加価値額は⑧［　　］万円となり，池袋店の資金使用資産総額は⑨［　　］万円，経済的付加価値額は⑩［　　］万円となるので，どちらもピザ投資案を喜んで採用するでしょう。」

理解度チェック

問題7-7 ★★☆

当社では，経営管理を効果的に行うため事業部制を採用しており，各事業部および事業部長の業績測定に役立つ資料を入手している。設定している事業部は，部品Ｓを製造・販売する関西事業部と，部品Ｓを受け入れ，それを加工することにより製品Ｔを製造・販売する関東事業部である。また，各事業部長には業務執行（製造・販売）に関する大幅な意思決定権が与えられている代わりに，それぞれの事業部利益に関する管理責任も負っている。次年度における予算編成の資料（一部）は次のとおりであった。

（資料１）次年度の利益計画にもとづく予算編成データ

	関西事業部	関東事業部
外部予定販売価格	3,000円/個	8,000円/個
内部予定振替価格	？ 円/個	——
標準変動製造原価	1,800円/個	950円/個
標準変動販売費	300円/個	450円/個
計画販売量	30,000個	10,000個
管理可能個別固定費予算	15,000千円	17,000千円
管理可能投資額	48,000千円	80,000千円
資本コスト率	10 ％	11 ％

（注）１．関西事業部の計画販売量の内訳は，20,000個が外部，残りは関東事業部に対するものである。
２．関西事業部の標準変動販売費は，外部販売にのみ発生するものである。
３．関東事業部の標準変動製造原価には，関西事業部からの内部予定振替価格は含まれていない。
４．予定販売価格と市価とは等しいものとする。
５．期首および期末に仕掛品はなく，製造された部品ならびに製品はすべて販売されるものとする。

（資料２）予算編成会議での議論

関東事業部長　「私の事業部では，次年度も従来どおり関西事業部から部品Ｓを受け入れる予定ですが，同一企業内で利益を計上しても無意味なので，部品Ｓの振替価格は，その総製造原価を回収する価格でお願いしたいのですが。」

関西事業部長　「その価格では供給事業部としては納得できません。それならば，われわれ関西事業部では部品Ｓをすべて外部の顧客に販売したほうが有利となります。しかし，関東事業部がわれわれの事業部から部品の供給を受ければ，その分の変動販売費は不要になるので，外部の部品業者から市価で部品Ｓを購入するよりは，関東事業部にとっても，全社的観点からも有利なのではないでしょうか。したがって，内部振替価格は市価より変動販売費を差し引いた価格としてはどうでしょうか。」

社　　　長　「関西事業部長の言うとおり，部品Ｓを内部供給すれば，外部から市価で購入するよりも低い価格で調達できるので，全社的な利益も増加するだろう。また，事業部長の業績測定の観点からも市価差引基準による内部振替価格は妥当と思われるのでそちらを採用しよう。」

〔問１〕

上記資料より，事業部別の管理可能投下資本利益率（rate of return on investment；ROI）を計算しなさい。なお，管理可能投下資本利益率は，管理可能営業利益(注)÷管理可能投資額×100により計算する。

（注）管理可能営業利益は，事業部売上高から変動製造原価，変動販売費および管理可能個別固定費を差し引いて計算する。

〔問２〕

上記資料より，関東事業部の税引前管理可能残余利益（residual income；RI）を計算しなさい。なお，税引前管理可能残余利益は，管理可能営業利益－管理可能投資額×資本コスト率により計算する。

〔問３〕

関東事業部では，現在新たな投資案Ｚ（管理可能投資額20,000千円，管理可能営業利益3,000千円）について，次年度の利益計画に含めるか否かを検討中である。この投資案Ｚを実行した場合の管理可能投下資本利益率（ROI）は現在の利益計画（資料１に示す計画）よりも悪化する。

以上から，関東事業部長はこの投資案Ｚを採用すべきか否か，すべての資料を参照して答えなさい。なお，この判断には投資案Ｚを次年度の利益計画に含めた場合における管理可能投下資本利益率（ROI）と税引前管理可能残余利益（RI）を求め，事業部長の業績測定尺度と全社的な利益面の観点から，解答用紙にしたがって記入すること。

Theme

08 予算実績差異分析

理解度チェック

問題8-1 ★★★

次の資料にもとづいて，解答用紙の営業利益差異分析表を作成しなさい。

（資　料）

1．予算損益計算書

売　上　高	@1，500円×20，000個＝	30，000，000円
売　上　原　価	@1，100円×20，000個＝	22，000，000
売上総利益		8，000，000円
販　売　費		
変動販売費	@50円×20，000個＝	1，000，000円
固定販売費		600，000
販売費合計		1，600，000円
営業利益		6，400，000円

2．実際損益計算書

売　上　高	@1，480円×19，800個＝	29，304，000円
売　上　原　価	@1，110円×19，800個＝	21，978，000
売上総利益		7，326，000円
販　売　費		
変動販売費		1，089，000円
固定販売費		597，000
販売費合計		1，686，000円
営業利益		5，640，000円

理解度チェック

問題8-2 ★★★

製品Ｓを量産する当社の以下の資料にもとづいて，解答用紙の(1)予算・実績比較損益計算書と(2)営業利益差異分析表を作成しなさい。なお，当社では全部標準原価計算を採用している。

（資　料）

1．製品Ｓの原価標準

直接材料費	20円/kg×５kg	100円
直接労務費	240円/時間×２時間	480円
製造間接費	変動費　70円/時間×２時間	140円
	固定費　90円/時間×２時間	180円
製造原価合計		900円

2．月次部門予算

(1) 製造部門製造間接費予算（月間正常直接作業時間15,000時間）

変動製造間接費	1,050,000円
固定製造間接費	1,350,000円
合　　計	2,400,000円

(2) 販売部門予算

販売価格	1,500円/個
販売数量	6,000個
変動販売費	70円/個
固定販売費	650,000円

(3) 一般管理部門予算

固定一般管理費	730,000円

3．当月実績

(1) 製造部門

① 生産

月初仕掛品	——	
当月投入	7,250個	（注）材料は加工に応じて順次投入される。
計	7,250個	
月末仕掛品	500	（加工費進捗度50％）
完成品	6,750個	

② 直接材料費：@22円×36,500kg …………………… 803,000円

③ 直接労務費：@220円×14,600時間 ……………… 3,212,000円

④ 製造間接費：変動製造間接費 ……………………… 1,010,000円

固定製造間接費 ……………………… 1,375,000円

当月実際総製造費用 ……………………………… 6,400,000円

（注）原価差額は標準売上総利益から控除する。

(2) 販売部門

売上高　@1,480円×6,500個 ……………………… 9,620,000円

販売費　変動費 ……………………………………… 468,000円

固定費 ……………………………………… 640,000円

販売費合計 ……………………………………… 1,108,000円

(3) 一般管理部門

固定費 ……………………………………………… 765,000円

理解度チェック

問題8-3　★★★

当社では，直接原価計算方式を採用しており，同時に予算制度も運用している。予算統制を行うにあたり，従来は損益計算書を構成するそれぞれの項目別に予算と実績を比較して差異を把握・分析してきた。しかし，販売数量の変化がどの程度の影響を利益に与えたかが直接的に測定できないという欠点を有するため，差異の分析方法を直接利益に与える要因別に把握・分析することにした。そこで，次の資料にもとづいて，総額分析（項目別分析）と純額分析（要因別分析）によってそれぞれ営業利益差異分析表を完成しなさい。

（資　料）

	予算損益計算書	実績損益計算書
売上高	4,800,000円	4,602,000円
変動費		
変動売上原価	2,280,000円	2,183,000円
変動販売費	600,000	708,000
貢献利益	1,920,000円	1,711,000円
固定費		
製造固定費	900,000円	870,000円
販売・一般管理固定費	300,000	321,000
営業利益	720,000円	520,000円
年間販売量	6,000個	5,900個

理解度チェック

問題8-4　★★★

ＣＡＴ製作所では，製品ＸとＹを製造・販売しており，直接標準原価計算を用いて予算編成および予算統制をしている。製品Ｘを生産するためには，工程の始点でＡ材料を投入し加工している。製品Ｙを生産するためには，工程の始点でＢ材料を投入し加工している。以下の資料にもとづいて，下記の問いに答えなさい。

（資　料）

1．当月の予算データ（単位：円）

	製品Ｘ	製品Ｙ	合　計
売上高	17,500,000	16,800,000	34,300,000
変動売上原価	7,000,000	8,400,000	15,400,000
変動販売費	1,750,000	1,680,000	3,430,000
標準貢献利益	8,750,000	6,720,000	15,470,000
個別固定費	5,000,000	4,500,000	9,500,000
製品貢献利益	3,750,000	2,220,000	5,970,000
共通固定費			3,970,000
営業利益			2,000,000

（注１）当月の予算販売量は製品Ｘが3,500個，製品Ｙが2,800個である。

（注２）個別固定費はすべて加工費であり，共通固定費の内訳は，固定販売費1,970,000円，一般管理費2,000,000円である。

2．標準原価に関するデータ

(1) 標準消費量はA材料が5kg/個，B材料が3kg/個である。

(2) 変動加工費の月間予算は製品Xが1,800,000円，製品Yが3,000,000円であり，それぞれ直接作業時間を基準に各製品に配賦している（月間正常直接作業時間は製品Xが1,800時間，製品Yが2,000時間である）。

(3) 標準直接作業時間は製品Xが1時間/個，製品Yが1.5時間/個である。

3．当月の実際生産・販売データ（単位：個）

	製品X	製品Y
月初仕掛品	200	300
当月投入	3,800	2,300
計	4,000	2,600
月末仕掛品	500	200
差引：完成量	3,500	2,400
月初製品	500	450
計	4,000	2,850
月末製品	400	200
販売量	3,600	2,650

（注）月初・月末仕掛品の加工進捗度は，すべて0.5であった。

4．当月の実績データ（単位：円）

	製品X	製品Y
売上高	17,640,000	16,165,000
直接材料費	3,900,000	1,785,000
変動加工費	3,780,000	5,367,500
変動販売費	1,820,000	1,580,000
個別固定費	5,050,000	4,600,000

（注）共通固定費は4,010,000円であった（内訳：固定販売費1,990,000円，一般管理費2,020,000円）。

〔問1〕製品Y1個あたりの標準製造原価を計算しなさい。

〔問2〕当月の実際販売量に見合う予算営業利益を計算しなさい。

〔問3〕解答用紙の営業利益差異分析表を完成しなさい。

理解度チェック

問題8-5　★★★

当社では，製品αおよび製品βの製造販売を行っている。当期の経営活動に関して調査を行ったところ，次のデータを入手した。なお，当社では直接標準原価計算を採用している。

1．期首における利益計画データ

(1)　計画販売量と予算販売価格

	製　品　α	製　品　β
販　売　量	5,000個	3,000個
販 売 価 格	@1,000円	@1,200円

(2)　製品単位あたり標準変動費

	製　品　α	製　品　β
直接材料費	@100円×2kg＝@200円	@150円×1kg＝@150円
変動加工費	@150円×3h＝@450円	@200円×2h＝@400円
変動販売費	@100円	@150円
合　計	@750円	@700円

(3)　年間固定費予算

固定加工費	400,000円
固定販売費	250,000円
一般管理費	620,000円

（注）固定費は製品αおよび製品βにとって共通固定費である。

2．期末における当期の実績データ

(1)　実際販売量と実際販売価格

	製　品　α	製　品　β
販　売　量	5,600個	2,800個
販 売 価 格	@　950円	@1,300円

(2)　実際変動費

	製　品　α	製　品　β
直接材料費	@110円×11,500kg＝1,265,000円	@170円×2,750kg＝467,500円
変動加工費	@140円×17,000h＝2,380,000円	@220円×5,400h＝1,188,000円
変動販売費	588,000円	406,000円

(3)　年間固定費実際発生額

固定加工費	420,000円
固定販売費	210,000円
一般管理費	630,000円

(4)　その他

①　仕掛品・製品の在庫は一切生じなかった。

②　実際営業利益の計算上，標準変動費差異は標準貢献利益に加減算している。

上記データにもとづいて次の各設問に答えなさい。

〔設問1〕

(1)予算損益計算書および実績損益計算書をそれぞれ作成するとともに，(2)実績損益計算書における標準変動費差異を分析し，標準変動費差異内訳表を完成させなさい。

〔設問2〕

予算営業利益と実際営業利益の差異について分析しなさい。なお，(1)販売数量差異を総額により把握する方法（総額分析）と(2)販売数量差異を純額により把握する方法（純額分析）について示すこと。

理解度チェック □□□

問題8-6　★★☆

当社では，製品αと製品βを製造販売し，直接標準原価計算を採用している。次のデータにもとづき，解答用紙の営業利益差異分析表を完成させなさい。

1．製品1個あたり予算販売単価と標準原価

		製品α		製品β
予算販売単価		9,800円		12,400円
標準変動費				
直接材料費	300円/kg×　2 kg＝	600円	250円/kg×4 kg＝	1,000円
直接労務費	1,100円/時×1.5時＝	1,650	1,200円/時×2時＝	2,400
変動製造間接費	940円/時×1.5時＝	1,410	940円/時×2時＝	1,880
変動販売費		260		300
標準変動費計		3,920円		5,580円
標準貢献利益		5,880円		6,820円

（注）変動製造間接費は直接作業時間を基準に配賦している。

2．製造間接費，販売費及び一般管理費の部門別固定費予算（単位：千円）

	製造部門			販売部門			管理部門
	製品α	製品β	計	製品α	製品β	計	
個別固定費	10,000	12,000	22,000	12,000	11,000	23,000	——
共通固定費	——	——	20,000	——	——	15,000	21,000

3．予算販売量

期首において利益計画を決定した。この利益計画においては，LP（線型計画法）による最適セールス・ミックスを決定し，製品別予算販売量を求めている。その製品別予算販売量は，製品αが12,000個，製品βが8,000個である。

4．期末における当年度の実績データ

(イ) 販売部門

	製品α	製品β	合　計
売　　価	9,820円	12,380円	——
販　売　量	11,850個	8,650個	——
変動販売費	2,844千円	2,768千円	5,612千円
個別固定費	12,500千円	11,100千円	23,600千円
共通固定費	——	——	15,500千円

(ロ) 製造部門

	製品α	製品β	合　計
生　産　量	11,850個	8,700個	——
直接材料費	305円/kg×23,200kg	250円/kg×35,000kg	15,826　千円
直接労務費	1,140円/時×17,975時	1,250円/時×17,100時	41,866.5千円
変動製造間接費	——	——	32,970.5千円
個別固定費	11,000千円	12,000千円	23,000　千円
共通固定費	——	——	20,500　千円

(ハ) 管理部門

一般管理費（共通固定費）　21,500千円

理解度チェック

問題8-7 ★★★

C事業部の名古屋営業所は製品Dを販売しており，11月の営業成績は次のとおりであった。

名古屋営業所業績報告書　　20×1年11月

	予　算（利益計画）		実　　績	
売上高	@800円×8,000個＝	6,400,000円	@790円×8,400個＝	6,636,000円
売上原価	@600円×8,000個＝	4,800,000	@620円×8,400個＝	5,208,000
売上総利益		1,600,000円		1,428,000円
販売費				
変動販売費	@ 50円×8,000個＝	400,000円		462,000円
固定販売費		240,000		226,000
販売費計		640,000円		688,000円
営 業 利 益		960,000円		740,000円

さて，上記報告書を入手した星野社長と島野名古屋営業所長との会話は，次のとおりであった。

星野　「君の営業所の業績は悪いな。予算より220,000円も営業利益が少ないぞ。」

島野　「この報告書の計算がおかしいと思います。なぜなら，予算の売上原価@600円は標準製造原価，実績の@620円は実際製造原価で計算されているため，工場の不能率が私の営業所の業績計算に混入しています。なるほど，製品の販売価格は市況が悪化したため値下がりしましたが，私共は頑張って予算より５％も販売量を伸ばしました。この点を明らかにするため，原価計算担当者に分析させましょう。まず，売上高の差異は，売上価格差異と売上数量差異に分けます。この差異分析は，標準原価計算で，標準材料費総差異を価格差異と数量差異に分析する方法と同じなので容易です。」

星野　「よろしい。さらに売上数量差異は，市場占拠率差異と市場総需要量差異に分析できるだろう。というのは君の営業所が予算を策定したとき，目標市場占拠率は10％だったが，実際市場占拠率は12％に向上した。しかし，名古屋地区の総需要量は，予算策定時よりも実際は減少した。したがって総需要量の減少による売上高の減少を，市場総需要量差異として分離することにより，販売努力による市場占拠率増加分の売上高増加が，いくらかを知りたい。」

島野　「わかりました。何とか計算はできるでしょう。価格差異と数量差異とに分ける場合と同様に，ａ－ｂ＝（ａ－ｃ）＋（ｃ－ｂ）とすればよいわけです。」

星野　「次に，予算販売量より実際販売量のほうが多いので，それによる売上原価の増加分を区別しなければならない。」

島野　「そうですね。それは，工場の能率の良し悪しを影響させないために，実際製造原価では評価しないことにします。」

星野　「販売費のほうはどうかね。」

島野　「問題は変動販売費ですが，利益計画用の予算と変動予算との差異を変動販売費数量差異とし，変動予算と実績との差異を変動販売費予算差異と名付けることにします。」

上記の資料にもとづき，業績評価用の実績営業利益を計算し直したうえ，名古屋営業所の予算と実績を比較し差異分析を行って，解答用紙に示したように，予算営業利益に各種差異をプラス，マイナスして，計算し直した実績営業利益を導き出しなさい。

理解度チェック

問題8-8 ★★★

当社の中部事業部は，製品αと製品βを製造販売しているが，責任を明確にするため，各製品に責任ある経営管理者を割り当て，それぞれ利益センターとして管理している。原価計算制度は，直接標準原価計算制度が採用されている。

20×1年度における中部事業部の予算および実績は，以下のとおりであった。

① 予算損益計算書および実際損益計算書（単位：千円）

	予算損益計算書	実際損益計算書
売上高	3,600,000	?
標準変動費		
製造原価	2,408,000	?
販売費	112,000	?
計	2,520,000	?
標準貢献利益	1,080,000	?
標準変動費差異	——	40,000
実際貢献利益	1,080,000	?
固　定　費		
製造原価	603,000	584,200
販売費・一般管理費	225,000	?
計	828,000	?
営業利益	252,000	122,000

② 売上高および製品単位あたり変動費に関するデータ

	予算（製品α）	予算（製品β）	実績（製品α）	実績（製品β）
販売単価	36,000円	18,000円	35,000円	18,000円
生産・販売数量	60,000個	80,000個	66,000個	70,000個
市場占拠率	15 %	25 %	22 %	20 %
直接材料費	9,000円/個	4,000円/個	?	?
直接労務費	9,600円/個	3,000円/個	?	?
変動製造間接費	9,000円/個	2,400円/個	?	?
変動販売費	1,200円/個	500円/個	1,300円/個	500円/個

③ 予算固定製造原価のうち，504,000,000円は個別固定費（製品αが216,000,000円，製品βが288,000,000円），残りは共通固定費である。個別固定費のうち，20%が自由裁量固定費である。個別固定費の残り80%と共通固定費は，すべて拘束固定費（コミッティッド固定費）である。

④ 予算固定販売費・一般管理費は，すべて共通費である。その40%が自由裁量固定費，60%が拘束固定費である。

⑤ 各製品の原価標準

	製　品　α	製　品　β
直接材料費	900円×10単位＝9,000円	500円 ×8単位＝4,000円
直接労務費	3,200円×3時間＝9,600円	2,500円×1.2時間＝3,000円
変動製造間接費	3,000円×3時間＝9,000円	2,000円×1.2時間＝2,400円

⑥　製品別実際変動製造原価：(　　) 内は，実際数量

	製　品　α	製　品　β
直接材料費	621,000,000円(684,000単位)	310,500,000円(575,000単位)
直接労務費	594,750,000円(195,000時間)	217,270,000円(86,500時間)
変動製造間接費	594,750,000円(195,000時間)	174,730,000円(86,500時間)

〔問1〕

解答用紙の製品別予算損益計算書を作成しなさい。

〔問2〕

実際損益計算書の各金額を計算しなさい。

〔問3〕

差異分析表（A)，(B）および（C）を作成しなさい。なお，各差異分析表の（　　）内には，不利差異であれば「U」，有利差異であれば「F」と記入しなさい。差異が0の場合は「－」と記入すればよい。

〔問4〕

次の文章の（　　）内に入る最も適切な語句を下記の語群から選択し，その記号を解答用紙の解答欄に記入しなさい。

中部事業部の販売員には製品αと製品βの両方を販売する機会が与えられ，受注金額にもとづいて販売手数料が支払われているが，そのため，販売員は（ ① ）の販売に力を注ぐインセンティブが生じている可能性がある。なぜなら，（ ① ）のほうが（ ② ）が（ ③ ）からである。そうであるとすると，（ ① ）のほうが（ ④ ）が（ ⑤ ）から，他の事情はすべて等しいとして，企業全体の収益性に対して（ ⑥ ）の効果が働いている。

（語群）　a）製造原価，b）販売費・一般管理費，c）変動費，d）固定費，e）販売単価，
f）単位あたり貢献利益，g）管理可能性，h）プラス，i）マイナス，j）高い，
k）低い，l）製品α，m）製品β

理解度チェック

問題8-9 ★★★

W工業では製品Aを生産・販売しており，直接標準原価計算制度を採用している。20×1年度におけるW工業の予算および実績は，以下のとおりであった。下記資料にもとづき，各問いに答えなさい。

① 予算損益計算書（単位：千円）

売上高	3,000,000
標準変動費	
製造原価	1,950,000
販売費	50,000
計	2,000,000
標準貢献利益	1,000,000
標準変動費差異	——
実際貢献利益	1,000,000
固定費	
製造原価	?
販売費・一般管理費	?
計	?
営業利益	200,000

② 製品Aの生産販売に関するデータ

	予算	実績
販売単価	60,000円	58,000円
生産・販売数量	? 個	54,000個
市場占拠率	16%	18%

③ 製品Aの原価標準

直接材料費	? 円/個×10個/個＝ ? 円/個
直接労務費	1,000円/時間×15時間/個＝15,000円/個
変動製造間接費	1,200円/時間×15時間/個＝18,000円/個
変動販売費	1,000円/個

④ 予算固定費のうち，90%は製造原価，残りは販売費・一般管理費である。

⑤ 実際変動費：（　　）内は，実際消費量

直接材料費	367,403,000円（602,300個）
直接労務費	791,811,000円（816,300時間）
変動製造間接費	972,150,000円（816,300時間）
変動販売費	1,050円/個

〔問1〕

解答用紙の実績損益計算書を作成しなさい。

〔問2〕

差異分析表（A），（B），および（C）を作成しなさい。なお，各差異分析表の〔　　〕内には，不利差異であれば「U」，有利差異であれば「F」と記入しなさい。差異が0の場合は「－」と記入すればよい。

〔問3〕

次の文章の（　　）内に入る最も適切な語句を下記の語群から選択し，その記号を解答用紙の解答欄に記入しなさい。なお，同じ番号には同じ語句が入る。

差異分析表（B）について考察すると，（　①　）よりも（　②　）のほうが（　③　）が（　④　）にもかかわらず，実績の販売量が予算より多くなっている。これは，（　②　）の（　⑤　）が（　①　）に比べて（　⑥　）からであると考えられる。つまり，当社の（　②　）の営業利益は，残念ながら（　①　）の営業利益を達成できなかったが，当社の（　⑦　）は，その努力を評価されるべきである。

（語群）　a）販売量，b）販売価格，c）変動費，d）固定費，e）市場占拠率，
f）市場総需要量，g）営業部門，h）製造部門，i）多い，j）少ない，
k）予算，l）実績，m）高い，n）低い

理解度チェック

問題8-10　★★★

製品Ｓを製造・販売する当社の最近２年間の財務資料は次のとおりである。

	20×1年度	20×2年度
平均販売単価	90円	85円
年間販売量	90,000個	91,000個
売上高	8,100,000円	7,735,000円
市場占拠率	25%	26%
変動費		
変動売上原価	4,320,000円	4,095,000円
変動販売費	540,000	728,000
固定費		
製造固定費	1,700,000円	1,620,000円
販売・一般管理固定費	568,000	518,500
経営資本	10,800,000円	11,900,000円

〔問１〕

20×1年度と比較して，20×2年度の営業利益はいくら減少したか。

〔問２〕

20×1年度と比較して，20×2年度の経営資本営業利益率（＝営業利益÷経営資本×100）は何％減少したか。20×2年度の経営資本営業利益率から20×1年度の経営資本営業利益率を差し引いて計算しなさい。

〔問３〕

解答用紙の営業利益差異分析表を完成しなさい。この分析表は，20×1年度の営業利益に各種差異をプラス，マイナスして20×2年度の営業利益を算出した表である。

⑴売上高差異は，二分法により製品販売価格差異と製品販売数量差異に分析すること。なお，製品販売価格差異は20×2年度の販売数量にもとづいて計算しなさい。⑵製品販売数量差異はさらに市場総需要量差異（この製品市場全体の需要の増減による差異）と当社の市場占拠率の増減による差異とに分析すること。⑶製品の変動売上原価についても，変動売上原価価格差異（販売した製品の変動製造単位原価の増減による差異）と変動売上原価数量差異（製品販売量の増減による差異）に，⑷変動販売費についても，変動販売費価格差異（製品単位あたり変動販売費の増減による差異）と変動販売費数量差異（製品販売量の増減による差異）に分析し，⑸固定費の差異は製造固定費差異と販売・一般管理固定費差異とに分析しなさい。

〔問４〕

解答用紙の経営資本営業利益率差異分析表を完成しなさい。この分析表は，20×1年度と20×2年度との経営資本営業利益率の差を，売上高営業利益率の増減による差異と経営資本回転率の増減による差異とに分析した表である。

問題8-11 ★☆☆

理解度チェック □□□

製品α，βの生産販売を行っている東海製作所には，本社・販売・工場の３つの機能別部門が設けられており，販売部はさらにA，B，Cの３つの営業所と営業管理部から構成されている。

（資料１）当年度期首の計画

1．予算販売単価，予算販売量

		販売量			
	販売価格	A	B	C	合計
製品α	@1,200円	2,500単位	3,000単位	2,400単位	7,900単位
製品β	@1,800円	1,600単位	1,500単位	4,200単位	7,300単位

2．標準変動製造原価，標準変動販売費

	製造原価	販売費	合計
製品α	@ 420円	@ 60円	@ 480円
製品β	@ 500円	@ 90円	@ 590円

3．固定費予算

		販売管理費				一般管理費
	製造原価	A	B	C	営業管理部	（本社）
製品α	450,000円	30,000円	45,000円	28,000円	―― 円	―― 円
製品β	360,000円	20,000円	35,000円	25,000円	―― 円	―― 円
共通	540,000円	160,000円	210,000円	180,000円	320,000円	750,000円
合計	1,350,000円	210,000円	290,000円	233,000円	320,000円	750,000円

（資料２）当年度の実績

1．実際販売単価，実際販売量

		販売量			
	販売価格	A	B	C	合計
製品α	@1,240円	2,400単位	3,000単位	2,300単位	7,700単位
製品β	@1,780円	1,650単位	1,540単位	4,100単位	7,290単位

2．変動費実際発生額

		販売費			
	製造原価	A	B	C	合計
製品α	3,428,000円	152,000円	178,000円	128,000円	458,000円
製品β	3,840,000円	147,800円	142,400円	393,800円	684,000円

3．固定費実際発生額

		販売管理費				一般管理費
	製造原価	A	B	C	営業管理部	（本社）
製品α	450,000円	35,000円	45,000円	32,000円	―― 円	―― 円
製品β	380,000円	20,000円	35,000円	25,000円	―― 円	―― 円
共通	560,000円	160,000円	200,000円	180,000円	340,000円	750,000円
合計	1,390,000円	215,000円	280,000円	237,000円	340,000円	750,000円

4．実際生産量

製品α　7,800単位，　製品β　7,200単位

〔設問１〕

この会社では直接標準原価計算を実施しているとして，予算および実績の損益計算書を作成しなさい。なお，原価差異はすべて当年度の損益としている。

〔設問２〕

全社営業利益の差異を分析しなさい。なお，販売量差異は純額により把握すること。また，予算セールス・ミックスでの実際販売量は１単位未満を四捨五入すること。

理解度チェック

問題8-12 ★★★

ＳＴ航空は，東京（成田）－ハワイ（ホノルル）間の旅客運輸業務に従事しており，20×1年度６月の予算と実績に関するデータは，下記のとおりである。なお，等級の記号は，Ｆはファースト・クラス，Ｂはビジネス・クラス，Ｅはエコノミー・クラスを表し，航空券の発券枚数は往復切符の枚数であって，片道切符は往復切符に換算してある。

１．20×1年６月の予算

等級	航空運賃（千円）	発券枚数（枚）	セールス・ミックス（%）	売上（千円）
F	180	500	4	90,000
B	120	1,750	14	210,000
E	50	10,250	82	512,500
合計		12,500	100	812,500

なお，業界全体に占めるＳＴ航空の計画市場占有率は，総発券枚数で計算して25%である。

２．20×1年６月の実績

等級	航空運賃（千円）	発券枚数（枚）	セールス・ミックス（%）	売上（千円）
F	170	576	4	97,920
B	115	1,440	10	165,600
E	40	12,384	86	495,360
合計		14,400	100	758,880

ＳＴ航空の実際市場占有率は，30%であった。

さて，次に示すＳＴ航空の社長と経理部長との会話にもとづき，設問に答えなさい。

社　　長「６月の売上高について，業績はどうなっているかね。」

経理部長「そのためには，等級別売上高の予算・実績総差異を計算しましょう。」

社　　長「次に，その総差異の発生した原因を知りたい。」

経理部長「総差異は，２つに分解できます。つまり航空運賃の予算と実績との違いと，発券枚数の予算と実績との違いです。前者を等級別航空運賃差異，後者を等級別発券枚数差異と呼ぶことにします。」

社　　長「等級別航空運賃差異は，航空券を予算より実際には割引して販売したために発生する差異だね。しかし，等級別発券枚数差異の発生原因は何だろうか。」

経理部長「等級別発券枚数差異もまた，２つに分解できます。つまり１つは，発券した総枚数のセールス・ミックスについての予算と実績との違いにもとづく差異と，いま１つは当航空の発券した総枚数についての予算と実績との違いです。前者を等級別セールス・ミックス差異，後者を等級別総発券枚数差異と呼ぶことにしましょう。」

社　　長「等級別セールス・ミックス差異のほうは，私にもわかる。つまり同じ総発券枚数であっても，運賃の高いファースト・クラスやビジネス・クラスの客の割合が増えれば総売上高は増加するし，逆に運賃の安いエコノミー・クラスの客の割合が増えれば総売上高は減少するので，そのことから発生する差異だね。しかし，等級別『総』発券枚数差異というのはわかりにくい，それはどういう原因から発生するのかな。前に出てきた『総』のつかない等級別発券枚数差異とは，どう違うのかね。」

経理部長「等級別『総』発券枚数差異も，２つの発生原因に分けられます。その１つは，当航空の市場占有率の増減によって発生する差異でもあり，もう１つは市場全体の総需要量が増減したために発生する差異です。前者を市場占有率差異，後者を市場総需要量差異と呼ぶことにします。前に出てきた『総』のつかない等級別発券枚数差異は，いわば等級別の総差異を，価格差異と数量差異に分析した場合の数量差異に相当しますが，『総』のついた等級別総発券枚数差異は，セールス・ミックスの差異の影響を除いた全社的総発券枚数にもとづく差異である点に違いがあるわけです。」

社　　長「なるほど。売上高の差異分析は難しいと思ったが，案外やさしいようだ。君はいつも差異を二分している。それは，$a-b=a-b-c+c=(a-c)+(c-b)$によって分解しているだけで，それでもずいぶん意思決定に有用な情報が得られるね。」

経理部長「さすがは社長です。」

〔問１〕

６月の売上高について，等級別売上高の予算・実績総差異を計算しなさい。

〔問２〕

前問で計算した等級別売上高の予算・実績総差異を，等級別航空運賃差異と等級別発券枚数差異に分解しなさい。

〔問３〕

次に等級別発券枚数差異を，等級別セールス・ミックス差異と等級別総発券枚数差異に分解しなさい。

〔問４〕

等級別総発券枚数差異をさらに市場占有率差異と市場総需要量差異に分解しなさい。なお，これらの両差異は，等級別ではなく，全社総額で計算すればよい。

理解度チェック

問題8-13　★★☆

当工場では直接実際個別原価計算を採用している。下記のデータにもとづき，当工場の10月の原価計算を行い，その計算結果を解答用紙の(A)製造指図書別変動製造原価計算表，(B)原価計算関係勘定連絡図，(C)切削部加工費予算差異発生原因報告書，(D)工場の生産損益計算書におけるそれぞれの所定の場所に記入しなさい。ただし，前月繰越額は，解答用紙に印刷されている。

(1)　当工場では，直接材料費は実際出庫単価，変動加工費は部門別予定配賦率（配賦基準は機械稼働時間）によって計算している。

(2)　製造指図書別受注金額，10月の実際直接材料費と実際機械稼働時間数

	#100	#101	#102	#103	#104	#105	合　計
受注金額（千円）	600	980	2, 200	2, 000	1, 600	720	8, 100
直接材料費（千円）	180	350	620	530	500	160	2, 340
機械稼働時間：							
切　削　部（時）	450	560	680	520	420	170	2, 800
仕　上　部（時）	420	380	460	420	320	－	2, 000

（注）＃103と＃105は10月末現在仕掛で，その他は10月中に完成し営業所に引き渡した。

(3)　本年度の部門別加工費年間予算データおよび10月実際加工費データ（単位：千円）

	切　削　部		仕　上　部		工場事務部	
	（年間予算）	（当月実績）	（年間予算）	（当月実績）	（年間予算）	（当月実績）
変　動　費						
補助材料費	1, 080	104	1, 800	150		
賃金・手当	4, 320	336	4, 440	390		
燃　料　費	1, 800	140	2, 160	180		
変動費計	7, 200	580	8, 400	720		
固　定　費						
工場消耗品費	900	65	720	60	516	43
給　　料	2, 700	225	1, 440	120	1, 284	107
減価償却費	1, 380	115	1, 080	90	852	76
そ　の　他	420	35	360	30	348	29
固定費計	5, 400	440	3, 600	300	3, 000	255
合　　計	12, 600	1, 020	12, 000	1, 020	3, 000	255
正常機械稼働時間(時)	36, 000		24, 000			

(4)　各部門別の変動加工費については，公式法変動予算で変動加工費予算差異が算出され，また，各部門別固定加工費勘定では，その借方に実際発生額を，その貸方に月次予算額を計上することによって固定費の予算差異が各部門別の固定加工費勘定で算出される方式となっている。

(5)　当工場では，解答用紙(D)で示すように，月次に経営管理用の生産損益を計算している。すなわち，製品を受注金額で評価して工場の収益（生産品の販売金額）とし，それから工場の原価を差し引いて，工場貢献利益および工場営業利益を計算する。その際に，変動加工費予算差異は翌月以降に繰り延べて処理し，固定加工費予算差異は当月の生産収益に賦課することとしているので，表示を簡略にするため，生産損益計算書上は，固定加工費予算差異を明示せず，固定加工費の当月実際発生額のみを計上している。ただし，これらの工場利益を算出する際に，営業所や本社で発生する費用を差し引かなければ，工場の業績を正しく判断できない。変動販売費の予算は，各製品の受注金額の10%と定められており，固定販売費・一般管理費予算は月額406千円である。

これに対し実際発生額は，

	#100	#101	#102	#104	合 計
変動販売費（千円）	65	105	240	190	600

であって，固定販売費・一般管理費の10月の実際発生額は，472千円であった。そこで，工場の業績を評価するためには，生産損益を計算する際に，営業所や本社で発生する費用を予算額で計上すべきか，あるいは実際発生額で計上すべきかを判断したうえで，(D)工場の生産損益計算書を作成しなさい。

MEMO

Theme 10 業務執行上の意思決定

問題10-1　★★★

理解度チェック

当社では，製品Ｓの製造・販売を行っている。次の資料にもとづいて，下記の設問に答えなさい。

（資　料）

1．製品Ｓの原価標準

直接材料費	190円/kg	×2kg	=	380円
直接労務費	800円/DLH	×0.5DLH	=	400円
製造間接費	900円/MH	×0.8MH	=	720円
				1,500円

（注）製造間接費予算額のうち，固定製造間接費は4,800,000円である。基準操業度は期待実際操業度12,000MHであり，実際的生産能力は15,000MHである。

2．現在の製品Ｓの製造販売量は15,000個で，販売単価は2,000円である。また，変動販売費として製品１個あたり100円，固定販売費として1,500,000円発生する。なお，変動販売費は，販売員手数料と物品運送費からなり，それぞれ製品１個あたり80円と20円である。

3．いま，新たに製品Ｓ3,500個を１個あたり1,500円で購入したいという引合いがあった。なお，注文主はこの条件でなければキャンセルするという。また，この注文を受けることによる直接作業時間の増加分については，100円/DLHの時間外手当を支払うことになる。ただし，新規注文に対する販売員手数料は発生しない。

〔設問１〕

上記の資料にもとづいて，この注文を引き受けるべきか否かを答えなさい。

〔設問２〕

新規注文を引き受ける場合，現在の販売量15,000個の販売単価を2,000円から1,900円に引き下げなければならない。この条件を加味したうえで，新規注文を引き受けるべきか否かを答えなさい。

〔設問３〕

新規注文を引き受ける場合，現在の販売量15,000個の販売単価2,000円を引き下げなければならない。新規注文の引受けを有利とするには，15,000個の販売単価をいくらまでなら引き下げられるか答えなさい。

理解度チェック

問題10-2　★★★

次の文章の（　　）内に適切な数値あるいは用語を記入しなさい。ただし，④については，解答用紙の選択肢のいずれかを○で囲みなさい。

当社では，来月，製品Ｙを50,000個，製造・販売することを見込んでいる。そのときの売上高は100,000千円であり，営業費用としては，変動製造原価40,000千円，固定製造原価30,000千円，変動販売費10,000千円，固定販売費及び一般管理費5,452千円である。すなわち，１個あたりの総製造原価が（　①　）円と計算できる製品Ｙを，１個あたり2,000円の価格で販売することになる。

いま，新規の顧客から，製品Ｙに対して１個あたり1,000円の注文価格で5,000個の引き合いがあった。この場合，原価割れによる営業損失になるという根拠で，この注文を引き受けないと安易に判断してはいけない。むしろ，当社に遊休生産能力があり追加生産することが可能であるならば，注文を引き受けた場合の営業利益は（　②　）千円に増加するので，この注文を引き受けるべきであることになる。

ただし，この結論は，従来からの得意先には１個あたり2,000円の価格で引き続き販売できるという仮定に立脚している。さらに，生産量と販売量は一致しており，関連原価に関しては，この注文を引き受けることにより追加的な販売費は発生しないし，固定費総額にも影響を与えないという条件のもとでの結論である。以上の条件のもとでは，特別注文の価格が１個あたり（　③　）円を超えれば，注文を引き受けることにより営業利益は常に増加すると予想されるが，このような差別的価格に対し，公正取引に関する法律上の問題が起きないことも最終的決定に際しては考慮すべき要素である。

なお，１個あたり900円の価格での特別注文を5,000個引き受けた場合には，（　④　）は500千円となるので，金額的にはこの特別注文を引き受けるのは有利であるが，引き受けると売上高営業利益率は（　⑤　）％になり，引き受けなかった場合よりも下がってしまうので注意が必要である。

理解度チェック

問題10-3 ★★★

当社は，製品Ｔの製造販売に従事しており，製造原価，販売費及び一般管理費について，次のような多桁式変動予算を設定している。

変動予算（単位：円）

操業度	80%	100%
固定費		
製造原価	1,600,000	1,600,000
販売費	200,000	200,000
一般管理費	600,000	600,000
準固定費		
製造原価	640,000	705,000
販売費	128,000	270,000
一般管理費	192,000	225,000
変動費		
製造原価	3,456,000	4,320,000
販売費	384,000	480,000
	7,200,000	8,400,000
生産・販売量	9,600個	12,000個
平均単位原価	@750円	@700円

左記変動予算の変動販売費の内訳は次のとおりである。

	変動費率	操業度100%の予算許容額
変動販売費		
販売員手数料	15円/個	180,000円
製品積送費	25円/個	300,000円
	40円/個	480,000円

当社の現時点の受注済生産・販売量は9,600個であり，この受注済生産・販売量を減少させることはできない。また，製品Ｔの販売単価は800円/個である。

このような状況のもとで，新規の顧客であるＰ社から注文価格700円/個で3,000個と，Ｑ社から注文価格650円/個で2,400個の新規引合いがあった。なお，注文はそれぞれ3,000個または2,400個単位で納入しなければならず，これを分割することはできない。

買手から，安い注文価格の代償として，製品積送費は買手の側で負担するという申入れがあった。また，この新規注文は，会社に対して直接になされたものであるため，新規注文に対する販売員手数料は発生しない。

当社の生産・販売活動の制約条件は機械稼働時間であり，当期における最大の稼働能力は60,000時間である。なお，製品Ｔ１個あたり機械稼働時間は５時間と見積られている。

以上の条件にもとづき，当社はいずれの注文について検討すべきであるか，また，その注文を引き受けるべきか否かを判断しなさい。

理解度チェック

問題10-4　★★★

当社は，製品Kの製造・販売を行っており（当期販売価格60円/kg），製品Kの実際生産・販売量は前年度実績で年間2,125,000kg（操業度85％）である。また，当社は製造原価を予定原価をもって計算しており，基準操業度として期待実際操業度（操業度90％）を採用しているところ，前年度において操業度差異が1,875,000円発生した。

製品Kの１kgあたりの予定変動製造原価および予定変動販売費は，それぞれ20円および10円であり，固定販売管理費の年間予算は15,000,000円である。なお，固定製造原価は，操業度100％までは一定（前年度と同額）であると考えられる。

〔設問１〕

当期の販売予定数量が2,250,000kgであったとして，見積営業利益を求めなさい。

〔設問２〕

〔設問１〕の状態から，M商店より製品Kを年間400,000kg購入したい旨の連絡があった。この注文を引き受けるとすれば，M商店に対する変動販売費は生じないが，操業度95％を超える部分について変動製造原価が50％増しとなり，さらに，操業度100％を超えることで設備の賃借料が737,500円（月額）生じることになる。

M商店の注文をすべて引き受けるとき，当社の採算が合うためには販売価格をいくら以上に設定することが必要か答えなさい。ただし，M商店に対する販売価格は，それ以外の者に対する販売価格（60円/kg）に影響を与えないものとする（以下同じ）。

〔設問３〕

M商店から販売価格を35円/kgにするように要請があった。この場合，当社は何kg分の注文を引き受けるべきか答え，そのときの見積営業利益を算定しなさい。なお，受注は400,000kg以下の範囲内においては何kgであっても可能であると考えること。

理解度チェック

問題10-5　★★☆

当社では，製品Sの製造・販売を行っており，原価計算方式として直接原価計算を採用している。現在，来年度の予算編成中で，営業利益が最大となるように経営計画を策定している。そこで，以下の資料にもとづき下記の設問に答えなさい。

（資　料）

1．原価標準

直接材料費	？円/kg	×4 kg	=	？円
直接労務費	800円/DLH	×2 DLH	=	1,600円
変動製造間接費	600円/MH	×3 MH	=	1,800円
				？円

（注1）直接材料の標準価格には次年度における単位あたり予定購入原価を使用している。標準価格については，年間必要量を1,000kgずつ購入するなら1,000円/kgであるが，3,000kgずつ購入すると5％，4,000kgずつ購入すると8％の割戻しを購入原価全体について受けることができる。ただし，1,000kgずつの購入であれば自社倉庫で保管できるが，3,000kgずつの場合は500,000円，4,000kgずつの場合は650,000円の倉庫賃借料（月額）が発生し，この賃借料は固定製造間接費として処理される。

（注2）来年度の基準操業度（期待実際操業度）は72,000MHである。

2．来年度の予算編成に関する資料

(1)　予算販売量は24,000個で，予算販売価格は10,000円/個である。

(2)　変動販売費は製品1個あたり500円発生する。

(3)　固定費予算額は次のとおりである。

製造間接費：21,600,000円（ただし，材料倉庫賃借料は含まない）

販売費・一般管理費：17,000,000円

(4)　製品Sはその性質上，仕掛品は存在しない。また，期首・期末の製品は存在していない。

〔設問1〕

来年度における予算損益計算書を作成しなさい。

さて，来年度の予算編成作業を進めている途中に次の情報が追加的に入手された。

（追加資料）

1．来年度の販売に関する情報

従来，取引先のT社より3,000個の注文があるが，追加として3,000個の注文が寄せられた。T社は，購入量を2倍にしたのだから，販売価格のすべてについて15％値引するように主張してきた。なお，この主張を拒否するとT社との取引関係はすべて消滅する。

2．原価の変動に関する情報

(1)　直接労務費について，50,000DLHを超える作業に対しては，割増賃金として1,000円/DLHを適用することになる。

(2)　追加注文を受諾した場合には，新たに機械を賃借しなければならないため，賃借料が2,000,000円（年間）発生する。なお，製造間接費変動費率は変化しない。

〔設問2〕

T社からの追加注文を受諾すべきか否かを答えなさい。

理解度チェック

問題10-6 ★★★

当工場では，自製部品ＸとＹを使って，最終製品甲と乙を製造している。当工場には，(1)金属加工ライン，(2)部品Ｘ専用ライン，(3)部品Ｙ専用ライン，(4)組立ラインの４つのラインがある。これら４つのラインの関係は，以下のようになっている。

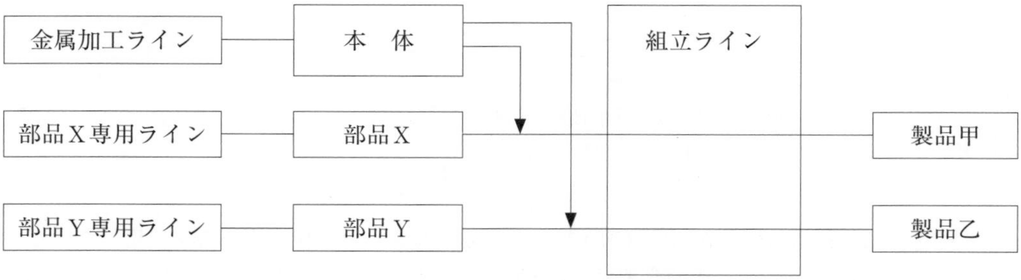

金属加工ラインで作られた本体１つに，部品Ｘ１つと，その他の買入部品をセットして，製品甲ができあがる。本体１つに，部品Ｙ１つとその他の買入部品をセットして，製品乙ができあがる。

当工場では，標準原価計算が行われている。次の１～７の関係資料を利用して，下記の問い１～４に答えなさい。

１．各ラインの月間生産能力

ラ　イ　ン	最大月間稼働時間	最大月間生産量
金属加工ライン	1,320時間（機械作業時間）	1,100個
部品Ｘ専用ライン	1,100時間（機械作業時間）	1,100個
部品Ｙ専用ライン	1,100時間（機械作業時間）	1,100個
組立ライン	4,125時間（直接作業時間）	1,375個

２．所要標準作業時間

	標準作業時間
金属加工ラインにおける本体１単位あたり標準機械作業時間	1.2時間
部品Ｘ専用ラインにおける部品１単位あたり標準機械作業時間	1.0時間
部品Ｙ専用ラインにおける部品１単位あたり標準機械作業時間	1.0時間
組立ラインにおける（甲または乙の）１単位あたり標準直接作業時間	3.0時間

３．直接材料費

	直接材料費
金属加工ラインにおける本体１単位あたり標準直接材料費	5,600円
部品Ｘ専用ラインにおける部品１単位あたり標準直接材料費	3,600円
部品Ｙ専用ラインにおける部品１単位あたり標準直接材料費	2,400円
製品甲１単位に必要な買入部品の標準直接材料費	1,200円
製品乙１単位に必要な買入部品の標準直接材料費	1,800円

4．直接労務費

直接労務費は，すべて固定給で支払われており，固定費である。金属加工ライン，部品X専用ライン，部品Y専用ラインの月間直接労務費予算額は500,000円であり，組立ラインの月間直接労務費予算額は1,200,000円である。

5．製造間接費

4つのラインごとに，部門別標準配賦率が設定されている。この4つのほかに補助部門が存在するが，補助部門費は，すでに各製造部門に複数基準配賦法により変動費と固定費に分けて配賦されている。各製造部門ごとの変動予算は，以下のように設定されている。なお，製造間接費配賦基準は，組立ライン以外はすべて機械作業時間であり，組立ラインだけは直接作業時間である。

	固定製造間接費	変動製造間接費
金属加工ライン	1,200,000円	2,500円/時間
部品X専用ライン	1,200,000円	1,200円/時間
部品Y専用ライン	1,200,000円	1,200円/時間
組立ライン	600,000円	600円/時間

6．製品の販売価格

製品甲の販売価格は20,000円，製品乙の販売価格は18,500円である。

7．製品の需要

製品甲，製品乙の需要は，現在安定しており，需要の上限は，いずれも月間750個と見込まれている。

〔問1〕

製品甲と製品乙の総販売量を最大化しようとする場合に，制約となっている要素は，以下のうちいずれか。1つ選び，記号で答えなさい。

（a）金属加工ラインの生産能力　（b）部品X専用ラインの生産能力

（c）部品Y専用ラインの生産能力　（d）組立ラインの生産能力

（e）製品甲と製品乙の需要の総量

〔問2〕

最適プロダクトミックスの製品甲と製品乙の生産量を求めなさい。

〔問3〕

金属加工ラインで使用する材料について，現在使用している単価5,600円の材料にかえて，単価5,000円の材料を使用する案が検討されている。事前調査の結果，低価格の材料は，品質に多少問題があり，金属加工ラインの終点で加工量の10%が仕損となることが判明した。仕損品は，再加工不能のため，1個あたり600円にて売却処分される。

⑴　低価格の材料を使用した場合における最適プロダクトミックスの製品甲と製品乙の生産量を求めなさい。

⑵　低価格の材料を使用した場合，最適プロダクトミックスが変化することを念頭においたうえで，低価格の材料を使用するほうが，使用しない場合に比べて有利であるか，不利であるかを判定しなさい。解答用紙に適切な金額を記入し，「有利である」と「不利である」のいずれか適切なほうをで囲み，不要な文字を消しなさい。

〔問４〕

新規の顧客から部品Ｘに類似の部品Ｚを，１個あたり6,000円で納品してもらえないかという引合いがきた。部品Ｚは，標準直接材料費が１個あたり4,000円であるほかは，部品Ｘとまったく同じ条件で製造できるものとする。この特別注文を引き受けるべきかどうかを検討している。

(1) 部品Ｚの納品すべき数量が300個であったとする。この注文を引き受けた場合，引き受けなかった場合に比べて，有利であるか，不利であるかを判定しなさい。解答用紙に適切な金額を記入し，「有利である」と「不利である」のいずれか適切なほうを◯で囲み，不要な文字を消しなさい。

(2) 部品Ｚの納品すべき数量が400個であったとする。この注文を引き受けた場合，引き受けなかった場合に比べて，有利であるか，不利であるかを判定しなさい。解答用紙に適切な金額を記入し，「有利である」と「不利である」のいずれか適切なほうを◯で囲み，不要な文字を消しなさい。

理解度チェック

問題10-7 ★★★

当社では，不況により生産能力に年間1,000時間の遊休が見込まれている。そこで，この遊休能力を利用して従来外部より購入していた部品Ａの自製を検討することにした。

１．購入原価　　2,000円/個

２．年間必要量　　1,000個

３．製造原価

(1) 変動費（部品１個あたり）

直接材料費	900円
直接労務費	800
製造間接費	160
合　計	1,860円

（注）部品Ａの製造には１個あたり１時間を必要とする。

(2) 固定費

部品Ａを自製するには特殊工作機械を必要とし，その年間賃借料は105,000円である。その他の固定製造原価の発生額には変化はない。

４．部品を自製しない場合は，遊休時間はそのままにしておくこととする。

〔設問１〕

年間必要量1,000個の場合において，自製すべきか購入すべきかを判断しなさい。

〔設問２〕

年間必要量1,000個を考慮外として，年間何個以上ならば自製する案が有利になるか答えなさい。

理解度チェック □□□

問題10-8 ★★★

当社では月間の生産能力に2,000時間の余裕が見込まれたため，これまで外部から購入していた部品Bを自製すべきかどうかについて検討している。次の資料にもとづき問1と問2に答えなさい。なお，割り切れない場合，最終的な解答の小数点以下第1位を四捨五入すること。

（資　料）

1．部品Bの購入
　単位あたりの部品Bの購入価格は11,000円である。

2．部品Bの自製

(1)　部品Bを1個製造するのに，材料bを3kg利用する。材料bの単位あたりの当初の購入価格は2,000円/kgである。しかし，材料bの供給が不足していることから，3,000kgを超える分に対して2,640円/kgの購入価格が適用されることとなっている。

(2)　部品Bを1個製造するのに，1時間の加工を必要とする。1時間あたりの変動加工費は2,800円/時間であり，そのうち1,500円/時間は直接労務費に関わるものである。なお，直接労務費は，部品の自製に際し，時間外労働が必要となるため，40％上昇することとなっている。

(3)　部品Bを製造するため，特殊な検査装置を外部から賃借する。月間の賃借料は1,360,000円である。

〔問1〕資料1と2をもとに，(ア)部品Bの数量が750個の場合に自製すべきか購入すべきか，および，(イ)部品Bの数量が1,500個の場合に自製すべきか購入すべきかを，論拠となる数値を示しながら答えなさい。

〔問2〕資料1と2をもとに，自製する方が購入するよりも有利となる部品Bの数量の範囲を答えなさい。

理解度チェック

問題10-9 ★★★

当社の切削部門では，次期（1年間）の生産計画において，設備稼働能力に2,500時間の余裕が見込まれた。この遊休能力を利用し，部品Pを当部門で製造すべきか，あるいはこの遊休能力はそのままとし，部品Pを外部から購入するほうが有利か，を検討中である。検討資料は次のとおりである。

1．部品Pに関するデータ

(1) 部品Pの年間必要量は5,000個である。これを外部から購入する場合には，1個あたり7,000円で入手できる。

(2) 部品Pを製造する場合には，その主要材料はα材で，部品P1個の製造にα材を1kg必要とする。主要材料の年間購入契約量が4,000kgを超える場合は，購入契約量のうち，4,000kgまでは1kgあたり3,000円で購入するが，4,001kg以上は，前記購入単価の10％引きで購入できる。したがって，全購入契約量の購入単価が10％引きになるわけではない。

(3) 部品Pの1個あたりの加工時間は0.5時間であり，1時間あたり3,000円の賃率の直接工を投入する必要がある。しかし，現在人手不足の状態にあるので，もし部品Pを製造するのであれば，上記賃率の40％に相当する残業手当も支払わねばならない。

なお，残業手当は，この計算では直接労務費として処理し，また，直接作業時間と設備稼働時間とは等しいものとする。

(4) 当部門では製造間接費は標準配賦が行われており，製造間接費の変動費率は1,800円/時，固定費率は1,500円/時である。

なお，部品Pを製造しても，固定費の発生額に影響はない。

(5) 部品Pを製造するには新たに特殊設備が必要であり，その年間賃借料は，生産量とは関係なく，350万円と見積られた。

2．部品Qに関するデータ

部品Pを外部から購入する場合，2,500時間の遊休能力をそのまま遊ばせないで，この時間を，従来購入していた部品Qの製造に利用する案も考えられる。部品Qの資料は次のとおりである。

(1) 部品Qの購入価格は，1個あたり9,000円である。

(2) 部品Qの年間必要量は，2,500個である。なお，この部品を製造する場合は，1個あたりの加工時間は1時間である。

(3) 部品Qの主要材料はβ材で，部品Q1個の製造にβ材を1kg必要とする。その購入価格は2,400円/kgで，数量割引はない。

(4) 直接工の賃率や残業手当，および製造間接費に関する条件は上記と同様である。ただし，この部品の製造には，特殊設備は不用であり，したがって，賃借料は発生しない。

3．その他

本問の解答にあたっては，数量化不可能な要素や，長期的な考慮は除外する。

以上の条件にもとづき，次の問いに答えなさい。

〔問1〕

本問は，自製か購入かの短期的意思決定の問題であるが，この問題を解決するために最も適切な原価を，下記の原価の中から1つ選び番号を記入しなさい。

① 変動費　② 見積原価　③ 付加原価　④ 製造原価　⑤ 標準原価
⑥ 直接原価　⑦ 支出原価　⑧ 差額原価　⑨ 埋没原価　⑩ 予算原価

〔問２〕

部品Ｐの年間必要量が5, 000個の場合，切削部門で部品Ｐを自製（内製）する案をＡ案，2, 500時間の遊休時間はそのままとし，外部からこれを購入する案をＢ案とすると，両案を比較して，どちらの案が原価が低く有利であろうか。

〔問３〕

前問では，部品Ｐの年間必要量を5, 000個としたが，5, 000個以下に減少する可能性も考えられる。そこで，部品Ｐの年間必要量5, 000個の条件を一応度外視し，部品Ｐを自製する案をＡ案，購入する案をＢ案とし，両案を比較して，部品Ｐの年間必要量が何個以上であれば，どちらの案が有利であろうか。

〔問４〕

部品Ｐ5, 000個を外部から購入し，しかも2, 500時間の遊休時間を2, 500個の部品Ｑの内製に利用する案をＣ案とすると，上記〔問２〕のＡ案（部品Ｐ5, 000個を自製し，部品Ｑ2, 500個を購入する案）とＣ案とを比較して，どちらの案が原価が低く有利であろうか。ただし，部品Ｑの市場における購入価格と販売価格とは等しいものとする。

理解度チェック

問題10-10 ★★★

当社は各種の電気冷蔵庫を製造・販売しているが，その中のＴ型冷蔵庫用のコンプレッサーは，横浜工場の第４製造部で製造している。

1．過去６か月間の第４製造部の生産および原価データ

(1) 生産データ　Ｔ型冷蔵庫用のコンプレッサー　3,000台（期首と期末の仕掛品はない）

(2) 原価データ　直接材料費（変動費）　1,500万円，直接労務費（変動費）　2,100万円，
製造間接費（準変動費）　3,000万円

(3) 製造間接費データの月別内訳（これらはすべて正常値である）

月	製造間接費発生額	コンプレッサー完成量
1	492万円	485台
2	472万円	460台
3	506万円	510台
4	496万円	495台
5	556万円	580台
6	478万円	470台
合　計	3,000万円	3,000台

2．Ａ社からのコンプレッサー売り込み

かねてから取引関係にあるＡ社から，Ｔ型冷蔵庫用のコンプレッサーを１台あたり2.1万円で売りたいという申入れがあった。横浜工場長は，Ａ社の製品の品質は高く，しかも売込価格が安いので，とりあえず次期の６か月間は，このコンプレッサーの内製をやめて購入に切り替えたいと考え，原価計算担当者に調査を命令したところ，次の情報を得た。

3．原価計算担当者の調査結果

(1) 次期６か月の原価発生状況を予測すると，原価財の価格や消費能率に変化はなさそうなので，変動費率と固定費の発生額は上記過去６か月間と同様と思われる。ただし，不況に入ってきたので，3,000台の生産は難しい。

(2) Ａ社からの購入に切り替えた場合は，

① 第４製造部の直接工は，全員人手不足の他の製造部へ，同じ賃率と作業量で転用できる見込みである。

② 第４製造部の機械は遊休にする。

(3) 第４製造部の固定製造間接費総額（６か月間の発生総額）の内訳は次のとおりである。まず140万円は工場全体の共通管理費配賦額である。また200万円は，機械の減価償却費，固定資産税，火災保険料からなる。これらのほか80万円の固定製造間接費は，購入に切り替えることによりその発生が回避可能であると予想された。あとに残る固定製造間接費は，第４製造部長の給料であって，もし購入に切り替えた場合は，第３製造部長が定年で退職するため，そのあとに第４製造部長を従来と同額の給料で配置換えできる。ただし，内製の場合は，第３製造部長は外部から第４製造部長の給料と同額で雇うことになる。

以上の条件にもとづき，原価が安ければ購入に切り替えるものとして，次の問いに答えなさい。

〔問１〕

第４製造部の製造間接費について，高低点法により原価分解を行って，(1)製品１台あたりの変動製造間接費，(2)（６か月間ではなく）月間の固定製造間接費を計算しなさい。

〔問2〕

第4製造部長の6か月間の給料総額はいくらか。

〔問3〕

第4製造部の次期6か月間の生産量が不明である点を考慮したうえで，T型冷蔵庫用のコンプレッサーを内製するほうが有利か，あるいは購入するほうが有利かを判断しなさい。

〔問4〕

上記のほか，さらに次の条件を追加および変更する。

(a) 購入に切り替えた場合は，第4製造部の空いたスペースを利用して第3製造部の部品倉庫に転用すると外部倉庫の賃借が不要となり，その結果6か月間で外部倉庫の賃借料を140万円節約できる。

(b) A社の売込価格が1台あたり2.1万円ではなく，次のような条件であったとする。すなわち当社の購入量が6か月間で2,000台までは1台あたり2.2万円であるが，2,000台を超えると値引して1台あたり2.1万円にするという申入れであったとする。したがって，たとえば6か月間の購入量が2,100台であれば，2,000台までは1台あたり2.2万円で購入し，あとの100台は1台あたり2.1万円で購入できることになる。なお，(a)の倉庫料節約の追加条件は，購入量とは関係がない。

さて，上記の追加および変更条件を考慮すると，

(1) 短期の業務的意思決定会計に使用される原価概念としては，外部倉庫の賃借料節約額は，内製というコース選択にとって，いかなる原価といえるか。最も適切な原価を下記の中から1つ選びなさい。答えは番号のみでよい。

① 埋没原価　② 直 接 費　③ 予算原価　④ 機会原価

⑤ 個 別 費　⑥ 製造間接費　⑦ 見積原価

(2) 上記の追加および変更条件を考慮し，内製が有利か購入が有利かを判断しなさい。

理解度チェック □□□

問題10-11　★★★

ＴＳ工業の第４製造課では，コンピュータ部品のＫ４を製造しているが，この部品について，今後６か月間，従来どおり内製するほうがよいか，あるいは購入したほうがよいか，製造部長はその判断に迷っている。関係資料は次のとおりである。

１．過去６か月間の部品Ｋ４の生産および原価データ

(1)　生産データ　Ｋ４は６か月間で8,000個生産した。

(2)　原価データ　（上記8,000個の生産に要した実際製造原価総額）

直接材料費（変動費）	9,600万円
直接労務費（変動費）	8,000万円
製造間接費（準変動費）	9,000万円

(3)　製造間接費の月額内訳（これらはすべて正常値である）

月	製造間接費発生額（万円）	Ｋ４完成量（個）
1	1,304.5	1,050
2	1,210.0	850
3	1,580.0	1,480
4	1,525.5	1,360
5	1,750.0	1,750
6	1,630.0	1,510
合　計	9,000.0	8,000

２．部品Ｋ４の購入案

かねて取引関係のある横浜製作所から，部品Ｋ４を１個あたり3.5万円で売りたいという申入れがあった。この会社の製品品質水準は高く，内製した場合と比較して品質に差はない。購入の場合生じる差額購入副費は少額なので無視できる。

３．原価計算担当者の調査

(1)　原価計算担当者の調査では，今後６か月間は，原価財の価格や消費能率に変化はなく，変動費率と固定費の発生状況は上記過去６か月間と同様と思われる。Ｋ４の需要量は7,500個から8,500個の範囲内にあり，8,000個の可能性が大である。

(2)　部品Ｋ４の製造は，臨時工を雇って行ってきたので，もしこの部品を購入に切り替えれば，臨時工は雇わないことにする。

(3)　第４製造課で今後６か月間に発生する固定製造間接費の発生総額の内訳は，次のとおりである。

ａ．工場建物減価償却費配賦額　628万円

ｂ．固定資産税，火災保険料等配賦額　56万円

ｃ．工場長給料，事務員給料等配賦額　450万円

ｄ．Ｋ４専用製造機械減価償却費（注１）　126万円

ｅ．部品Ｋ４に直接関連する支援活動費
（部品Ｋ４設計変更費）

ｆ．部品Ｋ４バッチ関連活動費
（専用製造機械段取費，
専用検査機械賃借料など）（注２）

ｇ．第４製造課長給料（注３）

（ｅ～ｇ）　？万円

（注１）購入案を採用する場合，Ｋ４専用製造機械は売却処分せず，遊休機械として保持する。

（注２）購入案を採用する場合，Ｋ４の専用検査機械は不要となるため賃借しない。

（注３）購入案を採用する場合，第４製造課長は配置換えとなる。

以上の条件にもとづき，原価が安ければ購入に切り替えるものとして，次の問いに答えなさい。

〔問１〕

内製か購入かの問題を解くための原価計算目的は，次に示す原価計算目的のうち，どの目的であるか，を答えなさい。

(1) 原価管理目的　　(2) 構造的意思決定目的　　(3) 製品原価計算目的

(4) 利益管理目的　　(5) 業務的意思決定目的

〔問２〕

第４製造課の製造間接費について高低点法により原価分解を行って，(1)部品Ｋ４の１個あたりの変動製造間接費，(2)（６か月間ではなく）月間の固定製造間接費を計算しなさい。

〔問３〕

今後６か月間における部品Ｋ４の総需要量が何個を超えるならば，この部品を内製するほうが有利か，あるいは購入するほうが有利かを判断しなさい。

〔問４〕

上記のほかに，さらに次の条件を追加する。

横浜製作所は部品Ｋ４の売込みにあたり，今後６か月間の第４製造課による総購入量が１個～6,000個までならば売価は@3.5万円であるが，6,001個～7,000個までは20％値引して@2.8万円，7,001個～8,000個までは@2.45万円，8,001個～9,000個までは@2.1万円，9,001個～10,000個までなら@1.75万円とするという条件である。したがって，たとえば６か月間の総購入量が7,500個であれば，最初の6,000個は@3.5万円，次の1,000個は@2.8万円，最後の500個は@2.45万円を支払うことになる。

以上の条件を勘案すると，(1)今後６か月間における部品Ｋ４の総需要量が7,500個～8,500個の範囲にあるかぎり，内製するほうが有利か，あるいは購入するほうが有利かを判断しなさい。(2)また総需要量が8,500個以上であって，内製のコストと購入のコストが等しくなる総需要量を計算しなさい。

〔問５〕

さらに次の条件を変更し，追加する。

①今後６か月間における部品Ｋ４の総需要量は8,000個であると予測された。②購入案を採用するとき，部品Ｋ４の専用製造機械は遊休とせず，これをわずかに手直しすることによって，新たに必要となった部品M16の生産に利用できるものとする。なお手直し費用は少額なので無視できる。③部品M16の１個あたりの変動製造原価は，直接材料費が1.80万円，直接労務費が1.68万円，変動製造間接費が1.38万円であって，今後６か月間におけるM16の予定生産量は4,000個である。④部品M16の完成品市価は５万円である。⑤M16を内製する場合も，第４製造課長は配置換えとなる。M16の生産管理は第６製造課長が兼任する。そのための追加的管理費用は生じない。これら以外の条件は，すでに提示したとおりであって変更はない。たとえば部品Ｋ４を購入する案の場合，購入数量の増加にともない，購入単価が値引されるという条件も当然含まれる。したがって，製造部長の直面する新たな問題は，〔甲案〕部品Ｋ４を内製するか，あるいは〔乙案〕部品Ｋ４を購入し，部品M16を内製するか，の選択となる。

以上の変更および追加条件を考慮し，甲案と乙案を比較して，どちらがどれほど有利であるかを計算しなさい。

理解度チェック

問題10-12 ★★★

当社では，原料αを投入することによって，連産品である製品ＰおよびＱを連続生産しており，現在は，分離後そのままの状態で両製品を販売している。現在，次年度の経営計画の策定中であるが，次年度において4,050MHの遊休生産能力が生じることが判明した。そこで，製品Ｑを追加加工し，より付加価値の高い製品Ｒとして販売することを検討している。次の資料にもとづいて，製品Ｑを追加加工すべきか否かについての意思決定を行いなさい。

（資　料）

1．原料αを１kg投入することで，製品Ｐ0.6kgと製品Ｑ0.4kgが生産される。次年度の原料αの予定投入量は12,000kgであり，連結原価は12,100,000円と見積られている。製品Ｐの販売価格は1,500円/kg，製品Ｑの販売価格は1,000円/kgである。

2．製品Ｑを追加加工するにあたっては，追加加工工程の始点で製品Ｑ１kgに対して原料βを0.5kg投入する必要がある。原料βの価格は400円/kgである。また，追加加工に要する変動加工費は，投入量１kgあたり次のように見積られている。

　直接労務費　　1,000円×0.4DLH＝400円/kg
　製造間接費　　　800円×0.6MH　＝480円/kg

3．製品Ｑの追加加工にあたっては，専用の特殊機械を賃借する必要があり，賃借料は年額810,000円である。

4．製品Ｒの販売価格は1,820円/kgである。

理解度チェック

問題10-13 ★★★

当社では，連産品P，Q，Rを生産している。また，工程終点で副産物が分離される。以下に示す資料にもとづいて，下記の問いに答えなさい。

（資　料）

1．連産品等の分離点前の物量データ

月初仕掛品	200kg	（加工費進捗度80％）
当月投入原料	5,320kg	
減損量	120kg	（うち100kgは通常発生する範囲の減損量である）
月末仕掛品	400kg	（加工費進捗度50％）

2．連産品等の分離点前の原価データ

	原料費	加工費
月初仕掛品原価	30,450円	13,200円
当月発生原価	836,750円	429,650円

3．月末仕掛品の評価方法は平均法による。

4．減損は工程を通じて平均的に発生している。計算の簡便化のために度外視法によって減損にかかわる負担計算を行っており，通常の範囲を超えて発生した減損がある場合には当該減損にも正常減損費の一部を負担させている。

5．副産物に関するデータ

副産物産出量	400kg	売価見積額	72円/kg
先月投入原料費平均単価	152.25円/kg	先月投入加工費平均単価	82.5円/kg
分離点後加工費見積額総額	3,200円	副産物に関わる販売費見積額総額	600円

6．連産品に関するデータ

	P	Q	R
産出量	1,800kg	1,600kg	1,200kg
売価見積額	420円/kg	520円/kg	320円/kg
分離点後加工費見積額総額	28,000円	38,000円	19,000円
個別販売費見積額	12,000円	——	——
分離点後加工費実際額総額	30,000円	38,000円	20,000円
個別販売費実際額	12,000円	——	——

7．負担能力主義にもとづく基準によって結合原価を各連産品に按分している。6のデータのうち等価係数，各種見積額は正常な状況を想定した場合の数値である。

〔問1〕

⑴月末仕掛品原価，⑵副産物の評価額，⑶主産物である連産品P，Q，Rの結合原価および⑷連産品P，Q，Rの完成品実際原価を計算しなさい。

〔問2〕

ここで，製品P，製品Qについては分離点で分離後，中間製品P，中間製品Qとしてそれぞれ397円/kg，490円/kgで販売可能であるとする。実際発生原価を使用して差額（関連）原価収益分析を行った場合，連産品P，連産品Qは最終製品として販売したほうがよかったか，中間製品P，中間製品Qとして販売したほうがよかったかを答えなさい。ただし，中間製品P，中間製品Qについては個別販売費はかからないものとする。

理解度チェック

問題10-14 ★★★

ＴＳ製作所の今月の生産計画では，第１工程の始点で8,000kgの原料を投入し，製品Ａ4,000kg，製品Ｂ3,000kgおよび副産物1,000kg（終点分離）を産出している。製品Ａ，Ｂは連産品であり，分離点までに要する製造原価予算（副産物評価額控除前）は，原料費などを含めて250万円である。Ａ，Ｂは中間製品であり，そのまま外部市場へ売ることができ，その正常市価は製品Ａが430円/kg，製品Ｂが300円/kg，副産物が120円/kgである。しかし当製作所では，製品Ａをさらに第２工程に投入し，追加加工を行って製品Ｃを，また製品Ｂを第３工程に投入し，追加加工を行って製品Ｄを生産する計画である。Ｃ，Ｄは最終製品であって，その正常市価は製品Ｃが800円/kg，製品Ｄが700円/kgである。この場合，ＡをＣに加工する追加加工費は400万円であり，またＢをＤに加工する追加加工費は110万円と見積られた。なお製品Ａは第２工程の始点で加水され，数量が倍加される。製品Ｂは加水されず増量もしない。以上の条件にもとづいて，次の問いに答えなさい。

〔問１〕

(a)連結原価を原価計算基準で規定される正常市価基準法（分離点における最終製品の推定正常市価にもとづく方法で，見積正味実現可能価値法ともいわれる）により，最終製品Ｃ，Ｄへ配賦した場合の配賦額を計算しなさい。またその場合(b)製品別損益計算書を作成し，製品Ｃ，Ｄおよび工場全体の売上総利益率（＝売上総利益÷売上高×100）を求めなさい。売上総利益率の計算上生じる１％未満の端数は四捨五入しなさい（例：12÷345×100＝3.47…％→３％）。

〔問２〕

前問の計算結果では，製品Ｄの利益率が製品Ｃよりも高いように見えるが，工場全体としては12％の売上総利益率である。そこでＣもＤも売上総利益率が等しく12％になるように連結原価を配賦するとすれば，いくらずつの配賦額にすればよいか。

〔問３〕

連結原価は，生産量基準で配賦する方法も多く採用される。そこで，(a)中間製品の生産量基準で連結原価を配賦した場合における製品Ｄの損益計算書を作成しなさい。それについて，原価計算担当者は工場長に対し，次のように進言した。「利益計画では製品Ｃと製品Ｄとを生産することになっていますが，製品Ｂはこれを追加加工して製品Ｄにするよりも，中間製品のまま販売したほうが有利だと思います。なぜならば製品Ｄは赤字の製品だからです」と。

さて，(b)上記の原価計算担当者の進言は正しいか，あるいは誤りであるか。製品Ｂを追加加工して製品Ｄにすることにより，利益額はいくら減少あるいは増加するかを計算しなさい。

理解度チェック

問題10-15　★☆☆

　ＴＳ工業における生産工程は３工程からなり，Ａ製品とＢ製品が生産されている。第１工程ではその始点において原料αを投入し加工を加え，第１工程の終点において原料βを追加投入することによりＡ連産品とＢ連産品に分離される（原料αと原料βの投入割合は，15：４に固定してあり，これを変動させると産出量が急減する）。Ａ連産品はさらに第２工程に投入され，Ａ製品に加工されて販売される。また，Ｂ連産品は第３工程に投入され，Ｂ製品に加工されて販売される。当期に関する次の資料にもとづき，下記の問いに答えなさい。なお，本問における固定費はすべて回避不能である。また，解答の際には必ず計算過程を明示すること。

（資　料）

１．当期の生産状況は次のとおりである。

①　第１工程

当期投入量	
原　料　α	15,000kg
原　料　β	4,000kg
当期産出量	
Ａ連産品	12,500kg
Ｂ連産品	4,000kg
副　産　物	1,500kg
減　　損	1,000kg

②　第２工程

当期投入量	12,500kg
当期産出量	
完　成　量	12,500kg

③　第３工程

当期投入量	4,000kg
当期産出量	
完　成　量	4,000kg

２．当期の原価に関する資料は次のとおりである（単位：円）。

	第１工程	第２工程	第３工程
α　原　料　費	24,000,000	——	——
β　原　料　費	16,000,000	——	——
変　動　加　工　費	28,000,000	17,000,000	21,600,000
固　定　加　工　費	52,000,000	54,000,000	14,000,000

３．単位あたり売価に関する資料は次のとおりである。

　Ａ製品の売価　18,500円
　Ｂ製品の売価　17,200円
　副産物の売価　 1,000円

４．単位あたりの販売費及び一般管理費に関する資料は，次のとおりである。

　Ａ　製　品　3,200円（うち1,350円は固定費である）
　Ｂ　製　品　3,600円（うち1,400円は固定費である）
　副　産　物　　300円（うち　200円は固定費である）

５．当期の生産・販売状況は正常なものであった。

〔問１〕

　副産物にさらに加工を施すことにより，1,450円/kgで売却可能である。追加加工には単位あたり変動加工費300円が必要である。追加加工したうえで副産物を売却したほうが有利か否か，について答えなさい。

〔問2〕

〔問1〕の条件は削除する。上質の原料γ（5,500円/kg）を原料βの代わりに使用することにより副産物および減損の発生が従来の70%に抑えられ，その分量だけB連産品の産出量が増大する。この原料γを使用すべきか否かを次の条件にしたがって答えなさい。

・　原料αと原料γの投入量割合は，原料βを使用している場合と同じであり，また，原料γを投入してもB連産品の品質には影響を与えない。
・　原料を変えても加工費には影響しない。
・　原料βを4,000kg投入した場合（当期実績）と原料γを4,000kg投入した場合を比べて，どちらがいくら有利か答えること。

理解度チェック

問題10-16　★★★

当工場では，原料甲を投入して，連産品X，YおよびZを生産している。その生産プロセスは，まず甲からXとAを生産し（製造工程Ⅰ），次にAからYとZを生産している（製造工程Ⅱ）。Aは，甲から最終製品YとZを生産する過程での中間生産物である。20×3年12月の生産計画および予想されるコストは，次の①～⑤のとおりである。月初・月末の仕掛品および製品は存在しない。なお，最終製品X，YおよびZの単位あたり市場価格は，それぞれ，30,000円，10,000円および8,500円である。

①　15,000kgの甲を投入して，Xを2,500単位，Yを7,500単位およびZを5,000単位生産する。
②　製造工程Ⅰで甲からXとAが分離されるが，その分離点までの製造原価は9,000万円である。分離点後のXの追加加工費（個別費）は1,200万円である。分離点における追加加工前のXをX′とよぶ。Aの追加加工は製造工程Ⅱで行われる。
③　製造工程Ⅰの分離点におけるX′とAの産出量は，それぞれ，5,000kgと10,000kgである。
④　製造工程ⅡでAからYとZが分離されるが，その分離点までの製造原価は4,200万円（Aのコストを除く）である。Yの個別費は600万円，Zの個別費は900万円である。分離点における追加加工前のYをY′，追加加工前のZをZ′とよぶ。
⑤　製造工程Ⅱの分離点におけるY′とZ′の産出量は，それぞれ，7,500kgと2,500kgである。

以上の条件にもとづいて，次の各問いに答えなさい。なお，計算過程で端数が生じるときは，万円未満を四捨五入する。ただし，単価を計算する場合は，円未満を四捨五入する。

〔問1〕

物量（重量）を基準に連結原価を配賦し，各最終製品の単位あたり製造原価，および製品別の売上総利益を計算しなさい。

〔問2〕

分離点における見積正味実現可能価額を基準に連結原価を配賦し，製品別の売上総利益を計算しなさい。見積正味実現可能価額とは，最終製品の市価から分離点後の個別費を控除した金額である。

〔問3〕

中間生産物X′，Y′，Z′およびAに外部市場があり，それぞれの1kgあたり市場価格は，X′12,000円，Y′9,500円，Z′15,500円およびA6,000円である。分離点における市価を基準に連結原価を配賦し，製品別の売上総利益を計算しなさい。

〔問４〕

上記の各計算結果は異なっている。同じ製品が黒字であったり赤字であったりしているかもしれない。それでは，どのような意思決定を行えばよいのだろうか。そこで，次の各場合の工場全体の売上総利益を計算しなさい。

(1)　ＸとＺは生産するが，Ｙの生産は中止し，Ｙ′のままで販売する場合。ただし，Ｙ′は上記外部市場ですべて販売できるとする。

(2)　ＸとＹは生産するが，Ｚの生産は中止し，Ｚ′のままで販売する場合。ただし，Ｚ′は上記外部市場ですべて販売できるとする。

(3)　Ｘは生産するが，ＹとＺの生産は中止し，Ａのままで販売する場合。ただし，Ａは上記外部市場ですべて販売できるとする。

(4)　(3)の場合ではＡのままで販売しているが，ＡをＹ′とＺ′に分離して，それらを販売する場合。ただし，Ｙ′もＺ′も上記外部市場ですべて販売できるとする。

理解度チェック

問題10-17　★★★

当社は，製品Ａ，Ｂ，Ｃの販売に従事している。当期の製品別利益を計算したところ，次のような結果が得られた。そこで，赤字となった製品Ｃの生産・販売を廃止すべきかどうかが検討されている。

セグメント別損益計算書

	製品Ａ	製品Ｂ	製品Ｃ	合　計
売　上　高	2,000,000円	1,800,000円	600,000円	4,400,000円
変　動　費	800,000	600,000	360,000	1,760,000
貢 献 利 益	1,200,000円	1,200,000円	240,000円	2,640,000円
固　定　費				
給　　料	492,000円	360,000円	96,000円	948,000円
賃　借　料	16,000	180,000	78,000	274,000
減価償却費	18,000	54,000	27,000	99,000
保　険　料	32,000	12,000	6,000	50,000
一般管理費	386,000	306,000	129,000	821,000
営業利益(損失)	256,000円	288,000円	△96,000円	448,000円

固定費のうち，賃借料と保険料は個別固定費で，製品Ｃからの撤退により回避できるが，その他の固定費は全体として共通に発生するものであり，セグメント別の金額はその配賦額である。

以上の条件において製品Ｃの生産・販売を廃止すべきか否かを判断しなさい。

理解度チェック

問題10-18 ★★★

ＴＳ工業では，在庫管理のために，Ｋ材料の経済的発注量を知る必要が生じ，材料係が原価計算係のところへ相談にやってきた。「Ｋ材料の年間予定総消費量は，１日あたりの平均消費量が96個，年間の操業日数が250日なので，24,000個と思われます。そこでもし24,000個を１度に購入すれば，発注費は１回分ですむけれども，相当量の材料を抱え込むため，材料の保管費が高くなるし，そうかといって１回に１日分の消費量しか購入しなければ，毎日発注する羽目となり，たとえ保管費はかからなくとも発注費が巨額に発生することになる。そこでＫ材料の，年間の発注費と保管費の合計額が，最も少なくてすむ１回あたりの発注量（経済的発注量）を知りたいのです。」と材料係が言った。

そこで原価計算係は，次のデータを集めた。

⑴　Ｋ材料１個あたりの購入価格（送り状記載価格）　5,800円
⑵　Ｋ材料１個あたりの引取運賃　200円
⑶　材料課長の給与月額（残業はない）　355,000円
⑷　Ｋ材料発注１回に要する郵便料金など　2,200円
⑸　Ｋ材料発注１回に要する事務用消耗品費　800円
⑹　Ｋ材料発注１回に要する受入材料積下ろし作業賃金支払額　12,000円
（これは外部業者に支払われ，原価計算上は製造間接費に計上している）
⑺　材料倉庫の減価償却費月額　90,000円
⑻　材料倉庫の電灯料月額　38,000円
⑼　保管するＫ材料１個あたりの年間火災保険料　120円
⑽　Ｋ材料１個あたりの年間保管費の中には，Ｋ材料に対する投資額の８％（年利率）を，資本コストとして計上する。

原価計算係は，上記のデータをよく検討してみると，この計算結果に適切なデータと，まったく無関係のデータとが混在していると考えた。さらにこの経済的発注量の計算においては，異常時のために備える安全在庫量や在庫切れの機会損失は考慮外とし，１回あたりの発注費は定額であって，それは発注回数に比例して発生し，また材料の年間保管費は，材料の平均在庫量に比例して発生するものとして計算することとした。

以上の条件にもとづき，下記の問いに答えなさい。

〔問１〕
経済的発注量を求める計算は，次に示す原価計算目的のどれに属するかを答えなさい。
⑴　原価管理目的　⑵　業務的意思決定目的　⑶　製品原価計算と財務諸表作成目的
⑷　利益管理目的　⑸　戦略的意思決定目的

〔問２〕
経済的発注量を求める計算にとって適切な原価は，次の原価のうちどれかを答えなさい。
⑴　総合原価　⑵　変動費　⑶　標準原価
⑷　差額原価　⑸　直接原価

〔問３〕
経済的発注量を計算するために，⑴Ｋ材料の１回あたりの発注費，および⑵Ｋ材料の１個あたりの年間保管費を計算しなさい。

〔問４〕
Ｋ材料の経済的発注量を求めなさい。ただし，この材料は50個単位で購入可能なので，経済的発注量は50個の倍数とする。

理解度チェック

問題10-19　★★★

在庫管理のための経済的発注量に関する下記の問いに答えなさい。

〔問１〕

材料Mについての次の資料を入手した。

① 年間の予定総消費量……………………………100,000個
② １個あたりの購入原価……………………………5,000円
③ 発注１回あたりの電話料…………………………3,000円
④ 発注１回あたりの事務用消耗品費………………17,000円
⑤ 倉庫の年間減価償却費……………………………630,000円
⑥ 倉庫の電灯料の基本料金年額……………………235,000円
⑦ １個あたりの年間火災保険料………………………500円
⑧ １個あたりの年間保管費には，購入原価の10％を資本コストとして計上する。

上記のデータの中から適切なデータを選び，(1)M材料の１回あたりの発注費，(2)M材料の１個あたりの年間保管費，(3)M材料の経済的発注量を求めなさい。ただし，１回あたりの発注費は発注回数に比例して発生し，１個あたりの年間保管費は平均在庫量に比例して発生するものとする。また，安全在庫量や在庫切れの機会損失は考慮外とする。

〔問２〕

上記〔問１〕の条件のほかに，次の条件を追加する。M材料を保管する倉庫の保管能力は，1,250個しかない。しかし現有倉庫の隣に貸し倉庫があり，その年間賃借料は200,000円である。そこで〔甲案〕現有倉庫のみですます，あるいは〔乙案〕〔問１〕で計算した経済的発注量のうち，1,250個は現有倉庫に保管し，1,250個を上回るM材料は貸し倉庫を借りて保管するという両案のうち，どちらの案が原価が低くて有利かを計算しなさい。ただし貸し倉庫の年間賃借料のほかは，原価については〔問１〕で示された条件のままとする。

〔問３〕

上記〔問１〕の条件のほかに，次の条件を追加する（〔問２〕の追加条件はないものとする）。

M材料の１回あたりの発注量が多いと，売手から値引が受けられる。

（１回あたりの発注量）	（売価5,000円に対する値引率）
0～3,999個まで	なし
4,000～7,999個まで	2.0％
8,000～9,999個まで	2.2％
10,000個以上	2.4％

(1) 〔問１〕で計算した経済的発注量を採用した場合，値引が受けられないことによる年間の機会損失はいくらか。
(2) １回に8,000個ずつ発注する場合の，年間保管費はいくらか。
(3) １回に何個ずつ発注するのが最も有利か，を計算しなさい。

理解度チェック □□□

問題10-20 ★★★

当社は，工作機械用の部品製造を行う専業メーカーである。最近，当社の開発部門が従来の部品（以下旧型部品と称する）と互換性のある新型部品の開発に成功した。新型部品は旧型部品と比べて生産が容易であり，しかも信頼性や耐久性に優れている。旧型部品，新型部品ともに使用する材料は１種類であるが，まったく異なる材質であるため旧型部品のために購入してあった材料4,000個（取得原価1,200万円）は新型部品用に使用できない。そこで，購入済みの旧型部品用の材料の在庫が続くかぎり，新型部品と並行して旧型部品も製造すべきか，それとも旧型部品の製造を打ち切って新型部品のみを製造すべきかが議論されている。

下記の計算条件を考慮して各問いに答えなさい。

〔計算条件〕

(1) 現時点での旧型部品の需要はきわめて高く，生産ラインをフル稼働させて製造している。

(2) 市場調査の結果，新型部品は非常に魅力的な製品として市場に受け入れられ，販売面では他社のシェアをほぼ無制限に奪うことができると予想される。実際には，旧型部品よりも高い販売価格を予定している。なお，新型部品の販売を開始した場合，旧型部品は急速に魅力を失うため，値下げせざるを得ないと予想される。

(3) 新型部品の製造には，既存の工員と生産設備をそのまま利用する。

(4) 直接作業時間と機械作業時間は一致している。

(5) 旧型部品の現在の販売価格は１単位あたり15,000円，新型部品の販売価格は未定である。

(6) 旧型部品の製造を打ち切る場合には，旧型部品用の材料については有効な利用方法はなく，取得原価の10％で売却するしかない。

(7) 原価計算係の作成した旧型部品と新型部品の１単位あたりの原価データは次のとおりである。

	旧型部品	新型部品
直接材料費	3,000円	5,000円
直接労務費	2,000円	1,000円
製造間接費	2,000円	1,000円
合　計	7,000円	7,000円

（注）製造間接費は，機械作業時間を配賦基準として予定配賦したものであり，変動費と固定費の割合はおおむね半々である。

〔問１〕

旧型部品用の材料を，旧型部品を１単位製造するのに使用したときの機会原価を求めなさい。

〔問２〕

新型部品の製造販売を開始したのちに，並行して旧型部品を１単位製造することの機会原価がいくらになるかを求めなさい。この計算では，新型部品の販売価格は20,000円であるとして計算すること。

〔問３〕

新型部品の販売価格がいくらより小さいならば，新型部品と並行して旧型部品も製造したほうが有利か求めなさい。なお，新型部品と並行して旧型部品の製造を行う場合，販売戦略上，旧型部品の販売価格は新型部品の販売価格を上回らないよう価格設定を行うものとする。

〔問４〕

計算条件を総合的にみて，旧型部品用の材料の在庫がなくなるまで，新型部品と並行して旧型部品も製造すべきか，それとも旧型部品の製造は打ち切るべきかを判断しなさい。

理解度チェック

問題10-21 ★★★

以下の〔資料〕にもとづき次の各問に答えなさい。なお，月初，月末の棚卸資産は保有しないものとする。

（資　料）

	製品A	製品B	製品C	製品D
1個あたり販売価格	30,000円	42,000円	62,000円	80,000円
1個あたり変動費	15,000円	24,000円	30,000円	38,000円
1個あたり加工時間	0.4時間	0.6時間	——	——
1個あたり組立時間	——	——	1.6時間	2時間
1個あたり仕上時間	——	——	0.5時間	0.6時間
月間市場需要限度	200個	120個	130個	140個
加工部の月間生産能力	140時間		——	
組立部の月間生産能力	——		472時間	
仕上部の月間生産能力	——		134時間	
月間固定費	1,288万円			

〔問1〕各製品1個あたりの貢献利益を計算しなさい。

〔問2〕月間の最適セールス・ミックスと，その場合の月間営業利益を計算しなさい。

〔問3〕固定費の内訳を調査したところ，各製品に直接跡づけられる個別固定費の金額が判明した。各製品の個別固定費の金額は製品Aが320万円，製品Bが140万円，製品Cが290万円，製品Dが470万円であり，各製品について生産停止した場合にそれぞれが回避可能な原価である。この場合の月間の最適セールス・ミックスと月間営業利益を計算しなさい。

〔問4〕問3の個別固定費の条件を削除する（問5も同様である）。加工部において製品Eを新たに生産できることになった。製品E1個は，製品Dを1個加工することにより完成する。1個あたり販売価格は123,000円であり，加工部における1個あたり変動費は15,000円，1個あたり加工時間は1時間，月間市場需要限度は30個である。製品Eを月間市場需要限度まで生産して販売することは，問2で計算した月間営業利益よりどれだけ有利か，あるいは不利か。

〔問5〕問4における製品Eの新たな生産は考慮しないこととする。組立部と仕上部においては，アタッチメントを月額50万円でレンタルすることで自らの月間生産能力を15時間増強させることができる。組立部と仕上部のどちらか一方しかアタッチメントをレンタルできないとして，組立部と仕上部のどちらでアタッチメントをレンタルすべきかを答えなさい。また，その場合に問2で計算した月間の営業利益と比較していくら増加するかを答えなさい。

理解度チェック

問題10-22　★★★

当社は製品Ｚを製造販売している。製品Ｚの販売単価は900円である。いままで製品Ｚは，材料ａを使用して製造されていた。材料ａの単価は，200円である。その歩留まりは50％である。製品Ｚを300個製造するのに600個の材料ａの投入が必要である。なお，材料ａを使用した場合，製品Ｚを20個製造するのに機械作業時間10分を要する。なお，機械は１台だけである。１日の機械稼働可能時間が420分である。

最近，材料ｂが開発された。その材料を使用すると，歩留まりは75％に向上する。すなわち製品Ｚ300個を製造するのに400個の材料ｂの投入が必要である。材料ｂの単価は，350円である。なお，材料ｂを使用した場合，製品Ｚを20個製造するのに機械作業時間５分を要する。機械は，材料ａのときと同じ機械を使用することができる。

製品Ｚは非常に需要が高く，作れば作るだけ販売することができるので，常に生産能力いっぱいまで使って製造を行っている。これは材料ａを使う場合でも材料ｂを使う場合でも同様である。

上記の条件にもとづき，下記の問いに答えなさい。なお，税金は考慮する必要はない。

〔問１〕材料ａのみを使用した場合，製品Ｚは１日に何個作ることができるか。

〔問２〕材料ｂのみを使用した場合，製品Ｚは１日に何個作ることができるか。

〔問３〕製品Ｚを製造販売するとき材料ａを使用する場合に比べて，材料ｂを使用すると，１日あたりいくら有利か，あるいは不利か。

〔問４〕１個200円で購入した材料ａの在庫が大量に残っている。材料ａは，製品Ｚの製造をしない場合，１個あたり50円で売却する以外に利用法がない。材料ｂが利用可能になったあとに，材料ａを利用して製品Ｚ300個を製造することの機会原価を計算しなさい。

〔問５〕問４の状況で，材料ｂが利用可能になったあとに，在庫されている材料ａを利用して製品Ｚ300個を製造することは，材料ｂを利用することに比べて，いくら有利か，あるいは不利か。

11 設備投資の意思決定

理解度チェック

問題11-1 ★★★

次の問いに答えなさい。

〔問１〕

毎年20, 000千円の純現金収入が生じる場合に，３年間の純現金収入の現在価値合計を現価係数を用いて計算しなさい。なお，資本コスト率は６％である。

〔問２〕

毎年20, 000千円の純現金収入が生じる場合に，３年間の純現金収入の現在価値合計を年金現価係数を用いて計算しなさい。なお，資本コスト率は６％である。

なお，資本コスト率６％の現価係数および年金現価係数は次のとおりである。

	１年度末	２年度末	３年度末
現価係数	0. 9434	0. 8900	0. 8396
年金現価係数	0. 9434	1. 8334	2. 6730

理解度チェック

問題11-2 ★★★

いま，以下のようなA，B，Cの３つの独立投資案があるとする。これらは，それぞれ異なる新製品の製造・販売計画案であって，たとえばA案は，現在時点で11, 136万円の設備投資をすると，第１年度末に，4, 000万円の純現金収入が得られる。同様に，２年度末に5, 000万円，３年度末に3, 000万円の純現金収入が得られる見込みであって，そこでこの投資は終了する。各案の現在時点での投資案に(　　)がついているのは，現金の流出額を示す。

（単位：万円）

投資案	T_0	T_1	T_2	T_3
A	(11, 136. 0)	4, 000	5, 000	3, 000
B	(5, 090. 5)	2, 000	1, 000	3, 000
C	(7, 872. 9)	3, 000	3, 000	3, 000

なお，現価係数および年金現価係数は次のとおりである。

現価係数　$(1+r)^{-n}$

n＼r	3％	4％	5％	6％	7％	8％	9％
1	0. 9709	0. 9615	0. 9524	0. 9434	0. 9346	0. 9259	0. 9174
2	0. 9426	0. 9246	0. 9070	0. 8900	0. 8734	0. 8573	0. 8417
3	0. 9151	0. 8890	0. 8638	0. 8396	0. 8163	0. 7938	0. 7722

年金現価係数　$\frac{1-(1+r)^{-n}}{r}$

n＼r	3％	4％	5％	6％	7％	8％	9％
1	0. 9709	0. 9615	0. 9524	0. 9434	0. 9346	0. 9259	0. 9174
2	1. 9135	1. 8861	1. 8594	1. 8334	1. 8080	1. 7833	1. 7591
3	2. 8286	2. 7751	2. 7232	2. 6730	2. 6243	2. 5771	2. 5313

次のそれぞれの方法によって，各案を採用すべきか否かを判断しその順位を記入しなさい。
ただし，資本コスト率は５％とする。

〔設問１〕
正味現在価値法
〔設問２〕
収益性指数法（指数は小数点以下第３位を四捨五入すること）
〔設問３〕
内部利益率法

理解度チェック □□□

問題11-3 ★★★

ある設備投資とそれにともなう正味キャッシュ・インフローは，次に示す資料のとおりであった。そこで，資料にもとづいて，下記の設問に答えなさい。ただし，解答にあたり法人税の支払いは考慮しないものとする。

（資　料）

⑴　投資に関する資料

設備投資額　　5,000,000円
設備の耐用年数　　５年
設備の残存価額　　ゼロ
定額法による減価償却を実施
５年末の処分見込額　　200,000円

⑵　投資にともなう年々の正味キャッシュ・インフロー

（単位：円）

１　年	２　年	３　年	４　年	５　年
1,000,000	1,200,000	1,400,000	1,650,000	1,050,000

⑶　当社の加重平均資本コスト率　　８％

⑷　現価係数

	5％	6％	7％	8％	9％	10％
1年	0.9524	0.9434	0.9346	0.9259	0.9174	0.9091
2年	0.9070	0.8900	0.8734	0.8573	0.8417	0.8264
3年	0.8638	0.8396	0.8163	0.7938	0.7722	0.7513
4年	0.8227	0.7921	0.7629	0.7350	0.7084	0.6830
5年	0.7835	0.7473	0.7130	0.6806	0.6499	0.6209

⑸　年金現価係数

	5％	6％	7％	8％	9％	10％
1年	0.9524	0.9434	0.9346	0.9259	0.9174	0.9091
2年	1.8594	1.8334	1.8080	1.7833	1.7591	1.7355
3年	2.7232	2.6730	2.6243	2.5771	2.5313	2.4869
4年	3.5460	3.4651	3.3872	3.3121	3.2397	3.1699
5年	4.3295	4.2124	4.1002	3.9927	3.8897	3.7908

〔設問１〕

当該設備投資案の正味現在価値を計算し，採用すべきか否かを判断しなさい。

〔設問２〕

当該設備投資案の内部利益率を補間法を用いて計算し（％未満第３位を四捨五入），採用すべきか否かを判断しなさい。

理解度チェック

問題11-4　★★★

当社では，設備投資を行うべきか否かを検討中である。投資額と投資による年々の正味キャッシュ・インフローは，次の資料のように予想されている。当社の加重平均資本コスト率は10％である。ただし，解答にあたり法人税の支払いは考慮しないものとする。

（資　料）

⑴　投資に関する資料

設備投資額　　8,000,000円

設備の耐用年数　　５年

設備の残存価額　　ゼロ

定額法による減価償却を実施

５年末の処分見込額　　300,000円

⑵　投資による年々の正味キャッシュ・インフロー予想額

（単位：円）

１　年	２　年	３　年	４　年	５　年
1,600,000	2,000,000	2,800,000	2,500,000	2,400,000

⑶　資本コスト率10％の場合の現価係数

１年	２年	３年	４年	５年
0.9091	0.8264	0.7513	0.6830	0.6209

〔設問１〕

上記資料にもとづいて，収益性指数法によって投資の可否を判断しなさい。なお，収益性指数の計算にあたっては小数点以下第３位を四捨五入するものとする。

〔設問２〕

上記資料にもとづいて，時間価値を考慮に入れた回収期間法によって投資の可否を判断しなさい。なお，回収期間の計算にあたっては補間法を使って計算し，小数点以下第３位を四捨五入するものとする。

理解度チェック

問題11-5 ★★★

設備投資案Ｓに7,500万円の投資をすると，将来５年間にわたって，年々売上収入が5,250万円得られ，そのための現金支出費用（材料費，労務費など）が年々3,250万円かかる見込みである。この投資資金の資本コスト率を12％として投資案Ｓを採用すべきか否かを，正味現在価値法（net present value method）によって判断しなさい。ただし，この計算においては，法人税の影響を考慮する必要はなく，投資設備の５年後の残存価額はゼロとする。

資本コスト率12％の場合の現価係数および年金現価係数

	１年	２年	３年	４年	５年
現価係数	0.8929	0.7972	0.7118	0.6355	0.5674
年金現価係数	0.8929	1.6901	2.4019	3.0374	3.6048

理解度チェック

問題11-6 ★★★

当社名古屋工場では，従来手作業で行っていた包装作業を自動化すべく，自動機械の導入を検討中である。この機械は，取得原価が6,000万円，見積使用年数は５年，５年後の見積売却価額は600万円である。もしこの機械を導入すれば，人手は節約されるものの，機械の稼働のために電力料，機械油など人件費以外の現金支出費用が，新たに年々150万円ずつ発生する見込みである。この場合，年間何万円以上の人件費が節約されるならば，この自動機械を導入するのが有利か。

当社の加重平均資本コスト率は10％であり，現在価値への割引計算は，下記の付属資料を利用し，まず(1)年利率10％，期間が５年間の年金現価係数を求め，次いで(2)所要年間人件費節約額を計算しなさい。なお，所要年間人件費節約額の計算においては，計算の途中で四捨五入せず，解答の最終段階で万円未満の端数を切り上げて，答えを「万円以上」として求めなさい。ただし，この計算においては，法人税の支払いは考慮しない。

（付属資料）　資本コスト率10％の場合の現価係数

	１年	２年	３年	４年	５年
現価係数	0.9091	0.8264	0.7513	0.6830	0.6209

理解度チェック

問題11-7　★★★

今，以下のようなA，B，Cの３つの独立投資案があるとする。これらは，それぞれ異なる新製品の製造・販売計画案であって，たとえばA案は，現在時点で10,800万円の設備投資をすると，第１年度末に4,000万円の純現金収入が得られる。同様に，２年度末に5,000万円，３年度末に3,000万円の純現金収入が得られる見込みであって，それでこの投資は終了する。各案の現在時点での投資案に，（　　）がついているのは，現金の流出額を示す。そこで，以下の設問の数値を求めなさい。

（単位：万円）

投　資　案	T_0	T_1	T_2	T_3
A	（10,800）	4,000	5,000	3,000
B	（ 5,100）	2,000	1,000	3,000
C	（ 7,800）	3,000	3,000	3,000

〔設問１〕

単純回収期間法（回収期間は年々のキャッシュ・フローの平均値を用いて計算し，計算結果について小数点以下第３位を四捨五入すること）

〔設問２〕

単純投下資本利益率法（利益率は％未満第３位を四捨五入すること）

理解度チェック

問題11-8　★★★

設備投資案Tに3,600万円の投資をすると，将来５年間にわたって，年々売上収入が3,000万円得られ，そのための現金支出費用（材料費，労務費など）が年々1,800万円かかる見込みである。この投資案の年々の予想純現金流入額による投資額の回収期間（年）を求めなさい。ただし，この計算においては，投資資金の時間価値や法人税の影響は考慮する必要はない。

理解度チェック

問題11-9　★★★

次の設備投資案Pの資料にもとづき，この投資案の年間の税引後純現金流入額を計算し，正味現在価値法によって投資案Pを採用すべきか否かを判断しなさい。

（資　料）

⑴　設備投資額　　9,000万円

⑵　耐用年数　　５年（経済的耐用年数と法定耐用年数は等しいものとする）

⑶　残存価額　　ゼロ

⑷　減価償却方法　　定額法

⑸　投資にともなう将来５年間のキャッシュ・フロー

売上収入　8,000万円　　現金支出費用　5,500万円

⑹　加重平均資本コスト率（税引後）　10％

⑺　法人税の税率　40％

⑻　資本コスト率10％のときの現価係数

	１　年	２　年	３　年	４　年	５　年
現　価　係　数	0.9091	0.8264	0.7513	0.6830	0.6209

⑼　計算結果は，小数点以下第３位を四捨五入すること。

理解度チェック □□□

問題11-10　★★★

当社では，新製品Qの製造・販売プロジェクトを検討中である。下記の資料により把握される税引後純現金流入額にもとづき，この投資プロジェクトの正味現在価値（net present value）を計算し，この投資案を採用すべきか否かを判断しなさい。

（資　料）

1．現在時点での投資額（単位：万円）

(1)　固定資産

土地：500　　建物：1,000　　設備：1,800

(2)　運転資本

売掛金：600　　棚卸資産：300　　買掛金：400

2．向こう5年間のキャッシュ・フロー予測（単位：万円）

売上収入：7,200　　現金支出費用：6,000

3．投資終了時の見積り

(1)　土地は取得価額より10%値上がりして売却される。

(2)　建物は400万円で売却される。

(3)　設備は投資終了後に他に転用し，その利用価値は投資終了時の簿価に等しい。

(4)　正味運転資本は投資終了時に全額回収される。

4．減価償却費

	方　法	耐用年数	残存価額
建　物	定額法	10年	ゼロ
設　備	定額法	6年	ゼロ

5．法人税の税率は40%である。

6．加重平均資本コスト率は税引後で8%である。

7．資本コスト率8%のときの現価係数は次のとおりである。

n = 1	n = 2	n = 3	n = 4	n = 5
0.9259	0.8573	0.7938	0.7350	0.6806

8．正味現在価値は，最終結果につき万円未満を四捨五入すること。

理解度チェック

問題11-11　★★★

設備投資案Rの予想データは次のとおりである。

⑴　設備取得原価6,000万円，耐用年数５年，５年後の残存価額ゼロ，減価償却は定額法，なお，経済的耐用年数と法定耐用年数とは等しいものとする。

⑵　上記設備を導入すると，将来５年間にわたって，年々売上収入が5,400万円得られ，そのための現金支出費用（材料費，労務費など）が年々2,800万円かかる見込みである。

⑶　法人税の税率は40%，投資資金の資本コスト率は税引後で10%である。

上記データにもとづき，⒜この設備の年間の減価償却費および，⒝この投資案の年間の税引後純現金流入額（net cash inflow after tax）を計算し，さらに⒞この投資案の内部投資利益率（internal rate of return）を補間法を用いて計算し，計算した内部投資利益率にもとづいて，投資案Rを採用すべきか否かを判断しなさい。なお，内部投資利益率の計算では以下の年金現価係数を使用し，最終結果の小数点以下第３位を四捨五入するものとする。

年金現価係数　$\dfrac{1-(1+r)^{-n}}{r}$

n＼r	10%	…	18%	19%	20%	21%	22%
1	0. 9091	…	0. 8475	0. 8403	0. 8333	0. 8264	0. 8197
2	1. 7355	…	1. 5656	1. 5465	1. 5278	1. 5095	1. 4915
3	2. 4869	…	2. 1743	2. 1399	2. 1065	2. 0739	2. 0422
4	3. 1699	…	2. 6901	2. 6386	2. 5887	2. 5404	2. 4936
5	3. 7908	…	3. 1272	3. 0576	2. 9906	2. 9260	2. 8636

理解度チェック

問題11-12 ★★★

S社では，新製品を製造・販売する新規設備投資を企画しており，これに関するデータは下記のとおりである。

1．設備投資額は500億円，この投資の貢献年数は５年であり，５年後の残存価額はゼロと見積られた。設備投資によって取得する設備の減価償却は定額法による。税法上の耐用年数と経済的耐用年数とは等しいと仮定し，法人税率は40%である。なお，当社は黒字企業である。

2．この投資案を採用すれば不要となる旧設備の売却見積額は２億５千万円であり，その帳簿価額は２億円である。なお，旧設備の売却から生じる固定資産売却損益のキャッシュ・フローに与える影響は第０年度末（現時点）に計上すること。

3．この投資の年々の増分現金流入額と流出額の予想は，次のように見積られた。これらの金額は各年度末に生ずると仮定されており，ｎ年度末をT_nと表すことにする（ｎ＝１，２，……，５）。

	T_1	T_2	T_3	T_4	T_5
新製品販売価格（万円）	500	500	500	450	400
新製品販売量（万台）	2.5	2.8	3.0	4.0	2.5
年間現金支出費用（億円）					
原材料費	305	345	365	435	245
直接工賃金	245	275	285	350	200
電力料	180	200	220	270	145
給料	240	270	280	345	190
賃借料	120	120	130	160	100
その他	60	60	70	80	40

〔問１〕

この投資案につき，法人税の影響を考慮したうえで，年々の税引後純増分現金流出額と流入額を計算しなさい。

〔問２〕

付属資料の現価係数表から，ｒ＝４％，５％，６％，７％，８％のそれぞれについて，５年間の年金現価係数を計算しなさい。

〔問３〕

この投資案の内部利益率（internal rate of return；ＩＲＲ）を，付属資料の現価係数表を利用して試行錯誤で求めなさい。ただし，計算途中では四捨五入せず，内部利益率を求める最終段階で，小数点以下第３位を四捨五入しなさい（例：123÷4, 567×100＝2. 693…⇨2. 69%）。

（付属資料）現価係数表$(1+r)^{-n}$

n＼r	4％	5％	6％	7％	8％
1	0. 9615	0. 9524	0. 9434	0. 9346	0. 9259
2	0. 9246	0. 9070	0. 8900	0. 8734	0. 8573
3	0. 8890	0. 8638	0. 8396	0. 8163	0. 7938
4	0. 8548	0. 8227	0. 7921	0. 7629	0. 7350
5	0. 8219	0. 7835	0. 7473	0. 7130	0. 6806
6	0. 7903	0. 7462	0. 7050	0. 6663	0. 6302

理解度チェック

問題11-13 ★★★

当製作所では，新製品Tの製造・販売プロジェクトを検討中であり，下記の関係資料が収集された。

（資　料）

1．投資プロジェクトの資金

当製作所の財務方針によれば，長期投資には，長期借入金30％，留保利益30％，普通株40％の構成割合の資金を使用することになっている。それぞれの資本コスト率は，長期借入金が税引前で５％，留保利益が７％，普通株が10％であって，法人税率は40％である。

2．総投資額

⑴　固定資産

20×0年度末（現在時点）で次の固定資産（単位：万円）を購入する。

土　地	25,000
建　物	15,000
設　備	6,000

⑵　運転資本

操業は，20×1年度から開始するが，操業を可能にするため，20×0年度の投資額の中に，正味運転資本の投資額を計上する。その内訳は，20×1年度の予想売上高を基準とし，その８％を売掛金に対する投資，５％を棚卸資産に対する投資として，他方３％を買掛金相当分とする。

3．年々のキャッシュ・フローの予測

⑴　製品の予想販売量と販売単価は，次のとおりである。

	20×1	20×2	20×3	20×4
販 売 量（個）	16,000	18,000	15,000	10,000
販売単価（万円）	2.5	2.5	2.2	2.0

⑵　各年度において，現金支出変動費はその年度の売上高の60％と予測された。また，現金支出固定費は各年度とも5,000万円発生する見込みである。

⑶　建物は，耐用年数10年，残存価額はゼロ，定額法で償却する。設備は耐用年数４年，残存価額はゼロ，定額法で償却する。

⑷　正味運転資本は，毎年，次年度の予想売上高を基準として，上記の比率で当年度のキャッシュ・フローに計上する。

4．投資終了時の見積り

⑴　20×4年度末において，土地は帳簿価額で，建物は20×4年度末の帳簿価額の50％相当額で，設備は300万円で売却できると見込まれた。

⑵　正味運転資本は，その累積投資額を投資の最終年度末に回収するものとする。

以上の条件にもとづき，次の各問いに答えなさい。

〔問１〕

当製作所の投資資金の税引後加重平均資本コスト率を計算しなさい。

〔問２〕

20×2年度末に発生すると予想されるキャッシュ・フローの合計額（20×2年度におけるキャッシュ・インフローからキャッシュ・アウトフローを差し引いた純差額）はいくらか。

〔問３〕

投資終了時の土地，建物，設備および正味運転資本からの正味回収額を計算しなさい。

〔問４〕

付属資料を使用し，この投資プロジェクトの正味現在価値（net present value）を計算し，この投資が有利か不利かを判定しなさい。

〔問５〕

付属資料を使用し，この投資プロジェクトの内部利益率（internal rate of return）を求めなさい。

（付属資料）現価係数表抜粋

n＼r	3％	4％	5％	6％	7％	8％	9％	10%
1	0. 9709	0. 9615	0. 9524	0. 9434	0. 9346	0. 9259	0. 9174	0. 9091
2	0. 9426	0. 9246	0. 9070	0. 8900	0. 8734	0. 8573	0. 8417	0. 8264
3	0. 9151	0. 8890	0. 8638	0. 8396	0. 8163	0. 7938	0. 7722	0. 7513
4	0. 8885	0. 8548	0. 8227	0. 7921	0. 7629	0. 7350	0. 7084	0. 6830

（注）計算の途中（各年度に発生するキャッシュ・フローの計算および各年度ごとの現在価値への割引計算）で万円未満の端数が生じたときは，その端数を切り捨てて計算しなさい。

理解度チェック

問題11-14　★★★

当社では，新規設備投資にあたり，相互排他的な３つの投資案（A，B，C）を検討している。資料にもとづいて，下記の問いに答えなさい。

（資　料）

1．資本コスト率は５％である。

2．初期投資額は20,000千円であり，年度初めに現金にて支出する。

3．投資案の貢献年数は５年である。

4．投資案の年々の正味現金流入額は次のように予想された（単位：千円）。これらの金額は各年度末に生ずると仮定されており，n年度末をT_nで表すことにする（n＝1，2，3，4，5）。

	T_1	T_2	T_3	T_4	T_5
A	7,540	6,880	5,580	1,890	600
B	3,160	3,900	4,630	8,440	3,760
C	7,000	3,800	1,600	5,200	2,400

5．現価係数（利率r，年数nの１円の現在価値）については，次の表を利用する。

n＼r	1％	2％	3％	4％	5％	6％	7％	8％	9％	10％
1	0.9901	0.9804	0.9709	0.9615	0.9524	0.9434	0.9346	0.9259	0.9174	0.9091
2	0.9803	0.9612	0.9426	0.9246	0.9070	0.8900	0.8734	0.8573	0.8417	0.8264
3	0.9706	0.9423	0.9151	0.8890	0.8638	0.8396	0.8163	0.7938	0.7722	0.7513
4	0.9610	0.9238	0.8885	0.8548	0.8227	0.7921	0.7629	0.7350	0.7084	0.6830
5	0.9515	0.9057	0.8626	0.8219	0.7835	0.7473	0.7130	0.6806	0.6499	0.6209

〔問１〕投資額を年間の平均正味現金流入額で除して計算する回収期間が最も短い投資案はどれか。

〔問２〕年々の累積正味現金流入額にもとづいて計算する回収期間が最も短い投資案はどれか。なお，回収期間は補間法により算定しなさい。

〔問３〕Aの正味現在価値を計算しなさい。計算過程で端数が生じる場合は，千円未満を四捨五入すること（例：1,234.567千円→1,235千円）。

〔問４〕正味現在価値が最も大きい投資案はどれか。

〔問５〕単純投下資本利益率が最も高い投資案はどれか。

〔問６〕Cの内部利益率を計算しなさい。計算過程で端数が生じる場合は，小数点第１位を四捨五入すること（例：5.9％→６％）。

〔問７〕内部利益率が最も高い投資案はどれか。

理解度チェック

問題11-15 ★★★

流行玩具を専門に生産・販売している当社では，新製品である製品Uの生産のために，甲設備（取得原価10,000万円）の購入を検討している。

さて，甲設備の購入を決定しようとした矢先，セールスマンが現れた。そのセールスマンが持ってきた最新型の乙設備（取得原価？万円）は，確かに従来型の甲設備より優れていた。すなわち，甲設備を用いても，乙設備を用いても，生産される製品Uの品質は同じであるが，最新型の乙設備を用いた場合，甲設備に比して年間の生産量を40％増加させることができ，かつ製品U単位あたりの変動製造原価を20％節約することができるという。

なお，製品Uの生産は４年で終了する予定であり，各年度における生産量と販売量は等しいものとする。どちらの設備を購入するにしても，設備の減価償却は定額法により４年間で行う。４年後の残存価額は両設備ともゼロである。なお，税法上の耐用年数と経済的耐用年数は等しいと仮定する。

また，製品U単位あたり販売価格，製品U単位あたり変動製造原価，年間の固定製造原価，年間の販売費及び一般管理費（全額固定費），年間の生産・販売量はそれぞれの設備について４年間にわたり一定である。

甲設備，乙設備を用いて製品Uを生産・販売したときの資料は以下のとおりである。

1．製品Uに関する年間の見積損益計算書（全部原価計算方式）

（単位：万円）

	甲設備	乙設備
Ⅰ　売　上　高	18,000	25,200
Ⅱ　売　上　原　価	13,500	17,080
売上総利益	4,500	8,120
Ⅲ　販売費及び一般管理費	1,000	1,000
営　業　利　益	3,500	7,120

2．売上はすべて現金売上であり，設備の減価償却費以外の費用はすべて現金支出をともなっている。また，運転資本の増減は考えなくてよい。

3．減価償却費以外の固定製造原価は，甲設備でも乙設備でも2,000万円である。

4．法人税率は40％であり，税引後実質資本コスト率は20％である。

5．年利率20％，年数４年のときの年金現価係数は2.5887である。

〔問１〕

甲設備を購入した場合の，年間の税引後純増分現金流入額（net cash inflow after tax）を計算しなさい。

〔問２〕

甲設備投資案の正味現在価値（net present value）を計算しなさい。なお，計算途中では端数処理せず，最終の答えについて，万円未満を四捨五入しなさい。

〔問３〕

乙設備の取得原価を計算しなさい。

〔問４〕

乙設備投資案の正味現在価値（net present value）を計算しなさい。なお，計算途中では端数処理せず，最終の答えについて，万円未満を四捨五入しなさい。

理解度チェック

問題11-16　★★★

当社では現在，Ｘ設備を使用して製品Ｖを生産しているが，老朽化が著しいため，能率のよいＹ設備に取り替えることを検討中である。以下の資料にもとづき，Ｘ設備をＹ設備に取り替えるべきか否かを正味現在価値法により判断しなさい。

1．Ｘ設備の帳簿価額は5,400千円，残りの耐用年数は３年，３年後の残存価額はゼロである。
2．Ｙ設備の取得原価は18,000千円，耐用年数は３年，３年後の残存価額はゼロである。
3．Ｘ設備を使用した場合の年々の設備稼働費現金支出額は18,000千円，Ｙ設備を使用した場合の年々の設備稼働費現金支出額は10,000千円である。
4．Ｘ設備をＹ設備に取り替えた場合，Ｘ設備は売却処分する。Ｘ設備の現在時点における売却価額は400千円である。なお，その売却損益にかかわるキャッシュ・フローは第１年度末に計上する。
5．資本コスト率は税引後で10％とする。なお，ｒ＝10％における現価係数は次のとおりである。

n＼r	10%
1	0.9091
2	0.8264
3	0.7513

6．法人税率は40％とする。なお，当社は黒字企業である。
7．減価償却は定額法による。
8．計算途中は端数処理は行わず，解答のみ千円未満を切り捨てて表示すること。

理解度チェック □□□

問題11-17　★★★

当社では，現在使用している加工機械（以下，旧機械と称する）を，新しい加工機械（以下，新機械と称する）に取り替えるべきか否かを，キャッシュ・フローは各年度末に生じると仮定する正味現在価値法によって検討中である。

〔問１〕

当社では使用する資本の最低所要利益率（資本コスト率）は12%であり，次の現価係数表を入手した。この表から，利率12%，４年間にわたる年金の年金現価係数を求めなさい。

n＼r	12%
1	0.8929
2	0.7972
3	0.7118
4	0.6355

〔問２〕

旧機械の取得原価は5,000万円であり，耐用年数は10年，残存価額はゼロ，定額法ですでに６年間償却してきた。したがって，あと４年間使用可能であるが，現在これを売却すれば，1,000万円で売却可能である。これに対し，新機械の取得原価は3,000万円で，耐用年数４年，残存価額はゼロ，定額法で償却する。新機械の年間稼働費現金支出額は1,200万円であるが，４年間使用すると，４年後の見積売却価額は，中古機械市場でこの機械の評判がよいため，400万円で売れる見込みである。

以上の条件にもとづき，新機械の購入は旧機械の売却を前提とすると考え，新機械を購入する場合の正味現在価値を計算しなさい。ただし，法人税の影響は考慮しないものとする。また，現在価値の計算には，前問で示した現価係数または前問で計算した年金現価係数を使用することとし，計算上生じる万円未満の端数も四捨五入しないで計算しなさい。四捨五入しないという条件は，次問以降も同様とする。

〔問３〕

〔問２〕の計算において，法人税の影響を考慮して計算しなさい。ただし，次の条件を追加する。

(1)　法人税率は40%とする。固定資産売却損益についても，40%の税率が適用される。旧機械の売却から生じる固定資産売却損益が投資のキャッシュ・フローに及ぼす影響については，第１年度末ではなく，第０年度末（現在時点）に計上すること。

(2)　資本コスト率は税引後で12%とする。

(3)　当社は黒字企業である。

(4)　計算を簡略にするため，機械の経済的耐用年数と税法上の耐用年数とは等しいと仮定する。

〔問４〕

旧機械について，〔問３〕で追加した関連条件のほかに，さらに次の条件を追加する。

(1)　年間の機械稼働費現金支出額は2,300万円である。

(2)　４年後の見積売却価額は200万円である。

以上の条件にもとづき，旧機械をそのまま使用し続ける場合の旧機械の正味現在価値を計算しなさい。ただし，この計算では，旧機械の現在時点での売却は考慮しないものとする。

〔問５〕

〔問３〕で計算した新機械の正味現在価値と〔問４〕で計算した旧機械の正味現在価値とを比較し，旧機械を新機械に取り替えるほうが有利か否かを判断しなさい。

〔問６〕

本問についての下記の文章中の空欄に，適切な単語または数字を埋めなさい。

「機械の取替投資に関する意思決定計算では，代替案同士の差額のみを計算する差額法と各代替案を別個に計算したうえで比較する［①］法とがある。本問では，後者の方法によっている。しかし，後者の方法においても旧機械の売却に関連するキャッシュ・フロー，すなわち金額にして［②］万円に相当するが，これを〔問３〕で新機械の正味現在価値計算に計上し，〔問４〕で旧機械の正味現在価値計算に計上しない方法をとっているが，逆に新機械の正味現在価値計算に計上せず，旧機械の正味現在価値計算に計上し，両者を比較する方法もありうる。旧機械の正味現在価値計算にこれを計上する論拠は，旧機械をそのまま使用するために，旧機械を売却すれば得られるはずの［③］である点にある。」

理解度チェック

問題11-18 ★★★

当工場では，工業用の部品を製造販売している。部品はすべて１個6,000円で販売されている。部品１個の製造に１個の材料が必要であり，必要な材料は１個2,400円で調達できる。現在，この工場の製品である部品の需要は十分にあり，当工場の生産能力は，需要の伸びに追いついていけない状態にある。生産量を３倍にしても現在の価格で十分に販売可能であると予測している。そこで，当工場の生産能力を大幅に増強しようとする計画が検討されている。部品の製造は，いくつかの工程を経るが，切削工程の生産能力がもっとも低く，工場全体の月間最大生産可能量を制約していることがわかった。

その他の工程の生産能力は十分あり，切削工程の切削量が３倍に増えても，追加コストなしに対応可能である。したがって，切削工程の切削量を増加させれば，部品の生産量を大幅に増大できる。そこで，現状維持の案のほかに，以下の①および②のような生産能力を拡大するための投資案が検討されている。いずれの案も，意思決定分析の期間は５年である。なお，現在のところ，どの工程でも仕損は生じていない。現在３シフトで操業しており，設備の保守の時間を差し引き，年間4,200時間の設備稼動時間を確保している。うち200時間は，段取時間として使用されると見積もられている。

① 現在使用している自動切削設備は１年前に購入したものであるが，それを30,000,000円にて売却し，さらに生産能力の高い高性能自動切削設備に買い換える。現在使用している設備は，１個あたり２分で切削できるが，高性能自動切削設備は，これを1.5分に短縮できる。現在使用している設備の残存耐用年数は５年，高性能自動切削設備の耐用年数も５年である。なお，耐用年数終了時まで保持した場合の見積売却価格は，現在使用中の設備は50万円，高性能自動切削設備は100万円である。

	取得原価	耐用年数	残存価額	減価償却方法
現在使用中の設備	180,000,000円	６年	なし	定額法
高性能自動切削設備	500,000,000円	５年	なし	定額法

② 高性能自動切削設備は，通常の速度のほかに1.2倍速で稼動させることもできる。そこで，この1.2倍速の稼動により切削工程の生産能力を高める。ただし，この場合，１時間で５個の仕損が生じる。仕損品は，１個あたり250円にて売却処分する以外に用途はない。処分のためのコストはかからない。

上記以外の条件は次のとおりである。

【条　件】

1．部品売上，材料購入，仕損品売却のキャッシュ・フローは，年度末にまとめて生じるものと仮定する。工員は固定給で雇われており，労務費はすべて固定費である。製造間接費も，操業度との明確な関係がみられないことから，すべて固定費であると仮定する。したがって，変動費は材料費だけである。

2．法人税等の税率は40％とする。なお，当社は，現在十分な利益を獲得しており，将来５年間にわたって利益が見込まれる。

3．資本コスト率は年６％とする。割引率６％の現価係数は以下のとおりである。現在価値の計算に際しては，これらの係数を利用すること。

１年　0.9434
２年　0.8900
３年　0.8396
４年　0.7921
５年　0.7473

4．高性能自動切削設備に買い換える場合，現在使用している自動切削設備の売却にかかわるキャッシュ・フロー（設備売却にともなう節税額を含む）は，投資時点のキャッシュ・フローに含める。

以上の条件のもとで，以下の問いに答えなさい。以下の問いで差額キャッシュ・フローとは，現在使用している自動切削設備だけを利用し続ける案（現状維持案）を基準とした差額キャッシュ・フローである。なお，毎年の差額キャッシュ・フローの計算に際しては，税引後で計算すること。

〔問１〕①案の，⑴投資時点の差額キャッシュ・フロー，⑵第１年度末から第５年度末までの毎年の差額キャッシュ・フロー１年分，⑶第５年度末における設備売却にかかわる差額キャッシュ・フロー，⑷正味現在価値を計算しなさい。

〔問２〕②案の，⑴第１年度末から第５年度末までの毎年の差額キャッシュ・フロー１年分，⑵正味現在価値を計算しなさい。

〔問３〕現状維持案，①案，②案のいずれを選択するのがもっとも望ましいか解答欄に記入しなさい。なお，投資時点での投資可能資金は480,000,000円である。各投資案の資金必要額は，上記条件４で説明した投資時点のキャッシュ・フローとする。

理解度チェック

問題11-19 ★★★

当社は，製品Pを製造・販売している。販売単価は5,000円で，安定して毎年75,000個の販売を行ってきた。製品単位あたりの変動製造費用（品質コストは含まない）は1,500円である。従来，毎年3,000個（75,000個の４％）の仕損が発生していたが，年間500万円の検査コストをかけて３％（2,250個）の仕損品を発見し，１個あたり2,000円のコストをかけて手直しをしてきた。しかし，１％（750個）は出荷され，年間750件のクレームが生じていた。クレームがあった場合，代金5,000円を返却してきた。

近年，ジャストインタイム在庫システムが普及し，また生産工程の自動化が進むなかで，不良品は大きな問題を引き起こすようになってきた。現在の品質管理状況では，今後１年はまだ変化はないが，１年後から，毎年7,000個ずつ販売量が減少すると予想される。そこで，現在，新たに次のような品質管理プログラムが提案されている。

a）現在使用している製造設備（２年使用）を最新鋭の製造設備に取り替える。新設備の導入によって変動製造費用が削減されるわけではないが，仕損発生率は大幅に減少することが期待される。

b）最新の検査機械を導入する。

c）検査コスト（機械減価償却費を除く）を，従来の500万円から600万円に増額する。

d）品質管理の研修教育を全従業員に行う。そのため，1,800万円の支出を行う。この支出は，現時点で１回のみ行われる。

このプログラムを実行するならば，仕損の発生率が４％から１％に減少するとともに，生産工程の初期の段階でそのすべてを発見できるようになる。その結果，手直費は１個あたり400円ですむ。また，不良品が顧客に引き渡されることもなくなるので，現在の製造・販売量を維持することが可能と見込まれる。

当社は，以上のデータと下記資料にもとづき，意思決定分析の期間を４年と仮定し，正味現在価値法を適用して，このプログラムが経済的に有利かどうかを検討中である。以下の問いに答えなさい。ただし，所要利益率は年15％，法人税率は年40％とする。

〔問１〕

新しい品質管理プログラムを採用する案を甲案，採用しない案を乙案とする。すなわち，甲案は，現有設備（以下，旧設備と称する）を新設備に取り替えるとともに，より徹底した品質管理体制を導入する案であり，乙案は，旧設備のまま従来どおりの製造・販売を行う案である。各代替案の毎年のキャッシュ・フローを計算しなさい。ただし，法人税の支払いは考慮しない。計算上生じる端数については，計算途中では四捨五入せず，最終の答えの段階で万円未満を四捨五入しなさい。なお，解答用紙への記入に際して，キャッシュ・フローがマイナス（現金支出）の場合，その数字をカッコでくくること（以下同じ）。

〔問２〕

法人税の支払額も含めて，各代替案のキャッシュ・フローを計算しなさい。計算上生じる端数については，計算途中では四捨五入せず，最終の答えの段階で万円未満を四捨五入しなさい。なお，いずれの案を採用する場合でも，今後４年間，当社は黒字決算が見込まれている。

〔問３〕

〔問２〕で求めたキャッシュ・フローにもとづいて各代替案の正味現在価値を計算し，どちらが有利であるかを答えなさい。計算上生じる端数については，計算途中では四捨五入せず，最終の答えの段階で万円未満を四捨五入しなさい。

（資　料）

⑴　新旧製造設備および検査機械の取得原価，耐用年数等

	取得原価	耐用年数	残存価額	減価償却方法
旧製造設備	12,000万円	6年	ゼロ	定　額　法
新製造設備	10,000万円	4年	ゼロ	定　額　法
検査機械	1,200万円	4年	ゼロ	定　額　法

⑵　旧設備の現時点における見積売却額は4,000万円であるが，４年後は売却できず，むしろ100万円の処分コストが発生すると予想される（資産除去債務に該当しない）。

⑶　新設備の４年後の見積売却額は，中古市場での評判が高く，500万円と見込まれる。

⑷　検査機械は４年後に除却する予定である。

⑸　売上はすべて現金売上，変動製造費用はすべて現金支出費用である。手直費も現金支出費用である。また，検査コスト（機械減価償却費を除く）は固定費かつ現金支出費用である。キャッシュ・フローはすべて各年度末に生じるものとする。

⑹　この問題で求めている計算は，差額原価収益分析であるが，何を基準に差額を計算するかでキャッシュ・フローは異なる。そこで，次のように計算すること。

①　売上高および変動製造費用は，現在の年間製造・販売量75,000個を基準に，その増減分について差額のみを計算する。

②　検査コストおよび手直費は，各代替案ごとにその全額を計算する。

③　新設備導入にともなって現有設備は売却される。その売却に係るキャッシュ・フローは，甲案の第０年度末のキャッシュ・フローに算入する。

⑺　割引率15％における現価係数は次のとおり。現在価値の計算に際しては，これらの係数を用いること。

１年　0.8696
２年　0.7561
３年　0.6575
４年　0.5718

理解度チェック

問題11-20　★★★

日商工業では，４年前より設備１台を用いて市場向けに製品Ａを生産販売している。この現有設備での年間生産能力は10,000個である。当工業の製品Ａは人気を博しており，需要の限度を考慮する必要はなく，生産する製品のすべてを販売することができている。そこで，生産量の増大を目指し，新たに１台の新設備を追加取得することを検討している。そこで以下の（資料）にもとづき，各問いに答えなさい。

（資　料）

1．４年前より使用している現有設備の取得原価は6,000万円，耐用年数は８年である。また，現在購入を予定している新設備の取得原価は4,000万円，耐用年数は４年である。いずれの設備においても，損金である減価償却費は残存価額をゼロとして，定額法により計算する。

2．新設備での年間生産能力は5,000個である。現有設備と新設備を併用した場合においても，生産する製品のすべてを販売することができると見込んでいる。

3．製品Ａの販売価格は従来どおり１個あたり10,000円を予定している。現段階では，値下げまでは検討していない。なお，売上はすべて現金売上である。

4．製品１個あたりの変動費は，現有設備の場合は4,000円であり，新設備の場合も同じく4,000円である。また，年間の固定費（減価償却費を除く）は，現有設備の場合は1,500万円であり，新設備の場合は1,200万円である。なお，変動費および減価償却費を除く固定費は，すべて現金支出費用である。

5．各設備の耐用年数経過時の売却可能価額は，現有設備がゼロ，新設備が200万円である。

6．意思決定分析の期間は４年とする。所要利益率は４％であり，法人税等の税率は40％とする。

7．割引率４％における現価係数は以下のとおりである。これを用いて割引計算すること。

（１年）0.9615　（２年）0.9246　（３年）0.8890　（４年）0.8548

8．本問において，キャッシュ・フローの計算は税金の影響も考慮すること。割引計算にあたっては，キャッシュ・フローは年度末に一括して発生するものと仮定する。当社は順調に利益を上げており，今後４年間もその状態が続くものとする。

9．本問においては，「現有設備のみで製品Ａの生産販売を行うという案（現状維持案）」を基準として，「現有設備と新設備を併用して製品Ａの生産販売を行うという案（新設備導入案）」を採用した場合に追加的に発生するキャッシュ・フローを，差額キャッシュ・フローと呼ぶ。

〔問１〕新設備導入時の差額キャッシュ・フローを計算しなさい。

〔問２〕新設備の利用に係る１年あたりの差額キャッシュ・フローを，解答用紙の各項目ごとに計算しなさい。

〔問３〕４年後における新設備の処分にかかる差額キャッシュ・フローを計算しなさい。

〔問４〕上記の〔問１〕から〔問３〕で計算された差額キャッシュ・フローをもとに，新設備導入案の正味現在価値を計算しなさい。計算上端数が生じる場合は，解答の最終段階で万円未満を四捨五入しなさい。

〔問５〕上記の〔問１〕から〔問３〕で計算された差額キャッシュ・フローをもとに，新設備導入案の回収期間を単純回収期間法によって計算しなさい。計算上端数が生じる場合は，解答の最終段階で小数点第２位を四捨五入しなさい。なお，新設備導入後のキャッシュ・フローを平準化して解答すること。

〔問６〕仮に，新設備投資案では，製品Ａの販売価格の改定もあわせて検討しているとすれば，製品Ａの市場販売価格がいくら以上であれば新設備導入案が有利となるか，正味現在価値法にもとづいて計算しなさい。なお，設定する販売価格は100円単位であるとする。

理解度チェック

問題11-21 ★★★

当工場では，一般市場向けの単一製品を製造している。単一の製品であるため年間生産能力は，年間生産量であらわしている。現有設備での年間生産能力は30, 000個である。当工場の製品は現在注文が殺到しており，すべての注文にこたえられていない状態である。そこで，年間生産能力が15, 000個である追加設備を2×08年度末に導入することを検討している。年間45, 000個以上の需要が確保できると予想されている。

導入を計画している設備は，取得原価6, 480万円，耐用年数６年，残存価額をゼロとする定額法により減価償却を行う。新規設備は６年後に200万円で売却処分できる。現有設備は取得原価１億2, 000万円，耐用年数12年，残存価額をゼロとする定額法で減価償却を行っている。現有設備はすでに６年使用している。

製品の販売単価は，１個あたり8, 000円である。この販売単価は当面維持できるため，値上げも値下げも行わない。この製品を１個作るのに必要な材料費は，3, 200円である。新設備の場合，製品１個あたりに必要な変動製造間接費は1, 600円である。ちなみに現有設備の場合は，製品１個あたりに必要な変動製造間接費は2, 400円である。なお，変動製造間接費はすべて現金支出費用である。新設備に係る固定製造間接費としては減価償却費のほかに，現金支出費用が年額で1, 200万円ある。割引計算にあたっては，現金支出費用の支払いも含めすべてのキャッシュ・フローは年度末に発生すると仮定する。上記の変動費・固定費の区別は，正常操業圏80％～100％の範囲で有効なものとする。

なお，本問において，差額キャッシュ・フローとは，新規設備を導入しないという現状維持案を前提にした場合の，新規設備導入案の差額キャッシュ・フローを意味する。

法人税等の税率は40％であり，キャッシュ・フローの計算は税引後で行う。当社は現在十分に利益をあげており，今後６年間黒字決算が見込まれる。資本コスト率は年５％である。

割引率５％の現価係数は以下のとおり。この現価係数を用いて割引計算を行うこと。

１年 0. 9524	２年 0. 9070	３年 0. 8638	４年 0. 8227	５年 0. 7835	６年 0. 7462

なお，解答は，現状維持案に比べて，正味のキャッシュ・インフローが減少する場合や正味のキャッシュ・アウトフローが増加する場合，△記号をつけること。

〔問１〕新規設備導入時の差額キャッシュ・フローを計算しなさい。

〔問２〕新規設備の利用に係る１年あたりの差額キャッシュ・フローを計算しなさい。

〔問３〕６年後，新規設備の処分に係る差額キャッシュ・フローを計算しなさい。

〔問４〕問１から問３で計算した差額キャッシュ・フローをもとに新規設備導入案の正味現在価値（NPV）を計算しなさい。現在価値は，2×08年度末時点を基準として計算する。

〔問５〕問１から問３で計算した差額キャッシュ・フローをもとに，新規設備導入案の回収期間を単純回収期間法によって計算しなさい。ただし，回収期間は６年間の正味キャッシュ・フローを平均するのではなく，毎年のキャッシュ・フローを累積して計算するものとする。また，解答にあたって１年未満の端数が生じるときは，小数点第２位を四捨五入して，小数点第１位までを答えなさい。

〔問６〕今までは，年間45, 000個以上の需要が確保されるという前提で計算してきたが，もし，年間42, 000個の需要しか見込まれないと仮定すると，新規設備導入案の正味現在価値（NPV）はいくらになるか。ただし42, 000個を最適な設備利用で生産するものとする。

理解度チェック

問題11-22　★★★

当社では１種類の製品を現在１台の設備で製造して，販売している。この製品は１個あたり4,000円で販売可能である。現在の生産能力は年間30,000個である。もし生産能力が許せば，年間50,000個までの販売は可能であると予想される。現在の設備を使用した場合，製品１個あたり変動費（現金支出費用）は2,800円である。現有設備は20×0年度末に45,000,000円にて取得したものであり，20×6年度末まで利用可能である。耐用年数経過後は2,000,000円にて売却可能と予想される。なお，この設備を20×2年度末時点で売却すると，18,000,000円で売却可能である。

いま，年間34,000個の生産能力をもつ新しい設備を20×2年度末に導入しようと計画をしている。その際，生産能力の増強に向け，現有設備を維持したまま新設備を導入する案と，現有設備を新設備に取り替える案が考えられる。この新設備を使用した場合，製品１個あたり変動費（現金支出費用）は2,500円となる。新設備の取得原価は40,000,000円，耐用年数４年，４年後には1,500,000円にて売却可能と予想される。

現有設備も新設備も減価償却の方法は定額法であり，残存価額はゼロとして計算する。新設備導入にともない追加される固定的な現金支出費用は存在せず，現有設備を除却しても節約される固定的な現金支出費用も存在しない。

キャッシュ・フローは年度末にまとめて生じると仮定する。法人税等は，その法人税等を負担すべき年度の末に支払われるものと仮定する。法人税等の税率は30％で，当社は順調に利益をあげている。

加重平均資本コスト率は，５％である。５％の割引率の現価係数は以下のとおりとする。

５％の現価係数：

１年　0.9524	２年　0.9070	３年　0.8638	４年　0.8227

なお，この問題で，差額キャッシュ・フローとは，「現有設備のみを使い続けるという現状維持案」を基準にして，代替案を採用した場合に異なってくるキャッシュ・フローのことをいう。正味の差額キャッシュ・フローがキャッシュ・アウトフローになる場合には，数字の前に△をつけること。また「現有設備のみを使い続けるという現状維持案」を基準にして，代替案のほうが不利となる場合には，正味現在価値に△をつけなさい。キャッシュ・フローは税引き後で考えること。

〔問１〕現有設備を維持したまま20×2年度末に新設備を導入したときの20×2年度末時点の差額キャッシュ・フローの合計はいくらになるか。

〔問２〕現有設備を維持したまま20×2年度末に新設備を導入した場合，20×3年度末から20×6年度末までの年々の差額キャッシュ・フロー１年分はいくらになるか（20×6年度末のプロジェクト終了にともなう差額キャッシュ・フローは除く）。ただし，設備の利用は利益が最大になるように行うものとする（〔問４〕も同じ）。

〔問３〕現有設備を維持したまま20×2年度末に新設備を導入した場合，20×6年度末のプロジェクト終了にともなう差額キャッシュ・フローはいくらになるか。

〔問４〕「現有設備を維持したまま20×2年度末に新設備を導入する案」を採用した場合の差額キャッシュ・フローの正味現在価値を計算せよ。正味現在価値は，20×2年度末の時点を基準にして計算すること。

〔問５〕現有設備を20×2年度末時点で売却し，新設備を20×2年度末に導入する場合，20×2年度末時点での差額キャッシュ・フローの合計はいくらになるか。

〔問６〕現有設備を20×2年度末時点で売却し，新設備を20×2年度末に導入する場合，20×3年度末から20×6年度末までの年々の差額キャッシュ・フロー１年分はいくらになるか（20×6年度末のプロジェクト終了にともなう差額キャッシュ・フローは除く）。

〔問７〕「現有設備を20×2年度末時点で売却し，新設備を20×2年度末に導入する案」を採用した場合の，差額キャッシュ・フローの正味現在価値を計算せよ。正味現在価値は，20×2年度末の時点を基準にして計算すること。

理解度チェック

問題11-23 ★★★

当社では，生産能力のほぼ等しい２つの機械A，Bのうち，どちらを購入すべきかを検討中である。関係資料は次のとおりである。

（資　料）

⑴

	A	B
取得原価	6,000万円	7,500万円
耐用年数	２年	３年
残存価額	ゼロ	ゼロ
機械の年間稼働現金支出費用	3,500万円	？万円

⑵　両機械とも，除却の時点で反復投資される可能性が大きい。減価償却は定額法によって償却する。税法上の耐用年数と経済的耐用年数は等しいと仮定する。

⑶　投資に必要な資金は，当社の財務方針により，普通株40％，長期借入金60％の割合とし，普通株の資本コスト率は年13％，長期借入金の支払利子率は税引前で年利５％である。また，法人税率40％とする。

〔問１〕

当社の投資資金の税引後加重平均資本コスト率はいくらか。

〔問２〕

B機械の場合，年間稼働現金支出費用が何万円以下であれば，A機械より有利であるか。付属資料の現価係数表を用い，正味現在価値法によって計算しなさい。なお，計算途中では四捨五入せず，最終の答えについて万円未満を切り捨てなさい。

（付属資料）　現価係数表 $(1+r)^{-n}$

n＼r	4％	5％	6％	7％	8％	9％
1	0.9615	0.9524	0.9434	0.9346	0.9259	0.9174
2	0.9246	0.9070	0.8900	0.8734	0.8573	0.8417
3	0.8890	0.8638	0.8396	0.8163	0.7938	0.7722
4	0.8548	0.8227	0.7921	0.7629	0.7350	0.7084
5	0.8219	0.7835	0.7473	0.7130	0.6806	0.6499
6	0.7903	0.7462	0.7050	0.6663	0.6302	0.5963
7	0.7599	0.7107	0.6651	0.6227	0.5835	0.5470
8	0.7307	0.6768	0.6274	0.5820	0.5403	0.5019

理解度チェック

問題11-24　★★★

当社では，製品Wを含む数種の製品を生産・販売している。来年度から製品Wの製造を自動化するために，製品W専用の自動設備導入を計画している。その候補として，S社製設備とT社製設備が考えられ，以下のデータを入手した。

(1)　自動設備の投資額と耐用年数に関するデータ

	S社製設備	T社製設備
取得原価	7,200万円	5,000万円
耐用年数	3年	2年

自動設備の減価償却は，定額法による。両設備とも，耐用年数経過後は再投資される見込みである。なお，耐用年数は，年間の製造・販売量とは無関係であり，経済的耐用年数と法定耐用年数とは等しいものとする。また，残存価額はゼロとする。

(2)　製品Wの製造・販売に関する年間の原価データ（単位：万円）

	S社製設備の場合		T社製設備の場合	
	単位あたり変動費	年間固定費	単位あたり変動費	年間固定費
製造直接費	1.0	―	1.2	―
製造間接費				
補助材料費	0.7	4,500	1.0	4,000
間接工賃金	0.5	2,500	0.3	2,300
設備減価償却費	―	2,400	―	2,500
その他	0.3	1,400	0.5	1,000
販売・管理費	0.5	1,200	0.5	1,200
合計	3.0	12,000	3.5	11,000

上記自動設備の減価償却費以外の原価（製品W単位あたり変動費および年間固定費）は，すべて現金支出原価である。

(3)　その他の条件

①　製品Wの販売価格は1個あたり5万円である。

②　法人税率は40%で，税引後の資本コスト率は10%である。

③　r＝10%における現価係数は次のとおりである。

n＝1	n＝2	n＝3	n＝4	n＝5	n＝6
0.9091	0.8264	0.7513	0.6830	0.6209	0.5645

〔問1〕

いま仮に，T社製設備を考慮外とし，S社製設備を採用した場合，3年間にわたり製品Wを年間同量ずつ製造・販売するものとして，毎年何個以上の製品を製造・販売すれば，この投資の採算がとれるか。換言すれば，法人税の影響を考慮しつつ，この自動設備の投資額と資本コストを，年間の利益によって全額回収する損益分岐点の年間販売量を求めなさい。

〔問2〕

S社製設備とT社製設備を比較して，年間の製品生産量が何個以上であれば，どちらの設備のほうが原価が低く有利であるか答えなさい。

理解度チェック

問題11-25　★★★

当社では，以下の２つの投資案を検討中である。１つは製品Ｘを製造するための設備Ｘに投資する案（以下，Ｘ案）であり，投資期間は５年である。もう１つは製品Ｙを製造するための設備Ｙに投資する案（以下，Ｙ案）であり，投資期間は３年である。両案は相互排他的投資案であり，両設備とも除却の時点で別の異なる投資案に投資する予定である。そこで，Ｙ案に投資する場合にはＸ案への投資が終了するまで，各年度の正味キャッシュ・フローを再投資率で再投資するものとする。そこで，Ｘ案とＹ案の正味現在価値を比較して，どちらの設備を導入すべきであるかを答えなさい。

（資　料）

1．

	Ｘ案	Ｙ案
取得原価	9,000万円	4,800万円
耐用年数	５年	３年
残存価額	ゼロ	ゼロ
売上高	6,000万円/年	5,000万円/年
現金支出費用	2,400万円/年	1,700万円/年

2．Ｙ案に投資する場合は，投資によって生ずる年々の正味キャッシュ・フローを再投資し，その終価を計算し，それを現在の資本コスト率で割り引いて正味現在価値を計算してＸ案と比較する。

3．設備の減価償却は定額法によっている。税法上の耐用年数と経済的耐用年数は等しい。

4．法人税率は40%，当社は黒字企業である。

5．当社の税引後加重平均資本コスト率は６％とする。またＹ案に投資する場合の各年度の正味キャッシュ・フローの再投資率は６％である。割引率６％における現価係数は次のとおりであり，計算にあたっては必ずこの現価係数表を用いること。

n年	１年	２年	３年	４年	５年
$1/1.06^n$	0.943	0.890	0.840	0.792	0.747

6．計算途中で生じる万円未満の端数は四捨五入せず，最終の答えについて，万円未満を四捨五入して解答しなさい。

理解度チェック

問題11-26　★★★

当社のある工場では，製品Xを一般市場向けに見込み生産している。当該工場では製品Xを月間3,000個製造することが可能である。製品Xを１個製造するのに，材料ｘが１個必要である。すでに１個あたり6,600円で大量に購入した材料ｘを5,000個保有している。材料ｘは，現在では１個あたり6,000円で購入することができる。

製品Xは，１個あたり18,000円で販売している。現在は生産能力いっぱいの3,000個を製造し，すべて販売している。月初・月末の製品在庫および仕掛品在庫はもたない。現在，直接労務費として毎月3,000万円，製造間接費として毎月3,000万円が発生している。

最近，製品Xを改良した製品Yが開発され，来月から製造・販売を開始することが決定している。製品Yは，製品Xよりも性能がよいため，販売価格を21,000円に設定しても月間4,500個までは販売できると思われる。ただ，製品Yのためには，材料ｘを利用できず，材料ｙが必要となる。製品Yを１個製造するのに材料ｙが１個必要である。材料ｙは，１個あたり9,000円で購入することができる。製品Xも製品Yも同じ汎用設備１台にて製造が可能である。なお，当分の間，新しい設備を購入する予定はない。

汎用設備での製造時間は，製品Yの方が製品Xより短く，製品Yは製品Xの４分の３の時間で製造することが可能である。そのため，製品Xの月間生産上限が3,000個であるのに対して，製品Yの生産上限は4,000個である。

製品Yの需要上限は，月間4,500個であるが，製品Yが販売されたあとも，製品Xが製造されていれば，１個あたり18,000円にて，月間750個までは販売可能であると予測される。

材料ｘは他の製品の製造のために転用することはできないが，１個あたり3,000円で売却することが可能である。

問１～問３は税引前の金額で，問４は税引後の金額で解答しなさい。

〔問１〕解答用紙の(1)～(4)のステップにしたがい，製品Yの製造・販売を開始した後に，購入済みの材料ｘを使って製品Xを３個製造することの機会原価を計算しなさい。

〔問２〕製品Yの製造・販売を開始した後に，購入済みの材料ｘを使って製品Xを750個製造，販売することは，製品Yのみを製造，販売する場合に比べていくら有利か，あるいは不利か。

〔問３〕月間600万円を支払って汎用設備にとりつける特殊なアタッチメント（付属品）をレンタルすることにより，製品Xおよび製品Yの製造時間を20％短縮できることがわかった。最適な製造・販売を行うとして，アタッチメントをレンタルしない場合と比べて，このアタッチメントをレンタルするほうが，１か月あたり，いくら有利か，あるいは不利か。材料ｘを使いきっていない間の１か月を想定して答えること。この問では，材料ｘに関する機会原価は，使用した分のみ考慮すること。

〔問４〕上記アタッチメントをレンタルではなく，購入する。今月はちょうど年度の最後の月であり，今年度（20×0年度）の終わりに導入するとする。アタッチメントの耐用年数は，汎用設備自体の残りの耐用年数と同じく，３年である。導入から３年後にこのアタッチメントは750万円で売却可能であると予想される。アタッチメントの取得原価は13,500万円で，耐用年数終了後の残存価額は０で，減価償却の方法は定額法であるとする。資本コスト率は年４％で，法人税等の税率は40％である。なお，当社は黒字企業である。キャッシュ・フローは各年度の末にまとめて生じると仮定する。

割引率４％のときの，現価係数は以下のとおりとする。

１年　0.9615

２年　0.9246

３年　0.8890

このとき次の(1)〜(4)に答えなさい。なお，(1)〜(4)において，差額キャッシュ・フローとは，アタッチメントを使わずに製品Ｙを製造し販売するという案を基準にした場合のアタッチメントを購入するという案の差額キャッシュ・フローである。なお，アタッチメントを購入しない場合には，今年度（20×0年度）末に5,000個の材料ｘを１個3,000円にて売却するものと仮定する。

5,000個の材料ｘは，アタッチメント導入時から利用しはじめる。正味現在価値が最大になるように製品Ｘの製造・販売を行うものとする。

(1)　１年度目（20×1年度）の差額キャッシュ・フローはいくらか。初期投資時のキャッシュ・フローはその前年度末に生じると考え，１年度目の差額キャッシュ・フローには含めない。

(2)　２年度目（20×2年度）の差額キャッシュ・フローはいくらか。

(3)　３年度目（20×3年度）の差額キャッシュ・フローはいくらか。プロジェクト終了時のキャッシュ・フローも含むものとする。

(4)　この投資プロジェクト全体の差額キャッシュ・フローの正味現在価値はいくらか。

Theme

12 戦略の策定と遂行のための原価計算

理解度チェック

問題12-1 ★★★

次の文章を読んで下記の各問いに答えなさい。

製品やシステムの企画，開発から廃棄処分されるまでの，その一生涯にわたってかかるコストを（ A ）という。（ A ）は企業内で発生する原価のみならず，ユーザーの負担するコストをも原価計算の対象とするもので，研究・開発コスト，生産・構築コスト，運用・支援コスト，退役・廃棄コストに分類できる。

製造企業は，これらのコストのトレード・オフ関係に留意し，ユーザーの負担するコストを経済的にするために，各種の代替案の中から最善の案を選択するという（ B ）を実施するようになってきた。

〔問１〕

A，Bに適切な語句を記入し，文章を完成させなさい。

〔問２〕

次に掲げるコストを，研究・開発コスト，生産・構築コスト，運用・支援コスト，退役・廃棄コストに分類し，それぞれの金額を答えなさい。

①	修理不能部品の廃棄	300万円
②	市場分析コスト	1,900万円
③	生産設備購入費	500万円
④	顧客サービスコスト	2,300万円
⑤	製品やシステムの広告費・輸送費	1,300万円
⑥	製品企画費	1,600万円
⑦	製品やシステムの最終的退役コスト	1,200万円
⑧	製造用の材料費・労務費・経費	3,000万円
⑨	システムの試験・評価コスト	2,200万円
⑩	ユーザー負担の運転コスト	1,800万円

理解度チェック

問題12-2 ★★☆

あるコンピュータ・ソフト会社が，新しいソフトウェア・パッケージを開発しようとしている。開発には２年を要し，その後４年間にわたって製造・販売することを見込んでいる。そこで，以下の資料をもとに当該製品の予算ライフサイクル・コストおよび予算ライフサイクル収益を計算し，各販売価格（第１案から第３案）に対して，予算ライフサイクル営業利益がいくらになるかを答えなさい。

（資　料）

(1) 第１年度および第２年度の原価

研究開発費	30,000千円
設　計　費	19,200千円

⑵　第３年度から第６年度の原価

	1回限りのセットアップ・コスト	単位あたりコスト
製造原価	15,000千円	4,500円
マーケティング・コスト	8,500千円	3,000円
配給コスト	6,000千円	1,800円
顧客サービス・コスト	9,500千円	3,500円

⑶　単位あたりの販売価格と販売数量（４年間合計）

販売価格が42,000円のとき5,000単位（第１案），50,000円のとき4,000単位（第２案），65,000円のとき2,500単位（第３案）と予想されている。

理解度チェック □□□

問題12-3　★★★

当社は，自動車の新規購入を検討している。現時点で候補にあがっているのは次の３車種であるが，各社に関して比較しうる資料を集めたところ，次のとおりであった。そこで，資料にもとづき，下記の文章中の〔　　〕には適切な語句を，□には適切な数値を記入しなさい。ただし，時間価値については考慮しなくてよい。

（資　料）

	A車	B車	C車
取得原価	120万円	150万円	180万円
耐用年数	５年	５年	５年
残存処分額(注)	10万円	18万円	20万円
登録料	40,000円/年	40,000円/年	40,000円/年
保険料	100,000円/年	110,000円/年	120,000円/年
走行距離	20,000km/年	20,000km/年	20,000km/年
燃費	10km/ℓ	12.5km/ℓ	20km/ℓ
ガソリン価格	100円/ℓ	100円/ℓ	100円/ℓ
定期点検間の走行距離	12,000km	15,000km	20,000km
定期点検代	30,000円/回	30,000円/回	30,000円/回

（注）耐用年数到来時の見積売却価額である。

「取得原価だけを見るかぎり，〔　①　〕車が一番安く，購入には有利である。しかしながら，各車とも購入後に運用維持費などが必要となり，これらを考慮すると〔　①　〕車が有利とは一概にいえない。いま仮にA車を例にあげれば，取得原価のほかに，運用維持費として５年間で登録料が［②］円，保険料が［③］円，ガソリン代が［④］円，定期点検代が［⑤］円かかり，５年後に残存処分額は戻ってくるので，５年間での支出総額は［⑥］円となる。このように，取得から廃棄に至るまでにかかるコストを〔　⑦　〕といい，B車の〔　⑦　〕は［⑧］円，C車のそれは［⑨］円となる。

〔　⑦　〕はすべてユーザーが負担するので，〔　⑦　〕にもとづき判断すれば，最も購入に有利な車種は，〔　⑩　〕車，次いで〔　⑪　〕車となる。」

理解度チェック

問題12-4　★★★

〔問１〕

15,300円で製品Ｘを購入する顧客には，その購入後も様々なコストが掛かる。すなわち，平均利用年数４年の間に，毎年の電気代3,000円と４年後に廃棄コストとして2,000円が掛かる。さらに購入１年後に故障が生じ修理代の掛かる可能性があり，その確率は20％である。その金額は，15％の確率で2,000円，４％の確率で5,000円，１％の確率で10,000円である。この場合，製品Ｘの取得から廃棄までのライフサイクル全体を通じて，顧客が負担するトータル・コストは，現在価値に換算していくらとなるか。割引率は年10％である。現在価値の計算には次の現価係数表を用いること。

年	1	2	3	4
10％の現価係数	0.91	0.83	0.75	0.68

〔問２〕

問１の条件のもとで，毎年の電気代が半額，廃棄コストがゼロ，１年後に修理代の掛かる確率が15％に減って，修理代が10％の確率で4,000円，５％の確率で8,000円になるとすれば，そのような製品Ｘの購入に際して，現在の顧客はいくらまで支払うであろうか。ただし，割引率は年10％である。現在価値の計算には上記の現価係数表を用いること。

理解度チェック

問題12-5　★★★

Ｓ社の付属資料にもとづき，下記の文章中の〔　　〕の中には適切な用語を，（　　）の中には適切な数値（20×1年と20×3年との差額）を計算し記入しなさい。

「当社では，従来，製品の品質管理が不十分であったので，社長は，企業内のさまざまな部門で重点的に品質保証活動を実施するため，『予防－評価－失敗アプローチ』を採用し，その結果を品質原価計算で把握することにした。３年間にわたるその活動の成果はめざましいものがあり，20×1年と20×3年とを比較すると，〔　①　〕原価と〔　②　〕原価との合計は，上流からの管理を重視したために，20×1年よりも（　③　）万円だけ増加したが，逆に下流で発生する〔　④　〕原価と〔　⑤　〕原価との合計は，20×1年よりも（　⑥　）万円も節約し，結局，全体として品質保証活動費の合計額は20×1年よりも2,000万円も激減させることに成功した。」

（付属資料）（順不同）

	20×1年	20×3年	（単位：万円）
受入材料検査費	150	260	
販売製品補修費	1,530	320	
品質保証教育費	100	250	
他社製品品質調査費	50	90	
仕損費	800	250	
製品設計改善費	620	1,420	
不良品手直費	1,600	300	
返品廃棄処分費	550	150	
工程完成品検査費	580	940	
品質保証活動費合計	5,980	3,980	

理解度チェック

問題12-6 ★★★

Ｚ社では，20×1年度から品質保証活動に力を入れており，『ＰＡＦアプローチ（予防－評価－失敗アプローチ)』による品質原価計算を行っている。また，Ｚ社の生産・販売量はここ数年同程度であった。そこで，Ｚ社の製品Ｘに関する付属資料にもとづき，下記の設問に答えなさい。なお，〔設問２〕は，｛　｝内の不要な文字を二重線で消去し，（　）内には金額を，また〔　〕内には適切な語句を記入すること。

（資　料）

１．20×0年度の品質改善プログラム実施前の品質保証活動費

	配賦基準	配 賦 率
受入材料検査費	160,000時間	0.12万円/時間
不良品手直費	6,000台	4　万円/台
顧客サポート費	8,500台	0.8 万円/台
品質保証教育費	—	50　万円/月
他社製品品質調査費	—	10　万円/月
仕　損　費	12,000台	26　万円/台
製品設計改善費	40,000時間	2.5 万円/時間
回収・部品交換費	8,500台	2.2 万円/台
工程完成品検査費	240,000時間	0.12万円/時間

２．Ｚ社は，製品Ｘについて下記の品質改善プログラムを実施している。

(1)　受入材料の検査費を0.05万円/時間追加した。

(2)　品質保証教育費を25万円/月追加した。

(3)　製品設計の見直しを行い，製品設計改善費を20,000時間追加した。

３．品質改善プログラムを実施した結果，20×0年度と20×3年度を比較して品質保証活動費は下記のように変化した。

(1)　仕損費の発生が20％減少した。

(2)　手直しの必要な不良品の台数は半分となった。

(3)　顧客サポート，回収・部品交換の台数はそれぞれ35％減少した。

〔設問１〕品質保証活動費を，ＰＡＦアプローチ（予防－評価－失敗アプローチ）により分類し，４つの品質原価の名称を答えなさい。

〔設問２〕品質改善プログラムを実施した結果を，解答用紙の形式にしたがって答えなさい。

理解度チェック

問題12-7 ★★★

当社は製品Sを製造・販売している。製品Sの市場は競争が激しく，安定した品質の製品を提供することが求められている。そこで当社では品質管理に注力するとともに，当期から次の表のように品質原価を計算するようになった。

品質原価	配賦基準量	配　賦　率	配　賦　額
設計技術費	25,000時間	@　18,000円	45,000万円
工程技術費	30,000時間	@　16,000円	48,000万円
検　査　費	?　時間	@　12,000円	?　万円
?　費	?　台	@ 550,000円	?　万円
顧客サポート費	?　台	@　75,000円	?　万円
製品回収・部品交換費	?　台	@ 250,000円	?　万円
保 証 ? 費	?　台	@ 225,000円	?　万円
合　　計	—	—	?　万円

〔問1〕次の文章の（　　）内に適切な数字または語句を入れなさい。語句については解答用紙の中から1つ選択し○をつけなさい。

仕様に適合しない製品の製造を早い段階で未然に防ぐために，設計および（　①　）に力を入れた。

当社は受注生産方式を採用している。出荷前に1台あたり90分をかけて出荷する製品の全品検査を行っている。その結果，検査したうち1.5%は市場に出す前に（　②　）であることが判明し，1台あたり550,000円をかけて（　③　）しこれを合格品として当期にすべて出荷した。当期の製品Sの販売台数は4万台，売上高は8,000,000万円であった。

出荷した4万台のうち，1%は出荷後に内蔵のソフトの不具合により不良が発生する。その場合これを回収して部品を交換し，（　④　）が必要なことが判明した。顧客サポート費，製品回収・部品交換費および保証（　④　）費は上記の表のとおりである。

当期の当社の品質原価総額は（　⑤　）万円，売上高の（　⑥　）%に及ぶことが判明した。

当社の見積りによると，次期も当期と同様に製品を顧客に出荷した後に仕様に合致しない製品が発見されれば販売機会を新たに得る可能性はなくなり，1台あたり貢献利益800,000円が失われるリスクがある。そこで，新たに品質改善プログラムを採用するため2つの代替案を検討している。

第1案は，材料の検査方法を改善する案である。追加的な検査のために，3,000万円発生する。この改善案を実行すれば，（　②　）が150台減少すると見積られている。また，（　④　）を必要とする台数が120台減少し，その結果，製品に対する信頼が増して，販売台数が40台増加すると見積られている。

第2案は，設計をやり直す案である。この案を採用するならば，設計技術費が1時間あたり18,000円で2,000時間，工程技術費が1時間あたり16,000円で2,500時間が追加的に必要となる。この改善案を実行すれば，（　②　）が200台減少すると見積られている。また，（　④　）を必要とする台数が250台減少し，その結果，製品に対する信頼が増して，販売台数が60台増加すると見積られている。

第1案と第2案に共通して（　③　）と（　④　）などにより発生する品質原価の内訳は次のとおりである。

	1台当たりの変動費	1台当たりの固定費	合　計
（　③　）費	300,000円	250,000円	550,000円
顧客サポート費	40,000円	35,000円	75,000円
製品回収・部品交換費	220,000円	30,000円	250,000円
保証（　④　）費	95,000円	130,000円	225,000円

〔問2〕次の文章の（　　）内に適切な数字または語句を入れなさい。語句については解答用紙の中から1つ選択し○をつけなさい。

〔問1〕で要求されているのは（　⑦　）に適切な情報であり，そのために求められるのは（　⑧　）である。現状案をベース・ケースとして第1案あるいは第2案を採用したときに予想される追加原価発生額と原価節約額などを計算すればよい。第1案で追加的に発生する品質原価は（　⑨　）万円，原価節約額ならびに売上増による利益増加額は（　⑩　）万円である。これに対し，第2案で追加的に発生する品質原価は（　⑪　）万円，原価節約額ならびに売上増による利益増加額は（　⑫　）万円である。以上の計算結果から，（　⑬　）の方が（　⑭　）万円有利なため，（　⑬　）を採用すべきである。

理解度チェック

問題12-8　★★★

次の文章を読み，下記の問いに答えなさい。

「近年，戦略的原価管理として注目されるようになった手法として，①がある。①とは，新製品開発に際し，商品企画から開発終了までの段階において，目標利益を確保するために設定された目標原価を作り込む活動のことである。

目標原価の作り込み活動とは，まず，商品企画段階において商品戦略にもとづき，目標利益を設定し，販売台数の見積りから売上高目標を策定する。売上高目標から目標利益を差し引いて②を計算する。次に，製品企画段階において，②と従来どおりの経営活動で発生すると予想される見積原価である③とを比較し，原価低減目標を定め，目標原価を決定する。この場合，② ＝ 目標原価とするのが望ましいが，③が②を上回り，目標原価を上回ってしまう場合，その超過原価を削減する方法として，④が実施される。これによりある程度の超過原価を削減して，目標原価を②よりやや高めに設定し，④により削減しきれなかった超過原価については，その削減を量産段階に持ち越す。目標原価の実現に向けて，製品企画，設定段階で，原価を図面で作り込む活動，また手配図，生産準備の段階で，原価を工程で作り込む活動が徹底的に行われる。」

〔問１〕

文章中の①から④に適当な語句を入れて文章を完成させなさい。

〔問２〕

上記〔問１〕をふまえて，解答用紙の文章を完成させなさい。

「新型自動車Ｓの予定販売価格は300万円と決定されていた。また，目標利益は売上利益率20％と決定された。技術担当者が設計図から見積った③は，280万円であった。これでは社長が要求する②に達しない。そこで生産準備までの段階で，エンジンで３万円，ボディで10万円，内装で15万円，シャフトで１万円と，原価低減を検討した。しかし，これがぎりぎりのラインであり，②には達しない。ただし，量産段階に入ってからの工数削減，物流費の管理，量産効果，学習効果などによって，さらに当初の③の1.8％相当額の原価低減が期待できることがわかった。」

理解度チェック

問題12-9 ★★★

大手ハンバーガー・チェーン店である当社は，現在，新製品の開発を行っている。以下の資料にもとづき，製品単位あたりの(1)許容原価，(2)成行原価，(3)許容原価を目標原価とした場合の目標原価の未達成金額を求めなさい。なお，当社では目標原価の作り込み活動は全部原価計算方式により販売費・一般管理費まで含めた総原価により行われている。

1．商品企画に関する資料

新製品の販売価格　200円/個　　　販売数量　200,000個

製品戦略から導かれた目標営業利益　8,000,000円

2．現在の当社の諸条件からの見積総原価

直接材料費	1,000円/kg×0.1kg ＝100円/個	製造間接費	6,000,000円
直接労務費	800円/h×0.025h ＝ 20円/個	固定販売費・一般管理費	4,600,000円
変動販売費	5円/個		

3．原価低減方法

(a) 商品企画での新製品のボリューム感は，製品の重量を軽減しても，製品の横幅を大きくすることにより達成できると見込まれるため，よりプレスに耐えうる素材を使用する。新材料の価格は，1,100円/kgであり，製品1個あたり0.08kgを投入する。

(b) 包装用材料を，箱型から安価な包装紙に変更しても新製品の人気は確保できるため，変更する。その結果，変動販売費が1個あたり1円削減できる。

(c) 新製品専用の生産設備を変更することにより，製造間接費が総額で200,000円削減できる。

理解度チェック □□□

問題12-10 ★★★

㈱ヤマガクでは新製品Nを開発中であり，現在，目標原価の作り込みを行っている。なお，当社では全部原価計算方式による総原価に対して目標原価を設定している。

（資　料）

1．新製品Nに関する資料

予定販売価格：14,000円/個，予定製造・販売数量：30,000個，目標営業利益率：20％

2．当初の見積原価

⑴　製造原価

直接材料費	1,000円/kg　×1.5kg/個	=	1,500円/個
直接労務費	2,000円/時間×2時間/個	=	4,000円/個
変動製造間接費	1,600円/時間×2時間/個	=	3,200円/個
固定製造間接費	1,400円/時間×2時間/個	=	2,800円/個
合　計			11,500円/個

（注）製造間接費の配賦基準は機械稼働時間である。

⑵　営業費

変動営業費　200円/個，固定営業費　9,000,000円

〔問１〕新製品Nの単位あたり⑴許容原価と⑵成行原価を求めなさい。

（追加資料）

3．上記の見積りでは許容原価に達しないため，原価の低減を下記のように検討した。なお，成行原価からこれらの原価低減額を控除した額を目標原価として設定することにした。

⑴　使用材料について見直しを行い，750円/kgの材料に変更することにした。ただし，工程始点で作業くずが発生し，新製品N１個の製造につき材料使用量が0.1kg増加するものと予想される。なお，この作業くずは無価値である。

⑵　加工方法の見直しにより，直接作業時間が２時間/個から1.8時間/個に短縮できる。なお，機械稼働時間は変わらない。

⑶　包装材料を安価なものに変更することにより，変動営業費が20円/個削減できる。

⑷　広告宣伝方法の変更により，固定営業費を1,500,000円削減する。

〔問２〕（追加資料）を加味して，目標原価を求めなさい。

〔問３〕下記の文中の（　　）内に適切な語句を下記の【語群】から選択し，記号で解答しなさい。なお，同じ番号には同じ語句が入る。

「（　①　）とは，新製品開発に際し，商品企画から開発終了までの段階において，目標利益を確保するために設定された目標原価を作り込む活動のことである。

目標原価の設定方法として，控除法がある。控除法とは，（　②　）にもとづいて目標原価を設定する方法である。この方法は，市場で許容される（　③　）をもとに目標原価を算定している点で，（　④　）志向に立脚している。

一方，（　⑤　）にもとづいて目標原価を設定する方法を積み上げ法という。この方法は，自社の現在の技術水準にもとづいて目標原価を計算する（　⑥　）志向に立脚した計算方法である。

これら２つの方法にはそれぞれ長所と短所が存在するため，（　②　）と（　⑤　）を摺り合わせて，現実的に妥当性をもった目標原価を設定する方法を（　⑦　）という。」

（語群）㋐　全部原価　㋑　直接原価　㋒　原価企画　㋓　原価維持　㋔　原価改善
㋕　予想販売価格　㋖　標準原価　㋗　マーケット・イン　㋘　プロダクト・アウト
㋙　許容原価　㋚　成行原価　㋛　折衷法　㋜　補間法

理解度チェック

問題12-11 ★★★

当工場では，標準原価計算による設備管理を行っている。そこで，以下の資料にもとづき，(1)標準原価差異分析を行うとともに(2)この設備の総合効率を計算しなさい。

1．計画設備稼働データ

勤務時間　8時/日×60分×25日 ………………………………		12,000分
休憩など設備計画停止時間　30分×25日………	750分	
許容段取・調整時間　20分×25日………………	500	1,250
差引：計画稼働時間（負荷時間）………………………………		10,750分

2．実際設備稼働データ

当月段取・調整超過時間…………………………	350分	
当月設備故障停止時間……………………………	400	750
差引：実際稼働時間………………………………………………		10,000分

3．加工品1個あたりの設備稼働時間

理論CT（サイクル・タイム）………0.55分/個

実際CT（サイクル・タイム）………0.60分/個

（注）実際ＣＴは，当月の特定の日時に数時間のサンプル調査をした結果である。

4．加工費データ

変動加工費率……………………600円/分

月間固定加工費…………4,300,000円/月

（注）設備稼働時間を基準に配賦している。

当月実際発生額…………10,000,000円

5．当月の生産データ

材料投入量	16,000個
仕　損　品	1,000
完　成　品	15,000個

（注）仕損品は工程の終点で発生しており，正常仕損率は良品に対して５％である。なお，仕損品に評価額はない。

6．能率差異は，固定費からも把握するものとする。また，材料投入量×実際CTと当月実際設備稼働時間との差は，機械の空回りなどが原因と考えられ，実際CTと理論CTとの差は，主として設備の速度低下が原因と考えられる。設備総合効率は以下の式により算定される。

設備総合効率＝時間稼働率×正味稼働率×速度稼働率×良品率

$$\text{時間稼働率}=\frac{\text{稼働時間}}{\text{負荷時間（計画設備稼働時間）}}$$

$$\text{正味稼働率}=\frac{\text{材料投入量}\times\text{実際CT}}{\text{稼働時間}}$$

$$\text{速度稼働率}=\frac{\text{理論CT}}{\text{実際CT}}$$

$$\text{良品率}=\frac{\text{良品産出量}}{\text{材料投入量}}$$

理解度チェック

問題12-12 ★★★

ＫＳ工業では，これまで製品Ａを製造してきたが，近年における顧客ニーズの多様化に対応して，新たに製品ＢとＣを導入し，現在では製品Ａ，ＢおよびＣを製造している。製品ＡおよびＢは大量生産品であるのに対し，製品Ｃは少量生産品である。原価計算方法の見直しも行い，製造間接費の配賦基準を直接作業時間基準から機械運転時間基準に変更した。そこで，以下の問いに答えなさい。

〔問１〕

次の資料にもとづき，各製品の単位あたり原価（全部製造原価）を計算しなさい。ただし，製造間接費の予定配賦については，直接作業時間基準を用いた場合と機械運転時間基準を用いた場合に分けて解答しなさい。なお，基準操業度は当期において予定される操業度（予定操業度）とする。

（資料１）当期の製造直接費予算

製　　品	A	B	C
直接材料費	600円/個	700円/個	800円/個
直接作業時間	0.5時間/個	0.5時間/個	1.0時間/個
直接工賃金	1,200円/時間	1,200円/時間	1,200円/時間

（注）直接作業時間には，段取作業時間は含まれない。

（資料２）当期の予定生産量および機械運転時間

製　　品	A	B	C
生産量	8,000個	5,000個	500個
機械運転時間	1.2時間/個	1.2時間/個	0.8時間/個

（資料３）当期の製造間接費予算………8,960,000円

〔問２〕

今日の企業環境の激変により，企業の原価構造が変化し，上記〔問１〕のような伝統的原価計算では不正確な製品原価が計算されるため，原価計算方法を再度見直し，新しい原価計算方法（活動基準原価計算）を導入することにした。そこで，〔問１〕および以下に示した資料にもとづき，活動基準原価計算を用いて各製品の単位あたり原価を計算しなさい。ただし，コスト・ドライバーは各自で適切に選択して用いること。

（資料１）製造間接費8,960,000円の内，900,000円は各製品に直課できることがわかった。

製　　品	A	B	C	共　通
各製品に直課できる金額	100,500円	290,000円	509,500円	——
各製品に共通の金額	——	——	——	8,060,000円

（資料２）コスト・プール資料

コスト・プール	金　　額
機械作業コスト・プール	5,120,000円
段取作業コスト・プール	400,000円
生産技術コスト・プール	900,000円
材料倉庫コスト・プール	870,000円
品質保証コスト・プール	770,000円
合　　計	8,060,000円

（資料３）コスト・ドライバー資料（？の部分は各自推定すること）

コスト・ドライバー	A	B	C
直接材料出庫金額	？	？	？
段取回数	50回	25回	85回
機械運転時間	？	？	？
抜取検査回数	120回	60回	40回
製品仕様書作成時間	45時間	95時間	60時間

理解度チェック

問題12-13 ★★★

当社では製品Xと製品Yを生産販売している。以下の当期の資料にもとづいて，各問いに答えなさい。

（資　料）

1．実績生産・販売データ

	製品X	製品Y
１台あたり直接材料費	7,000円	11,000円
１台あたり直接作業時間	1.8時間	3時間
直接工賃率	1,400円/時間	
生産・販売量	10,000台	2,000台
製造間接費実際発生額	52,800,000円	

（注）段取作業の時間は直接作業時間に含まれていない。

2．製造間接費実際発生額のコスト・プール別の内訳（一部）

購買費	段取費	品質管理費	製品設計費
8,640,000円	14,400,000円	8,064,000円	12,096,000円

3．コスト・ドライバー

	製品X	製品Y
段取作業時間	800時間	1,200時間
仕様書作成時間	150時間	250時間
発注回数	40回	50回
検査時間	140時間	180時間

〔問１〕製造間接費を直接作業時間基準で配賦した場合の，各製品の完成品単位原価を計算しなさい。

〔問２〕最も適切なコスト・ドライバーを選択して活動基準原価計算を行い，各製品の完成品単位原価を計算しなさい。なお，製造間接費実際発生額のうち，資料２でコスト・プール別に分類されなかった金額については直接作業時間基準で配賦を行うこと。

〔問３〕〔問１〕で計算した製品Xの完成品単位原価に含まれる内部相互補助の金額を計算しなさい（過大な配賦なら＋の記号を，過小な配賦なら－の記号を金額の前に付すこと）。

理解度チェック

問題12-14　★★★

当工場では，主力製品A，Bおよび特殊受注製品Cを生産・販売している。かねてより製品単位あたり総原価の算定にあたり，製造間接費，販売費及び一般管理費については各製品品種別直接作業時間による予定配賦を実施してきた。

1．製品単位あたり製造直接費に関する年間予算資料

製品品種	製品A	製品B	製品C
直接材料費	1,100円	1,000円	600円
直接労務費	0.5時間	0.7時間	0.6時間

（注）直接工の賃率は900円/時間である。なお，段取作業時間は，上記直接作業時間には含まれていない。

2．予算販売単価と年間予算売上高

製品A，B，Cの予算販売単価はそれぞれ4,000円，8,000円，4,900円であり，年間予算売上高は総額で27,560,000円である。なお，製品A，B，Cの販売数量割合は4：6：1であり，また，製品Aの売上高営業利益率は27.5%である。

〔問1〕

製品A，B，Cの年間計画生産・販売量を求めなさい。

〔問2〕

(1)製造間接費，販売費及び一般管理費の年間予算総額，(2)伝統的全部原価計算による各製品の単位あたり総原価および(3)製品別の年間営業利益総額を求めなさい。

〔問3〕

以下の追加資料3，4を考慮して，(1)活動基準原価計算による各製品の単位あたり総原価および(2)製品別の年間営業利益総額を求めなさい。

3．製造間接費，販売費及び一般管理費の年間予算額

製造間接費，販売費及び一般管理費の年間予算額は？円であるが，これを活動別に集計したところ以下のように集計された。

		金　額
①	機械作業コスト・プール	1,800,000円
②	段取作業コスト・プール	350,000
③	生産技術コスト・プール	1,200,000
④	材料倉庫コスト・プール	660,000
⑤	品質保証コスト・プール	
	C専用検査機械減価償却費	？
	その他の品質保証費	440,000
⑥	包装出荷コスト・プール	600,000
⑦	管理活動コスト・プール	2,040,000
		？　円

4．活動基準原価計算によるコストの製品別集計

これらのコストを製品A，B，Cに賦課するには，直接に製品品種に跡づけられるコストは直課し，その他のコストは，下記の中から適切なものを選んで配賦する。ただし，管理活動コスト・プールには適切な基準がないので，直接作業時間を基準として採用する。

なお，コスト・ドライバーのデータで，製品単位あたりのデータ以外は，すべて当期の合計データである。？の部分は各自計算すること。

活動ドライバー	製品A	製品B	製品C
直接作業時間	？	？	？
段取時間（＝段取回数×1回あたり段取時間）	16時間	24時間	40時間
製品仕様書作成時間	200時間	250時間	350時間
機械運転時間	1.0時間/台	1.5時間/台	2.0時間/台
直接材料出庫金額	？	？	？
抜取検査回数	16回	24回	4回
出荷回数	8回	12回	40回

〔問4〕

下記の文章中の［　　］には適切な数値を記入し，（　　）の中は不要な文字を消去して文章を完成させなさい。

伝統的全部原価計算では，『各製品のバッチレベルの原価や支援活動原価に対する必要の度合』を無視してしまうため，製品原価を著しく歪めてしまう。そこでこの点を反映させる活動基準原価計算を実施し，伝統的全部原価計算による単位原価から活動基準原価計算による単位原価を差し引くと，製品品種別に原価の歪みが判明する。そしてこの単位原価の歪みに販売量を掛けることで，製品間で原価の内部補助がどれほど行われていたかが明らかになる。

すなわち，製品Aは総額で［　①　］円も原価が（②過大・過小）に，製品Bは［　③　］円も原価が（④過大・過小）に，製品Cは［　⑤　］円も原価が（⑥過大・過小）に負担させられている。

理解度チェック

問題12-15 ★★★

当社では，活動基準原価計算を用いた製品原価計算を行っており，製造間接費を部門に集計するのではなく各活動に分類集計する。当社が設けたコスト・プールは発注・受入活動，組立活動，検査活動，補修活動，出荷活動および工場管理活動の６つである。以下の資料にもとづいて，下記の問いに答えなさい。

（資　料）

1．製品Ｓに関する年間計画データ

生　産　台　数	20,000台/年
直　接　材　料　費	16,000円/台
直　接　労　務　費	8,000円/台（＝2,000円/時間×４時間/台）
平　均　発　注　費	5,000円/回
検　査　時　間	30時間/台
正　常　仕　損　率	生産台数の10％（すべて補修を行う）
出　荷　回　数	25回/年

2．発注・受入活動

製品Ｓの製造には50種類の部品を利用しているが，各部品について年間40回ずつの発注を行う。

3．製造間接費の配賦計算にかかるデータ

コスト・プール	コスト・ドライバー	単位あたりコスト	製品Ｓにかかるコスト・ドライバー量
発注・受入活動	発注回数	(1)	(2)
組立活動	直接作業時間	@1,000円	80,000時間（＝４時間×20,000台）
検査活動	検査時間	@25円	(3)
補修活動	仕損品数	@2,500円	(4)
出荷活動	出荷回数	@80,000円	(5)
工場管理活動	直接作業時間	@300円	80,000時間（＝４時間×20,000台）

〔問１〕上記資料３の表の空欄(1)から(5)に入る数値を答えなさい。

〔問２〕当社は，上記資料を基礎として製品Ｓの製造単価を計算し，製造単価の50％をマークアップして，製品Ｓの販売単価を設定した。製品Ｓの製造単価および販売単価はそれぞれいくらか。

〔問３〕〔問２〕で計算した価格で販売を行ったところ，製品Ｓの売り上げは思わしくなかった。調査を行ったところ，製品Ｓには強力な競合製品が存在していた。さらに調査して，出荷回数を年間60回に増やし，販売価格を37,500円に設定するなら30,000台の販売も可能であることが分かった。そこで，バリュー・エンジニアリング（ＶＥ）を行い，下記(ア)から(オ)の成果を得て，製造単価を25,000円に引き下げることができた。成果(オ)のｘの値を答えなさい。なお，各コスト・プールの単位あたりコストはコスト・ドライバー量に関わらず一定であるものとする。

(ア)　部品数を50種類から21種類に削減し，年間の部品発注回数を840回に減少させた。

(イ)　直接材料費を14,200円/台に引き下げた。

(ウ)　直接作業時間を３時間/台に引き下げた。

(エ)　検査時間を20時間/台に短縮させた。

(オ)　仕損率を10％からｘ％に減少させた。

理解度チェック

問題12-16 ★★★

ＣＡＴ工業は３つの取引先に製品を販売しており，直接原価計算を採用している。活動基準原価計算にもとづいて取引先ごとに営業利益および売上高営業利益率を計算しなさい。各活動について，固定費発生額とコスト・ドライバーのデータは資料２のとおりである。利益率は％未満小数点以下第３位を四捨五入して答えること。

（資　料）

1．取引先別損益計算書

損　益　計　算　書　　　　（単位：円）

	A社	B社	C社	計
売上高	14, 950, 000	27, 058, 000	25, 944, 000	67, 952, 000
変動費	7, 865, 000	17, 278, 000	16, 074, 000	41, 217, 000
貢献利益	7, 085, 000	9, 780, 000	9, 870, 000	26, 735, 000
固定費				
製造原価				19, 737, 200
販売費及び一般管理費				944, 800
計				20, 682, 000
営業利益				6, 053, 000

2．活動ドライバー

活動	固定費発生額	A社	B社	C社	計	(配賦基準)
発注・受入	320, 000円	170回	128回	102回	400回	(発注回数)
検　　査	3, 250, 000円	2, 552時間	1, 372時間	1, 076時間	5, 000時間	(検査時間)
加　　工	15, 600, 000円	10, 300時間	27, 800時間	21, 900時間	60, 000時間	(直接作業時間)
包装・出荷	902, 000円	81回	17回	12回	110回	(出荷回数)
管　　理	610, 000円	74時間	15時間	11時間	100時間	(管理時間)
計	20, 682, 000円					

理解度チェック □□□

問題12-17　★☆☆

当社では，製品αを製造・販売し，ジャストインタイム生産方式を採用している。そこで，以下の資料にもとづいて，バックフラッシュ原価計算方式による(1)原料の購入と消費および(2)加工費の発生の仕訳を示しなさい。

（資　料）

1．製品αの原価標準

　　原料費　　500円/kg×3kg/個　＝ 1,500円/個

　　加工費　2,000円/時×0.5時/個＝ 1,000円/個

　　製品単位原価合計…………………… 2,500円/個

2．期首原料，仕掛品，製品はない。

3．当月受注，生産，販売量　1,200個

4．当月原料購入，消費　500円/kg×3,600kg………1,800,000円（掛買い）

5．当月加工費発生額 …………………………………1,200,000円（未払い）

6．期末原料，仕掛品，製品はない。

理解度チェック □□□

問題12-18　★☆☆

当社では，製品βを製造・販売し，ジャストインタイム生産方式を採用している。そこで，以下の資料にもとづいて，(1)伝統的全部原価計算方式による勘定連絡図と(2)バックフラッシュ原価計算方式による勘定連絡図を示しなさい。

（資　料）

1．製品βの原価標準

　　原料費　　400円/kg×2kg/個　＝　800円/個

　　加工費　1,500円/時×0.8時/個＝ 1,200円/個

　　製品単位原価合計…………………… 2,000円/個

2．月初原料，仕掛品，製品はない。

3．当月受注 1,200個，当月生産 1,180個，販売引渡 1,170個

4．原料購入　400円/kg×2,400kg………………………960,000円

5．原料消費　400円/kg×2,380kg………………………952,000円

6．当月加工費発生額 ………………………………… 1,422,000円

7．月末原料在庫量20kg，月末仕掛品量10個（進捗度：原料費100%，加工費50%），月末製品在庫量10個

理解度チェック

問題12-19　★★★

当社では，製品γを製造・販売し，ジャストインタイム生産方式を採用している。そこで，以下の資料および条件にもとづいて，仕訳を示すとともに勘定連絡図に記入しなさい。

（資　料）

1．製品γの原価標準

原料費	300円/kg×5kg/個　＝	1,500円/個
加工費	2,000円/時×0.25時/個＝	500円/個
製品単位原価合計		2,000円/個

2．月初原料，仕掛品，製品はない。

3．当月受注 1,000個，当月生産 990個，販売引渡 985個

4．原料購入　300円/kg×5,000kg……………………1,500,000円

5．原料消費　300円/kg×4,975kg……………………1,492,500円

6．当月加工費発生額 ……………………………………… 496,250円

7．月末原料在庫量25kg，月末仕掛品量5個（進捗度：原料費100%，加工費50%），月末製品在庫量5個

〔計算条件〕

(1)　原料については，原料在庫高，仕掛品中に含まれる原料費，製品中に含まれる原料費を一括的に記録する在庫品統制勘定（inventory control a/c）を設ける。したがって，原料勘定，仕掛品勘定，製品勘定を使用しない。

(2)　発生した加工費はすべて売上原価にチャージし，資産化しない。換言すれば，加工費は仕掛品と製品には配賦しない。

(3)　仕訳記録時点は，原料の購入時点と製品の販売時点である。

よくわかる簿記シリーズ

合格《ごうかく》トレーニング　日商《にっしょう》簿記《ぼき》１級《きゅう》工業《こうぎょう》簿記《ぼき》・原価《げんか》計算《けいさん》Ⅲ Ver. 8.0

2002年３月15日　初　版　第１刷発行
2023年11月26日　第８版　第１刷発行

編　著　者　ＴＡＣ株式会社
（簿記検定講座）
発　行　者　多　田　敏　男
発　行　所　ＴＡＣ株式会社　出版事業部
（ＴＡＣ出版）

〒101－8383
東京都千代田区神田三崎町3－2－18
電 話 03（5276）9492（営業）
FAX 03（5276）9674
https://shuppan.tac-school.co.jp

組　　版　朝日メディアインターナショナル株式会社
印　　刷　株式会社　ワ　コ　ー
製　　本　株式会社　常　川　製　本

ISBN 978－4－300－10672－3
N.D.C. 336

簿記検定講座

お手持ちの教材がそのまま使用可能!
【テキストなしコース】のご案内

TAC簿記検定講座のカリキュラムは市販の教材を使用しておりますので、こちらのテキストを使ってそのまま受講することができます。独学では分かりにくかった論点や本試験対策も、TAC講師の詳しい解説で理解度も120%UP! 本試験合格に必要なアウトプット力が身につきます。独学との差を体感してください。

左記の各メディアが【テキストなしコース】でお得に受講可能!

こんな人にオススメ!

- テキストにした書き込みをそのまま活かしたい!
- これ以上テキストを増やしたくない!
- とにかく受講料を安く抑えたい!

※お申込前に必ずお手持ちのバージョンをご確認ください。場合によっては最新のものに買い直していただくことがございます。詳細はお問い合わせください。

お手持ちの教材をフル活用!!

合格テキスト

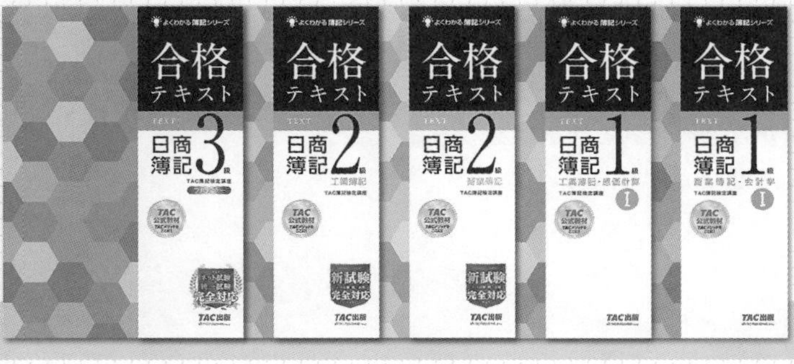

合格トレーニング

TAC出版 書籍のご案内

TAC出版では、資格の学校TAC各講座の定評ある執筆陣による資格試験の参考書をはじめ、資格取得者の開業法や仕事術、実務書、ビジネス書、一般書などを発行しています！

TAC出版の書籍

＊一部書籍は、早稲田経営出版のブランドにて刊行しております。

資格・検定試験の受験対策書籍

- 日商簿記検定
- 建設業経理士
- 全経簿記上級
- 税　理　士
- 公認会計士
- 社会保険労務士
- 中小企業診断士
- 証券アナリスト
- ファイナンシャルプランナー(FP)
- 証券外務員
- 貸金業務取扱主任者
- 不動産鑑定士
- 宅地建物取引士
- 賃貸不動産経営管理士
- マンション管理士
- 管理業務主任者
- 司法書士
- 行政書士
- 司法試験
- 弁理士
- 公務員試験(大卒程度・高卒者)
- 情報処理試験
- 介護福祉士
- ケアマネジャー
- 社会福祉士　ほか

実務書・ビジネス書

- 会計実務、税法、税務、経理
- 総務、労務、人事
- ビジネススキル、マナー、就職、自己啓発
- 資格取得者の開業法、仕事術、営業術
- 翻訳ビジネス書

一般書・エンタメ書

- ファッション
- エッセイ、レシピ
- スポーツ
- 旅行ガイド（おとな旅プレミアム/ハルカナ）
- 翻訳小説

日商簿記検定試験対策書籍のご案内

TAC出版の日商簿記検定試験対策書籍は、学習の各段階に対応していますので、あなたのステップに応じて、合格に向けてご活用ください！

3タイプのインプット教材

1

簿記を専門的な知識にしていきたい方向け

満点合格を目指し 次の級への土台を築く

「合格テキスト」

「合格トレーニング」

- 大判のB5判、3級～1級累計300万部超の、信頼の定番テキスト&トレーニング！ TACの教室でも使用している公式テキストです。3級のみオールカラー。
- 出題論点はすべて網羅しているので、簿記をきちんと学んでいきたい方にぴったりです！

◆3級　□2級 商簿、2級 工簿　■1級 商・会 各3点、1級 工・原 各3点

2

スタンダードにメリハリつけて学びたい方向け

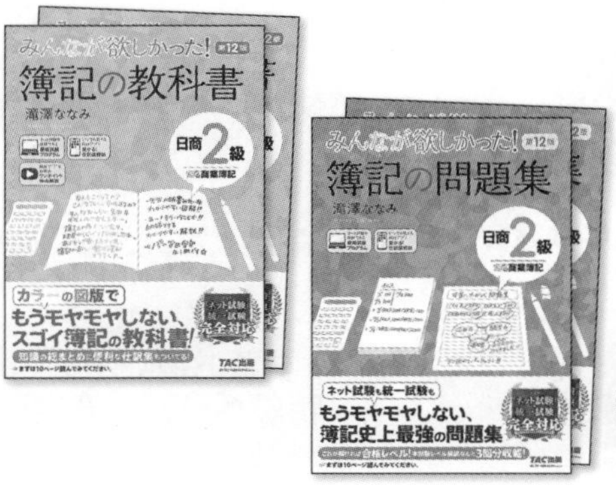

教室講義のような わかりやすさでしっかり学べる

「簿記の教科書」

「簿記の問題集」

滝澤 ななみ 著

- A5判、4色オールカラーのテキスト（2級・3級のみ）&模擬試験つき問題集！
- 豊富な図解と実例つきのわかりやすい説明で、もうモヤモヤしない!!

◆3級　□2級 商簿、2級 工簿　■1級 商・会 各3点、1級 工・原 各3点

DVDの併用で、さらに理解が深まります！

『簿記の教科書DVD』

- 「簿記の教科書」3、2級の準拠DVD。わかりやすい解説で、合格力が短時間で身につきます！

◆3級　□2級 商簿、2級 工簿

3

気軽に始めて、早く全体像をつかみたい方向け

初学者でも楽しく続けられる！

「スッキリわかる」

テキスト／問題集一体型

滝澤 ななみ 著（1級は商・会のみ）

- 小型のA5判によるテキスト／問題集一体型。これ一冊でOKの、圧倒的に人気の教材です。
- 豊富なイラストとわかりやすいレイアウト！ かわいいキャラの「ゴエモン」と一緒に楽しく学べます。

◆3級　□2級 商簿、2級 工簿　■1級 商・会 4点、1級 工・原 4点

シリーズ待望の問題集が誕生！

「スッキリとける本試験予想問題集」

滝澤 ななみ 監修　TAC出版開発グループ 編著

- 本試験タイプの予想問題９回分を掲載

◆3級　□2級

DVDの併用で、さらに理解が深まります！

『スッキリわかる 講義DVD』

- 「スッキリわかる」3、2級の準拠DVD。超短時間でも要点はのがさず解説。3級10時間、2級14時間＋10時間で合格へひとっとび。

◆3級　□2級 商簿、2級 工簿

コンセプト問題集

得点力をつける!

『みんなが欲しかった! やさしすぎる解き方の本』

B5判　滝澤 ななみ 著

● 授業で解き方を教わっているような新感覚問題集。再受験にも有効。

◆3級　□2級

本試験対策問題集

本試験タイプの問題集

『合格するための本試験問題集』
（1級は過去問題集）

B5判

● 12回分（1級は14回分）の問題を収載。ていねいな「解答への道」、各問対策が充実。

◆3級　□2級　■1級

知識のヌケをなくす!

『まるっと完全予想問題集』
（1級は網羅型完全予想問題集）

A4判

● オリジナル予想問題（3級10回分、2級12回分、1級8回分）で本試験の重要出題パターンを網羅。

● 実力養成にも直前の本試験対策にも有効。

◆3級　□2級　■1級

直前予想

『○年度試験をあてる TAC予想模試 ＋解き方テキスト』
（1級は第○回をあてるTAC直前予想模試）

A4判

● TAC講師陣による４回分の予想問題で最終仕上げ。

● 2級・3級は、第1部解き方テキスト編、第2部予想模試編の2部構成。

● 年3回（1級は年2回）、各試験に向けて発行します。

◆3級　□2級　■1級

あなたに合った合格メソッドをもう一冊!

仕訳 **『究極の仕訳集』**
B6変型判
● 悩む仕訳をスッキリ整理。ハンディサイズ、一問一答式で基本の仕訳を一気に覚える。
◆3級　□2級

仕訳 **『究極の計算と仕訳集』**
B6変型判　境 浩一朗 著
● 1級商会で覚えるべき計算と仕訳がすべてつまった１冊!
■1級 商・会

理論 **『究極の会計学理論集』**
B6変型判
● 会計学の理論問題を論点別に整理、手軽なサイズが便利です。
■1級 商・会、全経上級

電卓 **『カンタン電卓操作術』**
A5変型判　TAC電卓研究会 編
● 実践的な電卓の操作方法について、丁寧に説明します!

:ネット試験の演習ができる模擬試験プログラムつき（2級・3級）

:スマホで使える仕訳Webアプリつき（2級・3級）

・2023年８月現在 ・刊行内容、表紙等は変更することがあります ・とくに記述がある商品以外は、TAC簿記検定講座編です

書籍の正誤に関するご確認とお問合せについて

書籍の記載内容に誤りではないかと思われる箇所がございましたら、以下の手順にてご確認とお問合せをしてくださいますよう、お願い申し上げます。
なお、正誤のお問合せ以外の**書籍内容に関する解説および受験指導などは、一切行っておりません。**
そのようなお問合せにつきましては、お答えいたしかねますので、あらかじめご了承ください。

1 「Cyber Book Store」にて正誤表を確認する

TAC出版書籍販売サイト「Cyber Book Store」の
トップページ内「正誤表」コーナーにて、正誤表をご確認ください。

CYBER BOOK STORE TAC出版書籍販売サイト

URL:https://bookstore.tac-school.co.jp/

2 1の正誤表がない、あるいは正誤表に該当箇所の記載がない ⇒ 下記①、②のどちらかの方法で文書にて問合せをする

★ご注意ください★

お電話でのお問合せは、お受けいたしません。
①、②のどちらの方法でも、お問合せの際には、「お名前」とともに、
「対象の書籍名(○級・第○回対策も含む)およびその版数(第○版・○○年度版など)」
「お問合せ該当箇所の頁数と行数」
「誤りと思われる記載」
「正しいとお考えになる記載とその根拠」
を明記してください。
なお、回答までに1週間前後を要する場合もございます。あらかじめご了承ください。

① ウェブページ「Cyber Book Store」内の「お問合せフォーム」より問合せをする

【お問合せフォームアドレス】

https://bookstore.tac-school.co.jp/inquiry/

② メールにより問合せをする

【メール宛先　TAC出版】

syuppan-h@tac-school.co.jp

※土日祝日はお問合せ対応をおこなっておりません。
※正誤のお問合せ対応は、該当書籍の改訂版刊行月末日までといたします。

乱丁・落丁による交換は、該当書籍の改訂版刊行月末日までといたします。なお、書籍の在庫状況等により、お受けできない場合もございます。
また、各種本試験の実施の延期、中止を理由とした本書の返品はお受けいたしません。返金もいたしかねますので、あらかじめご了承くださいますようお願い申し上げます。

(2022年7月現在)

別冊①

解答編

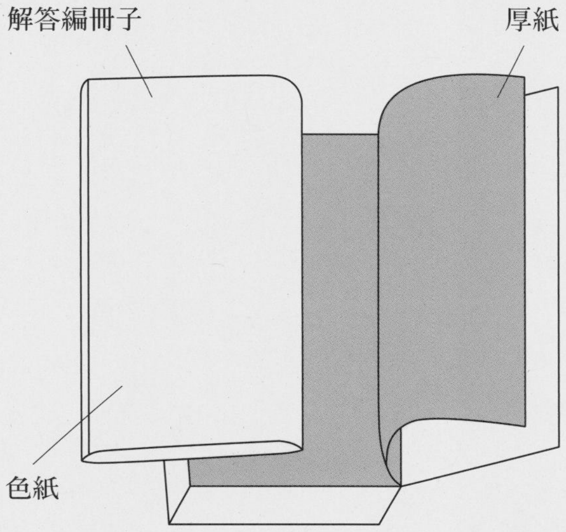

〈解答編ご利用時の注意〉

厚紙から，冊子を取り外します。

※　冊子と厚紙が，のりで接着されています。乱暴に扱いますと，破損する危険性がありますので，丁寧に抜き取るようにしてください。

※　抜き取る際の損傷についてのお取替えはご遠慮願います。

解答編

合格トレーニング

日商簿記 1 級 工業簿記 原価計算 Ⅲ

解答編　CONTENTS

Theme 02 直接原価計算

問題2-1

〔設問1〕全部実際原価計算による損益計算書

（単位：円）

	第 1 期	第 2 期	第 3 期	第 4 期
売上高	5,200,000	4,875,000	5,590,000	5,590,000
売上原価				
売上原価	3,600,000	3,375,000	3,870,000	3,870,000
操業度差異	──	△180,000	54,000	──
小計	3,600,000	3,195,000	3,924,000	3,870,000
売上総利益	1,600,000	1,680,000	1,666,000	1,720,000
販売費及び一般管理費	1,000,000	1,000,000	1,000,000	1,000,000
営業利益	600,000	680,000	666,000	720,000

〔設問2〕直接実際原価計算による損益計算書

（単位：円）

	第 1 期	第 2 期	第 3 期	第 4 期
売上高	5,200,000	4,875,000	5,590,000	5,590,000
変動売上原価	2,160,000	2,025,000	2,322,000	2,322,000
貢献利益	3,040,000	2,850,000	3,268,000	3,268,000
固定費				
製造固定費	1,440,000	1,440,000	1,440,000	1,440,000
販売費及び一般管理費	1,000,000	1,000,000	1,000,000	1,000,000
営業利益	600,000	410,000	828,000	828,000

〔設問3〕全部実際原価計算と直接実際原価計算による営業利益の差

第1期：180円/個×（　0個－　0個　）＝　0円
第2期：180円/個×（1,500個－　0個　）＝　270,000円
第3期：180円/個×（　600個－1,500個　）＝△162,000円
第4期：180円/個×（　0個－　600個　）＝△108,000円

解答への道

〔設問1〕全部実際原価計算による損益計算書

1．第1期の計算

仕　掛　品

期首	0個	当期完成	
当期投入			8,000個
	8,000個	期末	0個

製　　品

期首	0個	当期販売	
当期完成			8,000個
	8,000個	期末	0個

売 上 高：650円/個×8,000個＝5,200,000円
売上原価：450円/個×8,000個＝3,600,000円

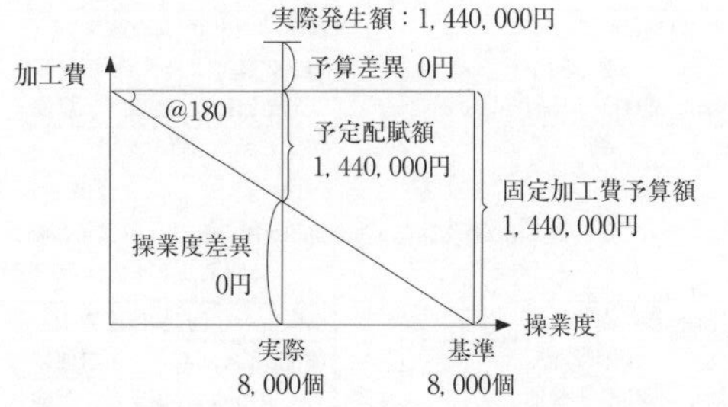

操業度差異：180円/個(＊)×(8,000個－8,000個)＝0円
（＊）固定加工費率：1,440,000円÷8,000個＝180円/個

2．第2期の計算

仕　掛　品

期首	0個	当期完成	
当期投入			9,000個
	9,000個	期末	0個

製　　品

期首	0個	当期販売	
当期完成			7,500個
	9,000個	期末	1,500個

売 上 高：650円/個×7,500個＝4,875,000円
売上原価：450円/個×7,500個＝3,375,000円

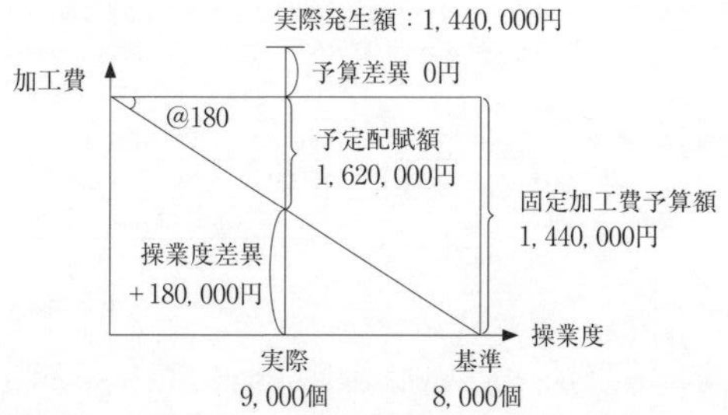

操業度差異：180円/個×(9,000個－8,000個)＝(+)180,000円〔有利差異〕

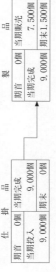

3．第3期の計算

仕　掛　品

期首　0個	当期完成
当期投入	7, 700個
7, 700個	期末　0個

製　品

期首 1, 500個	当期販売
当期完成	8, 600個
7, 700個	期末　600個

売 上 高：650円/個×8, 600個＝5, 590, 000円
売上原価：450円/個×8, 600個＝3, 870, 000円

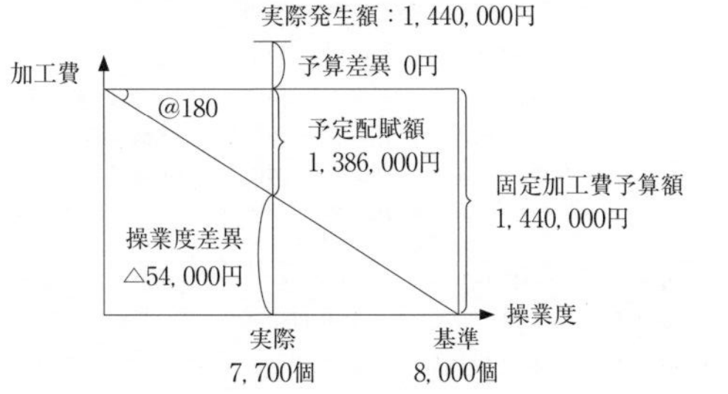

操業度差異：180円/個×(7, 700個－8, 000個)＝(−)54, 000円〔不利差異〕

4．第4期の計算

仕　掛　品

期首　0個	当期完成
当期投入	8, 000個
8, 000個	期末　0個

製　品

期首　600個	当期販売
当期完成	8, 600個
8, 000個	期末　0個

売 上 高：650円/個×8, 600個＝5, 590, 000円
売上原価：450円/個×8, 600個＝3, 870, 000円

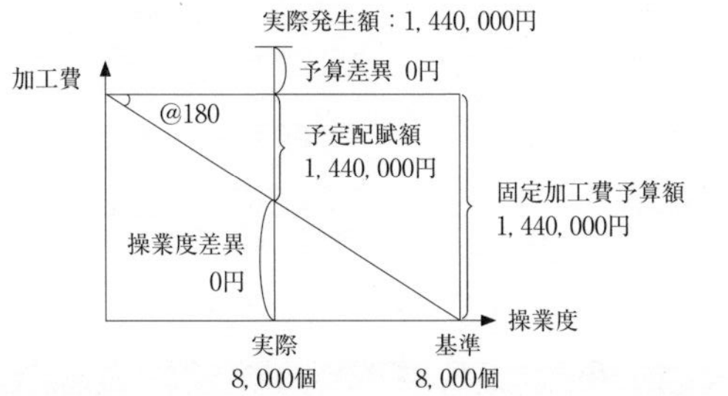

操業度差異：180円/個×(8, 000個－8, 000個)＝0円

〔設問2〕直接実際原価計算による損益計算書

直接原価計算において固定費は全額期間原価となるため，実際発生額1, 440, 000円をそのまま計上する。

1．第1期の計算

仕　掛　品

期首　0個	当期完成
当期投入	8, 000個
8, 000個	期末　0個

製　品

期首　0個	当期販売
当期完成	8, 000個
8, 000個	期末　0個

売上高：〔設問1〕と同じ
変動売上原価：270円/個(＊)×8, 000個＝2, 160, 000円
(＊) 製品単位あたり変動製造原価：150円＋(2, 400, 000円－1, 440, 000円)÷8, 000個＝270円/個

2．第2期の計算

仕　掛　品

期首　0個	当期完成
当期投入	9, 000個
9, 000個	期末　0個

製　品

期首　0個	当期販売
当期完成	7, 500個
9, 000個	期末 1, 500個

売上高：〔設問1〕と同じ
変動売上原価：270円/個×7, 500個＝2, 025, 000円

3．第3期の計算

仕　掛　品

期首　0個	当期完成
当期投入	7, 700個
7, 700個	期末　0個

製　品

期首 1, 500個	当期販売
当期完成	8, 600個
7, 700個	期末　600個

売上高：〔設問1〕と同じ
変動売上原価：270円/個×8, 600個＝2, 322, 000円

4．第4期の計算

仕　掛　品

期首　0個	当期完成
当期投入	8, 000個
8, 000個	期末　0個

製　品

期首　600個	当期販売
当期完成	8, 600個
8, 000個	期末　0個

売上高：〔設問1〕と同じ
変動売上原価：270円/個×8, 600個＝2, 322, 000円

〔設問3〕全部実際原価計算と直接実際原価計算による営業利益の差
解答参照。

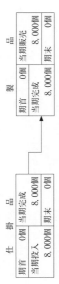

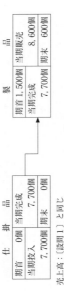

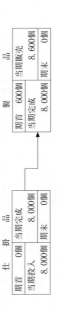

問題2-2

	直接原価計算による損益計算書 前々期	(単位：円) 前期
売上高	(8,000,000)	(8,000,000)
変動費	(3,720,000)	(3,860,000)
貢献利益	(4,280,000)	(4,140,000)
固定費	(3,500,000)	(3,500,000)
営業利益	(780,000)	(640,000)

解答への道

全部原価計算と直接原価計算とで異なる点は，固定加工費の取扱いの違いのみである。全部原価計算では，固定加工費は製品原価となるため，当期発生額のうち，販売品に対して配賦された額のみ費用計上される（売上原価の一部となる）。一方，直接原価計算では，固定加工費の当期実際発生額が全額費用計上される。

したがって，固定加工費がそれぞれの損益計算書においていくら計上されているのかに注意して計算すればよい。

1．前々期

(1) 全部原価計算による売上原価の解析

前々期は期首・期末の仕掛品，製品が存在しないため，投入量と完成量，販売量がすべて同じになる。したがって，投入原価がそのまま売上原価となり，その額が資料(5)の「全部原価計算による損益計算書」に記載されている。

仕掛品

当期投入 2,000個	完成（生産） 2,000個
変 ×× 円	変 ×× 円
固 1,500,000円	固 1,500,000円

→ 製品

完成（生産） 2,000個	販売 2,000個
変 ×× 円	変 ×× 円
固 1,500,000円	固 1,500,000円

売上原価（資料(5)より）
4,220,000円

以上より，変動売上原価は2,720,000円（＝4,220,000円（資料(5)）－1,500,000円（固定加工費））とわかる。

(2) 全部原価計算による販売費および一般管理費の解析

変動販売費：500円/個×販売量2,000個＝1,000,000円

よって，固定販売費および一般管理費は下記のように求められる。

3,000,000円（資料(5)）－1,000,000円（変動販売費）＝2,000,000円

(3) 直接原価計算による損益計算書

売上高：8,000,000円（全部原価計算による損益計算書と同じ）

変動費：2,720,000円（変動売上原価）＋1,000,000円（変動販売費）＝3,720,000円

貢献利益：8,000,000円－3,720,000円＝4,280,000円

固定費：直接原価計算では，固定加工費の実際発生額が全額，その期の費用となる。

1,500,000円（固定加工費）＋2,000,000円（固定販管費）＝3,500,000円

営業利益：4,280,000円－3,500,000円＝780,000円（前々期は期首・期末の仕掛品，製品がないため，営業利益は全部原価計算と同じになる。）

2．前期

(1) 全部原価計算による売上原価の解析

前期は期首・期末の仕掛品は存在しないが，期末製品が400個あることに注意を要する。この場合，全部原価計算では固定加工費の一部が期末製品へと配分されるため，損益計算書に計上されるのは投入原価の全額ではなく，その一部が貸借対照表に計上される。

売上原価（資料(5)より）
4,110,000円

仕掛品

当期投入 2,400個	完成（生産） 2,400個
変 ×× 円	変 ×× 円
固 1,500,000円	固 1,500,000円

→ 製品

完成（生産） 2,400個	販売 2,000個
変 ×× 円	変 ×× 円
固 1,500,000円	固 1,250,000円
	期末 400個
	変 ×× 円
	固 250,000円

固定加工費の配分：$\frac{1,500,000円}{完成2,400個}$×販売2,000個＝1,250,000円（売上原価へ）

〃 ×期末 400個＝ 250,000円（期末製品へ）

以上より，変動売上原価は2,860,000円（＝4,110,000円（資料(5)）－1,250,000円（固定加工費））とわかる。

(2) 全部原価計算による販売費および一般管理費の解析

販売量や発生額が前々期と同じであるため，前々期と同額である。

変動販売費：500円/個×販売量2,000個＝1,000,000円

よって，固定販売費および一般管理費は下記のように求められる。

3,000,000円（資料(5)）－1,000,000円（変動販売費）＝2,000,000円

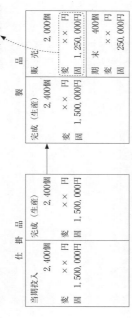

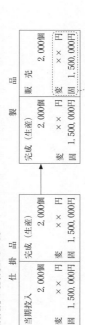

(3) 直接原価計算による損益計算書

売 上 高：8, 000, 000円（全部原価計算による損益計算書と同じ）

変 動 費：2, 860, 000円＋1, 000, 000円＝3, 860, 000円
（変動売上原価）（変動販売費）

貢献利益：8, 000, 000円－3, 860, 000円＝4, 140, 000円

固 定 費：直接原価計算では，固定加工費の実際発生額が全額，その期の費用となる。
1, 500, 000円＋2, 000, 000円＝3, 500, 000円
（固定加工費）（固定販管費）

営業利益：4, 140, 000円－3, 500, 000円＝640, 000円（前期は期末製品があるため，営業利益は全部原価計算と同額にならない。）

3．参考

全部原価計算と直接原価計算の違いは固定加工費の取扱いだけであるから，それぞれの損益計算書における固定加工費の計上額の違いを把握していれば，特に資料(1)の全部製造原価の内訳を推定する必要はない。よって，以下の推定計算は，あくまでも参考であり，解答上，必ずしも算出する必要はないことに注意されたい。

資料(2)に「固定加工費は前々期，前期とも1, 500, 000円であった。固定加工費は各期の実際生産量にもとづいて実際配賦している。」とあるため，前々期において製品Ｓ１個に配賦された固定加工費を求めれば，次のようになる。

前々期：$\frac{1,500,000円}{生産2,000個}$＝750円/個

前々期における製品Ｓの１個あたり全部製造原価の合計が資料(1)より2, 110円であることから，直接材料費は960円とわかる。

	前々期	
直接材料費	960円	…差引
変動加工費	400円	…所与
固定加工費	750円	…上記より
	2, 110円	…所与

よって，前々期の変動売上原価は，1, 360円/個（＝960円＋400円）×販売量2, 000個＝2, 720, 000円となる。

前期についても同様の手順で求めればよい。まず，前期において製品Ｓ１個に配賦された固定加工費を求めれば，次のようになる。

前　期：$\frac{1,500,000円}{生産2,400個}$＝625円/個

前期における製品Ｓ１個あたりの全部製造原価の合計が資料(1)より2, 055円であることから，変動加工費は450円とわかる。

	前　期	
直接材料費	980円	…所与
変動加工費	450円	…差引
固定加工費	625円	…上記より
	2, 055円	…所与

よって，前期の変動売上原価は，1, 430円/個（＝980円＋450円）×販売量2, 000個＝2, 860, 000円となる。

なお，前期の販売量は前々期と同じであるため，変動費の単価や固定費の総額が前々期と同じであれば，直接原価計算による損益計算書の営業利益は前々期と前期とで同額になるはずである。

ところが，本問では，固定費総額は前々期と同額であるものの，変動費の単価が70円/個（＝1, 430円/個－1, 360円/個）だけ前期の方が高い。

その結果，販売量は同じであっても前期の変動売上原価が140, 000円（＝70円/個×2, 000個）だけ高くなり，その影響により，前期の営業利益が140, 000円低くなるのである。

問題2-3

〔設問１〕

損 益 計 算 書　（単位：円）

Ⅰ 売上高		（ 5, 400, 000 ）
Ⅱ 売上原価		
1．期首製品棚卸高	（ 585, 000 ）	
2．（当期製品製造原価）	（ 3, 515, 000 ）	
合 計	（ 4, 100, 000 ）	
3．期末製品棚卸高	（ 740, 000 ）	（ 3, 360, 000 ）
（売上総利益）		（ 2, 040, 000 ）
Ⅲ （販売費及び一般管理費）		（ 840, 000 ）
営業利益		（ 1, 200, 000 ）

〔設問２〕

損 益 計 算 書　（単位：円）

Ⅰ 売上高		（ 5, 400, 000 ）
Ⅱ 変動売上原価		（ 2, 550, 000 ）
（変動製造マージン）		（ 2, 850, 000 ）
Ⅲ （変動販売費）		（ 200, 000 ）
（貢献利益）		（ 2, 650, 000 ）
Ⅳ （固定費）		
1．製造間接費	（ 855, 000 ）	
2．販売費及び一般管理費	（ 640, 000 ）	（ 1, 495, 000 ）
営業利益		（ 1, 155, 000 ）

解答への道

1．第１年度の計算（先入先出法）

製品（変動費）

2, 640, 000円	期首 1, 200個	当期販売 8, 500個
	当期生産 8, 800個	期末 1, 500個

期末製品：$\frac{2,640,000円}{8,500個-1,200個+1,500個}$×1, 500個＝450, 000円

製品（固定費）

792, 000円	期首 1, 200個	当期販売 8, 500個
	当期生産 8, 800個	期末 1, 500個

期末製品：$\frac{792,000円}{8,500個-1,200個+1,500個}$×1, 500個＝135, 000円

2．第２年度の計算（先入先出法）

製品（変動費）

450,000円	期首 1,500個	当期販売
2,660,000円	当期生産	9,000個
	9,500個	期末 2,000個

期末製品：$\dfrac{2,660,000円}{9,000個-1,500個+2,000個}\times 2,000個=560,000円$

製品（固定費）

135,000円	期首 1,500個	当期販売
855,000円	当期生産	9,000個
	9,500個	期末 2,000個

期末製品：$\dfrac{855,000円}{9,000個-1,500個+2,000個}\times 2,000個=180,000円$

〔設問１〕全部原価計算方式の損益計算書

売 上 高：600円/個×9,000個＝5,400,000円

売上原価：

期首製品棚卸高：450,000円＋135,000円＝585,000円

当期製品製造原価：2,660,000円＋855,000円＝3,515,000円

期末製品棚卸高：560,000円＋180,000円＝740,000円

販売費及び一般管理費：200,000円＋640,000円＝840,000円

〔設問２〕直接原価計算方式の損益計算書

売　上　高：600円/個×9,000個＝5,400,000円

変動売上原価：450,000円＋2,660,000円－560,000円＝2,550,000円

固　定　費：実際発生額を全額期間原価として計上する。

問題2-4

〔設問１〕

損益計算書　（単位：円）

Ⅰ 売上高		（ 1,500,000 ）
Ⅱ 売上原価		
1．月初製品棚卸高	（ 184,000 ）	
2．当月製品製造原価	（ 1,086,000 ）	
合　計	（ 1,270,000 ）	
3．月末製品棚卸高	（ 362,000 ）	
差　引	（ 908,000 ）	
4．原価差額	（ 64,000 ）	（ 972,000 ）
売上総利益		（ 528,000 ）
Ⅲ 販売費及び一般管理費		（ 352,000 ）
営業利益		（ 176,000 ）

〔設問２〕

損益計算書　（単位：円）

Ⅰ 売上高		（ 1,500,000 ）
Ⅱ 変動売上原価		
1．月初製品棚卸高	（ 104,000 ）	
2．当月製品製造原価	（ 606,000 ）	
合　計	（ 710,000 ）	
3．月末製品棚卸高	（ 202,000 ）	
差　引	（ 508,000 ）	
4．原価差額	（ 18,000 ）	（ 526,000 ）
変動製造マージン		（ 974,000 ）
Ⅲ 変動販売費		（ 100,000 ）
貢献利益		（ 874,000 ）
Ⅳ 固定費		
1．加工費	（ 478,000 ）	
2．販売費・一般管理費	（ 252,000 ）	（ 730,000 ）
営業利益		（ 144,000 ）

解答への道

〔設問１〕

1．直接材料費の計算

仕掛品―直接材料費

96,000円	月初 300個	当月完成
315,000円	当月投入	1,200個
	1,050個	月末 150個

製品

64,000円	月初 200個	当月販売
	当月完成	1,000個
	1,200個	月末 400個

月末仕掛品：$\dfrac{315,000円(*)}{1,200個-300個+150個}\times 150個=45,000円$

（＊）直接材料費当月消費額：71,000円＋340,000円－96,000円＝315,000円

完　成　品：96,000円＋315,000円－45,000円＝366,000円

月末製品：$\dfrac{366,000円}{1,000個-200個+400個}\times 400個=122,000円$

2．加工費の計算

仕掛品―加工費

月初 180個	当月完成
当月投入	1,200個
1,080個	月末 60個

製品

月初 200個	当月販売
当月完成	1,000個
1,200個	月末 400個

加工費予定配賦率（変動費＋固定費）：$\dfrac{2,880,000円+5,760,000円}{14,400個}=600円/個$

3．まとめ

売 上 高：1,500円/個×1,000個＝1,500,000円

売上原価：

月初製品棚卸高；64,000円＋600円/個×200個＝184,000円

当月製品製造原価；366,000円＋600円/個×1,200個＝1,086,000円

月末製品棚卸高；122,000円＋600円/個×400個＝362,000円

原　価　差　額；600円/個×1,080個（予定配賦額）－（234,000円＋478,000円）（実際発生額）＝(−)64,000円〔不利差異〕

販売費及び一般管理費：100円/個×1,000個＋252,000円＝352,000円

〔設問２〕

加工費予定配賦率(変動費)：$\frac{2,880,000円}{14,400個}$＝200円/個

売　　上　　高：1,500円/個×1,000個＝1,500,000円

変動売上原価：

月初製品棚卸高；64,000円＋200円/個×200個＝104,000円

当月製品製造原価；366,000円＋200円/個×1,200個＝606,000円

月末製品棚卸高；122,000円＋200円/個×400個＝202,000円

原　価　差　額；200円/個×1,080個（予定配賦額）－234,000円（実際発生額）＝(−)18,000円〔不利差異〕

変 動 販 売 費：100円/個×1,000個＝100,000円

固　　定　　費：実際発生額を全額期間原価として計上する。

問題2-5

〔設問１〕

損　益　計　算　書　　（単位：円）

Ⅰ 売 上 高		12,000,000
Ⅱ 変動売上原価	(	6,448,800)
貢 献 利 益	(	5,551,200)
Ⅲ 固 定 費	(	4,012,800)
直接原価計算方式による営業利益	(	1,538,400)
期末棚卸資産に含まれる固定費	(	227,700)
計	(	1,766,100)
期首棚卸資産に含まれる固定費	(	557,700)
全部原価計算方式による営業利益	(	1,208,400)

〔設問２〕

全部原価計算方式による営業利益　1,207,800　円

解答への道

〔設問１〕

1．直接原価計算方式による製品原価の計算（先入先出法）

(1)　直接材料費

仕掛品―直接材料費

	借方		貸方	
402,500円	期首	500個	当期完成	4,500個
3,171,250円	当期投入	4,300個	期末	300個

製　　品

	借方		貸方	
322,000円	期首	400個	当期販売	4,800個
	当期完成	4,500個	期末	100個

期末仕掛品：$\frac{3,171,250円}{4,500個-500個+300個}$×300個＝221,250円

当期完成品：402,500円＋3,171,250円－221,250円＝3,352,500円

期 末 製 品：$\frac{3,352,500円}{4,800個-400個+100個}$×100個＝74,500円

売 上 原 価：322,000円＋3,352,500円－74,500円＝3,600,000円

(2)　変動加工費

仕掛品―変動加工費

	借方		貸方	
125,000円	期首	250個	当期完成	4,500個
2,675,200円	当期投入	4,400個	期末	150個

製　　品

	借方		貸方	
200,000円	期首	400個	当期販売	4,800個
	当期完成	4,500個	期末	100個

期末仕掛品：$\frac{2,675,200円}{4,500個-250個+150個}$×150個＝91,200円

当期完成品：125,000円＋2,675,200円－91,200円＝2,709,000円

期 末 製 品：$\frac{2,709,000円}{4,800個-400個+100個}$×100個＝60,200円

売 上 原 価：200,000円＋2,709,000円－60,200円＝2,848,800円

2．直接原価計算方式による損益計算書の作成

変動売上原価：3,600,000円＋2,848,800円＝6,448,800円

固　　定　　費：4,012,800円〈固定加工費の当期製造費用〉

3．ころがし計算法（段階調整法）による固定費調整（先入先出法）

仕掛品―固定加工費

	借方		貸方	
214,500円	期首	250個	当期完成	4,500個
4,012,800円	当期投入	4,400個	期末	150個

製　　品

	借方		貸方	
343,200円	期首	400個	当期販売	4,800個
	当期完成	4,500個	期末	100個

期末仕掛品原価：$\frac{4,012,800\text{円}}{4,500\text{個}-250\text{個}+150\text{個}}\times 150\text{個}=136,800\text{円}$

当期完成品原価：214, 500円＋4, 012, 800円－136, 800円＝4, 090, 500円

期末製品原価：$\frac{4,090,500\text{円}}{4,800\text{個}-400\text{個}+100\text{個}}\times 100\text{個}=90,900\text{円}$

期末棚卸資産に含まれる固定費：136, 800円＋90, 900円＝227, 700円

期首棚卸資産に含まれる固定費：214, 500円＋343, 200円＝557, 700円

〔設問２〕

一括調整法による固定費調整（先入先出法）

仕掛品＋製品

期首仕掛品固定加工費 214, 500円	期首仕掛品変動加工費 125, 000円 →		
期首製品固定加工費 343, 200円	期首製品変動加工費 200, 000円 →		
	→		
当期固定加工費発生額 4, 012, 800円	当期変動加工費発生額 2, 675, 200円	期末仕掛品変動加工費 91, 200円	期末仕掛品固定加工費 136, 800円
		期末製品変動加工費 60, 200円	期末製品固定加工費 90, 300円

期末仕掛品固定加工費：$\frac{4,012,800\text{円}}{2,675,200\text{円}}\times 91,200\text{円}=136,800\text{円}$

期末製品固定加工費：$\frac{4,012,800\text{円}}{2,675,200\text{円}}\times 60,200\text{円}=90,300\text{円}$

全部原価計算方式による営業利益：1, 538, 400円＋(136, 800円＋90, 300円)－(214, 500円＋343, 200円)＝1, 207, 800円

問題2-6

〔設問１〕

損益計算書　（単位：円）

Ⅰ 売上高		(5, 850, 000)
Ⅱ 売上原価		
1. 期首製品棚卸高	(380, 000)	
2. (当期製品製造原価)	(4, 514, 000)	
合計	(4, 894, 000)	
3. 期末製品棚卸高	(812, 520)	(4, 081, 480)
(売上総利益)		(1, 768, 520)
Ⅲ 販売費及び一般管理費		(790, 000)
営業利益		(978, 520)

〔設問２〕

損益計算書　（単位：円）

Ⅰ 売上高		(5, 850, 000)
Ⅱ 変動売上原価		
1. 期首製品棚卸高	(240, 000)	
2. (当期製品製造原価)	(3, 000, 000)	
合計	(3, 240, 000)	
3. 期末製品棚卸高	(540, 000)	(2, 700, 000)
(変動製造マージン)		(3, 150, 000)
Ⅲ (変動販売費)		(225, 000)
(貢献利益)		(2, 925, 000)
Ⅳ (固定費)		
1. 加工費	(1, 560, 000)	
2. 販売費	(205, 000)	
3. 一般管理費	(360, 000)	(2, 125, 000)
直接原価計算の営業利益		(800, 000)
固定費調整額		(178, 520)
全部原価計算の営業利益		(978, 520)

解答への道

〔設問１〕

1．固定加工費の計算

仕掛品―固定加工費

98, 000円	期首 280個	当期完成 5, 000個	140, 000円
1, 560, 000円	当期投入 5, 200個	期末 480個	

製品

期首 400個	当期販売 4, 500個
当期完成 5, 000個	期末 900個

期末仕掛品：$\frac{1,560,000\text{円}}{5,000\text{個}-280\text{個}+480\text{個}}\times 480\text{個}=144,000\text{円}$

当期完成品：98, 000円＋1, 560, 000円－144, 000円＝1, 514, 000円

期末製品：$\frac{1,514,000\text{円}}{4,500\text{個}-400\text{個}+900\text{個}}\times 900\text{個}=272,520\text{円}$

2．全部原価計算方式による損益計算書の作成

売上高：1, 300円/個×4, 500個＝5, 850, 000円

売上原価：

期首製品棚卸高；(400円/個＋200円/個)×400個＋140, 000円＝380, 000円

当期製品製造原価；(400円/個＋200円/個)×5, 000個＋1, 514, 000円＝4, 514, 000円

期末製品棚卸高；(400円/個＋200円/個)×900個＋272, 520円＝812, 520円

販売費及び一般管理費：50円/個×4, 500個＋205, 000円＋360, 000円＝790, 000円

〔設問２〕

直接原価計算方式による損益計算書の作成

売　　上　　高：1, 300円/個×4, 500個＝5, 850, 000円

変動売上原価：

期首製品棚卸高：(400円/個＋200円/個)×400個＝240, 000円

当期製品製造原価：(400円/個＋200円/個)×5, 000個＝3, 000, 000円

期末製品棚卸高：(400円/個＋200円/個)×900個＝540, 000円

変 動 販 売 費：50円/個×4, 500個＝225, 000円

固　　定　　費：実際発生額を全額期間原価として計上する。

固定費調整額＝期末棚卸資産に含まれる固定費－期首棚卸資産に含まれる固定費

期　　首　　分：98, 000円＋140, 000円＝238, 000円

期　　末　　分：144, 000円＋272, 520円＝416, 520円

固 定 費 調 整 額：416, 520円－238, 000円＝(＋)178, 520円

問題2-7

〔設問１〕当月の月末仕掛品原価総額

(1)　全部原価計算を採用した場合　636, 000　円

(2)　直接原価計算を採用した場合　576, 000　円

〔設問２〕月次損益計算書（単位：円）

(1)　全部原価計算の損益計算書

売　　上　　高		7, 150, 000
売　上　原　価		
月初製品棚卸高	915, 000	
当月製品製造原価	3, 683, 000	
合　計	4, 598, 000	
月末製品棚卸高	1, 143, 000	
差　引	3, 455, 000	
原　価　差　額	30, 000	3, 485, 000
売 上 総 利 益		3, 665, 000
販売費及び一般管理費		2, 279, 000
全部原価計算の営業利益		1, 386, 000

(2)　直接原価計算の損益計算書

売　　上　　高		7, 150, 000
変動売上原価	2, 905, 000	
原　価　差　額	28, 000	2, 877, 000
変動製造マージン		4, 273, 000
変 動 販 売 費		660, 000
貢　献　利　益		3, 613, 000
固　　定　　費		
加　　工　　費	618, 000	
販売費及び一般管理費	1, 619, 000	2, 237, 000
直接原価計算の営業利益		1, 376, 000
固 定 費 調 整		
＋）月末仕掛品固定費	60, 000	
月末製品固定費	180, 000	240, 000
－）月初仕掛品固定費	80, 000	
月初製品固定費	150, 000	230, 000
全部原価計算の営業利益		1, 386, 000

解答への道

1．原料費の計算

仕掛品―原料費

391, 000円	月初　1, 000kg	当月完成　5, 800kg
2, 520, 000円	当月投入　6, 000kg	月末　1, 200kg

→

製　品

月初　1, 500kg	当月販売　5, 500kg
当月完成　5, 800kg	月末　1, 800kg

月末仕掛品原価：$\frac{2,520,000円}{5,800kg-1,000kg+1,200kg}$×1, 200kg＝504, 000円

完 成 品 原 価：391, 000円＋2, 520, 000円－504, 000円＝2, 407, 000円

月 初 製 品 原 価：915, 000円（全部原価）－220円/kg（＊）×1, 500kg＝585, 000円

（＊）加工費予定配賦率：(8, 640, 000円＋7, 200, 000円)÷72, 000kg＝220円/kg

月 末 製 品 原 価：$\frac{2,407,000円}{5,500kg-1,500kg+1,800kg}$×1, 800kg＝747, 000円

売　上　原　価：585, 000円＋2, 407, 000円－747, 000円＝2, 245, 000円

2．加工費の計算

仕掛品―変動加工費

月初　800kg	当月完成　5, 800kg
当月投入　5, 600kg	月末　600kg

→

製　品

月初　1, 500kg	当月販売　5, 500kg
当月完成　5, 800kg	月末　1, 800kg

(1) 変動加工費の計算

変動加工費予定配賦率：$\frac{8,640,000\text{円}}{72,000\text{kg}}=120\text{円}/\text{kg}$

月初仕掛品原価：120円/kg×800kg＝96,000円

月末仕掛品原価：120円/kg×600kg＝72,000円

完成品原価：120円/kg×5,800kg＝696,000円

月初製品原価：120円/kg×1,500kg＝180,000円

月末製品原価：120円/kg×1,800kg＝216,000円

売上原価：120円/kg×5,500kg＝660,000円

(2) 固定加工費の計算

固定加工費予定配賦率：$\frac{7,200,000\text{円}}{72,000\text{kg}}=100\text{円}/\text{kg}$

月初仕掛品原価：100円/kg×800kg＝80,000円

月末仕掛品原価：100円/kg×600kg＝60,000円

完成品原価：100円/kg×5,800kg＝580,000円

月初製品原価：100円/kg×1,500kg＝150,000円

月末製品原価：100円/kg×1,800kg＝180,000円

売上原価：100円/kg×5,500kg＝550,000円

3．原価差異の計算

変動加工費配賦差異：120円/kg×5,600kg－644,000円＝(+)28,000円〔有利差異〕

固定加工費配賦差異：100円/kg×5,600kg－618,000円＝(−)58,000円〔不利差異〕

合計 (−)30,000円〔不利差異〕

〔設問1〕当月の月末仕掛品原価総額

(1) 全部原価計算を採用した場合：504,000円＋72,000円＋60,000円＝636,000円

(2) 直接原価計算を採用した場合：504,000円＋72,000円＝576,000円

〔設問2〕月次損益計算書

(1) 全部原価計算の損益計算書

売上高：1,300円/kg×5,500kg＝7,150,000円

売上原価：

月初製品棚卸高：585,000円＋180,000円＋150,000円＝915,000円

当月製品製造原価：2,407,000円＋696,000円＋580,000円＝3,683,000円

月末製品棚卸高：747,000円＋216,000円＋180,000円＝1,143,000円

原価差額：(−)30,000円〔不利差異〕

販売費及び一般管理費：120円/kg×5,500kg＋651,000円＋968,000円＝2,279,000円

(2) 直接原価計算の損益計算書

売上高：1,300円/kg×5,500kg＝7,150,000円

変動売上原価：2,245,000円＋660,000円＝2,905,000円

原価差額：(+)28,000円〔有利差異〕

変動販売費：120円/kg×5,500kg＝660,000円

固定費：当月実際発生額を全額期間原価として計上する。

問題2-8

損益計算書（全部原価計算）　（単位：円）

売上高		(18,000,000)
売上原価		
月初製品棚卸高	(2,775,000)	
当月製品製造原価	(11,725,000)	
合計	(14,500,000)	
月末製品棚卸高	(4,103,750)	
差引	(10,396,250)	
原価差異		
第1工程		
予算差異	(180,000)	
操業度差異	(120,000)	
小計	60,000	
第2工程		
予算差異	(80,000)	
操業度差異	(90,000)	
小計	170,000	
差異合計	230,000	(10,626,250)
売上総利益		(7,373,750)
販売費及び一般管理費		(4,663,000)
営業利益		(2,710,750)

損益計算書（直接原価計算）

（単位：円）

売　上　高		（ 18,000,000 ）
変動売上原価		
月初製品棚卸高	（ 1,725,000 ）	
当月製品製造原価	（ 7,315,000 ）	
合　　計	（ 9,040,000 ）	
月末製品棚卸高	（ 2,560,250 ）	
差　　引	（ 6,479,750 ）	
変動製造原価差異		
第 1 工 程	30,000	
第 2 工 程	50,000	
差異合計	80,000	（ 6,559,750 ）
変動製造マージン		（ 11,440,250 ）
変動販売費		（ 1,080,000 ）
貢 献 利 益		（ 10,360,250 ）
固　定　費		
第 1 工程加工費	（ 2,670,000 ）	
第 2 工程加工費	（ 1,920,000 ）	
販　売　費	（ 1,260,000 ）	
一 般 管 理 費	（ 2,323,000 ）	（ 8,173,000 ）
営 業 利 益		（ 2,187,250 ）

固 定 費 調 整 表

（単位：円）

直接原価計算の営業利益		（ 2,187,250 ）
加 算 項 目		
月末仕掛品固定費		
第 1 工 程	（ 480,000 ）	
第 2 工 程	（ 450,000 ）	
月末製品固定費	（ 1,543,500 ）	（ 2,473,500 ）
控 除 項 目		
月初仕掛品固定費		
第 1 工 程	（ 240,000 ）	
第 2 工 程	（ 660,000 ）	
月初製品固定費	（ 1,050,000 ）	（ 1,950,000 ）
全部原価計算の営業利益		（ 2,710,750 ）

解答への道

1．各原材料の当月消費額の計算

(1)　原料A（平均法）

原　料　A

@1,150円	月初　400kg	当月消費　1,800kg
@1,275円	当月購入　1,600kg	月末　200kg

(@1,150円×400kg＋@1,275円×1,600kg)÷(400kg＋1,600kg)×1,800kg＝2,250,000円

(2)　原料B（先入先出法）

原　料　B

@3,430円	月初　250kg	当月消費　900kg
@3,250円	当月購入　950kg	月末　300kg

@3,430円×250kg＋@3,250円×650kg＝2,970,000円

(3)　原料C（先入先出法）

原　料　C

@360円	月初　80kg	当月消費　720kg
@405円	当月購入　720kg	月末　80kg

@360円×80kg＋@405円×640kg＝288,000円

(4)　材料D（先入先出法）

材　料　D

@620円	月初　50ケース	当月消費　200ケース
@660円	当月購入　250ケース	月末　100ケース

@620円×50ケース＋@660円×150ケース＝130,000円

2．各工程の加工費予定配賦率

第 1 工程：変動費率；15,120,000円÷25,200個＝600円/個

固定費率；30,240,000円÷25,200個＝1,200円/個

第 2 工程：変動費率；11,340,000円÷25,200個＝450円/個

固定費率；22,680,000円÷25,200個＝900円/個

3．当期製品製造原価の計算

(1) 第1工程（先入先出法）

① 原料A

仕掛品―原料A

258,000円	月初 300個	当月完成 2,000個
2,250,000円	当月投入 2,500個	月末 800個

月末仕掛品：$\dfrac{2,250,000\text{円}}{2,000\text{個}-300\text{個}+800\text{個}}\times 800\text{個}=720,000\text{円}$

当月完成品：258,000円＋2,250,000円－720,000円＝1,788,000円

② 原料B

仕掛品―原料B

262,000円	月初 200個	当月完成 2,000個
2,970,000円	当月投入 2,200個	月末 400個

月末仕掛品：$\dfrac{2,970,000\text{円}}{2,000\text{個}-200\text{個}+400\text{個}}\times 400\text{個}=540,000\text{円}$

当月完成品：262,000円＋2,970,000円－540,000円＝2,692,000円

③ 変動加工費

仕掛品―変動加工費

120,000円	月初 200個	当月完成 2,000個
1,320,000円（＊1）	当月投入 2,200個	月末 400個

月末仕掛品：$\dfrac{1,320,000\text{円}}{2,000\text{個}-200\text{個}+400\text{個}}\times 400\text{個}=240,000\text{円}$

当月完成品：120,000円＋1,320,000円－240,000円＝1,200,000円

（＊1）変動加工費予定配賦額：600円/個×2,200個＝1,320,000円

④ 固定加工費

仕掛品―固定加工費

240,000円	月初 200個	当月完成 2,000個
2,640,000円（＊2）	当月投入 2,200個	月末 400個

月末仕掛品：$\dfrac{2,640,000\text{円}}{2,000\text{個}-200\text{個}+400\text{個}}\times 400\text{個}=480,000\text{円}$

当月完成品：240,000円＋2,640,000円－480,000円＝2,400,000円

（＊2）固定加工費予定配賦額：1,200円/個×2,200個＝2,640,000円

(2) 第2工程（先入先出法）

① 前工程費（変動費）

仕掛品―前工程費(変)

1,108,000円	月初 400個	当月完成 2,000個
5,680,000円（＊1）	当月投入 2,000個	減損 100個
		月末 300個

月末仕掛品：$\dfrac{5,680,000\text{円}}{(2,000\text{個}-400\text{個}+100\text{個})+300\text{個}}\times 300\text{個}=852,000\text{円}$

当月完成品：1,108,000円＋5,680,000円－852,000円＝5,936,000円

（＊1）第1工程完成品変動製造原価：1,788,000円＋2,692,000円＋1,200,000円＝5,680,000円

② 原料C

仕掛品―原料C

30,400円	月初 200個	当月完成 2,000個
288,000円	当月投入 2,000個	減損 100個
		月末 100個

月末仕掛品：$\dfrac{288,000\text{円}}{(2,000\text{個}-200\text{個}+100\text{個})+100\text{個}}\times 100\text{個}=14,400\text{円}$

当月完成品：30,400円＋288,000円－14,400円＝304,000円

③ 原料D

当月完成品：130,000円〈終点投入のため全額完成品が負担〉

④ 変動加工費

仕掛品―変動加工費

90,000円	月初 200個	当月完成 2,000個
900,000円（＊2）	当月投入 2,000個	減損 100個
		月末 100個

月末仕掛品：$\dfrac{900,000\text{円}}{(2,000\text{個}-200\text{個}+100\text{個})+100\text{個}}\times 100\text{個}=45,000\text{円}$

当月完成品：90,000円＋900,000円－45,000円＝945,000円

（＊2）変動加工費予定配賦額：450円/個×2,000個＝900,000円

⑤ 前工程費（固定費）

仕掛品―前工程費(固)

480,000円	月初 400個	当月完成 2,000個
2,400,000円	当月投入 2,000個	減損 100個
		月末 300個

月末仕掛品：$\dfrac{2,400,000\text{円}}{(2,000\text{個}-400\text{個}+100\text{個})+300\text{個}}\times 300\text{個}=360,000\text{円}$

当月完成品：480,000円＋2,400,000円－360,000円＝2,520,000円

⑥ 固定加工費

仕掛品―固定加工費

180,000円	月初 200個	当月完成 2,000個
1,800,000円（＊3）	当月投入 2,000個	減損 100個
		月末 100個

月末仕掛品：$\dfrac{1,800,000\text{円}}{(2,000\text{個}-200\text{個}+100\text{個})+100\text{個}}\times 100\text{個}=90,000\text{円}$

当月完成品：180,000円＋1,800,000円－90,000円＝1,890,000円

（＊3）固定加工費予定配賦額：900円/個×2,000個＝1,800,000円

4．売上原価の計算（先入先出法）

(1) 変動費

製　品―変動費

1,725,000円（＊1）	月初 500個	当月販売 1,800個
7,315,000円（＊2）	当月完成 2,000個	月末 700個

月末製品：$\dfrac{7,315,000\text{円}}{1,800\text{個}-500\text{個}+700\text{個}}\times 700\text{個}=2,560,250\text{円}$

売上原価：1,725,000円＋7,315,000円－2,560,250円＝6,479,750円

（＊1）3,450円/個×500個＝1,725,000円

（＊2）第2工程完成品変動製造原価：5,936,000円＋304,000円＋130,000円＋945,000円＝7,315,000円

(2) 固定費

製　品―固定費

	借方		貸方	
1,050,000円(＊1)	月初	500個	当月販売	1,800個
4,410,000円(＊2)	当月完成	2,000個	月末	700個

月末製品：$\frac{4,410,000円}{1,800個-500個+700個}$×700個＝1,543,500円

売上原価：1,050,000円＋4,410,000円－1,543,500円
＝3,916,500円

（＊1）2,100円/個×500個＝1,050,000円
（＊2）第2工程完成品固定製造原価：2,520,000円＋1,890,000円＝4,410,000円

5．原価差異の計算

(1) 第1工程

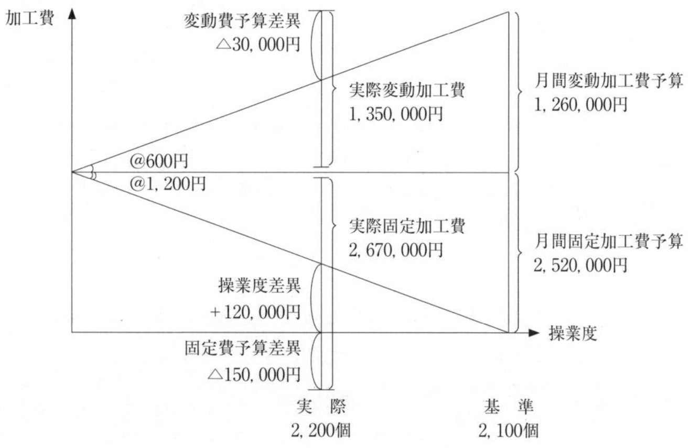

予算差異：
　変動費：1,320,000円－1,350,000円＝(－)　30,000円〔不利差異〕
　固定費：2,520,000円－2,670,000円＝(－)150,000円〔不利差異〕
　合　計　(－)180,000円〔不利差異〕
操業度差異：1,200円/個×(2,200個－2,100個)＝(＋)120,000円〔有利差異〕

(2) 第2工程

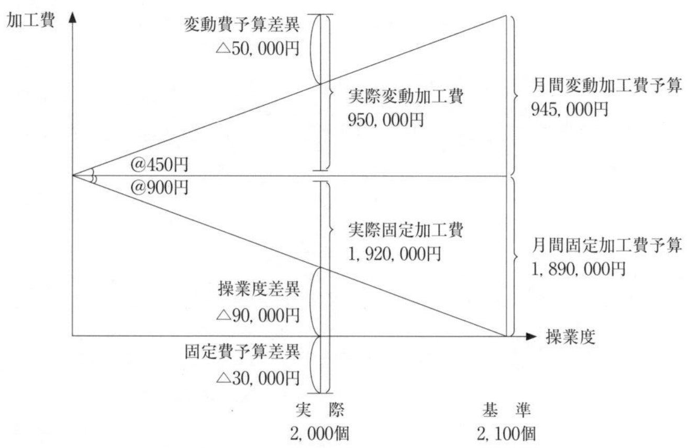

予算差異：
　変動費：900,000円－950,000円　＝(－)50,000円〔不利差異〕
　固定費：1,890,000円－1,920,000円＝(－)30,000円〔不利差異〕
　合　計　(－)80,000円〔不利差異〕
操業度差異：900円/個×(2,000個－2,100個)＝(－)90,000円〔不利差異〕

6．全部原価計算による損益計算書
　売　　上　　高：10,000円/個×1,800個＝18,000,000円
　売　上　原　価：
　　月初製品棚卸高：5,550円/個×500個＝2,775,000円
　　当月製品製造原価：7,315,000円＋4,410,000円＝11,725,000円
　　月末製品棚卸高：2,560,250円＋1,543,500円＝4,103,750円
　原　価　差　異：
　　第1工程予算差異：(－)30,000円＋(－)150,000円＝(－)180,000円
　　第1工程操業度差異：(＋)120,000円
　　第2工程予算差異：(－)50,000円＋(－)30,000円＝(－)80,000円
　　第2工程操業度差異：(－)90,000円
　販売費及び一般管理費：1,080,000円＋1,260,000円＋2,323,000円＝4,663,000円

7．直接原価計算による損益計算書
　売　　上　　高：10,000円/個×1,800個＝18,000,000円
　変動売上原価：
　　月初製品棚卸高：1,725,000円
　　当月製品製造原価：7,315,000円　｝解説4.(1)参照
　　月末製品棚卸高：2,560,250円
　　第1工程変動原価差異：(－)30,000円〈変動費予算差異〉
　　第2工程変動原価差異：(－)50,000円〈　　〃　　〉

固　定　費：

第１工程加工費：2,670,000円〈実際発生額〉

第２工程加工費：1,920,000円〈　〃　〉

８．固定費調整

〈加算項目〉

月末仕掛品固定費：

第１工程：480,000円

第２工程：360,000円＋90,000円＝450,000円

月末製品固定費：1,543,500円

〈控除項目〉

月初仕掛品固定費：

第１工程：240,000円

第２工程：480,000円＋180,000円＝660,000円

月初製品固定費：1,050,000円

問題2-9

〔設問１〕

損益計算書　（単位：円）

Ⅰ 売上高		（ 21,600,000 ）
Ⅱ 売上原価		
1．期首製品棚卸高	（ 709,500 ）	
2．（当期製品製造原価）	（ 12,376,000 ）	
合計	（ 13,085,500 ）	
3．期末製品棚卸高	（ 1,456,000 ）	（ 11,629,500 ）
（売上総利益）		（ 9,970,500 ）
Ⅲ（販売費及び一般管理費）		（ 6,091,000 ）
営業利益		（ 3,879,500 ）

〔設問２〕

損益計算書　（単位：円）

Ⅰ 売上高		（ 21,600,000 ）
Ⅱ 変動売上原価		
1．期首製品棚卸高	（ 525,000 ）	
2．（当期製品製造原価）	（ 9,163,000 ）	
合計	（ 9,688,000 ）	
3．期末製品棚卸高	（ 1,078,000 ）	（ 8,610,000 ）
（変動製造マージン）		（ 12,990,000 ）
Ⅲ（変動販売費）		（ 2,000,000 ）
（貢献利益）		（ 10,990,000 ）
Ⅳ（固定費）		
1．加工費	（ 3,128,400 ）	
2．販売費	（ 1,940,000 ）	
3．（一般管理費）	（ 2,151,000 ）	（ 7,219,400 ）
営業利益		（ 3,770,600 ）

〔設問３〕

直接原価計算方式による営業利益	（ 3,770,600 ）円
固定費調整額	
期末棚卸資産に含まれる固定加工費	（ 662,400 ）
期首棚卸資産に含まれる固定加工費	（ 553,500 ）
全部原価計算方式による営業利益	（ 3,879,500 ）円

〔設問４〕

製　品　1,456,000 円　　仕掛品　1,436,400 円

解答への道

1．×1年度の計算（先入先出法）

(1) 原料費

仕掛品―原料費

	期首　0個	当期完成　7,500個
4,132,500円	当期投入　9,500個	期末　2,000個

製品

期首　0個	当期販売　7,000個
当期完成　7,500個	期末　500個

期末仕掛品：$\frac{4,132,500円}{7,500個+2,000個}\times 2,000個=870,000円$〈×2年度期首仕掛品〉

当期完成品：4,132,500円－870,000円＝3,262,500円

期 末 製 品：$\frac{3,262,500円}{7,000個+500個}\times 500個=217,500円$〈×2年度期首製品〉

(2) 変動加工費

仕掛品―変動加工費

	期首　0個	当期完成　7,500個
5,227,500円	当期投入　8,500個	期末　1,000個

製品

期首　0個	当期販売　7,000個
当期完成　7,500個	期末　500個

期末仕掛品：$\frac{5,227,500円}{7,500個+1,000個}\times 1,000個=615,000円$〈×2年度期首仕掛品〉

当期完成品：5,227,500円－615,000円＝4,612,500円

期 末 製 品：$\frac{4,612,500円}{7,000個+500個}\times 500個=307,500円$〈×2年度期首製品〉

(3) 固定加工費

仕掛品―固定加工費

	期首　0個	当期完成　7,500個
3,136,500円	当期投入　8,500個	期末　1,000個

製品

期首　0個	当期販売　7,000個
当期完成　7,500個	期末　500個

期末仕掛品：$\frac{3,136,500円}{7,500個+1,000個}\times 1,000個=369,000円$〈×2年度期首仕掛品〉

当期完成品：3,136,500円－369,000円＝2,767,500円

期 末 製 品：$\frac{2,767,500円}{7,000個+500個}\times 500個=184,500円$〈×2年度期首製品〉

2．×2年度の計算（先入先出法）

(1) 原料費

仕掛品―原料費

870,000円	期首　2,000個	当期完成　8,500個
3,616,000円	当期投入　8,000個	期末　1,500個

製品

217,500円	期首　500個	当期販売　8,000個
	当期完成　8,500個	期末　1,000個

期末仕掛品：$\frac{3,616,000円}{8,500個-2,000個+1,500個}\times 1,500個=678,000円$

当期完成品：870,000円＋3,616,000円－678,000円＝3,808,000円

期 末 製 品：$\frac{3,808,000円}{8,000個-500個+1,000個}\times 1,000個=448,000円$

売 上 原 価：217,500円＋3,808,000円－448,000円＝3,577,500円

(2) 変動加工費

仕掛品―変動加工費

615,000円	期首　1,000個	当期完成　8,500個
5,214,000円	当期投入　8,250個	期末　750個

製品

307,500円	期首　500個	当期販売　8,000個
	当期完成　8,500個	期末　1,000個

期末仕掛品：$\frac{5,214,000円}{8,500個-1,000個+750個}\times 750個=474,000円$

当期完成品：615,000円＋5,214,000円－474,000円＝5,355,000円

期 末 製 品：$\frac{5,355,000円}{8,000個-500個+1,000個}\times 1,000個=630,000円$

売 上 原 価：307,500円＋5,355,000円－630,000円＝5,032,500円

(3) 固定加工費

仕掛品―固定加工費

369,000円	期首　1,000個	当期完成　8,500個
3,128,400円	当期投入　8,250個	期末　750個

製品

184,500円	期首　500個	当期販売　8,000個
	当期完成　8,500個	期末　1,000個

期末仕掛品：$\frac{3,128,400円}{8,500個-1,000個+750個}\times 750個=284,400円$

当期完成品：369,000円＋3,128,400円－284,400円＝3,213,000円

期 末 製 品：$\frac{3,213,000円}{8,000個-500個+1,000個}\times 1,000個=378,000円$

売 上 原 価：184,500円＋3,213,000円－378,000円＝3,019,500円

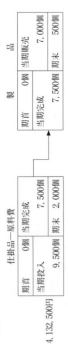

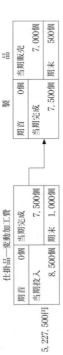

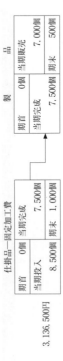

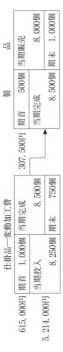

〔設問１〕

全部原価計算方式による損益計算書

売　　上　　高：2, 700円/個×8, 000個＝21, 600, 000円

売 上 原 価：

期首製品棚卸高：217, 500円＋307, 500円＋184, 500円＝709, 500円

当期製品製造原価：3, 808, 000円＋5, 355, 000円＋3, 213, 000円＝12, 376, 000円

期末製品棚卸高：448, 000円＋630, 000円＋378, 000円＝1, 456, 000円

販売費及び一般管理費：250円/個×8, 000個＋1, 940, 000円＋2, 151, 000円＝6, 091, 000円

〔設問２〕

直接原価計算方式による損益計算書

売　　上　　高：2, 700円/個×8, 000個＝21, 600, 000円

変動売上原価：

期首製品棚卸高：217, 500円＋307, 500円＝525, 000円

当期製品製造原価：3, 808, 000円＋5, 355, 000円＝9, 163, 000円

期末製品棚卸高：448, 000円＋630, 000円＝1, 078, 000円

変 動 販 売 費：250円/個×8, 000個＝2, 000, 000円

固　　定　　費：実際発生額を全額期間原価として計上する。

〔設問３〕

期末棚卸資産に含まれる固定加工費：284, 400円＋378, 000円＝662, 400円

期首棚卸資産に含まれる固定加工費：369, 000円＋184, 500円＝553, 500円

〔設問４〕

変動加工費に対する固定加工費の割合：$\frac{\text{固定加工費3, 128, 400円}}{\text{変動加工費5, 214, 000円}}$＝0. 6

期末棚卸資産に対する固定加工費の追加配賦額：期末仕掛品；474, 000円×0. 6＝284, 400円

期 末 製 品；630, 000円×0. 6＝378, 000円

×2年度末貸借対照表における金額：

製　品；448, 000円＋630, 000円＋378, 000円＝1, 456, 000円

仕掛品；678, 000円＋474, 000円＋284, 400円＝1, 436, 400円

問題2-10

損益計算書（直接原価計算）　（単位：円）

売　上　高		(27, 600, 000)
変動売上原価		
月初製品棚卸高	(992, 000)	
当月製品製造原価	(12, 607, 440)	
計	(13, 599, 440)	
月末製品棚卸高	(1, 575, 930)	
差　引	(12, 023, 510)	
変動原価差異		
第 1 工 程	(27, 700)	
第 2 工 程	(12, 300)	
動 力 部	(3, 200)	
変動原価差異合計	(43, 200)	(12, 066, 710)
変動製造マージン		(15, 533, 290)
変 動 販 売 費		(1, 367, 000)
貢 献 利 益		(14, 166, 290)
固　定　費		
製 造 原 価	(7, 193, 000)	
販売費・一般管理費	(5, 717, 200)	(12, 910, 200)
営 業 利 益		(1, 256, 090)

損益計算書（全部原価計算）　（単位：円）

売　上　高		(27, 600, 000)
売 上 原 価	(18, 958, 240)	
原 価 差 異		
第 1 工 程	(157, 200)	
第 2 工 程	(69, 300)	
動 力 部	(12, 200)	
事 務 部	(15, 000)	
原価差異合計	(253, 700)	(19, 211, 940)
売 上 総 利 益		(8, 388, 060)
販売費・一般管理費		(7, 084, 200)
営 業 利 益		(1, 303, 860)

固 定 費 調 整 表　(単位：円)

直接原価計算の営業利益		(1, 256, 090)
加算項目		
第1工程月末仕掛品	(72, 000)	
第2工程月末仕掛品	(603, 625)	
月　末　製　品	(900, 390)	(1, 576, 015)
減算項目		
第1工程月初仕掛品	(222, 000)	
第2工程月初仕掛品	(674, 245)	
月　初　製　品	(632, 000)	(1, 528, 245)
全部原価計算の営業利益		(1, 303, 860)

解答への道

1．当月製造費用（原材料費）の計算

原　料　A

月　初　1, 200kg　@355円	消　費　8, 000kg　@359. 25円
購　入　7, 600kg　@360円	2, 874, 000円
	月　末　800kg

原　料　B

月　初　300kg　@123. 5円	消　費　3, 760kg　@126. 75円
購　入　3, 900kg　@127円	476, 580円
	月　末　440kg

材　料　C

月　初　150kg　@86円	消　費　960kg　@89. 5円
購　入　1, 050kg　@90円	85, 920円
	月　末　240kg

当月製造費用

A原料費（先入先出法）：@355円×1, 200kg＋@360円×(8, 000kg－1, 200kg)＝2, 874, 000円

B原料費（平均法）：$\dfrac{@123.5円\times300kg+@127円\times3,900kg}{300kg+3,900kg}$（＝@126. 75円）×3, 760kg＝476, 580円

C材料費（平均法）：$\dfrac{@86円\times150kg+@90円\times1,050kg}{150kg+1,050kg}$（＝@89. 5円）×960kg＝85, 920円

2．当月製造費用（加工費）の計算

(1)　工程別予定配賦率の算定（複数基準配賦法・階梯式配賦法）

他の補助部門への用役提供件数は事務部が動力部に対する1件であるのに対し，動力部は0件であるため，事務部を第1位，動力部を第2位として配賦計算を行う。

また，複数基準配賦法を用いているので，変動費は予定用役消費量，固定費は用役消費能力にもとづき配賦を行う。

予 算 部 門 費 配 賦 表　(単位：円)

	製造部門				補助部門			
	第1工程		第2工程		動力部		事務部	
	変動費	固定費	変動費	固定費	変動費	固定費	変動費	固定費
第1次集計費	3, 070, 000	2, 331, 000	3, 628, 000	2, 295, 000	2, 412, 000	1, 944, 000	――	630, 000
事務部費	――	252, 000	――	294, 000	――	84, 000	――	630, 000
動力部費	1, 340, 000	1, 092, 000	1, 072, 000	936, 000	2, 412, 000	2, 028, 000		
製造部門費予算	4, 410, 000	3, 675, 000	4, 700, 000	3, 525, 000				
基準操業度	3, 000時間		2, 500時間					
予定配賦率	@1, 470	@1, 225	@1, 880	@1, 410				

①　事務部費・固定費〈配賦基準：従業員数〉

第1工程：630, 000円×$\dfrac{120人}{120人+140人+40人}$＝252, 000円

第2工程：630, 000円×$\dfrac{140人}{120人+140人+40人}$＝294, 000円

動 力 部：630, 000円×$\dfrac{40人}{120人+140人+40人}$＝ 84, 000円

なお，自部門への配賦は行わないことに注意すること。

②　動力部費・変動費〈配賦基準：動力予定消費量〉

予定配賦率：2, 412, 000円÷72, 000kwh＝33. 5円/kwh

第1工程：33. 5円/kwh×40, 000kwh＝1, 340, 000円

第2工程：33. 5円/kwh×32, 000kwh＝1, 072, 000円

③　動力部費・固定費〈配賦基準：動力消費能力〉

第1工程：(1, 944, 000円＋84, 000円)×$\dfrac{42,000kwh}{78,000kwh}$＝1, 092, 000円

第2工程：(1, 944, 000円＋84, 000円)×$\dfrac{36,000kwh}{78,000kwh}$＝　936, 000円

④　工程別予定配賦率

第1工程予定配賦率（変動費率）：(3, 070, 000円＋1, 340, 000円)÷3, 000時間＝1, 470円/時間

第1工程予定配賦率（固定費率）：(2, 331, 000円＋252, 000円＋1, 092, 000円)÷3, 000時間＝1, 225円/時間

第2工程予定配賦率（変動費率）：(3, 628, 000円＋1, 072, 000円)÷2, 500時間＝1, 880円/時間

第2工程予定配賦率（固定費率）：(2, 295, 000円＋294, 000円＋936, 000円)÷2, 500時間＝1, 410円/時間

(2)　工程別予定配賦額

第1工程予定配賦額（変動費）：1, 470円/時間×2, 880時間＝4, 233, 600円

第1工程予定配賦額（固定費）：1, 225円/時間×2, 880時間＝3, 528, 000円

第2工程予定配賦額（変動費）：1, 880円/時間×2, 450時間＝4, 606, 000円

第2工程予定配賦額（固定費）：1, 410円/時間×2, 450時間＝3, 454, 500円

(3) 部門別実際発生額の集計（階梯式配賦法・複数基準配賦法・予算許容額配賦）および配賦差異の計算

実際部門費配賦表　　　　　　（単位：円）

	製造部門				補助部門			
	第1工程		第2工程		動力部		事務部	
	変動費	固定費	変動費	固定費	変動費	固定費	変動費	固定費
第1次集計費	2,941,400	2,313,500	3,559,700	2,281,500	2,381,700	1,953,000	――	645,000
事務部費	――	252,000	――	294,000	――	84,000	――	645,000
動力部費	1,319,900	1,092,000	1,058,600	936,000	2,381,700	2,037,000		
実際製造部門費	4,261,300	3,657,500	4,618,300	3,511,500				

① 事務部費・固定費〈配賦基準：従業員数〉
「予算額」を配賦し，これと実際第1次集計費との差額が配賦差異となる。
事務部費配賦差異（固定費）：630,000円－645,000円＝(－)15,000円（借方）

② 動力部費・変動費〈配賦基準：実際動力消費量〉
「予定配賦率×動力実際消費量」を配賦し，これと実際第1次集計費の差額が配賦差異となる。
第1工程へ：33.5円/kwh×39,400kwh＝1,319,900円
第2工程へ：33.5円/kwh×31,600kwh＝1,058,600円
動力部費配賦差異（変動費）：(1,319,900円＋1,058,600円)－2,381,700円＝(－)3,200円（借方）

③ 動力部費・固定費〈配賦基準：動力消費能力〉
「予算額」を配賦し，これと実際第1次集計費，事務部費配賦額の合計額との差額が配賦差異となる。
動力部費配賦差異（固定費）：2,028,000円－(1,953,000円＋84,000円)＝(－)9,000円（借方）

④ 第1工程配賦差異（変動費）：4,233,600円－(2,941,400円＋1,319,900円)＝(－)27,700円（借方）

⑤ 第1工程配賦差異（固定費）：3,528,000円－(2,313,500円＋252,000円＋1,092,000円)＝(－)129,500円（借方）

⑥ 第2工程配賦差異（変動費）：4,606,000円－(3,559,700円＋1,058,600円)＝(－)12,300円（借方）

⑦ 第2工程配賦差異（固定費）：3,454,500円－(2,281,500円＋294,000円＋936,000円)＝(－)57,000円（借方）

3．直接原価計算の損益計算書

(1) 第1工程の計算（先入先出法・度外視法）

「月末仕掛品の加工費進捗度1/4＜正常仕損の発生点の進捗度1/2」より，正常仕損費は完成品のみに負担させる。

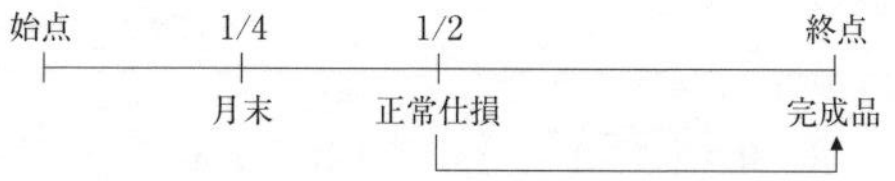

① 生産データと原価の按分計算

第1工程仕掛品（原料A・始点投入）

月初　600個 348,720円	完成品　5,000個 2,992,800円
投入　5,000個 2,874,000円	正仕　200個
	月末　400個 229,920円

第1工程仕掛品（変動加工費）

月初　300個 266,400円	完成品　5,000個 4,413,600円
投入　4,900個 4,233,600円	正仕　100個
	月末　100個 86,400円

〈原料A〉

月末仕掛品：$\frac{2,874,000円}{(5,000個-600個)+200個+400個}\times 400個=229,920円$

完成品：348,720円＋2,874,000円－229,920円＝2,992,800円

〈第1工程変動加工費〉

月末仕掛品：$\frac{4,233,600円}{(5,000個-300個)+100個+100個}\times 100個=86,400円$

完成品：266,400円＋4,233,600円－86,400円＝4,413,600円

② 合計

第1工程完成品原価（変動費）：2,992,800円＋4,413,600円＝7,406,400円（→第2工程へ）

(2) 第2工程の計算（先入先出法・度外視法）

「正常仕損の発生点の進捗度1/2＜月末仕掛品の加工費進捗度3/5」より，正常仕損費は完成品と月末仕掛品の両者に負担させる。よって，正常仕損品評価額を当月製造費用から控除した額を，完成品と月末仕掛品へ按分する。

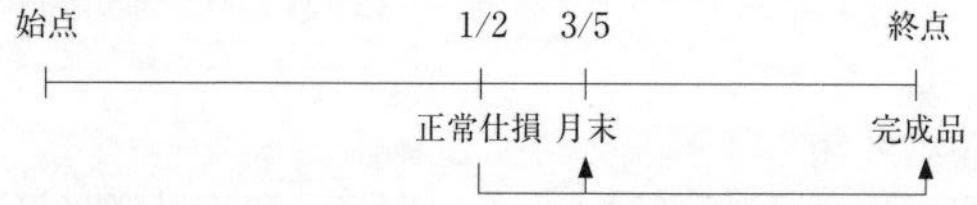

① 生産データと原価の按分計算

第2工程仕掛品（前工程費・変動費）

月初　500個 774,200円	完成品　4,800個 7,370,400円
投入　5,000個 7,406,400円 (＊)△43,200円 7,363,200円	~~正仕　200個~~
	月末　500個 767,000円

第2工程仕掛品（原料B・平均投入）

月初　400個 39,840円	完成品　4,800個 483,360円
投入　4,800個 476,580円 (＊)△2,820円 473,760円	~~正仕　100個~~
	月末　300個 30,240円

第２工程仕掛品（材料Ｃ・終点投入）

月　初　　0個 0円	完成品　4,800個
投　入　4,800個	85,920円
85,920円	~~正　仕　0個~~
	月　末　0個 0円

第２工程仕掛品（変動加工費）

月　初　400個 386,560円	完成品　4,800個
投　入　4,800個	4,667,760円
4,606,000円 （＊）△32,900円	~~正　仕　100個~~
4,573,100円	月　末　300個 291,900円

（＊）　正常仕損品評価額

前工程費・変動費：216円/個×200個＝43,200円

原料Ｂ：14.1円/個×200個＝2,820円

変動加工費：164.5円/個×200個＝32,900円

〈前工程費・変動費〉

月末仕掛品：$\dfrac{7,406,400円-43,200円}{(4,800個-500個)+500個}\times 500個=767,000円$

完　成　品：774,200円＋7,406,400円－43,200円－767,000円＝7,370,400円

〈原料Ｂ〉

月末仕掛品：$\dfrac{476,580円-2,820円}{(4,800個-400個)+300個}\times 300個=30,240円$

完　成　品：39,840円＋476,580円－2,820円－30,240円＝483,360円

〈材料Ｃ〉

完　成　品：85,920円

〈変動加工費〉

月末仕掛品：$\dfrac{4,606,000円-32,900円}{(4,800個-400個)+300個}\times 300個=291,900円$

完　成　品：386,560円＋4,606,000円－32,900円－291,900円＝4,667,760円

②　合　計

第２工程完成品原価（変動費）：7,370,400円＋483,360円＋85,920円＋4,667,760円＝12,607,440円（→製品勘定へ）

第２工程完成品単位原価（変動費）：12,607,440円÷4,800個＝2,626.55円/個

(3)　直接原価計算の損益計算書

①　売上高：6,000円/個×4,600個＝27,600,000円

②　変動売上原価（先入先出法）

月初製品棚卸高：2,480円/個×400個＝992,000円

当月製品製造原価：12,607,440円（2,626.55円/個）

月末製品棚卸高：2,626.55円/個×600個＝1,575,930円

変動原価差異（上記２．(3)より，変動費の配賦差異のみ計上する）

第１工程：(－)27,700円（借方）

第２工程：(－)12,300円（借方）

動 力 部：(－)3,200円（借方）

変動原価差異合計：(－)27,700円＋(－)12,300円＋(－)3,200円＝(－)43,200円（借方）→変動売上原価に加算

③　変動販売費：1,367,000円

④　固定費

製造原価：7,193,000円（実際発生額合計）

販売費・一般管理費：2,223,000円＋3,494,200円＝5,717,200円

固定費合計：12,910,200円

4．全部原価計算の損益計算書

(1)　第１工程の計算（先入先出法・度外視法）

①　生産データと原価の按分計算（変動費の計算は直接原価計算と同様のため，上記３を参照のこと。なお，第２工程も同様である。）

第１工程仕掛品（原料Ａ・始点投入）

月　初　600個 348,720円	完成品　5,000個
投　入　5,000個	2,992,800円
2,874,000円	正　仕　200個
	月　末　400個 229,920円

第１工程仕掛品（変動加工費）

月　初　300個 266,400円	完成品　5,000個
投　入　4,900個	4,413,600円
4,233,600円	正　仕　100個
	月　末　100個 86,400円

第１工程仕掛品（固定加工費）

月　初　300個 222,000円	完成品　5,000個
投　入　4,900個	3,678,000円
3,528,000円	正　仕　100個
	月　末　100個 72,000円

〈第１工程固定加工費〉

月末仕掛品：$\dfrac{3,528,000円}{(5,000個-300個)+100個+100個}\times 100個=72,000円$

完　成　品：222,000円＋3,528,000円－72,000円＝3,678,000円

②　合　計

第１工程完成品原価（変動費）：2,992,800円＋4,413,600円＝7,406,400円（→第２工程へ）

第１工程完成品原価（固定費）：3,678,000円（→第２工程へ）

(2)　第２工程の計算（先入先出法・度外視法）

①　生産データと原価の按分計算

第２工程仕掛品（前工程費・変動費）

月　初　500個 774, 200円	完成品　4, 800個 7, 370, 400円
投　入　5, 000個 7, 406, 400円 △43, 200円 7, 363, 200円	正　仕　200個
	月　末　500個 767, 000円

第２工程仕掛品（原料Ｂ・平均投入）

月　初　400個 39, 840円	完成品　4, 800個 483, 360円
投　入　4, 800個 476, 580円 △2, 820円 473, 760円	正　仕　100個
	月　末　300個 30, 240円

第２工程仕掛品（材料Ｃ・終点投入）

月　初　0個 0円	完成品　4, 800個 85, 920円
投　入　4, 800個 85, 920円	正　仕　0個
	月　末　0個 0円

第２工程仕掛品（変動加工費）

月　初　400個 386, 560円	完成品　4, 800個 4, 667, 760円
投　入　4, 800個 4, 606, 000円 △32, 900円 4, 573, 100円	正　仕　100個
	月　末　300個 291, 900円

第２工程仕掛品（前工程費・固定費）

月　初　500個 （＊）384, 325円	完成品　4, 800個 3, 679, 200円
投　入　5, 000個 3, 678, 000円	正　仕　200個
	月　末　500個 383, 125円

第２工程仕掛品（固定加工費）

月　初　400個 289, 920円	完成品　4, 800個 3, 523, 920円
投　入　4, 800個 3, 454, 500円	正　仕　100個
	月　末　300個 220, 500円

（＊）　月初仕掛品原価（前工程費・固定費）：1, 158, 525円－774, 200円＝384, 325円

〈前工程費・固定費〉

月末仕掛品：$\dfrac{3,678,000円}{(4,800個-500個)+500個}\times 500個=383,125円$

完　成　品：384, 325円＋3, 678, 000円－383, 125円＝3, 679, 200円

〈固定加工費〉

月末仕掛品：$\dfrac{3,454,500円}{(4,800個-400個)+300個}\times 300個=220,500円$

完　成　品：289, 920円＋3, 454, 500円－220, 500円＝3, 523, 920円

② 合　計

第２工程完成品原価

変動費：7, 370, 400円＋483, 360円＋85, 920円＋4, 667, 760円＝12, 607, 440円

固定費：3, 679, 200円＋3, 523, 920円＝7, 203, 120円

合計（全部原価）：12, 607, 440円＋7, 203, 120円＝19, 810, 560円（→製品勘定へ）

第２工程完成品単位原価

変動費：12, 607, 440円÷4, 800個＝2, 626. 55円/個

固定費：7, 203, 120円÷4, 800個＝1, 500. 65円/個

合計（全部原価）：2, 626. 55円/個＋1, 500. 65円/個＝4, 127. 2円/個

(3) 全部原価計算の損益計算書

① 売上高：6, 000円/個×4, 600個＝27, 600, 000円

② 売上原価（先入先出法）：4, 060円/個×400個＋19, 810, 560円－4, 127. 2円/個×600個＝18, 958, 240円

原価差異（上記２．(3)より，変動費と固定費の配賦差異の両方を計上する）

第１工程：(－)27, 700円＋(－)129, 500円＝(－)157, 200円（借方）

第２工程：(－)12, 300円＋(－)57, 000円＝(－)69, 300円（借方）

動 力 部：(－)3, 200円＋(－)9, 000円＝(－)12, 200円（借方）

事 務 部：(－)15, 000円（借方）

原価差異合計：(－)157, 200円＋(－)69, 300円＋(－)12, 200円＋(－)15, 000円

＝(－)253, 700円（借方）→売上原価に加算

③ 販売費・一般管理費：1, 367, 000円＋2, 223, 000円＋3, 494, 200円＝7, 084, 200円

５．固定費調整表

上記の計算結果から，月初および月末の仕掛品・製品に含まれる固定費を集計して，固定費調整表を作成すればよい。

(1) 加算項目

第１工程月末仕掛品：72, 000円

第２工程月末仕掛品：383, 125円＋220, 500円＝603, 625円

月末製品：1, 500. 65円/個×600個＝900, 390円

合計：72, 000円＋603, 625円＋900, 390円＝1, 576, 015円

(2) 減算項目

第１工程月初仕掛品：222, 000円

第２工程月初仕掛品：384, 325円＋289, 920円＝674, 245円

月初製品：(4, 060円/個－2, 480円/個)×400個＝632, 000円

合計：222, 000円＋674, 245円＋632, 000円＝1, 528, 245円

Theme 03 直接標準原価計算

問題3-1

損益計算書 (単位：円)

Ⅰ 売上高		(2,700,000)
Ⅱ 標準変動売上原価		(1,200,000)
(標準変動製造マージン)		(1,500,000)
Ⅲ 標準変動販売費		(120,000)
(標準貢献利益)		(1,380,000)
Ⅳ 標準変動費差異		(4,500)
実際貢献利益		(1,384,500)
Ⅴ 固定費		
1. 製造間接費	(600,000)	
予算差異	(9,000)	
2. 販売費及び一般管理費	(311,000)	(920,000)
営業利益		(464,500)

解答への道

1. 生産・販売データの整理
(注) ( ) 内は加工費の完成品換算量を示す。

仕掛品

月初 420個 (210個)	当月完成 2,130個 (2,130個)
当月投入 1,960個 (2,020個)	月末 250個 (100個)

製品

月初 220個	当月販売 2,000個
当月完成 2,130個	月末 350個

2. 製造間接費標準配賦率
固定製造間接費：600,000円÷20,000時間＝30円/時間
変動製造間接費：50円/時間－30円/時間＝20円/時間
3. 直接標準原価計算方式の損益計算書
(1) 売　上　高：1,350円/個×2,000個＝2,700,000円
(2) 標準変動売上原価：600円/個(＊)×2,000個＝1,200,000円
(＊) 製品1単位あたりの標準変動製造原価
100円/個+300円/個+20円/時間×10時間＝600円/個
(3) 標準変動販売費：60円/個×2,000個＝120,000円
(4) 標準変動費差異：
① 変動製造原価差異
標準原価：100円/個×1,960個+(300円/個＋200円/個)×2,020個＝1,206,000円
実際原価：192,000円+602,500円+406,000円＝1,200,500円
変動製造原価差異：1,206,000円−1,200,500円＝(+)5,500円〔有利差異〕

② 変動販売費差異
標準原価：120,000円
実際原価：121,000円
変動販売費差異：120,000円－121,000円＝(−)1,000円〔不利差異〕
③ 合計
(+)5,500円＋(−)1,000円＝(+)4,500円〔有利差異〕 →利益に加算する。
(5) 固定製造間接費予算差異：600,000円−609,000円＝(−)9,000円〔不利差異〕
(6) 固定販売費及び一般管理費：98,000円+213,000円＝311,000円

問題3-2

損益計算書（直接標準原価計算方式） (単位：円)

Ⅰ 売上高				(8,400,000)
Ⅱ 標準変動売上原価				(3,360,000)
Ⅲ 標準変動販売費				(140,000)
標準貢献利益				(4,900,000)
Ⅳ 標準変動費差異				
1. 直接材料費差異	〔＋〕	(15,500)		
2. 直接労務費差異	〔－〕	(86,000)		
3. 製造間接費差異	〔－〕	(60,000)		
4. 変動販売費差異	〔－〕	(5,000)	〔－〕	(135,500)
実際貢献利益				(4,764,500)
Ⅴ 固定費				(364,500)
営業利益				(4,400,000)

(注) 標準変動費差異の〔 〕内には，有利差異ならば「＋」を，不利差異ならば「－」を記入しなさい。

解答への道

1. 生産・販売データの整理
(注) ( ) 内は加工費の完成品換算量を示す。

仕掛品

当月投入 350個 (320個)	完成 300個 (300個)
	月末 50個 (20個)

製品

完成 300個	販売 280個
	月末 20個

2．損益計算書上の諸数値

⑴ 売　　上　　高：30, 000円×販売量280個＝8, 400, 000円

⑵ 標準変動売上原価：原価標準12, 000円（＝4, 000円＋2, 000円＋6, 000円）×販売量280個
＝3, 360, 000円

⑶ 標準変動販売費：標準500円×販売量280個＝140, 000円

⑷ 標 準 貢 献 利 益：8, 400, 000円－（3, 360, 000円＋140, 000円）＝4, 900, 000円

⑸ 標準変動費差異

① 直接材料費差異：標準；原価標準4, 000円×投入350個＝1, 400, 000円
実際；　1, 384, 500円
直接材料費差異；　(+)15, 500円

② 直接労務費差異：標準；原価標準2, 000円×投入320個＝　640, 000円
実際；　726, 000円
直接労務費差異；　(−)86, 000円

③ 製造間接費差異：標準；原価標準6, 000円×投入320個＝1, 920, 000円
実際；　1, 980, 000円
製造間接費差異；　(−)60, 000円

④ 変動販売費差異：標準；原価標準500円×販売280個＝140, 000円
実際；　145, 000円
変動販売費差異；　(−)5, 000円

⑤ 標準変動費差異合計：(+)15, 500円＋(−)86, 000円＋(−)60, 000円＋(−)5, 000円＝(−)135, 500円

⑹ 実 際 貢 献 利 益：標準貢献利益4, 900, 000円＋標準変動費差異(−)135, 500円＝4, 764, 500円

⑺ 固　　定　　費：実際発生額364, 500円

⑻ 営　業　利　益：実際貢献利益4, 764, 500円－実際固定費364, 500円＝4, 400, 000円

問題3-3

損益計算書（直接標準原価計算方式）　（単位：千円）

Ⅰ 売　　上　　高			(435, 600)
Ⅱ 標準変動売上原価			(154, 000)
Ⅲ 標準変動販売費			(22, 000)
標準貢献利益			(259, 600)
Ⅳ 標準変動費差異			
1．直接材料費差異	〔 − 〕	(3, 500)	
2．変動加工費差異	〔 − 〕	(2, 000)	
3．変動販売費差異	〔 − 〕	(2, 200)	〔 − 〕 (7, 700)
実際貢献利益			(251, 900)
Ⅴ 固　　定　　費			(219, 900)
営 業 利 益			(32, 000)

（注）標準変動費差異の〔　〕内には，有利差異ならば「＋」を，不利差異ならば「－」を記入しなさい。

解答への道

1．生産・販売データの整理

仕　掛　品

当期投入	完成
22, 000個	22, 000個

→

製　　品

完成	販売
22, 000個	22, 000個

2．実際損益計算書上の諸数値

⑴ 売　　上　　高：19, 800円×販売量22, 000個＝435, 600千円

⑵ 標準変動売上原価：原価標準7, 000円×販売量22, 000個＝154, 000千円

⑶ 標準変動販売費：標準1, 000円×販売量22, 000個＝22, 000千円

⑷ 標 準 貢 献 利 益：435, 600千円－（154, 000千円＋22, 000千円）＝259, 600千円

⑸ 標準変動費差異

① 直接材料費差異：標準；原価標準3, 000円×投入22, 000個＝　66, 000千円
実際；　69, 500千円
直接材料費差異；　(−)3, 500千円

② 変動加工費差異：標準；原価標準4, 000円×投入22, 000個＝　88, 000千円
実際；　90, 000千円
変動加工費差異；　(−)2, 000千円

③ 変動販売費差異：標準；原価標準1, 000円×販売22, 000個＝　22, 000千円
実際；　1, 100円×販売22, 000個＝　24, 200千円
変動販売費差異；　(−)2, 200千円

④ 標準変動費差異合計：(−)3, 500千円＋(−)2, 000千円＋(−)2, 200千円＝(−)7, 700千円

⑹ 実 際 貢 献 利 益：標準貢献利益259, 600千円＋標準変動費差異(−)7, 700千円＝251, 900千円

⑺ 固　　定　　費：実績219, 900千円

⑻ 営　業　利　益：実際貢献利益251, 900千円－実際固定費219, 900千円＝32, 000千円

問題3-4

〔設問1〕全部標準原価計算による損益計算書

損 益 計 算 書

(単位：円)

Ⅰ 売上高		(100,000,000)
Ⅱ 標準売上原価		
1．月初製品棚卸高	(13,600,000)	
2．当月製品製造原価	(90,950,000)	
合計	(104,550,000)	
3．月末製品棚卸高	(19,550,000)	(85,000,000)
標準売上総利益		(15,000,000)
Ⅲ 標準原価差異		
1．価格差異	(1,170,000)	
2．数量差異	(△ 750,000)	
3．賃率差異	(△ 232,500)	
4．時間差異	(△ 300,000)	
5．予算差異	(700,000)	
6．能率差異	(△ 450,000)	
7．操業度差異	(900,000)	(1,037,500)
実際売上総利益		(16,037,500)
Ⅳ 販売費及び一般管理費		(8,341,500)
営業利益		(7,696,000)

(注1) 不利差異は金額の前に△を付すこと。
(注2) 能率差異は変動費と固定費の両方から算出すること。

〔設問2〕直接標準原価計算による損益計算書

損 益 計 算 書

(単位：円)

Ⅰ 売上高		(100,000,000)
Ⅱ 標準変動売上原価		
1．月初製品棚卸高	(9,760,000)	
2．当月製品製造原価	(65,270,000)	
合計	(75,030,000)	
3．月末製品棚卸高	(14,030,000)	(61,000,000)
標準変動製造マージン		(39,000,000)
Ⅲ 標準変動販売費		(1,200,000)
標準貢献利益		(37,800,000)
Ⅳ 標準変動費差異		
1．価格差異	(1,170,000)	
2．数量差異	(△ 750,000)	
3．賃率差異	(△ 232,500)	
4．時間差異	(△ 300,000)	
5．予算差異	(300,000)	
6．能率差異	(△ 150,000)	
7．変動販売費差異	(△ 129,500)	(△ 92,000)
実際貢献利益		(37,708,000)
Ⅴ 固定費		
1．固定製造間接費	(27,000,000)	
予算差異	(400,000)	
2．固定販売費	(2,062,000)	
3．一般管理費	(4,950,000)	(33,612,000)
直接標準原価計算の営業利益		(4,096,000)
固定費調整額		(3,600,000)
全部標準原価計算の営業利益		(7,696,000)

(注) 不利差異は金額の前に△を付すこと。

解答への道

1．生産・販売データの整理

(注)（　）内は直接労務費と製造間接費の完成品換算量を示す。

仕　掛　品

月初	800個 (400個)	当月完成	10,700個
当月投入	11,400個 (11,500個)	月末	1,500個 (1,200個)

製　　品

月初	1,600個	当月販売	10,000個
当月完成	10,700個	月末	2,300個

→標準消費量の計算

直接材料：11,400個×5kg/個＝57,000kg

直接作業時間：11,500個×4時間/個＝46,000時間

2．差異分析

(1)　直接材料費

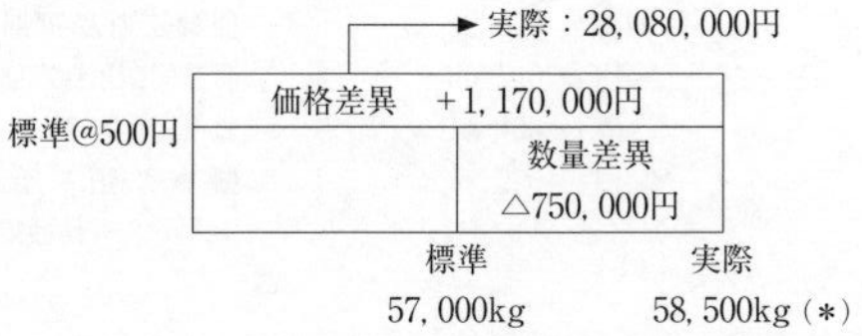

（*）直接材料実際消費量：1,700kg+60,000kg−3,200kg＝58,500kg

価格差異：500円/kg×58,500kg−28,080,000円＝(+)1,170,000円〔有利差異〕

数量差異：500円/kg×(57,000kg−58,500kg)＝(−)750,000円〔不利差異〕

(2)　直接労務費

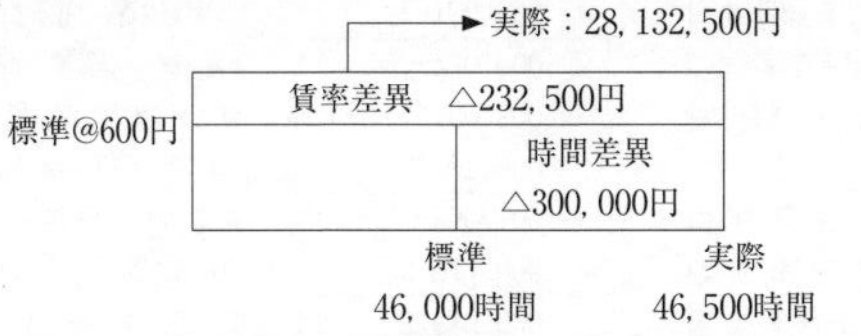

賃率差異：600円/時間×46,500時間−28,132,500円＝(−)232,500円〔不利差異〕

時間差異：600円/時間×(46,000時間−46,500時間)＝(−)300,000円〔不利差異〕

(3)　製造間接費

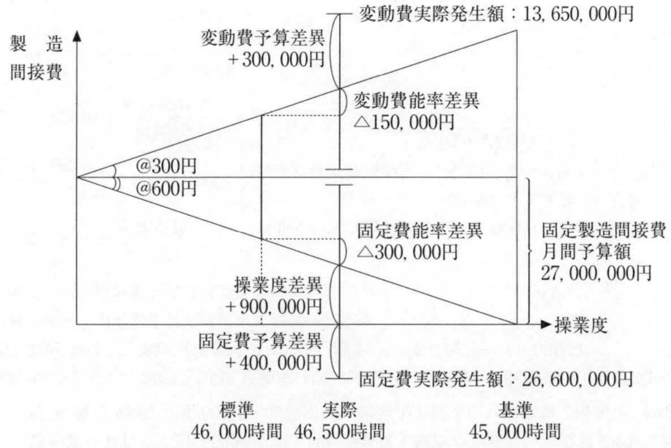

予算差異：変動費：300円/時間×46,500時間−13,650,000円 ＝(+)300,000円〔有利差異〕
　固定費：27,000,000円−(40,250,000円−13,650,000円)＝(+)400,000円〔有利差異〕
　合計 (+)700,000円〔有利差異〕

能率差異：変動費：300円/時間×(46,000時間−46,500時間)＝(−)150,000円〔不利差異〕
　固定費：600円/時間×(46,000時間−46,500時間)＝(−)300,000円〔不利差異〕
　合計 (−)450,000円〔不利差異〕

操業度差異：600円/時間×(46,500時間−45,000時間)＝(+)900,000円〔有利差異〕

〔設問1〕全部標準原価計算による損益計算書

売上高：10,000円/個×10,000個＝100,000,000円

標準売上原価：月初製品棚卸高：8,500円/個× 1,600個＝13,600,000円
　当月製品製造原価：8,500円/個×10,700個＝90,950,000円
　月末製品棚卸高：8,500円/個× 2,300個＝19,550,000円

販売費及び一般管理費：1,329,500円+2,062,000円+4,950,000円＝ 8,341,500円

〔設問2〕直接標準原価計算による損益計算書

売上高：10,000円/個×10,000個=100,000,000円

標準変動売上原価：月初製品棚卸高：6,100円/個(*)× 1,600個= 9,760,000円
　当月製品製造原価：6,100円/個(*)×10,700個=65,270,000円
　月末製品棚卸高：6,100円/個(*)× 2,300個=14,030,000円

（*）単位あたり標準変動製造原価：2,500円/個+2,400円/個+300円/時間×4時間=6,100円/個

標準変動販売費：120円/個×10,000個=1,200,000円

変動販売費差異：1,200,000円−1,329,500円=(−)129,500円〔不利差異〕

固定費調整額：{(1,200個+2,300個)−(400個+1,600個)}×600円/時間×4時間=(+)3,600,000円
　（600円/時間×4時間：単位あたり固定製造間接費）

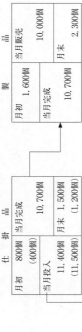

問題3-5

(注) 損益計算書および差異分析一覧表に記載する不利差異には－，有利差異には＋の符号を数値の前につけて表示すること。

固定費調整額は，プラスの数値なら＋，マイナスの数値なら－の符号を数値の前につけて表示すること。

(1) 全部原価計算方式の損益計算書　(単位：円)

売上高	(9,360,000)
標準売上原価	(5,616,000)
標準売上総利益	(3,744,000)
標準製造原価差異	(−256,100)
実際売上総利益	(3,487,900)
実際変動販売費	(460,800)
実際固定販売費・一般管理費	(720,000)
実際販売費・一般管理費合計	(1,180,800)
実際営業利益	(2,307,100)

(2) 直接原価計算方式の損益計算書　(単位：円)

売上高	(9,360,000)
標準変動売上原価	(3,456,000)
標準変動販売費	(432,000)
標準変動費合計	(3,888,000)
標準貢献利益	(5,472,000)
標準変動製造原価差異	(−186,100)
標準変動販売費予算差異	(−28,800)
標準変動費差異合計	(−214,900)
実際貢献利益	(5,257,100)
実際固定加工費	(2,260,000)
実際固定販売費・一般管理費	(720,000)
実際固定費合計	(2,980,000)
実際営業利益	(2,277,100)

(3) 付属資料

製品A販売単価	(650)円/個
当期製品販売量	(14,400)個
当期原料実際消費量	(29,740)kg
年間正常加工時間	(45,000)時間

製品A 1個あたり標準原価

原料費	(120)円/個
変動加工費	(120)円/個
固定加工費	(150)円/個

直接原価計算方式の営業利益	(2,277,100)円
固定費調整	(+30,000)円
全部原価計算方式の営業利益	(2,307,100)円

製造原価差異分析一覧表

原料費差異

価格差異	(−148,700)円
数量差異	(−32,400)円

加工費差異

変動加工費予算差異	(+11,000)円
固定加工費予算差異	(−10,000)円
変動加工費能率差異	(−16,000)円
固定加工費能率差異	(−20,000)円
操業度差異	(−40,000)円

解答への道

1．製造原価に関する原価標準の整理

原料費：@60円 × 2 kg = 120円(＊1)
変動加工費：@40円(＊4) × 3時間 = 120円(＊2)
(標準変動製造原価) 240円
固定加工費：@50円(＊5) × 3時間 = 150円(＊3)
(全部標準製造原価) 390円

(＊1) 原料費標準：@60円〈原料1kgあたり標準単価(16)〉× 2 kg/個〈製品A 1個あたり原料標準消費量(18)〉= 120円
(＊2) 変動加工費標準：240円〈製品A 1個あたり標準変動製造原価(12)〉− 120円〈原料費標準〉= 120円
(＊3) 固定加工費標準：390円〈製品A 1個あたり全部標準製造原価(8)〉− 240円〈製品A 1個あたり標準変動製造原価(12)〉= 150円
（加工費標準 270円）
(＊4) 変動加工費標準配賦率：120円 ÷ 3時間/個〈製品A 1個あたり標準加工時間(19)〉= @40円
(＊5) 固定加工費標準配賦率：150円 ÷ 3時間/個〈製品A 1個あたり標準加工時間(19)〉= @50円

2．製品の生産・販売データの整理

期首および期末の仕掛品はないため，当期投入量がそのまま当期生産量となる。また，当期生産量に期首製品数量および期末製品数量を加減算することで，当期販売量を計算する。整理すると，以下のようになる。

仕掛品

当期投入(21) 14,600個	当期生産(21) 14,600個

製品

期首製品(11) 200個	当期販売 14,400個 (貸借差引)
当期生産(21) 14,600個	期末製品(17) 400個

→ 標準消費量
標準原料消費量：14,600個 × 2 kg/個〈製品A 1個あたり原料標準消費量(18)〉= 29,200kg
標準加工時間：14,600個 × 3時間/個〈製品A 1個あたり標準加工時間(19)〉= 43,800時間

当期製品販売量：14,600個〈当期生産量(21)〉+ 200個〈期首製品数量(11)〉− 400個〈期末製品数量(17)〉= 14,400個
製品A販売単価：9,360,000円〈売上高(1)〉÷ 14,400個〈当期製品販売量〉= 650円/個

3．原料の購入・消費および原料費差異のデータ整理

(1) 原料の実際消費額および実際消費量の計算

原料

期首原料 0円	当期消費 1,933,100円 (貸借差引)
当期仕入(22) 2,015,000円	期末原料(9) 81,900円

当期原料実際消費額：2,015,000円〈当期原料仕入高(22)〉− 81,900円〈原料期末残高(9)〉= 1,933,100円
当期原料実際消費量：1,933,100円 ÷ @65円〈原料1kgあたり実際単価(2)〉= 29,740kg

(2) 原料費差異の分析

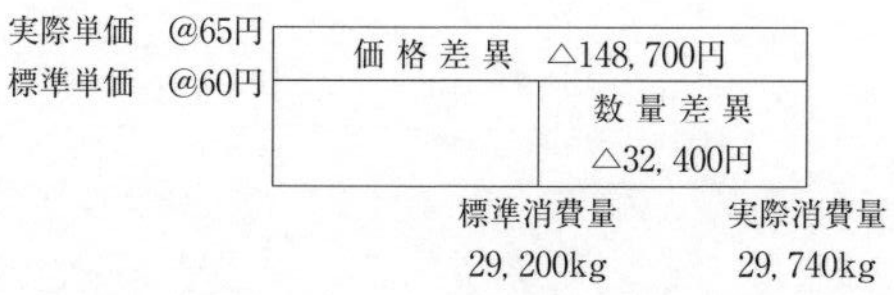

原料費差異：@120円〈原料費標準〉×14,600個〈当期生産量㉑〉－1,933,100円〈実際消費額〉
＝(−)181,100円（借方）

価格差異：(@60円〈原料１kgあたり標準単価⑯〉－@65円〈原料１kgあたり実際単価⑵〉)
×29,740kg〈実際消費量〉＝(−)148,700円（借方）

数量差異：資料⑬より，(−)32,400円（借方）
計算式で表すならば
@60円〈原料１kgあたり標準単価⑯〉×(29,200kg〈標準消費量〉－29,740kg〈実際消費量〉)
＝(−)32,400円（借方）

なお，資料⑬に数量差異が与えられているため，ここから実際消費量を以下のように計算することもできる。

29,200kg〈標準消費量〉－((−)32,400円〈数量差異⑬〉÷@60円〈原料１kgあたり標準単価⑯〉)
＝29,740kg

4．加工費のデータ整理

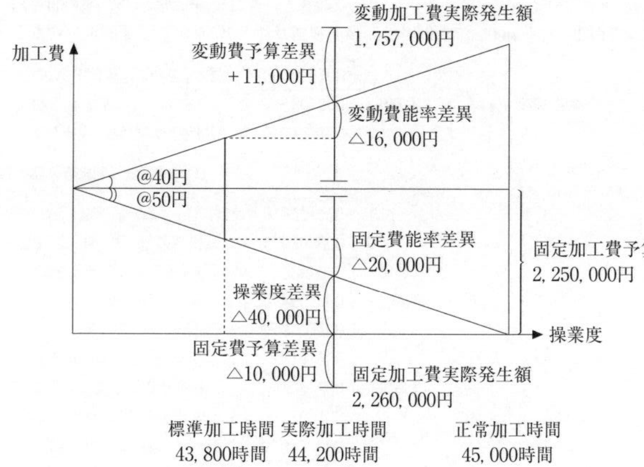

(1) 各種数値の推定

固定加工費実際発生額：2,250,000円〈固定加工費年間予算額⑷〉－(−)10,000円〈固定加工費予算差異⒁〉＝2,260,000円

変動加工費実際発生額：4,017,000円〈加工費実際発生額⑽〉－2,260,000円〈固定加工費実際発生額〉＝1,757,000円

年間正常加工時間（基準操業度）：2,250,000円〈固定加工費年間予算額⑷〉÷@50円〈固定費率〉＝45,000時間

年間実際加工時間：43,800時間〈標準加工時間〉－((−)16,000円〈変動加工費能率差異⑳〉÷@40円〈変動費率〉)＝44,200時間

(2) 加工費差異の把握

加工費差異：@270円〈加工費標準〉×14,600個〈当期生産量㉑〉－4,017,000円〈加工費実際発生額⑽〉
＝(−)75,000円（借方）

変動加工費差異：@120円〈変動加工費標準〉×14,600個〈当期生産量㉑〉－1,757,000円〈変動加工費実際発生額〉＝(−)5,000円（借方）

(3) 加工費差異の分析

変動加工費予算差異：@40円〈変動費率〉×44,200時間〈実際加工時間〉－1,757,000円〈変動加工費実際発生額〉＝(+)11,000円（貸方）

固定加工費予算差異：資料⒁より，(−)10,000円（借方）
計算式で表すならば
2,250,000円〈固定加工費年間予算額⑷〉－2,260,000円〈固定加工費実際発生額〉
＝(−)10,000円（借方）

変動加工費能率差異：資料⑳より，(−)16,000円（借方）
計算式で表すならば
@40円〈変動費率〉×(43,800時間〈標準加工時間〉－44,200時間〈実際加工時間〉)
＝(−)16,000円（借方）

固定加工費能率差異：@50円〈固定費率〉×(43,800時間〈標準加工時間〉－44,200時間〈実際加工時間〉)
＝(−)20,000円（借方）

操業度差異：@50円〈固定費率〉×(44,200時間〈実際加工時間〉－45,000時間〈正常加工時間〉)
＝(−)40,000円（借方）

5．損益計算書の作成および固定費調整

(1) 全部原価計算方式の損益計算書（単位：円）

売上高	(9,360,000)	←資料⑴より
標準売上原価	(5,616,000)	←@390円〈製品A１個あたり全部標準製造原価⑻〉×14,400個〈当期製品販売量〉
標準売上総利益	(3,744,000)	
標準製造原価差異	(−256,100)	←(−)181,100円〈原料費差異〉＋(−)75,000円〈加工費差異〉
実際売上総利益	(3,487,900)	
実際変動販売費	(460,800)	←@30円〈製品A１個あたり標準変動販売費⑹〉×14,400個〈当期製品販売量〉 －(−)28,800円〈変動販売費予算差異⒂〉
実際固定販売費・一般管理費	(720,000)	←資料⑸より
実際販売費・一般管理費合計	(1,180,800)	
実際営業利益	(2,307,100)	

(2) 直接原価計算方式の損益計算書（単位：円）

売上高	(9,360,000)	←資料(1)より
標準変動売上原価	(3,456,000)	←@240円〈製品A1個あたり標準変動製造原価(12)〉×14,400個〈当期製品販売量〉
標準変動販売費	(432,000)	←@30円〈製品A1個あたり標準変動販売費(6)〉×14,400個〈当期製品販売量〉
標準変動費合計	(3,888,000)	
標準貢献利益	(5,472,000)	
標準変動製造原価差異	(−186,100)	←(−)181,100円〈原料費差異〉+(−)5,000円〈変動加工費差異〉
標準変動販売費予算差異	(−28,800)	←資料(15)より
標準変動費差異合計	(−214,900)	
実際貢献利益	(5,257,100)	
実際固定加工費	(2,260,000)	←上記解説4．(1)より
実際固定販売費・一般管理費	(720,000)	←資料(5)より
実際固定費合計	(2,980,000)	
実際営業利益	(2,277,100)	

(3) 固定費調整（単位：円）

直接原価計算方式の営業利益	(2,277,100)	
固定費調整	(+30,000)	←@150円〈固定加工費標準〉×(400個〈期末製品数量(17)〉−200個〈期首製品数量(11)〉)
全部原価計算方式の営業利益	(2,307,100)	

なお，年間データのうち，「(3)有価証券の売却価格 520,000円」「(7)売却した備品の帳簿価額 245,000円」は，本問の解答において必要ない。

問題3-6

(注) 下記の □ の中に，計算した数値を入れなさい。

(1) 全部原価計算方式の損益計算書（単位：円）

売上高	3,888,000
標準売上原価	2,916,000
標準売上総利益	972,000
標準製造原価差異	98,800
実際売上総利益	873,200
実際変動販売費	81,000
実際固定販売費・一般管理費	265,200
実際販売費・一般管理費合計	346,200
実際営業利益	527,000

(2) 直接原価計算方式の損益計算書（単位：円）

売上高	3,888,000
標準変動売上原価	1,944,000
標準変動販売費	64,800
標準変動費合計	2,008,800
標準貢献利益	1,879,200
標準変動製造原価差異	129,200
変動販売費予算差異	16,200
標準変動原価差異合計	145,400
実際貢献利益	1,733,800
実際固定加工費	914,600
実際販売・一般管理固定費	265,200
固定費合計	1,179,800
実際営業利益	554,000

(3) 付属資料

① 実際販売量＝ 3, 240 個

② 正常生産量＝ 3, 000 個

③ 実際生産量＝ 3, 150 個

④ 全部原価計算の製品単位あたり標準原価

原　料　費＝	360	円
変動加工費＝	240	円
固定加工費＝	300	円
合　計	900	円

⑤

直接原価計算方式の実際営業利益		554, 000	円
固定費調整	(－)	27, 000	円
全部原価計算方式の実際営業利益		527, 000	円

(注) 固定費調整の (　　) 内には，プラスまたはマイナスの記号を記入しなさい。

解答への道

Ⅰ　全部原価計算方式の損益計算書の作成

1．標準売上原価

売上高(1)－標準売上総利益(2)：3, 888, 000円－972, 000円=2, 916, 000円

2．標準製造原価差異

標準売上総利益(2)－実際売上総利益(18)：972, 000円－873, 200円=(−)98, 800円〔借方〕

3．実際変動販売費

標準変動販売費(3)＋変動販売費予算差異(6)：64, 800円＋16, 200円〔借方〕=81, 000円

4．実際固定販売費・一般管理費

固定販売費・一般管理費予算(15)－固定販売費・一般管理費予算差異(7)：

300, 000円－34, 800円〔貸方〕=265, 200円

5．実際販売費・一般管理費合計：81, 000円＋265, 200円=346, 200円

6．実際営業利益：873, 200円－346, 200円=527, 000円

Ⅱ　直接原価計算方式の損益計算書の作成

1．標準変動費合計

売上高(1)－標準貢献利益(5)：3, 888, 000円－1, 879, 200円=2, 008, 800円

2．標準変動売上原価

標準変動費合計－標準変動販売費(3)：2, 008, 800円－64, 800円=1, 944, 000円

3．標準変動製造原価差異

標準製造原価差異－(固定加工費予算差異(13)＋操業度差異(16))：

(−)98, 800円〔借方〕－((−)14, 600円〔借方〕＋45, 000円〔貸方〕)=(−)129, 200円〔借方〕

4．標準変動原価差異合計

標準変動製造原価差異＋変動販売費予算差異(6)：

(−)129, 200円〔借方〕＋(−)16, 200円〔借方〕=(−)145, 400円〔借方〕

5．実際貢献利益

標準貢献利益(5)－標準変動原価差異合計：1, 879, 200円－145, 400円〔借方〕=1, 733, 800円

6．固定費合計

実際固定加工費(17)＋実際固定販売・一般管理費：

914, 600円＋265, 200円=1, 179, 800円

7．実際営業利益：1, 733, 800円－1, 179, 800円=554, 000円

Ⅲ　付属資料

1．実際販売量

標準変動売上原価÷製品1個あたりの標準変動製造原価(19)：1, 944, 000円÷600円/個=3, 240個

2．製品1個あたりの標準変動加工費

製品1個あたりの標準変動製造原価(19)－製品1個あたりの標準原料費(8)：

600円/個－360円/個=240円/個

3．製品1個あたりの標準固定加工費

標準売上原価の中の固定加工費÷実際販売量：

(2, 916, 000円－1, 944, 000円)÷3, 240個=300円/個

4．正常生産量

固定加工費予算(実際固定加工費(17)－固定加工費予算差異(13))÷製品1個あたりの固定加工費：

(914, 600円－14, 600円)÷300円/個=3, 000個

5．実際生産量

正常生産量＋操業度差異(16)÷製品1個あたりの固定加工費：3, 000個＋45, 000円〔貸方〕÷300円/個=3, 150個

6．固定費調整

営業利益の差額：527, 000円－554, 000円=(−)27, 000円

または

(投入量－販売量)×製品1個あたりの固定加工費：

(3, 150個－3, 240個)×300円/個=(−)27, 000円

Ⅳ　参　考

解答にあたり不要な資料：(4)(9)(11)(14)

問題3-7

〔問１〕

全部原価計算の営業利益	1, 525, 000　円
直接原価計算の営業利益	1, 045, 000　円

〔問２〕全部原価計算の営業利益は，直接原価計算の営業利益に比べて，

160, 000　円　（　大きい　・　(小さい)　）。

（注）（　）の中は適切な方を◯で囲みなさい。以下の問も同様。

〔問３〕全部原価計算の場合，20×3年５月の営業利益は，４月の営業利益に比べて，

70, 000　円　（　大きい　・　(小さい)　）。

〔問４〕販売量の増加により，20×3年５月の営業利益は，４月の営業利益に比べて，

250, 000　円　（　(増　加)　・　減　少　）した。

生産量の減少により，20×3年５月の営業利益は，４月の営業利益に比べて，

320, 000　円　（　増　加　・　(減　少)　）した。

〔問５〕最大の営業利益と最小の営業利益の差額

880, 000　円

解答への道

〔問１〕20×3年４月の営業利益の計算

１．全部原価計算の営業利益

本問では標準原価計算を採用しており，各月の全部原価計算の営業利益は次のように計算することができる。なお，予定操業度差異は当月の売上原価に賦課することから，期間利益を増減させる。

営業利益：(@4, 500円－@3, 250円（＊１））×製品販売量±予定操業度差異（＊２）－600, 000円
固定販売費・一般管理費

（＊１）製品原価標準@3, 000円＋変動販売費@250円＝@3, 250円

（＊２）予定操業度差異

予定操業度差異：@1, 600円×（製品生産量－予算操業度2, 000個）

なお，予定操業度差異が不利差異であれば営業利益は減少（＝マイナス）し，有利差異であれば営業利益は増加する（＝プラス）。

20×3年４月の全部原価計算の営業利益は次のようになる。

予定操業度差異：@1, 600円×（2, 000個－2, 000個）＝0円

営　業　利　益：（@4, 500円－@3, 250円）×1, 700個±0円－600, 000円＝1, 525, 000円

２．直接原価計算の営業利益

直接原価計算の各月の営業利益は次のように計算することができる。なお，固定費は期間原価として発生月の損益に全額が計上される。

営業利益：（@4, 500円－@1, 650円（＊１））×製品販売量－（3, 200, 000円（＊２）＋600, 000円）
貢献利益　固定製造原価　固定販売費・一般管理費

（＊１）変動製造原価標準（@3, 000円－@1, 600円）＋変動販売費@250円＝@1, 650円

（＊２）@1, 600円×予算操業度2, 000個＝3, 200, 000円

20×3年４月の直接原価計算の営業利益は次のようになる。

営業利益：（@4, 500円－@1, 650円）×1, 700個－3, 800, 000円＝1, 045, 000円
固定費合計

なお，直接原価計算の営業利益を先に求めてから，固定費調整によって全部原価計算の営業利益を求めてもよい。

全部原価計算の営業利益：1, 045, 000円＋@1, 600円×（400個－100個）＝1, 525, 000円

〔問２〕20×3年５月の営業利益の比較

１．全部原価計算の営業利益

予定操業度差異：@1, 600円×（1, 800個－2, 000個）＝(−)320, 000円〔不利〕

営　業　利　益：（@4, 500円－@3, 250円）×1, 900個－320, 000円－600, 000円＝1, 455, 000円

２．直接原価計算の営業利益

営 業 利 益：（@4, 500円－@1, 650円）×1, 900個－3, 800, 000円＝1, 615, 000円

３．両計算方法の営業利益の比較

全部原価計算1, 455, 000円－直接原価計算1, 615, 000円＝(−)160, 000円

したがって，全部原価計算の営業利益は，直接原価計算の営業利益に比べて，160, 000円小さい。

なお，この両者の営業利益の差は固定費調整額にほかならない。よって固定費調整額により求めることもできる。

@1, 600円×（300個－400個）＝(−)160, 000円

〔問３〕全部原価計算における４月と５月の営業利益の比較

５月の営業利益1, 455, 000円－４月の営業利益1, 525, 000円＝(−)70, 000円

したがって，５月の営業利益は，４月の営業利益に比べて，70, 000円小さい。

〔問４〕全部原価計算における営業利益の増減要因

〔問１〕の解説より，全部原価計算の場合の営業利益は次のように計算できる。

> 営　業　利　益：（@4, 500円－@3, 250円）×製品販売量±予定操業度差異－600, 000円
> 予定操業度差異：@1, 600円×（製品生産量－予算操業度2, 000個）

上記の営業利益の計算構造から，販売量の増減により営業利益は「（@4, 500円－@3, 250円）×販売量の増減」だけ変動し，また，生産量が増減すれば，「@1, 600円×生産量の増減」の分だけ予定操業度差異が増減することから，その分だけ営業利益が変動する。

そこで，４月と５月の販売量と生産量の増減から，それぞれの要因による営業利益増減額を算定する。

販売量要因：（@4, 500円－@3, 250円）×（５月1, 900個－４月1, 700個）＝(+)250, 000円
200個の増加

生産量要因：@1, 600円×（５月1, 800個－４月2, 000個）　＝(−)320, 000円
200個の減少

合計　(−) 70, 000円…〔問3〕の解答

したがって，販売量の増加（200個）により，５月の営業利益は，４月の営業利益と比べて，250, 000円増加する一方，生産量の減少（200個）により，５月の営業利益は，４月の営業利益と比べて，320, 000円減少している。

〔問５〕全部原価計算における２か月間の最大営業利益と最小営業利益の差額

本問では，全部原価計算において生産量を増減させた場合における営業利益の変動額を考えればよい。つまり，〔問４〕からもわかるように，全部原価計算では生産量が１個増加（同時に月末製品も１個増加）するごとに予定操業度差異が1,600円有利差異の方向に振れ，同額だけ月間営業利益は増加することになる。この関係を利用して，２か月間の営業利益合計の最大額と最少額の変動幅を計算すればよい。

なお，月間の生産量（1,600個～2,250個）と在庫量（100個～650個）の制約を考慮する必要がある。

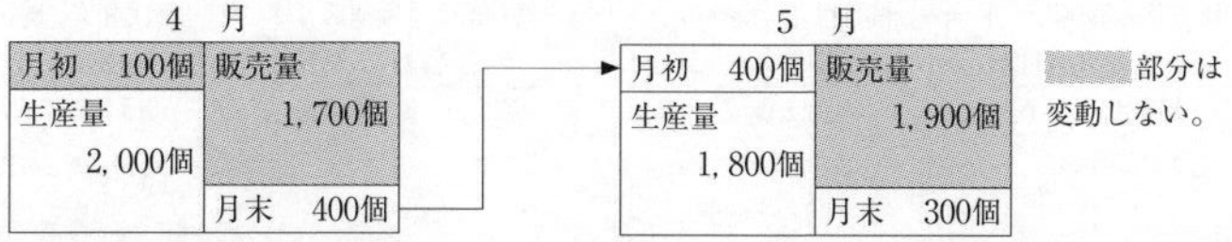

1．営業利益の最大化

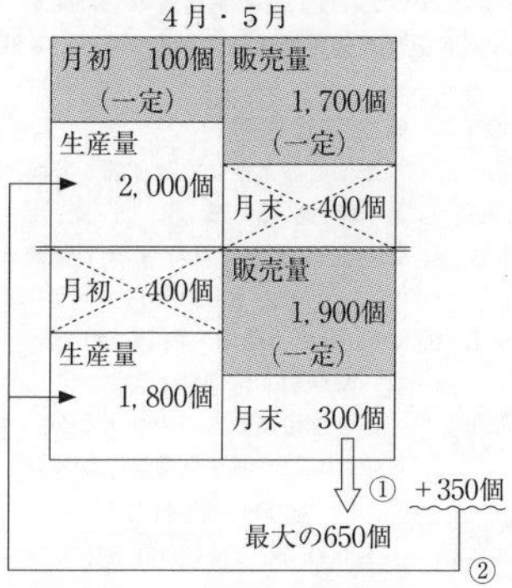

① 左の図のように４月と５月のデータを縦に積み重ねると，４月の月末製品在庫量と５月の月初製品在庫量は等しいことから，貸借相殺できるため考えなくてもよい。

また，販売量は変わらないことを前提とするため，貸方側の変動要素は，５月末の製品在庫量だけである。

ここで，営業利益を最大にするには生産量を350個増加させ，月末製品在庫量を最大保有数量の650個にすればよい。

② 次に，この350個を生産量の増加として４月と５月に割り振り，改めて２か月間の生産・販売データを確定させればよい。その際，各月の月間生産量は2,250個，月末製品在庫量は650個を超えなければ，生産量の増加分350個をどのように割り振っても２か月間の営業利益合計は同額になる。

操業度差異：@1,600円×｛(2,000個－2,000個)＋(1,800個－2,000個)＋350個｝＝(+)240,000円〔有利〕
（当初の４月分）（当初の５月分）（生産量の増加分）

営 業 利 益：(@4,500円－@3,250円)×(1,700個＋1,900個)＋240,000円－(600,000円＋600,000円)
（予定操業度差異）（２か月分の固定販･管･費）

＝3,540,000円

2．営業利益の最小化

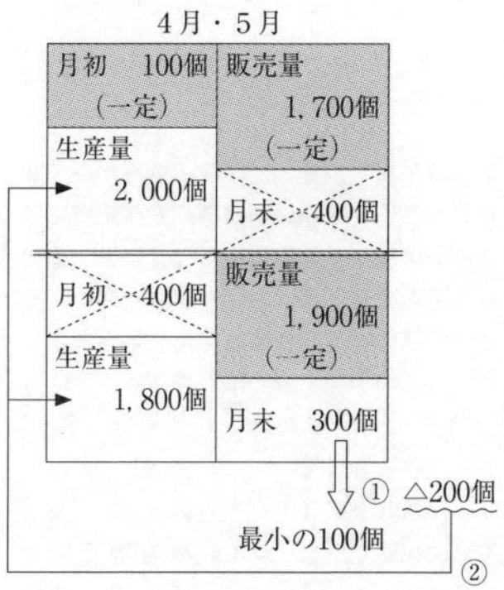

① 営業利益の最大化と同じく４月と５月のデータを縦に積み重ねると，４月の月末製品在庫量と５月の月初製品在庫量は等しいことから，貸借相殺できるため考えなくてもよい。

また，販売量は変わらないことを前提とするため，貸方側の変動要素は，５月末の製品在庫量だけである。

ここで，営業利益を最小にするには生産量を200個減少させ，月末製品在庫量を最小保有数量の100個にすればよい。

② 次に，この200個を生産量の減少として４月と５月に割り振り，改めて２か月間の生産・販売データを確定させればよい。その際，各月の月間生産量は1,600個，月末製品在庫量は100個を下回らなければ，生産量の減少分200個をどのように割り振っても２か月間の営業利益合計は同額になる。

操業度差異：@1,600円×｛(2,000個－2,000個)＋(1,800個－2,000個)－200個｝＝(－)640,000円〔不利〕
（当初の４月分）（当初の５月分）（生産量の減少分）

営 業 利 益：(@4,500円－@3,250円)×(1,700個＋1,900個)－640,000円－(600,000円＋600,000円)
（予定操業度差異）（２か月分の固定販･管･費）

＝2,660,000円

3．最大の営業利益と最小の営業利益の差額

営業利益の差額：3,540,000円(最大)－2,660,000円(最小)＝880,000円

または，生産量の増加分（350個）と減少分（200個）の合計数量だけ営業利益は変動することから，次のように計算してもよい。

営業利益の差額：@1,600円×(350個＋200個)＝880,000円

問題3-8

〔問１〕

製品１個あたりの変動製造原価	年間固定製造間接費
2,800　円	14,400,000　円

〔問２〕各原価計算の年間営業利益

全部原価計算の営業利益	直接原価計算の営業利益
8,550,000　円	8,550,000　円

〔問３〕全部原価計算の営業利益は，直接原価計算の営業利益に比べて，

0　円　（ ~~大きい~~ ・ ~~小さい~~ ）

（注）（　）の中は不要な方を二重線で消しなさい。適切なものがなければ両方消すこと。以下同様。

〔問４〕全部原価計算の営業利益は，直接原価計算の営業利益に比べて，

120,000　円	（　大きい　・　~~小さい~~　）

〔問５〕①全部原価計算の営業利益

第１四半期の営業利益	第３四半期の営業利益
2,440,000　円	2,320,000　円

②全部原価計算の営業利益は，生産量が１個増加するごとに，

1,200　円	ずつ，（　増加する　・　~~減少する~~　）

解答への道

〔問１〕原価の固変分解

当期の最大生産量と最小生産量の差から，高低点法により固変分解を行う。

製品１個あたりの変動製造間接費

$$\frac{3,180,000円-2,280,000円}{1,100個-600個}=1,800円/個$$

月間固定製造間接費

Xを生産量，Yを製造間接費，aを変動費率，bを固定費として，

Y＝aX＋bに当てはめる。

600個のとき：2,280,000円＝1,800円/個×600個＋b

b＝1,200,000円

製品１個あたりの変動製造原価：1,000円/個〈製造直接費〉＋1,800円/個＝2,800円/個

年間固定製造間接費：1,200,000円×12か月＝14,400,000円

製品１個あたりの固定製造間接費：14,400,000円÷12,000個＝1,200円/個

〃　全部製造原価：2,800円/個＋1,200円/個＝4,000円/個

〔問２〕全部原価計算と直接原価計算の期間利益の比較

本問は，全部原価計算における営業利益と直接原価計算における営業利益の相違を問う問題である。後の問では各四半期の利益をそれぞれ比較することから，四半期ごとに損益計算書を作ると次のようになる。

１．生産・販売データの整理

製　品(第１四半期)

期首　0個	販売(＊)　2,800個
生産　3,000個	期末(差引)　200個

製　品(第２四半期)

期首　200個	販売(＊)　3,300個
生産　3,300個	期末(差引)　200個

製　品(第３四半期)

期首　200個	販売(＊)　2,800個
生産　2,900個	期末(差引)　300個

製　品(第４四半期)

期首　300個	販売(＊)　2,200個
生産　1,900個	期末　0個

（＊）売上高（資料１.(2)）÷販売価格(5,500円/個)

２．損益計算書の作成

(1)　全部原価計算による損益計算書（単位：円）

	第１四半期	第２四半期	第３四半期	第４四半期	合　計
売　上　高	15,400,000	18,150,000	15,400,000	12,100,000	61,050,000
売 上 原 価(＊１)	11,200,000	13,200,000	11,200,000	8,800,000	44,400,000
原 価 差 異(＊２)	0	(+)360,000	(−)120,000	(−)1,320,000	(−)1,080,000
売上総利益	4,200,000	5,310,000	4,080,000	1,980,000	15,570,000
営　業　費					
変　動　費(＊３)	560,000	660,000	560,000	440,000	2,220,000
固　定　費(＊４)	1,200,000	1,200,000	1,200,000	1,200,000	4,800,000
営 業 利 益	2,440,000	3,450,000	2,320,000	340,000	8,550,000

（＊１）売上原価：4,000円/個×各四半期の販売量

（＊２）問題の指示により，操業度差異は四半期ごとに全額を売上原価に加減算する。したがって上記の損益計算書では，有利差異は加算し，不利差異は減算したうえで売上総利益を算定している。

操業度差異＝固定費率×（実際生産量－３か月分の正常生産量）

第１四半期：1,200円/個×(3,000個－3,000個)＝0円

第２四半期：1,200円/個×(3,300個－3,000個)＝(+)　360,000円（有利差異）

第３四半期：1,200円/個×(2,900個－3,000個)＝(−)　120,000円（不利差異）

第４四半期：1,200円/個×(1,900個－3,000個)＝(−)1,320,000円（不利差異）

（＊３）変動営業費：200円/個×各四半期の販売量

（＊４）固定営業費：400,000円×３か月＝1,200,000円

(2)　直接原価計算による損益計算書（単位：円）

	第１四半期	第２四半期	第３四半期	第４四半期	合　計
売　上　高	15,400,000	18,150,000	15,400,000	12,100,000	61,050,000
変動売上原価(＊１)	7,840,000	9,240,000	7,840,000	6,160,000	31,080,000
変動製造マージン	7,560,000	8,910,000	7,560,000	5,940,000	29,970,000
変 動 営 業 費	560,000	660,000	560,000	440,000	2,220,000
貢 献 利 益	7,000,000	8,250,000	7,000,000	5,500,000	27,750,000
固　定　費					
製造間接費(＊２)	3,600,000	3,600,000	3,600,000	3,600,000	14,400,000
営　業　費	1,200,000	1,200,000	1,200,000	1,200,000	4,800,000
営 業 利 益	2,200,000	3,450,000	2,200,000	700,000	8,550,000

（＊１）変動売上原価：2,800円/個×各四半期の販売量

（＊２）固定製造間接費：1,200,000円×３か月＝3,600,000円

全部原価計算と直接原価計算の利益の違いは，固定製造原価をどの期間の費用に計上するかにある。全部原価計算では，固定製造原価を含めたすべての製造原価を製品原価とする。その結果，一期間に発生した製造費用はその期の売上原価と期末棚卸資産に対して配分され，売上原価に配分された原価のみがその期の費用となる。これに対し，直接原価計算では固定製造原価は期間原価となり，その全額がその期の費用に計上される。

《全部原価計算》　　《直接原価計算》

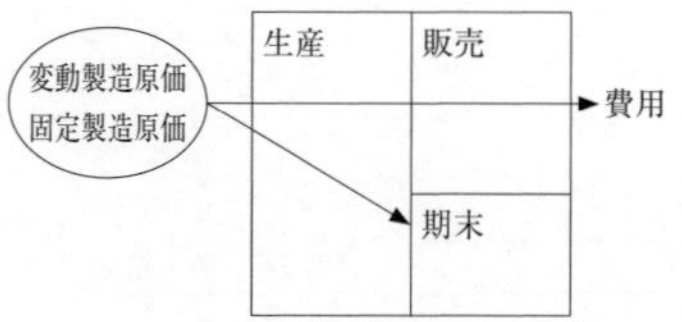

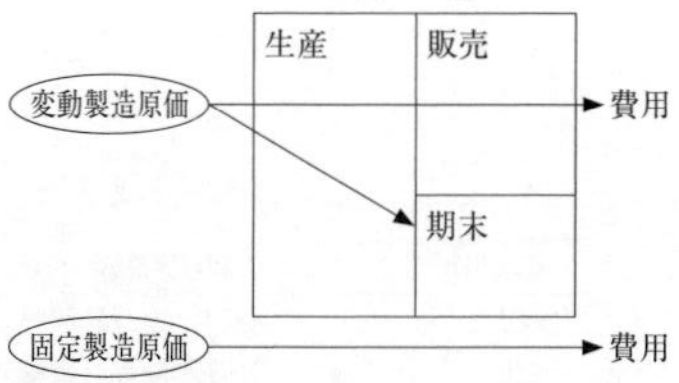

本問では期首・期末仕掛品がないため，以下の在庫は製品のみに限定する。

販売量より生産量が多い場合には，全部原価計算では固定製造原価の一部が期末在庫に配分される。このとき，期末在庫に配分された固定製造原価の分だけ費用計上額が少なくなり，直接原価計算と比べ，全部原価計算の方が利益額が多くなる。

生産量より販売量が多い場合には，その期の生産分のみならず期首在庫も販売されている。全部原価計算では，売上原価に計上された期首在庫の中に，前期に発生した固定製造原価が含まれている。直接原価計算では前期の固定製造原価はすべて前期に費用計上されるため，期首在庫に配分された前期の固定製造間接費の分だけ直接原価計算より費用計上額が多くなり，全部原価計算の方が利益が少なくなる。

このように，両者の営業利益の差は，「期首・期末の在庫量の差」と考えることができる。(固定費調整額）したがって，問２および問３での計算は，生産量と販売量が同じため，両方式で計算された利益は一致することとなる。

さらに，全部原価計算において原価差異が生じた場合，その全額を売上原価に賦課していれば，両者の利益を相違させる原因とはならない。

仕掛品・製品（固定製造原価）

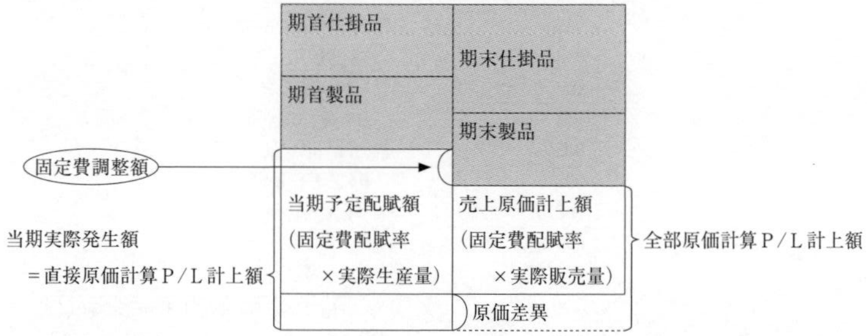

なお，当社の年間の生産量合計と販売量合計は11,100個（＝2,800個＋3,300個＋2,800個＋2,200個）で等しい。この場合，期首，期末に在庫の差は生じないため，全部原価計算と直接原価計算の営業利益は等しくなる。したがって，どちらか片方の計算のみで解答してもよい。以下は直接原価計算で計算する。

2,500円/個(＊)×11,100個－(14,400,000円＋400,000円×12か月)＝8,550,000円

（貢献利益）（販売量合計）（固定製造原価）（固定営業費）

（＊）製品１個あたりの貢献利益5,500円/個〈販売価格〉－(2,800円/個＋200円/個〈変動費〉)＝2,500円/個

〔問３〕第２四半期の全部原価計算と直接原価計算の営業利益の差額

問２の解説２.(1)と(2)の結果より，

全部原価計算による営業利益 … 3,450,000円
直接原価計算による営業利益 … 3,450,000円
差　　額 … 0円

または，第２四半期の生産量（3,300個）＝第２四半期の販売量（3,300個）　よって，差額０円

〔問４〕第３四半期の全部原価計算と直接原価計算の営業利益の差額

問２の解説２.(1)と(2)の結果より，

全部原価計算による営業利益 … 2,320,000円
直接原価計算による営業利益 … 2,200,000円
差　　額 … 120,000円

または，固定費調整により計算することもできる。

両者の営業利益の差額：1,200円/個〈固定製造原価〉×(300個〈期末製品〉－200個〈期首製品〉)
＝120,000円

期末製品に配分されている固定製造原価が多い分だけ，全部原価計算の営業利益の方が大きい。

〔問５〕全部原価計算における生産量の影響による営業利益の変化

問２の解説２.(1)の結果より，

第１四半期の営業利益 … 2,440,000円
第３四半期の営業利益 … 2,320,000円

販売量が同じ第１四半期と第３四半期について，全部原価計算による利益の違いは，操業度差異のみである。すなわち，各期の実際生産量と正常生産量の差により算出される操業度差異のズレが，そのまま営業利益のズレとなる。生産量が１個増加すると，操業度差異の金額は単位あたり固定製造原価の分だけ有利差異の方向に移行する。その結果，生産量が１個増加すると，Ｐ／Ｌに計上される操業度差異が有利差異の方向に移行し，1,200円ずつ営業利益が増加する。

〈全部原価計算で計算される操業度差異〉

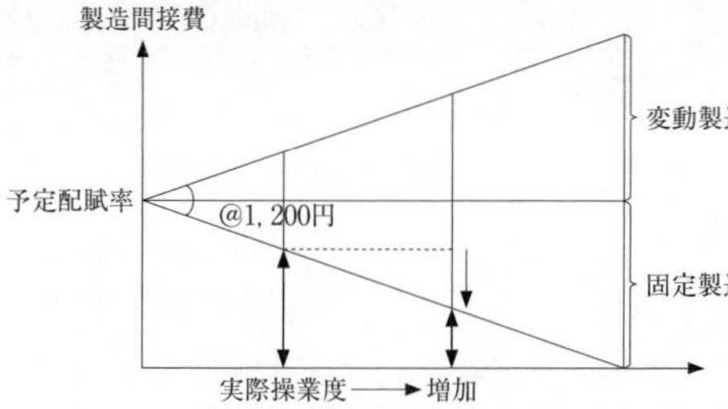

（不利な操業度差異は1,200円ずつ小さくなる）

Theme 04 企業予算の編成

問題4-1

(注) 下記の財務諸表の［　　］内に勘定科目名を，(　　) 内には金額を記入して，予定財務諸表を完成させなさい。

1．×2年度予定損益計算書（単位：万円）

売　上　高	(16,800)
売 上 原 価	(13,500)
売上総利益	(3,300)
販売費・一般管理費	(2,400)
営 業 利 益	(900)
支 払 利 息	(275)
経 常 利 益	(625)
法 人 税 等	(250)
当期純利益	(375)

2．×2年度予定貸借対照表（単位：万円）

流 動 資 産		流 動 負 債	
現　　金	(1,300)	買　掛　金	(2,910)
売　掛　金	(3,800)	短期借入金	(1,500)
製　　品	(180)	［未払法人税等］	(250)
原　　料	(250)	［未 払 利 息］	(15)
そ　の　他	(1,320)	流動負債合計	(4,675)
流動資産合計	(6,850)	固 定 負 債	
固 定 資 産		社　　債	(3,000)
土　　地	(4,000)	負 債 合 計	(7,675)
建物・設備	(5,450)	純 資 産	
差引：減価償却累計額	(△ 890)	資　本　金	(4,000)
固定資産合計	(8,560)	利益準備金	(1,000)
		任意積立金	(2,060)
		繰越利益剰余金	(675)
		純資産合計	(7,735)
資 産 合 計	(15,410)	負債・純資産合計	(15,410)

解答への道

1．予定損益計算書の作成

売 上 高：1,120円/個×150,000個＝16,800万円

売上原価：900円/個×150,000個＝13,500万円

販売費・一般管理費：40円/個×150,000個＋850万円＋950万円＝2,400万円

支払利息：240万円〈社債利息〉＋35万円〈借入金利息(＊)〉＝275万円

(＊) 借入金利息：

支払利息：500万円×4％　＝20万円

未払利息：1,500万円×4％×1/4　＝15万円

計　35万円

法人税等：625万円〈経常利益〉×40％＝250万円

2．予定貸借対照表の作成

原　料

借方		貸方	
期首	250,000kg	当期消費	7,500,000kg (＊)
当期仕入	7,500,000kg	期末	250,000kg

製　品

借方		貸方	
期首	2,000個	当期販売	150,000個
当期完成	150,000個	期末	2,000個

(＊) 原料当期消費量：150,000個×50kg/個＝7,500,000kg

(1) 製　品：900円/個×2,000個＝180万円

(2) 原　料：10円/kg×250,000kg＝250万円

(3) 売掛金：1,550万円〈前期末残高〉＋1,120円/個×150,000個（当期増加高）－14,550万円〈当期回収高〉＝3,800万円

(4) 買掛金：640万円〈前期末残高〉＋10円/kg×7,500,000kg（当期増加高）－5,230万円〈当期支払高〉＝2,910万円

(5) 現　金

現		金	(万円)
期　　首	1,500	支　　出	4,750
売掛金回収	3,920		
借　入　金（*1）	500	期　　末	1,170
期　　首	1,170	支　　出	3,860
売掛金回収	3,995	期　　末	1,305
期　　首	1,305	支　　出	3,300
売掛金回収	3,465	期　　末	1,470
期　　首	1,470	支　　出	4,320
売掛金回収	3,170	返　　済（*2）	500
		利　　息	20
借　入　金（*3）	1,500	期　　末	1,300 ──►B/S現金

（＊1）借入前の残高が670万円となるため，500万円を借り入れる。

（＊2）返済期限が到来したので利息とともに返済する。

支払利息：500万円×４％＝20万円

（＊3）返済後の残高が△200万円となるため，1,500万円を借り入れる。

(6) 短期借入金：1,500万円

(7) 未払利息：1,500万円×４％×1/4＝15万円

(8) 建物・設備：4,500万円＋950万円〈機械購入〉＝5,450万円

(9) 減価償却累計額：800万円＋80万円＋10万円＝890万円

(10) 未払法人税等：625万円〈経常利益〉×40％＝250万円

(11) 任意積立金：1,860万円〈前期末残高〉＋200万円＝2,060万円

(12) 繰越利益剰余金：1,500万円－1,200万円〈配当と処分〉＋375万円〈当期純利益〉＝675万円

問題4-2

（注）下記の［　　］中には適当な名称を，（　　）内には金額を記入しなさい。

1．×3年度予定損益計算書（単位：万円）

売　上　高		（　12,000）
差引：変動売上原価		（　7,800）
変動製造マージン		（　4,200）
差引：変動販売費		（　1,080）
［貢献利益］		（　3,120）
差引：固定費		
製造固定費	（　600）	
販売固定費	（　680）	
一般管理固定費	（　800）	（　2,080）
直接原価計算の営業利益		（　1,040）
固定費調整：		（△　10）
全部原価計算の営業利益		（　1,030）
差引：支払利息		（　230）
［経常利益］		（　800）
差引：法人税等		（　320）
当期純利益		（　480）

2．×3年度予定貸借対照表（単位：万円）

流動資産		流動負債	
現　金	（　1,150）	買　掛　金	（　1,390）
売　掛　金	（　1,350）	短期借入金	（　1,000）
製　品	（　140）	［未払費用］	（　30）
材　料	（　320）	未払法人税等	（　320）
そ　の　他	（　1,200）	流動負債計	（　2,740）
流動資産計	（　4,160）	固定負債	
固定資産		社　債	（　3,000）
土　地	（　2,000）	負債計	（　5,740）
建物・設備	（　9,800）	純資産	
差引：減価償却累計額	（△　960）	資　本　金	（　4,000）
固定資産計	（　10,840）	利益準備金	（　1,000）
		任意積立金	（　3,400）
		繰越利益剰余金	（　860）
		純資産計	（　9,260）
資産合計	（　15,000）	負債・純資産合計	（　15,000）

解答への道

1．予定損益計算書（直接原価計算方式）の作成

売　　上　　高：1,000円/個×120,000個＝12,000万円
変動売上原価：650円/個×120,000個＝7,800万円
変 動 販 売 費：90円/個×120,000個＝1,080万円
製 造 固 定 費：600万円
販 売 固 定 費：680万円　年間予算額を計上
一般管理固定費：800万円
固 定 費 調 整 額：50円/個（＊1）×2,000個－50円/個×4,000個＝△10万円
（50円/個（＊1）×2,000個：期末製品固定費　50円/個×4,000個：期首製品固定費）

（＊1）固定費率：$\frac{600万円}{120,000個}$＝50円/個

支払利息：180万円〈社債利息〉＋50万円〈借入金利息（＊2）〉＝230万円

（＊2）借入金利息：
支払利息：500万円×4％＝20万円
未払利息：1,000万円×4％×3/4＝30万円
計　50万円

法人税等：800万円〈経常利益〉×40％＝320万円

2．予定貸借対照表の作成

主　材　料

期首　60,000kg	当期消費　1,180,000kg
当期仕入　1,200,000kg	期末　80,000kg

製　　品

期首　4,000個	当期販売　120,000個
当期完成　118,000個	期末　2,000個

(1)　製　品：（650円/個＋50円/個）×2,000個＝140万円
(2)　材　料：40円/kg×80,000kg＝320万円
(3)　売掛金：1,800万円〈前期末残高〉＋1,000円/個×120,000個－12,450万円〈当期回収高〉＝1,350万円
（1,000円/個×120,000個：当期増加高）
(4)　買掛金：1,320万円〈前期末残高〉＋40円/kg×1,200,000kg－4,730万円〈当期支払高〉＝1,390万円
（40円/kg×1,200,000kg：当期増加高）

(5)　現　金

現　　金　（万円）

期　首	1,480	支　出	4,660
売掛金回収	3,850		
借　入　金（＊1）	500	期　末	1,170
期　首	1,170	支　出	3,840
売掛金回収	3,000		
借　入　金（＊2）	1,000	期　末	1,330
期　首	1,330	支　出	2,460
売掛金回収	2,500	期　末	1,370
期　首	1,370	支　出	2,800
売掛金回収	3,100	返　済（＊3）	500
		利　息	20
		期　末	1,150 →B/S現金

（＊1）借入前の残高が670万円となるため，500万円を借り入れる。
（＊2）借入前の残高が330万円となるため，1,000万円を借り入れる。
（＊3）借入期間が1年を超えてしまうため，第1四半期の期首に借り入れた500万円を返済する。
支払利息：500万円×4％＝20万円

(6)　短期借入金：1,000万円
(7)　未 払 費 用：1,000万円×4％×3/4＝30万円
(8)　建物・設備：8,800万円＋1,000万円〈当期購入〉＝9,800万円
(9)　減価償却累計額：800万円＋100万円＋60万円＝960万円
(10)　未払法人税等：800万円×40％＝320万円

問題4-3

（注）下記の財務諸表における（　　）内に計算した数値を記入し，予定損益計算書と予定貸借対照表を完成させなさい。

1．×1年度予定損益計算書（単位：円）

	10　月	11　月
売　上　高	（ 31,080,000 ）	（ 29,600,000 ）
変動売上原価	（ 27,300,000 ）	（ 26,000,000 ）
変動製造マージン	（ 3,780,000 ）	（ 3,600,000 ）
変 動 販 売 費	（ 336,000 ）	（ 320,000 ）
貢 献 利 益	（ 3,444,000 ）	（ 3,280,000 ）
固　定　費		
加　工　費	（ 2,250,000 ）	（ 2,250,000 ）
販売・一般管理費	（ 540,000 ）	（ 540,000 ）
固 定 費 計	（ 2,790,000 ）	（ 2,790,000 ）
営 業 利 益	（ 654,000 ）	（ 490,000 ）
支 払 利 息	（ 0 ）	（ 26,400 ）
経 常 利 益	（ 654,000 ）	（ 463,600 ）

2．×1年度予定貸借対照表（単位：円）

	10　月　末	11　月　末
流 動 資 産		
現　金	（ 2,500,000 ）	（ 2,500,000 ）
売 掛 金	（ 24,864,000 ）	（ 23,680,000 ）
製　品	（ 5,200,000 ）	（ 5,850,000 ）
原　料	（ 4,100,000 ）	（ 4,340,000 ）
流 動 資 産 計	（ 36,664,000 ）	（ 36,370,000 ）
固 定 資 産		
土　地	（ 36,240,000 ）	（ 36,240,000 ）
建 物・設 備	（ 54,800,000 ）	（ 54,200,000 ）
固 定 資 産 計	（ 91,040,000 ）	（ 90,440,000 ）
資 産 合 計	（ 127,704,000 ）	（ 126,810,000 ）
流 動 負 債		
買 掛 金	（ 10,370,000 ）	（ 10,370,000 ）
借 入 金	（ 2,640,000 ）	（ 1,282,400 ）
流 動 負 債 計	（ 13,010,000 ）	（ 11,652,400 ）
固 定 負 債	（ 0 ）	（ 0 ）
純 資 産		
資 本 金	（ 80,000,000 ）	（ 80,000,000 ）
資 本 剰 余 金	（ 20,000,000 ）	（ 20,000,000 ）
繰越利益剰余金	（ 14,694,000 ）	（ 15,157,600 ）
純 資 産 計	（ 114,694,000 ）	（ 115,157,600 ）
負債・純資産合計	（ 127,704,000 ）	（ 126,810,000 ）

解答への道

1．予定損益計算書の作成

10月の販売量42,000個と11月の販売量40,000個にもとづいて，損益計算書を作成する。

	10月	11月
(1) 売　上　高	740円/個×42,000個＝31,080,000円	740円/個×40,000個＝29,600,000円
(2) 変動売上原価	650円/個×42,000個＝27,300,000円	650円/個×40,000個＝26,000,000円
(3) 変 動 販 売 費	8円/個×42,000個＝　336,000円	8円/個×40,000個＝　320,000円
(4) 固　定　費		
(i) 加　工　費	2,250,000円	2,250,000円
(ii) 販売・一般管理費	540,000円	540,000円
(5) 支 払 利 息	―― 円	2,640,000円×1％＝26,400円 借入金2(6)より

2．予定貸借対照表の作成

(1) 製品（650円/個）

10月

月初在庫 8,400個	当月販売 42,000個
当月完成 ∴ 41,600個	月末在庫 8,000個

月初在庫：5,460,000円〈9月末B/S〉÷650円/個＝8,400個
月末在庫：40,000個〈11月計画販売量〉×0.2＝8,000個
　　　　　650円/個×8,000個＝5,200,000円
当月完成：貸借差引

11月

月初在庫 8,000個	当月販売 40,000個
当月完成 ∴ 41,000個	月末在庫 9,000個

月初在庫：8,000個〈10月末在庫〉
月末在庫：45,000個〈12月計画販売量〉×0.2＝9,000個
　　　　　650円/個×9,000個＝5,850,000円
当月完成：貸借差引

12月

月初在庫 9,000個	当月販売 45,000個
当月完成 ∴ 43,400個	月末在庫 7,400個

月初在庫：9,000個〈11月末在庫〉
月末在庫：37,000個〈1月計画販売量〉×0.2＝7,400個
当月完成：貸借差引

(2) 原料（50円/kg）

10月

月初在庫 83,200kg	当月消費 416,000kg
当月購入 ∴ 414,800kg	月末在庫 82,000kg

月初在庫：4,160,000円〈９月末B/S〉÷50円/kg＝83,200kg
当月消費：41,600個〈10月完成品量〉×10kg＝416,000kg
月末在庫：41,000個〈11月完成品量〉×10kg×0.2＝82,000kg
50円/kg×82,000kg＝4,100,000円
当月購入：貸借差引

11月

月初在庫 82,000kg	当月消費 410,000kg
当月購入 ∴ 414,800kg	月末在庫 86,800kg

月初在庫：82,000kg〈10月末在庫〉
当月消費：41,000個〈11月完成品量〉×10kg＝410,000kg
月末在庫：43,400個〈12月完成品量〉×10kg×0.2＝86,800kg
50円/kg×86,800kg＝4,340,000円
当月購入：貸借差引

(3) 買掛金

10月

当月減少高 10,960,000円	月初残高 10,960,000円
月末残高 ∴ 10,370,000円	当月増加高 10,370,000円

月 初 残 高：10,960,000円〈９月末B/Sより〉
当月増加高：50円/kg×414,800kg×0.5＝10,370,000円
当月減少高：月初残高を返済
月 末 残 高：10,370,000円〈貸借差額〉

11月

当月減少高 10,370,000円	月初残高 10,370,000円
月末残高 ∴ 10,370,000円	当月増加高 10,370,000円

月 初 残 高：10,370,000円〈10月末残高〉
当月増加高：50円/kg×414,800kg×0.5＝10,370,000円
当月減少高：月初残高を返済
月 末 残 高：10,370,000円〈貸借差額〉

(4) 売掛金

10月

月初残高 26,640,000円	当月減少高 26,640,000円
当月増加高 24,864,000円	月末残高 ∴ 24,864,000円

月 初 残 高：26,640,000円〈９月末B/Sより〉
当月増加高：740円/個×42,000個×0.8＝24,864,000円
当月減少高：月初残高を回収
月 末 残 高：24,864,000円〈貸借差額〉

11月

月初残高 24,864,000円	当月減少高 24,864,000円
当月増加高 23,680,000円	月末残高 ∴ 23,680,000円

月 初 残 高：24,864,000円〈10月末残高〉
当月増加高：740円/個×40,000個×0.8＝23,680,000円
当月減少高：月初残高を回収
月 末 残 高：23,680,000円〈貸借差額〉

(5) 現　金

10月

月初残高 2,500,000円	原料購入高 10,370,000円
現金売上高 6,216,000円	買掛金決済高 10,960,000円
売掛金回収高 26,640,000円	その他支払高 14,166,000円
借入金 ∴ 2,640,000円	月末残高 2,500,000円

月 初 残 高：2,500,000円〈９月末B/Sより〉
現金売上高：740円/個×42,000個×0.2＝6,216,000円
売掛金回収：26,640,000円〈売掛金月初残高の回収〉
原料購入高：50円/kg×414,800kg×0.5＝10,370,000円
買掛金決済：10,960,000円〈買掛金月初残高の決済〉
その他支払：14,166,000円〈計算条件(3)⑧より〉
月 末 残 高：2,500,000円〈計算条件(3)⑨より〉
借　入　金：貸借差額

11月

月初残高 2,500,000円	原料購入高 10,370,000円
現金売上高 5,920,000円	買掛金決済高 10,370,000円
売掛金回収高 24,864,000円	その他支払高 8,660,000円
	支払利息 26,400円
	借入金返済高 ∴ 1,357,600円
	月末残高 2,500,000円

月 初 残 高：2,500,000円〈10月末残高〉
現金売上高：740円/個×40,000個×0.2＝5,920,000円
売掛金回収：24,864,000円〈売掛金月初残高の回収〉
原料購入高：50円/kg×414,800kg×0.5＝10,370,000円
買掛金決済：10,370,000円〈買掛金月初残高の決済〉
その他支払：8,660,000円〈計算条件(3)⑧より〉
月 末 残 高：2,500,000円〈計算条件(3)⑨より〉
支 払 利 息：2,640,000円×１％＝26,400円
借入金返済：貸借差額

(6) 借入金

10月

当月返済 0円	月初残高 0円
月末残高 ∴ 2,640,000円	当月借入高 2,640,000円

月 末 残 高：2,640,000円〈当月借入高〉

11月

当月返済高 1,357,600円	月初残高 2,640,000円
月末残高 ∴ 1,282,400円	当月借入高 0円

月 末 残 高：2,640,000円－1,357,600円＝1,282,400円

(7) 建物・設備

10月：50,000,000円＋5,400,000円－(500,000円＋100,000円)〈減価償却費〉＝54,800,000円
11月：54,800,000円－(500,000円＋100,000円)〈減価償却費〉＝54,200,000円

(8) 利益剰余金

10月：14,040,000円〈９月末利益剰余金〉＋654,000円〈経常利益〉＝14,694,000円
11月：14,694,000円〈10月末利益剰余金〉＋463,600円〈経常利益〉＝15,157,600円

問題4-4

(1) 9月末貸借対照表の各数値（単位：千円）

①	105,000	②	64,000	③	28,080	④	1,920

(2)

① 予定損益計算書（単位：千円）

	10月	11月
売上高	560,000	490,000
売上原価		
標準売上原価	320,000	280,000
予定操業度差異	3,000	4,000
計	317,000	284,000
売上総利益	243,000	206,000
販売費・一般管理費	196,000	193,900
営業利益	47,000	12,100
支払利息	700	40
経常利益	46,300	12,060

② 予定貸借対照表（単位：千円）

	10月末	11月末
現金	80,980	80,380
売掛金	112,000	98,000
製品	56,000	60,000
原料	25,560	26,640
土地	844,000	844,000
建物・設備	1,338,900	1,369,400
合計	2,457,440	2,478,420
買掛金	1,080	0
借入金	4,000	14,000
固定負債	0	0
資本金	1,600,000	1,600,000
資本剰余金	400,000	400,000
利益剰余金	452,360	464,420
合計	2,457,440	2,478,420

(3) 予想現金収支一覧表（単位：千円）

	10月	11月
月初残高	80,900	80,980
（収入）製品現金売上	448,000	392,000
売掛金回収	105,000	112,000
資金の借入れ	0	10,000
収入合計	553,000	514,000
（支出）原料現金仕入	90,000	86,280
買掛金支払	1,920	1,080
給与・諸経費	394,300	379,200
営業用設備購入	0	48,000
資金の返済	66,000	0
利息の支払い	700	40
支出合計	552,920	514,600
月末残高	80,980	80,380

解答への道

1．予定損益計算書の作成

10月の計画販売量80,000個および11月の計画販売量70,000個にもとづいて，予定損益計算書の各項目を計算する。各月の計画生産量と正常生産量の差から生じる操業度差異を売上原価に賦課する点や11月の固定販売費・一般管理費に営業用設備の減価償却費を含める点に注意する。

	10月		11月	
売上高	@7,000円×80,000個＝	560,000千円	@7,000円×70,000個＝	490,000千円
売上原価				
標準売上原価	@4,000円×80,000個＝	320,000千円	@4,000円×70,000個＝	280,000千円
予定操業度差異(＊1)		3,000千円（有利）		4,000千円（不利）
計		317,000千円		284,000千円
売上総利益		243,000千円		206,000千円
販売費・一般管理費	@250円×80,000個＋176,000千円＝	196,000千円	@250円×70,000個＋176,400千円(＊3)＝	193,900千円
営業利益		47,000千円		12,100千円
支払利息(＊2)	70,000千円×1％＝	700千円	4,000千円×1％＝	40千円
経常利益		46,300千円		12,060千円

（＊1）予定操業度差異の計算

計画生産量にもとづく直接作業時間：（各月の計画生産量は後述の解説2.(1)を参照）

10月；78,000個×1時間/個＝78,000時間

11月；71,000個×1時間/個＝71,000時間

予定操業度差異：

10月；1,000円/時間×(78,000時間－75,000時間)＝(＋)3,000千円（有利差異）

11月；1,000円/時間×(71,000時間－75,000時間)＝(－)4,000千円（不利差異）

（＊２）支払利息の計算

その月の月初借入残高，つまり，前月末貸借対照表の借入金をもとに１％を乗じて計算する。なお，10月末貸借対照表の借入金は，後述の解説２.(6)を参照のこと。

10月：70,000千円〈９月末Ｂ／Ｓ借入金〉×１％＝700千円 … 予想現金収支一覧表へ

11月：　4,000千円〈10月末Ｂ／Ｓ借入金〉×１％＝　40千円 … 予想現金収支一覧表へ

（＊３）11月の固定販売費・一般管理費の計算

11月の固定販売費・一般管理費には，10月の固定販売費・一般管理費に新規取得の営業用設備の減価償却費（月割額）が加わる。

営業用設備の減価償却費：(48,000千円÷10年)÷12か月＝400千円

11月の固定販売費・一般管理費：176,000千円＋400千円＝176,400千円

２．予定貸借対照表の作成

その月の月末残高が翌月の月初残高になる。本問では，９月末貸借対照表の不明箇所を推定する必要があり，下記の分析では９月も含めて行っている。

(1)　製品（全部製造原価4,000円/個）

９　月

月初在庫(＊1) 15,000個	当月販売 75,000個
当月生産(＊3) 76,000個	月末在庫(＊2) 16,000個

10　月

月初在庫(＊1) 16,000個	当月販売 80,000個
当月生産(＊3) 78,000個	月末在庫(＊2) 14,000個

11　月

月初在庫(＊1) 14,000個	当月販売 70,000個
当月生産(＊3) 71,000個	月末在庫(＊2) 15,000個

12　月

月初在庫(＊1) 15,000個	当月販売 75,000個
当月生産(＊3) 74,000個	月末在庫(＊2) 14,000個

①　９月の計算

（＊１）月初在庫：75,000個〈９月実績製品販売量〉×20％＝15,000個

（＊２）月末在庫：80,000個〈10月計画製品販売量〉×20％＝16,000個

→ 4,000円／個×16,000個＝64,000千円〈９月末Ｂ／Ｓ製品：資料２.の②〉

（＊３）当月生産：貸借差引

②　10月の計算

（＊１）月初在庫：16,000個〈９月の月末製品在庫〉

（＊２）月末在庫：70,000個〈11月計画製品販売量〉×20％＝14,000個

→ 4,000円／個×14,000個＝56,000千円〈10月末Ｂ／Ｓ製品〉

（＊３）当月生産：貸借差引

③　11月の計算

（＊１）月初在庫：14,000個〈10月の月末製品在庫〉

（＊２）月末在庫：75,000個〈12月計画製品販売量〉×20％＝15,000個

→ 4,000円／個×15,000個＝60,000千円〈11月末Ｂ／Ｓ製品〉

（＊３）当月生産：貸借差引

④　12月の計算

（＊１）月初在庫：15,000個〈11月の月末製品在庫〉

（＊２）月末在庫：70,000個〈１月計画製品販売量〉×20％＝14,000個

（＊３）当月生産：貸借差引

(2)　原料（標準単価200円/kg）

９　月

月初在庫(＊2) 136,800kg	当月消費(＊1) 456,000kg
当月購入(＊4) 459,600kg	月末在庫(＊3) 140,400kg

10　月

月初在庫(＊1) 140,400kg	当月消費(＊2) 468,000kg
当月購入(＊4) 455,400kg	月末在庫(＊3) 127,800kg

11　月

月初在庫(＊1) 127,800kg	当月消費(＊2) 426,000kg
当月購入(＊4) 431,400kg	月末在庫(＊3) 133,200kg

12　月

月初在庫(＊1) 133,200kg	当月消費(＊2) 444,000kg
当月購入	月末在庫

①　９月の計算

（＊１）当月消費：　76,000個〈９月実績製品生産量〉×６kg／個＝456,000kg

（＊２）月初在庫：456,000kg〈９月実績原料消費量〉×30％＝136,800kg

（＊３）月末在庫：468,000kg〈10月計画原料消費量〉×30％＝140,400kg

→ 200円／kg×140,400kg＝28,080千円〈９月末Ｂ／Ｓ原料：資料２.の③〉

（＊４）当月購入：貸借差引

②　10月の計算

（＊１）月初在庫：140,400kg〈９月の月末原料在庫〉

（＊２）当月消費：　78,000個〈10月計画製品生産量〉×６kg／個＝468,000kg

（＊３）月末在庫：426,000kg〈11月計画原料消費量〉×30％＝127,800kg

→ 200円／kg×127,800kg＝25,560千円〈10月末Ｂ／Ｓ原料〉

（＊４）当月購入：貸借差引

③　11月の計算

（＊１）月初在庫：127,800kg〈10月の月末原料在庫〉

（＊２）当月消費：　71,000個〈11月計画製品生産量〉×６kg／個＝426,000kg

（＊３）月末在庫：444,000kg〈12月計画原料消費量〉×30％＝133,200kg

→ 200円／kg×133,200kg＝26,640千円〈11月末Ｂ／Ｓ原料〉

（＊４）当月購入：貸借差引

④　12月の計算

（＊１）月初在庫：133,200kg〈11月の月末原料在庫〉

（＊２）当月消費：74,000個〈12月計画製品生産量〉×６kg／個＝444,000kg

(3)　売掛金

９　月

月初残高	当月回収
当月増加(＊1) 105,000千円	月末残高(＊2) 105,000千円

10　月

月初残高(＊1) 105,000千円	当月回収(＊3) 105,000千円
当月増加(＊2) 112,000千円	月末残高(＊4) 112,000千円

11　月

月初残高(＊1) 112,000千円	当月回収(＊3) 112,000千円
当月増加(＊2) 98,000千円	月末残高(＊4) 98,000千円

①　９月の計算

（＊１）当月増加：7,000円／個×75,000個×20％＝105,000千円

9月実績売上高 525,000千円

（＊２）月末残高：105,000千円〈９月増加額：資料２.の①〉

②　10月の計算

（＊１）月初残高：105,000千円〈９月の月末残高〉

（＊２）当月増加：560,000千円〈10月の計画売上高〉×20％＝112,000千円

（＊３）当月回収：105,000千円〈月初残高は当月末に現金回収〉… 予想現金収支一覧表へ

（＊４）月末残高：112,000千円〈10月増加額〉

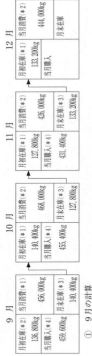

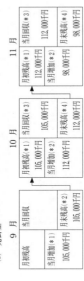

③　11月の計算

（＊1）月初残高：112,000千円〈10月の月末残高〉
（＊2）当月増加：490,000千円〈11月の計画売上高〉×20％＝98,000千円
（＊3）当月回収：112,000千円〈月初残高は当月末に現金回収〉… 予想現金収支一覧表へ
（＊4）月末残高：98,000千円〈11月増加額〉

⑷　買掛金

月間原料購入額のうち90,000千円まではその月に現金で支払い，90,000千円を超過した分だけ買掛金として計上し，翌月末に現金で支払う。そのため，各月の原料購入額が90,000千円を超えているのかどうかを計算する。

9月の原料購入額：200円/kg×459,600kg＝91,920千円（＞ 90,000千円）

→　90,000千円は9月末に現金で支払い，超過する1,920千円（91,920千円－90,000千円）を買掛金に計上する。

10月の原料購入額：200円/kg×455,400kg＝91,080千円（＞ 90,000千円）

→　90,000千円は10月末に現金で支払い，超過する1,080千円（91,080千円－90,000千円）を買掛金に計上する。

11月の原料購入額：200円/kg×431,400kg＝86,280千円（≦ 90,000千円）

→　86,280千円は11月末に現金で支払い，買掛金の計上はない。

9　月

当月支払	月初残高
	当月増加(＊1)　1,920千円
月末残高(＊2)　1,920千円	

10　月

当月支払(＊3)　1,920千円	月初残高(＊1)　1,920千円
	当月増加(＊2)　1,080千円
月末残高(＊4)　1,080千円	

11　月

当月支払(＊3)　1,080千円	月初残高(＊1)　1,080千円
	当月増加(＊2)　0千円
月末残高(＊4)　0千円	

①　9月の計算

（＊1）当月増加：1,920千円（上記の計算より）
（＊2）月末残高：1,920千円〈9月増加額：資料2.の④〉

②　10月の計算

（＊1）月初残高：1,920千円〈9月の月末残高〉
（＊2）当月増加：1,080千円（上記の計算より）
（＊3）当月支払：1,920千円〈月初残高は当月末に現金支払〉… 予想現金収支一覧表へ
（＊4）月末残高：1,080千円〈10月増加額〉

③　11月の計算

（＊1）月初残高：1,080千円〈10月の月末残高〉
（＊2）当月増加：0千円（上記の計算より）
（＊3）当月支払：1,080千円〈月初残高は当月末に現金支払〉… 予想現金収支一覧表へ
（＊4）月末残高：0千円〈11月増加額〉

⑸　現　金

各月末の現金残高が保有すべき最低所要残高を満たしているかどうかを確認するため，仮の残高をまず算定する。次いで，必要があれば，借入れもしくは返済の調整を行う。

なお，解答要求の予想現金収支一覧表は，以下の計算をそのまま記入すればよい。

	10　月	11　月
月初残高(＊1)	80,900千円	80,980千円
(収入)		
製品現金売上(＊2)	(+)　448,000千円	(+)　392,000千円
売掛金回収(＊3)	(+)　105,000千円	(+)　112,000千円
(支出)		
原料現金仕入(＊4)	(−)　90,000千円	(−)　86,280千円
買掛金支払(＊5)	(−)　1,920千円	(−)　1,080千円
給与・諸経費(＊6)	(−)　394,300千円	(−)　379,200千円
営業用設備購入(＊7)	── 千円	(−)　48,000千円
利息の支払い(＊8)	(−)　700千円	(−)　40千円
仮の残高	146,980千円	70,380千円
(借入れ・返済)		
資金の借入れ(＊9)	── 千円	(+)　10,000千円
資金の返済(＊9)	(−)　66,000千円	── 千円
月末残高	80,980千円	80,380千円

（＊1）月初残高は9月末B／Sより（解答用紙に所与。資料2．参照。）
（＊2）製品現金売上：
10月；560,000千円×80％＝448,000千円
11月；490,000千円×80％＝392,000千円
（＊3）売掛金回収：（解説2.⑶を参照）
10月；105,000千円
11月；112,000千円
（＊4）原料現金仕入：（解説2.⑷を参照）
10月；90,000千円（解答用紙に所与。資料3.⑽参照。）
11月；86,280千円
（＊5）買掛金支払：（解説2.⑷を参照）
10月；1,920千円
11月；1,080千円
（＊6）給与・諸経費：
10月；157,800千円〈給与〉＋236,500千円〈諸経費〉＝394,300千円（解答用紙に所与。資料3.⑽参照。）
11月；①　現金支出をともなう（直接材料費以外の）変動製造原価（直接労務費・変動製造間接費）
(1,000円/個＋800円/個)×71,000個〈計画生産量〉＝127,800千円
②　現金支出をともなう固定製造原価（固定製造間接費）
75,000千円－8,200千円＝66,800千円
③　現金支出をともなう変動販売費
250円/個×70,000個〈計画販売量〉＝17,500千円
④　現金支出をともなう固定販売費・一般管理費
(176,000千円＋400千円)－(8,900千円＋400千円)＝167,100千円
⑤　11月の給与・諸経費合計
127,800千円＋66,800千円＋17,500千円＋167,100千円＝379,200千円
（＊7）営業用設備購入：
11月；48,000千円（解答用紙に所与。資料3.⑽参照。）

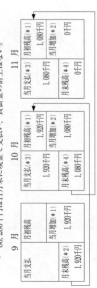

（＊８）利息の支払い：(10月末Ｂ／Ｓ借入金は後述の解説２.(6)を参照)
10月：70,000千円〈９月末Ｂ／Ｓ借入金〉×１％＝700千円
11月： 4,000千円〈10月末Ｂ／Ｓ借入金〉×１％＝ 40千円

（＊９）資金の借入れもしくは返済：
月末の（仮の）残高が最低所要残高80,000千円に満たない場合には，最低必要額，つまり，80,000千円に達するまでの最小の資金借入れを行う。また，月末の（仮の）残高が最低所要残高80,000千円を超えている場合には，最低必要額，つまり，80,000千円を下回らないまでの最大の資金返済を行う。ただし，問題の指示より，1,000千円の倍数額で借入額および返済額を計算する。
10月：146,980千円〈10月末現金の仮の残高〉－80,000千円〈最低所要残高〉＝(+)66,980千円（超過）
よって，66,000千円（＝1,000千円×66）だけ資金を返済する。
11月： 70,380千円〈11月末現金の仮の残高〉－80,000千円〈最低所要残高〉＝(－) 9,620千円（不足）
よって，10,000千円（＝1,000千円×10）の資金を借り入れる。

(6) 借入金

10 月

借方	貸方
当月返済(＊2) 66,000千円	月初残高(＊1) 70,000千円
月末残高(＊3) 4,000千円	当月借入 0千円

11 月

借方	貸方
当月返済 0千円	月初残高(＊1) 4,000千円
月末残高(＊3) 14,000千円	当月借入(＊2) 10,000千円

① 10月の計算
（＊１）月初残高：70,000千円〈９月末Ｂ／Ｓ借入金〉
（＊２）当月返済：66,000千円（解説２.(5)を参照）
（＊３）月末残高：70,000千円〈月初残高〉－66,000千円〈当月返済〉＝4,000千円

② 11月の計算
（＊１）月初残高：4,000千円〈10月末Ｂ／Ｓ借入金〉
（＊２）当月借入：10,000千円（解説２.(5)を参照）
（＊３）月末残高：4,000千円〈月初残高〉＋10,000千円〈当月借入〉＝14,000千円

(7) 建物・設備
建物・設備は資料２．の（注）の指示より直接控除法であり，減価償却累計額を直接控除する。
10月：1,356,000千円〈９月末Ｂ／Ｓ建物・設備〉－(8,200千円＋8,900千円)〈減価償却費〉
＝1,338,900千円
11月：1,338,900千円〈10月末Ｂ／Ｓ建物・設備〉＋48,000千円〈営業用設備〉
－(8,200千円＋8,900千円＋400千円)〈減価償却費〉＝1,369,400千円

(8) 利益剰余金
10月：406,060千円〈９月末Ｂ／Ｓ利益剰余金〉＋46,300千円〈10月Ｐ／Ｌ経常利益〉＝452,360千円
11月：452,360千円〈10月末Ｂ／Ｓ利益剰余金〉＋12,060千円〈11月Ｐ／Ｌ経常利益〉＝464,420千円

(9) その他の項目
土地，固定負債，資本金および資本剰余金は，10月および11月に変動がなく，９月末貸借対照表価額がそのまま計上される。

Theme 05 原価・営業量・利益関係の分析

問題5-1

月間の原価予想総額＝ 2,500,000 円＋ 300 円/枚×ピザ製造・販売量

解答への道

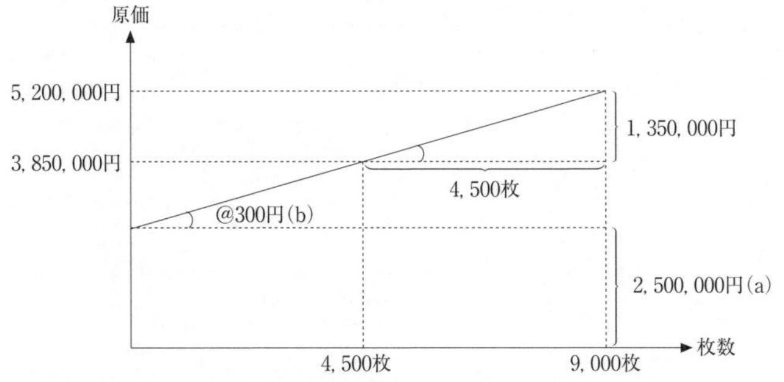

変動費率(b)：$\dfrac{520.0\text{万円}-385.0\text{万円}}{9,000\text{枚}-4,500\text{枚}}$＝300円/枚

固 定 費(a)：385.0万円－300円/枚×4,500枚＝2,500,000円
または，
520.0万円－300円/枚×9,000枚＝2,500,000円

問題5-2

(1) 製品1台あたりの変動製造間接費＝ 0.7 万円

(2) 月間の固定製造間接費＝ 141 万円

解答への道

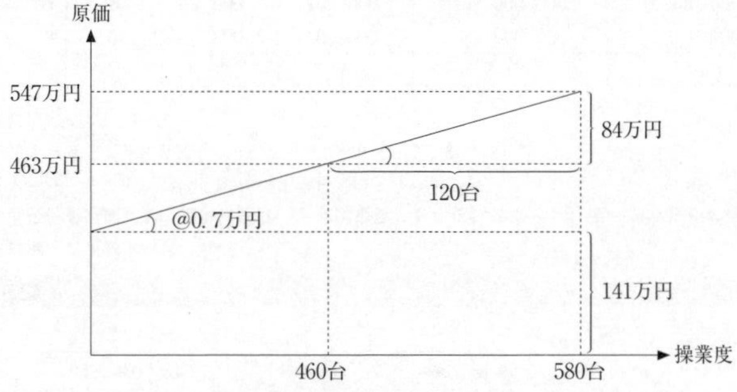

製造間接費の変動費率：$\dfrac{547万円-463万円}{580台-460台}=0.7万円/台$

月間の固定製造間接費：463万円－0.7万円/台×460台＝141万円

または，

547万円－0.7万円/台×580台＝141万円

問題5-3

10月の予想製造原価＝ 5,896,000 円

10月の予想販売費・一般管理費＝ 666,000 円

解答への道

1．正常操業圏は60％（1,500時間）から120％（3,000時間）であるため，6月（1,385時間）のデータは除外して計算する。

2．製造原価の固変分解

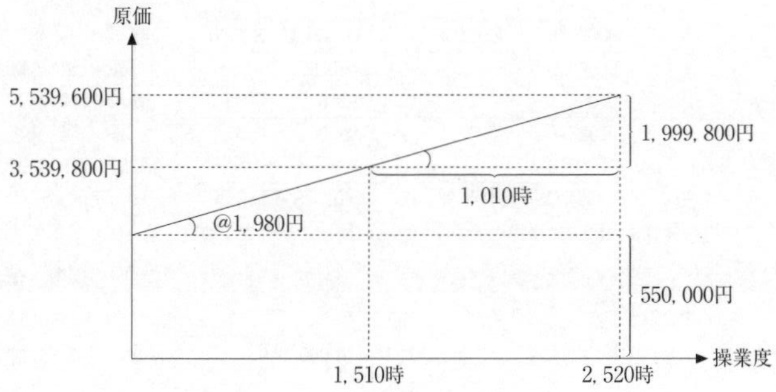

変動費率：$\dfrac{5,539,600円-3,539,800円}{2,520時-1,510時}=1,980円/時$

固定費：3,539,800円－1,980円/時×1,510時＝550,000円

または，

5,539,600円－1,980円/時×2,520時＝550,000円

∴ 10月の予想製造原価：1,980円/時×2,700時＋550,000円＝5,896,000円

3．販売費・一般管理費の固変分解

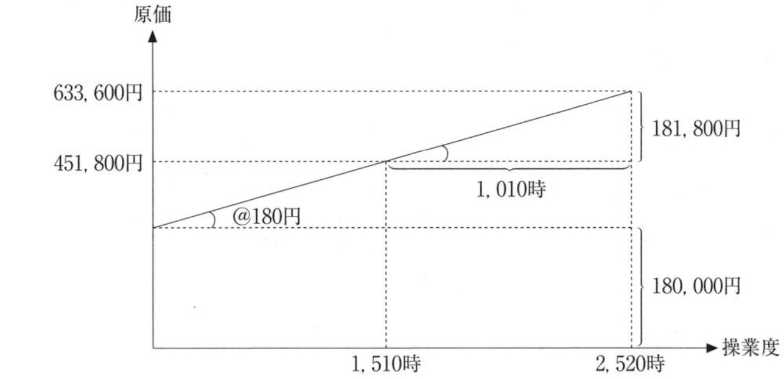

変動費率：$\dfrac{633,600円-451,800円}{2,520時-1,510時}=180円/時$

固 定 費：451, 800円－180円/時×1, 510時＝180, 000円

または，

633, 600円－180円/時×2, 520時＝180, 000円

∴　10月の予想販売費・一般管理費：180円/時×2, 700時＋180, 000円＝666, 000円

問題5-4

a ＝ 15, 000 円　　　b ＝ 90 円/時

解答への道

1．最小自乗法の正規方程式

X：直接作業時間，Y：補助材料費，a＝固定費，b＝変動費率，n＝データの数とすると，

$\begin{cases} \Sigma Y = n \cdot a + b\Sigma X & ⇦ \ Y = a + bX に\Sigma をつけた式 \\ \Sigma XY = a\Sigma X + b\Sigma X^2 & ⇦ \ XY = aX + bX^2 に\Sigma をつけた式 \end{cases}$

2．計算のための表

	月	X	Y	X・Y	X^2
n＝4個	7	800	105, 000	84, 000, 000	640, 000
	8	1, 200	105, 000	126, 000, 000	1, 440, 000
	9	400	45, 000	18, 000, 000	160, 000
	10	1, 600	165, 000	264, 000, 000	2, 560, 000
	合計	4, 000	420, 000	492, 000, 000	4, 800, 000
		⇧ ΣX	⇧ ΣY	⇧ ΣXY	⇧ ΣX^2

3．連立方程式

$\begin{cases} 420,000 = 4a + 4,000b \\ 492,000,000 = 4,000a + 4,800,000b \end{cases}$

∴　a＝15, 000（円），b＝90（円/時）

問題5-5

〔設問1〕

売　上　高　13, 200, 000 円　　販　売　数　量　2, 640 個

〔設問2〕

安全（余裕）率　12 %

〔設問3〕

売　上　高　17, 200, 000 円　　販　売　数　量　3, 440 個

〔設問4〕

売　上　高　18, 480, 000 円　　販　売　数　量　3, 696 個

〔設問5〕

節　約　額　540, 000 円

解答への道

売上高をS（円）または販売数量をX（個）とおいた直接原価計算の損益計算書は次のようになる。

	売上高をS（円）	販売数量をX（個）
売　上　高	S	5, 000X
変　動　費	0. 65S	3, 250X
貢 献 利 益	0. 35S	1, 750X
固　定　費	4, 620, 000	4, 620, 000
営 業 利 益	0. 35S－4, 620, 000	1, 750X－4, 620, 000

変動費率：$\dfrac{変動費 3,250円}{販売単価 5,000円}=0.65$　　貢献利益率：1－0. 65＝0. 35

〔設問1〕損益分岐点における売上高および販売数量

売上高：0. 35S－4, 620, 000＝0　　∴ S＝13, 200, 000（円）

販売数量：13, 200, 000円÷5, 000円/個＝2, 640個

または，

販売数量：1, 750X－4, 620, 000＝0　　∴ X＝2, 640（個）

売上高：5, 000円/個×2, 640個＝13, 200, 000円

〔設問２〕安全（余裕）率

$$\text{安全(余裕)率} = \frac{\text{売上高} - \text{損益分岐点売上高}}{\text{売上高}} \times 100$$

$$\frac{5,000\text{円/個} \times 3,000\text{個} - 13,200,000\text{円}}{5,000\text{円/個} \times 3,000\text{個}} \times 100 = 12\ (\%)$$

〔設問３〕目標営業利益達成の売上高および販売数量

売上高：0.35Ｓ－4,620,000＝1,400,000　　∴ Ｓ＝17,200,000（円）

販売数量：17,200,000円÷5,000円/個＝3,440個

または，

販売数量：1,750Ｘ－4,620,000＝1,400,000　　∴ Ｘ＝3,440（個）

売上高：5,000円/個×3,440個＝17,200,000円

〔設問４〕目標売上高営業利益率達成の売上高および販売数量

売上高：0.35Ｓ－4,620,000＝0.1Ｓ　　∴ Ｓ＝18,480,000（円）

販売数量：18,480,000円÷5,000円/個＝3,696個

または，

販売数量：1,750Ｘ－4,620,000＝5,000Ｘ×0.1　∴ Ｘ＝3,696（個）

売上高：5,000円/個×3,696個＝18,480,000円

〔設問５〕固定費の節約額

貢献利益：24,000,000円×0.35＝8,400,000円

営業利益：24,000,000円×0.18＝4,320,000円

∴ 固定費：8,400,000円－4,320,000円＝4,080,000円

以上より，売上高24,000,000円においては，固定費が4,080,000円であれば，売上高営業利益率18%が達成できることがわかる。

したがって，節約すべき固定費は，4,080,000円と現在の固定費4,620,000円の差額540,000円である。

問題5-6

〔設問１〕

売　上　高　　15,000,000 円

〔設問２〕

売　上　高　　22,500,000 円

〔設問３〕

売　上　高　　30,000,000 円

〔設問４〕

安全（余裕）率　　25 %

解答への道

売上高をＳ（円）とおいた直接原価計算の損益計算書は次のようになる。

	売上高をＳ（円）
売　上　高	Ｓ
変　動　費	0.6Ｓ
貢 献 利 益	0.4Ｓ
固　定　費	6,000,000
営 業 利 益	0.4Ｓ－6,000,000

$$\text{変動費率}: \frac{\text{変動費}\ (11,000,000\text{円} + 1,000,000\text{円})}{\text{売上高}\ 20,000,000\text{円}} = 0.6$$

$$\text{貢献利益率}: \frac{\text{貢献利益}\ 8,000,000\text{円}}{\text{売上高}\ 20,000,000\text{円}} = 0.4$$

〔設問１〕損益分岐点における売上高

0.4Ｓ－6,000,000＝0　　∴ Ｓ＝15,000,000（円）

〔設問２〕目標営業利益達成の売上高

0.4Ｓ－6,000,000＝3,000,000　　∴ Ｓ＝22,500,000（円）

〔設問３〕目標売上高営業利益率達成の売上高

0.4Ｓ－6,000,000＝0.2Ｓ　　∴ Ｓ＝30,000,000（円）

〔設問４〕安全（余裕）率

$$\text{安全(余裕)率} = \frac{\text{売上高} - \text{損益分岐点売上高}}{\text{売上高}} \times 100$$

$$\frac{20,000,000\text{円} - 15,000,000\text{円}}{20,000,000\text{円}} \times 100 = 25\ (\%)$$

問題5-7

〔問１〕

月間の損益分岐点売上高＝ 11,500 万円

〔問２〕

税引前の営業利益が，売上高の10％になる売上高＝ 16,100 万円

〔問３〕

目標利益を達成する売上高＝ 16,500 万円

解答への道

求める売上高をＳとすれば，当社の直接原価計算方式の損益計算書は次のようになる。

売上高	S	
変動費	0.65Ｓ	…0.6Ｓ〈変動製造原価〉＋0.05Ｓ〈変動販売費〉
貢献利益	0.35Ｓ	
固定費	4,025万円	…3,513万円〈製造固定費〉＋512万円〈販売・一般管理固定費〉
税引前営業利益	0.35Ｓ－4,025万円	
法人税	(0.35Ｓ－4,025万円)×0.4	
税引後営業利益	(0.35Ｓ－4,025万円)×0.6	

〔問１〕損益分岐点売上高

損益分岐点売上高：(0.35Ｓ－4,025万円)×0.6＝0

0.35Ｓ＝4,025万円

Ｓ＝11,500万円

〔問２〕税引前の営業利益が売上高の10％になる売上高

0.35Ｓ－4,025万円＝0.1Ｓ

0.25Ｓ＝4,025万円

Ｓ＝16,100万円

〔問３〕目標利益を達成する売上高

(0.35Ｓ－4,025万円)×0.6＝1,050万円

0.35Ｓ－4,025万円＝1,750万円

0.35Ｓ＝5,775万円

Ｓ＝16,500万円

問題5-8

〔設問１〕

予想営業利益 960,000 円

〔設問２〕

売上高 18,000,000 円　販売数量 4,500 個

〔設問３〕

安全（余裕）率 10 ％

〔設問４〕

経営レバレッジ係数 10

〔設問５〕

予想営業利益増加額 1,920,000 円

解答への道

売上高をＳ（円）または販売数量をＸ（個）とおいた直接原価計算の損益計算書は次のようになる。

	売上高をＳ（円）	販売数量をＸ（個）
売上高	S	4,000Ｘ
変動費	0.52Ｓ	2,080Ｘ
貢献利益	0.48Ｓ	1,920Ｘ
固定費	8,640,000	8,640,000
営業利益	0.48Ｓ－8,640,000	1,920Ｘ－8,640,000

変動費率：$\frac{\text{変動費}2,080\text{円}}{\text{販売単価}4,000\text{円}}$＝0.52　　貢献利益率：１－0.52＝0.48

〔設問１〕予想営業利益

(4,000円－2,080円)×5,000個－8,640,000円＝960,000円

〔設問２〕損益分岐点における売上高および販売数量

売上高：0.48Ｓ－8,640,000＝0　∴Ｓ＝18,000,000（円）

販売数量：18,000,000円÷4,000円/個＝4,500個

または，

販売数量：1,920Ｘ－8,640,000＝0　∴Ｘ＝4,500（個）

売上高：4,000円/個×4,500個＝18,000,000円

〔設問３〕安全（余裕）率

安全(余裕)率＝$\frac{4,000\text{円/個}\times5,000\text{個}-18,000,000\text{円}}{4,000\text{円/個}\times5,000\text{個}}$×100＝10(％)

〔設問４〕経営レバレッジ係数

経営レバレッジ係数＝$\frac{\text{貢献利益}}{\text{営業利益}}$＝$\frac{4,000\text{円/個}\times5,000\text{個}\times0.48}{960,000\text{円}}$＝10

〔設問５〕予想営業利益増加額

予想営業利益増加額：960,000円×20％×10＝1,920,000円

問題5-9

(A) 当社の年間の損益分岐点の販売量 = 4,800 個

(B) 当社の安全率（M/S比率） = 80 %

(C) 月間の目標販売量 = 1,200 個

解答への道

販売量をX（個）とおいた直接原価計算の損益計算書は次のようになる。

	販売量をX（個）
売　上　高	5,200X
変　動　費	(2,700+420)X
貢 献 利 益	2,080X
固　定　費	7,200,000+2,784,000
営 業 利 益	2,080X−9,984,000

(A) 年間の損益分岐点の販売量

2,080X−9,984,000=0　　∴ X=4,800（個）

(B) 安全率（M/S比率）

安全率：$\frac{24,000個-4,800個}{24,000個}\times100=80(\%)$

(C) 年間の目標使用総資本経常利益率を達成する月間の目標販売量

月間の税引後経常利益：96,000,000円×12%÷12か月=960,000円

月間の税引前経常利益：960,000円÷(1−0.4)=1,600,000円

営業外収益および営業外費用は固定費の修正項目として処理する。なお，月間の目標販売量を求めるため，月間損益計算書（固定費÷12か月）で考える。

	販売量をX（個）
売　上　高	5,200X
変　動　費	(2,700+420)X
貢 献 利 益	2,080X
固　定　費	9,984,000÷12か月
営 業 利 益	2,080X−832,000
営業外収益	+364,000
営業外費用	−428,000
経 常 利 益	2,080X−896,000

2,080X−896,000=1,600,000　　∴ X=1,200（個）

問題5-10

〔設問1〕

予想営業利益　3,900,000 円

〔設問2〕

予想営業利益　3,420,000 円

〔設問3〕

予想営業利益　2,700,000 円

〔設問4〕

予想営業利益　2,220,000 円

〔設問5〕

予想営業利益　2,250,000 円

〔設問6〕

予想営業利益　2,288,000 円　　予想経営資本営業利益率　20.8 %

解答への道

〔設問1〕(800円/kg×1.1−320円/kg)×15,000kg−4,500,000円=3,900,000円

〔設問2〕(800円/kg−320円/kg)×15,000kg×1.1−4,500,000円=3,420,000円

〔設問3〕(800円/kg×0.9−320円/kg)×15,000kg×1.2−4,500,000円=2,700,000円

〔設問4〕(800円/kg−320円/kg×1.1)×15,000kg−4,500,000円=2,220,000円

〔設問5〕(800円/kg−320円/kg)×15,000kg−4,500,000円×1.1=2,250,000円

〔設問6〕

予定損益計算書

売　上　高	800円/kg×0.95×15,000kg	=11,400,000円
変　動　費	320円/kg×0.94×15,000kg	=4,512,000円
貢 献 利 益		6,888,000円
固　定　費	4,500,000円+100,000円	=4,600,000円
営 業 利 益		2,288,000円

予想経営資本営業利益率：$\frac{2,288,000円}{11,000,000円}\times100=20.8(\%)$

問題5-11

〔設問1〕

予算損益計算書 (単位：円)

売上高	(20,520,000)
変動売上原価	(10,355,000)
変動製造マージン	(10,165,000)
変動販売費	(665,000)
貢献利益	(9,500,000)
固定費	(5,060,000)
営業利益	(4,440,000)

〔設問2〕

(1) 10,929,600 円　(2) 21,729,600 円　(3) 23,760,000 円

(4) 46.7 %　(5) 24,840,000 円

〔設問3〕

(1) 4,507,800 円　(2) 4,507,700 円

(3) 4,460,000 円　(4) 4,608,000 円

解答への道

〔設問1〕

予算損益計算書

売上高	2,400円/個×0.9×10,000個×0.95		= 20,520,000円
変動売上原価			
直接材料費	250円/個×1.2 ×10,000個×0.95 =	2,850,000円	
直接労務費	500円/個×1.12×10,000個×0.95 =	5,320,000	
製造間接費	230円/個 ×10,000個×0.95 =	2,185,000	10,355,000
変動製造マージン			10,165,000円
変動販売費	100円/個×0.7×10,000個×0.95		= 665,000
貢献利益			9,500,000円
固定費			
製造間接費	3,300,000円/個×10/11 =	3,000,000円	
販売費		945,000	
一般管理費		1,115,000	5,060,000
営業利益			4,440,000円

〔設問2〕

売上高をS（円）または販売数量をX（個）とおいた直接原価計算の損益計算書は次のようになる。

	売上高をS（円）	販売数量をX（個）
売上高	S	2,160X
変動費	$\frac{1,160}{2,160}$S	1,160X
貢献利益	$\frac{1,000}{2,160}$S	1,000X
固定費	5,060,000	5,060,000
営業利益	$\frac{1,000}{2,160}$S－5,060,000	1,000X－5,060,000

販売単価：2,400円/個×0.9＝2,160円/個

変動費：250円/個×1.2（直材費300円）＋500円/個×1.12（直労費560円）＋230円/個（変製間費）＋100円/個×0.7（変販売費70円）＝1,160円/個

変動費率：$\frac{\text{変動費}1,160円}{\text{販売単価}2,160円}$　　貢献利益率：$1-\frac{1,160}{2,160}=\frac{1,000}{2,160}$

(1) 損益分岐点売上高

$\frac{1,000}{2,160}$S－5,060,000＝0　∴ S＝10,929,600（円）

または,

販売量：1,000X－5,060,000＝0　∴ X＝5,060（個）

売上高：2,160円/個×5,060個＝10,929,600円

(2) 目標営業利益を達成するための売上高

$\frac{1,000}{2,160}$S－5,060,000＝5,000,000　∴ S＝21,729,600（円）

または,

販売量：1,000X－5,060,000＝5,000,000　∴ X＝10,060（個）

売上高：2,160円/個×10,060個＝21,729,600円

(3) 目標売上高営業利益率を達成するための売上高

$\frac{1,000}{2,160}$S－5,060,000＝0.25S

$\frac{1,000-540}{2,160}$S＝5,060,000　∴ S＝23,760,000（円）

または,

販売量：1,000X－5,060,000＝2,160X×0.25　∴ X＝11,000（個）

売上高：2,160円/個×11,000個＝23,760,000円

(4) 安全余裕率

$$\frac{\text{予算売上高}20,520,000\text{円}-\text{損益分岐点売上高}10,929,600\text{円}}{\text{予算売上高}20,520,000\text{円}}\times 100=46.736\cdots \Rightarrow 46.7\%$$

(5) 税引後の目標総資本経常利益率を達成するための売上高

税引後の目標経常利益：30, 000, 000円×12％＝3, 600, 000円

税引前の目標経常利益：3, 600, 000円÷（1－0.4）＝6, 000, 000円

固定費総額の修正額：5, 060, 000円（固定費）－1, 285, 000円（営業外収益）＋1, 725, 000円（営業外費用）＝5, 500, 000円

目標総資本経常利益率を達成するための売上高：

$$\frac{1,000}{2,160}S-5,500,000=6,000,000 \qquad \therefore\ S=24,840,000\ (\text{円})$$

または，

販売量：$1,000X-5,500,000=6,000,000 \qquad \therefore\ X=11,500$（個）

売上高：2, 160円/個×11, 500個＝24, 840, 000円

〔設問3〕

(1)

予算損益計算書

売　上　高	2, 160円/個×9, 500個		＝ 20, 520, 000円
変動売上原価			
直接材料費	300円/個×9, 500個＝	2, 850, 000円	
直接労務費	560円/個×9, 500個＝	5, 320, 000	
製造間接費	230円/個×9, 500個＝	2, 185, 000	10, 355, 000
変動製造マージン			10, 165, 000円
変動販売費	70円/個×9, 500個		＝ 665, 000
貢献利益			9, 500, 000円
固　定　費			
製造間接費	3, 300, 000円×0.9 ＝	2, 970, 000円	
販　売　費	945, 000円×0.96 ＝	907, 200	
一般管理費		1, 115, 000	4, 992, 200
営業利益			4, 507, 800円

(2)

予算損益計算書

売　上　高	2, 160円/個×9, 500個		＝ 20, 520, 000円
変動売上原価			
直接材料費	250円/個×1.1×9, 500個＝	2, 612, 500円	
直接労務費	560円/個×9, 500個＝	5, 320, 000	
製造間接費	230円/個×9, 500個＝	2, 185, 000	10, 117, 500
変動製造マージン			10, 402, 500円
変動販売費	70円/個×9, 500個		＝ 665, 000
貢献利益			9, 737, 500円
固　定　費			
製造間接費	3, 300, 000円×10/11 ＝	3, 000, 000円	
販　売　費		945, 000	
一般管理費	1, 115, 000円＋169, 800円＝	1, 284, 800	5, 229, 800
営業利益			4, 507, 700円

(3)

予算損益計算書

売　上　高	2, 400円/個×0.88×10, 000個		＝ 21, 120, 000円
変動売上原価			
直接材料費	300円/個×10, 000個＝	3, 000, 000円	
直接労務費	560円/個×10, 000個＝	5, 600, 000	
製造間接費	230円/個×10, 000個＝	2, 300, 000	10, 900, 000
変動製造マージン			10, 220, 000円
変動販売費	70円/個×10, 000個		＝ 700, 000
貢献利益			9, 520, 000円
固　定　費			
製造間接費		3, 000, 000円	
販　売　費		945, 000	
一般管理費		1, 115, 000	5, 060, 000
営業利益			4, 460, 000円

(4)　予算損益計算書

売　上　高	2,400円/個×0.88×10,000個		= 21,120,000円
変動売上原価			
直接材料費	250円/個×1.1×10,000個 =	2,750,000円	
直接労務費	560円/個×10,000個 =	5,600,000	
製造間接費	230円/個×10,000個 =	2,300,000	10,650,000
変動製造マージン			10,470,000円
変動販売費	70円/個×10,000個		= 700,000
貢献利益			9,770,000円
固　定　費			
製造間接費	3,300,000円×0.9 =	2,970,000円	
販　売　費	945,000円×0.96 =	907,200	
一般管理費	1,115,000円+169,800円 =	1,284,800	5,162,000
営業利益			4,608,000円

問題5-12

① 損益分岐点の販売量 = 5,580 kg

② 売上高経常利益率が10%になる販売量 = 7,900 kg

③ 税引前の目標経常利益額 = 7,520,000 円

④ 目標経常利益額を達成する販売量 = 13,950 kg

⑤ 目標販売量のときの安全率 = 60 %

解答への道

1. 製品αの単位あたり貢献利益

売　上　高	2,600円× 95%=	2,470 円
変動売上原価		
原　料　費	930円× 98%=	911.4円
変動加工費	550円× 96%=	528 円
変動販売費	30円×102%=	30.6円
製品αの単位あたり貢献利益		1,000 円

2. 固定費の変更および営業外収益・費用の固定費総額の修正

86,000円+52,000円−246,000円+288,000円=180,000円（固定費に加算）

3. CVP分析

本問では，多桁式変動予算で固定費予算が設定されているため，各操業度ごとに場合分けをしてCVP分析をする必要がある。以下，各問の求めるべき販売量をχとおき，各操業度ごとに0%～40%未満をケース1，40%～80%未満をケース2，80%～120%未満をケース3として解を求め，前

提となる操業度と矛盾がないものを選択する。

① 損益分岐点販売量

ケース1　1,000χ−(5,400,000+180,000)=0　∴ χ=5,580kg　適　解

ケース2　1,000χ−(5,768,700+180,000)=0　∴ χ=5,948.7kg　不適解

ケース3　1,000χ−(6,250,000+180,000)=0　∴ χ=6,430kg　不適解

② 売上高経常利益率が10%になる販売量　{売上高経常利益率(%)=経常利益÷売上高×100}

ケース1　{1,000χ−(5,400,000+180,000)}÷2,470χ=0.1　∴ χ=7,410.3…kg　不適解

ケース2　{1,000χ−(5,768,700+180,000)}÷2,470χ=0.1　∴ χ=7,900kg　適　解

ケース3　{1,000χ−(6,250,000+180,000)}÷2,470χ=0.1　∴ χ=8,539.1…kg　不適解

③ 税引前の目標経常利益額

22,560,000円×0.2÷(1−0.4)=7,520,000円

④ 目標経常利益額を達成する販売量

ケース1　1,000χ−(5,400,000+180,000)=7,520,000　∴ χ=13,100kg　不適解

ケース2　1,000χ−(5,768,700+180,000)=7,520,000　∴ χ=13,468.7kg　不適解

ケース3　1,000χ−(6,250,000+180,000)=7,520,000　∴ χ=13,950kg　適　解

⑤ 安全率

$$\frac{予定(目標)売上高-損益分岐点売上高}{予定(目標)売上高}\times 100=\frac{34,456,500円(*1)-13,782,600円(*2)}{34,456,500円(*1)}\times 100=60\%$$

（＊1）予定(目標)売上高：2,470円/kg×13,950kg = 34,456,500円

（＊2）損益分岐点売上高：2,470円/kg×5,580kg = 13,782,600円

問題5-13

〔問1〕

ピザ1枚あたり変動費	固　定　費（年額）
900 円	12,816 万円

〔問2〕

	代替案1	代替案2	代替案3
損益分岐点販売数量	172,662 枚	227,129 枚	246,057 枚
安　全　率	42.4 %	35.1 %	38.5 %
投下資本利益率	15.2 %	11.1 %	13.9 %

〔問3〕

	代替案1	代替案2	代替案3
目標販売数量	247,866 枚	326,057 枚	344,984 枚

解答への道

〔問１〕ピザ１枚あたり変動費および年間固定費の算定

１枚あたり変動費：$\dfrac{56,016万円-34,416万円}{480,000枚-240,000枚}=900円/枚$

年 間 固 定 費：34, 416万円－900円/枚×240, 000枚＝12, 816万円

または,

56, 016万円－900円/枚×480, 000枚＝12, 816万円

〔問２〕

１.〈代替案１〉の損益分岐点販売数量，安全率および税引後投下資本利益率の算定

⑴　CVPの関係の把握

販売量をχ（枚）とおいた場合,〈代替案１〉のCVPの関係は次のように示される。

売　上　高	1, 500χ
変　動　費	666χ（＊１）
貢 献 利 益	834χ
固　定　費	14, 400万円（＊２）
営 業 利 益	834　χ－14, 400万円
法　人　税	333. 6χ－ 5, 760万円
税引後営業利益	500. 4χ－ 8, 640万円

（＊１）ピザ１枚あたりの変動費

直 接 材 料 費：900円/枚×80%×（１－0. 3）＝504円/枚

直接材料費以外：900円/枚×20%×（１－0. 1）＝162円/枚

合　計　666円/枚

（＊２）年間固定費：12, 816万円〈問１より〉＋1, 584万円＝14, 400万円

⑵　損益分岐点販売数量

834χ－14, 400万円＝0

$\therefore \chi=\dfrac{14,400万円〈年間固定費〉}{834円〈単位あたり貢献利益〉}$

＝172, 661. 8‥→172, 662枚（小数点以下第１位四捨五入）

⑶　安全率

$\dfrac{1,500円/枚\times300,000枚〈＝計画売上高〉-1,500円/枚\times172,662枚〈＝損益分岐点売上高〉}{1,500円/枚\times300,000枚〈＝計画売上高〉}\times100$

＝42. 446‥→42. 4%（小数点以下第２位四捨五入）

⑷　税引後投下資本利益率

税引後営業利益：500. 4円/枚×300, 000枚－8, 640万円＝6, 372万円

税引後投下資本利益率：$\dfrac{6,372万円〈＝税引後営業利益〉}{42,000万円〈＝投下資本総額〉}\times100$＝15. 17‥→15. 2%（小数点以下第２位四捨五入）

２.〈代替案２〉の損益分岐点販売数量，安全率および税引後投下資本利益率の算定

⑴　CVPの関係の把握

販売量をχ（枚）とおいた場合,〈代替案２〉のCVPの関係は次のように示される。

売　上　高	1, 300χ
変　動　費	666χ
貢 献 利 益	634χ
固　定　費	14, 400万円
営 業 利 益	634　χ－14, 400万円
法　人　税	253. 6χ－ 5, 760万円
税引後営業利益	380. 4χ－ 8, 640万円

⑵　損益分岐点販売数量

634χ－14, 400万円＝0

$\therefore \chi=\dfrac{14,400万円〈年間固定費〉}{634円〈単位あたり貢献利益〉}$

＝227, 129. 3‥→227, 129枚（小数点以下第１位四捨五入）

⑶　安全率

$\dfrac{1,300円/枚\times350,000枚〈＝計画売上高〉-1,300円/枚\times227,129枚〈＝損益分岐点売上高〉}{1,300円/枚\times350,000枚〈＝計画売上高〉}\times100$

＝35. 106→35. 1%（小数点以下第２位四捨五入）

⑷　税引後投下資本利益率

税引後営業利益：380. 4円/枚×350, 000枚－8, 640万円＝4, 674万円

税引後投下資本利益率：$\dfrac{4,674万円〈税引後営業利益〉}{42,000万円〈投下資本総額〉}\times100$＝11. 12‥→11. 1%（小数点以下第２位四捨五入）

３.〈代替案３〉の損益分岐点販売数量，安全率および税引後投下資本利益率の算定

⑴　CVPの関係の把握

販売量をχ（枚）とおいた場合,〈代替案３〉のCVPの関係は次のように示される。

売　上　高	1, 300χ
変　動　費	666χ
貢 献 利 益	634χ
固　定　費	15, 600万円（＊）
営 業 利 益	634　χ－15, 600万円
法　人　税	253. 6χ－ 6, 240万円
税引後営業利益	380. 4χ－ 9, 360万円

（＊）年間固定費：14, 400万円＋1, 200万円〈固定販売費の増額〉＝15, 600万円

⑵　損益分岐点販売数量

634χ－15, 600万円＝0

$\therefore \chi=\dfrac{15,600万円〈年間固定費〉}{634円〈単位あたり貢献利益〉}$

＝246, 056. 7‥→246, 057枚（小数点以下第１位四捨五入）

⑶　安全率

$\dfrac{1,300円/枚\times400,000枚〈＝計画売上高〉-1,300円/枚\times246,057枚〈＝損益分岐点売上高〉}{1,300円/枚\times400,000枚〈＝計画売上高〉}\times100$

＝38. 48‥→38. 5%（小数点以下第２位四捨五入）

(4) 税引後投下資本利益率

税引後営業利益：380.4円/枚×400,000枚－9,360万円=5,856万円

$$税引後投下資本利益率：\frac{5,856万円〈税引後営業利益〉}{42,000万円〈投下資本総額〉}\times 100 = 13.94\cdots \rightarrow 13.9\%$$（小数点以下第2位四捨五入）

〔問3〕

(1) 〈代替案1〉の目標販売数量

$$\frac{500.4\chi - 8,640万円〈=税引後営業利益〉}{42,000万円〈投下資本総額〉}\times 100 = 8.96\%〈目標投下資本利益率〉$$

$$\therefore \chi = \frac{8,640万円 + 42,000万円\times 8.96\%}{500.4円}$$

$$= 247,865.7\cdots \rightarrow 247,866枚$$（小数点以下第1位四捨五入）

(2) 〈代替案2〉の目標販売数量

$$\frac{380.4\chi - 8,640万円〈=税引後営業利益〉}{42,000万円〈投下資本総額〉}\times 100 = 8.96\%〈目標投下資本利益率〉$$

$$\therefore \chi = \frac{8,640万円 + 42,000万円\times 8.96\%}{380.4円}$$

$$= 326,056.7\cdots \rightarrow 326,057枚$$（小数点以下第1位四捨五入）

(3) 〈代替案3〉の目標販売数量

$$\frac{380.4\chi - 9,360万円〈=税引後営業利益〉}{42,000万円〈投下資本総額〉}\times 100 = 8.96\%〈目標投下資本利益率〉$$

$$\therefore \chi = \frac{9,360万円 + 42,000万円\times 8.96\%}{380.4円}$$

$$= 344,984.2\cdots \rightarrow 344,984枚$$（小数点以下第1位四捨五入）

問題5-14

	案1	案2	案3
(1)	480,000 千円	528,000 千円	504,000 千円
(2)	36,400 千円	44,660 千円	47,180 千円
(3)	7.3 %	8.8 %	9.4 %
(4)	1,447 個	1,522 個	1,274 個
(5)	27.6 %	30.8 %	29.2 %
(6)	2,053 個	2,133 個	1,717 個

解答への道

本問は，利益計画における各代替案について，CVPに関する各種分析数値を算定する問題である。このような問題では各代替案ごとにCVP（原価・営業量・利益）の関係を把握し，それにもとづいて解答数値を算出していけばよい。

なお，解答上は特に関係ないが，この分析計算によって投下資本利益率（ROI）を算出する根拠は，事業部の業績評価指標として投下資本利益率を使用しているためであることが問題文冒頭より読み取れる。

1．案1の計算

(1) CVPの関係の把握と投下資本の計算

販売量をχ（個）とおき，案1におけるCVPの関係を直接原価計算方式で示すと次のようになる。

（単位：千円）

売上高	@240χ
変動費	@146χ（＊1）
貢献利益	@ 94χ
固定費	136,000
営業利益	@94 χ－136,000
法人税	@28.2χ－ 40,800（＊2）
税引後営業利益	@65.8χ－ 95,200

（＊1）製品A1個あたりの変動費

直接材料費：	@ 90 千円
直接労務費：	@ 30 千円
変動製造間接費：42,400千円÷2,000個＝	@ 21.2千円
変動販売費： 9,600千円÷2,000個＝	@ 4.8千円
合計	@146 千円

（＊2）法人税：(@94χ－136,000千円)×30%＝@28.2χ－40,800千円

また，投下資本は問題条件から「売上高の20%〈変動的資本〉＋400,000千円〈固定的資本〉」となり，販売個数によって投下資本額が変化することに注意する。

投下資本＝@240χ〈売上高〉×20%＋400,000千円

＝@48χ＋400,000千円

(2) 諸数値の計算

上記(1)で把握したCVPの関係にもとづいて諸数値を計算すればよい。

① 売上高…480,000千円〈本年度実績〉
② 税引後営業利益… 36,400千円〈本年度実績〉
③ ROI（投下資本利益率）… 7.3%〈本年度実績〉
（①～③ 解答用紙に所与）

④ 損益分岐点販売個数

$$@65.8\chi - 95,200 = 0$$

$$\therefore \chi = \frac{95,200}{@65.8}$$

$$= 1,446.808\cdots \rightarrow 1,447個$$（小数点以下切り上げ）

⑤ 安全余裕率

$$\frac{@240\text{千円}\times 2,000\text{個}\langle=\text{計画売上高}\rangle-@240\text{千円}\times 1,447\text{個}\langle=\text{損益分岐点売上高}\rangle}{@240\text{千円}\times 2,000\text{個}\langle=\text{計画売上高}\rangle}\times 100$$

=27. 65→27. 6%（小数点第２位以下切り捨て）

⑥ 税引後８％のROIを得るために必要な販売個数

$$\text{投下資本利益率（ROI）}:\frac{@65.8\chi-95,200\langle=\text{税引後営業利益}\rangle}{@48\chi+400,000\langle=\text{投下資本}\rangle}(\times 100)=0.08\ (=8\%)$$

$$\therefore @65.8\chi-95,200=(@48\chi+400,000)\times 0.08$$

$$\chi=\frac{95,200+32,000}{@65.8-@3.84}$$

=2, 052. 937…→2, 053個（小数点以下切り上げ）

2．案２の計算

(1) CVPの関係の把握と投下資本の計算

案１と同様に販売量を χ（個）とおき，CVPの関係を直接原価計算方式で示すと次のようになる。

（単位：千円）

売上高	@240 χ
変動費	@146 χ（＊１）
貢献利益	@ 94 χ
固定費	143, 000（＊２）
営業利益	@94 χ − 143, 000
法人税	@28. 2 χ − 42, 900（＊３）
税引後営業利益	@65. 8 χ − 100, 100

（＊１）製品Ａ１個あたりの変動費（案１と同じ）

直接材料費：		@ 90 千円
直接労務費：		@ 30 千円
変動製造間接費：	42, 400千円÷2, 000個＝	@ 21. 2千円
変動販売費：	9, 600千円÷2, 000個＝	@ 4. 8千円
合計		@146 千円

（＊２）固定費：136, 000千円＋7, 000千円＝143, 000千円

（＊３）法人税：(@94 χ −143, 000千円)×30%＝@28. 2 χ −42, 900千円

投下資本＝@240 χ〈売上高〉×20%＋400, 000千円

＝@48 χ＋400, 000千円

(2) 諸数値の計算

① 売上高

@240千円×2, 200個＝528, 000千円

② 税引後営業利益

@65. 8千円×2, 200個−100, 100千円＝44, 660千円

③ ROI（投下資本利益率）

$$\frac{44,660\text{千円}\langle\text{税引後営業利益}\rangle}{@48\text{千円}\times 2,200\text{個}+400,000\text{千円}\langle=\text{投下資本}\rangle}\times 100$$

＝8. 833…→8. 8%（小数点第２位以下切り捨て）

④ 損益分岐点販売個数

$$@65.8\chi-100,100=0$$

$$\therefore \chi=\frac{100,100}{@65.8}$$

＝1, 521. 276…→1, 522個（小数点以下切り上げ）

⑤ 安全余裕率

$$\frac{@240\text{千円}\times 2,200\text{個}\langle=\text{計画売上高}\rangle-@240\text{千円}\times 1,522\text{個}\langle=\text{損益分岐点売上高}\rangle}{@240\text{千円}\times 2,200\text{個}\langle=\text{計画売上高}\rangle}\times 100$$

＝30. 81…→30. 8%（小数点第２位以下切り捨て）

⑥ 税引後８％のROIを得るために必要な販売個数

$$\text{投下資本利益率（ROI）}:\frac{@65.8\chi-100,100\langle=\text{税引後営業利益}\rangle}{@48\chi+400,000\langle=\text{投下資本}\rangle}(\times 100)=0.08\ (=8\%)$$

$$\therefore @65.8\chi-100,100=(@48\chi+400,000)\times 0.08$$

$$\chi=\frac{100,100+32,000}{@65.8-@3.84}$$

＝2, 132. 020…→2, 133個（小数点以下切り上げ）

3．案３の計算

(1) CVPの関係の把握と投下資本の計算

案１，案２と同様に販売量を χ（個）とおいた場合のCVPの関係を示すと次のようになる。

（単位：千円）

売上高	@280 χ
変動費	@152 χ（＊１）
貢献利益	@128 χ
固定費	163, 000（＊２）
営業利益	@ 128 χ − 163, 000
法人税	@38. 4 χ − 48, 900（＊３）
税引後営業利益	@89. 6 χ − 114, 100

（＊１）製品Ａ１個あたりの変動費

直接材料費：	@90千円＋@3. 6千円＝	@ 93. 6千円
直接労務費：	@30千円＋@2. 4千円＝	@ 32. 4千円
変動製造間接費：	42, 400千円÷2, 000個＝	@ 21. 2千円
変動販売費：	9, 600千円÷2, 000個＝	@ 4. 8千円
合計		@152 千円

（＊２）固定費：136, 000千円＋13, 000千円＋14, 000千円＝163, 000千円

（＊３）法人税：(@128 χ −163, 000千円)×30%＝@38. 4 χ −48, 900千円

投下資本＝@280 χ〈売上高〉×20%＋400, 000千円

＝@56 χ＋400, 000千円

(2) 諸数値の計算

① 売上高

@280千円×1, 800個＝504, 000千円

② 税引後営業利益

@89. 6千円×1, 800個−114, 100千円＝47, 180千円

③ ROI（投下資本利益率）

$$\frac{47,180\text{千円〈税引後営業利益〉}}{@56\text{千円}\times 1,800\text{個}+400,000\text{千円〈＝投下資本〉}}\times 100=9.420\cdots\rightarrow 9.4\%$$

④ 損益分岐点販売個数

$@89.6\chi-114,100=0$

$$\therefore \chi=\frac{114,100}{@89.6}$$

$=1,273.4375\rightarrow 1,274$個（小数点以下切り上げ）

⑤ 安全余裕率

$$\frac{@280\text{千円}\times 1,800\text{個〈＝計画売上高〉}-@280\text{千円}\times 1,274\text{個〈＝損益分岐点売上高〉}}{@280\text{千円}\times 1,800\text{個〈＝計画売上高〉}}\times 100$$

$=29.222\cdots\rightarrow 29.2\%$（小数点第２位以下切り捨て）

⑥ 税引後８％のROIを得るために必要な販売個数

$$\text{投下資本利益率（ROI）：}\frac{@89.6\chi-114,100\text{〈＝税引後営業利益〉}}{@56\ \chi+400,000\text{〈＝投　下　資　本〉}}(\times 100)=0.08\ (=8\%)$$

$\therefore @89.6\chi-114,100=(@56\chi+400,000)\times 0.08$

$$\chi=\frac{114,100+32,000}{@89.6-@4.48}$$

$=1,716.400\cdots\rightarrow 1,717$個（小数点以下切り上げ）

問題5-15

〔設問１〕

(1)	製品α	7,300	個	製品β	4,380	個	製品γ	2,920	個
(2)	製品α	9,800	個	製品β	5,880	個	製品γ	3,920	個

〔設問２〕

製品α	9,060,000	円	製品β	5,436,000	円	製品γ	3,624,000	円

解答への道

各製品の貢献利益，貢献利益率および固定費合計は次のとおりである。

	製品α	製品β	製品γ
販売単価	1,500円/個	1,000円/個	800円/個
変動費	900円/個	650円/個	560円/個
貢献利益	600円/個	350円/個	240円/個
（貢献利益率）	（40%）	（35%）	（30%）
固定費合計		6,613,800円	

〔設問１〕

製品αが５個，製品βが３個，製品γが２個を１セットとして販売すると考える。

１セットあたりの貢献利益：600円/個×５＋350円/個×３＋240円/個×２=4,530円/セット

(1) 損益分岐点販売セット数：6,613,800円÷4,530円/セット=1,460セット

各製品の損益分岐点販売量：製品α：1,460セット×５=7,300個

製品β：1,460セット×３=4,380個

製品γ：1,460セット×２=2,920個

(2) 目標利益達成販売セット数：(6,613,800円＋2,265,000円)÷4,530円/セット=1,960セット

各製品の販売量：製品α：1,960セット×５=9,800個

製品β：1,960セット×３=5,880個

製品γ：1,960セット×２=3,920個

〔設問２〕

平均貢献利益率：40%×0.5＋35%×0.3＋30%×0.2=36.5%

損益分岐点における全体の売上高：6,613,800円÷0.365=18,120,000円

各製品の損益分岐点売上高：製品α：18,120,000円×0.5=9,060,000円

製品β：18,120,000円×0.3=5,436,000円

製品γ：18,120,000円×0.2=3,624,000円

問題5-16

〔設問１〕

製品αの販売量 6,500 個　　製品βの販売量 6,500 個

〔設問２〕

製品αの売上高 4,000,000 円　　製品βの売上高 12,000,000 円

〔設問３〕

製品αの販売量 6,800 個　　製品βの販売量 8,500 個

解答への道

20×1年度における各製品の貢献利益，貢献利益率および固定費は次のとおりである。

	製品α	製品β
販売単価	1,000円/個	1,250円/個
変動費	770円/個	940円/個
貢献利益	230円/個	310円/個
(貢献利益率)	(23%)	(24.8%)
固定費合計	3,510,000円	

〔設問１〕

製品α１個と製品β１個を１セットとして販売すると考える。

１セットあたりの貢献利益：230円/個×１＋310円/個×１=540円/セット

損益分岐点販売セット数：3,510,000円÷540円/セット=6,500セット

各製品の損益分岐点販売量：製品α；6,500セット×１=6,500個

製品β；6,500セット×１=6,500個

〔設問２〕

1．税引前目標営業利益：1,544,000円×0.15÷(１－0.4)=386,000円

2．売上高合計をＳとおき，CVPの関係を把握すれば次のとおりである(単位：円)。

	製品α	製品β	合計
売上高	0.25 S	0.75 S	S
変動費	0.1925 S	0.564 S	0.7565 S
貢献利益	0.0575 S	0.186 S	0.2435 S
固定費			3,510,000
営業利益			0.2435 S －3,510,000

営業利益が386,000円となる売上高合計Ｓを求める。

0.2435 S －3,510,000=386,000

S =16,000,000(円)

∴ 各製品売上高：製品α；16,000,000円×0.25= 4,000,000円

製品β；16,000,000円×0.75=12,000,000円

〔設問３〕

1．製品１個あたりの貢献利益

	製品α		製品β	
販売価格	1,000円×0.95＝	950円	1,250円×1.04＝	1,300円
変動費				
原料費	400円×1.1 ＝	440円	500円×1.1 ＝	550円
変動加工費		350円		410円
変動販売費	20円×1.05＝	21円	30円×1.1 ＝	33円
貢献利益		139円		307円

2．年間固定費予算の修正

固定加工費……………………1,200,000円

固定販売費……………795,000円＋21,000円= 816,000円

一般管理費(すべて固定費)……………1,515,000円

営業外収益……………△123,200円

営業外費用……………146,900円

合計 3,554,700円

3．損益分岐点販売量の計算

製品α４個と製品β５個を１セットとして販売すると考える。

１セットあたりの貢献利益：139円/個×４＋307円/個×５=2,091円/セット

損益分岐点販売セット数：3,554,700円÷2,091円/セット=1,700セット

各製品の損益分岐点販売量：製品α；1,700セット×４=6,800個

製品β；1,700セット×５=8,500個

問題5-17

〔問１〕

6月の損益分岐点の販売量＝ 3, 800 kg

〔問２〕

6 月 の 安 全 余 裕 率＝ 24 %

〔問３〕

6 月 の 損 益 分 岐 点 比 率＝ 76 %

解答への道

〔問１〕損益分岐点の販売量を χ（kg）とすると，

全部原価計算方式の損益計算書　（単位：円）

売上高	5, 500 χ
売上原価	3, 000 χ ＋ 400, 000（＊）
売上総利益	2, 500 χ － 400, 000
販売費・一般管理費	600 χ ＋ 6, 820, 000
営業利益	1, 900 χ － 7, 220, 000

（＊）操業度差異：800円/kg〈固定加工費率〉×（5, 500kg〈計画生産量〉－ 6, 000kg〈基準生産量〉）
＝(－)400, 000円（不利差異 → 売上原価に加算）

損益分岐点販売量：1, 900 χ －7, 220, 000＝0　　∴ χ ＝3, 800（kg）

〔問２〕

安全余裕率：$\frac{\text{予想売上高}-\text{損益分岐点売上高}}{\text{予想売上高}}\times 100=\frac{5,000\text{kg}-3,800\text{kg}}{5,000\text{kg}}\times 100=24$（%）

〔問３〕

損益分岐点比率：$\frac{\text{損益分岐点売上高}}{\text{予想売上高}}\times 100=\frac{3,800\text{kg}}{5,000\text{kg}}\times 100=76$（%）

問題5-18

〔設問１〕

直接標準原価計算によった場合の販売量＝ 1, 250 個

〔設問２〕

全部標準原価計算によった場合の販売量＝ 1, 600 個

解答への道

月間の税引前経常利益：24, 240, 000円×0. 12÷（１－0. 4）÷12か月＝404, 000円

〔設問1〕

月間固定費：$\frac{4,800,000\text{円}+2,400,000\text{円}}{12\text{か月}}$－201, 800円＋197, 800円＝596, 000円

目標販売量を χ（個）とすると，

直接原価計算方式の損益計算書　（単位：円）

売上高	3, 280 χ
変動費	2, 480 χ
貢献利益	800 χ
固定費	596, 000
経常利益	800 χ － 596, 000

目標販売量：800 χ －596, 000=404, 000　　∴ χ =1, 250（個）

〔問２〕

目標販売量を χ（個）とすると，

全部原価計算方式の損益計算書　（単位：円）

売上高	3, 280 χ
売上原価	2, 800 χ ＋ 40, 000（＊）
売上総利益	480 χ － 40, 000
販売費・一般管理費	80 χ ＋ 200, 000
営業外収益	201, 800
営業外費用	197, 800
経常利益	400 χ － 236, 000

（＊）操業度差異：400円/個〈固定加工費率〉×（900個〈計画生産量〉－ 1, 000個〈基準生産量〉）
＝(－)40, 000円（不利差異 → 売上原価に加算）

目標販売量：400 χ －236, 000＝404, 000　　∴ χ ＝1, 600（個）

Theme 06 最適セール・ミックスの決定

問題6-1

(1) 最適セールス・ミックス　製品A　4,000個　製品B　2,000個
(2) 年間営業利益　4,800,000円

解答への道

製品の製造・販売上，各製品に共通する制約条件が1つある場合（本問では組立部の生産能力）には，共通する制約条件単位あたりの貢献利益額が大きい製品を優先して製造・販売する。

	製　品　A	製　品　B
1個あたり販売価格	5,000円	6,000円
1個あたり変動費(＊)	2,800円	3,000円
1個あたり貢献利益	2,200円	3,000円

(＊) 1個あたり変動費
製品A：2,400円＋400円＝2,800円
製品B：2,500円＋500円＝3,000円

組立時間1時間あたりの貢献利益額　1,100円/時間 (2,200円÷2時間)　＞　1,000円/時間 (3,000円÷3時間)　⇨製品Aを優先すべき

したがって，組立時間1時間あたりの貢献利益額が大きい製品Aを優先して製造・販売すべきである。

そこで，希少資源である組立部の生産能力14,000時間をフルに利用して営業利益（または貢献利益）を最大にするには，製品Aを需要限度の4,000個まで製造・販売する。

そして，残りの組立時間6,000時間（＝14,000時間－4,000個×2時間）を製品Bの製造・販売に振り向け，製品Bを2,000個（＝6,000時間÷3時間）製造・販売すればよい。このときの営業利益は次のようになる。

	全　体	製品A（4,000個）	製品B（2,000個）
売上高	32,000,000円	20,000,000円	12,000,000円
変動費	17,200,000円	11,200,000円	6,000,000円
貢献利益	14,800,000円	8,800,000円	6,000,000円
固定費	10,000,000円		
営業利益	4,800,000円		
組立時間	14,000時間	8,000時間	6,000時間

問題6-2

〔問1〕
変動加工費率＝（　1,400）円/時
固定加工費　＝（　7,200,000）円

〔問2〕

予算原案の予定損益計算書

製品品種	A	B	C	D	合　計
計画販売量（個）	4,000	12,000	6,000	7,000	
製品単位あたり 貢献利益（円）	（ 1,200 ）	（ 2,200 ）	（ 1,800 ）	（ 1,000 ）	
貢献利益（万円）	（ 480 ）	（ 2,640 ）	（ 1,080 ）	（ 700 ）	（ 4,900）
差引：固定費					
固定加工費（万円）					（ 720）
固定販管費（万円）					1,250
予算営業利益（万円）					（ 2,930）

〔問3〕

改訂案の予定損益計算書

製品品種	A	B	C	D	合　計
計画販売量（個）	（ 2,000 ）	（ 12,000 ）	（ 8,000 ）	（ 6,500 ）	
製品単位あたり 貢献利益（円）	（ 1,200 ）	（ 2,200 ）	（ 1,800 ）	（ 1,000 ）	
貢献利益（万円）	（ 240 ）	（ 2,640 ）	（ 1,440 ）	（ 650 ）	（ 4,970）
差引：固定費					
固定加工費（万円）					（ 720）
固定販管費（万円）					1,250
予算営業利益（万円）					（ 3,000）
差引：予算原案の営業利益（万円）					（ 2,930）
改訂による営業利益の増加額（万円）					（ 70）

解答への道

〔問１〕加工費の固変分解

変動費率：$\dfrac{32,400,000円-15,600,000円}{18,000時間-6,000時間}=1,400円/時$

固 定 費：15, 600, 000円－1, 400円/時×6, 000時間＝7, 200, 000円
または,
32, 400, 000円－1, 400円/時×18, 000時間＝7, 200, 000円

〔問２〕予算原案の予定損益計算書

１．製品品種別１個あたりの変動加工費

製品品種	変動加工費率		製品単位あたり機械加工時間		
A	1, 400円/時	×	0. 5時間	=	700円/個
B	〃	×	0. 8時間	=	1, 120円/個
C	〃	×	0. 6時間	=	840円/個
D	〃	×	0. 4時間	=	560円/個

２．製品品種別製品単位あたり貢献利益

	A	B	C	D
販売価格	3, 000円	4, 000円	3, 600円	2, 500円
変動費単価				
原料費	1, 100円	680円	960円	940円
変動加工費	700円	1, 120円	840円	560円
単位あたり貢献利益	1, 200円	2, 200円	1, 800円	1, 000円

３．予算原案の貢献利益

製品品種	製品単位あたり貢献利益		計画生産量		
A	1, 200円/個	×	4, 000個	=	480万円
B	2, 200円/個	×	12, 000個	=	2, 640万円
C	1, 800円/個	×	6, 000個	=	1, 080万円
D	1, 000円/個	×	7, 000個	=	700万円
合計					4, 900万円

４．予算原案の予算営業利益

4, 900万円〈貢献利益〉－(720万円＋1, 250万円)〈固定費〉＝2, 930万円

〔問３〕改訂案の予定損益計算書

１．最適セールス・ミックスの決定

主要設備の生産能力に制約があるため，機械加工時間あたりの貢献利益の大きい製品を優先して生産・販売する。

製品品種	製品単位あたり貢献利益		製品単位あたり機械加工時間		機械加工時間あたり貢献利益
A	1, 200円/個	÷	0. 5時間	=	2, 400円/時
B	2, 200円/個	÷	0. 8時間	=	2, 750円/時
C	1, 800円/個	÷	0. 6時間	=	3, 000円/時
D	1, 000円/個	÷	0. 4時間	=	2, 500円/時

以上から，C→B→D→Aの順となる。したがって，Cから優先的に生産・販売することで営業利益を増加させることができる。

(1) 製品Cの生産・販売量
予想最大販売量8, 000個まで生産・販売する。
製品C8, 000個の機械加工時間：0. 6時間×8, 000個＝4, 800時間

(2) 製品Bの生産量
予想最大販売量12, 000個まで生産・販売する。
製品B12, 000個の機械加工時間：0. 8時間×12, 000個＝9, 600時間

(3) 最適セールス・ミックスの決定

	C	B	D	A	合計
生産量	8, 000個	12, 000個	6, 500個④	2, 000個①	——
機械加工時間	4, 800時	9, 600時	2, 600時③	1, 000時②	18, 000時

① 製品Aの最低販売量（条件１より）
(注) 製品Dを優先すると製品Aの最低販売量2, 000個が確保できないため，製品Aの最低販売量を確保したうえで残りを製品Dに配分する。
② 2, 000個×0. 5時間＝1, 000時
③ 18, 000時－(4, 800時＋9, 600時＋1, 000時)＝2, 600時
④ 2, 600時÷0. 4時間＝6, 500個

２．改訂案の貢献利益

製品品種	製品単位あたり貢献利益		計画生産量		
A	1, 200円/個	×	2, 000個	=	240万円
B	2, 200円/個	×	12, 000個	=	2, 640万円
C	1, 800円/個	×	8, 000個	=	1, 440万円
D	1, 000円/個	×	6, 500個	=	650万円
合計					4, 970万円

３．改訂案の予算営業利益

4, 970万円〈貢献利益〉－(720万円＋1, 250万円)〈固定費〉＝3, 000万円

４．改訂による営業利益の増加額

3, 000万円〈改訂案の営業利益〉－2, 930万円〈予算原案の営業利益〉＝70万円

問題6-3

〔問１〕

製品Ｘ	製品Ｙ
8, 700　円/個	8, 400　円/個

〔問２〕

月間貢献利益
15, 660, 000　円

〔問３〕

予定遊休時間
1, 440　時間

〔問４〕

800　個

〔問５〕

300　個

〔問６〕

①	②	③	④	⑤
2	増加	26, 100	減少	16, 800
⑥	⑦	⑧	⑨	
増加	9, 300	減少	有利	

〔問７〕

製品Ｘ	製品Ｙ	月間貢献利益総額
1, 800　個	800　個	22, 380, 000　円

〔問８〕

月間貢献利益増加額
1, 680, 000　円

〔問９〕

月間貢献利益増加額
3, 660, 000　円

解答への道

〔問１〕

	製品Ｘ	製品Ｙ
販売価格	18, 000円/個	16, 800円/個
変動費		
直接材料費	4, 500円/個	2, 700円/個
変動加工費		
専用設備Ｘ	1, 500円/時間×２時間/個＝3, 000円/個	―
専用設備Ｙ	―	1, 500円/時間×２時間/個＝3, 000円/個
共通設備	1, 500円/時間×1. 2時間/個＝1, 800円/個	1, 500円/時間×1. 8時間/個＝2, 700円/個
貢献利益	8, 700円/個	8, 400円/個

〔問２〕

製品Ｘのみを生産する場合の制約条件は，専用設備Ｘと共通設備の月間生産能力（ともに3, 600時間）である。各制約条件における製品Ｘの生産可能量は次のとおりである。

制約条件	専用設備Ｘ		共通設備
月間生産能力	3, 600時間		3, 600時間
生産可能量	1, 800個	＜	3, 000個
	(3, 600時間÷２時間/個)		(3, 600時間÷1. 2時間/個)

共通設備の月間生産能力では3, 000個の生産が可能であるが，専用設備Ｘで最大1, 800個までしか生産できないため，製品Ｘのみを可能なだけ生産する場合の生産量は1, 800個となる。

製品Ｘのみを可能なだけ生産した場合の月間貢献利益：8, 700円/個〈製品Ｘ１個あたり貢献利益〉×1, 800個＝15, 660, 000円

〔問３〕

〔問２〕で求めたように製品Ｘを1, 800個生産すると，共通設備において予定遊休時間が生じる。当該遊休時間は，共通設備の月間生産能力から製品Ｘの生産に必要な共通設備の機械作業時間を差し引いて計算すればよい。

予定遊休時間：3, 600時間〈共通設備の月間生産能力〉－1, 800個×1. 2時間/個＝1, 440時間

〔問４〕

〔問３〕で求めた共通設備の予定遊休時間を考慮し，製品Ｙの生産可能量を考えればよい。製品Ｘを可能なだけ生産した場合の製品Ｙの生産に関する制約条件は，専用設備Ｙの月間生産能力と共通設備の予定遊休時間であり，各制約条件における製品Ｙの生産可能量は次のとおりである。

制約条件	専用設備Ｙ		共通設備
月間生産能力(予定遊休時間)	3, 600時間		1, 440時間
生産可能量	1, 800個	＞	800個
	(3, 600時間÷２時間/個)		(1, 440時間÷1. 8時間/個)

専用設備Ｙの月間生産能力では1, 800個の生産が可能であるが，共通設備の予定遊休時間を考慮すると，これを最大限利用しても製品Ｙは800個までしか生産できない。

よって，製品Ｘを可能なだけ生産した場合の製品Ｙの最大生産量は800個である。

〔問５〕

まず，製品Ｙの生産可能量を考える。製品Ｙの生産に関する制約条件は，専用設備Ｙと共通設備の月間生産能力である。各制約条件における製品Ｙの生産可能量は次のとおりである。

制約条件	専用設備Ｙ		共通設備
月間生産能力	3, 600時間		3, 600時間
生産可能量	1, 800個	＜	2, 000個
	(3, 600時間÷２時間/個)		(3, 600時間÷1. 8時間/個)

共通設備の月間生産能力では2, 000個の生産が可能であるが，専用設備Ｙの月間生産能力を考慮すると，これを最大限利用しても製品Ｙを1, 800個までしか生産できない。

よって，製品Ｙの生産可能量は1, 800個であり，これにより生じる共通設備の予定遊休時間を利用して製品Ｘを生産することとなる。この予定遊休時間は，共通設備の月間生産能力から製品Ｙの生産に必要な共通設備の機械作業時間を差し引いて計算すればよい。

予定遊休時間：3, 600時間〈共通設備の月間生産能力〉－1, 800個×1. 8時間/個＝360時間

続いて，この共通設備の予定遊休時間を考慮し，製品Ｘの生産可能量を考えればよい。製品Ｙを可能なだけ生産した場合の製品Ｘの生産に関する制約条件は，専用設備Ｘの月間生産能力と共通設備の予定遊休時間であり，各制約条件における製品Ｘの生産可能量は次のとおりである。

制約条件	専用設備Ｘ		共通設備
月間生産能力(予定遊休時間)	3, 600時間		360時間
生産可能量	1, 800個	＞	300個
	(3, 600時間÷２時間/個)		(360時間÷1. 2時間/個)

専用設備Ｘの月間生産能力では1, 800個の生産が可能であるが，共通設備の予定遊休時間を考慮すると，これを最大限利用しても製品Ｘは300個までしか生産できない。

よって，製品Ｙを可能なだけ生産した場合の製品Ｘの最大生産量は300個である。

〔問６〕

「製品Ｘを可能なだけ生産したうえで，製品Ｙを最大生産量まで生産した場合」とあるが，〔問４〕の結果より，これは共通設備を月間生産能力の最大まで稼働させた状態となる。ここから製品Ｘの生産を３個あきらめることで生じる遊休時間で製品Ｙをいくつ生産できるかを考える。

製品Ｙの生産可能量：1. 2時間/個×３個÷1. 8時間/個＝２個

生じる予定遊休時間 3. 6時間

よって，製品Ｘの生産を３個あきらめると製品Ｙの生産量を２個増加させることができる。

ここで，⑴製品Ｘの生産量３個減少，⑵製品Ｙの生産量２個増加から生じる利益の増加・減少額を別々に計算すると以下のようになる。

	⑴により減少する利益	⑵により増加する利益
売上高	18, 000円/個×３個＝54, 000円	16, 800円/個×２個＝33, 600円
変動費		
直接材料費	4, 500円/個×３個＝13, 500円	2, 700円/個×２個＝ 5, 400円
変動加工費		
専用設備Ｘ	3, 000円/個×３個＝ 9, 000円	―
専用設備Ｙ	―	3, 000円/個×２個＝ 6, 000円
共通設備	1, 800円/個×３個＝ 5, 400円	2, 700円/個×２個＝ 5, 400円
貢献利益	26, 100円	16, 800円

ここで，本問では共通設備を月間生産能力の最大まで稼働させた状態を前提とすることから，共通設備の変動加工費はこの比較において無関連（埋没）原価となり，分析から除外することもできるが，最終的な結論（差額利益）は同じになることに注意する。

以上より，⑴製品Ｘの生産量３個の減少で貢献利益が26, 100円減少し，⑵製品Ｙの生産量２個の増加で貢献利益が16, 800円増加することから，全体として貢献利益が9, 300円（＝26, 100円－16, 800円）減少してしまう。つまり，製品Ｘを減らして製品Ｙを増やすと貢献利益が減少する結果となることから，製品Ｘを可能なだけ生産する方が，製品Ｙを可能なだけ生産するより有利であることがわかる。

〔問７〕

製品Ｘ・Ｙの最適セールス・ミックス（最適な組合わせ）を求める問題である。製品Ｘ・Ｙはともに需要限度は存在しない。製品Ｘ・Ｙの共通の制約条件となるのは共通設備の月間生産能力であるから，この共通設備１時間あたりの貢献利益額を比較し，優先的に生産すべき製品を決定する。

	製品Ｘ	製品Ｙ
共通設備月間生産能力１時間あたり貢献利益額	8, 700円/個÷1. 2時間/個＝7, 250円/時間	8, 400円/個÷1. 8時間/個≒4, 667円/時間

以上の計算から，製品Ｘを優先的に生産し，共通設備の残余生産能力で製品Ｙを可能な限り生産する，つまり，〔問４〕の状況が月間貢献利益を最大にすると考えられる。なお，これは〔問６〕の結論からもわかる。

よって，最適セールス・ミックスは，〔問４〕より，製品Ｘ 1, 800個，製品Ｙ 800個である。

この時の月間貢献利益総額：

8, 700円/個〈製品Ｘ１個あたり貢献利益〉×1, 800個＋8, 400円/個〈製品Ｙ１個あたり貢献利益〉×800個＝22, 380, 000円

〔問８〕

製品Ｘ・Ｙの共通の制約条件となる共通設備の月間生産能力が現状より大きくなると，その増加する時間をどちらの製品の生産に充てるかが問題となるが，結論としては製品Ｙの生産に充てることになる。なぜなら，最適セールス・ミックスを前提とすると，製品Ｘはすでに1, 800個を生産しており，それが製品Ｘの最大生産可能量であることから，製品Ｘ増産の可能性はないからである。

よって，共通設備の360時間で，製品Ｙをいくら増産できるかを考える。

製品Ｙ増産量：360時間÷1. 8時間/個＝200個

月間貢献利益増加額：8, 400円/個×200個＝1, 680, 000円

〔問9〕

	製品X	製品Y
共通設備月間生産能力1時間あたり貢献利益額	9,450円/個(＊)÷1.2時間/個=7,875円/時間	4,667円/時間

(＊) 8,700円/個＋(2時間−1.5時間)×1,500円/時間＝9,450円/個
機械作業時間の短縮による貢献利益増加額

以上の計算より，〔問7〕と同様に，まず製品Xを優先的に生産し，製品Yも残余生産能力で可能な限り生産する。

製品Xの専用設備Xにおける1個あたりの加工時間を1.5時間に短縮した場合の製品Xの最大生産可能量を考える。製品Xの生産に関する制約条件となるのは，専用設備Xと共通設備の月間生産能力（ともに3,600時間）である。各制約条件における製品Xの生産可能量は次のとおりである。

制約条件	専用設備X		共通設備
月間生産能力	3,600時間		3,600時間
生産可能量	2,400個	＜	3,000個
	(3,600時間÷1.5時間/個)		(3,600時間÷1.2時間/個)

共通設備の月間生産能力では3,000個の生産が可能であるが，専用設備Xで最大2,400個までしか生産できないため，製品Xの最大生産可能量は2,400個となる。かつ，最適セールス・ミックスを前提としているため，製品Xを優先的に最大生産可能量まで生産し，共通設備の残余生産能力で製品Yを生産する。

共通設備の残余生産能力：3,600時間−2,400個×1.2時間/個＝720時間
製品Xの生産にかかる時間2,880時間

製品Yの生産量：720時間÷1.8時間/個＝400個

よって，製品Xを2,400個，製品Yを400個生産することになる。

その場合の月間貢献利益は，9,450円/個×2,400個＋8,400円/個×400個＝26,040,000円となる。

月間貢献利益増加額：26,040,000円−22,380,000円（問7）＝3,660,000円

問題6-4

製品 α	2,000 個	製品 β	1,000 個
営業利益	2,400,000 円		

解答への道

1．製品α，βの単位あたり貢献利益

製品α：2,200円−(200円＋300円＋400円＋100円)＝1,200円

製品β：2,500円−(500円＋600円＋200円＋200円)＝1,000円

2．条件の定式化

製品α，βの生産量をそれぞれα(個)，β(個)，貢献利益をZ(円)とおき，定式化すると次のようになる。

目的関数　Max Z＝Max（$1,200\alpha+1,000\beta$）

制約条件　① $2\alpha+4\beta\leqq 8,000$…直接作業時間の制約条件

② $4\alpha+2\beta\leqq 10,000$…機械作業時間の制約条件

③ $\alpha\leqq 2,200$ …需要の制約条件

④ $\beta\leqq 1,800$ …需要の制約条件

非負条件　α，$\beta\geqq 0$

3．グラフによる解法

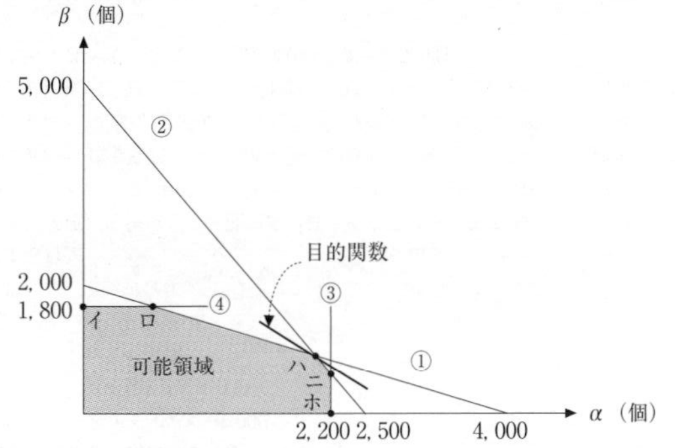

可能領域の端点から最適解を求める。

イ（α，β）＝（0，1,800）貢献利益：1,200円×0個＋1,000円×1,800個＝1,800,000円

ロ（α，β）＝（400，1,800）貢献利益：1,200円×400個＋1,000円×1,800個＝2,280,000円

ハ（α，β）＝（2,000，1,000）貢献利益：1,200円×2,000個＋1,000円×1,000個＝3,400,000円〔最大〕

ニ（α，β）＝（2,200，600）貢献利益：1,200円×2,200個＋1,000円×600個＝3,240,000円

ホ（α，β）＝（2,200，0）貢献利益：1,200円×2,200個＋1,000円×0個＝2,640,000円

最適セールス・ミックス：α＝2,000個，β＝1,000個

営業利益：3,400,000円−1,000,000円＝2,400,000円

また，次のように考えてもよい。

目的関数Z＝1, 200α＋1, 000βを変形すると，

$$\beta = -\frac{6}{5}\alpha + \frac{Z}{1,000}$$

よって，目的関数は，傾き$-\frac{6}{5}$，切片$\frac{Z}{1,000}$の直線となる。この目的関数を原点より遠ざけていくと，ハ点で最後に接することがわかる。そこで，制約条件①と②の交点が最適解となる。

①と②の方程式を解くと，

α＝2, 000個，β＝1, 000個

貢献利益（Z）：1, 200円×2, 000個＋1, 000円×1, 000個＝3, 400, 000円

∴ 営業利益：3, 400, 000円－1, 000, 000円＝2, 400, 000円

問題6-5

〔問１〕

月間の最適セールス・ミックスは，

製品αを［3, 000］個，製品βを［2, 500］個生産・販売する組み合わせである。

〔問２〕

税引前の月間営業利益＝［250］万円

〔問３〕

製品β１個あたりの貢献利益が［1, 200］円より少なくなれば，最適セールス・ミックスは変化する。

――――――＊＊＊――――――＊＊＊――――――

〔問１〕の解答のためのグラフ（定規を使用せず，目分量で簡略に書き，問題を解くための参考にしてください。）

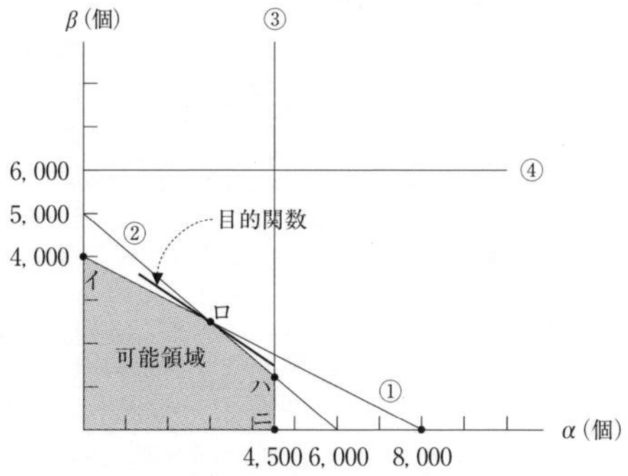

解答への道

〔問１〕

1．製品α，βの単位あたり貢献利益

製品α：2, 500円－1, 500円＝1, 000円

製品β：3, 750円－2, 250円＝1, 500円

2．条件の定式化

製品α，βの生産量をそれぞれα（個），β（個），貢献利益をZ（円）とおき，定式化すると次のようになる。

目的関数　Max Z＝Max（1, 000α＋1, 500β）

制約条件　①　2α＋4β≦16, 000

②　α＋1. 2β≦6, 000

③　α≦4, 500

④　β≦6, 000

非負条件　α，β≧0

3．グラフによる解法

グラフ（解答参照）を作成し，可能領域の端点から最適解を求める。

イ（α，β）＝（0, 4, 000）貢献利益：1, 000円×0個＋1, 500円×4, 000個＝6, 000, 000円

ロ（α，β）＝（3, 000, 2, 500）貢献利益：1, 000円×3, 000個＋1, 500円×2, 500個＝6, 750, 000円〔最大〕

ハ（α，β）＝（4, 500, 1, 250）貢献利益：1, 000円×4, 500個＋1, 500円×1, 250個＝6, 375, 000円

ニ（α，β）＝（4, 500, 0）貢献利益：1, 000円×4, 500個＋1, 500円×0個＝4, 500, 000円

最適セールス・ミックス：α＝3, 000個，β＝2, 500個

〔問２〕

営業利益：6, 750, 000円－4, 250, 000円＝250万円

〔問３〕

製品βの値下げが進み，製品αよりも収益性が悪くなると，最大貢献利益を獲得する端点の位置はより製品αの販売量が多い点に変化することになる。したがって，最適セールス・ミックスはロ点からハ点に変化するはずである。

そこで，変化後の製品β１個あたりの貢献利益をYとすると，以下のような関係が導き出せる。

ロ点の貢献利益：1, 000円×3, 000個＋Y×2, 500個 → 2, 500Y＋3, 000, 000

ハ点の貢献利益：1, 000円×4, 500個＋Y×1, 250個 → 1, 250Y＋4, 500, 000

2, 500Y＋3, 000, 000 ＜ 1, 250Y＋4, 500, 000

∴ Y＜1, 200（円）

または，以下のように考えてもよい。

製品βを値下げすれば，目的関数の傾きは急になる。最適解は端点で達せられるので，②式の傾きよりも小さく（＝急に）なったところで，①と②の交点（ロ点）から②と③の交点（ハ点）に最適解は移る。

製品βの単位あたり貢献利益をY（円）とすると，目的関数の傾きは，$-\frac{1,000}{Y}$となる。この傾きが，②式の傾き$-\frac{5}{6}$よりも小さくなればよい。

よって，$-\frac{1,000}{Y} < -\frac{5}{6}$を解くと，Y＜1, 200（円）

問題6-6

〔設問1〕

製品α	500 単位
製品β	25 単位
製品γ	1, 500 単位
合　計	2, 025 単位

〔設問2〕

7, 650, 000 円

解答への道

1．優先すべき製品の検討

3種類の製品に共通の制約条件が機械工程の稼働能力，組立工程の稼働能力および仕上工程の稼働能力と3種類ある。そこで，各製品共通の制約条件ごとに単位あたり貢献利益を求める。

(1) 各製品の単位あたり貢献利益

	製品α	製品β	製品γ
販　売　単　価	6, 000円	5, 000円	14, 000円
直　接　原　価	3, 000	3, 000	9, 000
貢　献　利　益	3, 000円	2, 000円	5, 000円

(2) 機械工程1時間あたり貢献利益

製品α：3, 000円÷3時間＝1, 000円/時間〔第2位〕
製品β：2, 000円÷4時間＝　500円/時間〔第3位〕
製品γ：5, 000円÷2時間＝2, 500円/時間〔第1位〕

(3) 組立工程1時間あたり貢献利益

製品α：3, 000円÷2時間＝1, 500円/時間〔第2位〕
製品β：2, 000円÷4時間＝　500円/時間〔第3位〕
製品γ：5, 000円÷2時間＝2, 500円/時間〔第1位〕

(4) 仕上工程1時間あたり貢献利益

製品α：3, 000円÷3時間＝1, 000円/時間〔第3位〕
製品β：2, 000円÷1時間＝2, 000円/時間〔第2位〕
製品γ：5, 000円÷1時間＝5, 000円/時間〔第1位〕

各製品共通の制約条件単位あたりの貢献利益はいずれも製品γが第1位である。したがって，製品γを需要限度の1, 500単位まで生産・販売する。

製品αと製品βについては，制約条件により優先すべき製品が異なるため，リニアー・プログラミングにより求める。

2．条件の定式化

(1) まず，製品γを1, 500単位生産・販売することにより，製品α，製品βへ振り向けられる各工程の稼働時間を求める。

機械時間：4, 600時間－1, 500単位×2時間＝1, 600時間
組立時間：4, 200時間－1, 500単位×2時間＝1, 200時間
仕上時間：4, 300時間－1, 500単位×1時間＝2, 800時間

(2) 製品α，βの最適数量をそれぞれα(単位)，β(単位)，貢献利益をZ(円）とおき，定式化する。

目的関数　Max Z＝Max（$3,000\alpha+2,000\beta$）
制約条件　①　機械時間　$3\alpha+4\beta \leqq 1,600$
　　　　　②　組立時間　$2\alpha+4\beta \leqq 1,200$
　　　　　③　仕上時間　$3\alpha+\beta \leqq 2,800$
　　　　　④　αの需要　$\alpha \leqq 500$
　　　　　⑤　βの需要　$\beta \leqq 300$
　　　　　⑥　非負条件　$\alpha,\ \beta \geqq 0$

(3) (2)の制約条件式をグラフ化し，可能領域の端点から最適解を求める。

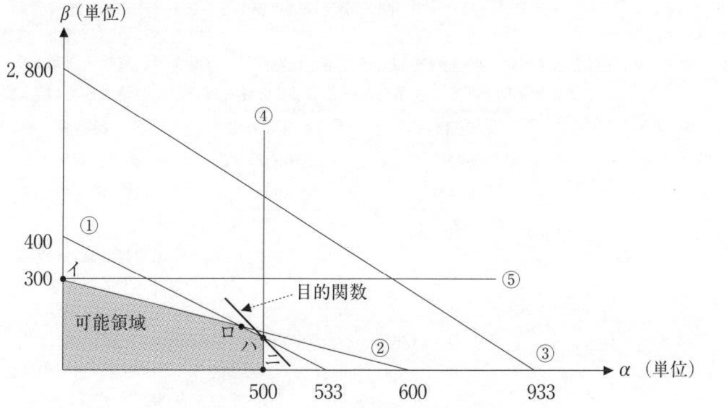

イ（α，β）＝（　0，300）貢献利益：3, 000円×　0単位＋2, 000円×300単位＝　600, 000円
ロ（α，β）＝（400，100）貢献利益：3, 000円×400単位＋2, 000円×100単位＝1, 400, 000円
ハ（α，β）＝（500，　25）貢献利益：3, 000円×500単位＋2, 000円×　25単位＝1, 550, 000円〔最大〕
ニ（α，β）＝（500，　0）貢献利益：3, 000円×500単位＋2, 000円×　0単位＝1, 500, 000円

3．結　論

最適な組み合わせは，（α，β，γ）＝（500，25，1, 500）であり，このときの予想営業利益は，

3, 000円×500単位＋2, 000円×25単位＋5, 000円×1, 500単位－1, 400, 000円＝7, 650, 000円

である。

問題6-7

〔問題１〕

（問１）　a ＝ 918,000 円　　b ＝ 900 円/時

（問２）　a ＝ 889,000 円　　b ＝ 920 円/時

〔問題２〕

（問１）損益分岐点の販売量

ＳＴ製品＝ 200 台　　ＤＸ製品＝ 120 台

（問２）目標営業利益を獲得する販売量

ＳＴ製品＝ 500 台　　ＤＸ製品＝ 300 台

〔問題３〕

（問１）最適セールス・ミックス

ＳＴ製品＝ 600 台　　ＤＸ製品＝ 240 台

（問２）条件変更後の最適セールス・ミックス

ＳＴ製品＝ 120 台　　ＤＸ製品＝ 400 台

解答への道

〔問題１〕原価の固変分解

（注）２月と５月のデータは正常操業圏（800時間～1,200時間）にないため，分析の対象から除外する。

（問１）高低点法

b（変動費率）：$\dfrac{1,926,000円-1,692,000円}{1,120時間-860時間}=900円/時$

a（固定費）：1,692,000円－900円/時×　860時間＝918,000円

または，

1,926,000円－900円/時×1,120時間＝918,000円

（問２）最小自乗法

１．最小自乗法の正規方程式

$\begin{cases}\Sigma Y = n\cdot a + b\Sigma X & \Leftarrow Y = a + bX に\Sigma をつけた式\\ \Sigma XY = a\Sigma X + b\Sigma X^2 & \Leftarrow XY = aX + bX^2 に\Sigma をつけた式\end{cases}$

２．計算のための表

月	X	Y	X・Y	X^2
1	980	1,764	1,728,720	960,400
3	860	1,692	1,455,120	739,600
4	1,120	1,926	2,157,120	1,254,400
6	1,040	1,854	1,928,160	1,081,600
合計	4,000	7,236	7,269,120	4,036,000
	⇧ ΣX	⇧ ΣY	⇧ ΣXY	⇧ ΣX^2

n＝４個（月１～６の４行）

X：直接作業時間(時)
Y：補助材料費(千円)
n：データ数(個)

３．連立方程式

$\begin{cases}7,236 = 4a + 4,000b\\ 7,269,120 = 4,000a + 4,036,000b\end{cases}$

∴ a（固定費）＝889(千円)，b（変動費率）＝0.92(千円)

〔問題２〕多品種製品のＣＶＰ分析

各製品の貢献利益は次のとおりである。

	ＳＴ製品	ＤＸ製品
販売単価	30,000円/台	50,000円/台
変動費	18,000円/台	27,500円/台
貢献利益	12,000円/台	22,500円/台

本問では，ＳＴ製品５台とＤＸ製品３台を１セットとして販売すると考える。

１セットあたりの貢献利益：12,000円/台×５＋22,500円/台×３＝127,500円/セット

（問１）損益分岐点販売量

損益分岐点販売セット数：5,100,000円÷127,500円/セット＝40セット

各製品の損益分岐点販売量：ＳＴ製品；40セット×５＝200台

ＤＸ製品；40セット×３＝120台

（問２）目標営業利益765万円を獲得する販売量

目標達成販売セット数：(5,100,000円＋7,650,000円）÷127,500円/セット＝100セット

各製品の目標達成販売量：ＳＴ製品；100セット×５＝500台

ＤＸ製品；100セット×３＝300台

〔問題３〕最適セールス・ミックス

（問１）

ＳＴ製品，ＤＸ製品の生産・販売量をそれぞれSt（台），Dx（台），貢献利益をＺ（円）とおき，定式化すると次のようになる。

目的関数　Max Z＝Max（12,000St＋22,500Dx）

制約条件　4St＋5Dx≦3,600………………①

St＋3Dx≦1,320………………②

Dx≦　300………………③

非負条件　St，Dx≧0

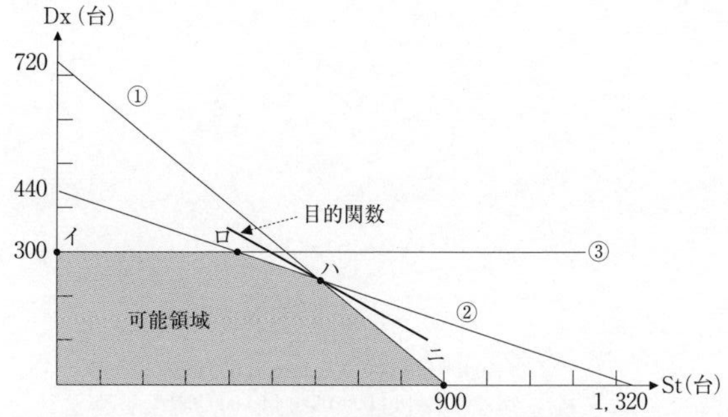

イ　(St, Dx) = (　0, 300)　貢献利益：12, 000円×　0台＋22, 500円×300台＝ 6, 750, 000円
ロ　(St, Dx) = (420, 300)　貢献利益：12, 000円×420台＋22, 500円×300台＝11, 790, 000円
ハ　(St, Dx) = (600, 240)　貢献利益：12, 000円×600台＋22, 500円×240台＝12, 600, 000円〔最大〕
ニ　(St, Dx) = (900,　0)　貢献利益：12, 000円×900台＋22, 500円×　0台＝10, 800, 000円

よって，最適セールス・ミックスは，St＝600台，Dx＝240台である。

（問２）

ＤＸ製品の月間生産量制限を300台から400台に，ＳＴ製品の販売価格を30, 000円から25, 000円に変更（貢献利益は25, 000円－18, 000円＝7, 000円）して，定式化すると次のようになる。

目的関数　Max Z＝Max（7, 000St＋22, 500Dx）
制約条件　4 St＋5 Dx≦3, 600 ‥‥ ①
　　　　　St＋3 Dx≦1, 320 ‥‥ ②
　　　　　Dx≦　400 ‥‥ ③'
非負条件　St, Dx≧0

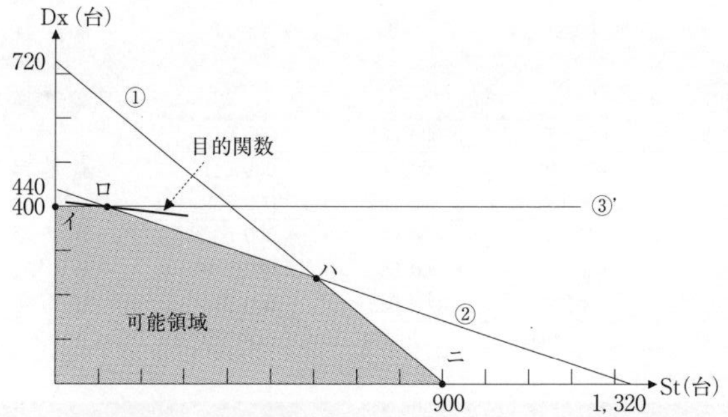

イ（St, Dx）＝（　0, 400）　貢献利益：7, 000円×　0台＋22, 500円×400台＝9, 000, 000円
ロ（St, Dx）＝（120, 400）　貢献利益：7, 000円×120台＋22, 500円×400台＝9, 840, 000円〔最大〕
ハ（St, Dx）＝（600, 240）　貢献利益：7, 000円×600台＋22, 500円×240台＝9, 600, 000円
ニ（St, Dx）＝（900,　0）　貢献利益：7, 000円×900台＋22, 500円×　0台＝6, 300, 000円

よって，最適セールス・ミックスは，St＝120台，Dx＝400台である。

Theme 07 事業部の業績測定

問題7-1

製品別損益計算書　（単位：千円）

	製品α	製品β	製品γ	合　計
売　上　高	750,000	330,000	420,000	1,500,000
変動売上原価	(337,500)	(99,000)	(147,000)	(583,500)
変動販売費	(90,000)	(66,000)	(84,000)	(240,000)
貢献利益	(322,500)	(165,000)	(189,000)	(676,500)
個別固定費	(112,500)	(33,000)	(63,000)	(208,500)
セグメント・マージン	(210,000)	(132,000)	(126,000)	(468,000)
共通固定費				(414,000)
営業利益				(54,000)
貢献利益率	(43) %	(50) %	(45) %	(45.1) %

解答への道

変動売上原価：製品α；750,000千円×45%＝337,500千円
製品β；330,000千円×30%＝ 99,000千円
製品γ；420,000千円×35%＝147,000千円

変動販売費：製品α；165,000千円－750,000千円×10%＝90,000千円
製品β； 99,000千円－330,000千円×10%＝66,000千円
製品γ；126,000千円－420,000千円×10%＝84,000千円

共通固定費：売上原価＋販売費・一般管理費－(変動売上原価＋変動販売費＋個別固定費)
＝1,056,000千円＋390,000千円－(583,500千円＋240,000千円＋208,500千円)
＝414,000千円

貢献利益率：製品α；322,500千円÷750,000千円×100＝43%
製品β；165,000千円÷330,000千円×100＝50%
製品γ；189,000千円÷420,000千円×100＝45%
合　計；676,500千円÷1,500,000千円×100＝45.1%

問題7-2

(注) □ 内には適当な語句を，(　) 内には適当な金額を記入しなさい。

事業部別予算損益計算書　（単位：円）

Ⅰ 売　上　高	(35,000,000)
Ⅱ 変動売上原価	(17,500,000)
変動製造マージン	(17,500,000)
Ⅲ 変動販売費	(2,500,000)
貢献利益	(15,000,000)
Ⅳ 管理可能個別固定費	(8,800,000)
管理可能利益	(6,200,000)
Ⅴ 管理不能個別固定費	(2,700,000)
事業部貢献利益 (*)	(3,500,000)
Ⅵ 本社費配賦額	(2,000,000)
事業部営業利益	(1,500,000)

(*) セグメント・マージンでも可

解答への道

売　上　高：7,000円/個〈予算販売価格〉×5,000個〈予定販売量〉＝35,000,000円

変動売上原価：3,500円/個〈標準変動製造原価〉(＊1)×5,000個〈予定販売量〉＝17,500,000円

(＊1) 600円/個 (直材費)＋2,000円/個 (直労費)＋(2,400円/個－7,500,000円÷25,000時間×5時間) (変動製造間接費)＝3,500円/個

変動販売費：500円/個〈予算変動販売費〉×5,000個〈予定販売量〉＝2,500,000円

管理可能個別固定費：7,500,000円〈固定製造間接費〉×80%＋4,000,000円〈固定販管費〉(＊2)×70%
＝8,800,000円

(＊2) 6,500,000円－2,500,000円〈変動販売費〉＝4,000,000円

管理不能個別固定費：7,500,000円＋4,000,000円－8,800,000円＝2,700,000円

本社費配賦額の計算

全部原価計算方式の損益計算書　（単位：円）

売　上　高	35,000,000	
売上原価	25,000,000	⇦ 5,000円/個×5,000個
売上総利益	10,000,000	
販　管　費		
個　別　費	6,500,000	
本　社　費	2,000,000	⇦ 差額
営業利益	1,500,000	

問題7-3

〔設問１〕

事業部別損益計算書 （単位：円）

売上高	(40,000,000)
変動費	(26,000,000)
貢献利益	(14,000,000)
管理可能個別固定費	(6,000,000)
管理可能利益	(8,000,000)
管理不能個別固定費	(1,500,000)
本社費配賦額	(2,500,000)
事業部純利益	(4,000,000)

〔設問２〕α事業部長の業績測定尺度

投下資本利益率 25 %　　残余利益 6,080,000 円

〔設問３〕α事業部自体の業績測定尺度

投下資本利益率 10 %　　残余利益 1,600,000 円

〔設問４〕

事業部別損益計算書 （単位：円）

売上高	(40,000,000)
変動費	(26,000,000)
貢献利益	(14,000,000)
管理可能個別固定費	(6,000,000)
管理可能利益	(8,000,000)
管理可能投資額の資本コスト	(1,920,000)
管理可能残余利益	(6,080,000)
管理不能個別固定費	(1,500,000)
本社費配賦額	(2,500,000)
管理不能投資額の資本コスト	(480,000)
事業部純残余利益	(1,600,000)

解答への道

〔設問１〕事業部別損益計算書

売　　上　　高：5,000円/個×8,000個＝40,000,000円

変　　動　　費：(2,600円/個＋650円/個)×8,000個＝26,000,000円

管理可能個別固定費：7,500,000円×80％＝6,000,000円

管理不能個別固定費：7,500,000円×(１－80％)＝1,500,000円

〔設問２〕α事業部長の業績測定尺度

１．管理可能投下資本利益率＝$\frac{\text{管理可能利益}}{\text{管理可能投資額}}$×100＝$\frac{\text{8,000,000円}}{\text{32,000,000円(＊)}}$×100＝25％

（＊）40,000,000円×80％＝32,000,000円

２．管理可能残余利益＝管理可能利益－管理可能投資額×資本コスト率

＝8,000,000円－32,000,000円×６％＝6,080,000円

〔設問３〕α事業部自体の業績測定尺度

本社費の配賦額に「合理的な配賦額である」旨の指示がある場合，本社費配賦額控除後の事業部純利益を用いて事業部の評価を行う。

１．事業部総投下資本利益率＝$\frac{\text{事業部純利益}}{\text{事業部総投資額}}$×100＝$\frac{\text{4,000,000円}}{\text{40,000,000円}}$×100＝10％

２．税引後残余利益＝事業部純利益－事業部総投資額×資本コスト率

＝4,000,000円－40,000,000円×６％＝1,600,000円

〔設問４〕残余利益を組み込んだ事業部別損益計算書

管理可能投資額の資本コスト：40,000,000円×80％×６％＝1,920,000円

管理不能投資額の資本コスト：40,000,000円×(１－80％)×６％＝480,000円

問題7-4

（注）｛　｝内の不要な文字を二重線で消しなさい。

〔問１〕

税引後残余利益 ［162］ 万円

〔問２〕

投下資本利益率 ［14］ %

よって，事業部長はこのプロジェクトを採用｛~~する~~／しない｝。

なぜなら，採用前の投資利益率 ［15］ %を｛~~上回る~~／下回る｝からである。

〔問３〕

税引後残余利益 ［198］ 万円

よって，事業部長はこのプロジェクトを採用｛する／~~しない~~｝。

なぜなら，採用前の税引後残余利益よりも ［36］ 万円だけ｛増加／~~減少~~｝するからである。

解答への道

〔問１〕税引後残余利益の計算

1．加重平均資本コスト率の計算

負債{５％×（１－0.4）×40%}＋自己資本(14%×60%)＝9.6%

2．投下資本利益率（税引後）の計算

税引後営業利益：3,000万円×0.25×（１－0.4）＝450万円

投下資本利益率（税引後）：450万円÷3,000万円×100＝15%

3．税引後残余利益の計算

税引後残余利益：450万円－3,000万円×9.6%＝162万円

〔問２〕新規プロジェクトを採用した場合の投下資本利益率（税引後）の計算

投下資本利益率：(450万円＋1,500万円×12%)÷(3,000万円＋1,500万円)×100＝14%

（結論）

採用前の投下資本利益率は15%であり，当該プロジェクトを採用することにより投下資本利益率が14%に減少するため，事業部長はこのプロジェクトを採用しないと判断する。しかし，この新規投資プロジェクト自体の投下資本利益率は12%であり，加重平均資本コスト率の9.6%を上回るので，全社的な利益額はその採用によって増加する。よって，この判断は誤りである。

〔問３〕新プロジェクトを採用した場合の税引後残余利益の計算

税引後残余利益：(450万円＋1,500万円×12%)－(3,000万円＋1,500万円)×9.6%＝198万円

（結論）

採用前の税引後残余利益は162万円であり，当該プロジェクトを採用することにより税引後残余利益が198万円－162万円＝36万円だけ増加するため，事業部長はこのプロジェクトを採用する。

問題7-5

〔設問１〕

加重平均資本コスト率 ［8.0］ %

〔設問２〕

予算損益計算書　（単位：千円）

	α事業部	β事業部
売上高	（112,500）	（360,000）
変動売上原価	（61,875）	（204,000）
変動製造マージン	（50,625）	（156,000）
変動販売費	（5,625）	（12,000）
（貢献利益）	（45,000）	（144,000）
（管理可能個別固定費）	（22,500）	（52,725）
（管理可能利益）	（22,500）	（91,275）
（管理不能個別固定費）	（11,250）	（32,775）
（事業部貢献利益）（＊）	（11,250）	（58,500）
本社費配賦額	（12,000）	（36,000）
事業部純利益	（△750）	（22,500）

（＊）セグメント・マージンでも可

〔設問３〕

α事業部：投下資本利益率 ［18.75］ %　残余利益 ［12,900］ 千円

β事業部：投下資本利益率 ［18.255］ %　残余利益 ［51,275］ 千円

〔設問４〕

α事業部：投下資本利益率 ［9.0］ %　残余利益 ［1,250］ 千円

β事業部：投下資本利益率 ［8.125］ %　残余利益 ［900］ 千円

（注）以下，｛　｝内の不要な文字を二重線で消しなさい。

〔設問５〕

α事業部長はこのプロジェクトを採用｛~~する~~／しない｝。

なぜなら，このプロジェクト採用後の管理可能投下資本利益率は ［17.5］ %で，採用前よりも｛~~増加~~／減少｝し，α事業部長の評価が｛~~上がる~~／下がる｝からである。

〔設問６〕

α事業部長はこのプロジェクトを採用｛する／~~しない~~｝。

なぜなら，このプロジェクト採用後の管理可能残余利益は［13,300］千円で，採用前よりも｛増加／~~減少~~｝し，α事業部長の評価が｛上がる／~~下がる~~｝からである。

〔設問７〕

全社的にみて，このプロジェクトは採用すべき｛である／~~でない~~｝。

なぜなら，このプロジェクトの投下資本利益率は［10］%で，資本コスト率を｛上回／~~下回~~｝っており，採用することにより全社的な残余利益が｛増加／~~減少~~｝するからである。

解答への道

〔設問１〕加重平均資本コスト率の計算

借入金(7.0%×30%)＋社債(6.0%×20%)＋自己資本(9.4%×50%)＝8.0%

〔設問２〕事業部別予算損益計算書の作成

1．売上高

α事業部：予算販売価格4,500円/個×予算販売量 25,000個＝112,500千円

β事業部：予算販売価格3,600円/個×予算販売量100,000個＝360,000千円

2．変動売上原価

α事業部：2,475円/個(＊1)×予算販売量 25,000個＝ 61,875千円

β事業部：2,040円/個(＊2)×予算販売量100,000個＝204,000千円

(＊1) 900円/個＋975円/個＋600円/個＝2,475円/個〈変動製造原価〉

(＊2) 765円/個＋675円/個＋600円/個＝2,040円/個〈変動製造原価〉

3．変動販売費

α事業部：予算変動販売費225円/個×予算販売量 25,000個＝ 5,625千円

β事業部：予算変動販売費120円/個×予算販売量100,000個＝12,000千円

4．管理可能個別固定費

α事業部：固定製造間接費(原価標準330円/個×基準操業度25,000個×0.6)
＋固定販売費(7,500千円×0.78)＋一般管理費(18,000千円×0.65)＝22,500千円

β事業部：固定製造間接費(原価標準255円/個×基準操業度100,000個×0.7)
＋固定販売費(22,500千円×0.6)＋一般管理費(37,500千円×0.57)＝52,725千円

5．管理不能個別固定費

α事業部：固定製造間接費{原価標準330円/個×基準操業度25,000個×(1－0.6)}
＋固定販売費{7,500千円×(1－0.78)}＋一般管理費{18,000千円×(1－0.65)}
＝11,250千円

β事業部：固定製造間接費{原価標準255円/個×基準操業度100,000個×(1－0.7)}
＋固定販売費{22,500千円×(1－0.6)}＋一般管理費{37,500千円×(1－0.57)}
＝32,775千円

〔設問３〕事業部長の業績測定

1．投下資本利益率

管理可能投下資本利益率＝管理可能利益÷管理可能投資額×100

α事業部：22,500千円÷(売上高112,500千円×20%＋ 97,500千円)×100＝18.75%

β事業部：91,275千円÷(売上高360,000千円×20%＋428,000千円)×100＝18.255%

2．残余利益

管理可能残余利益＝管理可能利益－管理可能投資額×資本コスト率

α事業部：22,500千円－(売上高112,500千円×20%＋ 97,500千円)×8%＝12,900千円

β事業部：91,275千円－(売上高360,000千円×20%＋428,000千円)×8%＝51,275千円

〔設問４〕事業部自体の業績測定

1．投下資本利益率

投下資本利益率＝事業部貢献利益÷総投資額×100

α事業部：11,250千円÷(売上高112,500千円×20%＋102,500千円)×100＝9.0%

β事業部：58,500千円÷(売上高360,000千円×20%＋648,000千円)×100＝8.125%

2．残余利益

残余利益＝事業部貢献利益－総投資額×資本コスト率

α事業部：11,250千円－(売上高112,500千円×20%＋102,500千円)×8%＝1,250千円

β事業部：58,500千円－(売上高360,000千円×20%＋648,000千円)×8%＝ 900千円

(注) 本社費配賦額は単に経営者の方針を示したものにすぎず，各事業部に直接跡づける合理性がないため，事業部貢献利益を用いて計算することに注意する。

〔設問５〕投下資本利益率による新プロジェクト採用の可否

プロジェクト採用後の投下資本利益率：

管理可能利益(22,500千円＋新プロジェクト分2,000千円(＊))
÷管理可能投資額(120,000千円＋新プロジェクト分20,000千円)×100＝17.5%

(＊) (販売価格3,200円/個－変動費3,000円/個)×10,000個＝2,000千円

(結論) 新プロジェクトを採用することによって，α事業部長の管理可能投下資本利益率は18.75%から17.5%へと減少し，α事業部長の評価が下がるため，α事業部長は当該プロジェクトを採用しない。

〔設問６〕残余利益による新プロジェクト採用の可否

プロジェクト採用後の残余利益：管理可能利益(22,500千円＋新プロジェクト分2,000千円)
－管理可能投資額(120,000千円＋新プロジェクト分20,000千円)×資本コスト率8%＝13,300千円

（結論）新プロジェクトを採用することによって，α事業部長の管理可能残余利益は12, 900千円から13, 300千円へと増加し，α事業部長の評価が上がるため，α事業部長は当該プロジェクトを採用する。

〔設問７〕全社的観点による新プロジェクト採用の可否

新プロジェクト自体の投下資本利益率：利益2, 000千円÷投資額20, 000千円×100＝10％

新プロジェクト自体の残余利益：利益2, 000千円－投資額20, 000千円×資本コスト率８％＝400千円

（結論）新プロジェクトの投下資本利益率（10％）が資本コスト率（８％）を上回っているため，当該プロジェクトを採用することにより，全社的な残余利益は増加する。よって，採用すべきである。

以上のことから，全社と事業部の目的整合性の観点からみれば，事業部長の業績測定の指標として，投下資本利益率よりも残余利益のほうが適切であるといえる。

問題7-6

〔問１〕

月間の原価予想総額＝ 1, 912, 500 円＋ 300 円/枚×ピザ製造・販売量

〔問２〕

月間の損益分岐点販売量＝ 6, 375 枚

〔問３〕

ピザ投資案の年間投資利益率＝ 13. 5 ％

〔問４〕

年間投資利益率が24％になる月間のピザ販売量＝ 16, 375 枚

〔問５〕

		水道橋店	池袋店
ピザ投資案導入前	投資利益率＝	15 ％	12 ％
ピザ投資案導入後	投資利益率＝	14. 8 ％	12. 5 ％

〔問６〕

（注）①，②，③，④，⑤は，不要な文字を消しなさい。

①	~~増加~~，減少	⑥	8. 88	％
②	増加，~~減少~~	⑦	65, 000	万円
③	~~採用する~~，採用しない	⑧	4, 218	万円
④	採用する，~~採用しない~~	⑨	25, 000	万円
⑤	有利，~~不利~~	⑩	1, 155	万円

解答への道

〔問１〕原価の固変分解

$$\frac{641.25\text{万円}-416.25\text{万円}}{15,000\text{枚}-7,500\text{枚}}=300\text{円/枚}\rightarrow b\ \text{（変動費率）}$$

416. 25万円－300円/枚×7, 500枚＝1, 912, 500円→ a （固定費）

または，

641. 25万円－300円/枚×15, 000枚＝1, 912, 500円

〔問２〕月間の損益分岐点販売量

月間の販売量を χ（枚）とおく（単位：円）。

売　上　高	600 χ
変　動　費	300 χ
貢 献 利 益	300 χ
固　定　費	1, 912, 500
営 業 利 益	300 χ －1, 912, 500

300 χ －1, 912, 500＝0　　∴ χ ＝6, 375枚

〔問３〕ピザ投資案の年間投資利益率

年間の税引後利益：(300円/枚×12, 000枚－1, 912, 500円)×12か月×（１－0. 4）＝1, 215万円

$$\text{年間投資利益率}=\frac{\text{年間の税引後利益}}{\text{ピザ導入に要する投資額}}\times100=\frac{1,215\text{万円}}{9,000\text{万円}}\times100=13.5\%$$

〔問４〕ピザの年間投資利益率が24％になるような月間のピザ販売量

年間投資利益率が24％になるような月間の税引前利益：

9, 000万円×24％÷12か月÷（１－0. 4）＝300万円

月間の販売量を χ（枚）とおく。

300 χ －1, 912, 500＝3, 000, 000　　∴ χ ＝16, 375枚

〔問５〕水道橋店と池袋店のピザ投資案導入前と導入後の年間投資利益率

ピザ投資案導入前：

$$\text{水道橋店；}\frac{14,625\text{万円}\times(1-0.4)}{58,500\text{万円}}\times100=15\%$$

$$\text{池袋店；}\frac{3,600\text{万円}\times(1-0.4)}{18,000\text{万円}}\times100=12\%$$

ピザ投資案導入後：

$$\text{水道橋店；}\frac{8,775\text{万円}+1,215\text{万円}}{58,500\text{万円}+9,000\text{万円}}\times100=14.8\%$$

$$\text{池袋店；}\frac{2,160\text{万円}+1,215\text{万円}}{18,000\text{万円}+9,000\text{万円}}\times100=12.5\%$$

〔問6〕会話文の穴埋め

①～⑤：投資利益率に関して

ピザ投資案を採用すると，水道橋店の投資利益率は減少（15%→14.8%）するので，水道橋店長はピザ投資案を採用しない。一方，池袋店の投資利益率は増加（12%→12.5%）するので，池袋店長はピザ投資案を採用する。

しかし，全社的にみれば，ピザ投資案の年間投資利益率（13.5%）は，加重平均資本コスト率（8.88%）を上回っているので，有利な投資案といえる。

⑥：加重平均資本コスト率

負債{40%×7%×(1－0.4)}＋資本(60%×12%)＝8.88%

⑦⑨：資金使用資産総額(固定資産と運転資本の合計額)＝固定資産＋(流動資産－流動負債)

水道橋店：46,800万円＋(11,700万円－2,100万円)＋8,400万円＋(600万円－400万円)
＝65,000万円

池　袋　店：12,000万円＋(6,000万円－1,600万円)＋8,400万円＋(600万円－400万円)
＝25,000万円

⑧⑩：経済的付加価値（残余利益の一種）

水道橋店：(8,775万円＋1,215万円)－65,000万円×8.88%＝4,218万円

池　袋　店：(2,160万円＋1,215万円)－25,000万円×8.88%＝1,155万円

問題7-7

〔問1〕

事業部別管理可能投下資本利益率（ROI）：

関西事業部＝ 25 %，関東事業部＝ 27.5 %

〔問2〕

関東事業部の税引前管理可能残余利益（RI）＝ 13,200,000 円

〔問3〕

投資案Zを採用した場合の管理可能投下資本利益率は 25 %となり，採用前の管理可能投下資本利益率よりも 2.5 %悪化する。また，投資案Zを採用した場合の税引前管理可能残余利益は，採用前の税引前管理可能残余利益より 800,000 円{増加／~~減少~~}する。

したがって，管理可能投下資本利益率を事業部長の業績測定の指標とした場合，この投資案Zは採用すべきではない。逆に，税引前管理可能残余利益を事業部長の業績測定の指標とした場合，この投資案Zは採用すべきで{ある。／~~ない。~~}

なお，利益の増大という全社的な観点からは，この投資案Zは採用すべきで{ある。／~~ない。~~}

（注）{　　} 内の不要な文字を二重線で消しなさい。

解答への道

〔問1〕

1．管理可能営業利益の計算

関西事業部

外部販売単位あたり貢献利益：3,000円/個－(1,800円/個＋300円/個)＝900円/個

内部販売単位あたり貢献利益：(3,000円/個－300円/個)－1,800円/個＝900円/個

管理可能営業利益：900円/個×20,000個＋900円/個×10,000個－15,000,000円＝12,000,000円

関東事業部

関西事業部からの振替価格：市価3,000円/個－標準変動販売費300円/個＝2,700円/個

単位あたり貢献利益：8,000円/個－(2,700円/個＋950円/個＋450円/個)＝3,900円/個

管理可能営業利益：3,900円/個×10,000個－17,000,000円＝22,000,000円

2．管理可能投下資本利益率（ROI）

関西事業部：12,000,000円÷48,000,000円×100＝25%

関東事業部：22,000,000円÷80,000,000円×100＝27.5%

〔問2〕

関東事業部の税引前管理可能残余利益（RI）：22,000,000円－80,000,000円×11%＝13,200,000円

〔問3〕

関東事業部が投資案Zを採用したときの

管理可能投下資本利益率：

{(22,000,000円＋3,000,000円)÷(80,000,000円＋20,000,000円)}×100＝25%

税引前管理可能残余利益：

(22,000,000円＋3,000,000円)－(80,000,000円＋20,000,000円)×11%＝14,000,000円

管理可能投下資本利益率は現在の利益計画案よりも減少（27.5%→25%）するが，税引前管理可能残余利益が増加（13,200,000円→14,000,000円）するので，利益の増大という全社的な観点からこの投資案Zは採用すべきである。

Theme 08 予算実績差異分析

問題8-1

営業利益差異分析表 （単位：円）

Ⅰ 予算営業利益			6,400,000
Ⅱ 売上高差異			
販売価格差異	（ △ 396,000 ）		
販売数量差異	（ △ 300,000 ）	（ △ 696,000 ）	
Ⅲ 売上原価差異			
売上原価価格差異	（ △ 198,000 ）		
売上原価数量差異	（ ＋ 220,000 ）	（ ＋ 22,000 ）	
Ⅳ 販売費差異			
変動販売費予算差異	（ △ 99,000 ）		
変動販売費数量差異	（ ＋ 10,000 ）		
固定販売費予算差異	（ ＋ 3,000 ）	（ △ 86,000 ）	
Ⅴ 実際営業利益			5,640,000

（注）有利な差異には「＋」，不利な差異には「△」を金額の前に付すこと。

解答への道

1．売上高差異

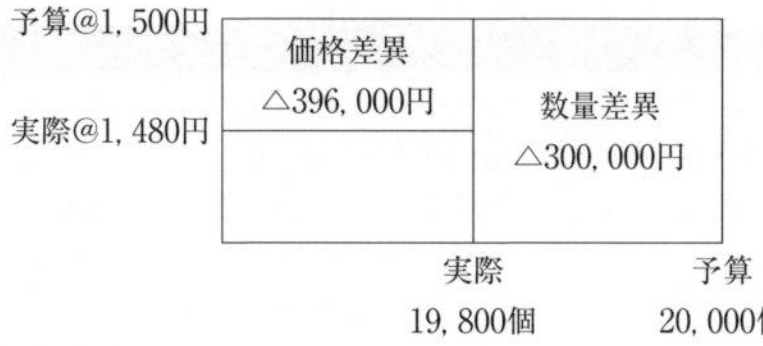

販売価格差異：(1,480円/個−1,500円/個)×19,800個＝(−)396,000円〔不利差異〕
販売数量差異：1,500円/個×(19,800個－20,000個)＝(−)300,000円〔不利差異〕

2．売上原価差異

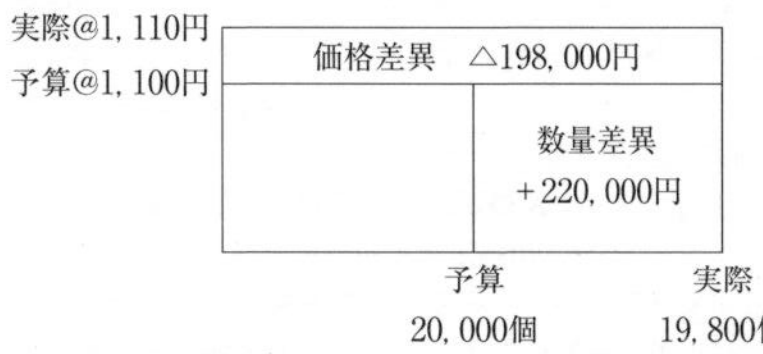

売上原価価格差異：(1,100円/個−1,110円/個)×19,800個＝(−)198,000円〔不利差異〕
売上原価数量差異：1,100円/個×(20,000個−19,800個)＝(+)220,000円〔有利差異〕

3．販売費差異
〈変動販売費〉

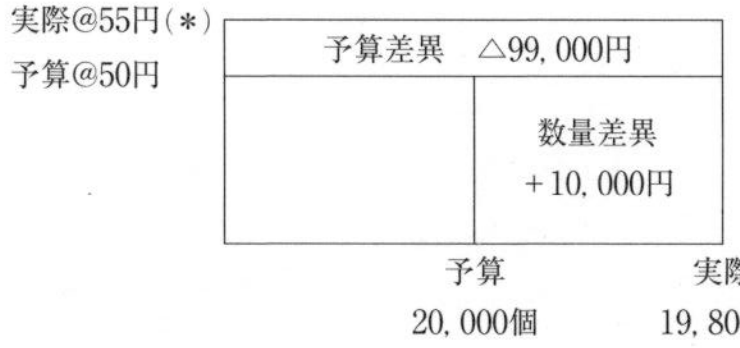

（＊）1,089,000円÷19,800個＝55円/個

変動販売費予算差異：(50円/個－55円/個)×19,800個＝(−)99,000円〔不利差異〕
変動販売費数量差異：50円/個×(20,000個－19,800個)＝(+)10,000円〔有利差異〕

〈固定販売費〉
固定販売費予算差異：600,000円－597,000円＝(+)3,000円〔有利差異〕

問題8-2

(1) 予算・実績比較損益計算書（単位：円）

	予算	実績	差異
Ⅰ 売上高	（ 9,000,000 ）	（ 9,620,000 ）	（ ＋ 620,000 ）
Ⅱ 標準売上原価	（ 5,400,000 ）	（ 5,850,000 ）	（ △ 450,000 ）
標準売上総利益	（ 3,600,000 ）	（ 3,770,000 ）	（ ＋ 170,000 ）
Ⅲ 標準原価差異	——	（ △ 100,000 ）	（ △ 100,000 ）
実際売上総利益	（ 3,600,000 ）	（ 3,670,000 ）	（ ＋ 70,000 ）
Ⅳ 販売費			
変動費	（ 420,000 ）	（ 468,000 ）	（ △ 48,000 ）
固定費	（ 650,000 ）	（ 640,000 ）	（ ＋ 10,000 ）
販売費計	（ 1,070,000 ）	（ 1,108,000 ）	（ △ 38,000 ）
Ⅴ 一般管理費	（ 730,000 ）	（ 765,000 ）	（ △ 35,000 ）
販売費・一般管理費計	（ 1,800,000 ）	（ 1,873,000 ）	（ △ 73,000 ）
営業利益	（ 1,800,000 ）	（ 1,797,000 ）	（ △ 3,000 ）

(2) 営業利益差異分析表（単位：円）

1．予算営業利益		（ 1,800,000 ）
2．販売部門差異		
(1) 売上価格差異	（ △ 130,000 ）	
(2) 売上数量差異	（ ＋ 750,000 ）	
売上高差異	（ ＋ 620,000 ）	
(3) 標準売上原価数量差異	（ △ 450,000 ）	
(4) 変動販売費予算差異	（ △ 13,000 ）	
(5) 変動販売費数量差異	（ △ 35,000 ）	
(6) 固定販売費差異	（ ＋ 10,000 ）	
販売費差異	（ △ 38,000 ）	
販売部門差異合計		（ ＋ 132,000 ）
3．製造部門差異		
(1) 価格差異	（ △ 73,000 ）	
(2) 数量差異	（ △ 30,000 ）	
直接材料費差異	（ △ 103,000 ）	
(3) 労働賃率差異	（ ＋ 292,000 ）	
(4) 労働時間差異	（ △ 144,000 ）	
直接労務費差異	（ ＋ 148,000 ）	
(5) 変動製造間接費予算差異	（ ＋ 12,000 ）	
(6) 固定製造間接費予算差異	（ △ 25,000 ）	
(7) 能率差異	（ △ 96,000 ）	
(8) 操業度差異	（ △ 36,000 ）	
製造間接費差異	（ △ 145,000 ）	
製造部門差異合計		（ △ 100,000 ）
4．一般管理部門差異		（ △ 35,000 ）
5．実際営業利益		（ 1,797,000 ）

（注）有利な差異には「＋」，不利な差異には「△」を金額の前に付すこと。なお，能率差異は変動費と固定費の両方から計算する。

解答への道

1．予算・実績比較損益計算書の作成

(1) 予算損益計算書

売　上　高：1,500円/個×6,000個=9,000,000円

標準売上原価：900円/個×6,000個=5,400,000円

変動販売費：70円/個×6,000個=420,000円

(2) 実績損益計算書

標準売上原価：900円/個×6,500個=5,850,000円

標準原価差異：900円/個×7,000個(＊)－6,400,000円=(－)100,000円〔不利差異〕

(＊) 完成品換算量：6,750個＋500個×0.5=7,000個

2．営業利益差異分析表の作成

(1) 販売部門差異

① 売上高差異

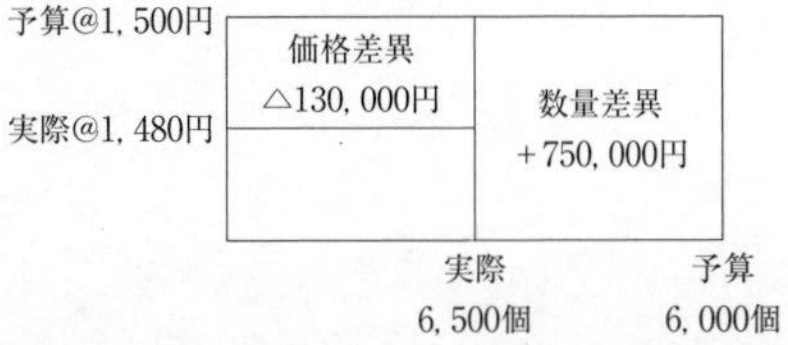

売上価格差異：(1,480円/個－1,500円/個)×6,500個=(－)130,000円〔不利差異〕

売上数量差異：1,500円/個×(6,500個－6,000個)=(＋)750,000円〔有利差異〕

② 標準売上原価数量差異

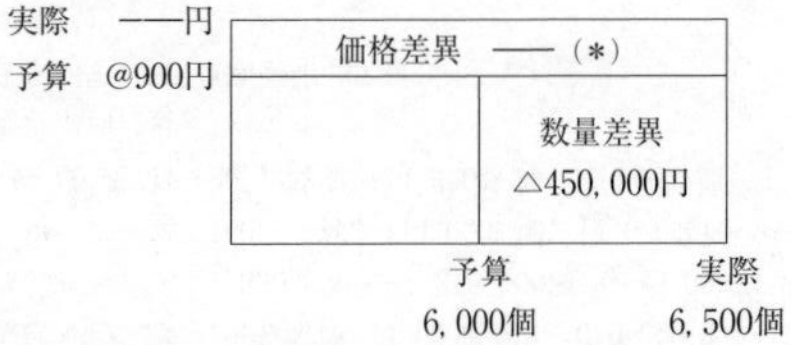

標準売上原価数量差異：900円/個×(6,000個－6,500個)=(－)450,000円〔不利差異〕

(＊) 標準売上原価価格差異は標準原価差異として分析される。

③ 販売費差異

〈変動販売費〉

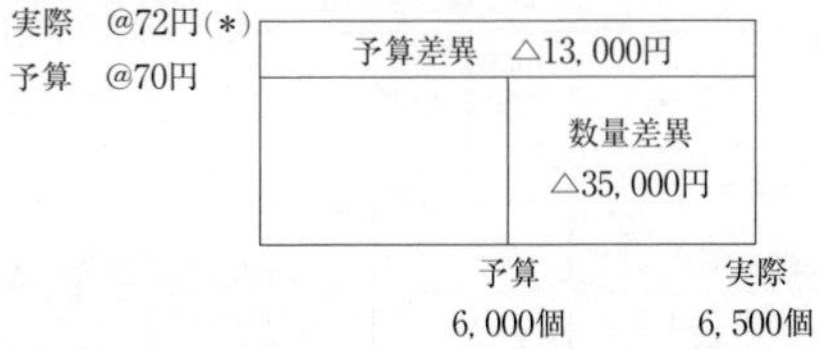

(＊) 468,000円÷6,500個=72円/個

変動販売費予算差異：(70円/個－72円/個)×6,500個=(－)13,000円〔不利差異〕

変動販売費数量差異：70円/個×(6,000個－6,500個)=(－)35,000円〔不利差異〕

〈固定販売費〉

固定販売費差異：650,000円－640,000円=(＋)10,000円〔有利差異〕

(2) 製造部門差異

〈生産データの整理〉

（注）直接材料は加工に比例して投入されるため，加工費の完成品換算量のみ示す。

仕　掛　品

当月投入 7,000個	完　成 6,750個
	月　末 250個

→標準消費量

直接材料消費量：7,000個×5 kg/個=35,000kg

直接作業時間：7,000個×2時間/個=14,000時間

① 直接材料費差異

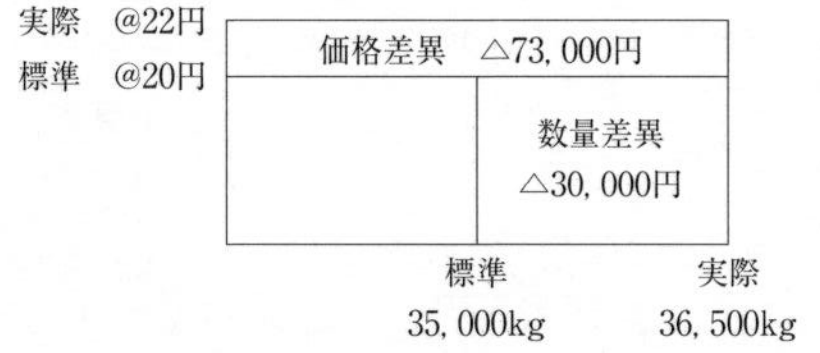

価格差異：(20円/kg－22円/kg)×36,500kg=(－)73,000円〔不利差異〕

数量差異：20円/kg×(35,000kg－36,500kg)=(－)30,000円〔不利差異〕

② 直接労務費差異

労働賃率差異：(240円/時間－220円/時間)×14,600時間=(＋)292,000円〔有利差異〕

労働時間差異：240円/時間×(14,000時間－14,600時間)=(－)144,000円〔不利差異〕

③ 製造間接費差異

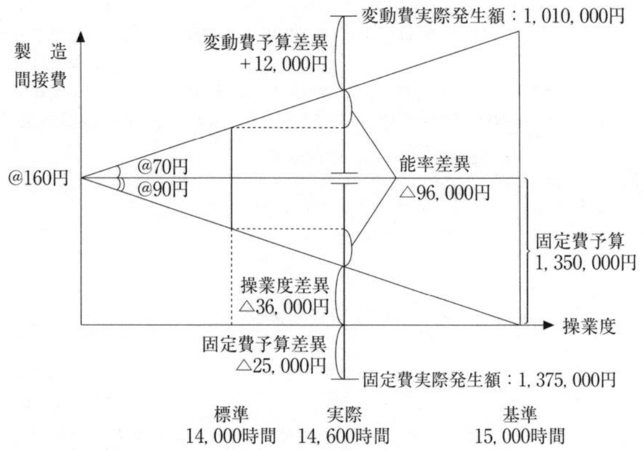

変動製造間接費予算差異：70円/時間×14,600時間－1,010,000円=(＋)12,000円〔有利差異〕

固定製造間接費予算差異：1,350,000円－1,375,000円=(－)25,000円〔不利差異〕

能率差異：160円/時間×(14,000時間－14,600時間)=(－)96,000円〔不利差異〕

操業度差異：90円/時間×(14,600時間－15,000時間)=(－)36,000円〔不利差異〕

(3) 一般管理部門差異

730,000円－765,000円=(－)35,000円〔不利差異〕

問題8-3

営業利益差異分析表（総額分析）

					（単位：円）
1．予算の営業利益					720, 000
2．製品販売価格差異	〔 － 〕	（ 118, 000 ）			
3．製品販売数量差異	〔 － 〕	（ 80, 000 ）			
4．売上高差異（2＋3）			〔 － 〕	（	198, 000 ）
5．変動売上原価価格差異	〔 ＋ 〕	（ 59, 000 ）			
6．変動売上原価数量差異	〔 ＋ 〕	（ 38, 000 ）			
7．変動売上原価差異（5＋6）			〔 ＋ 〕	（	97, 000 ）
8．変動販売費価格差異	〔 － 〕	（ 118, 000 ）			
9．変動販売費数量差異	〔 ＋ 〕	（ 10, 000 ）			
10．変動販売費差異（8＋9）			〔 － 〕	（	108, 000 ）
11．貢献利益差異（4＋7＋10）			〔 － 〕	（	209, 000 ）
12．製造固定費差異	〔 ＋ 〕	（ 30, 000 ）			
13．販売・一般管理固定費差異	〔 － 〕	（ 21, 000 ）			
14．固定費差異（12＋13）			〔 ＋ 〕	（	9, 000 ）
15．差異合計（11＋14）			〔 － 〕	（	200, 000 ）
16．実際の営業利益（1＋15）					520, 000

（注）〔　　〕内には，予算の営業利益に加算する場合は＋の記号を，控除する場合には－の記号を記入しなさい。

営業利益差異分析表（純額分析）

			（単位：円）
1．予算の営業利益			720, 000
2．販売価格差異	〔 － 〕	（	118, 000 ）
3．販売数量差異	〔 － 〕	（	32, 000 ）
4．変動費差異	〔 － 〕	（	59, 000 ）
5．製造固定費差異	〔 ＋ 〕	（	30, 000 ）
6．販売・一般管理固定費差異	〔 － 〕	（	21, 000 ）
7．実際の営業利益			520, 000

（注）〔　　〕内には，予算の営業利益に加算する場合は＋の記号を，控除する場合には－の記号を記入しなさい。

解答への道

1．総額分析（項目別分析）

(1)　売上高差異

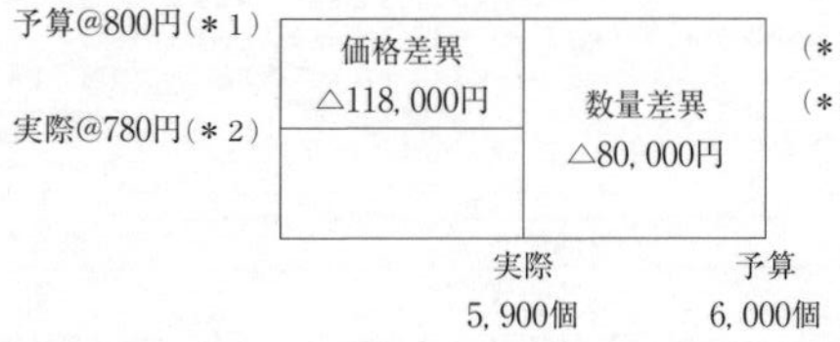

（＊1）4, 800, 000円÷6, 000個＝800円/個
（＊2）4, 602, 000円÷5, 900個＝780円/個

製品販売価格差異：(780円/個－800円/個)×5, 900個＝(－)118, 000円〔不利差異〕
製品販売数量差異：800円/個×(5, 900個－6, 000個)＝(－)80, 000円〔不利差異〕

(2)　変動売上原価差異

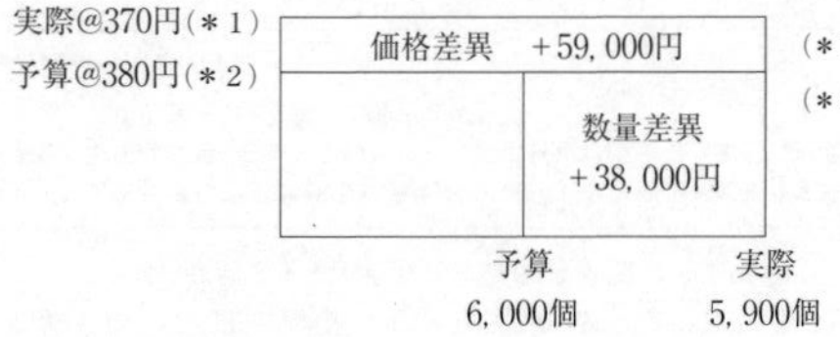

（＊1）2, 183, 000円÷5, 900個＝370円/個
（＊2）2, 280, 000円÷6, 000個＝380円/個

変動売上原価価格差異：(380円/個－370円/個)×5, 900個＝(＋)59, 000円〔有利差異〕
変動売上原価数量差異：380円/個×(6, 000個－5, 900個)＝(＋)38, 000円〔有利差異〕

(3)　変動販売費差異

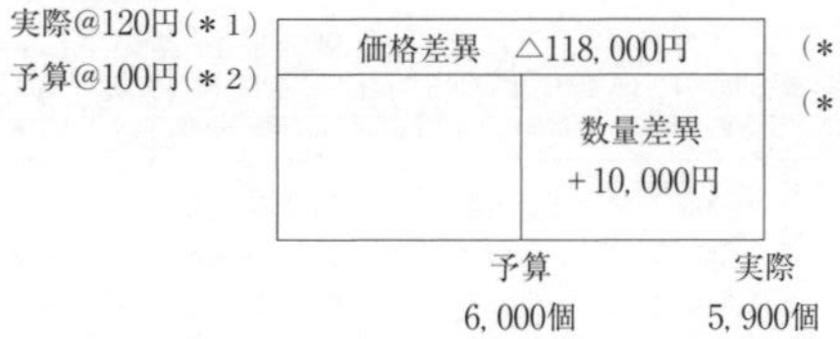

（＊1）708, 000円÷5, 900個＝120円/個
（＊2）600, 000円÷6, 000個＝100円/個

変動販売費価格差異：(100円/個－120円/個)×5, 900個＝(－)118, 000円〔不利差異〕
変動販売費数量差異：100円/個×(6, 000個－5, 900個)＝(＋)10, 000円〔有利差異〕

(4)　固定費差異

製造固定費差異：900, 000円－870, 000円＝(＋)30, 000円〔有利差異〕
販売・一般管理固定費差異：300, 000円－321, 000円＝(－)21, 000円〔不利差異〕

2．純額分析（要因別分析）

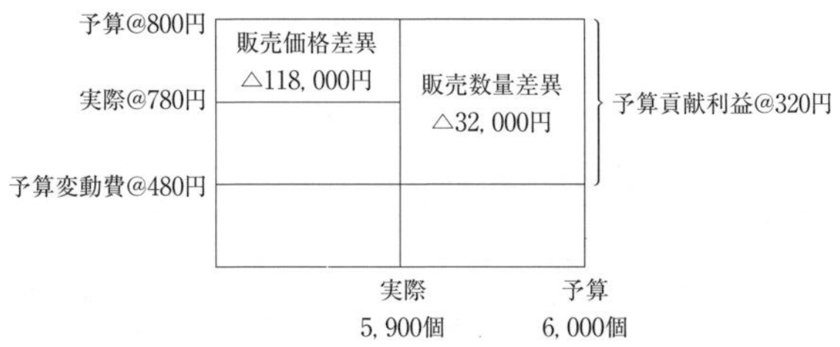

販売価格差異：(780円/個－800円/個)×5, 900個=(−)118, 000円〔不利差異〕
販売数量差異：320円/個×(5, 900個－6, 000個)=(−)32, 000円〔不利差異〕
変動費差異：(480円/個(＊1)－490円/個(＊2))×5, 900個=(−)59, 000円〔不利差異〕
（＊1）予算変動費：(2, 280, 000円＋600, 000円)÷6, 000個=480円/個
（＊2）実際変動費：(2, 183, 000円＋708, 000円)÷5, 900個=490円/個
製造固定費差異：900, 000円－870, 000円=(+)30, 000円〔有利差異〕
販売・一般管理固定費差異：300, 000円－321, 000円=(−)21, 000円〔不利差異〕

問題8-4

〔問1〕

3, 000 円/個

〔問2〕

1, 890, 000 円

〔問3〕

営業利益差異分析表　（単位：円）

	製品X	製品Y	合　計
予算営業利益			2, 000, 000
販売活動差異			
販売価格差異	(－360, 000)	(265, 000)	(－95, 000)
販売量差異	(250, 000)	(－360, 000)	(－110, 000)
変動販売費予算差異	(－20, 000)	(10, 000)	(－10, 000)
固定販売費差異			(－20, 000)
製造活動差異			
直接材料費差異	(－100, 000)	(－60, 000)	(－160, 000)
変動加工費差異	(－130, 000)	(－80, 000)	(－210, 000)
固定加工費差異	(－50, 000)	(－100, 000)	(－150, 000)
一般管理活動差異			(－20, 000)
実際営業利益			(1, 225, 000)

(注) 不利差異の場合のみ，金額の前に「－」を付けること。

解答への道

〔問1〕製品Y1個あたりの標準製造原価

本問は，直接標準原価計算を用いているため，資料1の予算損益計算書における変動売上原価は，原価標準に予算販売量を掛けた金額である。

したがって，資料1の予算損益計算書における変動売上原価を予算販売量で割れば，各製品1個あたりの標準製造原価（＝原価標準）を求めることができる。

1．製品Xの原価標準

7, 000, 000円〈予算変動売上原価〉÷3, 500個〈予算販売量〉＝2, 000円/個

原価標準2, 000円/個の内訳は，次のように推定できる。

A　材　料：	200円/kg(＊3)×5kg/個＝	1, 000円/個(＊2)
変動加工費：	1, 000円/時間(＊1)×1時間/個＝	1, 000円/個
	製品X1個あたりの標準製造原価	2, 000円/個

（＊1）1, 800, 000円〈変動加工費予算〉÷1, 800時間〈月間正常直接作業時間〉＝1, 000円/時間
（＊2）2, 000円/個〈製品X1個あたりの標準製造原価〉－1, 000円/個〈変動加工費〉＝1, 000円/個
（＊3）1, 000円/個÷5kg/個＝200円/kg

2．製品Yの原価標準

8, 400, 000円〈予算変動売上原価〉÷2, 800個〈予算販売量〉＝3, 000円/個

原価標準3, 000円/個の内訳は，次のように推定できる。

B　材　料：	250円/kg(＊3)×3kg/個＝	750円/個(＊2)
変動加工費：	1, 500円/時間(＊1)×1. 5時間/個＝	2, 250円/個
	製品Y1個あたりの標準製造原価	3, 000円/個

（＊1）3, 000, 000円〈変動加工費予算〉÷2, 000時間〈月間正常直接作業時間〉＝1, 500円/時間
（＊2）3, 000円/個〈製品Y1個あたりの標準製造原価〉－2, 250円/個〈変動加工費〉＝750円/個
（＊3）750円/個÷3kg/個＝250円/kg

3．予算損益計算書の詳細

	製　品　X	製　品　Y	合　計
売上高	5, 000円/個(＊1)×3, 500個＝17, 500, 000円	6, 000円/個(＊3)×2, 800個＝16, 800, 000円	34, 300, 000円
(標準)変動売上原価	2, 000円/個　×3, 500個＝ 7, 000, 000円	3, 000円/個　×2, 800個＝ 8, 400, 000円	15, 400, 000円
(標準)変動販売費	500円/個(＊2)×3, 500個＝ 1, 750, 000円	600円/個(＊4)×2, 800個＝ 1, 680, 000円	3, 430, 000円
標準貢献利益	2, 500円/個　×3, 500個＝ 8, 750, 000円	2, 400円/個　×2, 800個＝ 6, 720, 000円	15, 470, 000円
個別固定費	5, 000, 000円	4, 500, 000円	9, 500, 000円
製品貢献利益	3, 750, 000円	2, 220, 000円	5, 970, 000円
共通固定費			3, 970, 000円
営業利益			2, 000, 000円

（＊1）製品Xの予算販売価格：
17, 500, 000円〈予算売上高〉÷3, 500個〈予算販売量〉＝5, 000円/個
（＊2）製品Xの予算変動販売費単価：
1, 750, 000円〈予算(標準)変動販売費〉÷3, 500個〈予算販売量〉＝500円/個
（＊3）製品Yの予算販売価格：
16, 800, 000円〈予算売上高〉÷2, 800個〈予算販売量〉＝6, 000円/個
（＊4）製品Yの予算変動販売費単価：
1, 680, 000円〈予算(標準)変動販売費〉÷2, 800個〈予算販売量〉＝600円/個

〔問２〕当月の実際販売量に見合う予算営業利益

「当月の実際販売量に見合う予算営業利益」とは，資料１の予算損益計算書を，予算販売量（製品Ｘ 3,500個，製品Ｙ2,800個）ではなく実際販売量（製品Ｘ3,600個，製品Ｙ2,650個）に置き換えて計算し直した営業利益をいう。

	製　品　Ｘ	製　品　Ｙ	合　計
売上高	5,000円/個×3,600個＝18,000,000円	6,000円/個×2,650個＝15,900,000円	33,900,000円
(標準)変動売上原価	2,000円/個×3,600個＝ 7,200,000円	3,000円/個×2,650個＝ 7,950,000円	15,150,000円
(標準)変動販売費	500円/個×3,600個＝ 1,800,000円	600円/個×2,650個＝ 1,590,000円	3,390,000円
標準貢献利益	2,500円/個×3,600個＝ 9,000,000円	2,400円/個×2,650個＝ 6,360,000円	15,360,000円
個別固定費	5,000,000円	4,500,000円	9,500,000円
製品貢献利益	4,000,000円	1,860,000円	5,860,000円
共通固定費			3,970,000円
営業利益			1,890,000円

〔問３〕利益差異分析表（活動区分別表示形式）

解答用紙の利益差異分析表において販売量差異が１つしかないことから，収益（売上高）の販売量差異と原価（変動売上原価と変動販売費）の販売量差異が相殺されていることが読み取れる。つまり本問では，貢献利益ベースの販売量差異の分析，すなわち純額分析（要因別分析）を行う。

1．製品Ｘの販売活動差異の分析

予算販売価格5,000円/個

	販売価格差異	販売量差異
実績販売価格4,900円/個（＊１）	△360,000円	＋250,000円
予算変動費2,500円/個（＊２）		
	実績販売量 3,600個	予算販売量 3,500個

予算貢献利益 2,500円/個

（＊１）実績販売価格：17,640,000円〈実績売上高〉÷3,600個〈実績販売量〉＝4,900円/個

（＊２）予算変動費：2,000円/個＋500円/個＝2,500円/個

販売価格差異：（4,900円/個－5,000円/個）×3,600個＝(－)360,000円〔不利差異〕

販 売 量 差 異：2,500円/個×（3,600個－3,500個）＝(＋)250,000円〔有利差異〕
予算貢献利益単価

変動販売費予算差異：500円/個×3,600個－1,820,000円＝(－)20,000円〔不利差異〕

（注）本問は純額分析（要因別分析）であるため，変動販売費の販売量差異は売上高の販売量差異と相殺されている。

2．製品Ｘの製造活動差異の分析（生産データのカッコ内の数値は加工費の完成品換算量）

仕　掛　品

月初	200個 (100個)	完成	3,500個 (3,500個)
投入	3,800個 (3,650個)	月末	500個 (250個)

製　　品

月初	500個	販売	3,600個
完成	3,500個	月末	400個

(1) 直接材料費差異（Ａ材料）

1,000円/個×3,800個－3,900,000円＝(－)100,000円〔不利差異〕
投入量

(2) 変動加工費差異

1,000円/個×3,650個－3,780,000円＝(－)130,000円〔不利差異〕
投入量

(3) 個別固定費（固定加工費）差異

5,000,000円－5,050,000円＝(－)50,000円〔不利差異〕

3．製品Ｙの販売活動差異の分析

予算販売価格6,000円/個

	販売価格差異	販売量差異
実績販売価格6,100円/個（＊１）	＋265,000円	△360,000円
予算変動費3,600円/個（＊２）		
	実績販売量 2,650個	予算販売量 2,800個

予算貢献利益 2,400円/個

（＊１）実績販売価格：16,165,000円〈実績売上高〉÷2,650個〈実績販売量〉＝6,100円/個

（＊２）予算変動費：3,000円/個＋600円/個＝3,600円/個

販売価格差異：（6,100円/個－6,000円/個）×2,650個＝(＋)265,000円〔有利差異〕

販 売 量 差 異：2,400円/個×（2,650個－2,800個）＝(－)360,000円〔不利差異〕
予算貢献利益単価

変動販売費予算差異：600円/個×2,650個－1,580,000円＝(＋)10,000円〔有利差異〕

4．製品Ｙの製造活動差異の分析（生産データのカッコ内の数値は加工費の完成品換算量）

仕　掛　品

月初	300個 (150個)	完成	2,400個 (2,400個)
投入	2,300個 (2,350個)	月末	200個 (100個)

製　　品

月初	450個	販売	2,650個
完成	2,400個	月末	200個

(1) 直接材料費差異（Ｂ材料）

750円/個×2,300個－1,785,000円＝(－)60,000円〔不利差異〕
投入量

(2) 変動加工費差異

2,250円/個×2,350個－5,367,500円＝(－)80,000円〔不利差異〕
投入量

(3) 個別固定費（固定加工費）差異

4,500,000円－4,600,000円＝(－)100,000円〔不利差異〕

5．共通固定費差異の分析

(1) 固定販売費差異（販売活動差異に分類される）

1,970,000円－1,990,000円＝(－)20,000円〔不利差異〕

(2) 一般管理費差異（一般管理活動差異に分類される）

2,000,000円－2,020,000円＝(－)20,000円〔不利差異〕

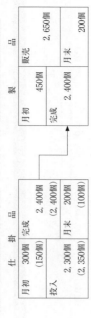

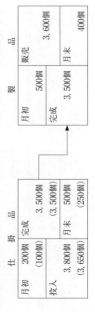

なお，実績損益計算書を作成すれば，次のようになる。

	製　品　X	製　品　Y	合　計
売上高	4,900円/個×3,600個＝17,640,000円	6,100円/個×2,650個＝16,165,000円	33,805,000円
標準変動売上原価	2,000円/個×3,600個＝ 7,200,000円	3,000円/個×2,650個＝ 7,950,000円	15,150,000円
標準変動販売費	500円/個×3,600個＝ 1,800,000円	600円/個×2,650個＝ 1,590,000円	3,390,000円
標準貢献利益	8,640,000円	6,625,000円	15,265,000円
標準変動費差異	(＊)(−)250,000円	(＊)(−)130,000円	(−)380,000円
実際貢献利益	8,390,000円	6,495,000円	14,885,000円
個別固定費	5,050,000円	4,600,000円	9,650,000円
製品貢献利益	3,340,000円	1,895,000円	5,235,000円
共通固定費			4,010,000円
営業利益			1,225,000円

(＊) 標準変動費差異：直接材料費差異＋変動加工費差異＋変動販売費予算差異
製品X：(−)100,000円＋(−)130,000円＋(−)20,000円＝(−)250,000円
製品Y：(−)60,000円＋(−)80,000円＋(+)10,000円＝(−)130,000円

なお，製品ごとに問1で示した予算損益計算書と問2で示した実際販売量ベースの予算損益計算書および上記に示した実績損益計算書を比較すると，下記のようになる（ただし，製品貢献利益まで）。

1．製品X　　（注）価：価格差異，量：販売量差異

	予　算 (予算販売量3,500個)	実際販売量予算 (実際販売量3,600個)	実　績 (実際販売量3,600個)	差　異
売上高	5,000円/個×3,500個	5,000円/個×3,600個	4,900円/個×3,600個	価(−)360,000円 量(+)500,000円
標準変動売上原価	2,000円/個×3,500個	2,000円/個×3,600個	2,000円/個×3,600個	量(−)200,000円
標準変動販売費	500円/個×3,500個	500円/個×3,600個	500円/個×3,600個	量(−) 50,000円
標準貢献利益	2,500円/個×3,500個	2,500円/個×3,600個	8,640,000円	価(−)360,000円 量(+)250,000円
標準変動費差異	−	−	(−)250,000円	(−)250,000円
(実際)貢献利益	8,750,000円	9,000,000円	8,390,000円	(−)360,000円
個別固定費	5,000,000円	5,000,000円	5,050,000円	(−) 50,000円
製品貢献利益	3,750,000円	4,000,000円	3,340,000円	(−)410,000円

数量面の差異　　単価面の差異

2．製品Y　　（注）価：価格差異，量：販売量差異

	予　算 (予算販売量2,800個)	実際販売量予算 (実際販売量2,650個)	実　績 (実際販売量2,650個)	差　異
売上高	6,000円/個×2,800個	6,000円/個×2,650個	6,100円/個×2,650個	価(+)265,000円 量(−)900,000円
標準変動売上原価	3,000円/個×2,800個	3,000円/個×2,650個	3,000円/個×2,650個	量(+)450,000円
標準変動販売費	600円/個×2,800個	600円/個×2,650個	600円/個×2,650個	量(+) 90,000円
標準貢献利益	2,400円/個×2,800個	2,400円/個×2,650個	6,625,000円	価(+)265,000円 量(−)360,000円
標準変動費差異	−	−	(−)130,000円	(−)130,000円
(実際)貢献利益	6,720,000円	6,360,000円	6,495,000円	(−)225,000円
個別固定費	4,500,000円	4,500,000円	4,600,000円	(−)100,000円
製品貢献利益	2,220,000円	1,860,000円	1,895,000円	(−)325,000円

数量面の差異　　単価面の差異

問題8-5

〔設問1〕

(1) 損益計算書の作成　　（単位：円）

	予算損益計算書		実績損益計算書	
Ⅰ 売　上　高		(8,600,000)		(8,960,000)
Ⅱ 標準変動売上原価		(4,900,000)		(5,180,000)
変動製造マージン		(3,700,000)		(3,780,000)
Ⅲ 標準変動販売費		(950,000)		(980,000)
標準貢献利益		(2,750,000)		(2,800,000)
Ⅳ 標準変動費差異		——		(△134,500)
実際貢献利益		(2,750,000)		(2,665,500)
Ⅴ 固　定　費				
(1) 固定加工費	(400,000)		(420,000)	
(2) 固定販売費	(250,000)		(210,000)	
(3) 一般管理費	(620,000)	(1,270,000)	(630,000)	(1,260,000)
営業利益		(1,480,000)		(1,405,500)

(2) 標準変動費差異内訳表

(単位：円)

	製品α	製品β	合　計
直接材料費差異			
価　格　差　異	(△115,000)	(△ 55,000)	(△170,000)
数　量　差　異	(△ 30,000)	(+ 7,500)	(△ 22,500)
変動加工費差異			
予　算　差　異	(+170,000)	(△108,000)	(+ 62,000)
能　率　差　異	(△ 30,000)	(+ 40,000)	(+ 10,000)
変動販売費差異	(△ 28,000)	(+ 14,000)	(△ 14,000)
合　　計	(△ 33,000)	(△101,500)	(△134,500)

〔設問2〕

(1) 販売数量差異を総額により把握する方法（総額分析）

(単位：円)

予算営業利益 ……				(1,480,000)
1．販売価格差異	製品α	(△280,000)		
	製品β	(+280,000)	(0)	
2．販売数量差異				
(1) 売上品構成差異	製品α	(+350,000)		
	製品β	(△420,000)	(△ 70,000)	
(2) 売上数量差異	製品α	(+250,000)		
	製品β	(+180,000)	(+430,000)	
計：売上高差異				(+360,000)
3．標準変動売上原価数量差異	製品α	(△390,000)		
	製品β	(+110,000)		(△280,000)
4．標準変動販売費数量差異	製品α	(△ 60,000)		
	製品β	(+ 30,000)		(△ 30,000)
5．標準変動費差異	製品α	(△ 33,000)		
	製品β	(△101,500)		(△134,500)
6．固定費差異				
(1) 固定加工費差異		(△ 20,000)		
(2) 固定販売費差異		(+ 40,000)		
(3) 一般管理費差異		(△ 10,000)		(+ 10,000)
実際営業利益 ……				(1,405,500)

(2) 販売数量差異を純額により把握する方法（純額分析）

(単位：円)

予算営業利益 ……				(1,480,000)
1．販売価格差異	製品α	(△280,000)		
	製品β	(+280,000)	(0)	
2．販売数量差異				
(1) 売上品構成差異	製品α	(+ 87,500)		
	製品β	(△175,000)	(△ 87,500)	
(2) 売上数量差異	製品α	(+ 62,500)		
	製品β	(+ 75,000)	(+137,500)	
3．標準変動費差異	製品α	(△ 33,000)		
	製品β	(△101,500)	(△134,500)	
計：貢献利益差異				(△ 84,500)
4．固定費差異				
(1) 固定加工費差異		(△ 20,000)		
(2) 固定販売費差異		(+ 40,000)		
(3) 一般管理費差異		(△ 10,000)		(+ 10,000)
実際営業利益 ……				(1,405,500)

(注) 有利な差異には「＋」，不利な差異には「△」を金額の前に付すこと。

解答への道

〔設問1〕損益計算書および標準変動費差異内訳表の作成

1．予算損益計算書

売　　上　　高：1,000円/個×5,000個＋1,200円/個×3,000個=8,600,000円

標準変動売上原価：650円/個×5,000個＋550円/個×3,000個=4,900,000円

標準変動販売費：100円/個×5,000個＋150円/個×3,000個=950,000円

2．実績損益計算書

売　　上　　高：950円/個×5,600個＋1,300円/個×2,800個=8,960,000円

標準変動売上原価：650円/個×5,600個＋550円/個×2,800個=5,180,000円

標準変動販売費：100円/個×5,600個＋150円/個×2,800個=980,000円

標準変動費差異：

製品α：750円/個×5,600個－(1,265,000円＋2,380,000円＋588,000円)=(−) 33,000円〔不利差異〕

製品β：700円/個×2,800個－(467,500円＋1,188,000円＋406,000円)=(−)101,500円〔不利差異〕

計　(−)134,500円〔不利差異〕

3．標準変動費差異内訳表

(1)　直接材料費

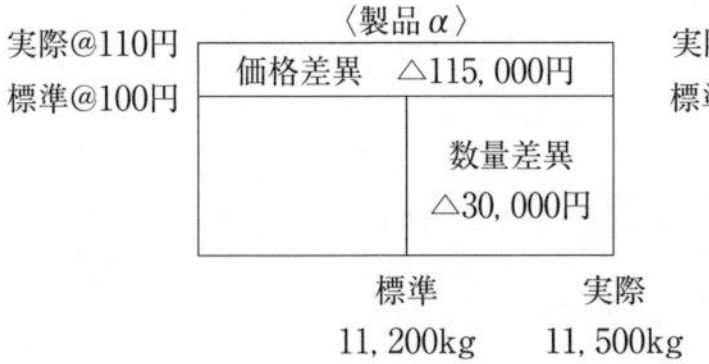

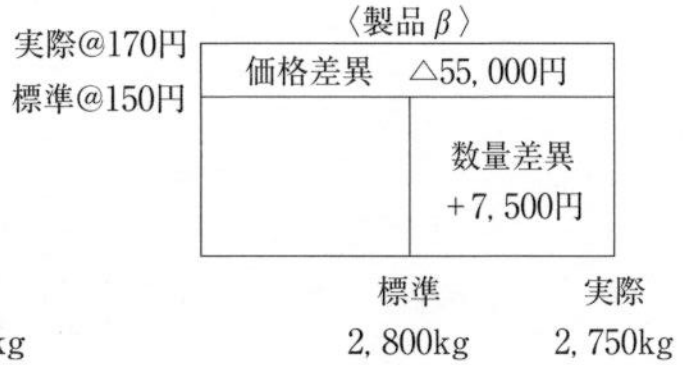

製品α：価格差異；(100円/kg－110円/kg)×11,500kg=(－)115,000円〔不利差異〕
　　　　数量差異；100円/kg×(2kg/個×5,600個－11,500kg)=(－)30,000円〔不利差異〕
製品β：価格差異；(150円/kg－170円/kg)×2,750kg=(－)55,000円〔不利差異〕
　　　　数量差異；150円/kg×(1kg/個×2,800個－2,750kg)=(+)7,500円〔有利差異〕

(2)　変動加工費

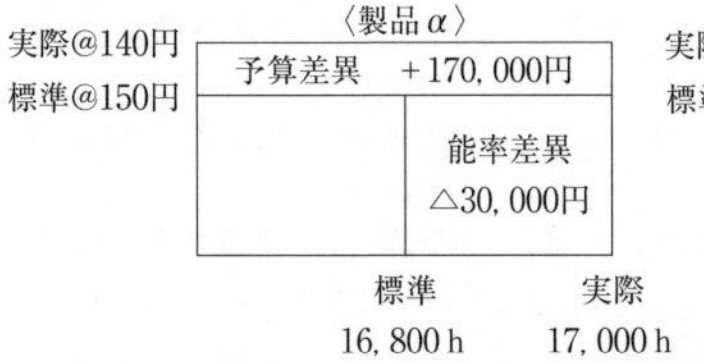

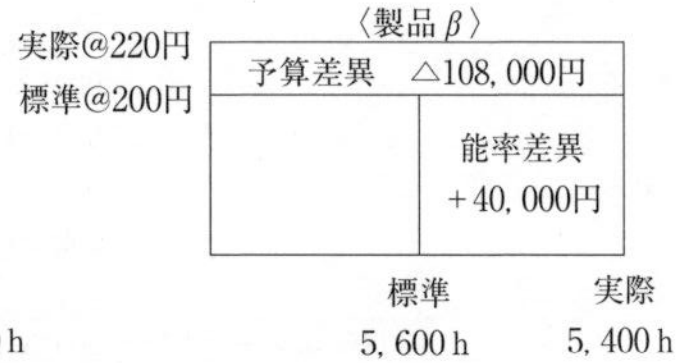

製品α：予算差異；(150円/h－140円/h)×17,000h=(+)170,000円〔有利差異〕
　　　　能率差異；150円/h×(3h/個×5,600個－17,000h)=(－)30,000円〔不利差異〕
製品β：予算差異；(200円/h－220円/h)×5,400h=(－)108,000円〔不利差異〕
　　　　能率差異；200円/h×(2h/個×2,800個－5,400h)=(+)40,000円〔有利差異〕

(3)　変動販売費

製品α：100円/個×5,600個－588,000円=(－)28,000円〔不利差異〕
製品β：150円/個×2,800個－406,000円=(+)14,000円〔有利差異〕

〔設問2〕営業利益差異分析

(1)　販売数量差異を総額により把握する方法（総額分析）

①　売上高差異

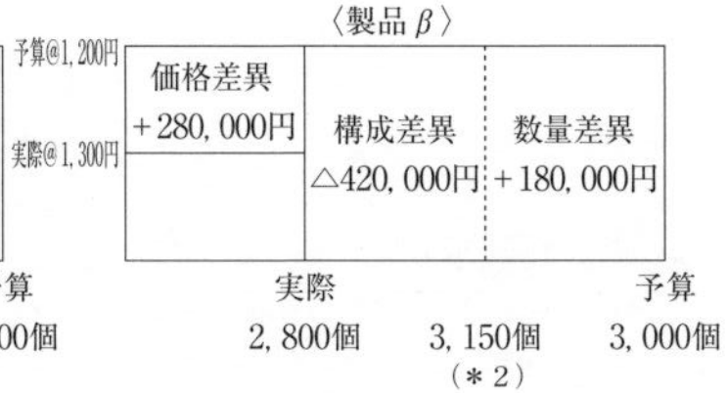

(＊1) 予算構成率にもとづく実際販売量

$$\underbrace{(5,600\text{個}+2,800\text{個})}_{\text{実際販売量}}\times\frac{5,000\text{個}}{8,000\text{個}}=5,250\text{個}$$

(＊2) 予算構成率にもとづく実際販売量

$$\underbrace{(5,600\text{個}+2,800\text{個})}_{\text{実際販売量}}\times\frac{3,000\text{個}}{8,000\text{個}}=3,150\text{個}$$

〈製品α〉販売価格差異：(950円/個－1,000円/個)×5,600個=(－)280,000円〔不利差異〕
　　　　売上品構成差異：1,000円/個×(5,600個－5,250個)=(+)350,000円〔有利差異〕
　　　　売上数量差異：1,000円/個×(5,250個－5,000個)=(+)250,000円〔有利差異〕
〈製品β〉販売価格差異：(1,300円/個－1,200円/個)×2,800個=(+)280,000円〔有利差異〕
　　　　売上品構成差異：1,200円/個×(2,800個－3,150個)=(－)420,000円〔不利差異〕
　　　　売上数量差異：1,200円/個×(3,150個－3,000個)=(+)180,000円〔有利差異〕

②　標準変動売上原価数量差異

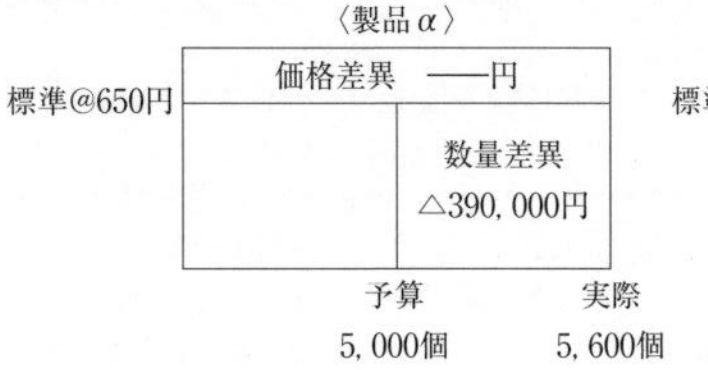

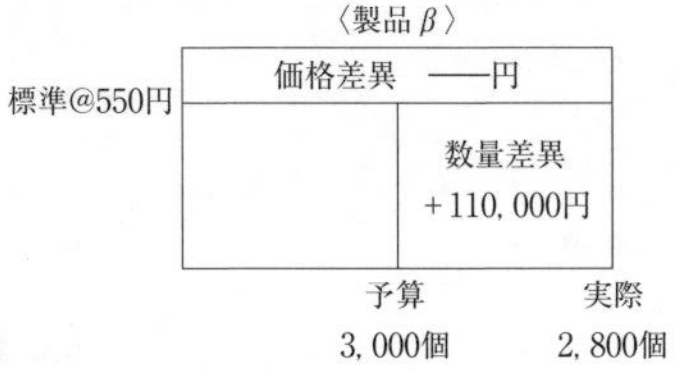

〈製品α〉数量差異：650円/個×(5,000個－5,600個)=(－)390,000円〔不利差異〕
〈製品β〉数量差異：550円/個×(3,000個－2,800個)=(+)110,000円〔有利差異〕
(注) 実績損益計算書においても標準原価により変動売上原価を計算しているため，価格差異は算出されない。

③ 変動販売費差異

〈製品α〉

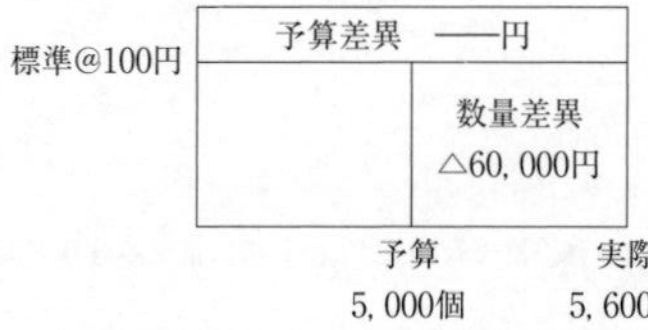

〈製品β〉

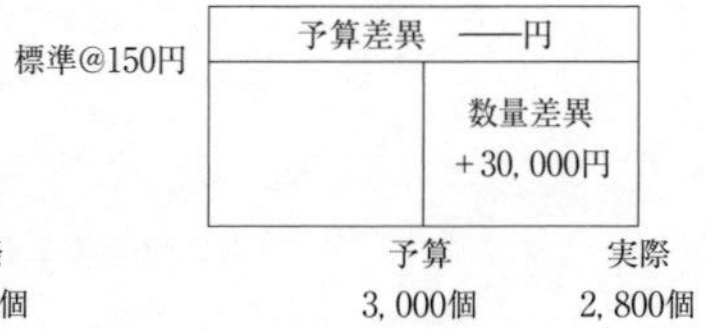

〈製品α〉数量差異：100円/個×(5,000個－5,600個)＝(−)60,000円〔不利差異〕

〈製品β〉数量差異：150円/個×(3,000個－2,800個)＝(+)30,000円〔有利差異〕

(注) 実績損益計算書においても標準原価により変動販売費を計算しているため，予算差異（＝価格差異）は算出されない。

④ 標準変動費差異

解説〔設問１〕の２の実績損益計算書の作成より，

製品α：(−) 33,000円〔不利差異〕

製品β：(−)101,500円〔不利差異〕

計 (−)134,500円〔不利差異〕

⑤ 固定費差異

固定加工費差異：400,000円－420,000円＝(−)20,000円〔不利差異〕

固定販売費差異：250,000円－210,000円＝(+)40,000円〔有利差異〕

一般管理費差異：620,000円－630,000円＝(−)10,000円〔不利差異〕

(2) 販売量数差異を純額により把握する方法（純額分析）

① 貢献利益差異

(イ) 販売価格差異・販売数量差異（売上品構成差異・売上数量差異）

〈製品α〉

〈製品β〉

〈製品α〉販売価格差異：(950円/個－1,000円/個)×5,600個＝(−)280,000円〔不利差異〕

売上品構成差異：250円/個×(5,600個－5,250個)＝(+)87,500円〔有利差異〕

売上数量差異：250円/個×(5,250個－5,000個)＝(+)62,500円〔有利差異〕

〈製品β〉販売価格差異：(1,300円/個－1,200円/個)×2,800個＝(+)280,000円〔有利差異〕

売上品構成差異：500円/個×(2,800個－3,150個)＝(−)175,000円〔不利差異〕

売上数量差異：500円/個×(3,150個－3,000個)＝(+)75,000円〔有利差異〕

(ロ) 標準変動費差異：

解説〔設問１〕の２の実績損益計算書の作成より，

製品α：(−) 33,000円〔不利差異〕

製品β：(−)101,500円〔不利差異〕

計 (−)134,500円〔不利差異〕

② 固定費差異（販売数量差異を総額により把握する方法と同じ）

固定加工費差異：400,000円－420,000円＝(−)20,000円〔不利差異〕

固定販売費差異：250,000円－210,000円＝(+)40,000円〔有利差異〕

一般管理費差異：620,000円－630,000円＝(−)10,000円〔不利差異〕

問題8-6

営業利益差異分析表

1．予算営業利益		（ 24,120 ）千円
2．販売活動差異		
(1) 販売数量差異		
製品 α	（ △ 882 ）千円	
製品 β	（ ＋4,433 ）	
計	（ ＋3,551 ）千円	
(2) 販売価格差異		
製品 α	（ ＋ 237 ）千円	
製品 β	（ △ 173 ）	
計	（ ＋ 64 ）千円	
(3) 販売費差異		
変動費	（ ＋ 64 ）千円	
個別固定費	（ △ 600 ）	
共通固定費	（ △ 500 ）	
計	（ △1,036 ）千円	
販売活動差異合計〔(1)～(3)〕		（ ＋2,579 ）千円
3．製造活動差異		
(1) 材料価格差異	（ △ 116 ）千円	
(2) 材料数量差異	（ ＋ 100 ）	
(3) 労働賃率差異	（ △1,574 ）	
(4) 労働時間差異	（ ＋ 140 ）	
(5) 変動製造間接費予算差異	（ 0 ）	
(6) 変動製造間接費能率差異	（ ＋ 94 ）	
変動費差異計	（ △1,356 ）千円	
(7) 固定製造間接費予算差異		
個別固定費	（ △1,000 ）千円	
共通固定費	（ △ 500 ）	
固定費差異計	（ △1,500 ）千円	
製造活動差異合計〔(1)～(7)〕		（ △2,856 ）千円
4．一般管理活動差異		（ △ 500 ）
5．実績営業利益		（ 23,343 ）千円

（注）有利な差異には「＋」，不利な差異には「△」を金額の前に付すこと。

解答への道

1．分析方法の判断

予算実績差異分析の問題では，総額分析（項目別分析）なのか，純額分析（要因別分析）なのかを判断する必要がある。本問では，販売数量差異が1つしかないため，純額分析（要因別分析）を行っていると判断する。

2．予算・実績比較損益計算書（単位：千円）

	予算P/L	実績P/L	差異	
Ⅰ．売上高	216,800	223,454	＋6,654	
Ⅱ．標準変動売上原価	86,160	89,043	△2,883	
Ⅲ．標準変動販売費	5,520	5,676	△ 156	
標準貢献利益	125,120	128,735	＋3,615	
Ⅳ．変動費差異	――	△1,292	△1,292	
実際貢献利益	125,120	127,443	＋2,323	
Ⅴ．個別固定費				
製造間接費	22,000	23,000	△1,000	⇦ 固定製造間接費予算差異
販売費	23,000	23,600	△ 600	⇦ 販売費差異
製品貢献利益	80,120	80,843	＋ 723	
Ⅵ．共通固定費				
製造間接費	20,000	20,500	△ 500	⇦ 固定製造間接費予算差異
販売費	15,000	15,500	△ 500	⇦ 販売費差異
一般管理費	21,000	21,500	△ 500	⇦ 一般管理活動差異
営業利益	24,120	23,343	△ 777	

3．貢献利益差異の分析

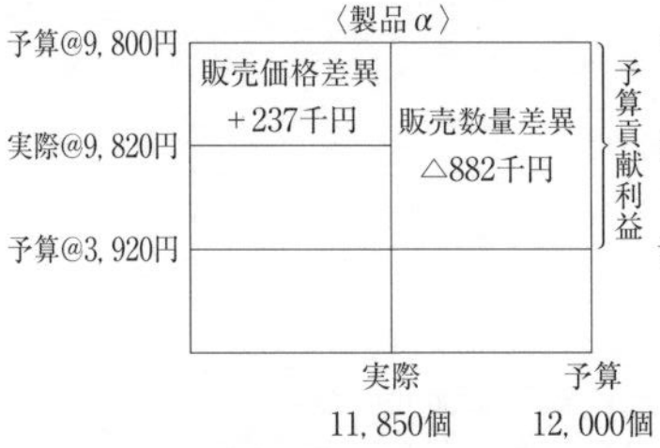

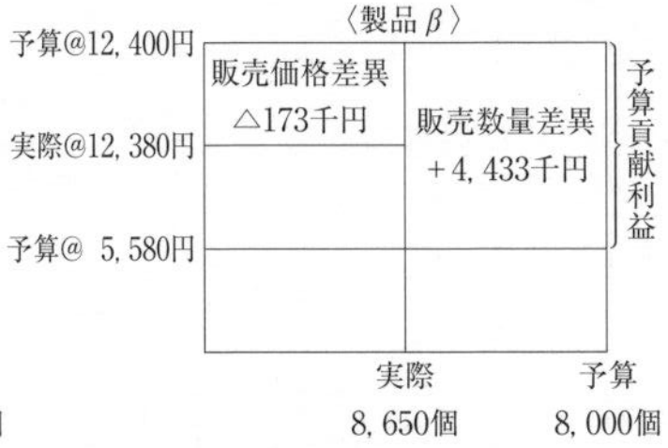

〈製品α〉販売価格差異：(9,820円/個－9,800円/個)×11,850個＝(＋)237千円〔有利差異〕
販売数量差異：5,880円/個×(11,850個－12,000個)＝(－)882千円〔不利差異〕
〈製品β〉販売価格差異：(12,380円/個－12,400円/個)×8,650個＝(－)173千円〔不利差異〕
販売数量差異：6,820円/個×(8,650個－8,000個)＝(＋)4,433千円〔有利差異〕

4．変動費差異の分析

変動費差異は，変動製造原価差異と変動販売費差異から構成されるが，変動製造原価差異は標準原価計算における原価差異分析によって各原価要素ごとに分析する。

（注）変動製造原価差異は，実際生産量にもとづいて分析する。

(1) 直接材料費差異

〈製品α〉

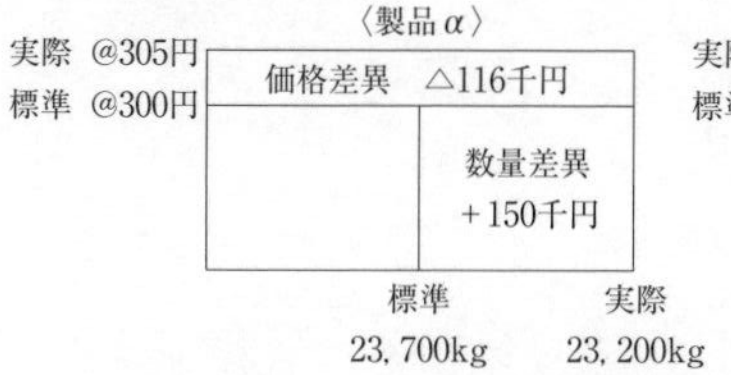

〈製品β〉

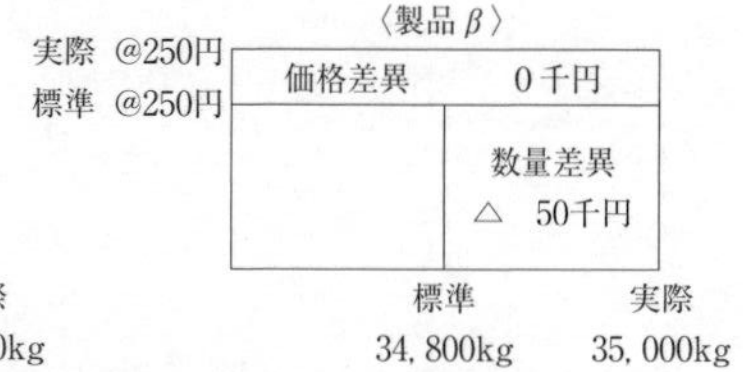

〈製品α〉価格差異：(300円/kg－305円/kg)×23, 200kg=(－)116千円〔不利差異〕
　　　　数量差異：300円/kg×(23, 700kg－23, 200kg)=(＋)150千円〔有利差異〕
〈製品β〉価格差異：(250円/kg－250円/kg)×35, 000kg=0千円〔――〕
　　　　数量差異：250円/kg×(34, 800kg－35, 000kg)=(－)50千円〔不利差異〕

(2) 直接労務費差異

〈製品α〉

〈製品β〉

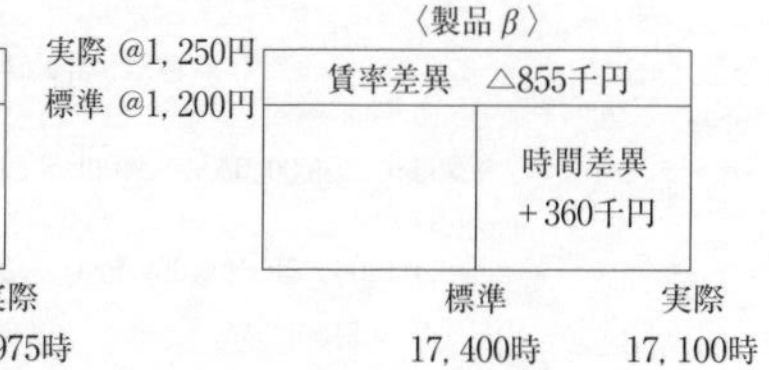

〈製品α〉賃率差異：(1, 100円/時－1, 140円/時)×17, 975時=(－)719千円〔不利差異〕
　　　　時間差異：1, 100円/時×(17, 775時－17, 975時)=(－)220千円〔不利差異〕
〈製品β〉賃率差異：(1, 200円/時－1, 250円/時)×17, 100時=(－)855千円〔不利差異〕
　　　　時間差異：1, 200円/時×(17, 400時－17, 100時)=(＋)360千円〔有利差異〕

(3) 変動製造間接費差異

予算差異：940円/時×(17, 975時＋17, 100時)－32, 970. 5千円=0千円〔――〕
　　　　（予算許容額）（実際発生額）

能率差異：940円/時×(35, 175時(＊)－35, 075時)=(＋)94千円〔有利差異〕
　　　　（標準操業度）（実際操業度）

(＊) 標準操業度：17, 775時〈製品α〉＋17, 400時〈製品β〉=35, 175時

(4) 変動販売費差異　（注）実際販売量にもとづいて分析する。

製品α：260円/個×11, 850個－2, 844千円=(＋)237千円〔有利差異〕
製品β：300円/個× 8, 650個－2, 768千円=(－)173千円〔不利差異〕

問題8-7

（注）計算した各種差異には，プラスまたはマイナスの記号をつけなさい。

名古屋営業所差異分析表（単位：円）　　20×1年11月

(1) 予算営業利益		960, 000
(2) 売上価格差異	－ 84, 000	
(3) 売上数量差異		
1) 市場占拠率差異 …… ＋1, 120, 000		
2) 市場総需要量差異 …… － 800, 000		
売上数量差異計	＋ 320, 000	
(4) 売上高差異〔(2)＋(3)〕	＋ 236, 000	
(5) 標準売上原価数量差異	－ 240, 000	
(6) 標準売上総利益差異〔(4)＋(5)〕		－ 4, 000
(7) 変動販売費予算差異	－ 42, 000	
(8) 変動販売費数量差異	－ 20, 000	
(9) 固定販売費予算差異	＋ 14, 000	
(10) 販売費差異計〔(7)＋(8)＋(9)〕		－ 48, 000
(11) 合計：実績営業利益〔(1)＋(6)＋(10)〕		908, 000

解答への道

1．売上高の差異

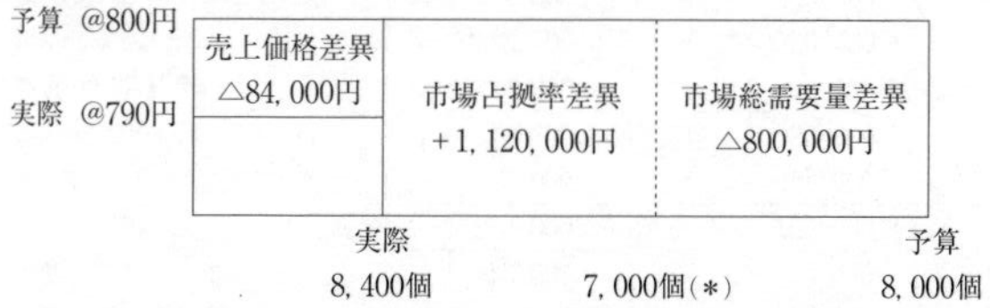

(＊) 予算占拠率にもとづく実際販売量：実際販売数量8, 400個÷実際市場占拠率12%×目標市場占拠率10%=7, 000個

(1) 売上価格差異：(790円/個－800円/個)×8, 400個=(－)84, 000円〔不利差異〕

(2) 売上数量差異：

市場占拠率差異：800円/個×(8, 400個－7, 000個)=(＋)1, 120, 000円〔有利差異〕
市場総需要量差異：800円/個×(7, 000個－8, 000個)=(－)800, 000円〔不利差異〕

2．売上原価の差異

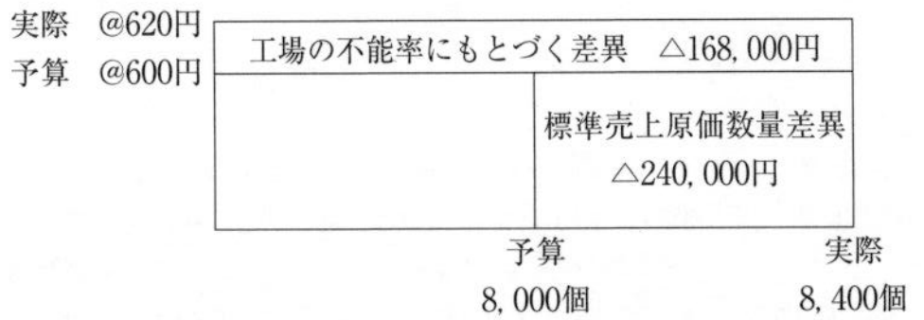

(1)　工場の不能率にもとづく差異：(600円/個－620円/個)×8, 400個=(−)168, 000円〔不利差異〕
(2)　標準売上原価数量差異：600円/個×(8, 000個－8, 400個)=(−)240, 000円〔不利差異〕

3．変動販売費の差異

(1)　変動販売費予算差異：(50円/個－55円/個(＊))×8, 400個=(−)42, 000円〔不利差異〕
　(＊) 462, 000円÷8, 400個=55円/個
(2)　変動販売費数量差異：50円/個×(8, 000個－8, 400個)=(−)20, 000円〔不利差異〕

4．固定販売費予算差異
240, 000円－226, 000円=(+)14, 000円〔有利差異〕

5．実績営業利益
問題文にあるように，標準製造原価を用いて計算された売上原価にもとづく営業利益を示すべきである。
6, 636, 000円－(600円/個×8, 400個＋688, 000円)=908, 000円

問題8-8

〔問1〕

(単位：千円)

	製品α	製品β	合　計
売　上　高	(2, 160, 000)	(1, 440, 000)	(3, 600, 000)
変　動　費			
製　造　原　価	(1, 656, 000)	(752, 000)	(2, 408, 000)
販　売　費	(72, 000)	(40, 000)	(112, 000)
計	(1, 728, 000)	(792, 000)	(2, 520, 000)
貢　献　利　益	(432, 000)	(648, 000)	(1, 080, 000)
個別自由裁量製造固定費	(43, 200)	(57, 600)	(100, 800)
管理可能利益	(388, 800)	(590, 400)	(979, 200)
個別拘束製造固定費	(172, 800)	(230, 400)	(403, 200)
製品貢献利益	(216, 000)	(360, 000)	(576, 000)
共通固定費			
拘束製造固定費			(99, 000)
自由裁量販売・一般管理固定費			(90, 000)
拘束販売・一般管理固定費			(135, 000)
計			(324, 000)
営　業　利　益			(252, 000)

〔問2〕

売　上　高	標準変動製造原価	標準変動販売費	実際貢献利益
3, 570, 000千円	2, 479, 600千円	114, 200千円	936, 200千円

〔問3〕

差異分析表（A）　　(単位：千円)

	製　品　α	製　品　β	合　計
予算営業利益	——	——	252, 000
販売価格差異	66, 000 (U)	0 (—)	66, 000 (U)
販売数量差異	43, 200 (F)	81, 000 (U)	37, 800 (U)
変動費差異	4, 500 (F)	44, 500 (U)	40, 000 (U)
固定費差異	——	——	13, 800 (F)
実際営業利益	——	——	122, 000

差異分析表（B）販売数量差異の分析　　　　　　　　　　　　　　　　　　（単位：千円）

	市場総需要量差異	市場占拠率差異	合　　計
製　　品　　α	108, 000　（ U ）	151, 200　（ F ）	43, 200　（ F ）
製　　品　　β	60, 750　（ F ）	141, 750　（ U ）	81, 000　（ U ）

差異分析表（C）変動費差異の分析　　　　　　　　　　　　　　　　　　（単位：千円）

	製　品　α	製　品　β	合　　計
直接材料費差異	27, 000　（ U ）	30, 500　（ U ）	57, 500　（ U ）
直接労務費差異	38, 850　（ F ）	7, 270　（ U ）	31, 580　（ F ）
変動製造間接費差異	750　（ U ）	6, 730　（ U ）	7, 480　（ U ）
変動販売費差異	6, 600　（ U ）	0　（ — ）	6, 600　（ U ）
合　　　　計	4, 500　（ F ）	44, 500　（ U ）	40, 000　（ U ）

（注）各差異分析表の（　　）内には，不利差異であれば「U」，有利差異であれば「F」と記入しなさい。なお，差異が0の場合は「—」と記入すればよい。

〔問4〕

①	l	②	e	③	j	④	f	⑤	k	⑥	i

解答への道

〔問1〕予算損益計算書

売　上　高：製品α；36千円/個×60, 000個=2, 160, 000千円
　　　　　　製品β；18千円/個×80, 000個=1, 440, 000千円
　　　　　　合　計　　　　　　　　　　　3, 600, 000千円

変動製造原価：製品α；（9千円/個＋9. 6千円/個＋　9千円/個）×60, 000個=1, 656, 000千円
　　　　　　　製品β；（4千円/個＋　3千円/個＋2. 4千円/個）×80, 000個=　752, 000千円
　　　　　　　合　計　　　　　　　　　　　　　　　　　　　　　　　　2, 408, 000千円

変動販売費：製品α；1. 2千円/個×60, 000個=　72, 000千円
　　　　　　製品β；0. 5千円/個×80, 000個=　40, 000千円
　　　　　　合　計　　　　　　　　　　　　112, 000千円

固　定　費：

- 製造原価 603, 000千円
  - 個別 504, 000千円
    - 製品α 216, 000千円
      - 自由　43, 200千円
      - 拘束 172, 800千円
    - 製品β 288, 000千円
      - 自由　57, 600千円
      - 拘束 230, 400千円
  - 共通　99, 000千円（拘束）
- 販売費・一般管理費　225, 000千円
  - 自由　90, 000千円
  - 拘束 135, 000千円

〔問2〕実際損益計算書の各金額

実　際　損　益　計　算　書

売　上　高	35千円/個×66, 000個＋ 18千円/個×70, 000個=	3, 570, 000千円
標準変動費		
製造原価	27. 6千円/個×66, 000個＋9. 4千円/個×70, 000個=	2, 479, 600千円
販　売　費	1. 2千円/個×66, 000個＋0. 5千円/個×70, 000個=	114, 200
標準貢献利益		976, 200千円
標準変動費差異		40, 000
実際貢献利益		936, 200千円
固　定　費		
製造原価		584, 200千円
販売費・一般管理費		230, 000
営業利益		122, 000千円

〔問3〕

1．販売価格差異と販売数量差異

〈製品α〉

（＊1）予算占拠率にもとづく実際販売量：66, 000個÷22%×15%=45, 000個

販売価格差異：（35千円/個－36千円/個）×66, 000個=(−) 66, 000千円〔不利差異〕
販売数量差異：7. 2千円/個×（66, 000個－60, 000個）=(+) 43, 200千円〔有利差異〕
市場占拠率差異：7. 2千円/個×（66, 000個－45, 000個）=(+)151, 200千円〔有利差異〕
市場総需要量差異：7. 2千円/個×（45, 000個－60, 000個）=(−)108, 000千円〔不利差異〕

〈製品β〉

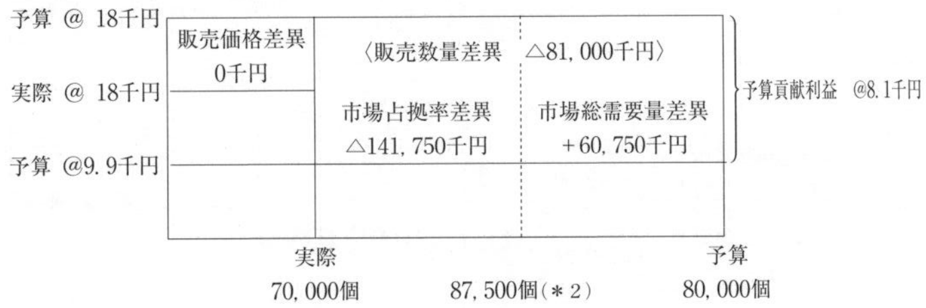

(＊2) 予算占拠率にもとづく実際販売量：70, 000個÷20%×25%=87, 500個

販売価格差異：(18千円/個－18千円/個)×70, 000個=0千円〔――〕
販売数量差異：8. 1千円/個×(70, 000個－80, 000個)=(−) 81, 000千円〔不利差異〕
市場占拠率差異：8. 1千円/個×(70, 000個－87, 500個)=(−)141, 750千円〔不利差異〕
市場総需要量差異：8. 1千円/個×(87, 500個－80, 000個)=(+) 60, 750千円〔有利差異〕

2. 変動費差異
〈製品α〉
直接材料費差異：9 千円/個×66, 000個－621, 000千円 =(−)27, 000千円〔不利差異〕
直接労務費差異：9. 6千円/個×66, 000個－594, 750千円 =(+)38, 850千円〔有利差異〕
変動製造間接費差異：9 千円/個×66, 000個－594, 750千円 =(−) 750千円〔不利差異〕
変動販売費差異：(1. 2千円/個－1. 3千円/個)×66, 000個=(−) 6, 600千円〔不利差異〕
合 計 (+) 4, 500千円〔有利差異〕

〈製品β〉
直接材料費差異：4 千円/個×70, 000個－310, 500千円 =(−)30, 500千円〔不利差異〕
直接労務費差異：3 千円/個×70, 000個－217, 270千円 =(−) 7, 270千円〔不利差異〕
変動製造間接費差異：2. 4千円/個×70, 000個－174, 730千円 =(−) 6, 730千円〔不利差異〕
変動販売費差異：(0. 5千円/個－0. 5千円/個)×70, 000個= 0千円〔 ―― 〕
合 計 (−)44, 500千円〔不利差異〕

3. 固定費差異
828, 000千円－(584, 200千円+230, 000千円)=(+)13, 800千円〔有利差異〕

問題8-9

〔問1〕

実績損益計算書 (単位：千円)

売上高	(3, 132, 000)
標準変動費	
製造原価	(2, 106, 000)
販売費	(54, 000)
計	(2, 160, 000)
標準貢献利益	(972, 000)
標準変動費差異	(28, 064)
実際貢献利益	(943, 936)
固定費	
製造原価	731, 700
販売費・一般管理費	78, 600
計	810, 300
営業利益	(133, 636)

〔問2〕(単位：千円)

差異分析表 (A)：営業利益差異の分析

予算営業利益	200, 000	
販売価格差異	108, 000	〔 U 〕
販売数量差異	80, 000	〔 F 〕
変動費差異	28, 064	〔 U 〕
固定費差異	10, 300	〔 U 〕
実績営業利益	133, 636	

差異分析表 (B)：販売数量差異の分析

	市場総需要量差異	市場占拠率差異
販売数量差異	40, 000 〔 U 〕	120, 000 〔 F 〕

差異分析表 (C)：変動費差異の分析

直接材料費差異	43, 403	〔 U 〕
直接労務費差異	18, 189	〔 F 〕
変動製造間接費差異	150	〔 U 〕
変動販売費差異	2, 700	〔 U 〕
合計	28, 064	〔 U 〕

〔問3〕

①	②	③	④	⑤	⑥	⑦
k	l	f	j	e	m	g

解答への道

〔問１〕実績損益計算書の作成

本問は直接標準原価計算制度を採用しているため，実績損益計算書においても変動費は標準原価によって計算されることに注意する。

実績損益計算書　（単位：千円）

売上高	3,132,000	
標準変動費		
製造原価	2,106,000	
販売費	54,000	
計	2,160,000	
標準貢献利益	972,000	
標準変動費差異	28,064	←不利差異であるため，標準貢献利益から控除する。
実際貢献利益	943,936	
固定費		
製造原価	731,700	
販売費・一般管理費	78,600	
計	810,300	
営業利益	133,636	

〈諸数値の計算〉

1．売上高

58,000円/個×54,000個＝3,132,000千円

2．変動費

(1)　製造原価

39,000円/個(＊)×54,000個＝2,106,000千円

(＊)　予算販売量：3,000,000千円〈予算売上高〉÷60,000円/個〈予算販売単価〉＝50,000個

製品１個あたり標準変動製造原価：1,950,000千円÷50,000個＝39,000円/個

製品１個あたり標準直接材料費：39,000円/個－(15,000円/個＋18,000円/個)＝6,000円/個
（15,000円/個：直接労務費　18,000円/個：変動製造間接費）

(2)　販売費

1,000円/個×54,000個＝54,000千円

3．標準変動費差異

(39,000円/個＋1,000円/個)×54,000個－(367,403,000円＋791,811,000円＋972,150,000円＋1,050円/個×54,000個)
（前項：標準変動費 2,160,000千円　後項：実際変動費 2,188,064千円）

＝(－)28,064千円〔U〕

4．固定費

解答用紙に所与

〔問２〕差異分析表の作成

1．予算実績比較損益計算書の作成

予算実績差異分析を行うにあたり，予算実績比較損益計算書を作成して大まかな差異を把握する。

（単位：千円）

	予算	実績	差異
売上高	3,000,000	3,132,000	132,000〔F〕
標準変動費			
製造原価	1,950,000	2,106,000	156,000〔U〕
販売費	50,000	54,000	4,000〔U〕
計	2,000,000	2,160,000	160,000〔U〕
標準貢献利益	1,000,000	972,000	28,000〔U〕
標準変動費差異	―	28,064	28,064〔U〕
実際貢献利益	1,000,000	943,936	56,064〔U〕
固定費			
製造原価	(＊)720,000	731,700	11,700〔U〕
販売費・一般管理費	(＊) 80,000	78,600	1,400〔F〕
計	(＊)800,000	810,300	10,300〔U〕
営業利益	200,000	133,636	66,364〔U〕

(＊) 予算P/L固定費

固定費合計：1,000,000千円－200,000千円＝800,000千円

固定製造原価：800,000千円×90％＝720,000千円

固定販管費：800,000千円－720,000千円＝80,000千円

2．差異分析表（A）：販売価格差異と販売数量差異の分析

貢献利益差異の分析手法には，総額分析（項目別分析）と純額分析（要因別分析）がある。

総額分析では，貢献利益差異の分析を売上高と変動費に分けて行うため，「販売数量差異」が売上高と変動費の各費目ごとに把握される。これに対して純額分析は，貢献利益差異を発生要因で一括して分析するため，「販売数量差異」が一つしか表示されない。

ここで，解答用紙の差異分析表（A）には販売数量差異が一つしかないため，純額分析（要因別分析）であると判断する。

販売価格差異：(@58,000円－@60,000円)×54,000個＝(－)108,000千円〔U〕

販売数量差異：@20,000円×(54,000個－50,000個)＝(＋)80,000千円〔F〕

変動費差異と固定費差異は，上記1．の予算実績比較損益計算書の金額をそのまま記入すればよい。

3．差異分析表（B）：市場総需要量差異と市場占拠率差異の分析（マーケット・シェア分析）

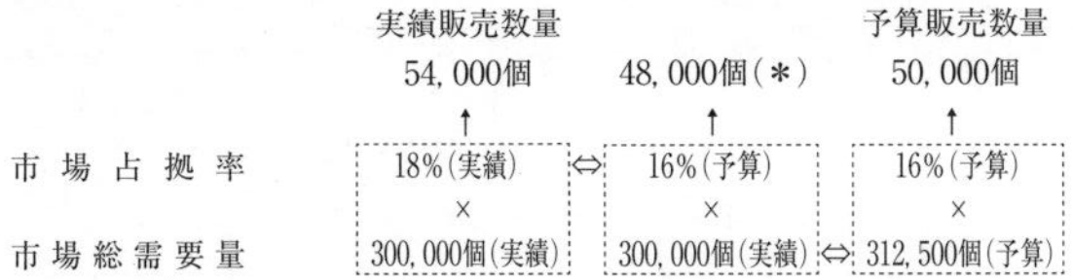

（＊） 実績市場総需要量にもとづく予算市場占拠率での販売数量

54,000個÷18%×16%〈予算市場占拠率〉＝48,000個

300,000個（実績市場総需要量）

市場総需要量差異：20,000円/個×(48,000個－50,000個)＝(－) 40,000千円〔U〕

市場占拠率差異：20,000円/個×(54,000個－48,000個)＝(＋)120,000千円〔F〕

4．差異分析表（C）：変動費差異の分析

直接材料費差異： 6,000円/個×54,000個〈生産数量〉－367,403,000円＝(－) 43,403千円〔U〕

直接労務費差異：15,000円/個×54,000個〈生産数量〉－791,811,000円＝(＋) 18,189千円〔F〕

変動製造間接費差異：18,000円/個×54,000個〈生産数量〉－972,150,000円＝(－) 150千円〔U〕

変動販売費差異：(1,000円/個－1,050円/個)×54,000個〈販売数量〉 ＝(－) 2,700千円〔U〕

合　計 (－) 28,064千円〔U〕

〔問3〕空欄補充問題

まず，最後の文に注目する。「当社の（ ② ）の営業利益は，残念ながら（ ① ）の営業利益を達成できなかった」とある。20×1年度においては，実績の営業利益は予算の営業利益に達していないことから，①はk)予算，②はl)実績となる。これを2つめの文にあてはめてみると，「予算よりも実績のほうが（ ③ ）が（ ④ ）にもかかわらず，実績の販売量が予算より多くなっている。」となる。この文章の前半部分の「にもかかわらず」に着目すると，実績の販売量が予算より多くなるのと反対の影響を生み出す要因を考えればよいことから，語群から考えて，予算より実績のほうがf)市場総需要量がj)少ないという状況であろう。それにもかかわらず実績の販売量が予算より多くなっているのは，実績のe)市場占拠率が予算に比べてm)高いからである。ちなみに，差異分析表（B）についての考察であることから，変動費や固定費，販売価格の選択肢はここでは除外する。つまり，市場の総需要量が予想より少なかったにもかかわらず当社は予算より高いシェアを獲得し，その結果として販売量をのばすことに成功したのであり，ここで評価されるべきは当社のg)営業部門ということになる。以下に全文を示しておく。

「差異分析表（B）について考察すると，(① 予算）よりも（② 実績）のほうが（③ 市場総需要量）が（④ 少ない）にもかかわらず，実績の販売量が予算より多くなっている。これは，(② 実績）の（⑤ 市場占拠率）が（① 予算）に比べて（⑥ 高い）からであると考えられる。つまり，当社の（② 実績）の営業利益は，残念ながら（① 予算）の営業利益を達成できなかったが，当社の（⑦ 営業部門）は，その努力を評価されるべきである。」

問題8-10

(注) 下記の（　）内には計算した数値を，〔　〕内には20×1年度営業利益（または経営資本営業利益率）に加算する場合は＋の記号を，控除する場合は－の記号を記入しなさい。

〔問1〕20×1年度と比較して，20×2年度の営業利益は（　198,500 ）円減少した。

〔問2〕20×1年度と比較して，20×2年度の経営資本営業利益率は（　2.5 ）％減少した。

〔問3〕

営業利益差異分析表　（単位：円）

1．20×1年度営業利益			（ 972,000 ）
2．製品販売価格差異	〔－〕	（ 455,000 ）	
3．市場総需要量差異	〔－〕	（ 225,000 ）	
4．市場占拠率差異	〔＋〕	（ 315,000 ）	
5．製品販売数量差異（3＋4）	〔＋〕	（ 90,000 ）	
6．売上高差異（2＋5）	〔－〕		（ 365,000 ）
7．変動売上原価価格差異	〔＋〕	（ 273,000 ）	
8．変動売上原価数量差異	〔－〕	（ 48,000 ）	
9．変動売上原価差異（7＋8）	〔＋〕		（ 225,000 ）
10．変動販売費価格差異	〔－〕	（ 182,000 ）	
11．変動販売費数量差異	〔－〕	（ 6,000 ）	
12．変動販売費差異（10＋11）	〔－〕		（ 188,000 ）
13．貢献利益差異（6＋9＋12）	〔－〕		（ 328,000 ）
14．製造固定費差異	〔＋〕	（ 80,000 ）	
15．販売・一般管理固定費差異	〔＋〕	（ 49,500 ）	
16．固定費差異（14＋15）	〔＋〕		（ 129,500 ）
17．差異合計（13＋16）	〔－〕		（ 198,500 ）
18．20×2年度営業利益			（ 773,500 ）

〔問4〕

経営資本営業利益率差異分析表　（単位：％）

1．20×1年度経営資本営業利益率			（ 9.0 ）
2．売上高営業利益率差異	〔－〕	（ 1.3 ）	
3．経営資本回転率差異	〔－〕	（ 1.2 ）	
4．差異合計（2＋3）	〔－〕		（ 2.5 ）
5．20×2年度経営資本営業利益率			（ 6.5 ）

解答への道

〔問１〕

20×1年度と20×2年度の実績損益計算書を作成し，大まかな差異を計算すれば次のようになる。

	20×1年度	20×2年度	差　異
売上高	8, 100, 000円	7, 735, 000円	(−)　365, 000円
変動売上原価	4, 320, 000	4, 095, 000	(+)　225, 000
変動販売費	540, 000	728, 000	(−)　188, 000
貢献利益	3, 240, 000円	2, 912, 000円	(−)　328, 000円
製造固定費	1, 700, 000	1, 620, 000	(+)　80, 000
販売・一般管理固定費	568, 000	518, 500	(+)　49, 500
営業利益	972, 000円	773, 500円	(−)　198, 500円

上記の損益計算書より，営業利益の減少額は198, 500円である。

〔問２〕

20×1年度の経営資本営業利益率：972, 000円÷10, 800, 000円×100＝9. 0％

20×2年度の経営資本営業利益率：773, 500円÷11, 900, 000円×100＝6. 5％

∴ 9. 0％－6. 5％＝2. 5％の減少

〔問３〕

(1) 売上高差異の分析

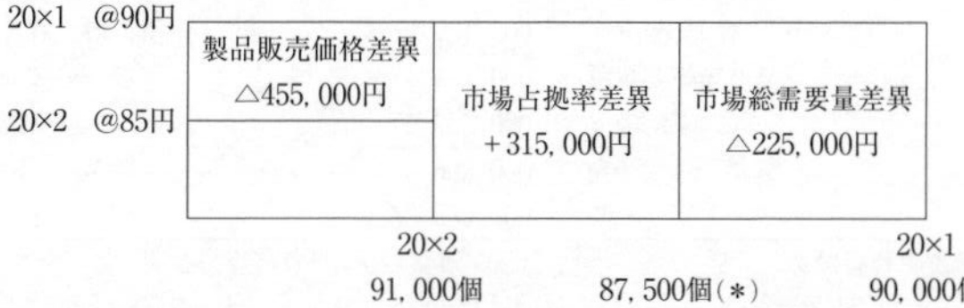

(＊) 20×1年度の占拠率にもとづく20×2年度の販売量：91, 000個÷26%×25%=87, 500個

製品販売価格差異：(85円/個－90円/個)×91, 000個 =(−)455, 000円〔不利差異〕

市場占拠率差異：90円/個×(91, 000個－87, 500個)=(+)315, 000円〔有利差異〕

市場総需要量差異：90円/個×(87, 500個－90, 000個)=(−)225, 000円〔不利差異〕

(2) 変動売上原価差異の分析

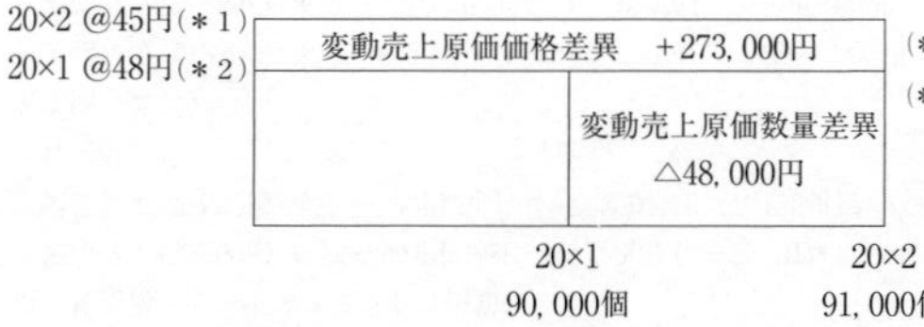

(＊1) 4, 095, 000円÷91, 000個=45円/個

(＊2) 4, 320, 000円÷90, 000個=48円/個

変動売上原価価格差異：(48円/個－45円/個)×91, 000個=(+)273, 000円〔有利差異〕

変動売上原価数量差異：48円/個×(90, 000個－91, 000個)=(−)48, 000円〔不利差異〕

(3) 変動販売費差異の分析

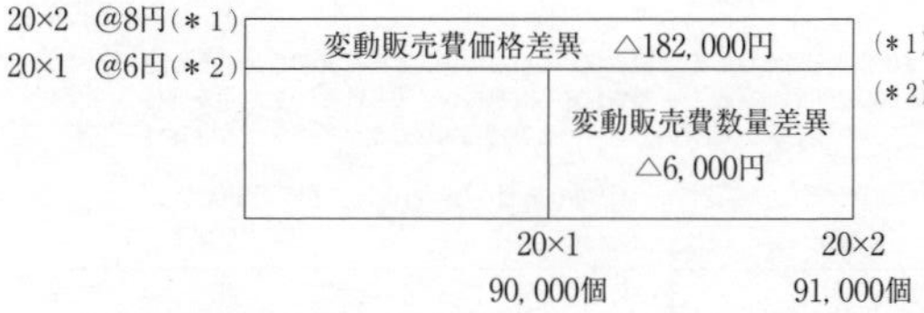

(＊1) 728, 000円÷91, 000個＝8円/個

(＊2) 540, 000円÷90, 000個＝6円/個

変動販売費価格差異：(6円/個－8円/個)×91, 000個=(−)182, 000円〔不利差異〕

変動販売費数量差異：6円/個×(90, 000個－91, 000個)＝(−)6, 000円〔不利差異〕

(4) 固定費差異の分析

製造固定費差異：1, 700, 000円－1, 620, 000円=(+)80, 000円〔有利差異〕

販売・一般管理固定費差異：568, 000円－518, 500円=(+)49, 500円〔有利差異〕

〔問４〕

資本利益率は売上高利益率と資本回転率に分解することができる。

$$\text{資本利益率}=\frac{\text{利　益}}{\text{資　本}}=\frac{\text{利　益}}{\text{売上高}}\langle\text{売上高利益率}\rangle\times\frac{\text{売上高}}{\text{資　本}}\langle\text{資本回転率}\rangle$$

〈20×1年度の経営資本営業利益率〉

$$\frac{972,000\text{円}}{10,800,000\text{円}}\times100=\left(\underbrace{\frac{972,000\text{円}}{8,100,000\text{円}}}_{\substack{\text{売上高営業利益率}\\12\%}}\times\underbrace{\frac{8,100,000\text{円}}{10,800,000\text{円}}}_{\substack{\text{資本回転率}\\0.75\text{回転}}}\right)\times100=9.0\%$$

〈20×2年度の経営資本営業利益率〉

$$\frac{773,500\text{円}}{11,900,000\text{円}}\times100=\left(\underbrace{\frac{773,500\text{円}}{7,735,000\text{円}}}_{\substack{\text{売上高営業利益率}\\10\%}}\times\underbrace{\frac{7,735,000\text{円}}{11,900,000\text{円}}}_{\substack{\text{資本回転率}\\0.65\text{回転}}}\right)\times100=6.5\%$$

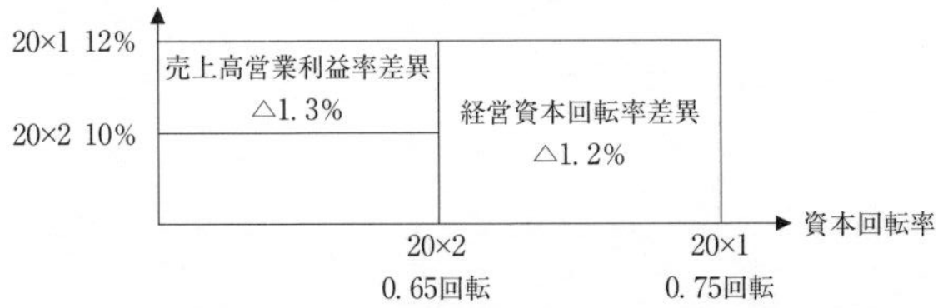

売上高営業利益率差異：(10%－12%)×0.65回転=(−)1.3%〔不利差異〕

経営資本回転率差異：12%×(0.65回転－0.75回転)=(−)1.2%〔不利差異〕

問題8-11

(注) 不利差異には「△」を金額の前につけなさい。

〔設問1〕

予算損益計算書　(単位：円)

売上高		22,620,000
変動売上原価		6,968,000
変動製造マージン		15,652,000
変動販売費		1,131,000
貢献利益		14,521,000
固定費		
製造原価	1,350,000	
販売・一般管理費	1,803,000	3,153,000
営業利益		11,368,000

実績損益計算書　(単位：円)

売上高		22,524,200
標準変動売上原価		6,879,000
標準変動製造マージン		15,645,200
標準変動販売費		1,118,100
標準貢献利益		14,527,100
変動製造原価差異		△ 392,000
変動販売費差異		△ 23,900
実際貢献利益		14,111,200
固定費		
製造原価	1,390,000	
販売・一般管理費	1,822,000	3,212,000
営業利益		10,899,200

〔設問2〕

営業利益差異分析表　(単位：円)

予算営業利益		11,368,000
販売量差異	△ 200,690	
組合せ差異	44,590	
販売価格差異	162,200	
変動製造原価差異	△ 392,000	
変動販売費差異	△ 23,900	
貢献利益差異	△ 409,800	
製造固定費差異	△ 40,000	
営業固定費差異	△ 19,000	△ 468,800
実績営業利益		10,899,200

解答への道

〔設問1〕

1．予算損益計算書

売上高：1,200円/単位×7,900単位+1,800円/単位×7,300単位=22,620,000円

変動売上原価：420円/単位×7,900単位+500円/単位×7,300単位=6,968,000円

変動販売費：60円/単位×7,900単位+90円/単位×7,300単位=1,131,000円

販売・一般管理費：210,000円＋290,000円＋233,000円＋320,000円＋750,000円＝1,803,000円

2．実績損益計算書

売上高：1,240円/単位×7,700単位+1,780円/単位×7,290単位=22,524,200円

標準変動売上原価：420円/単位×7,700単位+500円/単位×7,290単位=6,879,000円

標準変動販売費：60円/単位×7,700単位＋90円/単位×7,290単位＝1,118,100円

変動製造原価差異：(420円/単位×7,800単位+500円/単位×7,200単位)－(3,428,000円+3,840,000円)=(−)392,000円〔不利差異〕

変動販売費差異：1,118,100円－(458,000円＋684,000円)=(−)23,900円〔不利差異〕

販売・一般管理費：215,000円＋280,000円＋237,000円＋340,000円＋750,000円＝1,822,000円

〔設問2〕

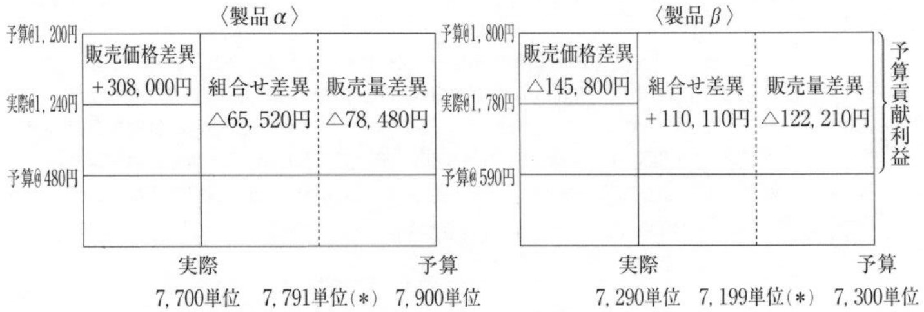

(＊) 予算セールス・ミックスでの実際販売量

製品α：(7,700単位＋7,290単位)×7,900単位÷(7,900単位＋7,300単位)≒7,791単位

製品β：(7,700単位＋7,290単位)×7,300単位÷(7,900単位＋7,300単位)≒7,199単位

1．販売量差異

製品α：(1,200円/単位－480円/単位)×(7,791単位－7,900単位)＝(−) 78,480円〔不利差異〕

製品β：(1,800円/単位－590円/単位)×(7,199単位－7,300単位)＝(−)122,210円〔不利差異〕

合　計　(−)200,690円〔不利差異〕

2．組合せ差異（セールス・ミックス差異）

製品α：(1,200円/単位－480円/単位)×(7,700単位－7,791単位)＝(−) 65,520円〔不利差異〕

製品β：(1,800円/単位－590円/単位)×(7,290単位－7,199単位)＝(+)110,110円〔有利差異〕

合　計　(+) 44,590円〔有利差異〕

3．販売価格差異

製品α：(1,240円/単位－1,200円/単位)×7,700単位=(+)308,000円〔有利差異〕

製品β：(1,780円/単位－1,800円/単位)×7,290単位=(−)145,800円〔不利差異〕

合　計　(+)162,200円〔有利差異〕

4．製造固定費差異

1,350,000円－1,390,000円=(−)40,000円〔不利差異〕

5．営業固定費差異

1,803,000円－1,822,000円=(−)19,000円〔不利差異〕

問題8-12

（注）計算した差異につき，有利な差異は＋，不利な差異には－の記号を（　　）内につけなさい。
差異金額は，千円単位で記入すること。

〔問１〕等級別売上高の予算・実績総差異（単位：千円）

等級	総差異	
F	（＋）	7,920
B	（－）	44,400
E	（－）	17,140
合計	（－）	53,620

〔問２〕等級別航空運賃差異と等級別発券枚数差異（単位：千円）

等級	等級別航空運賃差異		等級別発券枚数差異	
F	（－）	5,760	（＋）	13,680
B	（－）	7,200	（－）	37,200
E	（－）	123,840	（＋）	106,700
合計	（－）	136,800	（＋）	83,180

〔問３〕等級別セールス・ミックス差異と等級別総発券枚数差異（単位：千円）

等級	等級別セールス・ミックス差異		等級別総発券枚数差異	
F	（　）	0	（＋）	13,680
B	（－）	69,120	（＋）	31,920
E	（＋）	28,800	（＋）	77,900
合計	（－）	40,320	（＋）	123,500

〔問４〕

市場占有率差異＝ （＋） 156,000 千円

市場総需要量差異＝ （－） 32,500 千円

解答への道

〔問１〕等級別売上高の予算・実績総差異

	実績売上高	予算売上高	総差異	
等級F：	97,920千円 －	90,000千円 ＝	(+)　7,920千円	〔有利差異〕
等級B：	165,600千円 －	210,000千円 ＝	(−)　44,400千円	〔不利差異〕
等級E：	495,360千円 －	512,500千円 ＝	(−)　17,140千円	〔不利差異〕
合　計			(−)　53,620千円	〔不利差異〕

〔問２〕等級別航空運賃差異と等級別発券枚数差異

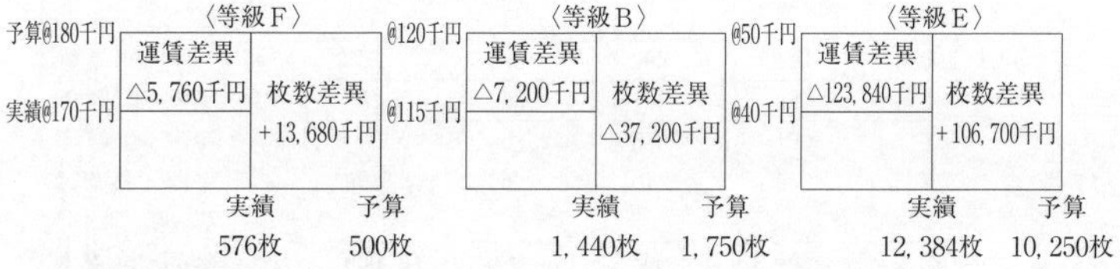

1．等級別航空運賃差異

等級F：(170千円/枚－180千円/枚)×　576枚＝(−)　5,760千円〔不利差異〕

等級B：(115千円/枚－120千円/枚)× 1,440枚＝(−)　7,200千円〔不利差異〕

等級E：(40千円/枚－ 50千円/枚)×12,384枚＝(−) 123,840千円〔不利差異〕

合　計　(−) 136,800千円〔不利差異〕

2．等級別発券枚数差異

等級F：180千円/枚×(　576枚－　500枚)＝(+)　13,680千円〔有利差異〕

等級B：120千円/枚×(1,440枚－ 1,750枚)＝(−)　37,200千円〔不利差異〕

等級E：　50千円/枚×(12,384枚－10,250枚)＝(+) 106,700千円〔有利差異〕

合　計　(+)　83,180千円〔有利差異〕

〔問３〕等級別セールス・ミックス差異と等級別総発券枚数差異

(＊) 実績総発券枚数×予算セールス・ミックス

〈セ〉：等級別セールス・ミックス差異の略，〈総〉：等級別総発券枚数差異の略

1．等級別セールス・ミックス差異

等級F：180千円/枚×(　576枚－　576枚)＝　　　0千円
等級B：120千円/枚×(1,440枚－ 2,016枚)＝(－)　69,120千円〔不利差異〕
等級E：　50千円/枚×(12,384枚－11,808枚)＝(＋)　28,800千円〔有利差異〕
合　計　(－)　40,320千円〔不利差異〕

2．等級別総発券枚数差異

等級F：180千円/枚×(　576枚－　500枚)＝(＋)　13,680千円〔有利差異〕
等級B：120千円/枚×(2,016枚－ 1,750枚)＝(＋)　31,920千円〔有利差異〕
等級E：　50千円/枚×(11,808枚－10,250枚)＝(＋)　77,900千円〔有利差異〕
合　計　(＋) 123,500千円〔有利差異〕

〔問4〕市場占有率差異と市場総需要量差異

1．加重平均航空運賃

等級F：180千円/枚× 4%＝　7.2千円/枚
等級B：120千円/枚×14%＝16.8千円/枚
等級E：　50千円/枚×82%＝41.0千円/枚
合　計　65.0千円/枚

または，812,500千円÷12,500枚＝65.0千円/枚

加重平均 @65千円

	市場占有率差異	市場総需要量差異
	＋156,000千円	△32,500千円
実績		予算
14,400枚	12,000枚(＊)	12,500枚

(＊) 実績総発券枚数×予算占有率：14,400枚÷30%×25%＝12,000枚

2．市場占有率差異

65千円/枚×(14,400枚－12,000枚)＝(＋)156,000千円〔有利差異〕

3．市場総需要量差異

65千円/枚×(12,000枚－12,500枚)＝(－) 32,500千円〔不利差異〕

問題8-13

(A) 製造指図書別変動製造原価計算表（20×1年10月，単位：千円）

	#100	#101	#102	#103	#104	#105	合　計
月初仕掛品原価	150	——	——	——	——	——	150
当月製造費用							
直接材料費	180	350	620	530	500	160	2,340
変動加工費							
切削部	90	112	136	104	84	34	560
仕上部	147	133	161	147	112	——	700
合　計	567	595	917	781	696	194	3,750

(B) 原価計算関係勘定連絡図（一部のみ，単位：千円）

（注）下記の勘定に必要事項を記入して，勘定を締め切りなさい。なお，仕上部の勘定は省略されている。

仕掛品—直接材料費

月初仕掛品原価	100	完成品原価	1,750
当月発生額	2,340	月末仕掛品原価	690
	2,440		2,440

変動加工費—切削部

月初仕掛品原価	50	完成品原価	472
当月発生額	580	月末仕掛品原価	138
		予算差異	20
	630		630

固定加工費—切削部

当月発生額	440	当月予算額	450
予算差異	10		
	450		450

(C) 切削部加工費予算差異発生原因報告書

（注）次の文章の［　］内に，下掲の〔考えられる発生原因〕の中から当てはまると思われる原因の番号を選んで，記入しなさい。ただし，予算の設定に誤りはなかったものとする。

切削部において発生した予算差異は，変動加工費については［③］，固定加工費については［⑦］の原因から発生したものと思われる。

〔考えられる発生原因〕

①燃料費が高騰した。　②賃金が値上がりした。　③補助材料を浪費した。
④補助材料を節約した。　⑤設備投資が増えた。　⑥工場消耗品を浪費した。
⑦工場消耗品を節約した。　⑧原因は不明である。

(D) 工場の生産損益計算書（20×1年10月，単位：千円）

	#100	#101	#102	#104	合　計
生産品の販売金額	600	980	2,200	1,600	5,380
差引：変動費					
変動売上原価	567	595	917	696	2,775
変動販売費	60	98	220	160	538
変動費合計	627	693	1,137	856	3,313
工場貢献利益	△27	287	1,063	744	2,067
差引：固定費					
切削部					440
仕上部					300
工場事務部					255
工場実際固定費合計					995
固定販売費・一般管理費					406
固定費合計					1,401
工場営業利益					666

解答への道

1．部門別予定配賦率と固定費（月間）予算額

(1) 予定配賦率（変動費のみ）

切削部：7, 200千円÷36, 000時=200円/時

仕上部：8, 400千円÷24, 000時=350円/時

(2) 固定費（月間）予算額

切削部：5, 400千円÷12か月=450千円

仕上部：3, 600千円÷12か月=300千円

工場事務部：3, 000千円÷12か月=250千円

2．製造指図書別変動製造原価計算表

直接材料費：資料(2)より移記。

変動加工費：

	〈切削部〉	〈仕上部〉
#100	200円/時×450時= 90千円	350円/時×420時=147千円
#101	〃 ×560時=112千円	〃 ×380時=133千円
#102	〃 ×680時=136千円	〃 ×460時=161千円
#103	〃 ×520時=104千円	〃 ×420時=147千円
#104	〃 ×420時= 84千円	〃 ×320時=112千円
#105	〃 ×170時= 34千円	〃 × 0時= 0千円
合 計	560千円	700千円

3．原価計算関係勘定連絡図

(1) 仕掛品－直接材料費

完成品原価：100千円（前月繰越）+180千円（#100）+350千円（#101）+620千円（#102）+500千円（#104）=1, 750千円

月末仕掛品原価：530千円（#103）+160千円（#105）=690千円

(2) 変動加工費－切削部

完成品原価：50千円（前月繰越）+90千円（#100）+112千円（#101）+136千円（#102）+84千円（#104）=472千円

月末仕掛品原価：104千円（#103）+34千円（#105）=138千円

4．切削部加工費予算差異発生原因報告書

(1) 変動費

	予算許容額		実 績	差 異
補助材料費	1, 080千円÷36, 000時×2, 800時=	84千円	104千円	(−)20千円
賃金・手当	4, 320千円÷36, 000時×2, 800時=	336千円	336千円	――
燃料費	1, 800千円÷36, 000時×2, 800時=	140千円	140千円	――
計		560千円	580千円	(−)20千円

よって，補助材料を浪費した。

(2) 固定費

	予算許容額		実 績	差 異
工場消耗品費	900千円÷12か月=	75千円	65千円	(+)10千円
給料	2, 700千円÷12か月=	225千円	225千円	――
減価償却費	1, 380千円÷12か月=	115千円	115千円	――
その他	420千円÷12か月=	35千円	35千円	――
計		450千円	440千円	(+)10千円

よって，工場消耗品を節約した。

5．工場の生産損益計算書

(1) 変動売上原価：(A)の原価計算表の指図書ごとの原価合計額

(2) 変動販売費（注）：受注金額の10%

(3) 固定販売費・一般管理費（注）：月間予算額

(注) 販売費及び一般管理費の発生は工場の活動とは関係ないため，工場の業績を正しく判断するためには，販売費・一般管理費は予算で計上したほうがよい。

Theme 10 業務執行上の意思決定

問題10-1

（注）{　} 内の不要な文字を二重線で消去し，（　）内には金額を記入しなさい。

〔設問１〕

新規注文を引き受けた場合，利益が（　875,000　）円 {増加 / ~~減少~~} するので，受注すべきで {ある / ~~ない~~}。

〔設問２〕

新規注文を引き受けた場合，利益が（　625,000　）円 {~~増加~~ / 減少} するので，受注すべきで {~~ある~~ / ない}。

〔設問３〕

15,000個の販売単価を引き下げた場合，（　1,942　）円/個までならば，新規注文の引受けは当社にとって有利である。

解答への道

〔設問１〕

1．製造間接費

固定費率：4,800,000円÷12,000MH＝400円/MH

変動費率：900円/MH－400円/MH＝500円/MH

（注）期待実際操業度12,000MHに対し，実際的生産能力が15,000MHであることから，遊休時間が3,000MHだけある。この遊休時間を利用して追加注文を受けることになるが，3,000MH÷0.8MH＝3,750個だけの生産が可能である。よって，新規注文の3,500個を引き受けることが可能であることも確認すること。

2．差額収益

1,500円/個×3,500個＝5,250,000円

3．差額原価

変動製造原価：

直接材料費：380円/個×3,500個＝1,330,000円

直接労務費：(800円/DLH＋100円/DLH)×0.5DLH×3,500個＝1,575,000円

変動製造間接費：500円/MH×0.8MH×3,500個＝1,400,000円

変動販売費：20円/個×3,500個＝70,000円

合　計：1,330,000円＋1,575,000円＋1,400,000円＋70,000円＝4,375,000円

4．差額利益

差額収益5,250,000円－差額原価4,375,000円＝875,000円

よって，利益が875,000円増加するので，受注すべきである。

〔設問２〕

1．差額収益

新規注文分：1,500円/個 × 3,500個＝　5,250,000円

現行販売分：△100円/個 ×15,000個＝△1,500,000円

合　計　3,750,000円

2．差額原価

〔設問１〕と同じ　4,375,000円

3．差額利益

差額収益3,750,000円－差額原価4,375,000円＝(−)625,000円

よって，利益が625,000円減少するので，受注すべきでない。

〔設問３〕

製品１個あたりの値下額を χ 円とすると，

5,250,000円－15,000 χ －4,375,000円＞0　　∴ χ ＜58.33…

2,000円/個－58.33…円/個＝1,941.66…円/個1,942円/個までの販売単価の引下げであれば，新規注文の引受けは有利となる。

問題10-2

① 1,400 円

② 15,548 千円

③ 800 円

④ 貢献利益　（差額利益）　変動製造差益　営業利益

⑤ 14.4 %

解答への道

1．製品Ｙ１個あたりの総製造原価

(40,000千円〈変動製造原価〉＋30,000千円〈固定製造原価〉)÷50,000個＝1,400円（①）

2．注文を引き受けた場合の営業利益

注文を引き受ける前の営業利益：100,000千円－(40,000千円＋30,000千円〔製造原価〕＋10,000千円＋5,452千円〔販売費及び一般管理費〕)＝14,548千円

また，問題文において「関連原価に関しては，この注文を引き受けることにより追加的な販売費は発生しないし，固定費総額にも影響を与えないという条件のもとでの結論」とあることから，この条件で注文を引き受けた場合の②の金額を計算していることがわかる。

注文を引き受けた場合の差額利益：1,000円/個×5,000個〔差額収益(売上高)〕－800円/個(＊)×5,000個〔差額原価(変動製造原価)〕＝1,000千円

（＊）単位あたり変動製造原価：40,000千円÷50,000個＝800円/個

注文を引き受けた場合の営業利益：14,548千円＋1,000千円＝15,548千円（②）

3．注文を引き受けることにより営業利益が常に増加する特別注文の価格

注文を引き受けることによる差額原価は変動製造原価のみであることから，これを上回る価格であれば，注文を引き受けると営業利益が増加する。したがって，③は800円となる。

4．1個あたり900円の価格での特別注文を引き受けた場合の計算

1個あたり900円の価格で5,000個の特別注文を引き受けた場合，変化するのは売上高と変動製造原価のみであり，これらがそれぞれ差額収益と差額原価となる。そしてその差額が差額利益となり，この場合の差額利益は次のようになる。

900円/個×5,000個－800円/個×5,000個＝500千円

したがって，500千円となるのは差額利益（④）である。

また，そのときの売上高営業利益率（⑤）は，次のように計算される。

$$\text{売上高営業利益率：}\frac{14{,}548\text{千円}+500\text{千円}}{100{,}000\text{千円}+900\text{円/個}\times 5{,}000\text{個}}\times 100=14.4\text{（\%）（⑤）}$$

なお，引き受け前の売上高営業利益率は以下のとおりであった。

$$\text{引き受け前の売上高営業利益率：}\frac{14{,}548\text{千円}}{100{,}000\text{千円}}\times 100=14.548\text{（\%）}$$

問題10-3

（注）｛　｝内の不要な文字を二重線で消去し，（　）内には金額を記入しなさい。

｛~~P社~~／Q社｝からの注文についてその引受けを検討すべきである。

その注文を引き受けた場合，従来の営業利益（　480,000　）円が，（　936,000　）円に｛増加／~~減少~~｝し，｛差額利益／~~差額損失~~｝が（　456,000　）円発生するので，受注すべきで｛ある／~~ない~~｝。

解答への道

当社の機械稼働能力は60,000時間であり，現時点の機械稼働時間は48,000時間（＝9,600個×5時間/個）である。残り12,000時間（＝60,000時間－48,000時間）の遊休時間があるため，この遊休時間を利用してP社およびQ社からの新規注文を引き受けることができるか検討する。

P社：3,000個×5時間/個＝15,000時間→12,000時間を超えるため引き受けることができない。

Q社：2,400個×5時間/個＝12,000時間→12,000時間を超えないため引き受けることができる。

そこで，Q社からの新規注文を引き受けるべきか否かを，問われている営業利益の金額を総額法により計算したうえで判断する。

なお，現時点の機械稼働時間は48,000時間，操業度は80%（＝48,000時間÷60,000時間×100）であり，Q社からの新規注文を引き受けた場合の機械稼働時間は60,000時間（＝48,000時間＋12,000時間）となり，操業度は100%となる。

（単位：千円）

	注文を引き受ける（操業度100%）			注文を断る（操業度80%）			差　額
売上高	800円/個×9,600個＝		7,680	800円/個×9,600個＝		7,680	――
	650円/個×2,400個＝		1,560			――	1,560
売上高計			9,240			7,680	1,560
変動費							
変動製造原価		4,320			3,456		864
変動販売費		384(＊)			384		――
変動費計			4,704			3,840	864
貢献利益			4,536			3,840	696
固定費							
製造原価		1,600			1,600		――
販売費		200			200		――
一般管理費		600			600		――
固定費計			2,400			2,400	――
準固定費							
製造原価		705			640		65
販売費		270			128		142
一般管理費		225			192		33
準固定費計			1,200			960	240
営業利益			936			480	456

（＊）新規注文については，製品積送費，販売員手数料ともに発生しないため，操業度80%のときの384,000円のままとなる。

［参考］差額法

差額収益

新規注文売上高　650円/個×2,400個……………………………　1,560,000円

差額原価

変動製造原価　4,320,000円－3,456,000円……　864,000円

準固定製造原価　705,000円－640,000円…………　65,000円

準固定販売費　270,000円－128,000円…………　142,000円

準固定一般管理費　225,000円－192,000円…………　33,000円　1,104,000円

差額利益……………………………………………………………　456,000円

問題10-4

〔設問1〕　18,750,000　円

〔設問2〕　49　円/kg

〔設問3〕　250,000　kg分の注文を引き受けるべきである。また，そのときの見積営業利益は　21,250,000　円である。

解答への道

〔設問１〕

1．固定製造原価予算（年間）の算定

(1)　固定費率の算出

前年度の操業度差異より次のように求める。なお，固定費率をχとする。

$(\underbrace{2,125,000\text{kg}}_{\text{実際操業度}} - \underbrace{2,125,000\text{kg} \div 85\% \times 90\%}_{\text{基準操業度}}) \times \chi = \underbrace{(-)1,875,000\text{円}}_{\text{操業度差異}}$

∴　$\chi = 15$円

(2)　固定製造原価計算（年間）の算定

15円×2, 125, 000kg÷85％×90％＝33, 750, 000円

2．見積営業利益の算定

売　上　高	：60円/kg×2, 250, 000kg	＝135, 000, 000円
売 上 原 価	：（20円/kg＋15円/kg）×2, 250, 000kg＝	78, 750, 000円
販 売 管 理 費	：10円×2, 250, 000kg＋15, 000, 000円 ＝	37, 500, 000円
営 業 利 益		18, 750, 000円

〔設問２〕

M商店の注文を引き受けるには，少なくともそれによる追加的利益が負とならないことが必要である。この点を考慮して，受注による生産量の増大が原価に与える影響を考えると次のようになる。

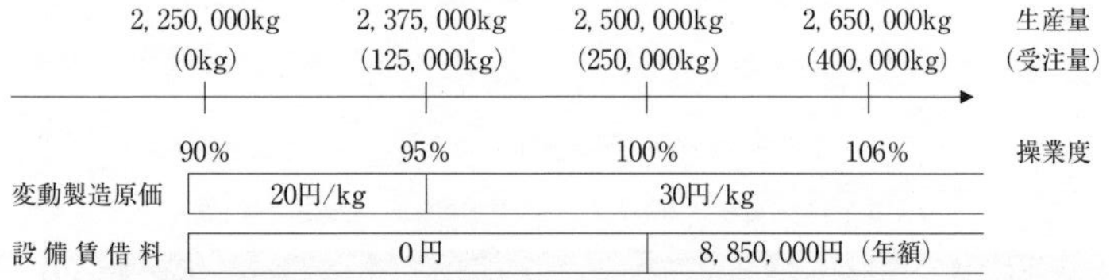

これより，年間400, 000kgの受注による追加的な原価は次のとおりとなる。

変動製造原価：20円/kg×125, 000kg（＊）＋30円/kg×（400, 000kg－125, 000kg）＝10, 750, 000円

（＊）操業度95％までの受注量：2, 375, 000kg － 2, 250, 000kg ＝ 125, 000kg

固定製造原価：737, 500円×12か月＝8, 850, 000円〈年間設備賃借料〉

追 加 的 原 価：10, 750, 000円＋8, 850, 000円＝19, 600, 000円

よって，最低価格をＰとすると，

Ｐ×400, 000kg－19, 600, 000円≧０　∴ Ｐ≧49円

〔設問３〕

受注による生産量の増大が原価に与える影響を各操業度ごとに把握し，各受注数量における見積営業利益を計算すれば次のようになる。なお，受注量に比例して貢献利益が増大することから，各操業度において最も有利な受注量は，それぞれの操業度における最大受注量である。

1．操業度95％（2, 375, 000kg）までの場合

最も有利な受注量→125, 000kg

〈125, 000kg 受注の場合〉

差額収益	35円/kg×125, 000kg ＝	4, 375, 000円
差額原価	20円/kg×125, 000kg ＝	2, 500, 000円
差額利益		1, 875, 000円

見積営業利益：$\underbrace{18,750,000\text{円}}_{\text{〔設問1〕での営業利益}}$＋1, 875, 000円＝20, 625, 000円

2．操業度100％（2, 500, 000kg）までの場合

最も有利な受注量→250, 000kg

差額収益	35円/kg×250, 000kg ＝	8, 750, 000円
差額原価	20円/kg×125, 000kg ＝	2, 500, 000円
	30円/kg×（250, 000kg－125, 000kg）＝	3, 750, 000円
差額利益		2, 500, 000円

見積営業利益：$\underbrace{18,750,000\text{円}}_{\text{〔設問1〕での営業利益}}$＋2, 500, 000円＝21, 250, 000円

3．操業度100％超の場合

最も有利な受注量→400, 000kg（最大受注量）

差額収益	35円/kg×400, 000kg ＝	14, 000, 000円
差額原価	20円/kg×125, 000kg ＝	2, 500, 000円
	30円/kg×（400, 000kg－125, 000kg）＝	8, 250, 000円
	設備賃借料（年額）＝	8, 850, 000円
差額利益		△5, 600, 000円

見積営業利益：$\underbrace{18,750,000\text{円}}_{\text{〔設問1〕での営業利益}}$－5, 600, 000円＝13, 150, 000円

よって，250, 000kg分の注文を引き受けるべきであり，また，そのときの見積営業利益は21, 250, 000円である。

問題10-5

〔設問１〕

予算損益計算書　(単位：円)

売上高	(240,000,000)
変動売上原価	(177,600,000)
変動製造マージン	(62,400,000)
変動販売費	(12,000,000)
貢献利益	(50,400,000)
固定費	(38,600,000)
営業利益	(11,800,000)

〔設問２〕

Ｔ社からの追加注文を拒否すれば，営業利益は［ 5,500,000 ］円となる。

Ｔ社からの追加注文を受諾すれば，営業利益は［ 7,140,000 ］円となる。

よって，追加注文を受諾したほうが営業利益は［ 1,640,000 ］円だけ｛大きい／~~小さい~~｝ので，

この注文は｛受諾／~~拒否~~｝すべきである。

(注)｛　｝内の不要な文字を二重線で消去しなさい。

解答への道

〔設問１〕予算損益計算書の作成

１．材料購入についての意思決定

来年度の予算販売量が24,000個であることから，来年度の直接材料の必要量は96,000kg(＝４kg/個×24,000個）である。そこで，来年度の材料購入原価と倉庫賃借料の合計額が最小になるものを選択する。

⑴　1,000kgずつ購入する場合

1,000円/kg×96,000kg＝96,000,000円

⑵　3,000kgずつ購入する場合

1,000円/kg×(１－0.05)×96,000kg＋500,000円×12か月＝97,200,000円

⑶　4,000kgずつ購入する場合

1,000円/kg×(１－0.08)×96,000kg＋650,000円×12か月＝96,120,000円

よって，来年度は材料を1,000円/kgで96,000kg購入し，倉庫賃借料は０円とするのが有利である。

２．予算損益計算書の各金額

売　上　高：10,000円/個×24,000個＝240,000,000円

変動売上原価：

直接材料費：1,000円/kg×４kg/個×24,000個　＝ 96,000,000円

直接労務費：800円/DLH×２DLH/個×24,000個＝ 38,400,000円

変動製造間接費：600円/MH×３MH/個×24,000個　＝ 43,200,000円

合計　177,600,000円

変動販売費：500円/個×24,000個＝12,000,000円

固　定　費：21,600,000円＋17,000,000円＝38,600,000円

〔設問２〕受注可否の意思決定

１．追加注文を拒否した場合

追加注文を拒否した場合，Ｔ社との取引は消滅するため，来年度の予算販売量は21,000個（＝24,000個－3,000個）となる。

⑴　材料購入についての意思決定

来年度の直接材料の必要量は84,000kg（＝４kg/個×21,000個）である。そこで，来年度の材料購入原価と倉庫賃借料の合計額が最小になるものを選択する。

①　1,000kgずつ購入する場合

1,000円/kg×84,000kg＝84,000,000円

②　3,000kgずつ購入する場合

1,000円/kg×(１－0.05)×84,000kg＋500,000円×12か月＝85,800,000円

③　4,000kgずつ購入する場合

1,000円/kg×(１－0.08)×84,000kg＋650,000円×12か月＝85,080,000円

よって，来年度は材料を1,000円/kgで84,000kg購入し，倉庫賃借料は０円とするのが有利である。

⑵　営業利益の計算

売　上　高：10,000円/個×21,000個＝210,000,000円

直接材料費：1,000円/kg×４kg/個×21,000個＝84,000,000円

直接労務費：800円/DLH×２DLH/個×21,000個＝33,600,000円

変動製造間接費：600円/MH×３MH/個×21,000個＝37,800,000円

変動販売費：500円/個×21,000個＝10,500,000円

固　定　費：21,600,000円＋17,000,000円＝38,600,000円

∴営業利益：210,000,000円－(84,000,000円＋33,600,000円＋37,800,000円＋10,500,000円＋38,600,000円)＝5,500,000円

2．追加注文を受諾した場合

追加注文を受諾した場合，来年度の予算販売量は27,000個（＝24,000個＋3,000個）となる。

(1) 材料購入についての意思決定

来年度の直接材料の必要量は108,000kg（＝4kg/個×27,000個）である。そこで，来年度の材料購入原価と倉庫賃借料の合計額が最小になるものを選択する。

① 1,000kgずつ購入する場合

1,000円/kg×108,000kg＝108,000,000円

② 3,000kgずつ購入する場合

1,000円/kg×（1－0.05）×108,000kg＋500,000円×12か月＝108,600,000円

③ 4,000kgずつ購入する場合

1,000円/kg×（1－0.08）×108,000kg＋650,000円×12か月＝107,160,000円

よって，来年度は材料を920円/kgで108,000kg購入し，倉庫賃借料は7,800,000円〈年額〉とするのが有利である。

(2) 営業利益の計算

売　　上　　高：10,000円/個×(24,000個－3,000個)＋10,000円/個×（1－0.15）×(3,000個＋3,000個)
＝261,000,000円

直 接 材 料 費：920円/kg×4kg/個×27,000個＝99,360,000円

直 接 労 務 費：800円/DLH×50,000DLH＋1,000円/DLH×（2DLH/個×27,000個－50,000DLH）
＝44,000,000円

変動製造間接費：600円/MH×3MH/個×27,000個＝48,600,000円

変 動 販 売 費：500円/個×27,000個＝13,500,000円

固　　定　　費：21,600,000円＋2,000,000円〈機械賃借料〉＋650,000円×12か月〈倉庫賃借料〉
＋17,000,000円＝48,400,000円

∴ 営 業 利 益：261,000,000円－(99,360,000円＋44,000,000円＋48,600,000円
＋13,500,000円＋48,400,000円)＝7,140,000円

3．結　論

追加注文を受諾したほうが営業利益は1,640,000円（＝7,140,000円－5,500,000円）だけ大きいので，この注文は受諾すべきである。

問題10-6

〔問1〕

(a)

〔問2〕

製品甲の生産量＝ 750 個

製品乙の生産量＝ 350 個

〔問3〕

(1) 製品甲の生産量＝ 750 個

製品乙の生産量＝ 240 個

(2) 低価格の材料を使用したほうが，しない場合に比べて， 517,000 円だけ

{ ~~有利である。~~
不利である。（○で囲む）

（いずれか適切なほうを◯で囲み，不要な文字を消しなさい。）

〔問4〕

(1) 臨時の注文300個を引き受けたほうが，引き受けない場合に比べて， 240,000 円だけ

{ 有利である。（○で囲む）
~~不利である。~~

（いずれか適切なほうを◯で囲み，不要な文字を消しなさい。）

(2) 臨時の注文400個を引き受けたほうが，引き受けない場合に比べて， 275,000 円だけ

{ 有利である。（○で囲む）
~~不利である。~~

（いずれか適切なほうを◯で囲み，不要な文字を消しなさい。）

解答への道

〔問1〕

製品の総販売量を最大化しようとするには製品生産量を増加させなければならず，両製品の生産に際して共通の制約条件となっているのは，金属加工ライン（両製品に1個ずつ使用する本体を生産する）と組立ライン（両製品を組み立てる）の生産能力である。

ここで，仮に組立ラインの生産能力を増加させたとしても，両製品に使用される本体の最大生産量が現状の1,100個のままであれば，製品生産量を増加させることはできない。

したがって，総販売量を最大化するためには，本体を生産する金属加工ラインの生産能力を増加させる必要がある。このことより制約となっている要素は(a)金属加工ラインの生産能力である。

〔問２〕

1．優先すべき製品の決定

〔問１〕より製品の生産に関する制約条件となっているのは金属加工ラインである。したがって，金属加工ラインの機械作業時間１時間あたりの貢献利益を計算し，それが大きい製品を優先して生産する。

	製品甲	製品乙
販売価格	20,000円	18,500円
標準変動費		
金属加工ライン		
直接材料費	5,600円	5,600円
変動製造間接費	2,500円/時×1.2時＝3,000円	2,500円/時×1.2時＝3,000円
部品X専用ライン		
直接材料費	3,600円	――
変動製造間接費	1,200円/時×1.0時＝1,200円	――
部品Y専用ライン		
直接材料費	――	2,400円
変動製造間接費	――	1,200円/時×1.0時＝1,200円
組立ライン		
直接材料費	1,200円	1,800円
変動製造間接費	600円/時×3.0時＝1,800円	600円/時×3.0時＝1,800円
合計	16,400円	15,800円
貢献利益	3,600円	2,700円

機械作業時間１時間あたりの貢献利益

製品甲：3,600円÷1.2時＝3,000円/時

製品乙：2,700円÷1.2時＝2,250円/時　∴ 製品甲を優先して生産する。

2．最適プロダクトミックス

上記より，製品甲は需要上限の750個を生産する。そして，金属加工ラインの最大生産能力1,100個のうち，製品甲に使用されなかった残りを製品乙に使用すればよい。

したがって，最適プロダクトミックスは次のようになる。

製品甲の生産量：750個〈需要上限〉

製品乙の生産量：1,100個〈金属加工ラインの最大生産量〉－750個〈製品甲〉＝350個

〔問３〕

1．最適プロダクトミックスの決定

(1) 金属加工ラインの良品産出量と仕損量

低価格の材料を使用すると，金属加工ラインで生産される本体の良品産出量が減少するため，仕損量だけ製品甲と乙の生産量合計は減少することになる。

1,100個〈最大生産量〉× { 90％＝990個〈良品産出量〉 / 10％＝110個〈仕損量〉 }

(2) 最適プロダクトミックス

金属加工ラインでは，製品甲，乙に共通の本体を製造しており，両製品とも本体を１個ずつ使用する。このため，本体に低価格の材料を使用すると，製品甲および乙に同額の影響を与えることになる。したがって，制約条件単位あたりの貢献利益の大小関係は変化せず，〔問２〕と同じく製品甲を優先して生産する。

したがって，最適プロダクトミックスは次のようになる。

製品甲の生産量：750個〈需要上限〉

製品乙の生産量：990個〈金属加工ラインの良品産出量〉－750個〈製品甲〉＝240個

2．低価格材料使用の可否

	従来の材料を使用する（製品甲750個，製品乙350個）	低価格の材料を使用する（製品甲750個，製品乙240個）
収益		
製品甲売上	20,000円/個× 750個＝15,000,000円	20,000円/個× 750個＝15,000,000円
製品乙売上	18,500円/個× 350個＝ 6,475,000円	18,500円/個× 240個＝ 4,440,000円
仕損品売却収入	―― 円	600円/個× 110個＝ 66,000円
原価		
金属加工ライン		
直接材料費	5,600円/個×1,100個＝ 6,160,000円	5,000円/個×1,100個＝5,500,000円
変動製造間接費	3,000円/個×1,100個＝ 3,300,000円	3,000円/個×1,100個＝3,300,000円
部品X専用ライン		
直接材料費	3,600円/個× 750個＝ 2,700,000円	3,600円/個× 750個＝2,700,000円
変動製造間接費	1,200円/個× 750個＝ 900,000円	1,200円/個× 750個＝ 900,000円
部品Y専用ライン		
直接材料費	2,400円/個× 350個＝ 840,000円	2,400円/個× 240個＝ 576,000円
変動製造間接費	1,200円/個× 350個＝ 420,000円	1,200円/個× 240個＝ 288,000円
組立ライン		
製品甲買入部品	1,200円/個× 750個＝ 900,000円	1,200円/個× 750個＝ 900,000円
製品乙買入部品	1,800円/個× 350個＝ 630,000円	1,800円/個× 240個＝ 432,000円
変動製造間接費	1,800円/個×1,100個＝ 1,980,000円	1,800円/個× 990個＝1,782,000円
利益	3,645,000円	3,128,000円

低価格の材料を使用した場合の差額利益：3,128,000円－3,645,000円＝(−)517,000円

したがって，低価格の材料を使用したほうが，しない場合に比べて，517,000円だけ不利である。

（注）固定給の直接労務費と固定製造間接費は埋没原価であるため，分析対象から除外している。

なお，上記の計算において の項目は埋没原価であるため，分析対象から除外しても結論（低価格の材料を使用したほうが517,000円だけ不利）は同じになる。

〔問４〕

問題文より，「部品Ｚは，標準直接材料費が１個あたり4,000円であるほかは，部品Ｘとまったく同じ条件で製造できる」とある。これは，直接材料費こそ異なるものの，部品Ｘ専用ラインを使用して部品Ｘと同じ作業時間で生産されることを意味している。

したがって，部品Ｚの特別注文を引き受ければ，部品Ｘの生産量に影響を与えることを考慮しなければならない。

なお，部品Ｚは部品Ｘ専用ラインにて生産されたのち，そのまま顧客に対し納品される。このため，金属加工ラインにて生産される本体を必要とせず，また組立ラインでの加工も必要ない。

1．受注量300個の場合

〔問３〕より，最適プロダクトミックスにおける部品Ｘ専用ラインの遊休生産能力は350個（＝1,100個－750個）である。そのため，製品甲を750個，製品乙を350個生産したまま，さらに部品Ｚ300個の受注に応じることが可能である。

この場合には，製品甲と製品乙の生産販売量は，この受注の影響を受けることがないため，この意思決定においては無関連な項目となる。したがって，部品Ｚの受注による差額利益を単独で計算して判断すればよい。

部品Ｚの特別注文を引き受ける	
差額収益	
部品Ｚ売上	6,000円/個×300個＝1,800,000円
差額原価	
部品Ｘ専用ライン	
直接材料費	4,000円/個×300個＝1,200,000円
変動製造間接費	1,200円/個×300個＝360,000円
差額利益	240,000円

したがって，注文を引き受けると差額利益が240,000円生じることから，臨時の注文300個を引き受けたほうが，引き受けない場合に比べて，240,000円だけ有利である。

2．受注量400個の場合

部品Ｘ専用ラインの遊休生産能力は350個であるため，そのままでは部品Ｚ400個の受注に応じることができない。そこで，この受注に応じるためには，部品Ｘ（―►製品甲）の生産量を50個減らし700個とする必要がある。この場合，本体使用量も50個が不要となるため，同数だけ製品乙の生産量が増加する。したがって，本問のプロダクトミックスは，製品甲700個，製品乙400個（＝1,100個－700個），部品Ｚ400個となる。

	部品Ｚ400個の注文を引き受ける（製品甲700個，製品乙400個，部品Ｚ400個）	注文を引き受けない（製品甲750個，製品乙350個）
収　益		
製品甲売上	20,000円/個×　700個＝14,000,000円	20,000円/個×　750個＝15,000,000円
製品乙売上	18,500円/個×　400個＝7,400,000円	18,500円/個×　350個＝6,475,000円
部品Ｚ売上	6,000円/個×　400個＝2,400,000円	―― 円
原　価		
金属加工ライン		
直接材料費	5,600円/個×1,100個＝6,160,000円	5,600円/個×1,100個＝6,160,000円
変動製造間接費	3,000円/個×1,100個＝3,300,000円	3,000円/個×1,100個＝3,300,000円
部品Ｘ専用ライン		
直接材料費（Ｘ）	3,600円/個×　700個＝2,520,000円	3,600円/個×　750個＝2,700,000円
直接材料費（Ｚ）	4,000円/個×　400個＝1,600,000円	―― 円
変動製造間接費	1,200円/個×1,100個＝1,320,000円	1,200円/個×　750個＝900,000円
部品Ｙ専用ライン		
直接材料費	2,400円/個×　400個＝960,000円	2,400円/個×　350個＝840,000円
変動製造間接費	1,200円/個×　400個＝480,000円	1,200円/個×　350個＝420,000円
組立ライン		
製品甲買入部品	1,200円/個×　700個＝840,000円	1,200円/個×　750個＝900,000円
製品乙買入部品	1,800円/個×　400個＝720,000円	1,800円/個×　350個＝630,000円
変動製造間接費	1,800円/個×1,100個＝1,980,000円	1,800円/個×1,100個＝1,980,000円
利　益	3,920,000円	3,645,000円

注文を引き受けた場合の差額利益：3,920,000円－3,645,000円＝275,000円

したがって，臨時の注文400個を引き受けたほうが，引き受けない場合に比べて，275,000円だけ有利である。

（注）固定給の直接労務費と固定製造間接費は埋没原価であるため，分析対象から除外している。
なお，上記の計算において　　　の項目は埋没原価であるため，分析対象から除外しても結論（注文を引き受けたほうが275,000円だけ有利）は同じになる。

問題10-7

（注）｛　｝内の不要な文字を二重線で消去し，（　）内には金額を記入しなさい。

〔設問１〕

部品Ａを自製すれば，購入するよりも原価が（　35,000　）円｛節約される／~~過大となる~~｝。

したがって，部品Ａは自製すべきで｛ある／~~ない~~｝。

〔設問２〕

年間必要量が（　751　）個以上であれば，自製する案が｛有利／~~不利~~｝になる。

解答への道

〔設問１〕

購　入　原　価：2, 000円/個×1, 000個＝2, 000, 000円

自製した場合の原価：1, 860円/個×1, 000個＋105, 000円＝1, 965, 000円

∴ 2, 000, 000円－1, 965, 000円＝35, 000円

結論：自製すれば購入するよりも原価が35, 000円節約されるため，自製すべきである。

〔設問２〕

求める個数をχ個とし，両者の原価が一致する個数を求める。それよりも多ければ変動費率が低い自製のほうが有利となる。

$2,000\chi = 1,860\chi + 105,000$

$\chi = 750$

したがって，751個以上であれば自製したほうが有利となる。

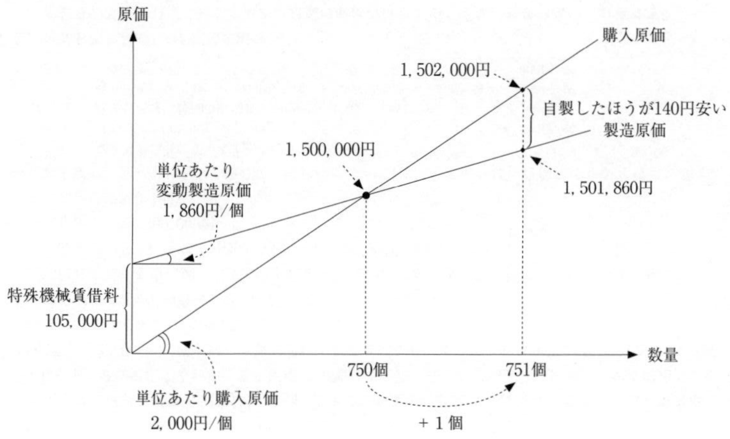

問題10-8

〔問１〕

(ア)

自製すべき

購入すべき（○）　（該当する方に○を付すこと）

部品Ｂを購入するほうが自製するよりも原価が160, 000円少ないため。

(イ)

自製すべき（○）

購入すべき　（該当する方に○を付すこと）

部品Ｂを自製するほうが購入するよりも原価が80, 000円少ないため。

〔問２〕

851　個以上から　1, 750　個未満

解答への道

〔問１〕部品Ｂを自製すべきか購入すべきかの意思決定

(ア)　部品Ｂの数量が750個の場合

〈自製する案〉

材料ｂの必要量：３kg/個×750個＝2, 250kg　∴　すべて2, 000円/kgで購入可能

材料ｂ：2, 000円/kg×2, 250kg＝	4, 500, 000円
直接労務費：1, 500円/時間×(100%＋40%)×１時間/個×750個＝	1, 575, 000円
残りの変動加工費：(2, 800円/時間－1, 500円/時間)×１時間/個×750個＝	975, 000円
特殊な検査装置の月間賃借料：	1, 360, 000円
合　計（自製原価）	8, 410, 000円

〈購入する案〉

購入原価：11, 000円/個×750個＝8, 250, 000円

〈結　論〉

部品Ｂを購入するほうが自製するよりも原価が160, 000円（＝自製原価8, 410, 000円－購入原価8, 250, 000円）少ないため，購入すべきである。

(イ)　部品Ｂの数量が1, 500個の場合

〈自製する案〉

材料ｂの必要量：３kg/個×1, 500個＝4, 500kg

よって，材料ｂは3, 000kgまでは2, 000円/kgで購入可能であるが，3, 000kgを超える1, 500kgは2, 640円/kgで購入することになる。

材料b：2,000円/kg×3,000kg＝	6,000,000円
2,640円/kg×1,500kg＝	3,960,000円
直接労務費：1,500円/時間×(100％＋40％)×1時間/個×1,500個＝	3,150,000円
残りの変動加工費：(2,800円/時間－1,500円/時間)×1時間/個×1,500個＝	1,950,000円
特殊な検査装置の月間賃借料：	1,360,000円
合　計（自製原価）	16,420,000円

〈購入する案〉

購入原価：11,000円/個×1,500個＝16,500,000円

〈結　論〉

部品Bを自製するほうが購入するよりも原価が80,000円（＝購入原価16,500,000円－自製原価16,420,000円）少ないため，自製すべきである。

〔問2〕部品Bを自製するほうが有利となる数量の範囲

本問では，部品Bの購入価格は11,000円で一定であるが，部品Bの自製に必要な材料bの購入価格が3,000kgを境に変化するため，購入価格11,000円の比較対象となる部品Bの自製に要する関連原価が1,000個（＝3,000kg÷3kg/個）を境に変化することになる。よって，1,000個までの場合と1,000個超の場合とに分けて考えなければならない。

1．部品Bの数量が1,000個までの場合

部品Bの数量をQ（個）とすると，自製の原価のほうが小さくなる個数は次のとおりである。

9,400円/個(＊)×Q＋1,360,000円＜11,000円/個×Q

1,600Q＞1,360,000円

∴　Q＞850（個）

以上より，部品Bの数量が850個を超えると（＝851個以上であれば）自製のほうが有利である。

（＊）部品Bの自製に要する1個あたりの関連原価

材料b：2,000円/kg×3kg＝	6,000円/個
直接労務費：1,500円/時間×(100％＋40％)×1時間/個＝	2,100円/個
残りの変動加工費：(2,800円/時間－1,500円/時間)×1時間/個＝	1,300円/個
合　計	9,400円/個

2．部品Bの数量が1,000個超の場合

部品Bの数量をQ（個）とすると，自製の原価のほうが小さくなる個数は次のとおりである。

9,400円/個×1,000個＋1,360,000円＋11,320円/個(＊)×(Q－1,000個)＜11,000円/個×Q

11,320Q－560,000円＜11,000Q

320Q＜560,000円

∴　Q＜1,750（個）

以上より，部品Bの数量が1,750個未満であれば，自製のほうが有利である。

（＊）部品Bの自製に要する1個あたりの関連原価

材料b：2,640円/kg×3kg＝	7,920円/個
直接労務費：1,500円/時間×(100％＋40％)×1時間/個＝	2,100円/個
残りの変動加工費：(2,800円/時間－1,500円/時間)×1時間/個＝	1,300円/個
合　計	11,320円/個

3．まとめ

上記1と2より，部品Bの数量が851個以上から1,750個未満のとき，自製するほうが購入するよりも有利となる。

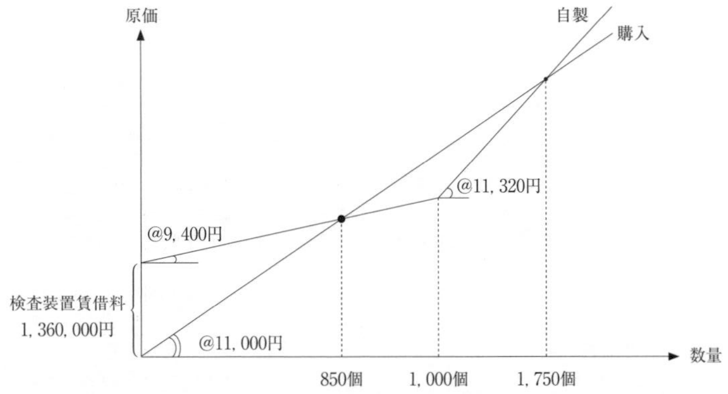

問題10-9

（注）下記の□内に，該当する文字または数字を記入し，「高い・低い」および「有利・不利」のいずれか不要のものを二重線で消去しなさい。

〔問1〕

この問題を解決する最も適切な原価は［⑧］である。

〔問2〕

A案のほうが，B案よりも原価が［180］万円{~~高い~~・低い}ので，A案のほうが{有利・~~不利~~}である。

〔問3〕

部品Pの年間必要量が［3,501］個以上ならばA案のほうが{有利・~~不利~~}である。

〔問4〕

A案のほうが，C案よりも原価が［30］万円{~~高い~~・低い}ので，A案のほうが{有利・~~不利~~}である。

解答への道

〔問1〕

自製か購入かなどの意思決定のために必要な原価は，諸代替案のもとでその発生額の異なる差額原価である。

〔問２〕

(1)　Ａ案（自製案）の差額原価

材　　料　　費：3,000円/kg×１kg/個×4,000個　　　＝12,000,000円
　　　　　　　　3,000円/kg×0.9×１kg/個×1,000個＝ 2,700,000円
労　　務　　費：3,000円/時×0.5時/個×5,000個　　＝ 7,500,000円
　　　　　　　　3,000円/時×0.4×0.5時/個×5,000個＝ 3,000,000円
変動製造間接費：1,800円/時×0.5時/個×5,000個　　＝ 4,500,000円
特殊設備賃借料：　　　　　　　　　　　　　　　　　 3,500,000円
　　合　計　　　　　　　　　　　　　　　　　　　　33,200,000円

(2)　Ｂ案（購入案）の差額原価

7,000円/個×5,000個＝35,000,000円

(3)　両案の比較

35,000,000円〈Ｂ案〉－33,200,000円〈Ａ案〉＝1,800,000円

ゆえに，Ａ案のほうがＢ案よりも原価が180万円低いので，Ａ案のほうが有利である。

〔問３〕

4,000個を境にＡ案の単位あたり製造原価が変化するので，まず，4,000個までの範囲でＡ案とＢ案を比較してみると，

（Ａ案）6,000円/個(＊)×4,000個＋3,500,000円＝27,500,000円

(＊)　Ａ案の単位あたり差額原価：3,000円/kg×１kg/個＋3,000円/時×1.4×0.5時/個＋1,800円/時×0.5時/個＝6,000円/個

（Ｂ案）7,000円/個×4,000個＝28,000,000円

したがって，4,000個までで，すでにＡ案のほうが有利であることが判明するから，求める数量は4,000個未満であることがわかる。

そこで，Ａ案とＢ案の原価が等しくなる数量 χ を求めると，

$6,000\chi + 3,500,000 = 7,000\chi$

$\therefore \quad \chi = 3,500$個

3,500個のとき両案の原価が等しくなるので，3,501個以上ならば変動費率の低いＡ案のほうが有利である。

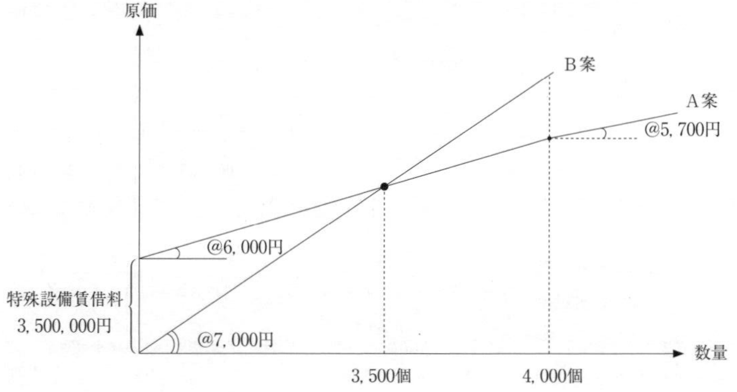

〈201〉

〔問４〕

(1)　Ａ案（部品Ｐを自製し，部品Ｑを購入する案）の差額原価

部品Ｐの変動製造原価：〔問２〕より　　　　　33,200,000円
部 品 Ｑ の 購 入 原 価：9,000円/個×2,500個＝22,500,000円
　　合　計　　　　　　　　　　　　　　　　　55,700,000円

(2)　Ｃ案（部品Ｐを購入し，部品Ｑを自製する案）の差額原価

部 品 Ｐ の 購 入 原 価：7,000円/個×5,000個　　　　＝35,000,000円
部品Ｑの変動製造原価：
　材　　料　　費：2,400円/kg×１kg×2,500個　　　＝ 6,000,000円
　労　　務　　費：3,000円/時×１時/個×2,500個　　＝ 7,500,000円
　　　　　　　　　3,000円/時×0.4×１時/個×2,500個＝ 3,000,000円
　製 造 間 接 費：1,800円/時×１時/個×2,500個　　＝ 4,500,000円
　　小　　計　　　　　　　　　　　　　　　　　　　21,000,000円
　　合　　計　　　　　　　　　　　　　　　　　　　56,000,000円

(3)　両案の比較

56,000,000円〈Ｃ案〉－55,700,000円〈Ａ案〉＝300,000円

ゆえに，Ａ案のほうがＣ案よりも原価が30万円低いので，Ａ案のほうが有利である。

問題10-10

(注) 下記の□内に計算結果を記入しなさい。〔問３〕，〔問４〕では，内製・購入のうち，該当する文字または文章を○印で囲み，不要の文字または文章を消しなさい。また，〔問４〕の〔　〕内には適当な番号を記入しなさい。

〔問１〕第４製造部の製造間接費の原価分解

(1)　製品１台あたりの変動製造間接費　＝　0.7 万円

(2)　月間の固定製造間接費　＝　150 万円

〔問２〕

第４製造部長の６か月間の給料総額　＝　480 万円

〔問３〕

(1)　次期６か月間の生産量が 2,800 台より多ければ，{内製（○印）／~~購入~~}が有利である。／~~内製，購入どちらでもよい。~~

(2)　次期６か月間の生産量が 2,800 台より少なければ，{~~内製~~／購入（○印）}が有利である。／~~内製，購入どちらでもよい。~~

(3)　次期６か月間の生産量が 2,800 台に等しければ，{~~内製~~／~~購入~~}が有利である。／内製，購入どちらでもよい。（○印）

〈202〉

〔問４〕

(1) 外部倉庫の賃借料節約額は，内製というコース選択にとって〔 ④ 〕であるといえる。

(2) 次期６か月間の生産量が［2, 500］台より多ければ，｛（内製）／~~購入~~／~~内製，購入どちらでもよい。~~｝が有利である。

解答への道

〔問１〕高低点法による固変分解

(1) 変動費率：$\dfrac{556万円-472万円}{580台-460台}=0.7万円/台$

(2) 固 定 費：556万円－0.7万円/台×580台＝150万円

　　または，472万円－0.7万円/台×460台＝150万円

〔問２〕

６か月間の固定製造間接費：150万円×６か月＝900万円

第４製造部長の給料総額：900万円－(140万円＋200万円＋80万円)＝480万円

〔問３〕

内製した場合の製造原価のうち，購入した場合においても同額発生するものは，この意思決定には無関係な原価である埋没原価（無関連原価）となる。

本問における埋没原価は，共通管理費配賦額140万円と機械減価償却費等の200万円である。

(1) 内製した場合の差額原価

変動費：	直接材料費：1, 500万円÷3, 000台＝0.5万円/台		
	直接労務費：2, 100万円÷3, 000台＝0.7		
	変動製造間接費；		0.7
	合計		1.9万円/台
固定費：	その他；	80万円	
	部長の給料；	480	
	合計	560万円	

(2) 購入原価：2.1万円/台

(3) 内製した場合の原価と購入した場合の原価が等しくなる数量をxとすると，

$1.9x+560=2.1\chi$　　　$\therefore\ \chi=2,800$台

したがって，2, 800台のとき両者の原価は等しくなり，内製でも購入でもどちらでもよいといえる。

しかし，2, 800台よりも多ければ変動費率が購入原価よりも低い（1.9＜2.1）内製が有利であり，逆に2, 800台よりも少なければ購入が有利であるといえる。

〔問４〕

(1) 内製する案を選択すれば，倉庫賃借料の節約額140万円をあきらめる必要がある。言い換えれば，この節約額は内製するために必要な犠牲額であり，この犠牲額を機会原価という。内製する場合には，この節約額が原価としてかかっていると考える。

(2) 2, 000台を境に購入単価が変化するので，まず2, 000台においてどちらが有利かを考える。

購入の場合：2.2万円/台×2, 000台＝4, 400万円

内製の場合：1.9万円/台×2, 000台＋560万円＋140万円＝4, 500万円
（140万円：機会原価）

したがって，2, 000台であれば，内製したほうが100万円だけ原価が高いが，その後は１台あたり0.2万円（＝2.1万円－1.9万円）ずつ原価の差額が少なくなる。

よって，両者の原価が等しくなる数量は，次のように求められる。

$2,000台+\dfrac{100万円}{0.2万円}=2,500台$

したがって，2, 500台より多ければ，内製が有利である。

問題10-11

〔問１〕

内製か購入かの問題を解くための原価計算目的は，［(5)］である。

(注) 上の［　］の中に該当する原価計算目的の番号を記入しなさい。

〔問２〕

(1) 部品Ｋ４の１個あたりの変動製造間接費＝［0.6］万円

(2) 月間の固定製造間接費＝［700］万円

〔問３〕

部品Ｋ４の総需要量が［4, 200］個を超えるならば，｛（内製）／~~購入~~／~~内製，購入どちらでもよい。~~｝が有利である。

(注) 該当する文字を○で囲み，不要な文字を消しなさい。

〔問４〕

(1) 部品Ｋ４の総需要量が7, 500個～8, 500個の範囲である限り｛（内製）／~~購入~~／~~内製，購入どちらでもよい。~~｝が有利である。

(注) 該当する文字を○で囲み，不要な文字を消しなさい。

(2) 部品Ｋ４の総需要量が8, 500個以上であって，

内製のコストと購入のコストが等しくなる総需要量＝［9, 200］個

〔問５〕

甲案（部品Ｋ４を内製する案）のほうが，乙案（部品Ｋ４を購入し，部品M16を内製する案）よりもコストが［350］万円だけ｛~~高い~~／（低い）｝ので，｛（甲案）／~~乙案~~｝のほうが有利である。

(注) 該当する文字を○で囲み，不要な文字を消しなさい。

解答への道

〔問１〕

自製か購入かの意思決定は，業務的意思決定の分野に属するので，(5)が正解である。

〔問２〕製造間接費の固変分解

変動費率：$\dfrac{1,750万円-1,210万円}{1,750個-850個}$＝0.6万円/個

固 定 費：1,750万円－0.6万円/個×1,750個＝700万円

または，1,210万円－0.6万円/個×850個＝700万円

〔問３〕

部品Ｋ４の１個あたりの変動製造原価：(9,600万円＋8,000万円)÷8,000個＋0.6万円/個＝2.8万円/個

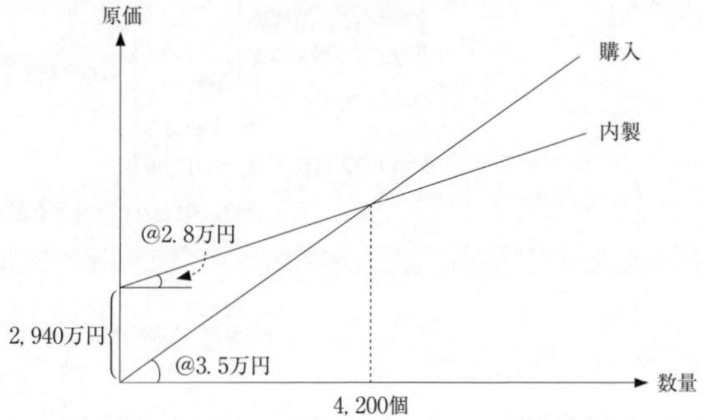

６か月間の固定費4,200万円（＝700万円×６か月）のうちａ～ｄの1,260万円は無関連原価であり，関連原価はｅ～ｇの2,940万円となる。

そこで，求める総需要量をxとすると，

$3.5\chi=2.8\chi+2,940$

$\therefore\ \chi=4,200$

4,200個を超えると内製が有利である。

〔問４〕

(1) 総需要量が7,500個～8,500個の範囲にある場合

① 7,500個のとき

内製原価：2.8万円/個×7,500個＋2,940万円＝23,940万円

購入原価：3.5万円/個×6,000個＋2.8万円/個×1,000個＋2.45万円/個×500個＝25,025万円

よって，内製が有利である。

② 8,500個のとき

内製原価：2.8万円/個×8,500個＋2,940万円＝26,740万円

購入原価：3.5万円/個×6,000個＋2.8万円/個×1,000個＋2.45万円/個×1,000個
＋2.1万円/個×500個＝27,300万円

よって，内製が有利である。

したがって，7,500個～8,500個の範囲では内製が有利である。

(2) 総需要量が8,500個以上の場合

① 9,000個のとき

内製原価：2.8万円/個×9,000個＋2,940万円＝28,140万円

購入原価：3.5万円/個×6,000個＋2.8万円/個×1,000個＋2.45万円/個×1,000個
＋2.1万円/個×1,000個＝28,350万円

よって，内製が有利である。

② 10,000個のとき

内製原価：2.8万円×10,000個＋2,940万円＝30,940万円

購入原価：3.5万円/個×6,000個＋2.8万円/個×1,000個＋2.45万円/個×1,000個
＋2.1万円/個×1,000個＋1.75万円/個×1,000個＝30,100万円

よって，購入が有利である。

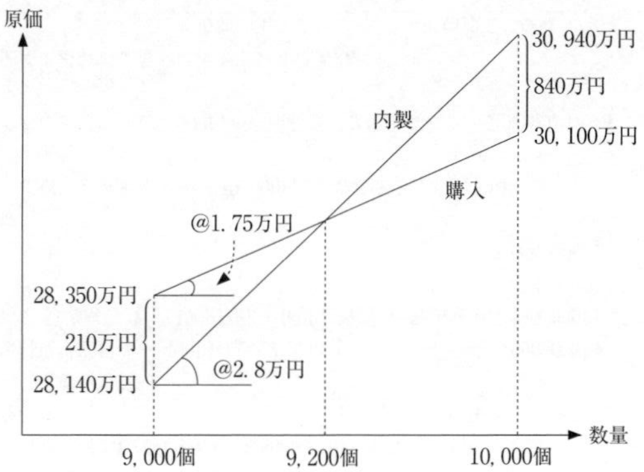

内製案と購入案の原価の傾きの差は1.05万円/個（＝2.8万円/個－1.75万円/個）であるため，両案の原価の差を傾きの差で割ることによって，交点までの数量差を計算することができる。

210万円÷1.05万円/個＝200個　∴ 9,000個＋200個＝9,200個

または，

840万円÷1.05万円/個＝800個　∴ 10,000個－800個＝9,200個

〔問５〕

甲案（部品Ｋ４を内製し，部品M16を購入する）

部品Ｋ４の内製原価：2.８万円/個×8,000個＋2,940万円＝25,340万円

部品M16の購入原価：５万円/個×4,000個＝20,000万円

合　計：25,340万円＋20,000万円＝45,340万円

乙案（部品Ｋ４を購入し，部品M16を内製する）

部品Ｋ４の購入原価：3.５万円/個×6,000個＋2.８万円/個×1,000個＋2.45万円/個×1,000個
＝26,250万円

部品M16の内製原価：(1.８万円/個＋1.68万円/個＋1.38万円/個)×4,000個＝19,440万円

合　計：26,250万円＋19,440万円＝45,690万円

結論：甲案のほうが乙案よりコストが350万円（＝45,690万円－45,340万円）だけ低いので，甲案のほうが有利である。

問題10-12

製品Ｑを製品Ｒに追加加工することにより，［135,000］円の｛差額利益／~~差額損失~~｝が発生するので，追加加工すべきで｛ある／~~ない~~｝。

(注) 不要な文字を二重線で消去しなさい。

解答への道

1．追加加工できる製品Ｑの数量の計算

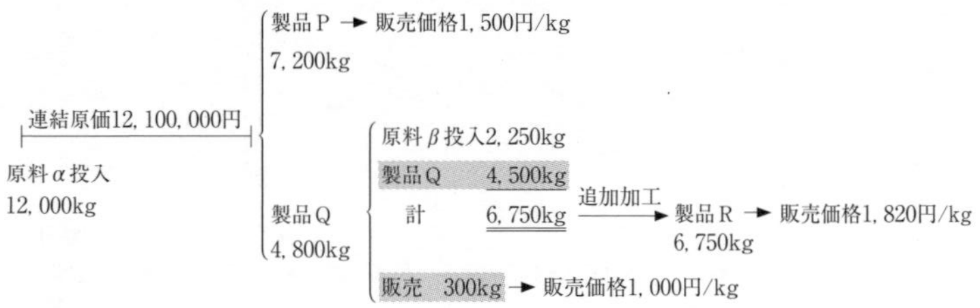

〈製品Ｐおよび製品Ｑの生産量〉

製品Ｐの生産量：12,000kg×0.６＝7,200kg

製品Ｑの生産量：12,000kg×0.４＝4,800kg

〈追加加工できる製品Ｑの数量〉

製品Ｑ4,800kg を全量追加加工するためには原料βを2,400kg（＝4,800kg×0.５）投入する必要があり，追加加工量は合計7,200kg（＝4,800kg＋2,400kg）となる。この7,200kg の追加加工に必要な生産能力は4,320MH（＝7,200kg×0.６MH）であるが，本問では遊休生産能力が4,050MH のため製品Ｑを全量追加加工できない。

そこで，遊休生産能力で生産可能な製品Ｒの生産量を求め，製品Ｑの追加加工可能量を計算すれば次のようになる。

製品Ｒの生産可能量：4,050MH÷0.６MH＝6,750kg

$$\text{製品Q追加加工可能量：}6{,}750\text{kg}\times\frac{1\text{kg〈製品Q〉}}{1\text{kg〈製品Q〉}+0.5\text{kg〈原料}\beta\text{〉}}=4{,}500\text{kg}$$

製品Ｑの追加加工に必要な原料β投入量：6,750kg－4,500kg＝2,250kg

したがって，製品Ｑの生産量4,800kgのうち4,500kgのみが追加加工が可能であり，残りの300kgについては追加加工するしないにかかわらず製品Ｑのまま販売することになる。

2．差額原価収益分析（差額法）

(1) 差額収益

製品Ｒの売上高：1,820円/kg×6,750kg	＝	12,285,000円
製品Ｑの売上高：1,000円/kg×4,500kg	＝	△ 4,500,000円
合　計		7,785,000円

(2) 差額原価（追加加工費）

追加原料費（原料β）：400円/kg×2,250kg	＝	900,000円
追加変動加工費：(400円/kg＋480円/kg)×6,750kg	＝	5,940,000円
特殊機械賃借料：		810,000円
合　計		7,650,000円

(3) 差額利益

7,785,000円〈差額収益〉－7,650,000円〈差額原価〉＝135,000円

3．結　論

追加加工することにより135,000円の差額利益が発生するので，追加加工すべきである。

［参考］総額法による計算を示せば次のとおりである。

	追加加工する	追加加工しない	差　額
Ⅰ．売　上　高			
製　品　Ｐ	1,500円/kg×7,200kg	1,500円/kg×7,200kg	――
製　品　Ｑ	1,000円/kg×　300kg	1,000円/kg×4,800kg	△ 4,500,000円
製　品　Ｒ	1,820円/kg×6,750kg	――	12,285,000円
Ⅱ．売　上　原　価			
連　結　原　価	12,100,000円	12,100,000円	――
追　加　加　工　費	7,650,000円	――	7,650,000円
売　上　総　利　益	3,635,000円	3,500,000円	135,000円

問題10-13

〔問1〕

(1) 月末仕掛品原価　81, 000 円

(2) 副産物の評価額　25, 000 円

(3) 連産品の結合原価　1, 200, 000 円

(4) 連産品の完成品実際原価

連産品P　488, 240 円

連産品Q　546, 160 円

連産品R　253, 600 円

〔問2〕

(　　) 内に差額利益の金額を計算した後，〔　　〕内の正しいと思われる選択肢を○で囲みなさい。

(1) 差額利益が (　　600) 円〔多く，少なく〕なるので，連産品Pは最終製品として

〔販売したほうがよかった，販売しないほうがよかった〕。

差額利益の計算：

(420円/kg×1, 800kg－30, 000円－12, 000円)－397円/kg×1, 800kg＝△600円

(2) 差額利益が (　10, 000) 円〔多く，少なく〕なるので，連産品Qは最終製品として

〔販売したほうがよかった，販売しないほうがよかった〕。

差額利益の計算：

(520円/kg×1, 600kg－38, 000円)－490円/kg×1, 600kg＝10, 000円

解答への道

〔問1〕

1．分離前の計算（平均法）

仕掛品―原料費

	借方	貸方	
30, 450円	月初　200kg	当月完成　5, 000kg	800, 000円
836, 750円	当月投入　5, 320kg	~~正常 100kg~~	
		異常　20kg	3, 200円
		月末　400kg	64, 000円

仕掛品―加工費

	借方	貸方	
13, 200円	月初　160kg	当月完成　5, 000kg	425, 000円
429, 650円	当月投入　5, 100kg	~~正常 50kg~~	
		異常　10kg	850円
		月末　200kg	17, 000円

原料費：$\dfrac{30,450円+836,750円}{5,000kg+20kg+400kg}\times$ { 5, 000kg＝800, 000円〈完成品〉 / 20kg＝　3, 200円〈異常減損〉 / 400kg＝ 64, 000円〈月末仕掛品〉 }

加工費：$\dfrac{13,200円+429,650円}{5,000kg+10kg+200kg}\times$ { 5, 000kg＝425, 000円〈完成品〉 / 10kg＝　850円〈異常減損〉 / 200kg＝ 17, 000円〈月末仕掛品〉 }

∴ 月末仕掛品原価：64, 000円＋17, 000円＝81, 000円

完 成 品 原 価：800, 000円＋425, 000円＝1, 225, 000円

副 産 物 評 価 額：見積売価－分離後個別費＝72円/kg×400kg－3, 200円－600円＝25, 000円

連産品の結合原価：1, 225, 000円－25, 000円〈副産物評価額〉＝1, 200, 000円

2．結合原価の按分

負担能力主義とあるので，正常市価基準によって按分する。

(1) 分離点における正常市価の計算

連産品P：420円/kg×1, 800kg－28, 000円－12, 000円＝716, 000円

連産品Q：520円/kg×1, 600kg－38, 000円＝794, 000円

連産品R：320円/kg×1, 200kg－19, 000円＝365, 000円

(2) 各連産品への按分額

$\dfrac{1,200,000円}{716,000円+794,000円+365,000円}\times$ { 716, 000円＝458, 240円〈連産品P〉 / 794, 000円＝508, 160円〈連産品Q〉 / 365, 000円＝233, 600円〈連産品R〉 }

(3) 各連産品の完成品実際原価

連産品P：458, 240円＋30, 000円＝488, 240円

連産品Q：508, 160円＋38, 000円＝546, 160円

連産品R：233, 600円＋20, 000円＝253, 600円

〔問２〕追加加工の要否に関する意思決定

(1) 連産品Ｐについて

	最終製品Ｐ	中間製品Ｐ
売　上　高	420円/kg×1,800kg ＝ 756,000円	397円/kg×1,800kg ＝ 714,600円
分離後実際個別費	30,000円	――
実際個別販売費	12,000円	――
利　益	714,000円	714,600円

差額利益が600円（＝714,000円－714,600円）少なくなるので，最終製品として販売しないほうがよかった。

(2) 連産品Ｑについて

	最終製品Ｑ	中間製品Ｑ
売　上　高	520円/kg×1,600kg ＝ 832,000円	490円/kg×1,600kg ＝ 784,000円
分離後実際個別費	38,000円	――
利　益	794,000円	784,000円

差額利益が10,000円（＝794,000円－784,000円）多くなるので，最終製品として販売したほうがよかった。

問題10-14

〔問１〕

(a)

	製　品　Ｃ	製　品　Ｄ	合　　計
連結原価配賦額	（　1,680,000　）円	（　700,000　）円	（　2,380,000　）円

(b)

製品別損益計算書　（単位：円）

	製　品　Ｃ	製　品　Ｄ	合　　計
見 積 売 上 高	（　6,400,000　）	（　2,100,000　）	（　8,500,000　）
差引：売上原価			
連結原価配賦額	（　1,680,000　）	（　700,000　）	（　2,380,000　）
追 加 加 工 費	（　4,000,000　）	（　1,100,000　）	（　5,100,000　）
合　　計	（　5,680,000　）	（　1,800,000　）	（　7,480,000　）
売 上 総 利 益	（　720,000　）	（　300,000　）	（　1,020,000　）
売上総利益率	（　11　）％	（　14　）％	12　％

〔問２〕

	製　品　Ｃ	製　品　Ｄ	合　　計
Ｃ，Ｄともに売上総利益率が12％になる連結原価配賦額	（　1,632,000　）円	（　748,000　）円	（　2,380,000　）円

〔問３〕

(a)

製品Ｄの損益計算書　（単位：円）

見積売上高		（　2,100,000　）
差引：製品Ｄに対する連結原価配賦額	（　1,020,000　）	
追加加工費	（　1,100,000　）	（　2,120,000　）
損　　失		（　20,000　）

(b) 下記の文章のうち，正しい答えを○で囲み，不要な文字を ＝＝ で消しなさい。

原価計算担当者の進言は｛~~正しい。~~／誤りである。｝

製品Ｂを製品Ｄに追加加工することにより，利益額は（　100,000　）円｛~~減少する。~~／増加する。｝

解答への道

〔問１〕連結原価の配賦（正常市価基準）と損益計算書の作成

(1) 分離点における最終製品の推定正常市価（連結原価の配賦基準）の計算

	製品Ｃ	製品Ｄ	合　計
見 積 売 上 高	800円/kg×8,000kg ＝6,400,000円	700円/kg×3,000kg ＝2,100,000円	8,500,000円
見積追加加工費	4,000,000円	1,100,000円	5,100,000円
分離点正常市価	2,400,000円	1,000,000円	3,400,000円

(2) 連結原価の配賦

製品Ｃ：$(2,500,000円 - \underbrace{120円/kg \times 1,000kg}_{副産物評価額}) \times \dfrac{2,400,000円}{3,400,000円} = 1,680,000円$

製品Ｄ：　〃　$\times \dfrac{1,000,000円}{3,400,000円} = 700,000円$

(3) 売上総利益率の計算

製品Ｃ：(6,400,000円－1,680,000円－4,000,000円)÷6,400,000円×100＝11.25％→11％

製品Ｄ：(2,100,000円－700,000円－1,100,000円)÷2,100,000円×100＝14.28…％→14％

〔問２〕修正見積正味実現可能価額法

両製品とも売上総利益率が12％になるように，差額で連結原価配賦額を求める。

製品Ｃ：売上総利益；6,400,000円×12％＝768,000円

　連結原価配賦額；6,400,000円－(768,000円＋4,000,000円)＝1,632,000円

製品Ｄ：売上総利益；2,100,000円×12％＝252,000円

　連結原価配賦額；2,100,000円－(252,000円＋1,100,000円)＝748,000円

〔問３〕

(1)　生産量基準による連結原価の配賦

$$製品Dへの配賦額：2,380,000円 \times \frac{3,000kg}{4,000kg + 3,000kg} = 1,020,000円$$

(2)　追加加工の要否に関する意思決定

差額収益：製品Ｄの売上高：700円/kg×3,000kg＝　2,100,000円
　　　　　製品Ｂの売上高：300円/kg×3,000kg＝△　900,000円　1,200,000円
差額原価：追加加工費　　　　　　　　　　　　　　　　　　1,100,000円
差額利益：　　　　　　　　　　　　　　　　　　　　　　　　100,000円

結論：追加加工を行えば利益額は100,000円増加するので，追加加工を行うべきである。したがって，原価計算担当者の進言は誤りである。

問題10-15

（注）数値を補充し，適当な語句に○をつけなさい。

〔問１〕

追加加工したほうが単位あたり　150　円だけ（ 有利　不利 ）である。

よって，追加加工（ すべきである　すべきでない ）。

（計算過程）
差額収益：1,450円/kg－1,000円/kg ＝450円/kg
差額原価：　　　　　　　　　　　　　300円/kg
差額利益：　　　　　　　　　　　　　150円/kg

〔問２〕

原料γ4,000kgを投入したほうが　795,000　円だけ（ 有利　不利 ）である。

よって，原料γに（ 代えるべきである　代えるべきでない ）。

（計算過程）

差額収益：	17,200円/kg×2,500kg×30%	＝12,900,000円	
	△1,000円/kg×1,500kg×30%	＝△　450,000円	12,450,000円
差額原価：	(5,500円/kg－4,000円/kg)×4,000kg	＝　6,000,000円	
	21,600,000円÷4,000kg×2,500kg×30%	＝　4,050,000円	
	(3,600円/kg－1,400円/kg)×2,500kg×30%	＝　1,650,000円	
	△(300円/kg－200円/kg)×1,500kg×30%	＝△　45,000円	11,655,000円
差額利益：			795,000円

解答への道

〔問１〕

	追加加工した場合	そのままの場合
売上高	1,450円/kg×1,500kg＝2,175,000円	1,000円/kg×1,500kg＝1,500,000円
変動加工費	300円/kg×1,500kg＝　450,000円	――円
変動販売費	100円/kg×1,500kg＝　150,000円	100円/kg×1,500kg＝　150,000円
利益	1,575,000円	1,350,000円

よって，総額で225,000円（単位あたり150円）だけ有利であるため追加加工すべきである。

なお，第１工程で投入される原価および販売費・一般管理費の中の固定費は，どちらの案を選択しても同額だけ発生するため，無関連原価（埋没原価）であり，分析上，除外する。

〔問２〕

1．投入原料の変更による産出量の増減

(1)　第１工程

〈原料β使用〉

仕掛品―第１工程

投入		完成	
α：15,000kg		A連産品：12,500kg	
β：　4,000kg		B連産品：　4,000kg	
計　19,000kg		副産物　1,500kg	
		減損　1,000kg	

〈原料γ使用〉

仕掛品―第１工程

投入		完成	
α：15,000kg		A連産品：12,500kg	
γ：　4,000kg		B連産品：　4,750kg(＊)	
計　19,000kg		副産物　1,050kg(＊)	
		減損　700kg(＊)	

（＊）原料γ使用による減損・副産物・連産品B
減　損：1,000kg×0.7＝　700kg
副産物：1,500kg×0.7＝1,050kg
B連産品：19,000kg－(700kg＋1,050kg＋12,500kg)
　　　＝4,750kg

(2)　第２工程

どちらの原料を使用してもＡ連産品の投入・完成量は変化せず12,500kgである。

(3)　第３工程

第１工程でのＢ連産品の産出量が変化することから，第３工程では変動加工費の金額が異なることに注意。

〈原料β使用〉

仕掛品―第３工程

投入	完成
B連産品　4,000kg	Ｂ製品　4,000kg

当期投入変動加工費
21,600,000円（÷4,000kg＝5,400円/kg）

〈原料γ使用〉

仕掛品―第３工程

投入	完成
B連産品　4,750kg	Ｂ製品　4,750kg

当期投入変動加工費
5,400円/kg×4,750kg＝25,650,000円

2．原料γを使用すべきかどうかの意思決定

投入原料の変更にともなう産出量の変化に注意し，原料βを使用した場合と原料γを使用した場合の関連収益，関連原価を計算する。なお，A連産品の売上高，第１工程α原料費および変動加工費，第２工程の変動加工費，各工程の固定加工費，固定販売費及び一般管理費はどちらの原料を使用しても発生額の変化しない無関連項目のため計算から除外する。

	原料γ使用	原料β使用	差　額
売　上　B製品	17, 200円/kg×4, 750kg	17, 200円/kg×4, 000kg	
	＝　81, 700, 000円	＝　68, 800, 000円	12, 900, 000円
副産物	1, 000円/kg×1, 050kg	1, 000円/kg×1, 500kg	
	＝　1, 050, 000円	＝　1, 500, 000円	△450, 000円
第１工程原料費	γ：5, 500円/kg×4, 000kg		
	＝　22, 000, 000円	β：16, 000, 000円	6, 000, 000円
第３工程変動加工費	25, 650, 000円	21, 600, 000円	4, 050, 000円
B製品変動販売費	2, 200円/kg×4, 750kg	2, 200円/kg×4, 000kg	
	＝　10, 450, 000円	＝　8, 800, 000円	1, 650, 000円
副産物変動販売費	100円/kg×1, 050kg	100円/kg×1, 500kg	
	＝　105, 000円	＝　150, 000円	△45, 000円
利　　益	24, 545, 000円	23, 750, 000円	795, 000円

以上より，原料γを投入したほうが，差額利益が795, 000円多いので，原料γに代えるべきである。

問題10-16

〔問１〕

製　　品	X	Y	Z	合　　計
製品単位あたり製造原価	16, 800円	11, 000円	6, 900円	——
売　上　総　利　益	3, 300万円	△750万円	800万円	3, 350万円

(注) マイナスの場合は，金額の前に△を付すこと。

〔問２〕

製　　品	X	Y	Z	合　　計
売　上　総　利　益	1, 709万円	1, 105万円	536万円	3, 350万円

(注) マイナスの場合は，金額の前に△を付すこと。

〔問３〕

製　　品	X	Y	Z	合　　計
売　上　総　利　益	1, 800万円	1, 265万円	285万円	3, 350万円

(注) マイナスの場合は，金額の前に△を付すこと。

〔問４〕

	工場全体の売上総利益
(1)	3, 575万円
(2)	3, 875万円
(3)	3, 300万円
(4)	4, 100万円

(注) マイナスの場合は，金額の前に△を付すこと。

解答への道

〔問１〕連結原価の配賦（物量基準）

1．生産のアウトラインの把握

本問では連産品である最終製品X，Y，Zが，２つの製造工程を経て生産されるため，連結原価となる製造工程ⅠとⅡの製造原価の配賦計算が段階的に行われることに注意しなければならない。

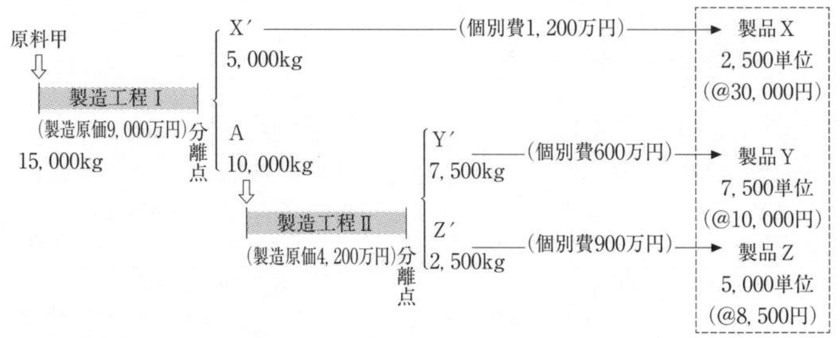

2．物量基準による連結原価の配賦

各工程の連結原価を各連産品の分離点における重量（kg）を基準に配賦する。したがって，製造工程Ⅰの製造原価9, 000万円はいったん製造工程Ⅰで分離される中間生産物X′とAに配賦される。このうちAへの配賦額は製造工程Ⅱの前工程費となり，改めて製造工程Ⅱで分離される中間生産物Y′とZ′に配賦される。

(1) 製造工程Ⅰでの連結原価の配賦計算

X′への配賦額：$\frac{9,000万円}{5,000kg+10,000kg}\times 5,000kg=3,000万円$

Aへの配賦額：　〃　$\times 10,000kg=6,000万円$

(2) 製造工程Ⅱでの連結原価の配賦計算

① 前工程費（Aへの配賦額）6,000万円の配賦計算

Y′への配賦額：$\frac{6,000\text{万円}}{7,500\text{kg}+2,500\text{kg}}\times 7,500\text{kg}=4,500\text{万円}$

Z′への配賦額：　〃　$\times 2,500\text{kg}=1,500\text{万円}$

② 製造工程Ⅱの製造原価4,200万円の配賦計算

Y′への配賦額：$\frac{4,200\text{万円}}{7,500\text{kg}+2,500\text{kg}}\times 7,500\text{kg}=3,150\text{万円}$

Z′への配賦額：　〃　$\times 2,500\text{kg}=1,050\text{万円}$

(3) 各製品単位あたり製造原価および売上総利益

	X	Y	Z	合　計
売　上　高	30,000円/単位×2,500単位 =7,500万円	10,000円/単位×7,500単位 =7,500万円	8,500円/単位×5,000単位 =4,250万円	19,250万円
売 上 原 価				
連結原価配賦額				
製造工程Ⅰ	3,000万円	4,500万円	1,500万円	9,000万円
製造工程Ⅱ	——	3,150万円	1,050万円	4,200万円
分離後個別費	1,200万円	600万円	900万円	2,700万円
合　計	4,200万円	8,250万円	3,450万円	15,900万円
差引：売上総利益	3,300万円	△750万円	800万円	3,350万円

〈単位あたり製造原価〉

製品X：4,200万円÷2,500単位＝16,800円/単位

製品Y：8,250万円÷7,500単位＝11,000円/単位

製品Z：3,450万円÷5,000単位＝ 6,900円/単位

〔問2〕連結原価の配賦（見積正味実現可能価額基準）

各工程の連結原価を，分離点における見積正味実現可能価額により各連産品に配賦する。

ここで，分離点における見積正味実現可能価額とは，最終製品の市価から分離点後の個別費を差し引いた金額である。

したがって，製造工程ⅠでのAへの配賦計算においては，製造工程Ⅱの製造原価4,200万円も分離点後の個別費となることに注意しなければならない。

1．製造工程Ⅰでの連結原価の配賦計算

(1) 分離点における見積正味実現可能価額の計算

X′：30,000円/単位×2,500単位－1,200万円＝6,300万円

A ：(10,000円/単位×7,500単位＋8,500円/単位×5,000単位)－(600万円＋900万円＋4,200万円)＝6,050万円

(2) 連結原価の配賦計算

X′への配賦額：$\frac{9,000\text{万円}}{6,300\text{万円}+6,050\text{万円}}\times 6,300\text{万円}\fallingdotseq 4,591\text{万円}$（万円未満四捨五入）

A への配賦額：　〃　$\times 6,050\text{万円}\fallingdotseq 4,409\text{万円}$（　〃　）

2．製造工程Ⅱでの連結原価の配賦計算

(1) 分離点における見積正味実現可能価額の計算

Y′：10,000円/単位×7,500単位－600万円＝6,900万円

Z′：8,500円/単位×5,000単位－900万円＝3,350万円

(2) 前工程費（Aへの配賦額）4,409万円の配賦計算

Y′への配賦額：$\frac{4,409\text{万円}}{6,900\text{万円}+3,350\text{万円}}\times 6,900\text{万円}\fallingdotseq 2,968\text{万円}$（万円未満四捨五入）

Z′への配賦額：　〃　$\times 3,350\text{万円}\fallingdotseq 1,441\text{万円}$（　〃　）

(3) 製造工程Ⅱの製造原価4,200万円の配賦計算

Y′への配賦額：$\frac{4,200\text{万円}}{6,900\text{万円}+3,350\text{万円}}\times 6,900\text{万円}\fallingdotseq 2,827\text{万円}$（万円未満四捨五入）

Z′への配賦額：　〃　$\times 3,350\text{万円}\fallingdotseq 1,373\text{万円}$（　〃　）

3．製品別の売上総利益

	X	Y	Z	合　計
売　上　高	30,000円/単位×2,500単位 =7,500万円	10,000円/単位×7,500単位 =7,500万円	8,500円/単位×5,000単位 =4,250万円	19,250万円
売 上 原 価				
連結原価配賦額				
製造工程Ⅰ	4,591万円	2,968万円	1,441万円	9,000万円
製造工程Ⅱ	——	2,827万円	1,373万円	4,200万円
分離後個別費	1,200万円	600万円	900万円	2,700万円
合　計	5,791万円	6,395万円	3,714万円	15,900万円
差引：売上総利益	1,709万円	1,105万円	536万円	3,350万円

〔問3〕連結原価の配賦（分離点市価基準）

〔問2〕と同じく，各製品の収益力にもとづいて原価を割り当てるが，中間生産物に外部市場が存在し市場価格があるため，中間生産物の分離点における市場価格にもとづいて連結原価を配賦する。

1．製造工程Ⅰでの連結原価の配賦計算

(1) 分離点における市価総額の計算

X′：12,000円/kg×5,000kg＝6,000万円

A ：6,000円/kg×10,000kg＝6,000万円

(2) 連結原価の配賦計算

X′への配賦額：$\frac{9,000\text{万円}}{6,000\text{万円}+6,000\text{万円}}\times 6,000\text{万円}=4,500\text{万円}$

A への配賦額：　〃　$\times 6,000\text{万円}=4,500\text{万円}$

2．製造工程Ⅱでの連結原価の配賦計算

(1) 分離点における市価総額の計算

Y′： 9,500円/kg×7,500kg＝7,125万円

Z′：15,500円/kg×2,500kg＝3,875万円

(2) 前工程費（Aへの配賦額）4,500万円の配賦計算

Y′への配賦額：$\dfrac{4,500\text{万円}}{7,125\text{万円}+3,875\text{万円}}\times 7,125\text{万円} \fallingdotseq 2,915\text{万円}$（万円未満四捨五入）

Z′への配賦額：　〃　×3,875万円≒1,585万円（　〃　）

(3) 製造工程Ⅱの製造原価4,200万円の配賦計算

Y′への配賦額：$\dfrac{4,200\text{万円}}{7,125\text{万円}+3,875\text{万円}}\times 7,125\text{万円} \fallingdotseq 2,720\text{万円}$（万円未満四捨五入）

Z′への配賦額：　〃　×3,875万円≒1,480万円（　〃　）

3．製品別の売上総利益

	X	Y	Z	合　計
売　上　高	30,000円/単位×2,500単位 =7,500万円	10,000円/単位×7,500単位 =7,500万円	8,500円/単位×5,000単位 =4,250万円	19,250万円
売　上　原　価				
連結原価配賦額				
製造工程Ⅰ	4,500万円	2,915万円	1,585万円	9,000万円
製造工程Ⅱ	――	2,720万円	1,480万円	4,200万円
分離後個別費	1,200万円	600万円	900万円	2,700万円
合　計	5,700万円	6,235万円	3,965万円	15,900万円
差引：売上総利益	1,800万円	1,265万円	285万円	3,350万円

〔問４〕工場全体の売上総利益の計算

連産品の追加加工の有無により販売製品の組み合わせが複数考えられ，その各代替案を選択することによって，工場全体の売上総利益がどう変化するかを把握する。

〔問１〕～〔問３〕では連結原価の配賦方法の違いにより製品別の売上総利益は異なっているが，工場全体での売上総利益は同一である。すなわち，連結原価は特定の代替案の選択によって発生額の異ならない埋没原価であるため，この計算において連結原価の配賦計算は不要である。

(1) X，Y′，Zで生産販売する場合

売　上　高：30,000円/単位×2,500単位（X）+9,500円/kg×7,500kg（Y′）+8,500円/単位×5,000単位（Z）=18,875万円

売 上 原 価：9,000万円（製造工程Ⅰ）+4,200万円（製造工程Ⅱ）+1,200万円（X個別費）+900万円（Z個別費）=15,300万円

売上総利益：18,875万円−15,300万円=3,575万円

(2) X，Y，Z′で生産販売する場合

売　上　高：30,000円/単位×2,500単位（X）+10,000円/単位×7,500単位（Y）+15,500円/kg×2,500kg（Z′）=18,875万円

売 上 原 価：9,000万円（製造工程Ⅰ）+4,200万円（製造工程Ⅱ）+1,200万円（X個別費）+600万円（Y個別費）=15,000万円

売上総利益：18,875万円−15,000万円=3,875万円

(3) X，Aで生産販売する場合

売　上　高：30,000円/単位×2,500単位（X）+6,000円/kg×10,000kg（A）=13,500万円

売 上 原 価：9,000万円（製造工程Ⅰ）+1,200万円（X個別費）=10,200万円

売上総利益：13,500万円−10,200万円=3,300万円

(4) X，Y′，Z′で生産販売する場合

売　上　高：30,000円/単位×2,500単位（X）+9,500円/kg×7,500kg（Y′）+15,500円/kg×2,500kg（Z′）=18,500万円

売 上 原 価：9,000万円（製造工程Ⅰ）+4,200万円（製造工程Ⅱ）+1,200万円（X個別費）=14,400万円

売上総利益：18,500万円−14,400万円=4,100万円

問題10-17

製品Cの生産・販売を継続することで，（　156,000　）円の｛差額利益／~~差額損失~~｝が発生するので，

製品Cの生産・販売を廃止すべきで｛~~ある~~／ない｝。

（注）不要な文字を二重線で消しなさい。

解答への道

1．差額原価収益分析によった場合

差　額　収　益		
売　上　高		600,000円
差　額　原　価		
変　動　費	360,000円	
賃　借　料	78,000	
保　険　料	6,000	444,000円
差　額　利　益		156,000円

よって，製品Cの生産・販売を継続することで差額利益（セグメント・マージン）が156,000円だけ得られるため，廃止すべきではない。

2．直接原価計算によった場合

製品Cからは240,000円の貢献利益が得られ，個別固定費で回避可能な84,000円（賃借料78,000円＋保険料6,000円）を考慮しても，156,000円のセグメント・マージンが得られる。このセグメント・マージンがプラスであれば，その製品は継続したほうが企業全体としては有利である。

問題10-18

〔問1〕

該当する原価計算目的の番号に○印をつけなさい。

(1) 原価管理目的　②業務的意思決定目的　(3) 製品原価と財務諸表作成目的
(4) 利益管理目的　(5) 戦略的意思決定目的

〔問2〕

適切な原価の番号に○印をつけなさい。

(1) 総合原価　(2) 変動費　(3) 標準原価　④差額原価　(5) 直接原価

〔問3〕

経済的発注量を計算するための

(1) K材料の1回あたりの発注費＝ 15,000 円

(2) K材料の1個あたりの年間保管費＝ 600 円

〔問4〕

K材料の経済的発注量＝ 1,100 個

解答への道

〔問1〕

解答参照。

〔問2〕

経済的発注量の計算は，経営意思決定の計算なので，この計算に必要となる原価は差額原価である。

すなわち，発注量が変化したときに発生額の異なる差額原価を使って計算し，発注量とは無関係に発生する無関連原価（埋没原価）は計算から除外しなければならない。

〔問3〕

1．K材料の1回あたりの発注費

資料(4)	郵便料金など	2,200円
資料(5)	事務用消耗品費	800円
資料(6)	受入材料積下ろし作業賃金支払額	12,000円
	合　計	15,000円

2．K材料の1個あたりの年間保管費

資料(9)	火災保険料	120円	（＊）5,800円〈購入価格〉＋200円〈引取運賃〉＝6,000円
資料(10)	資本コスト：6,000円(＊)×８％＝	480円	
		600円	

3．無関連原価

資料の(3)，(7)，(8)は，この意思決定にとっては無関連原価である。

〔問4〕

1．在庫品関係費用の算式

在庫品関係費用＝発注費＋保管費

$$発注費 = \frac{年間総消費量}{1回あたり発注量}〈発注回数〉×発注1回あたりの発注費$$

$$保管費 = \frac{1回あたり発注量}{2}〈平均在庫量〉×材料1個あたりの年間保管費$$

2．経済的発注量の計算

求める発注量をLとおくと，

$$発注費 = \frac{24,000個}{L} \times 15,000円 = \frac{360,000,000}{L} \cdots\cdots ①$$

$$保管費 = 600円 \times \frac{L}{2} = 300L \cdots\cdots ②$$

年間のコストが最小となる経済的発注量は，前述①と②の交点を求めればよい。
すなわち，発注費＝保管費を解けばよい。

$$\frac{360,000,000}{L} = 300L \qquad \therefore L = 1,095.445\cdots$$

材料の発注は50個単位で行われるため，経済的発注量が1,050個の場合と1,100個の場合について在庫品関係費用を比較する。

$$\begin{cases} L=1,050個のとき　在庫品関係費用：\dfrac{24,000個}{1,050個} \times 15,000円 + 600円 \times \dfrac{1,050個}{2} \fallingdotseq 657,857円 \\ L=1,100個のとき　在庫品関係費用：\dfrac{24,000個}{1,100個} \times 15,000円 + 600円 \times \dfrac{1,100個}{2} \fallingdotseq 657,273円 \end{cases}$$

したがって，在庫品関係費用の小さい1,100個が求める経済的発注量となる。

（別解法）

$$発注費 + 保管費 = \frac{360,000,000}{L} + 300L \cdots\cdots ③$$

③をLに関して微分し，ゼロとおく。

$$-360,000,000 \cdot \frac{1}{L^2} + 300 = 0$$

これを解いて，$\therefore L = 1,095.445\cdots$

材料の発注は50個単位で行われるので，同様に求める経済的発注量は1,100個となる。

問題10-19

〔問１〕

⑴　M材料の１回あたりの発注費＝ 20,000 円

⑵　M材料の１個あたりの年間保管費＝ 1,000 円

⑶　M材料の経済的発注量＝ 2,000 個

〔問２〕（注）該当する文字を○で囲みなさい。

乙案のほうが，甲案よりも原価が 25,000 円{高・(低)}く，{不利・(有利)}である。

〔問３〕

⑴　〔問１〕の経済的発注量を採用したときの，
値引を受けられないことによる年間の機会損失　＝ 12,000,000 円

⑵　１回に8,000個ずつ発注する場合の，年間保管費＝ 3,956,000 円

⑶　１回に 4,000 個ずつ発注するのが最も有利である。なぜならば，このロットの発注費，保管費および機会損失の年間合計額が 4,480,000 円となり，この年間合計額が他のロットで発注するよりも最低となるからである。

解答への道

〔問１〕

⑴　M材料の１回あたりの発注費

3,000円〈電話料〉＋17,000円〈事務用消耗品費〉＝20,000円/回

⑵　M材料の１個あたりの年間保管費

500円〈年間火災保険料〉＋5,000円×10%〈資本コスト〉＝1,000円/個

⑶　経済的発注量の計算

$$\text{年間発注費}=\frac{\text{M材料の年間予定総消費量}}{\text{1回あたりの発注量}}\times\text{1回あたりの発注費}$$

$$\text{年間保管費}=\frac{\text{1回あたりの発注量}}{2}\times\text{1個あたりの年間保管費}$$

１回あたりの発注量をＬとすると，

$$\text{年間発注費}=20,000\text{円}\times\frac{100,000\text{個}}{L}$$

$$\text{年間保管費}=1,000\text{円}\times\frac{L}{2}$$

年間発注費＝年間保管費となるＬが，在庫品関係費用が最も少なくてすむ発注量（経済的発注量）となる。

$$20,000\text{円}\times\frac{100,000\text{個}}{L}=1,000\text{円}\times\frac{L}{2}\qquad\therefore\ L=2,000\text{個}$$

〔問２〕

〔甲案〕１回あたりの発注量が1,250個であったときの在庫品関係費用

$$\frac{100,000\text{個}}{1,250\text{個}}\times20,000\text{円/回}+\frac{1,250\text{個}}{2}\times1,000\text{円/個}=2,225,000\text{円}$$

〔乙案〕１回あたりの発注量が2,000個であったときの在庫品関係費用および貸倉庫の年間賃借料の合計額

$$\frac{100,000\text{個}}{2,000\text{個}}\times20,000\text{円/回}+\frac{2,000\text{個}}{2}\times1,000\text{円/個}+200,000\text{円}=2,200,000\text{円}$$

したがって，乙案のほうが原価が25,000円低く，有利である。

〔問３〕

⑴　値引を受けられないことによる年間の機会損失

１回あたり2,000個を発注することにした場合，最大で１個あたり2.4%の値引を断念しなければならないことになる。

5,000円/個×2.4%×100,000個＝12,000,000円

⑵　１回に8,000個ずつ発注する場合の年間保管費

M材料の１個あたり年間保管費：500円/個＋5,000円/個×(100%－2.2%)×10%＝989円/個

$$\frac{8,000\text{個}}{2}\times989\text{円/個}=3,956,000\text{円}$$

⑶　経済的発注量の算定

本問は発注量がそれぞれ2,000個，4,000個，8,000個，10,000個のときの発注費と保管費および機会損失を計算し，その合計額が最も低い発注量を求めればよい。

（単位：円）

発注量	①発注費	②保管費	③機会損失	合　計
2,000個	1,000,000	1,000,000	12,000,000	14,000,000
4,000個	500,000	1,980,000	2,000,000	4,480,000
8,000個	250,000	3,956,000	1,000,000	5,206,000
10,000個	200,000	4,940,000	0	5,140,000

①　発注費の計算

$$\text{年間発注費}=\frac{\text{材料Mの年間予定総消費量}}{\text{1回あたりの発注量}}\times\text{1回あたりの発注費}$$

〈例〉2,000個のとき

$$\frac{100,000\text{個}}{2,000\text{個}}\times20,000\text{円/個}=1,000,000\text{円}$$

②　保管費の計算

値引の条件が１回あたりの発注量により変化するので，１個あたりの年間保管費の条件も変化する。

2,000個のとき　2,000個÷２×1,000円/個　＝1,000,000円
4,000個のとき　4,000個÷２×　990円/個(＊１)　＝1,980,000円
8,000個のとき　8,000個÷２×　989円/個(＊２)　＝3,956,000円
10,000個のとき　10,000個÷２×　988円/個(＊３)　＝4,940,000円

（＊1）500円/個＋5, 000円/個×(100％－2. 0％)×10％＝990円/個
（＊2）500円/個＋5, 000円/個×(100％－2. 2％)×10％＝989円/個
（＊3）500円/個＋5, 000円/個×(100％－2. 4％)×10％＝988円/個

③　機会損失の計算

2, 000個のとき　5, 000円/個×2. 4％×100, 000個　＝12, 000, 000円
4, 000個のとき　5, 000円/個×(2. 4％－2. 0％)×100, 000個＝ 2, 000, 000円
8, 000個のとき　5, 000円/個×(2. 4％－2. 2％)×100, 000個＝ 1, 000, 000円

以上より4, 000個のときの4, 480, 000円が最も原価が低く有利である。

問題10-20

〔問1〕旧型部品用の材料を，旧型部品を1単位製造するのに使用したときの機会原価

300 円

〔問2〕新型部品と並行して，旧型部品を1単位製造することの機会原価

30, 300 円

〔問3〕

新型部品の販売価格が 9, 700 円より小さい場合には，並行して旧型部品も製造販売したほうが有利である。

〔問4〕

旧型部品の製造販売を｛~~行うべきである。~~／行うべきではない。｝

（注）｛　｝内は不要な文字を二重線で消去しなさい。

解答への道

〔問1〕

旧型部品用材料の用途は，①在庫の続くかぎり旧型部品を製造販売する，②取得原価の10％で売却する，のいずれかに限られる。よって，①の用途を選択した場合には，売却により得られる収入を逸することになる。したがって，材料を旧型部品1単位分使用することに対して，300円（＝3, 000円×10％）の機会原価がかかることになる。

〔問2〕

新型部品の製造販売を開始後に，並行して旧型部品の製造販売を行うかどうかについて，この意思決定に関連する項目と無関連な項目を分類すると，次のとおりである。

［関連する項目］新型部品の売上高，旧型部品用の材料を使用することによる機会原価，新型部品の直接材料費

［無関連な項目］旧型部品の直接材料費，直接労務費の全額，製造間接費の全額

旧型部品の直接材料費（取得原価）はすでに支出が行われた過去原価であるため，無関連原価（埋没原価）となる。

また，新旧いずれの部品を作るかに関係なく生産ラインはフル稼動となる。したがって能力いっぱいまで作業するのが前提となり，総直接作業時間も総機械作業時間も変化しない。したがって，直接労務費や製造間接費に変動費が含まれていても発生総額は変化しないため，この意思決定計算では無関連原価となる。

計算条件(7)のデータから，旧型部品1単位を製造するのに必要な直接作業時間と機械作業時間は，新型部品の2単位分であることがわかる。

単位あたり直接労務費：2, 000円〈旧型〉÷1, 000円〈新型〉＝2（単位）
単位あたり製造間接費：2, 000円〈旧型〉÷1, 000円〈新型〉＝2（単位）

このことから，新型部品の製造販売を開始したのちに，並行して旧型部品を1単位製造する場合には，新型部品2単位の製造販売が犠牲となり，〔問1〕で計上した機会原価のほかに新型部品2単位分の差額貢献利益も機会原価となる。

〈新型部品を製造販売〉

販売価格	20, 000円
直接材料費	5, 000円
直接労務費	（埋没）
製造間接費	（埋没）
利　益	15, 000円

×2

〈新型部品と並行して旧型部品を製造販売〉

販売価格	――円
直接材料費	（埋没）
直接労務費	（埋没）
製造間接費	（埋没）
機会原価	
旧型部品用材料を使用することによる機会原価	300円 ←〔問1〕より
新型部品を製造販売できないことによる機会原価	30, 000円
利　益	――円

したがって，新型部品の製造販売を開始したのちに，並行して旧型部品を1単位製造する場合の機会原価は次のようになる。

(20, 000円/個－5, 000円/個)×2個＋300円＝30, 300円

〔問3〕

新型部品の販売価格をX（円）とすれば，旧型部品の販売価格は新型部品の販売価格を上回れないためXが上限となる。したがって，旧型部品を製造したほうが有利になるためには，次のように旧型部品の販売価格もXとおき，〔問2〕の解説における旧型部品を製造販売するときの差額利益がプラスになるように式を立てればよい。

$X-\{(X-5,000円)\times 2個+300円\}>0$

$\therefore \quad X<9,700(円)$

〔問4〕

〔問3〕の結果より，旧型部品を生産したほうが有利であるためには，新型部品の販売価格を9, 700円未満とする必要がある。ところが，新型部品のほうが信頼性や耐久性に優れているので，新型部品の販売価格を現在の旧型部品の販売価格（15, 000円）よりも安くするのはおかしい。したがって，旧型部品の製造販売は行うべきではない。

問題10-21

〔問１〕

製　品　A	製　品　B	製　品　C	製　品　D
15,000　円	18,000　円	32,000　円	42,000　円

〔問２〕

製　品　A	製　品　B	製　品　C	製　品　D
200　個	100　個	100　個	140　個

月間営業利益
1,000,000　円

〔問３〕

製　品　A	製　品　B	製　品　C	製　品　D
0　個	120　個	100　個	140　個

月間営業利益
1,560,000　円

〔問４〕

製品Eを月間市場需要限度まで生産して販売することは，問２で計算した月間営業利益より，（　48,000　）円（ (有利)　不利　）である。
いずれかを○で囲みなさい。

〔問５〕

アタッチメントは（　組立部　(仕上部)　）でレンタルすべきである。
いずれかを○で囲みなさい。
またその場合，月間の営業利益は（　140,000　）円増加する。

解答への道

〔問１〕各製品１個あたりの貢献利益の計算

１．製品A

製品A	
１個あたり販売価格	30,000円
１個あたり変動費	15,000円
貢　献　利　益	15,000円

２．製品B

製品B	
１個あたり販売価格	42,000円
１個あたり変動費	24,000円
貢　献　利　益	18,000円

３．製品C

製品C	
１個あたり販売価格	62,000円
１個あたり変動費	30,000円
貢　献　利　益	32,000円

４．製品D

製品D	
１個あたり販売価格	80,000円
１個あたり変動費	38,000円
貢　献　利　益	42,000円

〔問２〕月間の最適セールス・ミックスおよび月間営業利益の計算

１．各製品に共通する制約条件単位あたりの貢献利益

各製品に共通する制約条件は，製品Aと製品Bについては加工部の月間生産能力，製品Cと製品Dについては組立部の月間生産能力と仕上部の月間生産能力である。したがって，製品Aと製品Bについては加工１時間あたりの貢献利益，製品Cと製品Dについては組立１時間あたり貢献利益と仕上１時間あたり貢献利益を計算しておく。

(1)　製品Aと製品Bの加工１時間あたりの貢献利益

製品A：15,000円/個÷0.4時間/個＝37,500円/時間
製品B：18,000円/個÷0.6時間/個＝30,000円/時間

(2)　製品Cと製品Dの組立１時間あたりの貢献利益および仕上１時間あたりの貢献利益

①　組立１時間あたりの貢献利益

製品C：32,000円/個÷1.6時間/個＝20,000円/時間
製品D：42,000円/個÷　2時間/個＝21,000円/時間

②　仕上１時間あたりの貢献利益

製品C：32,000円/個÷0.5時間/個＝64,000円/時間
製品D：42,000円/個÷0.6時間/個＝70,000円/時間

２．月間の最適セールス・ミックスの計算

(1)　製品Aと製品Bの月間の最適セールス・ミックス

製品Aと製品Bに共通する制約条件である加工１時間あたり貢献利益が製品Aのほうが大きいため，製品Aの生産を優先する。

①　加工１時間あたり貢献利益の比較

製品A　37,500円/時間　＞　製品B　30,000円/時間

②　製品Aと製品Bの月間の最適セールス・ミックス

製品A：140時間÷0.4時間/個＝350個（生産可能量）＞ 200個（需要限度）　∴200個
（所要時間：0.4時間/個×200個＝80時間）
（残余時間：140時間－80時間＝60時間）
製品B：60時間÷0.6時間/個＝100個（生産可能量）＜ 120個（需要限度）　∴100個

(2)　製品Cと製品Dの月間の最適セールス・ミックス

製品Cと製品Dに共通する制約条件は組立部の月間生産能力と仕上部の月間生産能力の２つではあるが，どちらの共通する制約条件においても，共通する制約条件単位あたりの貢献利益が製品Dのほうが大きいため，製品Dの生産を優先することになる。複数の共通する制約条件が存在する場合であっても，優先すべき製品が同じ場合，リニアー・プログラミングによって最適セールス・ミックスを計算する必要はない。

①　組立１時間あたり貢献利益の比較

製品C　20,000円/時間　＜　製品D　21,000円/時間

②　仕上１時間あたり貢献利益の比較

製品C　64,000円/時間　＜　製品D　70,000円/時間

③　製品Cと製品Dの月間の最適セールス・ミックス

製品D：472時間÷２時間/個＝236個（組立部生産可能量）＞ 140個（需要限度）

134時間÷0.6時間/個＝223.333…個（仕上部生産可能量）＞ 140個（需要限度）

組立部においても仕上部においても生産可能量が需要限度を上回るため，製品Dの需要限度の140個が製品Dの最適生産量となる。

（組立部所要時間；２時間/個×140個＝280時間）

（組立部残余時間；472時間－280時間＝192時間）

（仕上部所要時間；0.6時間/個×140個＝84時間）

（仕上部残余時間；134時間－84時間＝50時間）

製品C：192時間（組立部残余時間）÷1.6時間/個＝120個（組立部生産可能量）

＜ 130個（需要限度）

50時間（仕上部残余時間）÷0.5時間/個＝100個（仕上部生産可能量）

＜ 130個（需要限度）

120個（組立部生産可能量）＞ 100個（仕上部生産可能量）

組立部においても仕上部においても生産可能量が需要限度に満たない。したがって，より制約の厳しい仕上部の生産可能量の100個が製品Cの最適生産量となる。

3．月間営業利益の計算

(1)　最適セールス・ミックスの場合の各製品の貢献利益総額

製品Aの貢献利益総額：15,000円/個×200個＝3,000,000円

製品Bの貢献利益総額：18,000円/個×100個＝1,800,000円

製品Cの貢献利益総額：32,000円/個×100個＝3,200,000円

製品Dの貢献利益総額：42,000円/個×140個＝5,880,000円

(2)　月間営業利益

(3,000,000円＋1,800,000円＋3,200,000円＋5,880,000円)－12,880,000円＝1,000,000円

貢献利益総額　　固定費

	製品A（200個）	製品B（100個）	製品C（100個）	製品D（140個）	合　計
貢献利益	3,000,000円	1,800,000円	3,200,000円	5,880,000円	13,880,000円
固 定 費					12,880,000円
営業利益					1,000,000円

〔問３〕個別固定費を考慮した場合の月間の最適セールス・ミックスおよび月間営業利益の計算

各製品の個別固定費の金額が判明している場合の月間の最適セールス・ミックスの計算では，共通する制約条件単位あたりの貢献利益の大小だけでなく，製品貢献利益も考慮する必要がある。共通する制約条件単位あたりの貢献利益が有利な製品であっても，製品貢献利益がマイナスであれば，自らが回収すべき個別固定費を回収しきれていないということである。そこで，その製品の生産を停止すれば，個別固定費が回避できるため，結果的に全社的利益の最大化を達成することが可能となる。

以下に，問２で計算したセールス・ミックスの場合の各製品の製品貢献利益を示す。

	製品A（200個）	製品B（100個）	製品C（100個）	製品D（140個）	合　計
貢献利益	3,000,000円	1,800,000円	3,200,000円	5,880,000円	13,880,000円
個別固定費	3,200,000円	1,400,000円	2,900,000円	4,700,000円	12,200,000円
製品貢献利益	△200,000円	400,000円	300,000円	1,180,000円	1,680,000円
共通固定費					680,000円(＊)
営業利益					1,000,000円

（＊）共通固定費：12,880,000円－(3,200,000円＋1,400,000円＋2,900,000円＋4,700,000円)＝680,000円

固定費　　個別固定費総額

製品貢献利益を計算すると，製品Aについては製品貢献利益がマイナスになるため生産せず，加工部の月間生産能力は需要限度まですべて製品Bの生産に割り当てればよい。また製品Cと製品Dについては両製品ともに製品貢献利益がプラスであるため，問２で計算した最適生産量と同じになる。

1．月間の最適セールス・ミックスの計算

(1)　製品Aの生産量

製品貢献利益がマイナスになるため生産しない（０個）。

(2)　製品Bの生産量

製品B：140時間÷0.6時間/個＝233.333…個（生産可能量）＞ 120個（需要限度）　∴120個

(3)　製品Cの生産量

問２と同じ100個。

(4)　製品Dの生産量

問２と同じ140個。

2．月間営業利益の計算

(1)　最適セールス・ミックスの場合の各製品の貢献利益総額

製品Aの貢献利益総額：15,000円/個×　0個＝　　　0円

製品Bの貢献利益総額：18,000円/個×120個＝2,160,000円

製品Cの貢献利益総額：32,000円/個×100個＝3,200,000円

製品Dの貢献利益総額：42,000円/個×140個＝5,880,000円

(2)　月間営業利益

(2,160,000円＋3,200,000円＋5,880,000円)－(12,880,000円－3,200,000円)＝1,560,000円

製品Bと製品Cと製品Dの貢献利益合計　　固定費－製品Aの個別固定費

	製品A（０個）	製品B（120個）	製品C（100個）	製品D（140個）	合　計
貢献利益	0円	2,160,000円	3,200,000円	5,880,000円	11,240,000円
個別固定費	0円	1,400,000円	2,900,000円	4,700,000円	9,000,000円
製品貢献利益	0円	760,000円	300,000円	1,180,000円	2,240,000円
共通固定費					680,000円
営業利益					1,560,000円

〔問４〕製品Ｅを生産できる場合の生産能力の最適利用に関する意思決定

1．差額収益の計算

製品Ｅの売上高が差額収益になる。

123,000円/個×30個＝3,690,000円

2．差額原価の計算

(1) 製品Ｄを30個多く生産することによる変動費の増加

組立部と仕上部においては製品Ｄの生産を優先するため，製品Ｅを30個生産するために要する30個の製品Ｄについては，製品Ｄの生産量を増加させることで割り当てることになる。

38,000円/個×30個＝1,140,000円

(2) 製品Ｃの生産量減少による貢献利益の減少（機会原価）

組立部と仕上部においては製品Ｄを30個多く生産する（問２で計算した最適セールス・ミックスの場合の生産量の140個とあわせると，170個生産することになる）ことにより，製品Ｃの生産量が減少することでの貢献利益の減少を機会原価として認識する。

組立部所要時間：２時間/個×(140個＋30個)＝340時間

組立部の残余時間：472時間－340時間＝132時間

仕上部所要時間：0.6時間/個×(140個＋30個)＝102時間

仕上部の残余時間：134時間－102時間＝32時間

製品Ｃの組立部での生産可能量：132時間(組立部残余時間)÷1.6時間/個＝82.5個

→82個（端数切捨て）

製品Ｃの仕上部での生産可能量：32時間(仕上部残余時間)÷0.5時間/個＝64個

82個（組立部生産可能量）＞ 64個（仕上部生産可能量）

製品Ｃの生産可能量はより制約の厳しい仕上部の生産可能量の64個となる。

製品Ｃの生産量の減少：100個(問２の生産可能量)－64個＝36個

製品Ｃの生産量減少による貢献利益の減少：32,000円/個×36個＝1,152,000円

(3) 製品Ｅを30個生産することによる変動費の増加

製品Ｅの加工部における１個あたり変動費は15,000円であるため，30個生産することにより加工部の変動費が増加することになる。

15,000円/個×30個＝450,000円

(4) 製品Ｂの生産量減少による貢献利益の減少（機会原価）

加工部においては製品Ａの生産を優先するため，製品Ｅを新たに30個生産することによる加工部の残余時間の減少により，製品Ｂの生産量が減少することになる。製品Ｂの生産量が減少することでの貢献利益の減少を機会原価として認識する。

加工部の残余時間の減少：１時間/個(製品Ｅ１個あたり加工時間)×30個＝30時間

製品Ｂの生産量の減少：30時間÷0.6時間/個(製品Ｂ１個あたり加工時間)＝50個

製品Ｂの生産量減少による貢献利益の減少：18,000円/個×50個＝900,000円

3．差額利益の計算

3,690,000円（差額収益）－(1,140,000円＋1,152,000円＋450,000円＋900,000円)（差額原価）＝48,000円（差額利益）

したがって，問２で計算した月間営業利益より，48,000円有利である。

〔問５〕アタッチメントをレンタルできる場合の生産能力の最適利用に関する意思決定

組立部と仕上部においては，アタッチメントをレンタルすることで自らの月間生産能力を15時間増強させることができるが，組立部と仕上部のどちらか一方しかアタッチメントをレンタルできない。この場合，組立部と仕上部は製品Ｃと製品Ｄに共通する制約条件となっているが，いずれの部門も製品Ｄを優先して生産した後の残余時間で製品Ｃを生産するため，より制約の厳しい仕上部の生産可能量が上限となっている。したがって，アタッチメントは仕上部でレンタルすべきである。仕上部の生産可能量を増加させることが，生産能力の最適利用につながることになる。上記，問２の２.(2)③の解答への道より，製品Ｄ生産後の仕上部の残余時間は50時間であるが，アタッチメントのレンタルによって残余時間が15時間増強された場合の製品Ｃの生産可能量は次のようになる。

(50時間＋15時間)÷0.5時間/個＝130個

仕上部でアタッチメントをレンタルした場合の製品Ｃの生産可能量の130個は需要限度と等しいが，組立部の製品Ｃの生産可能量は120個（解答への道．問２の２.(2)③参照）であるため，製品Ｃの生産可能量は120個となり，問２における製品Ｃの生産可能量100個に対して20個増加することになる。したがって仕上部でアタッチメントをレンタルした場合の月間の営業利益の増加額は以下のようになる。

製品Ｃの生産量増加による貢献利益増加：32,000円/個×20個＝640,000円

アタッチメントの月額のレンタル代：500,000円

月間の営業利益の増加額：640,000円－500,000円＝140,000円

問題10-22

〔問１〕 840 個

〔問２〕 1,680 個

〔問３〕 308,000 円（(有利)・ 不利 ）

〔問４〕 290,000 円

〔問５〕 20,000 円（ 有利 ・(不利)）

（注）〔問３〕・〔問５〕は，有利か不利のいずれかを○で囲むこと。

解答への道

〔問１〕材料ａのみを使用した場合の製品Ｚの製造量

420分〈１日の機械稼働可能時間〉÷0.5分/個(＊)＝840個

（＊）材料ａを使用した場合の製品Ｚ１個あたり機械作業時間：10分÷20個＝0.5分/個

〔問２〕材料ｂのみを使用した場合の製品Ｚの製造量

420分〈１日の機械稼働可能時間〉÷0.25分/個(＊)＝1,680個

（＊）材料ｂを使用した場合の製品Ｚ１個あたり機械作業時間：５分÷20個＝0.25分/個

〔問３〕異なる材料で製品Ｚを製造販売する場合の１日あたりの差額利益

〔問１〕より，材料ａを使用する場合は製品Ｚの製造量は840個である。材料ａの歩留率は50％なので，投入量は1,680個（＝840個÷50％）となる。

また，〔問２〕より，材料ｂを使用した場合には製品Ｚの製造量は1,680個である。材料ｂの歩留率は75％なので，投入量は2,240個（＝1,680個÷75％）となる。

これらの数量を使用してそれぞれの場合の利益を計算し，材料ｂを使用する場合には１日あたりいくら有利か不利かを算出すればよい。

なお，加工費に関する資料は与えられておらず計算しようがないが，材料ａを使用しようと材料ｂを使用しようと，加工費は同額発生するため，埋没原価となる（機械は１台しかなく，どちらの材料を使用しようと，１日の機械作業時間が420分であるため）。

材料ａを使用する場合

投入　1,680個 （840個÷50％）	完成　840個 （〔問１〕より）
	歩減　840個 （貸借差引）

〈材料ａを使用する場合〉

売上高：900円/個×　840個＝756,000円

材料ａ：200円/個×1,680個＝336,000円

利　益：　420,000円

材料ｂを使用する場合

投入　2,240個 （1,680個÷75％）	完成　1,680個 （〔問２〕より）
	歩減　560個 （貸借差引）

〈材料ｂを使用する場合〉

売上高：900円/個×1,680個＝1,512,000円

材料ｂ：350円/個×2,240個＝　784,000円

利　益：　728,000円

材料ｂを使用する場合の差額利益：728,000円－420,000円＝(+)308,000円（有利）

〔問４〕材料ａの在庫を利用して製品Ｚを300個製造する場合の機会原価

材料ｂが使用可能になった後に，購入済みの材料ａを使用して製品Ｚを300個製造すると，下記の２つが機会原価となる。

１．材料ａを製造に使用することで得られなくなった材料ａ売却収入
２．材料ｂを使用して製品Ｚを製造した場合の利益

１．材料ａの売却収入

材料ａの歩留率は50％であるから，製品Ｚを300個製造する場合，材料ａは600個（＝製品Ｚ300個÷材料ａの歩留率50％）必要である。すなわち，材料ａ600個を使用することで売却できなくなり，その売却収入30,000円（＝50円/個×600個）を逃すことになる。また，材料ａの購入原価は，過去原価につき埋没原価となるため，考慮する必要はない。よって，材料ａの売却収入がそのまま機会原価となる。

２．材料ｂを使用して製品Ｚを製造した場合の利益

〔問１〕，〔問２〕より，材料ｂを使用すると，材料ａを使用する場合と同じ時間でも２倍の数の製品Ｚを製造できることが分かる。

したがって，材料ａを使用して製品Ｚを300個製造すると，材料ｂを使用して製品Ｚを600個製造することができなくなる。よって，この材料ｂの使用による製品Ｚ600個の販売利益が機会原価となる。なお，いずれの代替案においても加工費は同額発生するため，埋没原価となることから（問３と同様），考慮する必要はない。

売上高：900円/個×600個　　＝540,000円

材料ｂ：350円/個×800個(＊)＝280,000円

利　益：　260,000円

（＊）材料ｂ投入量：製品Ｚ600個÷材料ｂの歩留率75％＝800個

３．材料ｂが使用可能になった後に，材料ａを使用して製品Ｚを300個製造することの機会原価

以上より，材料ａ600個の売却収入（上記１）と，材料ｂを使用して製品Ｚを600個製造販売する場合の利益（上記２）の合計額がこのときの機会原価となる。

30,000円(上記１)＋260,000円(上記２)＝290,000円

〔問５〕材料ａの在庫を利用して製品Ｚを300個製造するか否かの意思決定

材料ａの在庫を使用して製品Ｚを300個製造する案と，材料ｂを使用して製品Ｚを600個製造する案のどちらがより利益を獲得することができるかを計算する。ただし，後者の利益は〔問４〕で計算済みである。

したがって，材料ａの在庫を使用して製品Ｚを300個製造する場合の利益から，〔問４〕の機会原価を控除すれば差額利益が計算できる。

〈材料ａの在庫を使用して製品Ｚを製造する場合の利益〉

売上高：900円/個×300個＝270,000円

（注）材料ａの購入原価は過去原価につき埋没原価となる。

よって，材料ａの在庫を使用して製品Ｚを製造する場合の差額利益は下記のようになる。

270,000円－290,000円＝(－)20,000円（不利）

Theme 11 設備投資の意思決定

問題11-1

〔問1〕

3年間の純現金収入の現在価値合計　53, 460 千円

〈計算過程〉

1年後：20, 000千円×0. 9434＝18, 868千円

2年後：20, 000千円×0. 8900＝17, 800千円

3年後：20, 000千円×0. 8396＝16, 792千円

合計　53, 460千円

〔問2〕

3年間の純現金収入の現在価値合計　53, 460 千円

〈計算過程〉

20, 000千円×2. 6730＝53, 460千円

問題11-2

〔設問1〕

	正味現在価値	順位	判　断
A	(−) 200　万円	3	採用すべきで（ ある・**ない**）
B	(+) 312. 7　万円	1	採用すべきで（**ある**・ ない ）
C	(+) 296. 7　万円	2	採用すべきで（**ある**・ ない ）

（注）（　　）内は適切な文字を○で囲むこと（以下同様）。

〔設問2〕

	収益性指数	順位	判　断
A	0. 98	3	採用すべきで（ ある・**ない**）
B	1. 06	1	採用すべきで（**ある**・ ない ）
C	1. 04	2	採用すべきで（**ある**・ ない ）

〔設問3〕

	内部利益率	順位	判　断
A	4　%	3	採用すべきで（ ある・**ない**）
B	8　%	1	採用すべきで（**ある**・ ない ）
C	7　%	2	採用すべきで（**ある**・ ない ）

解答への道

〔設問1〕正味現在価値法

1．A案

T_0	T_1	T_2	T_3
(11, 136. 0万円)	4, 000万円	5, 000万円	3, 000万円

3, 809. 6万円 ← ×0. 9524

4, 535. 0 ← ×0. 9070

2, 591. 4 ← ×0. 8638

10, 936. 0万円〈年々の純現金流入額の現在価値合計〉

△11, 136. 0　〈初期投資額〉

△　200. 0万円〈正味現在価値〉→ 正味現在価値がマイナスなので採用すべきでない。

2．B案

T_0	T_1	T_2	T_3
(5, 090. 5万円)	2, 000万円	1, 000万円	3, 000万円

1, 904. 8万円 ← ×0. 9524

907. 0 ← ×0. 9070

2, 591. 4 ← ×0. 8638

5, 403. 2万円〈年々の純現金流入額の現在価値合計〉

△ 5, 090. 5　〈初期投資額〉

＋　312. 7万円〈正味現在価値〉→ 正味現在価値がプラスなので採用すべきである。

3．C案

T_0	T_1	T_2	T_3
(7, 872. 9万円)	3, 000万円	3, 000万円	3, 000万円

2, 857. 2万円 ← ×0. 9524

2, 721. 0 ← ×0. 9070

2, 591. 4 ← ×0. 8638

8, 169. 6万円〈年々の純現金流入額の現在価値合計〉

△ 7, 872. 9　〈初期投資額〉

＋　296. 7万円〈正味現在価値〉→ 正味現在価値がプラスなので採用すべきである。

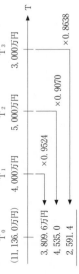

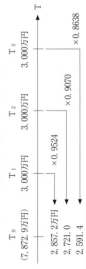

〔設問２〕収益性指数法

1．A案：正味現在価値の計算結果より $\dfrac{10,936万円}{11,136万円}=0.982\cdots\fallingdotseq 0.98$（小数点以下第３位四捨五入）

収益性指数0.98＜1 → 採用すべきでない。

2．B案：正味現在価値の計算結果より $\dfrac{5,403.2万円}{5,090.5万円}=1.061\cdots\fallingdotseq 1.06$（小数点以下第３位四捨五入）

収益性指数1.06＞1 → 採用すべきである。

3．C案：正味現在価値の計算結果より $\dfrac{8,169.6万円}{7,872.9万円}=1.037\cdots\fallingdotseq 1.04$（小数点以下第３位四捨五入）

収益性指数1.04＞1 → 採用すべきである。

〔設問３〕内部利益率法

1．A案：$\dfrac{4,000万円+5,000万円+3,000万円}{3年}\times\chi-11,136万円=0$　　$\chi=2.784$

χを各利益率における年金現価係数と比較すると，求めたい内部利益率は３％と４％の近辺であることがわかる。

(1)　３％による割引計算

4,000万円×0.9709	＝	3,883.6万円
5,000万円×0.9426	＝	4,713
3,000万円×0.9151	＝	2,745.3
		11,341.9万円
		△11,136
		＋　205.9万円

正味現在価値がプラスなので，内部利益率＞３％

(2)　４％による割引計算

4,000万円×0.9615	＝	3,846万円
5,000万円×0.9246	＝	4,623
3,000万円×0.8890	＝	2,667
		11,136万円
		△11,136
		0万円

正味現在価値がゼロなので，内部利益率＝４％

∴　内部利益率４％＜資本コスト率５％ → 採用すべきでない。

2．B案：$\dfrac{2,000万円+1,000万円+3,000万円}{3年}\times\chi-5,090.5万円=0$　　$\chi=2.54525$

χを各利益率における年金現価係数と比較すると，求めたい内部利益率は８％と９％の近辺であることがわかる。

(1)　８％による割引計算

2,000万円×0.9259	＝	1,851.8万円
1,000万円×0.8573	＝	857.3
3,000万円×0.7938	＝	2,381.4
		5,090.5万円
		△5,090.5
		0　万円

正味現在価値がゼロなので，内部利益率＝８％

(2)　９％による割引計算

2,000万円×0.9174	＝	1,834.8万円
1,000万円×0.8417	＝	841.7
3,000万円×0.7722	＝	2,316.6
		4,993.1万円
		△5,090.5
		△　97.4万円

正味現在価値がゼロなので，内部利益率＜９％

∴　内部利益率８％＞資本コスト率５％ → 採用すべきである。

3．C案：$\dfrac{3,000万円+3,000万円+3,000万円}{3年}\times\chi-7,872.9万円=0$　　$\chi=2.6243$

χを各利益率における年金現価係数と比較すると，求めたい内部利益率は７％であることがわかる。

∴　内部利益率７％＞資本コスト率５％ → 採用すべきである。

問題11-3

（注）{　} 内の不要な文字を二重線で消しなさい。

〔設問１〕　正味現在価値 ［(+)　129,480］円　投資すべきで {ある／~~ない~~}。

〔設問２〕　内部利益率 ［8.93］％　投資すべきで {ある／~~ない~~}。

解答への道

〔設問１〕　（単位：円）

	T₀	T₁	T₂	T₃	T₄	T₅
（処分価額）						200,000
CIF		1,000,000	1,200,000	1,400,000	1,650,000	1,050,000
COF	5,000,000					
NET	△5,000,000	+1,000,000	+1,200,000	+1,400,000	+1,650,000	+1,250,000

＋　925,900 ←（×0.9259）

＋1,028,760 ←（×0.8573）

＋1,111,320 ←（×0.7938）

＋1,212,750 ←（×0.7350）

＋　850,750 ←（×0.6806）

NPV　＋　129,480 → 正味現在価値がプラスなので採用すべきである。

〔設問２〕

1．年金現価係数

$$\frac{5,000,000円}{(1,000,000円+1,200,000円+1,400,000円+1,650,000円+1,250,000円)\div 5年}=3.84615\cdots$$

2．内部利益率計算の出発点（％）の探索

年金現価係数表の５年の行から，求める内部利益率は９％，10％の近辺である。

(1)　９％の場合の正味現在価値

1,000,000円×0.9174＋1,200,000円×0.8417＋1,400,000円×0.7722＋1,650,000円×0.7084＋1,250,000円×0.6499－5,000,000円＝△10,245円…内部利益率＜９％

(2)　８％の場合の正味現在価値

1, 000, 000円×0. 9259＋1, 200, 000円×0. 8573＋1, 400, 000円×0. 7938＋1, 650, 000円×0. 7350＋1, 250, 000円×0. 6806－5, 000, 000円＝129, 480円

８％の場合の正味現在価値がプラスで，９％の場合の正味現在価値がマイナスとなるので，内部利益率は８％と９％の間にあることがわかる。

3．補間法の適用

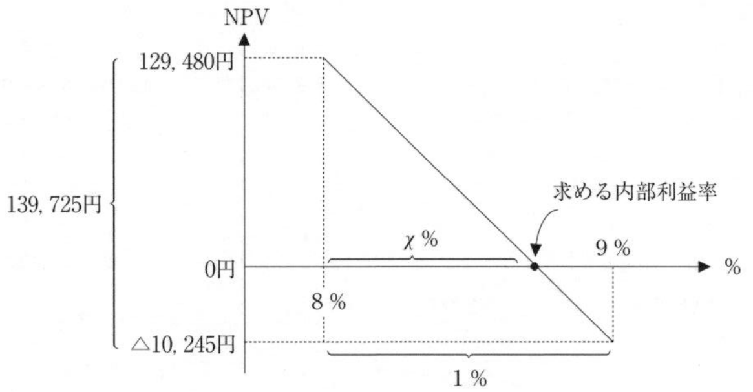

1：χ＝139, 725：129, 480　　　χ＝129, 480÷139, 725＝0. 9266…　⇨0. 93％

よって，内部利益率は，８％＋0. 93％＝8. 93％

内部利益率8. 93％ ＞ 資本コスト率８％ より，当該設備投資案は採用すべきである。

問題11-4

（注）｛　｝内の不要な文字を二重線で消しなさい。

〔設問１〕 収益性指数 1. 07　投資すべきで｛ある／~~ない~~｝。

〔設問２〕 回収期間 4. 65 年　投資すべきで｛ある／~~ない~~｝。

解答への道

〔設問１〕　(単位：円)

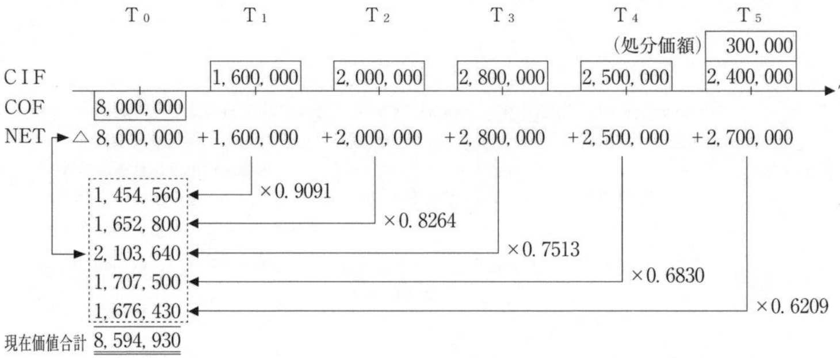

収益性指数：8, 594, 930円÷8, 000, 000円＝1. 0743…→1. 07 ＞ 1より採用すべきである。

〔設問２〕

投資による年々の正味キャッシュ・フローの現在価値の累計額

1年	2年	3年	4年	5年
1, 454, 560	3, 107, 360	5, 211, 000	6, 918, 500	8, 594, 930

投下資金は４年末と５年末の間で回収されることとなり，補間法によって計算する。

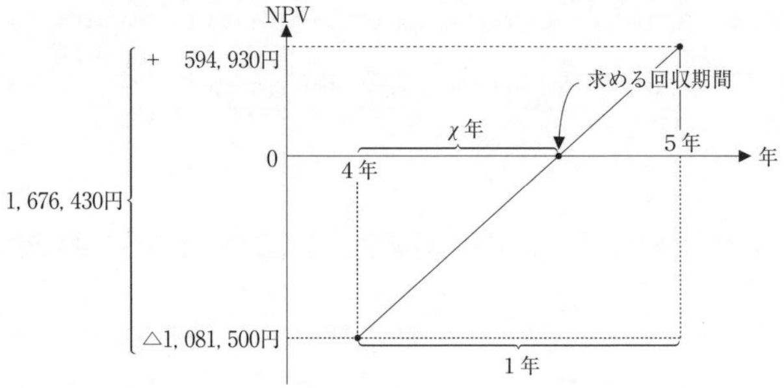

1：χ＝1, 676, 430：1, 081, 500

χ＝0. 6451…　→0. 65

よって，求める回収期間は，

４年＋0. 65年＝4. 65年

５年以内に回収できるため，当該投資案は採用すべきである。

問題11-5

投資案Sの正味現在価値＝ (−) 290.4 万円

したがってこの案は，~~採用すべきである。~~ / 採用すべきでない。 （不要な文字を消しなさい）

〈計算過程〉

正味現在価値：(5, 250万円－3, 250万円)×3. 6048－7, 500万円＝(−)290. 4万円

解答への道

（単位：万円）

	T_0	T_1	T_2	T_3	T_4	T_5
CIF		5, 250	5, 250	5, 250	5, 250	5, 250
COF	7, 500	3, 250	3, 250	3, 250	3, 250	3, 250
NET		＋2, 000	＋2, 000	＋2, 000	＋2, 000	＋2, 000

×3. 6048

△ 7, 500
＋ 7, 209. 6
NPV △ 290. 4 → 正味現在価値がマイナスなので採用すべきでない。

問題11-6

(1) 年利率10%，期間が5年間の年金現価係数は，（ 3. 7907 ）である。
(2) 所要年間人件費の節約額は（ 1, 635 ）万円以上である。

解答への道

(1) 年金現価係数の算出

0. 9091＋0. 8264＋0. 7513＋0. 6830＋0. 6209＝3. 7907

(2) 年間の人件費節約額の算出

年間の人件費節約額を χ 万円とおき，正味現在価値が正になるような χ を求めればよい。

正味現在価値（NPV）＝(χ 万円－150万円)×3. 7907＋600万円×0. 6209－6, 000万円
＝3. 7907 χ 万円－6, 196. 065万円

NPV ＞ 0 となる χ を求めると，

3. 7907 χ 万円－6, 196. 065万円＞0

これを解くと，

χ ＞ 1, 634. 543…万円 → 1, 635万円（万円未満切上げ）

したがって，年間人件費の節約額が1, 635万円以上であれば，自動機械を導入するほうが有利となる。

問題11-7

〔設問1〕

	回　収　期　間
A	2. 7　年
B	2. 55 年
C	2. 6　年

〔設問2〕

	投下資本利益率
A	3. 70 %
B	5. 88 %
C	5. 13 %

解答への道

〔設問1〕単純回収期間法

A案：$\dfrac{10,800万円}{(4,000万円+5,000万円+3,000万円)\div 3}=2.7年$

B案：$\dfrac{5,100万円}{(2,000万円+1,000万円+3,000万円)\div 3}=2.55年$

C案：$\dfrac{7,800万円}{(3,000万円+3,000万円+3,000万円)\div 3}=2.6年$

〔設問2〕単純投下資本利益率法

A案：$\dfrac{(4,000万円+5,000万円+3,000万円-10,800万円)\div 3}{10,800万円}\times 100=3.7037\cdots\%\fallingdotseq 3.70\%$

B案：$\dfrac{(2,000万円+1,000万円+3,000万円-5,100万円)\div 3}{5,100万円}\times 100=5.8823\cdots\%\fallingdotseq 5.88\%$

C案：$\dfrac{(3,000万円+3,000万円+3,000万円-7,800万円)\div 3}{7,800万円}\times 100=5.1282\cdots\%\fallingdotseq 5.13\%$

問題11-8

投資案Tの回収期間＝ 3 年

〈計算過程〉

投資の回収期間：3, 600万円÷(3, 000万円－1, 800万円)＝3年

解答への道

解答参照。

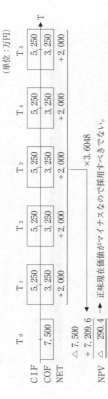

問題11-9

投資案Pの年間税引後純現金流入額＝ 2, 220 万円

投資案Pの正味現在価値＝ (−)584. 65 万円

したがってこの案は, { ~~採用すべきである。~~ / 採用すべきでない。 } (不要な文字を消しなさい)

解答への道

(単位：万円)

	T_0	T_1	T_2	T_3	T_4	T_5
CIF		② 2, 220	② 2, 220	② 2, 220	② 2, 220	② 2, 220
COF	① 9, 000					
NET	△ 9, 000	＋2, 220	＋2, 220	＋2, 220	＋2, 220	＋2, 220

＋2, 220（T_1〜T_5）× 3. 7907（＊）→ ＋ 8, 415. 354

NPV △ 584. 646

（＊）年金現価係数：0. 9091＋0. 8264＋0. 7513＋0. 6830＋0. 6209＝3. 7907

① 設備投資額

② 年々の税引後純現金流入額：

(製品売上収入－現金支出費用)×（1 －法人税率）＋減価償却費×法人税率

＝(8, 000万円－5, 500万円)×（1 －0. 4）＋1, 800万円(＊)×0. 4

＝2, 220万円

（＊）減価償却費：9, 000万円÷ 5 年＝1, 800万円

正味現在価値：2, 220万円×3. 7907－9, 000万円＝(−)584. 646万円→(−)584. 65万円

正味現在価値がマイナスなので, この投資案は採用すべきでない。

問題11-10

投資案Qの正味現在価値＝ (+) 918 万円

したがってこの案は, { 採用すべきである。 / ~~採用すべきでない。~~ } (不要な文字を消しなさい)

解答への道

1．年々の税引後増分現金流入額の計算

(単位：万円)

	T_0	T_1	T_2	T_3	T_4	T_5
CIF		⑤ 120 ④ 40 ③ 720	⑤ 120 ④ 40 ③ 720	⑤ 120 ④ 40 ③ 720	⑤ 120 ④ 40 ③ 720	⑪ 500 ⑩ 300 ⑨ 40 ⑧ 400 ⑥ 550 ⑤ 120 ④ 40 ③ 720
COF	① 3, 300 ② 500					⑦ 20
NET	△ 3, 800	＋880	＋880	＋880	＋880	＋2, 650

① 固定資産に対する投資額：500万円＋1, 000万円＋1, 800万円＝3, 300万円

② 正味運転資本：600万円＋300万円－400万円＝500万円

③ 正味現金流入額：(7, 200万円－6, 000万円)×（1 －0. 4）＝720万円

④ 建物減価償却費の計上により生じるタックス・シールド

1, 000万円÷10年×0. 4＝40万円

⑤ 設備減価償却費の計上により生じるタックス・シールド

1, 800万円÷ 6 年×0. 4＝120万円

⑥ 土地の売却収入：500万円×1. 1＝550万円

⑦ 土地の売却益の計上により生じる法人税増加分：売却益50万円(＊)×0. 4＝20万円

（＊）土地売却益：550万円－500万円＝50万円

⑧ 建物の売却収入

⑨ 建物の売却損の計上により生じるタックス・シールド：売却損100万円(＊)×0. 4＝40万円

（＊）建物売却損：1, 000万円÷10年× 5 年－400万円＝100万円

⑩ 設備を他に転用することにより生じる原価節約額

1, 800万円－1, 800万円÷ 6 年× 5 年＝300万円

⑪ 正味運転資本の現金による回収

2．正味現在価値の計算

880万円×(0. 9259＋0. 8573＋0. 7938＋0. 7350)＋2, 650万円×0. 6806－3, 800万円

＝(+)918. 15万円→(+)918万円

正味現在価値が正であることから, この投資案は採用すべきである。

問題11-11

(A)　この設備の年間の減価償却費＝ 1, 200 万円

(B)　投資案Rの年間税引後純現金流入額＝ 2, 040 万円

(C)　投資案Rの内部投資利益率＝ 20. 77 ％

したがってこの案は，{採用すべきである。 / ~~採用すべきでない。~~}（不要な文字を消しなさい）

解答への道

(A)　減価償却費：6, 000万円÷５年＝1, 200万円

(B)　年々の税引後純現金流入額：

（製品売上収入－現金支出費用）×（１－法人税率）＋減価償却費×法人税率

＝(5, 400万円－2, 800万円)×（１－0. 4）＋1, 200万円×0. 4

＝2, 040万円

(C)　内部投資利益率：正味現在価値が０となるようなｒを求めればよい。

ｒ＝20％のとき

正味現在価値（NPV）：2, 040万円×2. 9906－6, 000万円＝100. 824万円

ｒ＝21％のとき

正味現在価値（NPV）：2, 040万円×2. 9260－6, 000万円＝－30. 96万円

したがって，内部投資利益率は20％と21％の間に存在し，これを補間法によって求める。

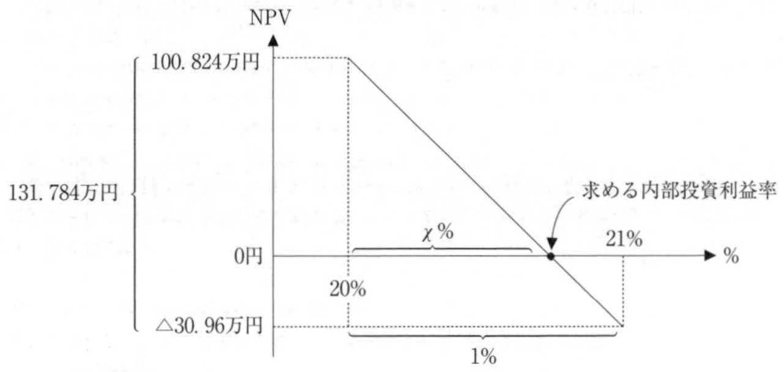

１：χ＝131. 784：100. 824　　　χ＝100. 824÷131. 784＝0. 7650…→0. 77％

よって，内部投資利益率は，20％＋0. 77％＝20. 77％

内部投資利益率（20. 77％）＞資本コスト率（10％）より，この投資案を採用すべきである。

問題11-12

〔問１〕この投資案の年々の税引後の純増分現金流出額と流入額（単位：億円）

T_0	T_1	T_2	T_3	T_4	T_5
『 497. 7 』	（ 100 ）	（ 118 ）	（ 130 ）	（ 136 ）	（ 88 ）

（注）上記の『　』の中には流出額を，（　）の中には流入額を記入しなさい。

〔問２〕年金現価係数

n＼r	4％	5％	6％	7％	8％
5	（ 4. 4518 ）	（ 4. 3294 ）	（ 4. 2124 ）	（ 4. 1002 ）	（ 3. 9926 ）

〔問３〕この投資案の内部利益率＝（　4. 84　）％

解答への道

〔問１〕年々の税引後の純増分現金流出額と流入額　　（単位：億円）

	T_0	T_1	T_2	T_3	T_4	T_5
CIF	② 2. 5	⑤ 40 ④ 750	⑤ 40 ④ 840	⑤ 40 ④ 900	⑤ 40 ④ 1, 080	⑤ 40 ④ 600
COF	① 500 ③ 0. 2	⑥ 690	⑥ 762	⑥ 810	⑥ 984	⑥ 552
NET	△497. 7	＋100	＋118	＋130	＋136	＋88

①　設備投資額

②　旧設備の売却収入

③　旧設備売却益の計上による税金増加分：(2. 5億円〈売却見積額〉－２億円〈帳簿価額〉)×40％＝0. 2億円

④　税引後製品売上収入

１年度末：500万円×2. 5万台×（１－0. 4）＝750億円

２年度末：500万円×2. 8万台×（１－0. 4）＝840億円

３年度末：500万円×3. 0万台×（１－0. 4）＝900億円

４年度末：450万円×4. 0万台×（１－0. 4）＝1, 080億円

５年度末：400万円×2. 5万台×（１－0. 4）＝600億円

⑤　減価償却費の計上によるタックス・シールド：500億円÷５年×40％＝40億円

⑥　税引後現金支出費用

1年度末：(305億円＋245億円＋180億円＋240億円＋120億円＋60億円)×(1－0.4)＝690億円

2年度末：(345億円＋275億円＋200億円＋270億円＋120億円＋60億円)×(1－0.4)＝762億円

3年度末：(365億円＋285億円＋220億円＋280億円＋130億円＋70億円)×(1－0.4)＝810億円

4年度末：(435億円＋350億円＋270億円＋345億円＋160億円＋80億円)×(1－0.4)＝984億円

5年度末：(245億円＋200億円＋145億円＋190億円＋100億円＋40億円)×(1－0.4)＝552億円

(注) 第5年度は本投資案からは当期純損失が生じるが，全社的には問題指示にあるとおり黒字企業であるため，第5年度も法人税を考慮して計算する。

〔問2〕年金現価係数

1年目から5年目までの現価係数の合計が5年間の年金現価係数である。

例：4％のときの年金現価係数＝0.9615＋0.9246＋0.8890＋0.8548＋0.8219＝4.4518

〔問3〕内部利益率

1．投資額を年々の平均増分現金流入額で割って，おおよその割引率を求める。

497.7億円÷114.4億円(＊)＝4.3505…→4％と5％の付近に存在する。

(＊)(100億円＋118億円＋130億円＋136億円＋88億円)÷5年＝114.4億円

2．r＝4％とr＝5％のときの正味現在価値を計算する（単位：億円)。

(1)　r＝4％のとき

100×0.9615＋118×0.9246＋130×0.8890＋136×0.8548＋88×0.8219－497.7＝(+)11.7028

(2)　r＝5％のとき

100×0.9524＋118×0.9070＋130×0.8638＋136×0.8227＋88×0.7835－497.7＝(－)2.3048

3．補間法によって内部利益率を計算する。

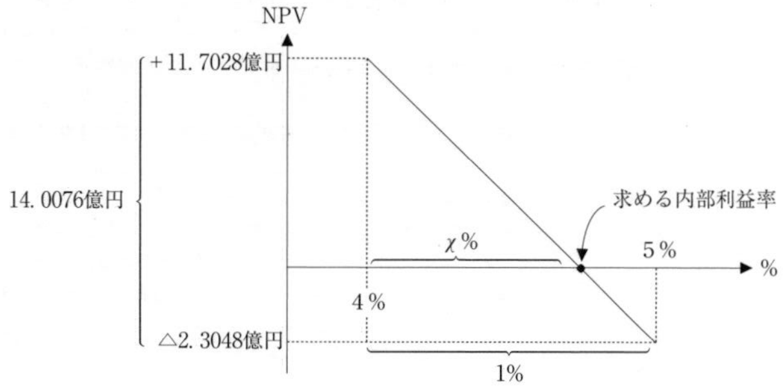

$$4\% + 1\% \times \frac{11.7028億円}{14.0076億円} \fallingdotseq 4.84\%$$（小数点以下第3位四捨五入）

問題11-13

〔問1〕

当製作所の税引後加重平均資本コスト率 ＝ 7 ％

〔問2〕

20×2年度末に発生すると予想されるキャッシュ・フローの合計額 ＝ 10,200 万円

〔問3〕

投資終了時の正味回収額 ＝ 33,480 万円

〔問4〕

この投資の正味現在価値 ＝ △ 384 万円

したがってこの案は，{~~有利な投資案~~／不利な投資案}である。(不要な文字を消しなさい)

〔問5〕

この投資の内部利益率（％未満第2位を四捨五入して第1位まで表示)＝ 6.7 ％

解答への道

〔問1〕当製作所の税引後加重平均資本コスト率

資金源泉	構成割合		税引後資本コスト率		源泉別資本コスト率
長期借入金	30%	×	3％(＊)	＝	0.9％
留保利益	30%	×	7％	＝	2.1％
普通株	40%	×	10%	＝	4.0％
	100%		税引後加重平均資本コスト率		7.0％

(＊) 長期借入金の税引後資本コスト率：5％×(1－0.4)＝3％

〔問2〕20×2年度末に発生すると予想されるキャッシュ・フローの合計額

1．各年度末の建物と設備の減価償却費の合計額

(1)　建物（定額法)

15,000万円÷10年＝1,500万円

(2)　設備（定額法)

6,000万円÷4年＝1,500万円

(3) 合計

1, 500万円 + 1, 500万円 = 3, 000万円

2．各年度の税引後純現金流入額の計算

(製品売上収入 − 現金支出費用) × (1 − 法人税率) + 減価償却費 × 法人税率

20×1年度：(2. 5万円/個 × 40% × 16, 000個 − 5, 000万円) × (1 − 0. 4) + 3, 000万円 × 0. 4 = 7, 800万円

20×2年度：(2. 5万円/個 × 40% × 18, 000個 − 5, 000万円) × (1 − 0. 4) + 3, 000万円 × 0. 4 = 9, 000万円

20×3年度：(2. 2万円/個 × 40% × 15, 000個 − 5, 000万円) × (1 − 0. 4) + 3, 000万円 × 0. 4 = 6, 120万円

20×4年度：(2. 0万円/個 × 40% × 10, 000個 − 5, 000万円) × (1 − 0. 4) + 3, 000万円 × 0. 4 = 3, 000万円

3．運転資本

操業を可能にするために必要な資金（＝運転資本）への投資を計上する。運転資本の具体的な運用形態である正味運転資本（＝流動資産 − 流動負債）によって計上すればよい。

次年度予想売上高 × {売掛金 (8%) + 棚卸資産 (5%) − 買掛金 (3%)}
（正味運転資本10%）

	次年度の操業に必要な正味運転資本		正味運転資本（純投資額）の増減
20×0年度：	2. 5万円/個 × 16, 000個 × 10% = 4, 000万円	⇨	初期投資額　4, 000万円(COF)
20×1年度：	2. 5万円/個 × 18, 000個 × 10% = 4, 500万円	⇨	追加投資額 4, 500万円 − 4, 000万円 = 500万円(COF)
20×2年度：	2. 2万円/個 × 15, 000個 × 10% = 3, 300万円	⇨	余剰回収額 4, 500万円 − 3, 300万円 = 1, 200万円(CIF)
20×3年度：	2. 0万円/個 × 10, 000個 × 10% = 2, 000万円	⇨	余剰回収額 3, 300万円 − 2, 000万円 = 1, 300万円(CIF)
20×4年度：	な　し	⇨	最終回収額　2, 000万円(CIF)

4．20×2年度末に発生すると予想されるキャッシュ・フローの合計額

20×2年度末：9, 000万円〈税引後純現金流入額〉 + 1, 200万円〈正味運転資本の余剰回収額〉
= 10, 200万円

〔問3〕投資終了時の正味回収額

1．土地，建物，設備の売却による現金回収額

土地：　25, 000万円

建物：(15, 000万円 − 1, 500万円 × 4年) × 50% = 4, 500万円
（帳簿価額：9, 000万円）

設備：　300万円

29, 800万円(CIF)

2．土地，建物，設備の売却にともなう法人税増減額

土　地：帳簿価額で売却するため売却損益なし

建　物：(4, 500万円〈売却価額〉 − 9, 000万円〈帳簿価額〉) × 0. 4 = 1, 800万円 (CIF)
（売却損4, 500万円）

設　備：(300万円〈売却価額〉 − 0円〈帳簿価額〉) × 0. 4 = 120万円 (COF)
（売却益300万円）

3．正味運転資本の回収額：2, 000万円 (CIF) （〔問2〕3の解説参照）

4．投資終了時の土地，建物，設備および正味運転資本からの正味回収額

29, 800万円(CIF) + 1, 800万円(CIF) + (−)120万円(COF) + 2, 000万円(CIF) = 33, 480万円(CIF)

〔問4〕正味現在価値　（単位：万円）

	T_0	T_1	T_2	T_3	T_4
CIF		③ 7, 800	② 1, 200 ③ 9, 000	② 1, 300 ③ 6, 120	⑤ 1, 800 ④ 29, 800 ② 2, 000 ③ 3, 000
COF	① 46, 000 ② 4, 000	② 500			⑤ 120
NET	△ 50, 000	+ 7, 300	+ 10, 200	+ 7, 420	+ 36, 480
		× 0. 9346	× 0. 8734	× 0. 8163	× 0. 7629

PV⑥　6, 822
8, 908
6, 056
27, 830
NPV⑦ △ 384

① 固定資産の購入原価：
25, 000万円〈土地〉 + 15, 000万円〈建物〉 + 6, 000万円〈設備〉 = 46, 000万円

② 正味運転資本の投資額または回収額（〔問2〕3．の解説参照）

③ 年々の税引後純現金流入額（②を除く）（〔問2〕2．の解説参照）

④ 投資終了時の固定資産の売却収入（〔問3〕1．の解説参照）

⑤ 固定資産の売却にともなう法人税増減額（〔問3〕2．の解説参照）

⑥ 各年度の正味キャッシュ・フローの現在価値（PV）への割引計算（万円未満切捨て）

T_1： 7, 300万円 × 0. 9346 = 6, 822. 58 → 6, 822

T_2：10, 200万円 × 0. 8734 = 8, 908. 68 → 8, 908

T_3： 7, 420万円 × 0. 8163 = 6, 056. 946 → 6, 056

T_4：36, 480万円 × 0. 7629 = 27, 830. 592 → 27, 830

(注) 端数処理は，問題文の指示により各年度ごとに行っている。

⑦ 正味現在価値（NPV）の計算

6, 822万円 + 8, 908万円 + 6, 056万円 + 27, 830万円 − 50, 000万円 = (−)384万円

この投資案は，正味現在価値が△384万円となるので不利な投資案である。

〔問５〕内部利益率

〔問４〕より，７％の割引率における正味現在価値がマイナスであるので，内部利益率は７％より低いことになる。そこで，正味現在価値がプラスになる割引率を６％から順に試行錯誤で求めていく。

1．r＝６％のときの正味現在価値

T_0：		△50,000万円
T_1：	7,300万円×0.9434＝6,886.82 →	6,886
T_2：	10,200万円×0.8900＝9,078 →	9,078
T_3：	7,420万円×0.8396＝6,229.832 →	6,229
T_4：	36,480万円×0.7921＝28,895.808 →	28,895
	正味現在価値	＋1,088万円

2．内部利益率

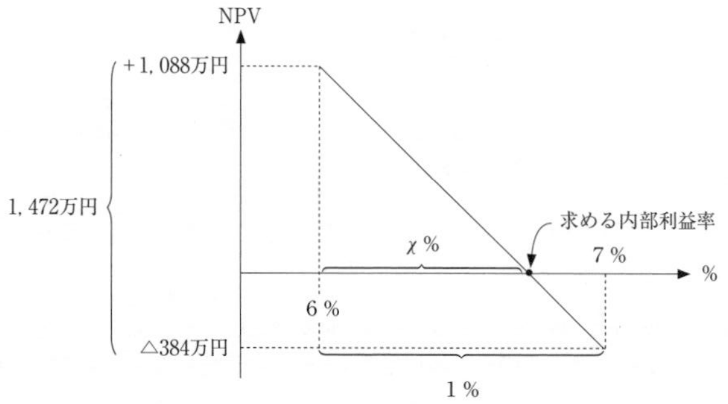

$$6\% + 1\% \times \frac{1,088万円}{1,472万円} = 6.73\cdots \rightarrow 6.7\%$$（％未満第２位を四捨五入）

問題11-14

〔問１〕	B	
〔問２〕	A	
〔問３〕	266	千円
〔問４〕	B	
〔問５〕	B	
〔問６〕	0	％
〔問７〕	B	

解答への道

本問は３つの相互排他的投資案（いずれかの投資案を採用すれば，他の投資案は棄却せざるをえない投資案）の中から，問ごとの条件に合致したものを選択するという問題である。

いずれも初期投資額は20,000千円で，貢献年数は５年である。

なお，法人税等の税率が与えられていないため，資料４に与えられた年々の正味現金流入額をそのまま使用して計算すればよい。

〔問１〕平均正味現金流入額で求める回収期間

$$投資の回収期間 = \frac{投　資　額}{年間の平均正味現金流入額}$$

いずれの投資案も投資額が同額であることから，年間の平均正味現金流入額（上記算式の分母）が大きいほうが回収期間が短くなる。

また，いずれの投資案も貢献年数が５年であることから，年間の平均正味現金流入額は，年々の正味現金流入額の５年分の合計額を５年で割って求める。このとき，年々の正味現金流入額合計が大きい方が平均正味現金流入額も大きくなる。

したがって，年々の正味現金流入額合計が大きい投資案が，回収期間の短い投資案であると判断すればよい。

〈年々の正味現金流入額合計〉

Ａ案：7,540千円＋6,880千円＋5,580千円＋1,890千円＋600千円＝22,490千円

Ｂ案：3,160千円＋3,900千円＋4,630千円＋8,440千円＋3,760千円＝23,890千円

Ｃ案：7,000千円＋3,800千円＋1,600千円＋5,200千円＋2,400千円＝20,000千円

以上より，年々の正味現金流入額合計が最も大きい投資案はＢ案であることから，回収期間が最も短い投資案はＢ案とわかる。

〈検証〉

1．年間の平均正味現金流入額

Ａ案：22,490千円÷５年＝4,498千円

Ｂ案：23,890千円÷５年＝4,778千円

Ｃ案：20,000千円÷５年＝4,000千円

2．回収期間

Ａ案：$\frac{20,000千円}{4,498千円} = 4.446\cdots年$

Ｂ案：$\frac{20,000千円}{4,778千円} = 4.185\cdots年$

Ｃ案：$\frac{20,000千円}{4,000千円} = ５年$

以上より，回収期間が最も短い投資案はＢ案である。

〔問２〕年々の累積正味現金流入額で求める回収期間

投資の回収期間：「投資額＝年々の正味現金流入額の累積額」となった年数

本問では，年々の正味現金流入額を累積し，投資額20,000千円を回収できる年数を求めればよい。

1．A案

（単位：千円）

	1年目	2年目	3年目
期首未回収額	20, 000	12, 460	5, 580
当期回収額	7, 540	6, 880	5, 580
期末未回収額	12, 460	5, 580	0

上記より，A案の回収期間は3年である。

2．B案

（単位：千円）

	1年目	2年目	3年目	4年目
期首未回収額	20, 000	16, 840	12, 940	8, 310
当期回収額	3, 160	3, 900	4, 630	8, 440
期末未回収額	16, 840	12, 940	8, 310	(130)

回収期間：$3年 + \frac{8,310千円}{8,440千円}年 = 3.984\cdots年$

上記より，B案の回収期間は3. 984…年である。

3．C案

（単位：千円）

	1年目	2年目	3年目	4年目	5年目
期首未回収額	20, 000	13, 000	9, 200	7, 600	2, 400
当期回収額	7, 000	3, 800	1, 600	5, 200	2, 400
期末未回収額	13, 000	9, 200	7, 600	2, 400	0

上記より，C案の回収期間は5年である。

以上より，回収期間が最も短い投資案はA案である。

〔問3〕A案の正味現在価値

〈A案のキャッシュ・フロー図〉（単位：千円）

	T_0	T_1	T_2	T_3	T_4	T_5
CIF		② 7, 540	② 6, 880	② 5, 580	② 1, 890	② 600
COF	① 20, 000					
NET	△20, 000	+7, 540	+6, 880	+5, 580	+1, 890	+600

+7, 181. 096 ← ×0. 9524

+6, 240. 16 ← ×0. 9070

+4, 820. 004 ← ×0. 8638

+1, 554. 903 ← ×0. 8227

+ 470. 1 ← ×0. 7835

NPV + 266. 263 → +266（千円未満四捨五入）

① 初期投資額〈COF〉

② 年々の正味現金流入額〈CIF〉

〔問4〕正味現在価値が最も大きい投資案

A案の正味現在価値：+266. 263千円（〔問3〕より）

〈B案のキャッシュ・フロー図〉（単位：千円）

	T_0	T_1	T_2	T_3	T_4	T_5
CIF		② 3, 160	② 3, 900	② 4, 630	② 8, 440	② 3, 760
COF	① 20, 000					
NET	△20, 000	+3, 160	+3, 900	+4, 630	+8, 440	+3, 760

+3, 009. 584 ← ×0. 9524

+3, 537. 3 ← ×0. 9070

+3, 999. 394 ← ×0. 8638

+6, 943. 588 ← ×0. 8227

+2, 945. 96 ← ×0. 7835

NPV + 435. 826 …B案の正味現在価値

〈C案のキャッシュ・フロー図〉（単位：千円）

	T_0	T_1	T_2	T_3	T_4	T_5
CIF		② 7, 000	② 3, 800	② 1, 600	② 5, 200	② 2, 400
COF	① 20, 000					
NET	△20, 000	+7, 000	+3, 800	+1, 600	+5, 200	+2, 400

+6, 666. 8 ← ×0. 9524

+3, 446. 6 ← ×0. 9070

+1, 382. 08 ← ×0. 8638

+4, 278. 04 ← ×0. 8227

+1, 880. 4 ← ×0. 7835

NPV △2, 346. 08 …C案の正味現在価値

以上より，正味現在価値が最も大きい投資案はB案である。

〔問5〕単純投下資本利益率が最も高い投資案

$$単純投下資本利益率 = \frac{（年々の正味現金流入額合計 - 投資額）\div 予想貢献年数}{投資額} \times 100$$

すべての投資案で初期投資額および貢献年数が同じであるため，〔問1〕で求めた年々の正味現金流入額合計の大きい投資案が単純投下資本利益率も大きくなる。よって，B案である。

〈検証〉

A案：$\frac{(22,490千円 - 20,000千円) \div 5年}{20,000千円} \times 100 = 2.49$（%）

B案：$\frac{(23,890千円 - 20,000千円) \div 5年}{20,000千円} \times 100 = 3.89$（%）

C案：$\frac{(20,000千円 - 20,000千円) \div 5年}{20,000千円} \times 100 = 0$（%）

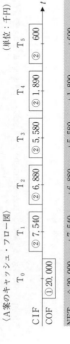

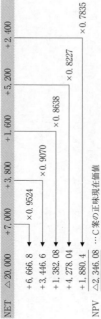

以上より，投下資本利益率が最も高い投資案はＢ案である。

〔問６〕Ｃ案の内部利益率

投資案の内部利益率＝正味現在価値がゼロになる割引率

内部利益率とは，投資によって生じる年々の正味現金流入額の現在価値合計と，投資額（の現在価値）とが，ちょうど等しくなる割引率，すなわち，その投資案の正味現在価値がゼロとなる割引率であり，時間価値を考慮した投資案の投資利益率を意味する。

Ｃ案の正味現金流入額合計は，〔問１〕より，初期投資額と同額である。よって，Ｃ案の内部利益率は０％である。

〔問７〕内部利益率が最も高い投資案

Ａ案から順番に内部利益率を求める。

６％の現価係数で割り引いたＡ案の正味現在価値は次のようになる。

7, 540千円×0. 9434＋6, 880千円×0. 8900＋5, 580千円×0. 8396＋1, 890千円×0. 7921＋600千円×0. 7473－20, 000千円＝△133. 147千円＜０円

よって，Ａ案の内部利益率は５％と６％の間にあることがわかった。そこで，補間法により内部利益率を算定する。

$$\text{A案の内部利益率：}5\%+\frac{266.263\text{千円}}{266.263\text{千円}+133.147\text{千円}}\%=5.6666\cdots\%$$

次にＢ案の内部利益率を求める。

６％の現価係数で割り引いたＢ案の正味現在価値は次のようになる。

3, 160千円×0. 9434＋3, 900千円×0. 8900＋4, 630千円×0. 8396＋8, 440千円×0. 7921＋3, 760千円×0. 7473－20, 000千円＝△165. 336千円＜０円

よって，Ｂ案の内部利益率は５％と６％の間にあることがわかった。そこで，補間法により内部利益率を算定する。

$$\text{B案の内部利益率：}5\%+\frac{435.826\text{千円}}{435.826\text{千円}+165.336\text{千円}}\%=5.7249\cdots\%$$

そして，〔問６〕よりＣ案の内部利益率は０％である。

以上より，内部利益率が最も高い投資案はＢ案である。

問題11-15

〔問１〕

甲設備を購入した場合の年間税引後純増分現金流入額＝ 4, 600 万円

〔問２〕

甲設備投資案の正味現在価値＝ (+) 1, 908 万円

〔問３〕

乙設備の取得原価＝ 20, 000 万円

〔問４〕

乙設備投資案の正味現在価値＝ (+) 4, 002 万円

解答への道

〔問１〕年間の税引後純増分現金流入額

会計上の損益計算においては，減価償却費は費用として売上収入から差し引かれるが，キャッシュ・フロー計算上は，減価償却費は非現金支出費用なので，売上収入から差し引くべきではない。そこで，会計上の利益からその期間のキャッシュ・フローを計算するには，すでに差し引いた減価償却費を加え戻すことになる。他方，法人税は現金支出をともなうので，キャッシュ・フロー計算に含めなければならない。

甲設備投資案の税引後純増分現金流入額

売　上　高	18, 000万円	
売　上　原　価	13, 500	
売上総利益	4, 500万円	
販売費・一般管理費	1, 000	
営　業　利　益	3, 500万円	
法　人　税	1, 400	← 3, 500万円×40%
税引後利益	2, 100万円	
加算：減価償却費	2, 500	← 10, 000万円÷４年
税引後純増分現金流入額	4, 600万円	

または，

{18, 000万円－(13, 500万円－2, 500万円＋1, 000万円)}×（１－0. 4）＋2, 500万円×0. 4＝4, 600万円

CIF（現金収入）　COF（現金支出費用）　タックス・シールド

〔問２〕甲設備投資案の正味現在価値

甲設備投資案の正味現在価値：4, 600万円×2. 5887－10, 000万円

＝(+)1, 908. 02万円≒(+)1, 908万円（万円未満四捨五入）

〔問３〕乙設備の取得原価

乙設備の取得原価は，乙設備の減価償却費から推定していくことになる。乙設備の減価償却費は見積損益計算書（全部原価計算方式）では売上原価に算入されているので，売上原価の内訳を分析していけばよい。その際に，甲設備と乙設備の性能比（甲設備に対して乙設備は生産量40％増加，製品Ｕ単位あたり変動製造原価20％節約）を加味する。

	甲設備		乙設備
売上原価			
変動売上原価	9, 000万円③	×140%×（１－20%）＝	10, 080万円
現金支出固定製造原価	2, 000万円①		2, 000万円①
設備の減価償却費	2, 500万円②		5, 000万円③
計	13, 500万円		17, 080万円

①：問題資料３より
②：10, 000万円÷４年＝2, 500万円
③：差引計算

したがって，乙設備の定額法（残存価額ゼロ，耐用年数４年）による毎年の減価償却費は5, 000万円であるから，乙設備の取得原価は5, 000万円×４年＝20, 000万円である。

〔問４〕乙設備投資案の正味現在価値

税引後純増分現金流入額の計算

{25, 200万円 − (17, 080万円 − 5, 000万円 + 1, 000万円)} × (1 − 0. 4) + 5, 000万円 × 0. 4 = 9, 272万円

CIF（現金収入）　COF（現金支出費用）　タックス・シールド

乙設備投資案の正味現在価値：9, 272万円 × 2. 5887 − 20, 000万円

= (+)4, 002. 4264万円 ≒ (+)4, 002万円（万円未満四捨五入）

問題11-16

X設備をY設備に取り替えたほうが，正味現在価値が 332 千円だけ {大きいので，~~小さいので，~~}

X設備をY設備に {取り替えるべきである。~~取り替えるべきでない。~~}（不要な文字を二重線で消しなさい）

解答への道

1．総額法による解法

ここでは，X設備の売却に関連するキャッシュ・フローを機会原価として計上する方法によって説明する。

(1) 現有設備（X設備）を継続して使用した場合

（単位：千円）

	T_0	T_1	T_2	T_3
CIF		② 720	② 720	② 720
COF	① 400	③ 10, 800 ④ 2, 000	③ 10, 800	③ 10, 800
NET	△ 400	△ 12, 080	△ 10, 080	△ 10, 080

NET	△ 400	
	△10, 981. 928	← △12, 080 × 0. 9091
	△ 8, 330. 112	← △10, 080 × 0. 8264
	△ 7, 573. 104	← △10, 080 × 0. 7513
NPV	△27, 285. 144	

① 機会原価：X設備の売却収入

② 減価償却費の計上によるタックス・シールド：5, 400千円 ÷ 3年 × 0. 4 = 720千円

③ 年々の税引後設備稼働費現金支出額：18, 000千円 × (1 − 0. 4) = 10, 800千円

④ 機会原価：X設備売却損の計上によるタックス・シールド：(5, 400千円 − 400千円) × 0. 4 = 2, 000千円

(2) 現有設備（X設備）を売却し，新設備（Y設備）を購入した場合

	T_0	T_1	T_2	T_3
CIF		② 2, 400	② 2, 400	② 2, 400
COF	① 18, 000	③ 6, 000	③ 6, 000	③ 6, 000
	△18, 000	△ 3, 600	△ 3, 600	△ 3, 600

	△18, 000	
NET	△ 3, 272. 76	← △ 3, 600 × 0. 9091
	△ 2, 975. 04	← △ 3, 600 × 0. 8264
	△ 2, 704. 68	← △ 3, 600 × 0. 7513
NPV	△26, 952. 48	

① Y設備への投資額

② 減価償却費の計上によるタックス・シールド：18, 000 ÷ 3年 × 0. 4 = 2, 400千円

③ 年々の税引後設備稼働費現金支出額：10, 000千円 × (1 − 0. 4) = 6, 000千円

(3) 両者の正味現在価値の比較

△26, 952. 48千円〈Y設備〉− △27, 285. 144千円〈X設備〉

= (+)332. 664千円 → (+)332千円（千円未満切捨て）

2．差額法による解法

（単位：千円）

	T_0	T_1	T_2	T_3
CIF	① 400	⑤ 2, 000 ④ 1, 680	④ 1, 680	④ 1, 680
COF	② 18, 000	③ 4, 800	③ 4, 800	③ 4, 800
NET	△17, 600	+ 8, 480	+ 6, 480	+ 6, 480

NET	△17, 600	
	+ 7, 709. 168	← + 8, 480 × 0. 9091
	+ 5, 355. 072	← + 6, 480 × 0. 8264
	+ 4, 868. 424	← + 6, 480 × 0. 7513
NPV	+ 332. 664	⇨ + 332千円（千円未満切捨て）

① X設備の現在時点での売却収入

② Y設備への投資額

③ 年々の税引後設備稼働費現金支出額：(18, 000千円 − 10, 000千円) × (1 − 0. 4) = 4, 800千円

④ 減価償却費の計上によるタックス・シールド：(6, 000千円 − 1, 800千円) × 0. 4 = 1, 680千円
（6, 000千円：Y設備減価償却費　1, 800千円：X設備減価償却費）

⑤ X設備売却損の計上によるタックス・シールド：(5, 400千円 − 400千円) × 0. 4 = 2, 000千円

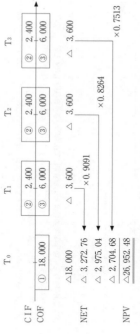

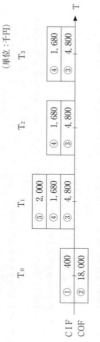

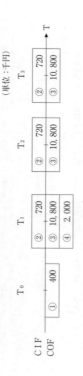

問題11-17

〔問１〕

利率12%，４年間にわたる年金の年金現価係数＝ 3.0374

〔問２〕

法人税の影響を考慮せず，旧機械を売却処分し，新機械を購入する場合の正味現在価値

＝ −5,390.68 万円

〔問３〕

法人税の影響を考慮しつつ，旧機械を売却処分し，新機械を購入する場合の正味現在価値

＝ −2,723.188 万円

〔問４〕

法人税の影響を考慮しつつ，旧機械の売却を考えずに，旧機械をそのまま使用する場合の正味現在価値＝ −3,507.872 万円

〔問５〕

〔問３〕で計算した新機械の正味現在価値−〔問４〕で計算した旧機械の正味現在価値

＝ +784.684 万円

したがって新機械に取り替えるほうが，{有利である。 ~~不利である。~~ （不要な文字を消しなさい）

〔問６〕

①＝ 総　額 法　②＝ 1,400 万円　③＝ 機会原価

解答への道

〔問１〕年金現価係数は現価係数を集計して求める。

0.8929＋0.7972＋0.7118＋0.6355＝3.0374

〔問２〕新機械を購入する案

（単位：万円）

	T₀	T₁	T₂	T₃	T₄
CIF	① 1,000				④ 400
COF	② 3,000	③ 1,200	③ 1,200	③ 1,200	③ 1,200
NET	△2,000	△1,200	△1,200	△1,200	△1,200

T₁〜T₄：△1,200 ×3.0374 → △3,644.88

T₄：+400 ×0.6355 → + 254.2

NPV △5,390.68

① 現在時点での旧機械売却価額
② 新機械の取得原価
③ 新機械の年間稼働費現金支出額
④ 終了時の新機械見積売却価額

〔問３〕新機械を購入する案

（単位：万円）

	T₀	T₁	T₂	T₃	T₄
CIF	③ 400 ① 1,000	⑤ 300	⑤ 300	⑤ 300	⑥ 400 ⑤ 300
COF	② 3,000	④ 720	④ 720	④ 720	④ 720 ⑦ 160
NET	△1,600	△ 420	△ 420	△ 420	△ 420

T₁〜T₄：△420 ×3.0374 → △1,275.708

T₄：+240 ×0.6355 → + 152.52

NPV △2,723.188

① 現在時点での旧機械売却価額
② 新機械の取得原価
③ 旧機械売却損の計上によるタックス・シールド：(2,000万円(＊)〈簿価〉−1,000万円〈売価〉)×0.4＝400万円
（＊）5,000万円−5,000万円÷10年×６年＝2,000万円
④ 新機械の税引後年間稼働費現金支出額：1,200万円×（１−0.4）＝720万円
⑤ 減価償却費の計上によるタックス・シールド：3,000万円÷４年×0.4＝300万円
⑥ 終了時の新機械見積売却価額
⑦ 新機械売却益の計上による法人税の増加額：(400万円〈売価〉−0円〈簿価〉)×0.4＝160万円

〔問４〕旧機械をそのまま使用する案

（単位：万円）

	T₀	T₁	T₂	T₃	T₄
CIF		② 200	② 200	② 200	③ 200 ② 200
COF		① 1,380	① 1,380	① 1,380	① 1,380 ④ 80
NET	0	△ 1,180	△ 1,180	△ 1,180	△ 1,180

T₁〜T₄：△1,180 ×3.0374 → △3,584.132

T₄：+ 120 ×0.6355 → + 76.26

NPV △3,507.872

① 旧機械の税引後年間稼働費現金支出額：2,300万円×（１−0.4）＝1,380万円
② 減価償却費の計上によるタックス・シールド：5,000万円÷10年×0.4＝200万円
③ 終了時の旧機械見積売却価額
④ 旧機械売却益の計上による法人税の増加額：(200万円〈売価〉−0円〈簿価〉)×0.4＝80万円

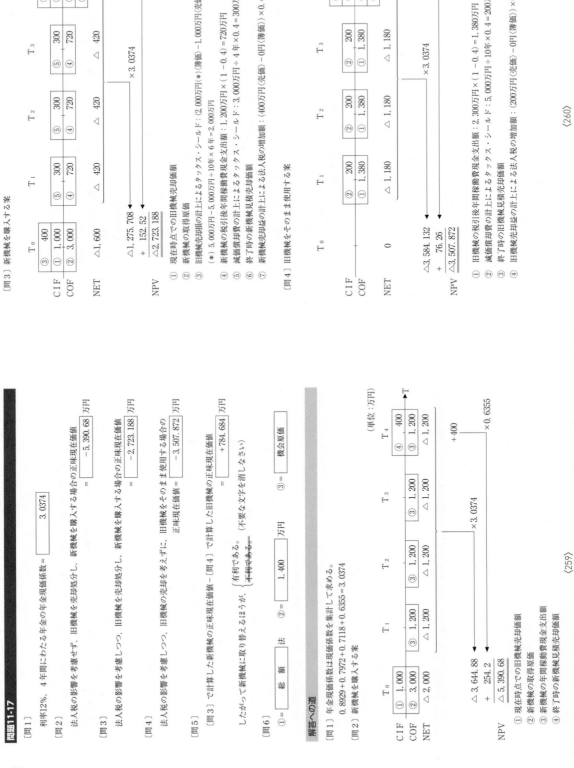

〔問5〕

正味現在価値の比較：(−)2, 723. 188万円〔問3〕−(−)3, 507. 872万円〔問4〕＝(+)784. 684万円

〔問6〕②

現時点での旧機械売却価額：1, 000万円

旧機械の売却損に伴う法人税節約額：1, 000万円〈売却損〉×0. 4＝400万円

旧機械売却に関するキャッシュ・フロー：1, 000万円＋400万円＝1, 400万円

問題11-18

〔問1〕

(1)	(2)	(3)	(4)
△422, 000, 000 円	114, 400, 000 円	300, 000 円	60, 122, 750 円

〔問2〕

(1)	(2)
114, 520, 000 円	60, 628, 238 円

〔問3〕

選択肢として，［ ② ］案を採用するのがもっとも望ましい。

（注）キャッシュ・フローおよび正味現在価値がマイナスの場合は数値の前に△をつけること。

解答への道

具体的な計算方法については，差額キャッシュ・フローを直接求めていってもよいが，一般的に慣れている総額法をベースにして考えたほうがわかりやすいであろう。そこで，以下の解説では総額法をベースにして示す。

なお，解説では万円単位で示すが，解答表示は円単位となることに注意する。

〔問1〕①案の差額キャッシュ・フローおよび正味現在価値

1.【現状維持案】を採用した場合のキャッシュ・フロー（単位：万円）

	T_0	T_1	T_2	T_3	T_4	T_5
CIF						③ 50
CIF		② 1, 200	② 1, 200	② 1, 200	② 1, 200	② 1, 200
CIF		① 25, 920	① 25, 920	① 25, 920	① 25, 920	① 25, 920
COF						④ 20
NET	0	27, 120	27, 120	27, 120	27, 120	27, 150

① 部品の製造販売による純収入額：

(6, 000円/個−2, 400円/個)×120, 000個(＊)×(1−0. 4)＝25, 920万円

(＊) 現有設備の製造販売量：60分/時間÷2分/個（1時間あたり生産量30個）×(4, 200時間−200時間)＝120, 000個

なお，段取時間の200時間は，部品の生産量に結びつかないため設備稼動時間から除かれる。

② 現有設備の減価償却にともなう法人税節約額：(18, 000万円÷6年)（減価償却費3, 000万円）×0. 4＝1, 200万円

③ 現有設備の耐用年数終了時の見積売却価額

④ ③の売却益に関する法人税支払額の増加：50万円×0. 4＝20万円

なお，本問においては労務費（固定給）と製造間接費（すべて固定費）は，設備の買換えをするしないにかかわらず発生額の変化しない原価である。したがって，これらの費用はこの意思決定計算においては無関連であるため，計算より除外すればよい（金額データも省略されている）。

2.【高性能設備を使用する案】を採用した場合のキャッシュ・フロー（単位：万円）

	T_0	T_1	T_2	T_3	T_4	T_5
CIF						⑥ 100
CIF	③ 4, 800	⑤ 4, 000	⑤ 4, 000	⑤ 4, 000	⑤ 4, 000	⑤ 4, 000
CIF	② 3, 000	④ 34, 560	④ 34, 560	④ 34, 560	④ 34, 560	④ 34, 560
COF	① 50, 000					⑦ 40
NET	△ 42, 200	38, 560	38, 560	38, 560	38, 560	38, 620

① 高性能設備への投資額

② 現有設備の売却収入

③ 現有設備の売却損にともなう法人税節約額：

(15, 000万円(＊)〈売却時簿価〉－3, 000万円〈売価〉)×0. 4＝4, 800万円

(＊) 18, 000万円－18, 000万円÷6年×1年＝15, 000万円

1年分の減価償却累計額3, 000万円

④ 部品の製造販売による純収入額：

(6, 000円/個－2, 400円/個)×160, 000個(＊)×(1－0. 4)＝34, 560万円

(＊) 高性能設備の製造販売量：60分/時間÷1. 5分/個×(4, 200時間－200時間)＝160, 000個

1時間あたり生産量40個

⑤ 高性能設備の減価償却にともなう法人税節約額：(50, 000万円÷5年)×0. 4＝4, 000万円

減価償却費10, 000万円

⑥ 高性能設備の耐用年数終了時の見積売却価額

⑦ ⑥の売却益に関する法人税支払額の増加：100万円×0. 4＝40万円

3. 【①案】を採用した場合の差額キャッシュ・フロー（単位：万円）

	T_0	T_1	T_2	T_3	T_4	T_5
高性能設備案	△42, 200	38, 560	38, 560	38, 560	38, 560	{38, 560 60
現有設備案	0	27, 120	27, 120	27, 120	27, 120	{27, 120 30
差額CF	△42, 200	11, 440	11, 440	11, 440	11, 440	{11, 440 30

問1の正味現在価値：11, 440万円×4. 2124(＊)＋30万円×0. 7473－42, 200万円＝60, 122, 750円

(＊) 割引率6%，5年の年金現価係数：0. 9434＋0. 8900＋0. 8396＋0. 7921＋0. 7473＝4. 2124

〔問2〕②案の差額キャッシュ・フローおよび正味現在価値

1. 【高性能設備を1. 2倍速で稼動させる案】を採用した場合のキャッシュ・フロー（単位：万円）

	T_0	T_1	T_2	T_3	T_4	T_5
CIF						⑦ 100
	③ 4, 800	⑤ 4, 000	⑤ 4, 000	⑤ 4, 000	⑤ 4, 000	⑤ 4, 000
	② 3, 000	④ 37, 152	④ 37, 152	④ 37, 152	④ 37, 152	④ 37, 152
COF	① 50, 000	⑥ 2, 580	⑥ 2, 580	⑥ 2, 580	⑥ 2, 580	⑥ 2, 580
						⑧ 40
NET	△42, 200	38, 572	38, 572	38, 572	38, 572	38, 632

① 高性能設備への投資額

② 現有設備の売却収入

③ 現有設備の売却損にともなう法人税節約額：

(15, 000万円〈売却時簿価〉－3, 000万円〈売価〉)×0. 4＝4, 800万円

④ 部品の製造販売による純収入額：

(6, 000円/個－2, 400円/個)×172, 000個(＊)×(1－0. 4)＝37, 152万円

(＊) 高性能設備を1. 2倍速で稼動したときの1時間あたり製造販売量：60分/時間÷1. 5分/個×1. 2倍＝48個/時間

仕損品数量：5個/時間×(4, 200時間－200時間)＝20, 000個

仕損品を除く製造販売量：48個/時間×(4, 200時間－200時間)－20, 000個＝172, 000個

⑤ 高性能設備の減価償却にともなう法人税節約額：(50, 000万円÷5年)×0. 4＝4, 000万円

⑥ 仕損品処分によるキャッシュ・フロー：

仕損品売却によるキャッシュ・インフロー　：　250円/個×20, 000個×(1－0. 4)＝　300万円

仕損品製造によるキャッシュ・アウトフロー；　2, 400円/個×20, 000個×(1－0. 4)＝　2, 880万円

合計　(－)2, 580万円

⑦ 高性能設備の耐用年数終了時の見積売却価額

⑧ ⑦の売却益に関する法人税支払額の増加：100万円×0. 4＝40万円

2. 【②案】を採用した場合の差額キャッシュ・フロー（単位：万円）

	T_0	T_1	T_2	T_3	T_4	T_5
高性能設備案	△42, 200	38, 572	38, 572	38, 572	38, 572	{38, 572 60
現有設備案	0	27, 120	27, 120	27, 120	27, 120	{27, 120 30
差額CF	△42, 200	11, 452	11, 452	11, 452	11, 452	{11, 452 30

問2の正味現在価値：11, 452万円×4. 2124＋30万円×0. 7473－42, 200万円＝60, 628, 238円

〔問3〕分析結果を受けての最適な投資案の選択

まず，問1，問2の正味現在価値がいずれもプラスであることから，現状維持案は選択肢として望ましくないことがわかる。

さらに，問2の正味現在価値（60, 628, 238円）のほうが問1の正味現在価値（60, 122, 750円）よりも大きいことから，①案よりも②案のほうが望ましいこともわかる。

したがって，②案を採用するのがもっとも望ましい。

問題11-19

〔問1〕各代替案の税引前キャッシュ・フロー

（単位：万円）

	第0年度末	第1年度末	第2年度末	第3年度末	第4年度末
甲　案	(9, 000)	(630)	(630)	(630)	(130)
乙　案	0	(1, 325)	(3, 698)	(6, 071)	(8, 544)

（注）キャッシュ・フローがマイナス（現金支出）の場合は，数字をカッコでくくりなさい。

〔問2〕各代替案の税引後キャッシュ・フロー

（単位：万円）

	第0年度末	第1年度末	第2年度末	第3年度末	第4年度末
甲　案	(6, 680)	742	742	742	1, 042
乙　案	0	5	(1, 419)	(2, 843)	(4, 326)

（注）キャッシュ・フローがマイナス（現金支出）の場合は，数字をカッコでくくりなさい。

〔問3〕

（単位：万円）

	甲　　案	乙　　案	差額（甲案－乙案）
正味現在価値	(4, 390)	(5, 411)	1, 021

（注）正味現在価値がマイナスの場合は，数字をカッコでくくりなさい。

したがって，新設備を導入するほうが（有利，~~不利~~）である。

（二重線を引いて不要の文字を消しなさい。）

解答への道

〔問1〕

1．本問のアウトライン

(1)　製品単位あたりの貢献利益

販 売 単 価　5, 000円/個〈キャッシュ・インフロー〉
変動製造費用　1, 500円/個〈キャッシュ・アウトフロー〉
貢 献 利 益　3, 500円/個〈純キャッシュ・インフロー〉

(2)　新しい品質管理プログラムを採用しない場合（＝乙案）の計算条件の整理

製造・販売量
- 良　品〈96%〉……そのまま販売
- 不良品〈4%〉→
  - 仕 損 品〈3%〉……手直費2, 000円/個（手直し後販売）
  - クレーム〈1%〉……返金5, 000円/個

検査コスト 500万円

〈旧設備をそのまま使用した場合の今後の製造・販売量などの見積り〉

	第1年度	第2年度	第3年度	第4年度
製造・販売量	75, 000個	68, 000個	61, 000個	54, 000個
基準量〈75, 000個〉	75, 000個	75, 000個	75, 000個	75, 000個
差　　引(注)	0個	－7, 000個	－14, 000個	－21, 000個
手直数量〈3%〉	2, 250個	2, 040個	1, 830個	1, 620個
クレーム〈1%〉	750個	680個	610個	540個

（注）製品の製造・販売に伴うキャッシュ・フローは，資料(6)①より，75, 000個に対する増減量で把握する。

(3)　新しい品質管理プログラムを採用する場合（＝甲案）の計算条件の整理

製造・販売量 75, 000個（一定）→
- 良　品74, 250個〈99%〉……そのまま販売
- 仕損品　750個〈1%〉……手直費400円/個（手直し後販売）

検査コスト 600万円 ＋検査機械

〈新設備に取り替えた場合の今後の製造・販売量などの見積り〉

	第1年度	第2年度	第3年度	第4年度
製造・販売量	75, 000個	75, 000個	75, 000個	75, 000個
基準量〈75, 000個〉	75, 000個	75, 000個	75, 000個	75, 000個
差　　引	0個	0個	0個	0個
手直数量〈1%〉	750個	750個	750個	750個

２．具体的な計算

⑴　甲案（新しい品質管理プログラムを採用する案）の税引前キャッシュ・フロー

（単位：万円）

	第０年度末	第１年度末	第２年度末	第３年度末	第４年度末
CIF	①　4, 000				⑦　500
COF	②　10, 000 ③　1, 200 ④　1, 800	⑤　600 ⑥　30	⑤　600 ⑥　30	⑤　600 ⑥　30	⑤　600 ⑥　30
NET	(9, 000)	(630)	(630)	(630)	(130)

〈計算過程〉

①　旧設備の現時点での売却収入（CIF）：資料⑵より4, 000万円〈資料⑹③より甲案に計上する〉

②　新設備の購入原価（COF）：資料⑴より10, 000万円

③　検査機械の購入原価（COF）：資料⑴より1, 200万円

④　研修教育費（COF）：問題文d）より1, 800万円

⑤　年間検査コスト（COF）：問題文c）より600万円

⑥　年間手直費（COF）：400円/個×750個＝30万円

⑦　新設備の売却価額（CIF）：資料⑶より500万円

⑵　乙案（新しい品質管理プログラムを採用しない案）の税引前キャッシュ・フロー

（単位：万円）

	第０年度末	第１年度末	第２年度末	第３年度末	第４年度末
CIF			④　(2, 450)	④　(4, 900)	④　(7, 350)
COF		①　500 ②　450 ③　375	①　500 ②　408 ③　340	①　500 ②　366 ③　305	①　500 ②　324 ③　270 ⑤　100
NET	0	(1, 325)	(3, 698)	(6, 071)	(8, 544)

〈計算過程〉

①　年間検査コスト（COF）：問題文）より500万円

②　年間手直費（COF）：解説〔問１〕１⑵参照

　第１年度：2, 000円/個×2, 250個＝450万円

　第２年度：2, 000円/個×2, 040個＝408万円

　第３年度：2, 000円/個×1, 830個＝366万円

　第４年度：2, 000円/個×1, 620個＝324万円

③　年間返金費用（COF）：解説〔問１〕１⑵参照

　第１年度：5, 000円/個×750個＝375万円

　第２年度：5, 000円/個×680個＝340万円

　第３年度：5, 000円/個×610個＝305万円

　第４年度：5, 000円/個×540個＝270万円

④　製造・販売に伴う貢献利益（CIF）：解説〔問１〕１⑵参照

　第１年度：3, 500円/個×　　0個　＝　　0万円

　第２年度：3, 500円/個×（－　7, 000個）＝－2, 450万円

　第３年度：3, 500円/個×（－14, 000個）＝－4, 900万円

　第４年度：3, 500円/個×（－21, 000個）＝－7, 350万円

⑤　旧設備の処分コスト（COF）：資料⑵より100万円

〔問２〕

〔問１〕のキャッシュ・フローに法人税の影響額（節約額または増加額）を加味して計算する。

１．甲案の税引後キャッシュ・フロー

（単位：万円）

	第０年度末	第１年度末	第２年度末	第３年度末	第４年度末
CIF	②　1, 600 ①　4, 000	⑧　1, 120	⑧　1, 120	⑧　1, 120	⑨　500 ⑧　1, 120
COF	③　10, 000 ④　1, 200 ⑤　1, 080	⑥　360 ⑦　18	⑥　360 ⑦　18	⑥　360 ⑦　18	⑥　360 ⑦　18 ⑩　200
NET	(6, 680)	742	742	742	1, 042

〈計算過程〉

①　旧設備の現時点での売却収入（CIF）：4, 000万円

②　旧設備の売却損に伴う法人税節約額（CIF）：(8, 000万円(＊１)〈簿価〉－4, 000万円〈売価〉)×0. 4
＝1, 600万円

（＊１）12, 000万円－12, 000万円÷６年×２年＝8, 000万円

③　新設備の購入原価（COF）：10, 000万円

④　検査機械の購入原価（COF）：1, 200万円

⑤　税引後研修教育費（COF）：1, 800万円×（１－0. 4）＝1, 080万円

⑥　税引後年間検査コスト（COF）：600万円×（１－0. 4）＝360万円

⑦　税引後年間手直費（COF）：30万円×（１－0. 4）＝18万円

⑧　減価償却費に伴う法人税節約額（CIF）：(2, 500万円(＊２)＋300万円(＊３))×0. 4＝1, 120万円

（＊２）新設備：10, 000万円÷４年＝2, 500万円

（＊３）検査機械：1, 200万円÷４年＝300万円

⑨　新設備の売却収入（CIF）：500万円

⑩　新設備の売却益に伴う法人税増加額（COF）：(500万円〈売価〉－0円〈簿価〉)×0. 4＝200万円

2．乙案の税引後キャッシュ・フロー

（単位：万円）

	第0年度末	第1年度末	第2年度末	第3年度末	第4年度末
CIF			④ (1, 470)	④ (2, 940)	④ (4, 410)
CIF		⑤ 800	⑤ 800	⑤ 800	⑤ 800
COF		① 300	① 300	① 300	① 300
COF		② 270	② 244. 8	② 219. 6	② 194. 4
COF		③ 225	③ 204	③ 183	③ 162
COF					⑥ 60
			(1, 418. 8)	(2, 842. 6)	(4, 326. 4)
NET	0	5	(1, 419)	(2, 843)	(4, 326)

（万円未満四捨五入）

〈計算過程〉

① 税引後年間検査コスト（COF）：500万円×（1－0. 4）＝300万円

② 税引後年間手直費（COF）：

第1年度：450万円×（1－0. 4）＝270万円

第2年度：408万円×（1－0. 4）＝244. 8万円

第3年度：366万円×（1－0. 4）＝219. 6万円

第4年度：324万円×（1－0. 4）＝194. 4万円

③ 税引後年間返金費用（COF）：

第1年度：375万円×（1－0. 4）＝225万円

第2年度：340万円×（1－0. 4）＝204万円

第3年度：305万円×（1－0. 4）＝183万円

第4年度：270万円×（1－0. 4）＝162万円

④ 製造・販売に伴う貢献利益（CIF）：

第1年度：0万円

第2年度：－2, 450万円×（1－0. 4）＝－1, 470万円

第3年度：－4, 900万円×（1－0. 4）＝－2, 940万円

第4年度：－7, 350万円×（1－0. 4）＝－4, 410万円

⑤ 減価償却費に伴う法人税節約額（CIF）：2, 000万円(＊)×0. 4＝800万円

（＊）12, 000万円÷6年＝2, 000万円

⑥ 旧設備の税引後処分コスト（COF）：100万円×（1－0. 4）＝60万円

〔問3〕

（注）万円未満四捨五入

1．甲案の正味現在価値

$NPV_{甲}$＝(6, 680万円)＋742万円×2. 2832(＊)＋1, 042万円×0. 5718

＝(4, 390. 05万円) → (4, 390万円)

（＊）第1年度末から第3年度末の現価係数合計：0. 8696＋0. 7561＋0. 6575＝2. 2832

2．乙案の正味現在価値

$NPV_{乙}$＝5万円×0. 8696＋(1, 419万円)×0. 7561＋(2, 843万円)×0. 6575＋(4, 326万円)×0. 5718

＝(5, 411. 4372万円) → (5, 411万円)

3．両案の差額

(4, 390. 05万円)〈甲案〉－(5, 411. 4372)〈乙案〉＝(+)1, 021. 3872万円

→(+)1, 021万円（万円未満四捨五入）

結論：したがって新設備を導入するほう（＝甲案）が有利である。

問題11-20

（注）キャッシュ・フローもしくは正味現在価値がマイナスとなる場合は，数字の前に△を付けなさい。

〔問1〕

新設備の導入にかかる差額キャッシュ・フロー　△ 4, 000 万円

〔問2〕

⑴ 税金の影響を考慮した製品売上収入　3, 000 万円

⑵ 税金の影響を考慮した現金支出変動費　△ 1, 200 万円

⑶ 税金の影響を考慮した現金支出固定費　△ 720 万円

⑷ 減価償却費の計上にともなう税金節約額　400 万円

⑸ 1年あたりの差額キャッシュ・フロー　1, 480 万円

（⑴から⑷までの合計）

〔問3〕

新設備の処分にかかる差額キャッシュ・フロー　120 万円

〔問4〕

新設備導入案の正味現在価値　1, 475 万円

〔問5〕

新設備導入案の回収期間　2. 6 年

〔問6〕

新設備導入案が有利となる製品販売価格　9, 600 円

解答への道

本問は新設備の追加取得による「拡張投資の意思決定」であるため，（問６を除いて）新設備の取得・利用・売却により追加的に生じるキャッシュ・フローのみを，「新設備導入案」の差額キャッシュ・フローとして把握すればよい。

〔問１〕新設備導入時の差額キャッシュ・フロー

現有設備は維持したまま，新設備を追加的に取得するため，新設備の購入に関する現金流出額のみ考慮すればよい。

新設備の取得原価：△4, 000万円（COF）

〔問２〕新設備の利用にかかる１年あたりの差額キャッシュ・フロー

新設備の利用にともない追加的に生じる生産販売量5, 000個に関しての収入・支出，また，新設備の減価償却費に関する税金節約額を計上すればよい。

1．税金の影響を考慮した製品売上収入 … 現金売上高×（１－法人税等率）
　10, 000円/個×5, 000個×（１－0. 4）=3, 000万円（CIF）
2．税金の影響を考慮した現金支出変動費 … 現金支出費用×（１－法人税等率）
　4, 000円/個×5, 000個×（１－0. 4）=△1, 200万円（COF）
3．税金の影響を考慮した現金支出固定費 … 現金支出費用×（１－法人税等率）
　1, 200万円×（１－0. 4）=△720万円（COF）
4．減価償却費の計上にともなう税金節約額 … 減価償却費×法人税等率
　1, 000万円(＊)×0. 4=400万円（CIF）
　（＊）減価償却費：4, 000万円÷４年=1, 000万円
5．新設備の利用にかかる１年あたりの差額キャッシュ・フロー
　3, 000万円－1, 200万円－720万円+400万円=1, 480万円（CIF）

〔問３〕新設備の処分にかかる差額キャッシュ・フロー

1．新設備の売却収入額：200万円（CIF）
2．新設備の売却益にともなう税金増加額：200万円〈売却益〉×0. 4=80万円（COF）
3．新設備の処分にかかる差額キャッシュ・フロー：200万円－80万円=120万円（CIF）

〔問４〕新設備導入案の正味現在価値

1．各年度末のキャッシュ・フローの把握（単位：万円）

	第０年度末	第１年度末	第２年度末	第３年度末	第４年度末
CIF					⑥ 200
CIF		⑤ 400	⑤ 400	⑤ 400	⑤ 400
CIF		② 3, 000	② 3, 000	② 3, 000	② 3, 000
COF	① 4, 000	③ 1, 200	③ 1, 200	③ 1, 200	③ 1, 200
COF		④ 720	④ 720	④ 720	④ 720
COF					⑦ 80
NET	△4, 000	1, 480	1, 480	1, 480	1, 480 120

《計算過程》

① 新設備の取得原価（上記解説の問１より）
② 税金の影響を考慮した製品売上収入（上記解説の問２より）
③ 税金の影響を考慮した現金支出変動費（上記解説の問２より）
④ 税金の影響を考慮した現金支出固定費（上記解説の問２より）
⑤ 減価償却費の計上にともなう税金節約額（上記解説の問２より）
⑥ 新設備の売却収入額（上記解説の問３より）
⑦ 新設備の売却益にともなう税金増加額（上記解説の問３より）

2．正味現在価値の計算

1, 480万円×3. 6299(＊)+120万円×0. 8548－4, 000万円=1, 474. 828万円 → 1, 475万円
（万円未満四捨五入）

（＊）４%，４年における年金現価係数：0. 9615+0. 9246+0. 8890+0. 8548=3. 6299

〔問５〕単純回収期間法による新設備導入案の回収期間

$$\frac{4,000\text{万円}}{(1,480\text{万円}+1,480\text{万円}+1,480\text{万円}+1,480\text{万円}+120\text{万円})\div 4\text{年}}=2.649\cdots\text{年} \rightarrow 2.6\text{年}$$
（小数点第２位を四捨五入）

〔問６〕新設備導入案が有利となるような製品販売価格の設定

1．各年度末のキャッシュ・フローの把握（単位：万円）

上記の解説〔問４〕より，製品Ａの販売価格が10, 000円/個である場合は正味現在価値がプラスであり，新設備導入案が有利であるため，販売価格を引き下げることを検討する。そこで，製品Ａの販売価格の減少分をＸ（円/個）とおき，正味現在価値を計算する。なお，製品Ａの販売量は現有設備10, 000個と新設備5, 000個を合わせて15, 000個となるため，製品売上収入の減少分は15, 000個で計算する。

	第０年度末	第１年度末	第２年度末	第３年度末	第４年度末
CIF					⑥ 200
CIF		⑤ 400	⑤ 400	⑤ 400	⑤ 400
CIF		② 3, 000	② 3, 000	② 3, 000	② 3, 000
COF	① 4, 000	③ 1, 200	③ 1, 200	③ 1, 200	③ 1, 200
COF		④ 720	④ 720	④ 720	④ 720
COF		⑧ 0. 9Ｘ	⑧ 0. 9Ｘ	⑧ 0. 9Ｘ	⑧ 0. 9Ｘ
COF					⑦ 80
NET	△4, 000	1, 480－0. 9Ｘ	1, 480－0. 9Ｘ	1, 480－0. 9Ｘ	1, 480－0. 9Ｘ 120

《計算過程》（⑧以外は上記解説の問４と同じ）

① 新設備の取得原価
② 税金の影響を考慮した製品売上収入
③ 税金の影響を考慮した現金支出変動費
④ 税金の影響を考慮した現金支出固定費
⑤ 減価償却費の計上にともなう税金節約額
⑥ 新設備の売却収入額

⑦　新設備の売却益にともなう税金増加額

⑧　販売価格の減少にともなう製品売上収入の減少：X円/個×15,000個×（1－0.4）＝0.9X

2．正味現在価値の計算

(1,480万円－0.9X万円)×3.6299＋120万円×0.8548－4,000万円＝1,474.828万円－3.26691X万円

この新設備導入案が有利であるということは，正味現在価値がプラスであるから，以下の式を解けばよい。

1,474.828万円－3.26691X万円>0

∴　X<451.44…円

販売価格の解答単位は100円であることから，販売価格は400円分まで下げることができる。したがって，製品Aの市場販売価格が9,600円（＝10,000円－400円）以上であれば，新設備導入案が有利となる。

問題11-21

〔問１〕 △64,800,000 円

〔問２〕 25,920,000 円

〔問３〕 1,200,000 円

〔問４〕 67,654,992 円

〔問５〕 2.5 年

〔問６〕 45,728,400 円

解答への道

〔問１〕新規設備導入時の差額キャッシュ・フロー

現状維持案を前提に新規設備を追加して導入するため，新規設備導入時の差額キャッシュ・フローは新規設備の取得原価である。

新規設備の取得原価：△64,800,000円

〔問２〕新規設備の利用に係る１年あたりの差額キャッシュ・フロー

新規設備による追加的な製品生産販売量15,000個から生じる純収入額と，新規設備の減価償却にともなう法人税節約額（タックス・シールド）を計算すればよい。

(1)　新規設備利用での追加的な製品生産販売による純収入額

{(8,000円/個－3,200円/個－1,600円/個)×15,000個－12,000,000円}×（1－0.4）

＝21,600,000円

(2)　新規設備の減価償却にともなう法人税節約額

64,800,000円÷６年×0.4＝4,320,000円

(3)　新規設備の利用に係る１年あたりの差額キャッシュ・フロー

21,600,000円＋4,320,000円＝25,920,000円

〔問３〕新規設備の処分に係る差額キャッシュ・フロー

新規設備の売却に係る差額キャッシュ・フローとして，売却収入と売却益による法人税等増加額を相殺した金額を計上する。

(1)　新規設備の売却処分収入

2,000,000円

(2)　設備売却益による法人税等増加額

(2,000,000円－0円)×0.4＝△800,000円

(3)　新規設備の売却処分に係る差額キャッシュ・フロー

2,000,000円－800,000円＝(+)1,200,000円

〔問４〕新規設備導入案の正味現在価値

（単位：万円）

	T_0	T_1	T_2	T_3	T_4	T_5	T_6
	(2×08年度末)	(2×09年度末)	(2×10年度末)	(2×11年度末)	(2×12年度末)	(2×13年度末)	(2×14年度末)
CIF							④ 200
		③ 432	③ 432	③ 432	③ 432	③ 432	③ 432
		② 2,160	② 2,160	② 2,160	② 2,160	② 2,160	② 2,160
COF	① 6,480						⑤ 80
NET	△ 6,480	＋2,592	＋2,592	＋2,592	＋2,592	＋2,592	＋2,592

＋13,155.9552 ←（T_1～T_6 ＋2,592）×5.0756

＋　89.544 ←（T_6 ＋120）×0.7462

NPV　＋6,765.4992

《計算過程》

①　新規設備の取得原価：△64,800,000円

②　新規設備利用での追加的な製品生産販売による純収入額：21,600,000円

③　新規設備の減価償却にともなう法人税節約額：4,320,000円

④　新規設備の売却収入：2,000,000円

⑤　設備売却益による法人税等増加額：△800,000円

新規設備導入案の正味現在価値：25,920,000円×5.0756(＊)＋1,200,000円×0.7462－64,800,000円

＝(+)67,654,992円

（＊）割引率５％，６年の年金現価係数：0.9524＋0.9070＋0.8638＋0.8227＋0.7835＋0.7462＝5.0756

〔問５〕単純回収期間法による新規設備導入案の回収期間

単純回収期間法には，「平均キャッシュ・フローを使用する方法」と「累積キャッシュ・フローを使用する方法」とがある。本問では，問題指示より，６年間の累積キャッシュ・フローを用いて計算する。

1年目(2×09年度末)：(−)6, 480万円〈初期投資額〉 + (+)2, 592万円〈1年目の回収額〉 = (−)3, 888万円〈期末未回収残額〉

2年目(2×10年度末)：(−)3, 888万円〈期首未回収残額〉 + (+)2, 592万円〈2年目の回収額〉 = (−)1, 296万円〈期末未回収残額〉

3年目(2×11年度末)：(−)1, 296万円〈期首未回収残額〉 + (+)2, 592万円〈3年目の回収額〉 = (+)1, 296万円〈回収余剰〉

以上より，2年目と3年目の途中で初期投資額を回収し終わることがわかる。そこで，補間法により，具体的時点を計算すると以下のようになる。

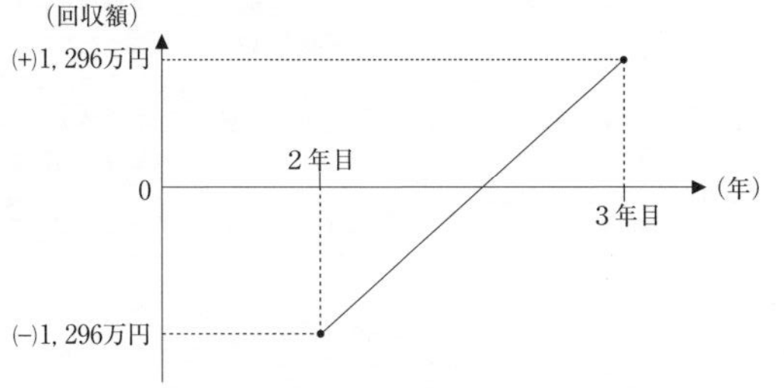

$$2年 + \frac{1,296万円〈2×10年度末時点の未回収額〉}{2,592万円〈2×11年度における回収額〉} = 2.5年$$

なお，平均キャッシュ・フローを用いる場合は，下記のように計算する。

$$回収期間：\frac{64,800,000円}{(25,920,000円 \times 6年 + 1,200,000円) \div 6年} = 2.48\cdots \to 2.5年(小数点第2位四捨五入)$$

〔問6〕年間需要量を42, 000個と仮定した場合の新規設備導入案の正味現在価値

『(年間需要量) 42, 000個を最適な設備利用で生産するものとする。』との問題指示から，現有設備と新規設備の年間生産能力を有効利用し，製品42, 000個の生産販売を行うことになる。

年間需要量が42, 000個であれば，まず新規設備を優先的に利用して15, 000個を生産し，残りの27, 000個を現有設備で生産（＝現有設備での生産を需要45, 000個の場合と比較して3, 000個減産）すれば最適な設備利用ができる。

〈両設備による貢献利益額の比較〉

	新規設備を利用		現有設備を利用
販売単価	8, 000円/個		8, 000円/個
材料費	3, 200円/個		3, 200円/個
変動製造間接費	1, 600円/個		2, 400円/個
貢献利益	3, 200円/個	＞	2, 400円/個

また，この問いにおける差額キャッシュ・フローは，新規設備利用による製品生産量15, 000個に関するキャッシュ・フロー（問1から問3で計算済み）と現有設備での製品3, 000個の減産にともなう貢献利益の減少分である。

（単位：万円）

	T_0	T_1	T_2	T_3	T_4	T_5	T_6
							④ 200
		③ 432	③ 432	③ 432	③ 432	③ 432	③ 432
CIF		② 2, 160	② 2, 160	② 2, 160	② 2, 160	② 2, 160	② 2, 160
COF	① 6, 480	⑥ 432	⑥ 432	⑥ 432	⑥ 432	⑥ 432	⑥ 432
							⑤ 80
NET	△ 6, 480	+ 2, 160	+ 2, 160	+ 2, 160	+ 2, 160	+ 2, 160	+ 2, 160

+ 10, 963. 296 ← (+2, 160)×5. 0756

+ 89. 544 ← (+ 120)×0. 7462

NPV + 4, 572. 84

《計算過程》

① 新規設備の取得原価：△64, 800, 000円

② 新規設備利用での追加的な製品生産販売による純収入額：21, 600, 000円

③ 新規設備の減価償却にともなう法人税節約額：4, 320, 000円

④ 新規設備の売却収入：2, 000, 000円

⑤ 設備売却益による法人税等増加額：△800, 000円

⑥ 現有設備での製品減産にともなう貢献利益の減少額：
(8, 000円/個−3, 200円/個−2, 400円/個)×(−)3, 000個×(1−0. 4)＝△4, 320, 000円

年間需要量を42, 000個と仮定した場合の新規設備導入案の正味現在価値：
21, 600, 000円×5. 0756＋1, 200, 000円×0. 7462−64, 800, 000円＝(+)45, 728, 400円

問題11-22

〔問1〕 △ 40, 000, 000 円

〔問2〕 26, 940, 000 円

〔問3〕 1, 050, 000 円

〔問4〕 56, 390, 381 円

〔問5〕 △ 18, 400, 000 円

〔問6〕 11, 250, 000 円

〔問7〕 21, 203, 430 円

解答への道

本問は設備投資の意思決定からの出題であり，拡張投資案と取替投資案をそれぞれ評価するという内容である。

本問では，差額キャッシュ・フローの把握が要求されていることから，まず「現状維持案」のキャッシュ・フローを計算しておき，ついで，各代替案を採用した場合のキャッシュ・フローを計算する。そのうえで「現状維持案」と比べて異なってくるキャッシュ・フローを把握するようにすればよい。

なお，本問においては固定費（現金支出費用）は考慮する必要がない。なぜなら，新設備を導入しても追加的な当該費用の発生はなく，逆に現有設備を除却しても当該費用の節約もないことから，各代替案の選択において発生額の異ならない無関連原価となるからである。

〔問１〕～〔問４〕現有設備を維持したまま新設備を導入する案（拡張投資）

1．「現状維持案」のキャッシュ・フロー

現有設備は20×0年度末に取得したものであり，20×6年度末まで残り４年間利用可能である。なお，取得原価4,500万円はすでに支払済みであるため，考慮する必要はない。

また下記の図のネット・キャッシュフロー（NET）では，解答要求事項の関係から20×6年度末の設備の売却可能価額（③）と売却益の計上にともなう法人税の増加額（④）を区別して把握している（2．の④⑤⑥についても同じ）。

（単位：万円）

	20×2年度末	20×3年度末	20×4年度末	20×5年度末	20×6年度末
CIF					③ 200
		② 225	② 225	② 225	② 225
		① 2,520	① 2,520	① 2,520	① 2,520
COF					④ 60
NET	0	+2,745	+2,745	+2,745	+2,745
					+ 200
					△ 60

① 現有設備使用による製品製造・販売にともなう税引後純現金流入額：
　(@4,000円－@2,800円)×30,000個×(1－0.3)＝2,520万円

② 現有設備の減価償却にともなう法人税等節約額：4,500万円÷6年×0.3＝225万円
　（750万円〈減価償却費〉）

③ 売却可能価額

④ 現有設備売却益の計上による法人税の増加額：(200万円〈売価〉－0円〈簿価〉)×0.3＝60万円

2．「現有設備を維持したまま新設備を導入する案」のキャッシュ・フロー

現有設備を維持したまま新設備を導入する場合には，生産能力合計が年間64,000個となる。ところが販売可能量は年間50,000個にとどまるため，「設備の利用は利益が最大になるように行うものとする」との指示から，製品１個あたり変動費の小さい新設備を優先する。すなわち，新設備で生産能力の34,000個を生産し，残りの16,000個（＝50,000個－34,000個）を現有設備で生産する。

（単位：万円）

	20×2年度末	20×3年度末	20×4年度末	20×5年度末	20×6年度末
CIF					④ 350
		③ 525	③ 525	③ 525	③ 525
		② 4,914	② 4,914	② 4,914	② 4,914
COF	① 4,000				⑤ 60
					⑥ 45
NET	△4,000	+5,439	+5,439	+5,439	+5,439
					+ 350
					△ 60
					△ 45

① 新設備の購入原価

② 製品製造・販売にともなう税引後純現金流入額：
　新設備；(@4,000円－@2,500円)×34,000個×(1－0.3)＝3,570万円
　現有設備；(@4,000円－@2,800円)×16,000個×(1－0.3)＝1,344万円
　合計 4,914万円

③ 減価償却にともなう法人税等節約額：
　新設備；4,000万円÷4年×0.3＝300万円
　現有設備；4,500万円÷6年×0.3＝225万円
　合計 525万円

④ 売却可能価額：200万円＋150万円＝350万円

⑤ 現有設備売却益の計上による法人税の増加額：(200万円〈売価〉－0円〈簿価〉)×0.3＝60万円

⑥ 新設備売却益の計上による法人税の増加額：(150万円〈売価〉－0円〈簿価〉)×0.3＝45万円

3．差額キャッシュ・フローと正味現在価値

本問でいう差額キャッシュ・フローは「現状維持案」を基準にして，当該代替案を採用したときに「現状維持案」と比べて異なってくるキャッシュ・フローである。したがって，当該代替案のキャッシュ・フローから「現状維持案」のキャッシュ・フローを差し引けばよい。

なお，20×6年度末については，年々の差額キャッシュ・フロー１年分（問２）とプロジェクト終了にともなう差額キャッシュ・フロー（問３）を区別する。

(単位：万円)

	20×2年度末	20×3年度末	20×4年度末	20×5年度末	20×6年度末
2.のNET	△4,000	+5,439	+5,439	+5,439	+5,439
					+ 350
					△ 60
					△ 45
1.のNET	0	+2,745	+2,745	+2,745	+2,745
(差引)					+ 200
					△ 60
差額キャッシュ・フロー	△4,000	+2,694	+2,694	+2,694	+2,694
					+ 105

現在価値　+9,552.6546 ← 2,694×(0.9524+0.9070+0.8638+0.8227)
　　　　　+　86.3835 ← 105×0.8227
正味現在価値　+5,639.0381

キャッシュ・フロー図より，

問1	20×2年度末時点の差額キャッシュ・フロー	△40,000,000円
問2	年々の差額キャッシュ・フロー1年分	26,940,000円
問3	プロジェクト終了にともなう差額キャッシュ・フロー	1,050,000円
問4	正味現在価値	56,390,381円

〔問5〕～〔問7〕現有設備を新設備に置き換える案（取替投資）

1.「現状維持案」のキャッシュ・フロー

上記1.と同じ。

2.「新設備に置き換える案」のキャッシュ・フロー

現有設備を20×2年度末時点で売却し，新設備を導入する場合には年間34,000個の生産販売量となる。なお，現有設備の売却にともなって生じる法人税等の計上時点は，「法人税等は，その法人税等を負担すべき年度の末に支払われるものと仮定する」との指示にしたがい，売却日の属する20×2年度末に計上する。

(単位：万円)

	20×2年度末	20×3年度末	20×4年度末	20×5年度末	20×6年度末
					⑥ 150
	② 360	⑤ 300	⑤ 300	⑤ 300	⑤ 300
CIF	① 1,800	④ 3,570	④ 3,570	④ 3,570	④ 3,570
COF	③ 4,000				⑦ 45
NET	△1,840	+3,870	+3,870	+3,870	+3,870
					+ 150
					△ 45

① 現有設備の売却価額
② 現有設備売却損の計上による法人税等節約額
設備売却損1,200万円※×0.3＝360万円
※ 1,800万円－(4,500万円－750万円×2年)＝△1,200万円
（1,800万円：売却価額，(4,500万円－750万円×2年)：帳簿価額）
③ 新設備の購入原価
④ 税引後純販売収入：(@4,000円－@2,500円)×34,000個×(1－0.3)＝3,570万円
⑤ 減価償却にともなう法人税等節約額：4,000万円÷4年×0.3＝300万円
⑥ 売却可能価額
⑦ 新設備売却益の計上による法人税の増加額：(150万円〈売価〉－0円〈簿価〉)×0.3＝45万円

3．差額キャッシュ・フローと正味現在価値

(単位：万円)

	20×2年度末	20×3年度末	20×4年度末	20×5年度末	20×6年度末
2.のNET	△1,840	+3,870	+3,870	+3,870	+3,870
					+ 150
					△ 45
1.のNET	0	+2,745	+2,745	+2,745	+2,745
(差引)					+ 200
					△ 60
差額キャッシュ・フロー	△1,840	+1,125	+1,125	+1,125	+1,125
					△ 35

現在価値　+3,989.1375 ← 1,125×(0.9524+0.9070+0.8638+0.8227)
　　　　　△　28.7945 ← △35×0.8227
正味現在価値　+2,120.3430

キャッシュ・フロー図より，

問5	20×2年度末時点の差額キャッシュ・フロー	△18,400,000円
問6	年々の差額キャッシュ・フロー1年分	11,250,000円
問7	正味現在価値	21,203,430円

問題11-23

〔問1〕

当社の投資資金の税引後加重平均資本コスト率＝(　7　)%

〔問2〕

B機械のほうが有利となる年間稼働現金支出費用は，(　　3,934　) 万円以下である。

解答への道

〔問1〕税引後加重平均資本コスト率

{0.4×0.13＋0.6×0.05×(1－0.4)}×100＝7%

〔問2〕

両設備の耐用年数が異なり，しかも再投資される見込みなので，両設備の耐用年数の最小公倍数である6年の投資期間で両案を比較する。

1．A機械のキャッシュ・フロー

（単位：万円）

	T_0	T_1	T_2	T_3	T_4	T_5	T_6
CIF		③ 1, 200	③ 1, 200	③ 1, 200	③ 1, 200	③ 1, 200	③ 1, 200
COF	① 6, 000	② 2, 100	② 2, 100 ① 6, 000	② 2, 100	② 2, 100 ① 6, 000	② 2, 100	② 2, 100
NET	△6, 000	△900	△900 △6, 000	△900	△900 △6, 000	△900	△900

① 初期投資額および再投資額

② 年間税引後現金支出費用：3, 500万円×（1－0. 4）＝2, 100万円

③ 減価償却費の計上によるタックス・シールド：6, 000万円÷2年×0. 4＝1, 200万円

2．B機械のキャッシュ・フロー（年間稼働現金支出費用をχ万円とする。）

（単位：万円）

	T_0	T_1	T_2	T_3	T_4	T_5	T_6
CIF		③ 1, 000	③ 1, 000	③ 1, 000	③ 1, 000	③ 1, 000	③ 1, 000
COF	① 7, 500	② 0. 6χ	② 0. 6χ	② 0. 6χ ① 7, 500	② 0. 6χ	② 0. 6χ	② 0. 6χ
NET	△7, 500	1, 000－0. 6χ	1, 000－0. 6χ	1, 000－0. 6χ △7, 500	1, 000－0. 6χ	1, 000－0. 6χ	1, 000－0. 6χ

① 初期投資額および再投資額

② 年間税引後現金支出費用：χ万円×（1－0. 4）＝0. 6χ万円

③ 減価償却費の計上によるタックス・シールド：7, 500万円÷3年×0. 4＝1, 000万円

3．両機械の正味現在価値（単位：万円）

A機械の正味現在価値：(−)6, 000＋(−)900×4. 7665(＊)＋(−)6, 000×0. 8734＋(−)6, 000×0. 7629

＝－20, 107. 65

B機械の正味現在価値：(−)7, 500＋(1, 000－0. 6χ)×4. 7665(＊)＋(−)7, 500×0. 8163

＝－2. 8599χ－8, 855. 75

（＊）割引率7％，6年の年金現価係数

0. 9346＋0. 8734＋0. 8163＋0. 7629＋0. 7130＋0. 6663＝4. 7665

4．結論

B機械の正味現在価値がA機械の正味現在価値より大きくなるχを求める。

$$\underset{\text{B機械の正味現在価値}}{-2.8599\chi-8{,}855.75} > \underset{\text{A機械の正味現在価値}}{-20{,}107.65}$$

χ＜3, 934. 36… → 3, 934（万円）（万円未満切捨て）

よって，年間稼働現金支出費用が3, 934万円以下であればB機械のほうが正味現在価値が大きく有利である。

問題11-24

〔問1〕

損益分岐点の販売量＝ 6, 413 個

〔問2〕

年間生産量が 2, 382 個以上であれば，{S社製設備 / ~~T社製設備~~} のほうが有利である。

（注）{　} 内の不要な文字を二重線で消去すること。

解答への道

〔問1〕

S社製設備を採用した場合の年間の現金支出費用は，単位あたり変動費が3. 0万円，年間固定費が9, 600万円（減価償却費以外）である。年間の製品製造・販売量をχ個とすれば，S社製設備の年間の税引後純現金流入額は次のように計算される（単位：万円）。

税引後純現金流入額：(5. 0χ－3. 0χ－9, 600)×（1－0. 4）＋2, 400×0. 4＝1. 2χ－4, 800

上記税引後純現金流入額の3年分の現在価値から投資額を引いて，この投資の正味現在価値を計算すれば，

正味現在価値：(1. 2χ－4, 800)×(0. 9091＋0. 8264＋0. 7513)－7, 200＝2. 98416χ－19, 136. 64

投資の採算がとれる販売量（損益分岐点）を求めるには，正味現在価値がプラスになる販売量を求めればよい。

よって，年間の製品製造・販売量は次のように計算される。

2. 98416χ－19, 136. 64≧0

χ＝6, 412. 7392… → 6, 413個

〔問2〕

両設備を比較する場合，販売価格および販売・管理費は，どちらを選択しても変化しないので，分析から除外される。また，両設備の耐用年数が異なり，しかも再投資される見込みなので，両設備の耐用年数の最小公倍数である6年間について，製造原価中の現金支出原価の正味現在価値を計算すれば次のようになる（単位：万円）。なお，r＝10％，6年間の年金現価係数は次のようになる。

0. 9091＋0. 8264＋0. 7513＋0. 6830＋0. 6209＋0. 5645＝4. 3552

〈S社製設備〉

税引後純現金流入額：(－2. 5χ－8, 400)×（1－0. 4）＋2, 400×0. 4＝－1. 5χ－4, 080

正味現在価値：(－1. 5χ－4, 080)×4. 3552－7, 200－7, 200×0. 7513

＝－6. 5328χ－30, 378. 576

〈T社製設備〉

税引後純現金流入額：(－3. 0χ－7, 300)×（1－0. 4）＋2, 500×0. 4＝－1. 8χ－3, 380

正味現在価値：(－1. 8χ－3, 380)×4. 3552－5, 000－5, 000×0. 8264－5, 000×0. 6830

＝－7. 83936χ－27, 267. 576

両設備の正味現在価値が等しくなるχを求める。それよりも多ければ変動費率の低いS社製設備のほうが，原価が低く（＝正味現在価値が高く）有利である。

$$\underset{\text{T社製設備の正味現在価値}}{-7.83936\chi-27{,}267.576} = \underset{\text{S社製設備の正味現在価値}}{-6.5328\chi-30{,}378.576}$$

χ＝2, 381. 061…

したがって，年間生産量が2, 382個以上であれば，S社製設備のほうが原価が低く有利である。

問題11-25

正味現在価値：

X　　案　　3,131　万円

Y　　案　　2,200　万円

したがって，{ X案 ， ~~Y案~~ } に投資すべきである。

（注）{ } 内の不要な文字を二重線で消去すること。

解答への道

1．X案の正味現在価値

〈キャッシュ・フロー図〉　　　　（単位：万円）

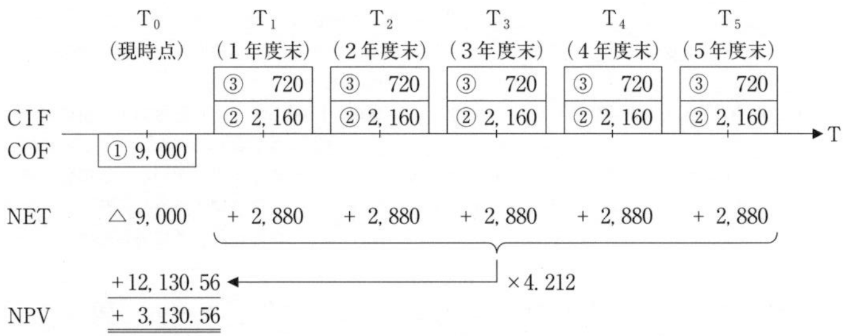

① X設備の取得原価（COF）

② 製品の販売による税引後純現金流入額：(6,000万円－2,400万円)×（1－0.4）
　=2,160万円（CIF）

③ 減価償却費による法人税節約額

　減価償却費：9,000万円÷5年＝1,800万円

　法人税節約額：1,800万円×0.4＝720万円（CIF）

正味現在価値：

(+)2,880万円×(0.943＋0.890＋0.840＋0.792＋0.747)＋(−)9,000万円
（年金現価係数4.212）

＝＋3,130.56万円 → 3,131万円（万円未満四捨五入）

2．Y案の正味現在価値

〈キャッシュ・フロー図〉　　　　（単位：万円）

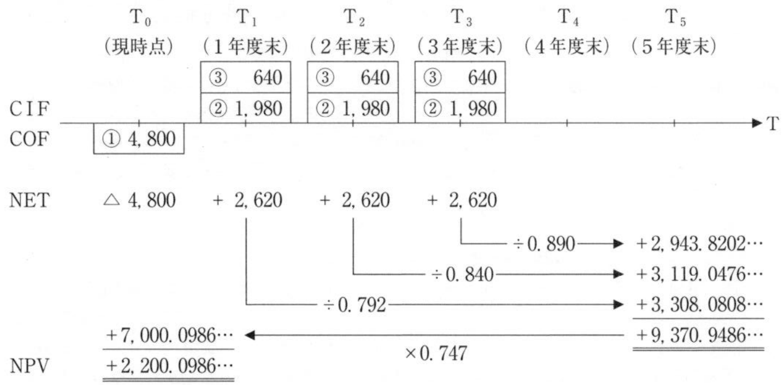

① Y設備の取得原価（COF）

② 製品の販売による税引後純現金流入額：(5,000万円－1,700万円)×（1－0.4）
　=1,980万円（CIF）

③ 減価償却費による法人税節約額

　減価償却費：4,800万円÷3年＝1,600万円

　法人税節約額：1,600万円×0.4＝640万円（CIF）

終価の計算：

1年度末の正味キャッシュ・フローの終価；
　2,620万円÷0.792＝3,308.0808…万円（4年間再投資）

2年度末の正味キャッシュ・フローの終価；
　2,620万円÷0.840＝3,119.0476…万円（3年間再投資）

3年度末の正味キャッシュ・フローの終価；
　2,620万円÷0.890＝2,943.8202…万円（2年間再投資）

合計：9,370.9486…万円

正味現在価値：

(+)9,370.9486…万円×0.747＋(−)4,800万円＝＋2,200.0986…万円
　→ ＋2,200万円（万円未満四捨五入）

3．結論

X案の方が正味現在価値が大きいため，X案に投資すべきである。

なお，Y案における正味現在価値は，第1年度末から第3年度末までの正味キャッシュ・フローを各年度の現価係数を用いて割り引いて求めた正味現在価値とほぼ一致する（正味現在価値がわずかにズレるのは，割引計算において使用する資料5の現価係数自体が端数処理されているからである）。

正味現在価値：

(+)2,620万円×(0.943＋0.890＋0.840)＋(−)4,800万円＝＋2,203.26万円

このことは，投資から生じる年々の正味キャッシュ・フローが，資本コスト率を再投資率として，X案が終了する5年度末まで再投資されているからである。

すなわち，下図のように，資本コスト率による再投資（＝終価計算の部分）と割引計算との重なる部分が相殺されているのである（単位：万円）。

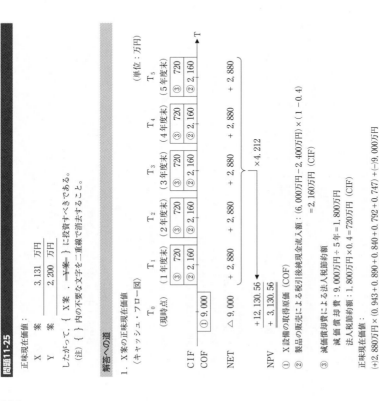

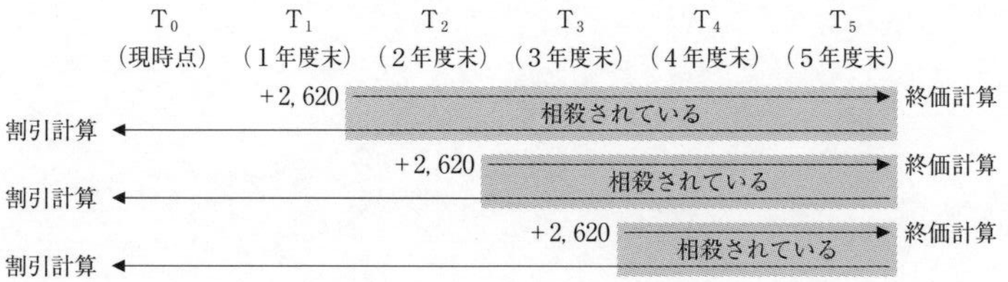

	T_0	T_1	T_2	T_3	T_4	T_5
	△ 4, 800	＋2, 620	＋2, 620	＋2, 620		
	＋ 2, 470. 66	×0. 943				
	＋ 2, 331. 8		×0. 890			
	＋ 2, 200. 8			×0. 840		
NPV	＋ 2, 203. 26					

問題11-26

問1

(1) 製品Yの製造・販売を開始した後に，製品Xを3個製造した場合には，製品Yの製造を何個犠牲にすることになるか。 4 個

(2) 製品Yの製造を1個犠牲にするといくらの利益を失うか。 12, 000 円

(3) 製品Xを3個製造すると，購入済みの材料xを売却した場合に得られるであろう収益をいくら犠牲にするか。 9, 000 円

(4) 製品Yの製造・販売を開始した後に，購入済みの材料xを使って製品Xを3個製造することの機会原価はいくらか。 57, 000 円

問2

製品Yの製造・販売を開始した後に，購入済みの材料xを使って製品Xを750個製造・販売することは，製品Yのみを製造・販売する場合に比べて

750, 000 円 ｛有利／(不利)｝ （いずれかを○で囲む）

問3

アタッチメントをレンタルしない場合と比べて，このアタッチメントをレンタルするほうが，1か月あたり

5, 625, 000 円 ｛(有利)／不利｝ （いずれかを○で囲む）

問4

(1) 121, 680, 000 円

(2) 96, 720, 000 円

(3) 98, 100, 000 円

(4) 136, 433, 532 円

解答への道

〔問1〕機会原価の計算

(1) 製品Yの製造・販売を開始した後に，製品Xを製造した場合の製品Yの犠牲量

本問では，製品Yの需要上限は4, 500個であるものの生産の上限は4, 000個である。したがって，生産能力をフルに使っても需要上限には到達しない。すなわち，設備をフル稼働させることになる。

このような状況のもと，製品Yの製造・販売を開始した後に製品Xを製造するには，製品Yの製造を一部断念しなければならない。

製造・販売が決定している新製品Yは現行の製品Xに対して4分の3の時間で製造することができることから，同じ時間であれば製品Xの4／3倍の製造が可能である。

したがって，製品Xを3個製造することによる製品Yの犠牲量は次のように4個となる。

製品Yの犠牲量：3個×4／3＝4個

なお，本問では製品1個の製造に必要な時間は明示されていないが，たとえば製品Xの所要時間を1個あたり1時間と仮定してみれば，製品Y1個あたりの所要時間は0. 75時間と計算される。

このことから，製品X3個の製造に必要な3時間で4個の製品Yが製造できることが容易に理解できるであろう。

（例）

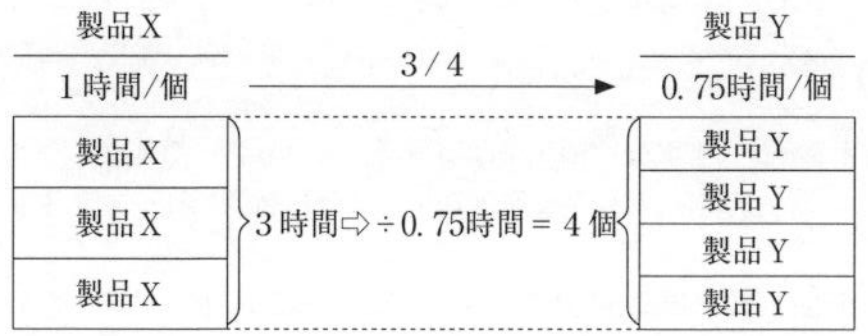

(2) 製品Yの製造を1個犠牲にした場合に失う利益額

製品Yの製造・販売量に比例して増減する利益は一般的には貢献利益である。しかし，本問では製品X，Yどちらの製品を製造するにしても生産能力に余力はなくフル操業となる。

このことを前提とすれば，直接労務費と製造間接費は（それが変動費か固定費かにかかわらず）フル操業によって同額発生することになり，製造すべき製品の選択により差額が生じない。

したがって，直接労務費と製造間接費は本問では無関連原価として除外され，コストは材料yのみを考慮すればよい。

製品Yの製造を1個犠牲にした場合に失う利益：@21, 000円（販売価格）－@9, 000円（材料y）＝@12, 000円

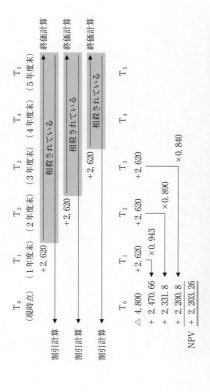

⑶　製品Xの製造により犠牲となる購入済みの材料xの売却収益

製品X１個につき材料xが１個必要である。材料xは１個@3,000円で売却可能であるが，製品Xの製造に使用する場合には売却できなくなるため，売却収益を犠牲にしなければならない。

製品Xを３個製造したときに犠牲となる材料xの売却収益：@3,000円×３個＝9,000円

⑷　製品Xを３個製造することによる機会原価

上記の⑴～⑶にもとづいて，製品Yの製造・販売開始後に製品Xを３個製造するためには，製品Y４個の製造・販売と材料x３個の売却収益を犠牲にしなければならない。したがって，これらの合計がこの問いで要求する機会原価である。

機会原価：@12,000円×４個＋@3,000円×３個＝57,000円

〔問２〕製品Yの製造・販売を開始した後に，製品Xを750個製造・販売することの適否

〔問１〕で計算した機会原価を利用することで，製品Yの製造・販売開始後に製品Xを製造・販売することの適否が計算できる。

保有している材料x5,000個はすでに支出済みの過去原価であり，この保有材料を使用して製品Xを製造しても新たな材料費の支出は生じず，この意思決定において無関連なものとなることから考慮する必要がない。また，直接労務費と製造間接費についても先述のとおり計算上除外される。

したがって，保有材料xを利用して製品Xを１個製造・販売することにより得られる利益は，販売価格の@18,000円そのものとなる。

他方，製品Yの製造・販売開始後に製品Xを製造・販売することによる機会原価（犠牲）は，〔問１〕から製品X３個につき57,000円である。

以上から，製品Yの製造・販売を開始した後に，（製品Yを一部犠牲にして）製品Xを750個製造・販売することの差額利益（または差額損失）は次のように計算される。

差額収益

製品Xの製造・販売による利益：@18,000円×750個＝13,500,000円

差額原価

製品Xを製造・販売することによる機会原価：

$$@57,000円\times\frac{750個}{3個}=\underline{14,250,000円}$$

差額利益　$\underline{\underline{\triangle 750,000円}}$（＝差額損失750,000円）

したがって，製品Yの製造・販売を開始した後に購入済みの材料を使って製品Xを750個製造・販売することは，製品Yのみを製造・販売する場合に比べて750,000円不利になる。

〔問３〕アタッチメントをレンタルすることの適否

1．アタッチメントをレンタルする場合の製造・販売量の組み合わせ

〔問２〕の結果から，製品Yの製造・販売を開始した後は，製品Yを犠牲にして製品Xを製造・販売すれば不利となることが判明しているため，製品Yの製造・販売を優先する。

本問では，アタッチメントを使用すれば製造時間を各製品ともに20％短縮することができる。すなわち，製造時間は従来の80％で済むことから製造量を1.25倍（＝１÷0.8）に増加させることが可能となる。

ただし，製品Yは4,500個が需要上限であるから，まず製品Yを優先して4,500個まで製造し，余剰時間があれば製品Xに充当する。

製品Y：4,000個×1.25倍＝5,000個＞4,500個　∴4,500個（需要上限）
製品X：(5,000個－4,500個)×３個/４個＝375個（販売可能量750個の範囲内）

2．アタッチメントをレンタルしない場合の製造・販売量の組み合わせ

アタッチメントをレンタルしない場合には，生産能力の上限から製品Yのみを4,000個製造する。

3．差額利益（または差額損失）の計算

上記の組み合わせを比較して，アタッチメントをレンタルする場合の１か月あたりの差額利益（または差額損失）は次のように計算される。

差額収益			
製品X	@18,000円×375個	＝6,750,000円	
製品Yの増加分	@12,000円×(4,500個－4,000個)	＝6,000,000円	12,750,000円
差額原価			
材料xの逸失売却収益	@3,000円×375個	＝1,125,000円	
レンタル料		6,000,000円	7,125,000円
差額利益			5,625,000円

したがって，アタッチメントをレンタルするほうが，１か月あたり5,625,000円有利である。

〔問４〕アタッチメントを購入した場合の差額キャッシュ・フローと正味現在価値

前問までの内容が短期的な業務執行に関する意思決定であるのに対して，本問はアタッチメントを購入することによる長期的な投資意思決定に関する内容になっている。

ポイントとなるのは，本問においても保有材料xの取扱いである。具体的には，まず製品Xの各年度の製造量の算出にあたり，保有材料xを使用するか否かの区別を適切に行う必要があること，さらに，保有材料の使用にともなう法人税節約額（タックス・シールド）を考慮しなければならないことである。

なお，解答要求は差額キャッシュ・フローとなっているが，下記の解説では便宜上，総額法を用いて示すことにする。ただし，汎用設備自体から生じるキャッシュ・フローについては，両案において同額発生することから無関連になり，計上不要である（資料も与えられていない）。

1．アタッチメントを購入する場合

⑴　製品製造量の組み合わせ

問３より，アタッチメントを使用する場合の最適プロダクト・ミックスは，製品Xが375個，製品Yが4,500個であったが，これは月間ベースであることから年間数値に修正する必要がある。

また，保有材料ｘ5,000個を使用する際，どの年度に配分するかを考える必要があるが，問題指示に「正味現在価値が最大になるように製品Ｘの製造・販売を行うものとする。」とあることから，材料ｘの購入による支出をなるだけ遅らせるように保有材料ｘを優先して使用する。

したがって，製品製造量は次のようになる。

	1年度目	2年度目	3年度目
製品Ｘ			
保有材料ｘを利用	375個×12か月＝ 4,500個	5,000個－4,500個＝ 500個	――
購入材料ｘを利用	――	4,500個－500個＝4,000個	4,500個
製品Ｙ	4,500個×12か月＝54,000個	54,000個	54,000個

(2) キャッシュ・フロー図

(単位：万円)

	今年度末	1年度末	2年度末	3年度末
CIF		⑤ 1,800	⑤ 1,800	⑥ 750
		④ 1,188	④ 132	⑤ 1,800
		③ 38,880	③ 38,880	④ ――
		② 4,860	② 3,420	③ 38,880
				② 3,240
COF	① 13,500			⑦ 300
NET	△13,500	＋46,728	＋44,232	＋44,370

① アタッチメントの購入原価：13,500万円

② 製品Ｘの販売にともなう税引後純現金流入額

1年度末；@18,000円×4,500個×（1－0.4）＝4,860万円

2年度末；{@18,000円×500個＋(@18,000円－@6,000円)×4,000個}×（1－0.4）＝3,420万円
購入原価

3年度末；(@18,000円－@6,000円)×4,500個×（1－0.4）＝3,240万円

③ 製品Ｙの販売にともなう税引後純現金流入額

@12,000円×54,000個×（1－0.4）＝38,880万円

④ 保有材料ｘの売上原価計上（＝損金算入）にともなう法人税節約額

1年度末；@6,600円×4,500個×0.4＝1,188万円

2年度末；@6,600円×500個×0.4＝132万円

3年度末；　―

⑤ アタッチメントの減価償却費にともなう法人税節約額：13,500万円÷3年×0.4＝1,800万円

⑥ 耐用年数到来時の売却収入：750万円

⑦ 売却益750万円（＝750万円－0）にともなう法人税増加額：750万円×0.4＝300万円
売却収入　簿価

2．アタッチメントを購入しない場合

(1) 製品製造量：製品Ｙ4,000個×12か月＝48,000個

(2) キャッシュ・フロー図

(単位：万円)

	今年度末	1年度末	2年度末	3年度末
CIF	② 720			
	① 1,500	③ 34,560	③ 34,560	③ 34,560
COF				
NET	＋2,220	＋34,560	＋34,560	＋34,560

① 保有材料ｘの売却収入：@3,000円×5,000個＝1,500万円

② 材料売却損にともなう法人税節約額：(@6,600円－@3,000円)×5,000個×0.4＝720万円

③ 製品Ｙの販売にともなう税引後純現金流入額

@12,000円×48,000個×（1－0.4）＝34,560万円

3．差額キャッシュ・フローと正味現在価値

上述の1．と2．のNETキャッシュ・フローから差額キャッシュ・フローを算出し，現在価値に割り引く。

なお，本問の差額キャッシュ・フローとは，アタッチメントを使用しない場合のキャッシュ・フローを基準とした場合に生じる差額であるから，1．のNETから2．のNETを差し引けばよい。

(単位：万円)

	今年度末	1年度末	2年度末	3年度末
1．のNET	△ 13,500	＋ 46,728	＋ 44,232	＋ 44,370
2．のNET	＋ 2,220	＋ 34,560	＋ 34,560	＋ 34,560
差引：差額キャッシュ・フロー	△ 15,720	＋ 12,168	＋ 9,672	＋ 9,810

＋ 11,699.532 ←（12,168）×0.9615

＋ 8,942.7312 ←（9,672）×0.9246

＋ 8,721.09 ←（9,810）×0.8890

正味現在価値　＋ 13,643.3532

上記より，解答数値は次のようになる。

(1)	1年度目（20×1年度）の差額キャッシュ・フロー	121,680,000円
(2)	2年度目（20×2年度）の差額キャッシュ・フロー	96,720,000円
(3)	3年度目（20×3年度）の差額キャッシュ・フロー	98,100,000円
(4)	差額キャッシュ・フローの正味現在価値	136,433,532円

Theme 12 戦略の策定と遂行のための原価計算

問題12-1

〔問1〕

A：ライフサイクル・コスト

B：ライフサイクル・コスティング

〔問2〕

研究・開発コスト：5,700 万円

生産・構築コスト：3,500 万円

運用・支援コスト：5,400 万円

退役・廃棄コスト：1,500 万円

解答への道

〔問2〕

研究・開発コスト：②,⑥,⑨ → 1,900万円＋1,600万円＋2,200万円＝5,700万円
生産・構築コスト：③,⑧ → 500万円＋3,000万円＝3,500万円
運用・支援コスト：④,⑤,⑩ → 2,300万円＋1,300万円＋1,800万円＝5,400万円
退役・廃棄コスト：①,⑦ → 300万円＋1,200万円＝1,500万円

ライフサイクル・コスティングにおける主な用語

ライフサイクル・コスト		製品やシステムの企画・開発から廃棄処分されるまでにかかるすべてのコスト
内容	① 研究・開発コスト	市場分析，製品企画，製品および製造工程の設計費，ソフトウェア・コストなど
	② 生産・構築コスト	材料などの製造原価，生産・保全・貯蔵設備などの購入・新設・改造費
	③ 運用・支援コスト	広告費・倉庫費・顧客サービスコストなどの販売費，購入者側の運用・保全費など
	④ 退役・廃棄コスト	修理不能部品の廃棄，製品やシステムの最終的退役コスト

問題12-2

（単位：千円）

	第1案	第2案	第3案
ライフサイクル収益	210,000	200,000	162,500
ライフサイクル・コスト	152,200	139,400	120,200
ライフサイクル営業利益	57,800	60,600	42,300

解答への道

（単位：千円）

	第1案	第2案	第3案
ライフサイクル収益	① 210,000	200,000	162,500
ライフサイクル・コスト：			
研究開発費	30,000	30,000	30,000
設計費	19,200	19,200	19,200
製造原価	② 37,500	33,000	26,250
マーケティング・コスト	③ 23,500	20,500	16,000
配給コスト	④ 15,000	13,200	10,500
顧客サービス・コスト	⑤ 27,000	23,500	18,250
合計	152,200	139,400	120,200
ライフサイクル営業利益	57,800	60,600	42,300

① 42,000円×5,000単位＝210,000千円
② 4,500円×5,000単位＋15,000千円＝37,500千円
③ 3,000円×5,000単位＋8,500千円＝23,500千円
④ 1,800円×5,000単位＋6,000千円＝15,000千円
⑤ 3,500円×5,000単位＋9,500千円＝27,000千円

問題12-3

①〔　　A　　〕

② 200,000 円

③ 500,000 円

④ 1,000,000 円

⑤ 240,000 円

⑥ 3,040,000 円

⑦〔ライフサイクル・コスト〕

⑧ 3,050,000 円

⑨ 3,020,000 円

⑩〔　　C　　〕

⑪〔　　A　　〕

解答への道

各車種の顧客ライフサイクル・コストを計算すれば以下のとおりである。

	A　車	B　車	C　車
取得原価	1,200,000円	1,500,000円	1,800,000円
登録料	40,000円×5年 =200,000円	40,000円×5年 =200,000円	40,000円×5年 =200,000円
保険料	100,000円×5年 =500,000円	110,000円×5年 =550,000円	120,000円×5年 =600,000円
ガソリン代	20,000km×5年÷10km =10,000ℓ 100円×10,000ℓ =1,000,000円	20,000km×5年÷12.5km =8,000ℓ 100円×8,000ℓ =800,000円	20,000km×5年÷20km =5,000ℓ 100円×5,000ℓ =500,000円
定期点検代	20,000km×5年 ÷12,000km≒8.33 ∴ 8回 30,000円×8回 =240,000円	20,000km×5年 ÷15,000km≒6.67 ∴ 6回 30,000円×6回 =180,000円	20,000km×5年 ÷20,000km=5 ∴ 4回(＊) 30,000円×4回 =120,000円
残存処分額	△100,000円	△180,000円	△200,000円
	3,040,000円	3,050,000円	3,020,000円
	(第2位)	(第3位)	(第1位)

(＊) 5回目の定期点検は，耐用年数到来時にあたるため実施は不要である。

問題12-4

〔問1〕

トータル・コスト
26,716　円

〔問2〕

顧客が支払う上限額
21,233　円

解答への道

〔問1〕

各年度に掛かる費用と，現在価値に割引した後の費用合計（＝ライフサイクル・コスト）を求める。

	現在	1年後	2年後	3年後	4年後
購入原価	15,300円				
電気代		3,000円	3,000円	3,000円	3,000円
修理代		600円※			
廃棄コスト					2,000円
計		3,600円	3,000円	3,000円	5,000円
	3,276円	←×0.91			
	2,490円		←×0.83		
	2,250円			←×0.75	
	3,400円				←×0.68
合計	26,716円				

※　修理代の期待値の計算

2,000円×15%＋5,000円×4%＋10,000円×1%＝600円

したがって，顧客が負担するトータル・コスト（＝ライフサイクル・コスト）は26,716円である。

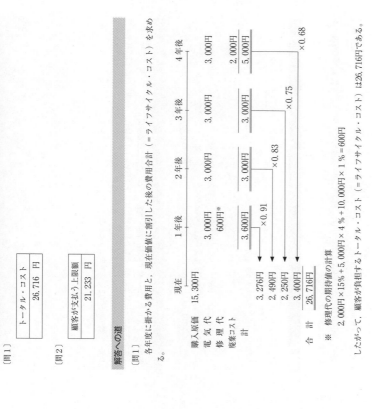

〔問２〕

顧客は総額で26, 716円までならば負担してよいと考えている。そこで，購入費用の上限額をｘ（円）とおき，各年度に掛かる費用の条件を変更し，現在価値に割引した後の費用合計（＝トータル・コスト）を求める。

	現在	１年後	２年後	３年後	４年後
購入原価	ｘ円				
電 気 代		1, 500円	1, 500円	1, 500円	1, 500円
修 理 代		800円※			
計		2, 300円	1, 500円	1, 500円	1, 500円

2, 093円	← 2, 300円 ×0. 91
1, 245円	← 1, 500円 ×0. 83
1, 125円	← 1, 500円 ×0. 75
1, 020円	← 1, 500円 ×0. 68
合　計	26, 716円

※　修理代の期待値の計算

4, 000円×10％＋8, 000円×５％＝800円

ｘ＋2, 093＋1, 245＋1, 125＋1, 020＝26, 716

ｘ＝21, 233

したがって，現在の顧客が購入時に支払ってもよいと考える上限額は21, 233円である。

問題12-5

①＝ 予　防

②＝ 評　価

③＝ 1, 460 万円

④＝ 内部失敗

⑤＝ 外部失敗

⑥＝ 3, 460 万円

解答への道

原価の分類と増減の計算（単位：万円）

	20×1年	20×3年		増減額
受入材料検査費	150	260	評価原価	＋ 110
販売製品補修費	1, 530	320	外部失敗原価	△1, 210
品質保証教育費	100	250	予防原価	＋ 150
他社製品品質調査費	50	90	評価原価	＋ 40
仕損費	800	250	内部失敗原価	△ 550
製品設計改善費	620	1, 420	予防原価	＋ 800
不良品手直費	1, 600	300	内部失敗原価	△1, 300
返品廃棄処分費	550	150	外部失敗原価	△ 400
工程完成品検査費	580	940	評価原価	＋ 360
品質保証活動費合計	5, 980	3, 980		△2, 000

よって，予防原価と評価原価は1, 460万円だけ増加し，内部失敗原価と外部失敗原価は3, 460万円だけ節約されたことになる。

問題12-6

〔設問１〕 予　防　原価　｜　評　価　原価　｜　内部失敗　原価　｜　外部失敗　原価

〔設問２〕20×3年度の品質保証活動費は20×0年度よりも（　25, 025　）万円
　｛　~~増加~~　減少　｝した。

Ｚ社では，上流からの管理を重視し，品質適合コストを（　58, 300　）万円増加させたため，下流で発生する品質不適合コストを（　83, 325　）万円減少させることができた。
このように，両者には〔 トレード・オフ 〕の関係が成り立つ。

解答への道

〔設問１〕ＰＡＦアプローチ（予防－評価－失敗アプローチ）による分類

ＰＡＦアプローチによると，品質保証活動費は「予防原価」「評価原価」「内部失敗原価」「外部失敗原価」の４つの品質原価に分類することができる。なお，資料１の20×0年度の品質保証活動費を各品質原価に分類・計算すると以下のようになる。

品質保証活動費	分類	金額
受入材料検査費	評価原価	0.12万円/時間×160,000時間＝19,200万円
不良品手直費	内部失敗原価	4万円/台×6,000台＝24,000万円
顧客サポート費	外部失敗原価	0.8万円/台×8,500台＝6,800万円
品質保証教育費	予防原価	50万円/月×12か月＝600万円
他社製品品質調査費	評価原価	10万円/月×12か月＝120万円
仕損費	内部失敗原価	26万円/台×12,000台＝312,000万円
製品設計改善費	予防原価	2.5万円/時間×40,000時間＝100,000万円
回収・部品交換費	外部失敗原価	2.2万円/台×8,500台＝18,700万円
工程完成品検査費	評価原価	0.12万円/時間×240,000時間＝28,800万円

〔設問2〕品質改善プログラム

品質改善プログラムの結果は下記のとおりである（単位：万円）。

	20×0年度	20×3年度	増減額
受入材料検査費	19,200	27,200(＊1)	(+) 8,000
不良品手直費	24,000	12,000(＊2)	(−)12,000
顧客サポート費	6,800	4,420(＊3)	(−) 2,380
品質保証教育費	600	900(＊4)	(+) 300
他社製品品質調査費	120	120	0
仕損費	312,000	249,600(＊5)	(−)62,400
製品設計改善費	100,000	150,000(＊6)	(+)50,000
回収・部品交換費	18,700	12,155(＊7)	(−) 6,545
工程完成品検査費	28,800	28,800	0
	510,220	485,195	(−)25,025

（＊1）(0.12万円/時間＋0.05万円/時間)×160,000時間＝27,200万円
（＊2）4万円/台×(6,000台÷2)＝12,000万円
（＊3）0.8万円/台×8,500台×(100%－35%)＝4,420万円
（＊4）(50万円/月＋25万円/月)×12か月＝900万円
（＊5）312,000万円×(100%－20%)＝249,600万円
（＊6）2.5万円/時間×(40,000時間＋20,000時間)＝150,000万円
（＊7）2.2万円/台×8,500台×(100%－35%)＝12,155万円

予防原価増加額：	
品質保証教育費：	300万円
製品設計改善費：	50,000万円
評価原価増加額：	
受入材料検査費：	8,000万円
合計	58,300万円

内部失敗原価減少額：	
不良品手直費：	12,000万円
仕損費：	62,400万円
外部失敗原価減少額：	
顧客サポート費：	2,380万円
回収・部品交換費：	6,545万円
合計	83,325万円

上記結果より，20×3年度の品質保証活動費は20×0年度よりも25,025万円減少した。Z社では，上流からの管理を重視し，品質適合コスト（予防原価と評価原価）を58,300万円増加させたため，品質不適合コスト（内部失敗原価と外部失敗原価）を83,325万円減少させることができた。このように，これら両コストにはトレード・オフの関係が成り立つ。

問題12-7

〔問1〕

①	**工程管理**	検査	補修
②	連産品	副産物	**仕損品**
③	**補修**	修理	
④	補修	**修理**	
⑤		220,000	（万円）
⑥		2.75	（%）

〔問2〕

⑦	**意思決定**	業績評価	予算管理
⑧	原価差異分析	**差額原価収益分析**	CVP分析
⑨		3,000	（万円）
⑩		11,960	（万円）
⑪		7,600	（万円）
⑫		19,675	（万円）
⑬	第1案	**第2案**	
⑭		3,115	（万円）

解答への道

〔問1〕

品質原価にかかる基礎資料を推定すると，以下のようになる（金額の算定方法や適語の補充要領については後述する。なお，▒▒は推定箇所を示している）。

品質原価	配賦基準量	配賦率	配賦額
設計技術費	25,000時間	@ 18,000円	45,000万円
工程技術費	30,000時間	@ 16,000円	48,000万円
検査費	60,000時間	@ 12,000円	72,000万円
補修費	600台	@ 550,000円	33,000万円
顧客サポート費	400台	@ 75,000円	3,000万円
製品回収・部品交換費	400台	@ 250,000円	10,000万円
保証修理費	400台	@ 225,000円	9,000万円
合計	−	−	220,000万円

仕様に適合しない製品の製造を早い段階で未然に防ぐために，設計および（ ① 工程管理 ）に力を入れた。

当社は受注生産方式を採用している。出荷前に1台あたり90分をかけて出荷する製品の全品検査を行っている。その結果，検査したうち1.5%は市場に出す前に（ ② 仕損品 ）であることが判明し，1台あたり550,000円をかけて（ ③ 補修 ）しこれを合格品として当期にすべて出荷した。当期の製品Sの販売台数は4万台，売上高は8,000,000万円であった。

出荷した４万台のうち，１％は出荷後に内蔵のソフトの不具合により不良が発生する。その場合これを回収して部品を交換し，（ ④ 修理 ）が必要なことが判明した。顧客サポート費，製品回収・部品交換費および保証（ ④ 修理 ）費は上記の表のとおりである。

当期の当社の品質原価総額は（ ⑤ 220,000 ）万円，売上高の（ ⑥ 2.75 ）％に及ぶことが判明した。

１．予防原価に関する空欄補充（①）

仕様に適合しない製品の製造を早い段階で未然に防ぐための品質原価は，設計や工程管理などに費やされる予防原価であり，問題資料の品質原価の表で「設計技術費」と「工程技術費」が支出されていることから，①は「工程管理」となる。

２．評価原価および内部失敗原価に関する空欄補充（②～③）

市場へ仕様に適合しない製品を出さないために，検査などに費やされる品質原価が評価原価である。本問では，１台あたり90分（1.5時間）かけて製品の全品４万台の検査を行っている。これにより検出される不合格品が②であるので，②は「仕損品」となる。

検査費の配賦基準量：1.5時間/台×４万台＝60,000時間

検査費の配賦額：@12,000円×60,000時間＝72,000万円

続いて，出荷前に仕損品が検出されることにより生じる品質原価が内部失敗原価である。具体的には仕損費や補修費がこれに該当する。本問では，１台あたり550,000円をかけて（ ③ ）し，これ（仕損品）を合格品として出荷しているので，③は「補修」が該当する。なお，全品検査したうち１％が出荷前に仕損品として検出され補修されるため，補修費にかかる配賦基準量と配賦額は，次のように計算できる。

補修費の配賦基準量：４万台×1.5％＝600台

補修費の配賦額：@550,000円×600台＝33,000万円

３．外部失敗原価に関する空欄補充（④）

市場へ仕様に適合しない製品が販売されてしまったことにより生じる品質原価が外部失敗原価である。具体的には，製品の取替や返品にかかる費用，保証期間中の無料修理費用，クレーム対応費用や損害賠償費用などがあげられる。本問では，顧客サポート費，製品回収・部品交換費および保証（ ④ ）費が該当する。なお，出荷した４万台のうち，１％は出荷後に内蔵のソフトの不具合で不良が発生し，これを回収して部品を交換し，（ ④ ）が必要とされることから，④は「修理」となる。また，これらの外部失敗原価（顧客サポート費，製品回収・部品交換費，保証修理費）の配賦基準量と配賦額は，次のように計算できる。

顧客サポート費など外部失敗原価の配賦基準量：４万台×１％＝400台

顧客サポート費の配賦額：@75,000円×400台＝3,000万円

製品回収・部品交換費の配賦額：@250,000円×400台＝10,000万円

保証修理費の配賦額：@225,000円×400台＝9,000万円

４．当期の品質原価の計算（⑤～⑥）

上記の計算より，当社の品質原価総額は⑤220,000万円となる。また，売上高に対する品質原価の比率は次のようになる。

$$\frac{\text{品質原価総額}220,000\text{万円}}{\text{売上高}8,000,000\text{万円}}\times 100=2.75\%$$ （⑥）

〔参考〕

補修…いたんだ所を補い直すこと。

修理…故障や欠陥の生じた機器などに手を加えて，正常な機能を回復させること。

〔問２〕

品質改善プログラムを採用するための２つの代替案に関する問題文の空欄に，〔問１〕で推定した①～④の語句を補充すると，以下のようになる。

当社の見積りによると，次期も当期と同様に製品を顧客に出荷した後に仕様に合致しない製品が発見されれば販売機会を新たに得る可能性はなくなり，１台あたり貢献利益800,000円が失われるリスクがある。そこで，新たに品質改善プログラムを採用するため２つの代替案を検討している。

第１案は，材料の検査方法を改善する案である。追加的な検査のために，3,000万円発生する。この改善案を実行すれば，（ ② 仕損品 ）が150台減少すると見積られている。また，（ ④ 修理 ）を必要とする台数が120台減少し，その結果，製品に対する信頼が増して，販売台数が40台増加すると見積られている。

第２案は，設計をやり直す案である。この案を採用するならば，設計技術費が１時間あたり18,000円で2,000時間，工程技術費が１時間あたり16,000円で2,500時間が追加的に必要となる。この改善案を実行すれば，（ ② 仕損品 ）が200台減少すると見積られている。また，（ ④ 修理 ）を必要とする台数が250台減少し，その結果，製品に対する信頼が増して，販売台数が60台増加すると見積られている。

第１案と第２案に共通して，（ ③ 補修 ）と（ ④ 修理 ）などにより発生する品質原価の内訳は次のとおりである。

	１台あたりの変動費	１台あたりの固定費	合　計
（ ③ 補修 ）費	300,000円	250,000円	550,000円
顧客サポート費	40,000円	35,000円	75,000円
製品回収・部品交換費	220,000円	30,000円	250,000円
保証（ ④ 修理 ）費	95,000円	130,000円	225,000円

１．品質改善プログラムの採否に必要な情報（⑦～⑧）

上記の第１案と第２案の品質改善プログラムに関する情報は，当該プログラムについて採用すべきか否かを決定するために用いられるため，⑦は「意思決定」となる。また，その意思決定では，現状案をベース・ケースとして代替案（第１案または第２案）を採用したときに予想される追加原価発生額と原価節約額ならびに売上増による利益増加額を比較するので，⑧は「差額原価収益分析」となる。

２．各代替案の追加原価発生額と原価節約額など（⑨～⑭）

共通して発生する品質原価のうち，各案で節約されるのは，変動費のみであることに注意する。また，品質改善プログラムを実施すると販売台数が増加するため，全品検査の対象となる製品生産量も増加することになるが，検査費については補修や修理などで発生する品質原価のように変動費と固定費の区分が明らかでないので，本問の計算上，別途検査費を計上するのは適切ではないと考えられる。

さらに，「製品を顧客に出荷した後に仕様に合致しない製品が発見されれば販売機会を新たに得る可能性はなくなり，１台あたり貢献利益800,000円が失われるリスクがある」とあることから，今後販売台数が増加した場合には１台あたり800,000円の貢献利益が得られる。販売機会を新たに得るには新たな生産が必要で，全品検査を行っているため，新たな検査も必須となる。そのため，１台あたり貢献利益を算定するにあたり，追加的に発生する検査費（１台あたり検査費のうち変動費部分）がすでに考慮されていると考えられる。そこで，検査費は別途考慮せずに計算を行う。

(1) 第1案（材料の検査方法を改善する案）

追加的に発生する原価			
追加的な検査費用			⑨△3, 000万円
原価節約額および売上増による利益増加額			
（ ③ 補修 ）費	@300, 000円×150台＝	4, 500万円	
顧客サポート費	@ 40, 000円×120台＝	480万円	
製品回収・部品交換費	@220, 000円×120台＝	2, 640万円	
保証（ ④ 修理 ）費	@ 95, 000円×120台＝	1, 140万円	
売上増による利益増加額	@800, 000円× 40台＝	3, 200万円	⑩ 11, 960万円
合　計：差額利益			8, 960万円

(2) 第2案（設計をやり直す案）

追加的に発生する原価			
設計技術費	@18, 000円×2, 000時間＝	△3, 600万円	
工程技術費	@16, 000円×2, 500時間＝	△4, 000万円	⑪△7, 600万円
原価節約額および売上増による利益増加額			
（ ③ 補修 ）費	@300, 000円×200台＝	6, 000万円	
顧客サポート費	@ 40, 000円×250台＝	1, 000万円	
製品回収・部品交換費	@220, 000円×250台＝	5, 500万円	
保証（ ④ 修理 ）費	@ 95, 000円×250台＝	2, 375万円	
売上増による利益増加額	@800, 000円× 60台＝	4, 800万円	⑫ 19, 675万円
合　計：差額利益			12, 075万円

(3) 結　論

第2案の差額利益12, 075万円－第1案の差額利益8, 960万円＝＋3, 115万円

したがって，第1案より（ ⑬ 第2案 ）の方が差額利益が大きく，（ ⑭ 3, 115 ）万円有利なため，（ ⑬ 第2案 ）を採用すべきである。

以上の結果から，問2の文章の空欄を補充すると，次のようになる。

〔問1〕で要求されているのは（ ⑦ 意思決定 ）に適切な情報であり，そのために求められるのは（ ⑧ 差額原価収益分析 ）である。現状案をベース・ケースとして第1案あるいは第2案を採用したときに予想される追加原価発生額と原価節約額などを計算すればよい。第1案で追加的に発生する品質原価は（ ⑨ 3, 000 ）万円，原価節約額ならびに売上増による利益増加額は（ ⑩ 11, 960 ）万円である。これに対し，第2案で追加的に発生する品質原価は（ ⑪ 7, 600 ）万円，原価節約額ならびに売上増による利益増加額は（ ⑫ 19, 675 ）万円である。以上の計算結果から，（ ⑬ 第2案 ）の方が（ ⑭ 3, 115 ）万円有利なため，（ ⑬ 第2案 ）を採用すべきである。

問題12-8

〔問1〕

①	原価企画	②	許容原価	③	成行原価	④	ＶＥ(価値工学)

〔問2〕

社長が要求する［ ② ］は［ 240 ］万円であるが，［ ④ ］によって［ 29 ］万円，さらに，量産段階に入ってからの原価削減効果が［ 5. 04 ］万円期待できるので，結局，目標原価は［ 245. 96 ］万円と計算され，これを標準原価にした。

解答への道

〔問2〕の計算について

300万円（予定売価）－300万円×0. 2（目標利益）＝240万円（許容原価）…許容原価は予定売価から目標利益を差し引いて求める。

許容原価240万円

→ 245. 96万円

3万円＋10万円＋15万円＋1万円＋280万円×1. 8%

成行原価280万円

280万円（当初の成行原価）－{(3万円＋10万円＋15万円＋1万円)（量産前の原価低減）＋(280万円×1. 8%)（量産後の原価低減）}＝245. 96万円

問題12-9

(1) 単位あたりの許容原価	160	円/個
(2) 単位あたりの成行原価	178	円/個
(3) 単位あたりの目標原価の未達成金額	4	円/個

解答への道

(1) 単位あたり許容原価の計算（資料1より）

(200円/個×200, 000個－8, 000, 000円)÷200, 000個＝160円/個

(2) 単位あたり成行原価の計算（資料2より）

100円/個＋20円/個＋5円/個＋(6, 000, 000円＋4, 600, 000円)÷200, 000個＝178円/個

(3) 単位あたり目標原価の未達成金額の計算

原価低減方法の検討を加味した単位あたり見積原価の計算（資料３より）

直接材料費：	1,100円/kg×0.08kg	＝ 88円/個
直接労務費：	800円/h×0.025h	＝ 20円/個
製造間接費：	(6,000,000円－200,000円)÷200,000個	＝ 29円/個
変動販売費：	5円－1円	＝ 4円/個
固定販売費・一般管理費：	4,600,000円÷200,000個	＝ 23円/個
合計		164円/個

∴ 単位あたり目標原価の未達成金額：164円/個－160円/個＝ 4円/個

問題12-10

〔問１〕(1) 11,200 円/個　(2) 12,000 円/個

〔問２〕 11,230 円/個

〔問３〕

①	②	③	④	⑤	⑥	⑦
ウ	コ	カ	ク	サ	ケ	シ

解答への道

〔問１〕許容原価と成行原価

１．単位あたり許容原価

14,000円/個〈予定販売価格〉×(100%－20%)＝11,200円/個

２．成行原価

「当社では全部原価計算方式による総原価に対して目標原価を設定している」ため，固定費を含め，かつ製造原価（資料２(1)）と営業費（資料２(2)）を合算して算出する。

11,500円/個＋200円/個＋9,000,000円÷30,000個〈予定製造・販売数量〉＝12,000円/個

〔問２〕目標原価

１．製造原価

直接材料費	750円/kg ×1.6kg/個 ＝	1,200円/個
直接労務費	2,000円/時間×1.8時間/個＝	3,600円/個
変動製造間接費	1,600円/時間×２時間/個 ＝	3,200円/個
固定製造間接費	1,400円/時間×２時間/個 ＝	2,800円/個
合計		10,800円/個

（注）機械稼働時間は短縮されないため，製造間接費は変化しない。

２．営業費

変動営業費　180円/個（＝200円/個－20円/個）

固定営業費　(9,000,000円－1,500,000円)÷30,000個〈予定製造・販売数量〉＝250円/個

３．総原価

10,800円/個＋180円/個＋250円/個＝11,230円/個

〔問３〕理論問題

原価企画に関する文章の空欄補充問題である。空欄を補充した全文を示せば，次のようになる。

「（ ①（ウ）原価企画 ）とは，新製品開発に際し，商品企画から開発終了までの段階において，目標利益を確保するために設定された目標原価を作り込む活動のことである。

目標原価の設定方法として，控除法がある。控除法とは，（ ②（コ）許容原価 ）に基づいて目標原価を設定する方法である。この方法は，市場で許容される（ ③（カ）予想販売価格 ）をもとに目標原価を算定している点で，（ ④（ク）マーケット・イン ）志向に立脚している。

一方，（ ⑤（サ）成行原価 ）に基づいて目標原価を設定する方法を積み上げ法という。この方法は，自社の現在の技術水準に基づいて目標原価を計算する（ ⑥（ケ）プロダクト・アウト ）志向に立脚した計算方法である。

これら２つの方法にはそれぞれ長所と短所が存在するため，（ ②（コ）許容原価 ）と（ ⑤（サ）成行原価 ）を摺り合わせて，現実的に妥当性をもった目標原価を設定する方法を（ ⑦（シ）折衷法 ）という。」

問題12-11

（注）□には適当な数値を，（　）内には有利または不利を記入すること。

(1) 標準原価差異分析

① 予算差異	300,000	円（有　利）差異
② 操業度差異		
段取・調整ロス差異	140,000	円（不　利）差異
故障停止ロス差異	160,000	円（不　利）差異
③ 能率差異		
空転・チョコ停ロス差異	400,000	円（不　利）差異
速度低下ロス差異	800,000	円（不　利）差異
異常仕損差異	137,500	円（不　利）差異
正常仕損差異	412,500	円（不　利）差異

(2) 設備総合効率

（注）端数は％未満第２位を四捨五入すること。

① 時間稼働率	93.0	%
② 正味稼働率	96.0	%
③ 速度稼働率	91.7	%
④ 良品率	93.8	%
⑤ 設備総合効率（＝①×②×③×④）	76.8	%

解答への道

1．標準原価差異分析

(1) 設備稼働時間の分解

計画稼働時間		10,750　分	
段取・調整ロス	350分		
故障停止ロス	400	750	
差引：実際稼働時間		10,000　分	
空転・チョコ停ロス		400	（＊1）
速度低下ロス		800	（＊2）
異常仕損ロス		137.5	（＊3）
差引：総標準稼働時間		8,662.5分	
正常仕損ロス		412.5	（＊4）
差引：純標準稼働時間		8,250　分	

（＊1）実際ＣＴ0.60分／個×実際投入量16,000個－実際稼働時間10,000分＝△400分
（＊2）（理論ＣＴ0.55分／個－実際ＣＴ0.60分／個）×実際投入量16,000個＝△800分
（＊3）理論ＣＴ0.55分／個×（正常仕損品量750個－実際仕損品量1,000個）＝△137.5分
（＊4）理論ＣＴ0.55分／個×正常仕損品量750個＝△412.5分

(2) 差異分析

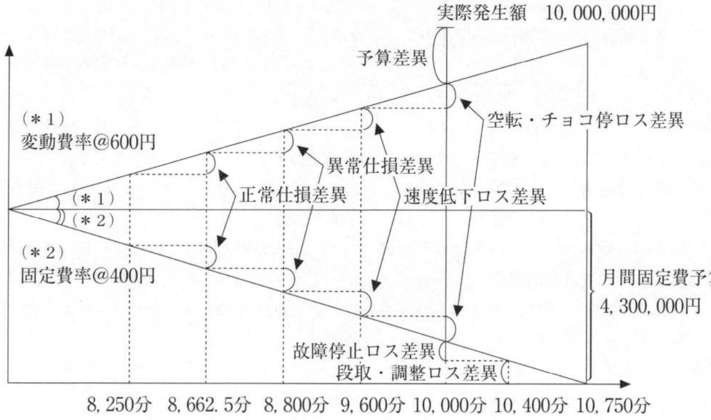

予算差異：600円／分×10,000分＋4,300,000円－10,000,000円＝(+)300,000円〔有利差異〕

能率差異

正常仕損差異：(600円／分＋400円／分)×正常仕損ロス△412.5分＝(−)412,500円〔不利差異〕
異常仕損差異：(600円／分＋400円／分)×異常仕損ロス△137.5分＝(−)137,500円〔不利差異〕
速度低下ロス差異：(600円／分＋400円／分)×速度低下ロス△800分＝(−)800,000円〔不利差異〕
空転・チョコ停ロス差異：(600円／分＋400円／分)×空転・チョコ停ロス△400分
＝(−)400,000円〔不利差異〕

操業度差異

段取・調整ロス差異：400円／分×段取・調整ロス△350分＝(−)140,000円〔不利差異〕
故障停止ロス差異：400円／分×故障停止ロス△400分＝(−)160,000円〔不利差異〕

2．設備総合効率の計算

① 時間稼働率：$\frac{\text{稼働時間}}{\text{負荷時間(計画設備稼働時間)}}=\frac{10,000\text{分}}{10,750\text{分}}=0.9302\cdots\rightarrow 93.0\%$（%未満第2位四捨五入）

② 正味稼働率：$\frac{\text{材料投入量}\times\text{実際ＣＴ}}{\text{稼働時間}}=\frac{16,000\text{個}\times 0.60\text{分/個}}{10,000\text{分}}=0.96\rightarrow 96.0\%$

③ 速度稼働率：$\frac{\text{理論ＣＴ}}{\text{実際ＣＴ}}=\frac{0.55\text{分/個}}{0.60\text{分/個}}=0.9166\cdots\rightarrow 91.7\%$（%未満第2位四捨五入）

④ 良　品　率：$\frac{\text{良品産出量}}{\text{材料投入量}}=\frac{15,000\text{個}}{16,000\text{個}}=0.9375\cdots\rightarrow 93.8\%$（%未満第2位四捨五入）

⑤ 設備総合効率：時間稼働率×正味稼働率×速度稼働率×良品率
＝93.0%×96.0%×91.7%×93.8%＝0.7679…→76.8%（%未満第2位四捨五入）

問題12-12

〔問1〕変更前の原価計算方式（直接作業時間基準）による各製品の単位あたり原価

（単位：円）

製　品	A	B	C
単位あたり原価	1,840	1,940	3,280

変更後の原価計算方式（機械運転時間基準）による各製品の単位あたり原価

（単位：円）

製　品	A	B	C
単位あたり原価	1,872	1,972	2,448

〔問2〕新しい原価計算方式（活動基準原価計算）による各製品の単位あたり原価

（単位：円）

製　品	A	B	C
単位あたり原価	1,750	1,952	4,600

解答への道

〔問1〕伝統的全部原価計算による各製品の単位あたり原価

1．製造間接費の予定配賦率

直接作業時間：8,960,000円÷(8,000個×0.5ｈ＋5,000個×0.5ｈ＋500個×1.0ｈ)＝1,280円／時間
機械運転時間：8,960,000円÷(8,000個×1.2ｈ＋5,000個×1.2ｈ＋500個×0.8ｈ)＝　560円／時間

2．直接作業時間基準による各製品の単位あたり原価

製品Ａ：600円／個＋(1,200円／時間＋1,280円／時間)×0.5時間＝1,840円／個
製品Ｂ：700円／個＋(1,200円／時間＋1,280円／時間)×0.5時間＝1,940円／個
製品Ｃ：800円／個＋(1,200円／時間＋1,280円／時間)×1.0時間＝3,280円／個

3．機械運転時間基準による各製品の単位あたり原価

製品Ａ：600円／個＋1,200円／時間×0.5ｈ＋560円／時間×1.2時間＝1,872円／個
製品Ｂ：700円／個＋1,200円／時間×0.5ｈ＋560円／時間×1.2時間＝1,972円／個
製品Ｃ：800円／個＋1,200円／時間×1.0ｈ＋560円／時間×0.8時間＝2,448円／個

〔問２〕活動基準原価計算による各製品の単位あたり原価

1．共通費のコスト・ドライバーと配賦率

機械作業コスト・プール（機　械　運　転　時　間）：5, 120, 000円÷16, 000時間＝320円/時間

段取作業コスト・プール（段　　取　　回　　数）：400, 000円÷160回＝2, 500円/回

生産技術コスト・プール（製品仕様書作成時間）：900, 000円÷200時間＝4, 500円/時間

材料倉庫コスト・プール（直接材料出庫金額）：870, 000円÷8, 700, 000円＝0. 1

品質保証コスト・プール（抜　取　検　査　回　数）：770, 000円÷220回＝3, 500円/回

2．各製品への製造間接費配賦額

	製品A	製品B	製品C
機械作業コスト・プール	320円/時間×9, 600時間 ＝3, 072, 000円	320円/時間×6, 000時間 ＝1, 920, 000円	320円/時間×400時間 ＝128, 000円
段取作業コスト・プール	2, 500円/回×50回 ＝125, 000円	2, 500円/回×25回 ＝62, 500円	2, 500円/回×85回 ＝212, 500円
生産技術コスト・プール	4, 500円/時間×45時間 ＝202, 500円	4, 500円/時間×95時間 ＝427, 500円	4, 500円/時間×60時間 ＝270, 000円
材料倉庫コスト・プール	4, 800, 000円×0. 1 ＝480, 000円	3, 500, 000円×0. 1 ＝350, 000円	400, 000円×0. 1 ＝　40, 000円
品質保証コスト・プール	3, 500円/回×120回 ＝420, 000円	3, 500円/回×60回 ＝210, 000円	3, 500円/回×40回 ＝140, 000円
各製品の個別費	100, 500円	290, 000円	509, 500円
合　　計	4, 400, 000円	3, 260, 000円	1, 300, 000円

3．各製品の単位あたり原価

製品A：600円/個＋1, 200円/時間×0. 5時間＋4, 400, 000円÷8, 000個＝1, 750円/個

製品B：700円/個＋1, 200円/時間×0. 5時間＋3, 260, 000円÷5, 000個＝1, 952円/個

製品C：800円/個＋1, 200円/時間×1. 0時間＋1, 300, 000円÷　500個＝4, 600円/個

問題12-13

〔問１〕

製　品　X	製　品　Y
13, 480　円	21, 800　円

〔問２〕

製　品　X	製　品　Y
12, 006. 4　円	29, 168　円

〔問３〕

＋1, 473. 6　円

解答への道

〔問１〕製造間接費を直接作業時間基準で配賦した場合の各製品の完成品単位原価の計算

1．各製品の直接作業時間

製品X：1. 8時間/台×10, 000台＝ 18, 000時間

製品Y：　3時間/台× 2, 000台＝　6, 000時間

総直接作業時間　24, 000時間

2．総括配賦率

52, 800, 000円〈製造間接費実際発生額〉÷24, 000時間〈総直接作業時間〉＝2, 200円/時間

3．製品単位原価

(1) 各製品１台あたりの直接労務費

製品X：1, 400円/時間×1. 8時間/台＝2, 520円/台

製品Y：1, 400円/時間×３時間/台＝4, 200円/台

(2) 各製品１台あたりの製造間接費

製品X：2, 200円/時間×1. 8時間/台＝3, 960円/台

製品Y：2, 200円/時間×３時間/台＝6, 600円/台

(3) 各製品の完成品単位原価

	製品X	製品Y
直接材料費	7, 000円	11, 000円
直接労務費	2, 520円	4, 200円
製造間接費	3, 960円	6, 600円
製造原価合計	13, 480円	21, 800円

〔問２〕活動基準原価計算による各製品の完成品単位原価の計算

1．購買費の配賦

資料３より，購買費の配賦に最も適切と思われるコスト・ドライバーは発注回数である。したがって発注回数を配賦基準として各製品に配賦する。

8, 640, 000円÷(40回＋50回)＝96, 000円/回

製品X：96, 000円/回×40回＝3, 840, 000円

製品Y：96, 000円/回×50回＝4, 800, 000円

2．段取費の配賦

資料３より，段取費の配賦に最も適切と思われるコスト・ドライバーは段取作業時間である。したがって段取作業時間を配賦基準として各製品に配賦する。

14, 400, 000円÷(800時間＋1, 200時間)＝7, 200円/時間

製品X：7, 200円/時間×800時間＝5, 760, 000円

製品Y：7, 200円/時間×1, 200時間＝8, 640, 000円

3．品質管理費の配賦

資料３より，品質管理費の配賦に最も適切と思われるコスト・ドライバーは検査時間である。したがって検査時間を配賦基準として各製品に配賦する。

8, 064, 000円÷(140時間+180時間)=25, 200円/時間
製品X：25, 200円/時間×140時間=3, 528, 000円
製品Y：25, 200円/時間×180時間=4, 536, 000円

4．製品設計費の配賦

資料3より，製品設計費の配賦に最も適切と思われるコスト・ドライバーは仕様書作成時間である。したがって仕様書作成時間を配賦基準として各製品に配賦する。

12, 096, 000円÷(150時間+250時間)=30, 240円/時間
製品X：30, 240円/時間×150時間=4, 536, 000円
製品Y：30, 240円/時間×250時間=7, 560, 000円

5．その他の製造間接費の配賦

〔問2〕の指示に「製造間接費実際発生額のうち，資料2でコスト・プール別に分類されなかった金額については直接作業時間基準で配賦を行うこと」とあるため，資料1の製造間接費実際発生額から，資料2の合計額を差し引いた残額を，直接作業時間を配賦基準として各製品に配賦する。

52, 800, 000円−(8, 640, 000円+14, 400, 000円+8, 064, 000円+12, 096, 000円)=9, 600, 000円
製造間接費実際発生額　購買費　段取費　品質管理費　製品設計費　その他の製造間接費

9, 600, 000円÷24, 000時間=400円/時間
解説〔問1〕の1より

製品X：400円/時間×18, 000時間=7, 200, 000円
解説〔問1〕の1より

製品Y：400円/時間×6, 000時間=2, 400, 000円
解説〔問1〕の1より

6．各製品の製造原価及び製品単位原価

上記で計算した金額をまとめると以下のようになる。

	製品X	製品Y
製造間接費		
購買費	3, 840, 000円	4, 800, 000円
段取費	5, 760, 000円	8, 640, 000円
品質管理費	3, 528, 000円	4, 536, 000円
製品設計費	4, 536, 000円	7, 560, 000円
その他の製造間接費	7, 200, 000円	2, 400, 000円
製造間接費合計	24, 864, 000円	27, 936, 000円

〈各製品単位あたり製造間接費〉
製品X：24, 864, 000円÷10, 000台=2, 486. 4円
製品Y：27, 936, 000円÷2, 000台=13, 968円
したがって，各製品の完成品単位原価は
製品X：7, 000円+2, 520円+2, 486. 4円=12, 006. 4円
製品Y：11, 000円+4, 200円+13, 968円=29, 168円

〔問3〕〔問1〕における製品Xの完成品単位原価に含まれる内部相互補助の金額の計算
13, 480円〈問1〉−12, 006. 4円〈問2〉=+1, 473. 6円（過大な配賦）

問題12-14

〔問1〕

各製品の年間計画生産・販売量……………
製品A 1, 600 台
製品B 2, 400 台
製品C 400 台

〔問2〕

(1) 製造間接費，販売費及び一般管理費予算総額……… 7, 344, 000 円

(2) 各製品の単位あたり総原価……………………
製品A 2, 900 円
製品B 3, 520 円
製品C 2, 760 円

(3) 製品別の年間営業利益総額……………………
製品A 1, 760, 000 円
製品B 10, 752, 000 円
製品C 856, 000 円

（注）損失が生じる場合は金額の前に△を付すこと。

〔問3〕

(1) 各製品の単位あたり総原価……………………
製品A 2, 771. 25 円
製品B 3, 105 円
製品C 5, 765 円

(2) 製品別の年間営業利益総額……………………
製品A 1, 966, 000 円
製品B 11, 748, 000 円
製品C △ 346, 000 円

（注）損失が生じる場合は金額の前に△を付すこと。

〔問4〕

①＝ 206, 000 円
②＝（過大・~~過小~~）
③＝ 996, 000 円
④＝（過大・~~過小~~）
⑤＝ 1, 202, 000 円
⑥＝（~~過大~~・過小）

解答への道

〔問１〕各製品の年間計画生産・販売量

$$\frac{27,560,000\text{円}}{4,000\text{円}\times 4\text{台}+8,000\text{円}\times 6\text{台}+4,900\text{円}\times 1\text{台}}=400\text{単位}$$

製品Ａ：400単位×４＝1,600台
製品Ｂ：400単位×６＝2,400台
製品Ｃ：400単位×１＝　400台

〔問２〕

(1)　製造間接費，販売費及び一般管理費予算総額

①　本問では製品Ａについて，販売単価と売上高営業利益率が与えられているため，そこから製品Ａの総原価（製造原価と販管費の合計）が判明する。

4,000円×(100％－27.5％)＝2,900円（製品Ａの総原価）

②　①の総原価から，直接材料費と直接労務費を差し引けば，製造間接費と販管費の合計額が求められる。

2,900円－(1,100円＋900円/時間×0.5時間)＝1,350円（製品Ａの製造間接費と販管費の合計）

③　当社ではかねてより，製造間接費と販管費をまとめて直接作業時間を基準に配賦してきたため，②が製品Ａへの配賦額である（製品Ａの直接作業時間0.5時間分が配賦されている）。よって，配賦率は2,700円/時間（＝1,350円÷0.5時間）と判明する。

また，予算総額は以下のように求めればよい。

2,700円/時間×(0.5時間×1,600台＋0.7時間×2,400台＋0.6時間×400台)＝7,344,000円〈予算総額〉

(2)　伝統的全部原価計算による製品単位あたり総原価の算定

製品Ａ：1,100円＋(900円＋2,700円)×0.5時間＝2,900円/台　または 4,000円×0.725＝2,900円/台
製品Ｂ：1,000円＋(900円＋2,700円)×0.7時間＝3,520円/台
製品Ｃ：　600円＋(900円＋2,700円)×0.6時間＝2,760円/台

(3)　製品別の年間営業利益総額

製品Ａ：(4,000円－2,900円)×1,600台＝　1,760,000円
製品Ｂ：(8,000円－3,520円)×2,400台＝10,752,000円
製品Ｃ：(4,900円－2,760円)×　400台＝　　856,000円

〔問３〕

(1)　活動基準原価計算による製品の単位あたり総原価の算定

①　配賦基準と配賦率の計算

機械作業コスト・プール（機械運転時間）
1,800,000円÷(1.0時間×1,600台＋1.5時間×2,400台＋2.0時間×400台)＝300円/時間

段取作業コスト・プール（段取時間）
350,000円÷(16時間＋24時間＋40時間)＝4,375円/時間

生産技術コスト・プール（製品仕様書作成時間）
1,200,000円÷(200時間＋250時間＋350時間)＝1,500円/時間

材料倉庫コスト・プール（直接材料出庫金額）
660,000円÷(1,100円/台×1,600台＋1,000円/台×2,400台＋600円/台×400台)＝0.15

品質保証コスト・プール
Ｃ専用検査機械減価償却費（全額製品Ｃへ）
総額より逆算して求める：254,000円

その他の品質保証費（抜取検査回数）
440,000円÷(16回＋24回＋４回)＝10,000円/回

包装出荷コスト・プール（出荷回数）
600,000円÷(８回＋12回＋40回)＝10,000円/回

管理活動コスト・プール（直接作業時間）
2,040,000円÷(0.5時間×1,600台＋0.7時間×2,400台＋0.6時間×400台)＝750円/時間

②　各製品への配賦額および単位あたり総原価

コスト・プール	製品Ａ	製品Ｂ	製品Ｃ
機械作業	300円/時間×1,600時間 ＝480,000円	300円/時間×3,600時間 ＝1,080,000円	300円/時間×800時間 ＝240,000円
段取作業	4,375円/時間×16時間 ＝70,000円	4,375円/時間×24時間 ＝105,000円	4,375円/時間×40時間 ＝175,000円
生産技術	1,500円/時間×200時間 ＝300,000円	1,500円/時間×250時間 ＝375,000円	1,500円/時間×350時間 ＝525,000円
材料倉庫	1,760,000円×0.15 ＝264,000円	2,400,000円×0.15 ＝360,000円	240,000円×0.15 ＝36,000円
Ｃ専用検査機械減価償却費			254,000円
その他の品質保証費	10,000円/回×16回 ＝160,000円	10,000円/回×24回 ＝240,000円	10,000円/回×４回 ＝40,000円
包装出荷	10,000円/回×８回 ＝80,000円	10,000円/回×12回 ＝120,000円	10,000円/回×40回 ＝400,000円
管理活動	750円/時間×800時間 ＝600,000円	750円/時間×1,680時間 ＝1,260,000円	750円/時間×240時間 ＝180,000円
合計	1,954,000円	3,540,000円	1,850,000円

③　各製品の単位あたり総原価

製品Ａ：1,100円＋900円/時間×0.5時間＋1,954,000円÷1,600台＝2,771.25円/台
製品Ｂ：1,000円＋900円/時間×0.7時間＋3,540,000円÷2,400台＝3,105円/台
製品Ｃ：600円＋900円/時間×0.6時間＋1,850,000円÷400台＝5,765円/台

(2)　製品別の年間営業利益総額

製品Ａ：(4,000円－2,771.25円)×1,600台＝1,966,000円
製品Ｂ：(8,000円－3,105円)×2,400台＝11,748,000円
製品Ｃ：(4,900円－5,765円)×400台＝(－)346,000円

〔問４〕各製品の原価の歪み

(伝統的全部原価計算－活動基準原価計算)×販売量

製品Ａ：(2,900円－2,771.25円)×1,600台＝(＋)　206,000円（過大）
製品Ｂ：(3,520円－3,105円)　×2,400台＝(＋)　996,000円（過大）
製品Ｃ：(2,760円－5,765円)　×　400台＝(－)1,202,000円（過小）
合計　0円

問題12-15

〔問１〕

(1)	@5, 000	円
(2)	2, 000	回
(3)	600, 000	時間
(4)	2, 000	台
(5)	25	回

〔問２〕

製品Ｓの製造単価	30, 800	円
製品Ｓの販売単価	46, 200	円

〔問３〕

4	%

解答への道

〔問１〕空欄補充

活動基準原価計算を用いているため，コスト・プールの性質に応じたコスト・ドライバー（配賦基準）によって製造間接費が配賦されることになる。

(1) 資料１の平均発注費より　@5, 000円
(2) 製品Ｓにかかる発注回数：50種類×40回＝2, 000回
(3) 製品Ｓにかかる検査時間：30時間/台×20, 000台＝600, 000時間
(4) 製品Ｓにかかる仕損品量：20, 000台×10％＝2, 000台
(5) 製品Ｓにかかる出荷回数：資料１より25回

〔問２〕製造単価および販売単価

1．製造単価の計算

〈製品Ｓ１台あたり〉

直接材料費：　@16, 000円
直接労務費：　@8, 000円
製造間接費：
　発注・受入活動費：@5, 000円×2, 000回÷20, 000台　＝　@500円
　組 立 活 動 費：@1, 000円×80, 000時間÷20, 000台＝　@4, 000円
　検 査 活 動 費：@25円×600, 000時間÷20, 000台　＝　@750円
　補 修 活 動 費：@2, 500円×2, 000台÷20, 000台　＝　@250円
　出 荷 活 動 費：@80, 000円×25回÷20, 000台　＝　@100円
　工場管理活動費：@300円×80, 000時間÷20, 000台　＝　@1, 200円
　　合　計　　@30, 800円

2．販売単価の計算

@30, 800円×（１＋0. 5）＝@46, 200円

〔問３〕ＶＥによる原価削減

バリュー・エンジニアリング（ＶＥ）とは，製品の価値を下げずに原価削減を実現するための組織的努力のことをいう。本問では，ＶＥの成果として製品Ｓの製造単価が25, 000円/台となるように仕損率を逆算する。

〈製品Ｓ１台あたり〉

直接材料費：　@14, 200円
直接労務費：@2, 000円×３時間/台　＝　@6, 000円
製造間接費：
　発注・受入活動費：@5, 000円×840回÷30, 000台＝　@140円
　組 立 活 動 費：@1, 000円×３時間/台　＝　@3, 000円
　検 査 活 動 費：@25円×20時間/台　＝　@500円
　補 修 活 動 費：　@　？　円 ←
　出 荷 活 動 費：@80, 000円×60回÷30, 000台＝　@160円
　工場管理活動費：@300円×３時間/台　＝　@900円
　　合　計　　@25, 000円

（単位あたり補修活動費　100円/台（差引））

ＶＥ後の仕損品量：@100円×30, 000台÷@2, 500円＝1, 200台
ＶＥ後の仕損率：1, 200台÷30, 000台×100＝４（％）
　または，@100円÷@2, 500円×100＝４（％）

問題12-16

取引先別営業利益および売上高営業利益率

	Ａ　社	Ｂ　社	Ｃ　社
営業利益	1, 496, 600　円	1, 326, 900　円	3, 229, 500　円
売上高営業利益率	10. 01　％	4. 90　％	12. 45　％

解答への道

1．固定費の配賦（活動基準原価計算）

(1) 発注・受入活動（配賦基準：発注回数）

Ａ社：$\frac{320,000円}{400回}$（＝800円/回）×170回＝136, 000円
Ｂ社：　〃　×128回＝102, 400円
Ｃ社：　〃　×102回＝ 81, 600円

(2) 検査活動（配賦基準：検査時間）

Ａ社：$\frac{3,250,000円}{5,000時間}$（＝650円/時間）×2, 552時間＝1, 658, 800円
Ｂ社：　〃　×1, 372時間＝ 891, 800円
Ｃ社：　〃　×1, 076時間＝ 699, 400円

(3) 加工活動（配賦基準：直接作業時間）

Ａ社：$\frac{15,600,000円}{60,000時間}$（＝260円/時間）×10, 300時間＝2, 678, 000円
Ｂ社：　〃　×27, 800時間＝7, 228, 000円
Ｃ社：　〃　×21, 900時間＝5, 694, 000円

(4) 包装・出荷活動（配賦基準：出荷回数）

A社：$\frac{902,000円}{110回}$（=8, 200円/回）×81回=664, 200円

B社：　〃　　×17回=139, 400円

C社：　〃　　×12回=　98, 400円

(5) 管理活動（配賦基準：管理時間）

A社：$\frac{610,000円}{100時間}$（=6, 100円/時間）×74時間=451, 400円

B社：　〃　　×15時間=　91, 500円

C社：　〃　　×11時間=　67, 100円

(6) 配賦額合計

A社：136, 000円+1, 658, 800円+2, 678, 000円+664, 200円+451, 400円=5, 588, 400円

B社：102, 400円+891, 800円+7, 228, 000円+139, 400円+91, 500円=8, 453, 100円

C社：81, 600円+699, 400円+5, 694, 000円+98, 400円+67, 100円=6, 640, 500円

2．直接原価計算方式の損益計算書

損　益　計　算　書　（単位：円）

	A　社	B　社	C　社	計
売　上　高	14, 950, 000	27, 058, 000	25, 944, 000	67, 952, 000
変　動　費	7, 865, 000	17, 278, 000	16, 074, 000	41, 217, 000
貢 献 利 益	7, 085, 000	9, 780, 000	9, 870, 000	26, 735, 000
固　定　費	5, 588, 400	8, 453, 100	6, 640, 500	20, 682, 000
営 業 利 益	1, 496, 600	1, 326, 900	3, 229, 500	6, 053, 000

3．売上高営業利益率（%未満小数点以下第3位四捨五入）

A社：$\frac{1,496,600円}{14,950,000円}$×100=10. 010…→10. 01%

B社：$\frac{1,326,900円}{27,058,000円}$×100=4. 903…→4. 90%

C社：$\frac{3,229,500円}{25,944,000円}$×100=12. 447…→12. 45%

問題12-17

(1) 原料の購入と消費

借方科目	金　額	貸方科目	金　額
売上原価	1, 800, 000	買　掛　金	1, 800, 000

(2) 加工費の発生

借方科目	金　額	貸方科目	金　額
売上原価	1, 200, 000	未　払　金	1, 200, 000

解答への道

本問の場合は期末原料，仕掛品，製品がなく，実際原価=標準原価で標準原価差異が生じないという極端な例である。内部管理のため物量データでは，たとえば，原料の購入→消費→仕掛品→製品→売上原価の流れを把握すべきであるが，外部報告目的にとっては原価計算上この流れを把握する必要はなく，原料の購入→売上原価として差し支えないことになる。

問題12-18

(1) 伝統的全部原価計算方式による勘定連絡図（単位：円）

買　掛　金

	(960, 000)

原　　料

(960, 000)	(952, 000)
	(8, 000)
(960, 000)	(960, 000)

仕　掛　品

(952, 000)	(2, 360, 000)
(1, 422, 000)	(14, 000)
(2, 374, 000)	(2, 374, 000)

諸　勘　定

	(1, 422, 000)

加　工　費

(1, 422, 000)	(1, 422, 000)

製　　品

(2, 360, 000)	(2, 340, 000)
	(20, 000)
(2, 360, 000)	(2, 360, 000)

売　上　原　価

(2, 340, 000)	

(2) バックフラッシュ原価計算方式による勘定連絡図（単位：円）

買　掛　金

	(960, 000)

売　上　原　価

(960, 000)	(2, 340, 000)
(1, 422, 000)	(42, 000)
(2, 382, 000)	(2, 382, 000)

諸　勘　定

	(1, 422, 000)

加　工　費

(1, 422, 000)	(1, 422, 000)

原　　料

(8, 000)	

仕　掛　品

(14, 000)	

製　　品

(20, 000)	

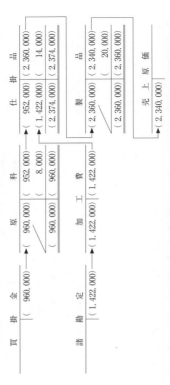

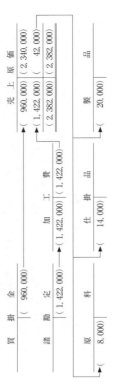

解答への道

1．月末仕掛品原価，完成品原価の計算
（注）（　）内は加工費の完成品換算量を示す。

仕　掛　品

当月投入 1,190個 （1,185個）	当月完成 1,180個
	月　末 10個（5個）

月末仕掛品原価：
原料費：800円/個×10個＝8,000円
加工費：1,200円/個×5個＝6,000円
合　計：8,000円＋6,000円＝14,000円
完成品原価：2,000円/個×1,180個＝2,360,000円

2．月末在庫品の計算
月　末　原　料：400円/kg×20kg　＝8,000円
月 末 仕 掛 品：原料費：　800円/個×10個×100%＝8,000円
　　　　　　　加工費：1,200円/個×10個×　50%＝6,000円　14,000円
月　末　製　品：2,000円/個×10個　＝20,000円
月末在庫品合計：　42,000円

問題12-19

(1)　原料購入時

借方科目	金　額	貸方科目	金　額
在　庫　品	1,500,000	買　掛　金	1,500,000

(2)　加工費の発生

借方科目	金　額	貸方科目	金　額
加　工　費	496,250	諸　勘　定	496,250

(3)　製品の完成時

借方科目	金　額	貸方科目	金　額
仕訳なし		仕訳なし	

(4)　製品販売時

借方科目	金　額	貸方科目	金　額
売上原価	1,970,000	在　庫　品	1,477,500
		加　工　費	492,500

(5)　加工費差異の処理（少額なので内部管理上，売上原価勘定へチャージする）

借方科目	金　額	貸方科目	金　額
売上原価	3,750	加　工　費	3,750

〈勘定連絡図〉　（単位：円）

買　掛　金

	（1,500,000）

在　庫　品

（1,500,000）	（1,477,500）
	（　22,500）
（1,500,000）	（1,500,000）

売　上　原　価

（1,970,000）	
（　3,750）	

諸　勘　定

	（　496,250）

加　工　費

（　496,250）	（　492,500）
	（　3,750）
（　496,250）	（　496,250）

解答への道

1．在庫品月末有高の計算
月　末　原　料：300円/kg×25kg　＝ 7,500円
月 末 仕 掛 品：1,500円/個×5個×100%＝ 7,500円
月　末　製　品：1,500円/個×5個　＝ 7,500円
合　　計　22,500円

2．加工費差異の計算
月 末 仕 掛 品：500円/個×5個×50%　＝ 1,250円
月　末　製　品：500円/個×5個　＝ 2,500円
合　　計　3,750円

別冊②

解答用紙

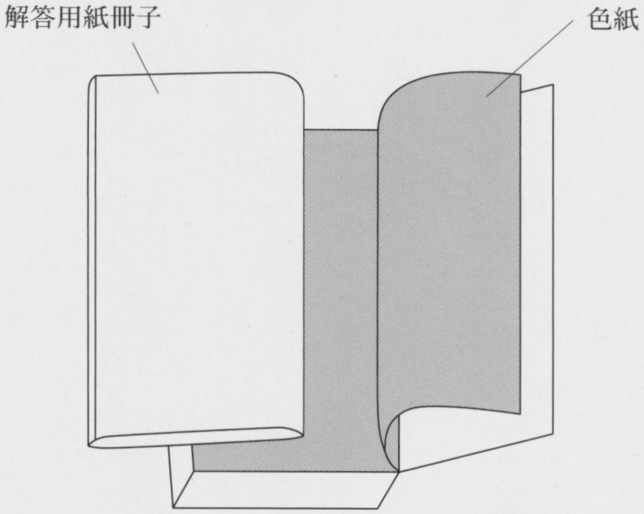

〈解答用紙ご利用時の注意〉

以下の「解答用紙」は，この色紙を残したままていねいに抜き取り，ご利用ください。

また，抜取りの際の損傷についてのお取替えはご遠慮願います。

問題2-1

〔設問１〕全部実際原価計算による損益計算書

（単位：円）

	第　１　期	第　２　期	第　３　期	第　４　期
売　　上　　高				
売　上　原　価				
売　上　原　価				
操 業 度 差 異				
小　　　計				
売 上 総 利 益				
販売費及び一般管理費				
営　業　利　益				

〔設問２〕直接実際原価計算による損益計算書

（単位：円）

	第　１　期	第　２　期	第　３　期	第　４　期
売　　上　　高				
変動売上原価				
貢　献　利　益				
固　　定　　費				
製 造 固 定 費				
販売費及び一般管理費				
営　業　利　益				

〔設問３〕全部実際原価計算と直接実際原価計算による営業利益の差

第１期：

第２期：

第３期：

第４期：

解答〈1〉ページ

問題2-2

直接原価計算による損益計算書　（単位：円）

	前々期	前期
売上高	(　　　)	(　　　)
変動費	(　　　)	(　　　)
貢献利益	(　　　)	(　　　)
固定費	(　　　)	(　　　)
営業利益	(　　　)	(　　　)

解答〈5〉ページ

問題2-3

〔設問１〕

損益計算書　（単位：円）

Ⅰ　売上高		(　　　)
Ⅱ　売上原価		
1．期首製品棚卸高	(　　　)	
2．(　　　)	(　　　)	
合計	(　　　)	
3．期末製品棚卸高	(　　　)	(　　　)
(　　　)		(　　　)
Ⅲ　(　　　)		(　　　)
営業利益		(　　　)

〔設問２〕

損益計算書　（単位：円）

Ⅰ　売上高		(　　　)
Ⅱ　変動売上原価		(　　　)
(　　　)		(　　　)
Ⅲ　(　　　)		(　　　)
(　　　)		(　　　)
Ⅳ　(　　　)		
1．製造間接費	(　　　)	
2．販売費及び一般管理費	(　　　)	(　　　)
営業利益		(　　　)

解答〈8〉ページ

問題2-4

〔設問1〕

損益計算書　　(単位：円)

Ⅰ　売上高		(　　　)
Ⅱ　売上原価		
1．月初製品棚卸高	(　　　)	
2．当月製品製造原価	(　　　)	
合　計	(　　　)	
3．月末製品棚卸高	(　　　)	
差　引	(　　　)	
4．原価差額	(　　　)	(　　　)
売上総利益		(　　　)
Ⅲ　販売費及び一般管理費		(　　　)
営業利益		(　　　)

〔設問2〕

損益計算書　　(単位：円)

Ⅰ　売上高		(　　　)
Ⅱ　変動売上原価		
1．月初製品棚卸高	(　　　)	
2．当月製品製造原価	(　　　)	
合　計	(　　　)	
3．月末製品棚卸高	(　　　)	
差　引	(　　　)	
4．原価差額	(　　　)	(　　　)
変動製造マージン		(　　　)
Ⅲ　変動販売費		(　　　)
貢献利益		(　　　)
Ⅳ　固定費		
1．加工費	(　　　)	
2．販売費・一般管理費	(　　　)	(　　　)
営業利益		(　　　)

解答〈9〉ページ

問題2-5

〔設問１〕

損 益 計 算 書　　　　（単位：円）

Ⅰ　売　上　高	12,000,000
Ⅱ　変動売上原価	(　　　)
貢　献　利　益	(　　　)
Ⅲ　固　定　費	(　　　)
直接原価計算方式による営業利益	(　　　)
期末棚卸資産に含まれる固定費	(　　　)
計	(　　　)
期首棚卸資産に含まれる固定費	(　　　)
全部原価計算方式による営業利益	(　　　)

〔設問２〕

全部原価計算方式による営業利益 [　　　　] 円

解答〈11〉ページ

問題2-6

〔設問１〕

損益計算書　（単位：円）

Ⅰ　売　上　高		（　　　）
Ⅱ　売上原価		
1．期首製品棚卸高	（　　　）	
2．（　　　）	（　　　）	
合　　計	（　　　）	
3．期末製品棚卸高	（　　　）	（　　　）
（　　　）		（　　　）
Ⅲ　販売費及び一般管理費		（　　　）
営　業　利　益		（　　　）

〔設問２〕

損益計算書　（単位：円）

Ⅰ　売　上　高		（　　　）
Ⅱ　変動売上原価		
1．期首製品棚卸高	（　　　）	
2．（　　　）	（　　　）	
合　　計	（　　　）	
3．期末製品棚卸高	（　　　）	（　　　）
（　　　）		（　　　）
Ⅲ（　　　）		（　　　）
（　　　）		（　　　）
Ⅳ（　　　）		
1．加　工　費	（　　　）	
2．販　売　費	（　　　）	
3．一般管理費	（　　　）	（　　　）
直接原価計算の営業利益		（　　　）
固定費調整額		（　　　）
全部原価計算の営業利益		（　　　）

解答〈13〉ページ

問題2-7

〔設問1〕当月の月末仕掛品原価総額

(1) 全部原価計算を採用した場合 ＿＿＿＿ 円

(2) 直接原価計算を採用した場合 ＿＿＿＿ 円

〔設問2〕月次損益計算書（単位：円）

(1) 全部原価計算の損益計算書

売　上　高

全部原価計算の営業利益

(2) 直接原価計算の損益計算書

売　上　高

直接原価計算の営業利益
固 定 費 調 整

全部原価計算の営業利益

解答〈15〉ページ

問題2-8

損益計算書（全部原価計算）　　　　（単位：円）

売上高		(　　　)
売上原価		
月初製品棚卸高	(　　　)	
当月製品製造原価	(　　　)	
合計	(　　　)	
月末製品棚卸高	(　　　)	
差引	(　　　)	
原価差異		
第1工程		
予算差異	(　　　)	
操業度差異	(　　　)	
小計	60,000	
第2工程		
予算差異	(　　　)	
操業度差異	(　　　)	
小計	170,000	
差異合計	230,000	(　　　)
売上総利益		(　　　)
販売費及び一般管理費		(　　　)
営業利益		(　　　)

損益計算書（直接原価計算）

（単位：円）

売　上　高		(　　)
変動売上原価		
月初製品棚卸高	(　　)	
当月製品製造原価	(　　)	
合　　計	(　　)	
月末製品棚卸高	(　　)	
差　　引	(　　)	
変動製造原価差異		
第 1 工 程	30,000	
第 2 工 程	50,000	
差異合計	80,000	(　　)
変動製造マージン		(　　)
変動販売費		(　　)
貢 献 利 益		(　　)
固 定 費		
第1工程加工費	(　　)	
第2工程加工費	(　　)	
販　売　費	(　　)	
一 般 管 理 費	(　　)	(　　)
営 業 利 益		(　　)

固 定 費 調 整 表

（単位：円）

直接原価計算の営業利益		(　　)
加 算 項 目		
月末仕掛品固定費		
第 1 工 程	(　　)	
第 2 工 程	(　　)	
月末製品固定費	(　　)	(　　)
控 除 項 目		
月初仕掛品固定費		
第 1 工 程	(　　)	
第 2 工 程	(　　)	
月初製品固定費	(　　)	(　　)
全部原価計算の営業利益		(　　)

解答〈18〉ページ

問題2-9

〔設問１〕

損 益 計 算 書 （単位：円）

Ⅰ 売 上 高		（ ）
Ⅱ 売 上 原 価		
1．期首製品棚卸高	（ ）	
2．（ ）	（ ）	
合 計	（ ）	
3．期末製品棚卸高	（ ）	（ ）
（ ）		（ ）
Ⅲ （ ）		（ ）
営 業 利 益		（ ）

〔設問２〕

損 益 計 算 書 （単位：円）

Ⅰ 売 上 高		（ ）
Ⅱ 変動売上原価		
1．期首製品棚卸高	（ ）	
2．（ ）	（ ）	
合 計	（ ）	
3．期末製品棚卸高	（ ）	（ ）
（ ）		（ ）
Ⅲ （ ）		（ ）
（ ）		（ ）
Ⅳ （ ）		
1．加 工 費	（ ）	
2．販 売 費	（ ）	
3．（ ）	（ ）	（ ）
営 業 利 益		（ ）

〔設問３〕

直接原価計算方式による営業利益	（ ）円
固定費調整額	
期末棚卸資産に含まれる固定加工費	（ ）
期首棚卸資産に含まれる固定加工費	（ ）
全部原価計算方式による営業利益	（ ）円

〔設問４〕

製 品 ［ ］円　　仕 掛 品 ［ ］円

解答〈25〉ページ

問題2-10

損益計算書（直接原価計算）　（単位：円）

売　上　高		（　　）
変動売上原価		
月初製品棚卸高	（　　）	
当月製品製造原価	（　　）	
計	（　　）	
月末製品棚卸高	（　　）	
差　引	（　　）	
変動原価差異		
第　1　工　程	（　　）	
第　2　工　程	（　　）	
動　力　部	（　　）	
変動原価差異合計	（　　）	（　　）
変動製造マージン		（　　）
変動販売費		（　　）
貢　献　利　益		（　　）
固　定　費		
製　造　原　価	（　　）	
販売費・一般管理費	（　　）	（　　）
営　業　利　益		（　　）

損益計算書（全部原価計算）　（単位：円）

売　上　高		（　　）
売　上　原　価	（　　）	
原　価　差　異		
第　1　工　程	（　　）	
第　2　工　程	（　　）	
動　力　部	（　　）	
事　務　部	（　　）	
原価差異合計	（　　）	（　　）
売上総利益		（　　）
販売費・一般管理費		（　　）
営　業　利　益		（　　）

固定費調整表　　（単位：円）

直接原価計算の営業利益		(　　)
加算項目		
第１工程月末仕掛品	(　　)	
第２工程月末仕掛品	(　　)	
月　末　製　品	(　　)	(　　)
減算項目		
第１工程月初仕掛品	(　　)	
第２工程月初仕掛品	(　　)	
月　初　製　品	(　　)	(　　)
全部原価計算の営業利益		(　　)

解答〈30〉ページ

問題3-1

損益計算書　　（単位：円）

Ⅰ　売　上　高		(　　)
Ⅱ　標準変動売上原価		(　　)
(　　)		(　　)
Ⅲ　標準変動販売費		(　　)
(　　)		(　　)
Ⅳ　標準変動費差異		(　　)
実際貢献利益		(　　)
Ⅴ　固　定　費		
1．製　造　間　接　費	(　　)	
予　算　差　異	(　　)	
2．販売費及び一般管理費	(　　)	(　　)
営　業　利　益		(　　)

解答〈39〉ページ

問題3-2

損益計算書（直接標準原価計算方式）　　　　（単位：円）

Ⅰ　売　上　高				（　　　）
Ⅱ　標準変動売上原価				（　　　）
Ⅲ　標準変動販売費				（　　　）
標準貢献利益				（　　　）
Ⅳ　標準変動費差異				
1．直接材料費差異	〔　〕	（　　　）		
2．直接労務費差異	〔　〕	（　　　）		
3．製造間接費差異	〔　〕	（　　　）		
4．変動販売費差異	〔　〕	（　　　）	〔　〕	（　　　）
実際貢献利益				（　　　）
Ⅴ　固　定　費				（　　　）
営　業　利　益				（　　　）

(注) 標準変動費差異の〔　〕内には，有利差異ならば「＋」を，不利差異ならば「－」を記入しなさい。

解答〈40〉ページ

問題3-3

損益計算書（直接標準原価計算方式）　　　　（単位：千円）

Ⅰ　売　上　高				（　　　）
Ⅱ　標準変動売上原価				（　　　）
Ⅲ　標準変動販売費				（　　　）
標準貢献利益				（　　　）
Ⅳ　標準変動費差異				
1．直接材料費差異	〔　〕	（　　　）		
2．変動加工費差異	〔　〕	（　　　）		
3．変動販売費差異	〔　〕	（　　　）	〔　〕	（　　　）
実際貢献利益				（　　　）
Ⅴ　固　定　費				（　　　）
営　業　利　益				（　　　）

(注) 標準変動費差異の〔　〕内には，有利差異ならば「＋」を，不利差異ならば「－」を記入しなさい。

解答〈41〉ページ

問題3-4

〔設問１〕全部標準原価計算による損益計算書

損　益　計　算　書　　　　　（単位：円）

Ⅰ　売　上　高		（　　　）
Ⅱ　標準売上原価		
1．月初製品棚卸高	（　　　）	
2．当月製品製造原価	（　　　）	
合　　計	（　　　）	
3．月末製品棚卸高	（　　　）	（　　　）
標準売上総利益		（　　　）
Ⅲ　標準原価差異		
1．価　格　差　異	（　　　）	
2．数　量　差　異	（　　　）	
3．賃　率　差　異	（　　　）	
4．時　間　差　異	（　　　）	
5．予　算　差　異	（　　　）	
6．能　率　差　異	（　　　）	
7．操　業　度　差　異	（　　　）	（　　　）
実際売上総利益		（　　　）
Ⅳ　販売費及び一般管理費		（　　　）
営　業　利　益		（　　　）

（注１）不利差異は金額の前に△を付すこと。
（注２）能率差異は変動費と固定費の両方から算出すること。

〔設問２〕直接標準原価計算による損益計算書

損　益　計　算　書　　（単位：円）

Ⅰ　売　上　高		(　　　)
Ⅱ　標準変動売上原価		
1．月初製品棚卸高	(　　　)	
2．当月製品製造原価	(　　　)	
合　　計	(　　　)	
3．月末製品棚卸高	(　　　)	(　　　)
標準変動製造マージン		(　　　)
Ⅲ　標準変動販売費		(　　　)
標準貢献利益		(　　　)
Ⅳ　標準変動費差異		
1．価　格　差　異	(　　　)	
2．数　量　差　異	(　　　)	
3．賃　率　差　異	(　　　)	
4．時　間　差　異	(　　　)	
5．予　算　差　異	(　　　)	
6．能　率　差　異	(　　　)	
7．変動販売費差異	(　　　)	(　　　)
実際貢献利益		(　　　)
Ⅴ　固　定　費		
1．固定製造間接費	(　　　)	
予　算　差　異	(　　　)	
2．固　定　販　売　費	(　　　)	
3．一　般　管　理　費	(　　　)	(　　　)
直接標準原価計算の営業利益		(　　　)
固定費調整額		(　　　)
全部標準原価計算の営業利益		(　　　)

（注）不利差異は金額の前に△を付すこと。

解答〈43〉ページ

問題3-5

（注）損益計算書および差異分析一覧表に記載する不利差異には－，有利差異には＋の符号を数値の前につけて表示すること。

固定費調整額は，プラスの数値なら＋，マイナスの数値なら－の符号を数値の前につけて表示すること。

(1) 全部原価計算方式の損益計算書　（単位：円）

売上高	（　　　　）
標準売上原価	（　　　　）
標準売上総利益	（　　　　）
標準製造原価差異	（　　　　）
実際売上総利益	（　　　　）
実際変動販売費	（　　　　）
実際固定販売費・一般管理費	（　　　　）
実際販売費・一般管理費合計	（　　　　）
実際営業利益	（　　　　）

(2) 直接原価計算方式の損益計算書　（単位：円）

売上高	（　　　　）
標準変動売上原価	（　　　　）
標準変動販売費	（　　　　）
標準変動費合計	（　　　　）
標準貢献利益	（　　　　）
標準変動製造原価差異	（　　　　）
標準変動販売費予算差異	（　　　　）
標準変動費差異合計	（　　　　）
実際貢献利益	（　　　　）
実際固定加工費	（　　　　）
実際固定販売費・一般管理費	（　　　　）
実際固定費合計	（　　　　）
実際営業利益	（　　　　）

(3) 付属資料

製品A販売単価	（　　　　）円/個
当期製品販売量	（　　　　）個
当期原料実際消費量	（　　　　）kg
年間正常加工時間	（　　　　）時間

製品A１個あたり標準原価

原料費	（　　　　）円/個
変動加工費	（　　　　）円/個
固定加工費	（　　　　）円/個

直接原価計算方式の営業利益	（　　　　）円
固定費調整	（　　　　）円
全部原価計算方式の営業利益	（　　　　）円

製造原価差異分析一覧表

原料費差異

価格差異	（　　　　）円
数量差異	（　　　　）円

加工費差異

変動加工費予算差異	（　　　　）円
固定加工費予算差異	（　　　　）円
変動加工費能率差異	（　　　　）円
固定加工費能率差異	（　　　　）円
操業度差異	（　　　　）円

解答〈47〉ページ

問題3-6

（注）下記の ☐ の中に，計算した数値を入れなさい。

(1) 全部原価計算方式の損益計算書（単位：円）

売上高	3, 888, 000
標準売上原価	
標準売上総利益	
標準製造原価差異	
実際売上総利益	
実際変動販売費	
実際固定販売費・一般管理費	
実際販売費・一般管理費合計	
実際営業利益	

(2) 直接原価計算方式の損益計算書（単位：円）

売上高	3, 888, 000
標準変動売上原価	
標準変動販売費	
標準変動費合計	
標準貢献利益	
標準変動製造原価差異	
変動販売費予算差異	
標準変動原価差異合計	
実際貢献利益	
実際固定加工費	
実際販売・一般管理固定費	
固定費合計	
実際営業利益	

(3) 付属資料

① 実際販売量＝ [　　　　] 個

② 正常生産量＝ [　　　　] 個

③ 実際生産量＝ [　　　　] 個

④ 全部原価計算の製品単位あたり標準原価

原　料　費＝ 360 円

変動加工費＝ [　　　　] 円

固定加工費＝ [　　　　] 円

合　計 [　　　　] 円

⑤ 直接原価計算方式の実際営業利益 [　　　　] 円

固定費調整 (　　) [　　　　] 円

全部原価計算方式の実際営業利益 [　　　　] 円

（注）固定費調整の（　　）内には，プラスまたはマイナスの記号を記入しなさい。

解答〈52〉ページ

問題3-7

〔問１〕

全部原価計算の営業利益	円
直接原価計算の営業利益	円

〔問２〕全部原価計算の営業利益は，直接原価計算の営業利益に比べて，

[　　　　] 円　（　大きい　・　小さい　）。

（注）（　　）の中は適切な方を◯で囲みなさい。以下の問も同様。

〔問３〕全部原価計算の場合，20×3年５月の営業利益は，４月の営業利益に比べて，

[　　　　] 円　（　大きい　・　小さい　）。

〔問４〕販売量の増加により，20×3年５月の営業利益は，４月の営業利益に比べて，

円	（　増　加　・　減　少　）した。

生産量の減少により，20×3年５月の営業利益は，４月の営業利益に比べて，

円	（　増　加　・　減　少　）した。

〔問５〕最大の営業利益と最小の営業利益の差額

円

解答〈55〉ページ

問題3-8

〔問１〕

製品１個あたりの変動製造原価	年間固定製造間接費
円	円

〔問２〕各原価計算の年間営業利益

全部原価計算の営業利益	直接原価計算の営業利益
円	円

〔問３〕全部原価計算の営業利益は，直接原価計算の営業利益に比べて，

円	（　大きい　・　小さい　）

（注）（　　）の中は不要な方を二重線で消しなさい。適切なものがなければ両方消すこと。以下同様。

〔問４〕全部原価計算の営業利益は，直接原価計算の営業利益に比べて，

円	（　大きい　・　小さい　）

〔問５〕①全部原価計算の営業利益

第１四半期の営業利益	第３四半期の営業利益
円	円

②全部原価計算の営業利益は，生産量が１個増加するごとに，

円	ずつ，（　増加する　・　減少する　）

解答〈58〉ページ

問題4-1

(注) 下記の財務諸表の ［　　］ 内に勘定科目名を，(　　) 内には金額を記入して，予定財務諸表を完成させなさい。

1．×2年度予定損益計算書（単位：万円）

売　上　高	(　　)
売　上　原　価	(　　)
売上総利益	(　　)
販売費・一般管理費	(　　)
営　業　利　益	(　　)
支　払　利　息	(　　)
経　常　利　益	(　　)
法　人　税　等	(　　)
当期純利益	(　　)

2．×2年度予定貸借対照表（単位：万円）

流動資産		流動負債	
現　金	(　　)	買　掛　金	(　　)
売　掛　金	(　　)	短期借入金	(　　)
製　品	(　　)	［　　］	(　　)
原　料	(　　)	［　　］	(　　)
そ　の　他	(　　)	流動負債合計	(　　)
流動資産合計	(　　)	固定負債	
固定資産		社　債	(　　)
土　地	(　　)	負債合計	(　　)
建物・設備	(　　)	純資産	
差引：減価償却累計額	(△　　)	資　本　金	(　　)
固定資産合計	(　　)	利益準備金	(　　)
		任意積立金	(　　)
		繰越利益剰余金	(　　)
		純資産合計	(　　)
資　産　合　計	(　　)	負債・純資産合計	(　　)

解答〈63〉ページ

問題4-2

（注）下記の □ 中には適当な名称を，（　　）内には金額を記入しなさい。

1．×3年度予定損益計算書（単位：万円）

売上高		（　　）
差引：変動売上原価		（　　）
変動製造マージン		（　　）
差引：変動販売費		（　　）
□		（　　）
差引：固定費		
製造固定費	（　　）	
販売固定費	（　　）	
一般管理固定費	（　　）	（　　）
直接原価計算の営業利益		（　　）
固定費調整：		（　　）
全部原価計算の営業利益		（　　）
差引：支払利息		（　　）
□		（　　）
差引：法人税等		（　　）
当期純利益		（　　）

2．×3年度予定貸借対照表（単位：万円）

流動資産		流動負債	
現金	（　　）	買掛金	（　　）
売掛金	（　　）	短期借入金	（　　）
製品	（　　）	□	（　　）
材料	（　　）	未払法人税等	（　　）
その他	（　　）	流動負債計	（　　）
流動資産計	（　　）	固定負債	
固定資産		社債	（　　）
土地	（　　）	負債計	（　　）
建物・設備	（　　）	純資産	
差引：減価償却累計額	（　　）	資本金	（　　）
固定資産計	（　　）	利益準備金	（　　）
		任意積立金	（　　）
		繰越利益剰余金	（　　）
		純資産計	（　　）
資産合計	（　　）	負債・純資産合計	（　　）

解答〈66〉ページ

問題4-3

（注）下記の財務諸表における（　　）内に計算した数値を記入し，予定損益計算書と予定貸借対照表を完成させなさい。

1．×1年度予定損益計算書（単位：円）

	10　月	11　月
売上高	(　　)	(　　)
変動売上原価	(　　)	(　　)
変動製造マージン	(　　)	(　　)
変動販売費	(　　)	(　　)
貢献利益	(　　)	(　　)
固定費		
加工費	(　　)	(　　)
販売・一般管理費	(　　)	(　　)
固定費計	(　　)	(　　)
営業利益	(　　)	(　　)
支払利息	(　　)	(　　)
経常利益	(　　)	(　　)

2．×1年度予定貸借対照表（単位：円）

	10　月　末	11　月　末
流動資産		
現金	(　　)	(　　)
売掛金	(　　)	(　　)
製品	(　　)	(　　)
原料	(　　)	(　　)
流動資産計	(　　)	(　　)
固定資産		
土地	(　　)	(　　)
建物・設備	(　　)	(　　)
固定資産計	(　　)	(　　)
資産合計	(　　)	(　　)
流動負債		
買掛金	(　　)	(　　)
借入金	(　　)	(　　)
流動負債計	(　　)	(　　)
固定負債	(　　)	(　　)
純資産		
資本金	(　　)	(　　)
資本剰余金	(　　)	(　　)
繰越利益剰余金	(　　)	(　　)
純資産計	(　　)	(　　)
負債・純資産合計	(　　)	(　　)

解答〈69〉ページ

問題4-4

(1)　9月末貸借対照表の各数値（単位：千円）

①		②		③		④	

(2)

①　予定損益計算書（単位：千円）

	10月	11月
売　上　高		
売上原価		
標準売上原価		
予定操業度差異		
計		
売上総利益		
販売費・一般管理費		
営業利益		
支払利息		
経常利益		

②　予定貸借対照表（単位：千円）

	10月末	11月末
現　　　金		
売　掛　金		
製　　　品		
原　　　料		
土　　　地	844,000	844,000
建物・設備		
合　　　計		
買　掛　金		
借　入　金		
固定負債	0	0
資　本　金	1,600,000	1,600,000
資本剰余金	400,000	400,000
利益剰余金		
合　　　計		

(3)　予想現金収支一覧表（単位：千円）

	10月	11月
月初残高	80, 900	
（収入）製品現金売上		
売掛金回収		
資金の借入れ		
収入合計		
（支出）原料現金仕入	90, 000	
買掛金支払		
給与・諸経費	394, 300	
営業用設備購入		48, 000
資金の返済		
利息の支払い		
支出合計		
月末残高		

解答〈73〉ページ

問題5-1

月間の原価予想総額＝　　　　円＋　　　　円/枚×ピザ製造・販売量

解答〈80〉ページ

問題5-2

(1) 製品1台あたりの変動製造間接費＝　　　　万円

(2) 月間の固定製造間接費＝　　　　万円

解答〈81〉ページ

問題5-3

10月の予想製造原価＝　　　　円

10月の予想販売費・一般管理費＝　　　　円

解答〈82〉ページ

問題5-4

a ＝　　　　円　　　b ＝　　　　円/時

解答〈83〉ページ

問題5-5

〔設問１〕

売　　上　　高 ＿＿＿＿＿＿＿＿円　　販 売 数 量 ＿＿＿＿＿＿＿＿個

〔設問２〕

安全（余裕）率 ＿＿＿＿＿＿＿＿％

〔設問３〕

売　　上　　高 ＿＿＿＿＿＿＿＿円　　販 売 数 量 ＿＿＿＿＿＿＿＿個

〔設問４〕

売　　上　　高 ＿＿＿＿＿＿＿＿円　　販 売 数 量 ＿＿＿＿＿＿＿＿個

〔設問５〕

節　　約　　額 ＿＿＿＿＿＿＿＿円

解答〈84〉ページ

問題5-6

〔設問１〕

売　　上　　高 ＿＿＿＿＿＿＿＿円

〔設問２〕

売　　上　　高 ＿＿＿＿＿＿＿＿円

〔設問３〕

売　　上　　高 ＿＿＿＿＿＿＿＿円

〔設問４〕

安全（余裕）率 ＿＿＿＿＿＿＿＿％

解答〈86〉ページ

問題5-7

〔問1〕

月間の損益分岐点売上高＝ [　　　　] 万円

〔問2〕

税引前の営業利益が，売上高の10％になる売上高＝ [　　　　] 万円

〔問3〕

目標利益を達成する売上高＝ [　　　　] 万円

解答〈87〉ページ

問題5-8

〔設問1〕

予想営業利益 ＿＿＿＿＿＿＿＿円

〔設問2〕

売上高 ＿＿＿＿＿＿＿＿円　　販売数量 ＿＿＿＿＿＿＿＿個

〔設問3〕

安全（余裕）率 ＿＿＿＿＿＿＿＿％

〔設問4〕

経営レバレッジ係数 ＿＿＿＿＿＿＿＿

〔設問5〕

予想営業利益増加額 ＿＿＿＿＿＿＿＿円

解答〈87〉ページ

問題5-9

(A)　当社の年間の損益分岐点の販売量＝ [ ] 個

(B)　当社の安全率（M／S比率）　＝ [ ] ％

(C)　月間の目標販売量　＝ [ ] 個

解答〈89〉ページ

問題5-10

〔設問１〕

予想営業利益 ______ 円

〔設問２〕

予想営業利益 ______ 円

〔設問３〕

予想営業利益 ______ 円

〔設問４〕

予想営業利益 ______ 円

〔設問５〕

予想営業利益 ______ 円

〔設問６〕

予想営業利益 ______ 円　　予想経営資本営業利益率 ______ ％

解答〈90〉ページ

問題5-11

〔設問１〕

予算損益計算書　　（単位：円）

売上高	（　　）
変動売上原価	（　　）
変動製造マージン	（　　）
変動販売費	（　　）
貢献利益	（　　）
固定費	（　　）
営業利益	（　　）

〔設問２〕

(1) ［　　］円　(2) ［　　］円　(3) ［　　］円

(4) ［　　］％　(5) ［　　］円

〔設問３〕

(1) ［　　］円　(2) ［　　］円

(3) ［　　］円　(4) ［　　］円

解答〈91〉ページ

問題5-12

① 損益分岐点の販売量　＝ ［　　］kg

② 売上高経常利益率が10％になる販売量＝ ［　　］kg

③ 税引前の目標経常利益額　＝ ［　　］円

④ 目標経常利益額を達成する販売量　＝ ［　　］kg

⑤ 目標販売量のときの安全率　＝ ［　　］％

解答〈95〉ページ

問題5-13

〔問１〕

ピザ１枚あたり変動費	固　定　費（年額）
円	万円

〔問２〕

	代替案１	代替案２	代替案３
損益分岐点販売数量	枚	枚	枚
安　　全　　率	%	%	%
投下資本利益率	%	%	%

〔問３〕

	代替案１	代替案２	代替案３
目標販売数量	枚	枚	枚

解答〈96〉ページ

問題5-14

	案１	案２	案３
(1)	480,000　千円	千円	千円
(2)	36,400　千円	千円	千円
(3)	7.3　%	%	%
(4)	個	個	個
(5)	%	%	%
(6)	個	個	個

解答〈99〉ページ

問題5-15

〔設問１〕

(1)	製品 α		個	製品 β		個	製品 γ		個
(2)	製品 α		個	製品 β		個	製品 γ		個

〔設問２〕

製品 α		円	製品 β		円	製品 γ		円

解答〈104〉ページ

問題5-16

〔設問１〕

製品 α の販売量		個	製品 β の販売量		個

〔設問２〕

製品 α の売上高		円	製品 β の売上高		円

〔設問３〕

製品 α の販売量		個	製品 β の販売量		個

解答〈105〉ページ

問題5-17

〔問1〕

6月の損益分岐点の販売量＝ 　　　 kg

〔問2〕

6月の安全余裕率＝ 　　　 %

〔問3〕

6月の損益分岐点比率＝ 　　　 %

解答〈107〉ページ

問題5-18

〔設問1〕

直接標準原価計算によった場合の販売量＝ 　　　 個

〔設問2〕

全部標準原価計算によった場合の販売量＝ 　　　 個

解答〈108〉ページ

問題6-1

(1) 最適セールス・ミックス　　製品A ________ 個　　製品B ________ 個

(2) 年間営業利益 ____________ 円

解答〈109〉ページ

問題6-2

〔問１〕

変動加工費率＝（　　　　　　）円/時

固定加工費　＝（　　　　　　）円

〔問２〕

予算原案の予定損益計算書

製品品種	A	B	C	D	合計
計画販売量（個）	4,000	12,000	6,000	7,000	
製品単位あたり					
貢献利益（円）	（　　）	（　　）	（　　）	（　　）	
貢献利益（万円）	（　　）	（　　）	（　　）	（　　）	（　　）
差引：固定費					
固定加工費（万円）					（　　）
固定販管費（万円）					1,250
予算営業利益（万円）					（　　）

〔問３〕

改訂案の予定損益計算書

製品品種	A	B	C	D	合計
計画販売量（個）	（　　）	（　　）	（　　）	（　　）	
製品単位あたり					
貢献利益（円）	（　　）	（　　）	（　　）	（　　）	
貢献利益（万円）	（　　）	（　　）	（　　）	（　　）	（　　）
差引：固定費					
固定加工費（万円）					（　　）
固定販管費（万円）					1,250
予算営業利益（万円）					（　　）
差引：予算原案の営業利益（万円）					（　　）
改訂による営業利益の増加額（万円）					（　　）

解答〈110〉ページ

問題6-3

〔問1〕

製品X	製品Y
円/個	円/個

〔問2〕

月間貢献利益
円

〔問3〕

予定遊休時間
時間

〔問4〕

個

〔問5〕

個

〔問6〕

①	②	③	④	⑤
⑥	⑦	⑧	⑨	

〔問7〕

製品X	製品Y	月間貢献利益総額
個	個	円

〔問8〕

月間貢献利益増加額
円

〔問9〕

月間貢献利益増加額
円

解答〈113〉ページ

問題6-4

製 品 α ＿＿＿＿＿＿ 個　　製 品 β ＿＿＿＿＿＿ 個

営業利益 ＿＿＿＿＿＿ 円

解答〈118〉ページ

問題6-5

〔問１〕

月間の最適セールス・ミックスは，

製品αを［　　　　］個，製品βを［　　　　］個生産・販売する組み合わせである。

〔問２〕

税引前の月間営業利益＝［　　　　］万円

〔問３〕

製品β １個あたりの貢献利益が［　　　　］円より少なくなれば，最適セールス・ミックスは変化する。

＊＊＊　＊＊＊

〔問１〕の解答のためのグラフ（定規を使用せず，目分量で簡略に書き，問題を解くための参考にしてください。）

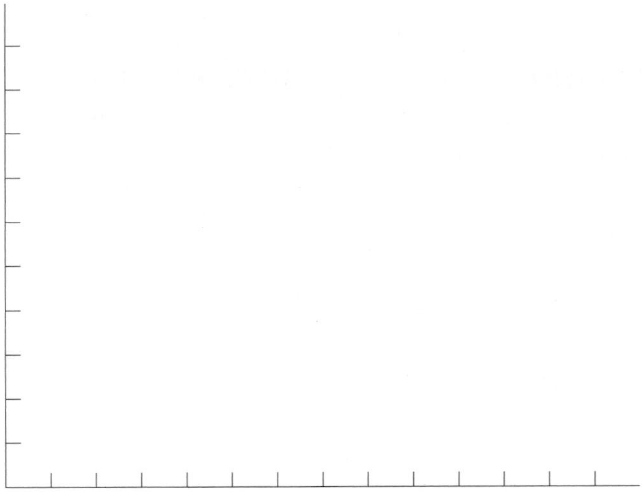

解答〈119〉ページ

問題6-6

〔設問1〕

製品 α	単位
製品 β	単位
製品 γ	単位
合　計	単位

〔設問2〕

　　　　円

解答〈121〉ページ

問題6-7

〔問題1〕

（問1）　a ＝ [　　] 円　　b ＝ [　　] 円/時

（問2）　a ＝ [　　] 円　　b ＝ [　　] 円/時

〔問題2〕

（問1）損益分岐点の販売量

ＳＴ製品＝ [　　] 台　　ＤＸ製品＝ [　　] 台

（問2）目標営業利益を獲得する販売量

ＳＴ製品＝ [　　] 台　　ＤＸ製品＝ [　　] 台

〔問題3〕

（問1）最適セールス・ミックス

ＳＴ製品＝ [　　] 台　　ＤＸ製品＝ [　　] 台

（問2）条件変更後の最適セールス・ミックス

ＳＴ製品＝ [　　] 台　　ＤＸ製品＝ [　　] 台

解答〈123〉ページ

問題7-1

製品別損益計算書　　　　（単位：千円）

	製品α	製品β	製品γ	合　計
売　上　高	750,000	330,000	420,000	1,500,000
変動売上原価	(　　)	(　　)	(　　)	(　　)
変動販売費	(　　)	(　　)	(　　)	(　　)
貢献利益	(　　)	(　　)	(　　)	(　　)
個別固定費	(　　)	(　　)	(　　)	(　　)
セグメント・マージン	(　　)	(　　)	(　　)	(　　)
共通固定費				(　　)
営業利益				(　　)
貢献利益率	(　　)%	(　　)%	(　　)%	(　　)%

解答〈127〉ページ

問題7-2

（注）□内には適当な語句を，（　）内には適当な金額を記入しなさい。

事業部別予算損益計算書　　（単位：円）

Ⅰ　売　上　高	(　　)
Ⅱ　変動売上原価	(　　)
変動製造マージン	(　　)
Ⅲ　変動販売費	(　　)
貢献利益	(　　)
Ⅳ　□	(　　)
□	(　　)
Ⅴ　□	(　　)
□	(　　)
Ⅵ　本社費配賦額	(　　)
事業部営業利益	(　　)

解答〈128〉ページ

問題7-3

〔設問１〕

事業部別損益計算書　　（単位：円）

売　上　高	（　　　）
変　動　費	（　　　）
貢　献　利　益	（　　　）
管理可能個別固定費	（　　　）
管　理　可　能　利　益	（　　　）
管理不能個別固定費	（　　　）
本　社　費　配　賦　額	（　　　）
事　業　部　純　利　益	（　　　）

〔設問２〕 α事業部長の業績測定尺度

投下資本利益率 ［　　　　］％　　　残余利益 ［　　　　］円

〔設問３〕 α事業部自体の業績測定尺度

投下資本利益率 ［　　　　］％　　　残余利益 ［　　　　］円

〔設問４〕

事業部別損益計算書　　（単位：円）

売　上　高	（　　　）
変　動　費	（　　　）
貢　献　利　益	（　　　）
管理可能個別固定費	（　　　）
管　理　可　能　利　益	（　　　）
管理可能投資額の資本コスト	（　　　）
管理可能残余利益	（　　　）
管理不能個別固定費	（　　　）
本　社　費　配　賦　額	（　　　）
管理不能投資額の資本コスト	（　　　）
事業部純残余利益	（　　　）

解答〈129〉ページ

問題7-4

（注）｛　　｝内の不要な文字を二重線で消しなさい。

〔問１〕

税引後残余利益 [　　　　] 万円

〔問２〕

投下資本利益率 [　　　　] ％

よって，事業部長はこのプロジェクトを採用｛する／しない｝。

なぜなら，採用前の投資利益率 [　　　　] ％を｛上回る／下回る｝からである。

〔問３〕

税引後残余利益 [　　　　] 万円

よって，事業部長はこのプロジェクトを採用｛する／しない｝。

なぜなら，採用前の税引後残余利益よりも [　　　　] 万円だけ｛増加／減少｝するからである。

解答〈131〉ページ

問題7-5

〔設問１〕

加重平均資本コスト率 [　　　　] ％

〔設問２〕

予算損益計算書　　（単位：千円）

	α事業部	β事業部
売上高	(　　　)	(　　　)
変動売上原価	(　　　)	(　　　)
変動製造マージン	(　　　)	(　　　)
変動販売費	(　　　)	(　　　)
(　　　)	(　　　)	(　　　)
(　　　)	(　　　)	(　　　)
(　　　)	(　　　)	(　　　)
(　　　)	(　　　)	(　　　)
(　　　)	(　　　)	(　　　)
本社費配賦額	(　　　)	(　　　)
事業部純利益	(　　　)	(　　　)

〔設問３〕

α事業部：投下資本利益率 □ ％　　残余利益 □ 千円

β事業部：投下資本利益率 □ ％　　残余利益 □ 千円

〔設問４〕

α事業部：投下資本利益率 □ ％　　残余利益 □ 千円

β事業部：投下資本利益率 □ ％　　残余利益 □ 千円

（注）以下，｛　　｝内の不要な文字を二重線で消しなさい。

〔設問５〕

α事業部長はこのプロジェクトを採用｛する／しない｝。

なぜなら，このプロジェクト採用後の管理可能投下資本利益率は □ ％で，採用前よりも｛増加／減少｝し，α事業部長の評価が｛上がる／下がる｝からである。

〔設問６〕

α事業部長はこのプロジェクトを採用｛する／しない｝。

なぜなら，このプロジェクト採用後の管理可能残余利益は □ 千円で，採用前よりも｛増加／減少｝し，α事業部長の評価が｛上がる／下がる｝からである。

〔設問７〕

全社的にみて，このプロジェクトは採用すべき｛である／でない｝。

なぜなら，このプロジェクトの投下資本利益率は □ ％で，資本コスト率を｛上回／下回｝っており，採用することにより全社的な残余利益が｛増加／減少｝するからである。

解答〈132〉ページ

問題7-6

〔問1〕

月間の原価予想総額＝ ［　　　］円＋ ［　　　］円/枚×ピザ製造・販売量

〔問2〕

月間の損益分岐点販売量＝ ［　　　］枚

〔問3〕

ピザ投資案の年間投資利益率＝ ［　　　］％

〔問4〕

年間投資利益率が24％になる月間のピザ販売量＝ ［　　　］枚

〔問5〕

	水道橋店	池 袋 店
ピザ投資案導入前　投資利益率＝	［　　　］％	［　　　］％
ピザ投資案導入後　投資利益率＝	［　　　］％	［　　　］％

〔問6〕

（注）①，②，③，④，⑤は，不要な文字を消しなさい。

①	増加，減少	⑥	［　　　］％
②	増加，減少	⑦	［　　　］万円
③	採用する，採用しない	⑧	［　　　］万円
④	採用する，採用しない	⑨	［　　　］万円
⑤	有利，不利	⑩	［　　　］万円

解答〈135〉ページ

問題7-7

〔問１〕

事業部別管理可能投下資本利益率（ROI）：

関西事業部＝［　　　　］％，関東事業部＝［　　　　］％

〔問２〕

関東事業部の税引前管理可能残余利益（RI）＝［　　　　］円

〔問３〕

投資案Ｚを採用した場合の管理可能投下資本利益率は［　　　　］％となり，採用前の管理可能投下資本利益率よりも［　　　　］％悪化する。また，投資案Ｚを採用した場合の税引前管理可能残余利益は，採用前の税引前管理可能残余利益より［　　　　］円｛増加／減少｝する。

したがって，管理可能投下資本利益率を事業部長の業績測定の指標とした場合，この投資案Ｚは採用すべきではない。逆に，税引前管理可能残余利益を事業部長の業績測定の指標とした場合，この投資案Ｚは採用すべきで｛ある。／ない。｝

なお，利益の増大という全社的な観点からは，この投資案Ｚは採用すべきで｛ある。／ない。｝

（注）｛　　｝内の不要な文字を二重線で消しなさい。

解答〈137〉ページ

問題8-1

営業利益差異分析表　　（単位：円）

Ⅰ	予算営業利益		6,400,000
Ⅱ	売上高差異		
	販売価格差異	（　　）	
	販売数量差異	（　　）	（　　）
Ⅲ	売上原価差異		
	売上原価価格差異	（　　）	
	売上原価数量差異	（　　）	（　　）
Ⅳ	販売費差異		
	変動販売費予算差異	（　　）	
	変動販売費数量差異	（　　）	
	固定販売費予算差異	（　　）	（　　）
Ⅴ	実際営業利益		5,640,000

（注）有利な差異には「＋」，不利な差異には「△」を金額の前に付すこと。

解答〈139〉ページ

問題8-2

(1)　予算・実績比較損益計算書（単位：円）

		予算	実績	差異
Ⅰ	売上高	（　　）	（　　）	（　　）
Ⅱ	標準売上原価	（　　）	（　　）	（　　）
	標準売上総利益	（　　）	（　　）	（　　）
Ⅲ	標準原価差異	──	（　　）	（　　）
	実際売上総利益	（　　）	（　　）	（　　）
Ⅳ	販売費			
	変動費	（　　）	（　　）	（　　）
	固定費	（　　）	（　　）	（　　）
	販売費計	（　　）	（　　）	（　　）
Ⅴ	一般管理費	（　　）	（　　）	（　　）
	販売費・一般管理費計	（　　）	（　　）	（　　）
	営業利益	（　　）	（　　）	（　　）

⑵　営業利益差異分析表（単位：円）

1．予算営業利益		(　　　　　)
2．販売部門差異		
⑴　売上価格差異	(　　　　　)	
⑵　売上数量差異	(　　　　　)	
売上高差異	(　　　　　)	
⑶　標準売上原価数量差異	(　　　　　)	
⑷　変動販売費予算差異	(　　　　　)	
⑸　変動販売費数量差異	(　　　　　)	
⑹　固定販売費差異	(　　　　　)	
販売費差異	(　　　　　)	
販売部門差異合計		(　　　　　)
3．製造部門差異		
⑴　価格差異	(　　　　　)	
⑵　数量差異	(　　　　　)	
直接材料費差異	(　　　　　)	
⑶　労働賃率差異	(　　　　　)	
⑷　労働時間差異	(　　　　　)	
直接労務費差異	(　　　　　)	
⑸　変動製造間接費予算差異	(　　　　　)	
⑹　固定製造間接費予算差異	(　　　　　)	
⑺　能率差異	(　　　　　)	
⑻　操業度差異	(　　　　　)	
製造間接費差異	(　　　　　)	
製造部門差異合計		(　　　　　)
4．一般管理部門差異		(　　　　　)
5．実際営業利益		(　　　　　)

(注) 有利な差異には「＋」，不利な差異には「△」を金額の前に付すこと。なお，能率差異は変動費と固定費の両方から計算する。

解答〈140〉ページ

問題8-3

営業利益差異分析表（総額分析）　　（単位：円）

1．予算の営業利益			720,000
2．製品販売価格差異	〔　〕（　　）		
3．製品販売数量差異	〔　〕（　　）		
4．売上高差異（2＋3）		〔　〕（　　）	
5．変動売上原価価格差異	〔　〕（　　）		
6．変動売上原価数量差異	〔　〕（　　）		
7．変動売上原価差異（5＋6）		〔　〕（　　）	
8．変動販売費価格差異	〔　〕（　　）		
9．変動販売費数量差異	〔　〕（　　）		
10．変動販売費差異（8＋9）		〔　〕（　　）	
11．貢献利益差異（4＋7＋10）		〔　〕（　　）	
12．製造固定費差異	〔　〕（　　）		
13．販売・一般管理固定費差異	〔　〕（　　）		
14．固定費差異（12＋13）		〔　〕（　　）	
15．差異合計（11＋14）		〔　〕（　　）	
16．実際の営業利益（1＋15）			520,000

（注）〔　　〕内には，予算の営業利益に加算する場合は＋の記号を，控除する場合には－の記号を記入しなさい。

営業利益差異分析表（純額分析）　　（単位：円）

1．予算の営業利益		720,000
2．販売価格差異	〔　〕（　　）	
3．販売数量差異	〔　〕（　　）	
4．変動費差異	〔　〕（　　）	
5．製造固定費差異	〔　〕（　　）	
6．販売・一般管理固定費差異	〔　〕（　　）	
7．実際の営業利益		520,000

（注）〔　　〕内には，予算の営業利益に加算する場合は＋の記号を，控除する場合には－の記号を記入しなさい。

解答〈145〉ページ

問題8-4

〔問1〕

＿＿＿＿＿＿ 円/個

〔問2〕

＿＿＿＿＿＿ 円

〔問3〕

営業利益差異分析表

（単位：円）

	製品X	製品Y	合　計
予算営業利益			2,000,000
販売活動差異			
販売価格差異	（　　）	（　　）	（　　）
販売量差異	（　　）	（　　）	（　　）
変動販売費予算差異	（　　）	（　　）	（　　）
固定販売費差異	（　　）	（　　）	（　　）
製造活動差異			
直接材料費差異	（　　）	（　　）	（　　）
変動加工費差異	（　　）	（　　）	（　　）
固定加工費差異			（　　）
一般管理活動差異			（　　）
実際営業利益			（　　）

（注）不利差異の場合のみ，金額の前に「－」を付けること。

解答〈147〉ページ

問題8-5

〔設問１〕

(1) 損益計算書の作成

（単位：円）

		予算損益計算書		実績損益計算書
Ⅰ 売上高		(　　)		(　　)
Ⅱ 標準変動売上原価		(　　)		(　　)
変動製造マージン		(　　)		(　　)
Ⅲ 標準変動販売費		(　　)		(　　)
標準貢献利益		(　　)		(　　)
Ⅳ 標準変動費差異		――		(　　)
実際貢献利益		(　　)		(　　)
Ⅴ 固定費				
(1) 固定加工費	(　　)		(　　)	
(2) 固定販売費	(　　)		(　　)	
(3) 一般管理費	(　　)	(　　)	(　　)	(　　)
営業利益		(　　)		(　　)

(2) 標準変動費差異内訳表

（単位：円）

	製品α	製品β	合　計
直接材料費差異			
価格差異	(　　)	(　　)	(　　)
数量差異	(　　)	(　　)	(　　)
変動加工費差異			
予算差異	(　　)	(　　)	(　　)
能率差異	(　　)	(　　)	(　　)
変動販売費差異	(　　)	(　　)	(　　)
合　計	(　　)	(　　)	(　　)

〔設問2〕

(1) 販売数量差異を総額により把握する方法（総額分析）　（単位：円）

予算営業利益 …………				（　　　）
1．販売価格差異	製品α	（　　　）		
	製品β	（　　　）	（　　　）	
2．販売数量差異				
(1) 売上品構成差異	製品α	（　　　）		
	製品β	（　　　）	（　　　）	
(2) 売上数量差異	製品α	（　　　）		
	製品β	（　　　）	（　　　）	
計：売上高差異				（　　　）
3．標準変動売上原価数量差異	製品α	（　　　）		
	製品β	（　　　）		（　　　）
4．標準変動販売費数量差異	製品α	（　　　）		
	製品β	（　　　）		（　　　）
5．標準変動費差異	製品α	（　　　）		
	製品β	（　　　）		（　　　）
6．固定費差異				
(1) 固定加工費差異		（　　　）		
(2) 固定販売費差異		（　　　）		
(3) 一般管理費差異		（　　　）		（　　　）
実際営業利益 …………				（　　　）

(2) 販売数量差異を純額により把握する方法（純額分析）　（単位：円）

予算営業利益 …………				（　　　）
1．販売価格差異	製品α	（　　　）		
	製品β	（　　　）	（　　　）	
2．販売数量差異				
(1) 売上品構成差異	製品α	（　　　）		
	製品β	（　　　）	（　　　）	
(2) 売上数量差異	製品α	（　　　）		
	製品β	（　　　）	（　　　）	
3．標準変動費差異	製品α	（　　　）		
	製品β	（　　　）	（　　　）	
計：貢献利益差異				（　　　）
4．固定費差異				
(1) 固定加工費差異		（　　　）		
(2) 固定販売費差異		（　　　）		
(3) 一般管理費差異		（　　　）		（　　　）
実際営業利益 …………				（　　　）

（注）有利な差異には「＋」，不利な差異には「△」を金額の前に付すこと。

解答〈152〉ページ

問題8-6

営業利益差異分析表

1．予算営業利益		(　　　　) 千円
2．販売活動差異		
(1) 販売数量差異		
製　品　α	(　　　　) 千円	
製　品　β	(　　　　)	
計	(　　　　) 千円	
(2) 販売価格差異		
製　品　α	(　　　　) 千円	
製　品　β	(　　　　)	
計	(　　　　) 千円	
(3) 販売費差異		
変　動　費	(　　　　) 千円	
個別固定費	(　　　　)	
共通固定費	(　　　　)	
計	(　　　　) 千円	
販売活動差異合計〔(1)〜(3)〕		(　　　　) 千円
3．製造活動差異		
(1) 材料価格差異	(　　　　) 千円	
(2) 材料数量差異	(　　　　)	
(3) 労働賃率差異	(　　　　)	
(4) 労働時間差異	(　　　　)	
(5) 変動製造間接費予算差異	(　　　　)	
(6) 変動製造間接費能率差異	(　　　　)	
変動費差異計	(　　　　) 千円	
(7) 固定製造間接費予算差異		
個別固定費	(　　　　) 千円	
共通固定費	(　　　　)	
固定費差異計	(　　　　) 千円	
製造活動差異合計〔(1)〜(7)〕		(　　　　) 千円
4．一般管理活動差異		(　　　　)
5．実績営業利益		(　　　　) 千円

(注) 有利な差異には「＋」，不利な差異には「△」を金額の前に付すこと。

解答〈159〉ページ

問題8-7

（注）計算した各種差異には，プラスまたはマイナスの記号をつけなさい。

名古屋営業所差異分析表（単位：円）　　20×1年11月

(1) 予算営業利益 ……………………

(2) 売上価格差異 ……………………

(3) 売上数量差異

1) 市場占拠率差異 ……………

2) 市場総需要量差異 …………

売上数量差異計 ……………………

(4) 売上高差異〔(2)＋(3)〕 ……………………

(5) 標準売上原価数量差異 ……………………

(6) 標準売上総利益差異〔(4)＋(5)〕 ……………………

(7) 変動販売費予算差異 ……………………

(8) 変動販売費数量差異 ……………………

(9) 固定販売費予算差異 ……………………

(10) 販売費差異計〔(7)＋(8)＋(9)〕 ……………………

(11) 合計：実績営業利益〔(1)＋(6)＋(10)〕 ……………………

解答〈162〉ページ

問題8-8

〔問1〕

（単位：千円）

	製品α	製品β	合計
売上高	（ ）	（ ）	（ ）
変動費			
製造原価	（ ）	（ ）	（ ）
販売費	（ ）	（ ）	（ ）
計	（ ）	（ ）	（ ）
貢献利益	（ ）	（ ）	（ ）
個別自由裁量製造固定費	（ ）	（ ）	（ ）
管理可能利益	（ ）	（ ）	（ ）
個別拘束製造固定費	（ ）	（ ）	（ ）
製品貢献利益	（ ）	（ ）	（ ）
共通固定費			
拘束製造固定費			（ ）
自由裁量販売・一般管理固定費			（ ）
拘束販売・一般管理固定費			（ ）
計			（ ）
営業利益			（ ）

〔問2〕

売上高	標準変動製造原価	標準変動販売費	実際貢献利益
千円	千円	千円	千円

〔問3〕

差異分析表（A）

（単位：千円）

	製品α	製品β	合計
予算営業利益	——	——	252,000
販売価格差異	（ ）	（ ）	（ ）
販売数量差異	（ ）	（ ）	（ ）
変動費差異	（ ）	（ ）	（ ）
固定費差異	——	——	（ ）
実際営業利益	——	——	122,000

差異分析表（B）販売数量差異の分析　　　　（単位：千円）

	市場総需要量差異	市場占拠率差異	合　　計
製　品　α	（　　）	（　　）	（　　）
製　品　β	（　　）	（　　）	（　　）

差異分析表（C）変動費差異の分析　　　　（単位：千円）

	製　品　α	製　品　β	合　　計
直接材料費差異	（　　）	（　　）	（　　）
直接労務費差異	（　　）	（　　）	（　　）
変動製造間接費差異	（　　）	（　　）	（　　）
変動販売費差異	（　　）	（　　）	（　　）
合　　計	（　　）	（　　）	（　　）

（注）各差異分析表の（　　）内には，不利差異であれば「U」，有利差異であれば「F」と記入しなさい。なお，差異が0の場合は「—」と記入すればよい。

〔問4〕

①		②		③		④		⑤		⑥	

解答〈164〉ページ

問題8-9

〔問１〕

実績損益計算書　　　（単位：千円）

売　上　高	（　　　）
標準変動費	
製造原価	（　　　）
販売費	（　　　）
計	（　　　）
標準貢献利益	（　　　）
標準変動費差異	（　　　）
実際貢献利益	（　　　）
固　定　費	
製造原価	731, 700
販売費・一般管理費	78, 600
計	810, 300
営業利益	（　　　）

〔問２〕（単位：千円）

差異分析表（A）：営業利益差異の分析

予算営業利益	200, 000
販売価格差異	〔　〕
販売数量差異	〔　〕
変動費差異	〔　〕
固定費差異	〔　〕
実績営業利益	

差異分析表（B）：販売数量差異の分析

	市場総需要量差異	市場占拠率差異
販売数量差異	〔　〕	〔　〕

差異分析表（C）：変動費差異の分析

直接材料費差異	〔　〕
直接労務費差異	〔　〕
変動製造間接費差異	〔　〕
変動販売費差異	〔　〕
合　計	〔　〕

〔問３〕

①	②	③	④	⑤	⑥	⑦

解答〈168〉ページ

問題8-10

（注）下記の（　　）内には計算した数値を，〔　　〕内には20×1年度営業利益（または経営資本営業利益率）に加算する場合は＋の記号を，控除する場合は－の記号を記入しなさい。

〔問１〕20×1年度と比較して，20×2年度の営業利益は（　　　　　　）円減少した。

〔問２〕20×1年度と比較して，20×2年度の経営資本営業利益率は（　　　　　）％減少した。

〔問３〕

営業利益差異分析表　　（単位：円）

1．20×1年度営業利益				（　　　）
2．製品販売価格差異	〔　〕	（　　　）		
3．市場総需要量差異	〔　〕	（　　　）		
4．市場占拠率差異	〔　〕	（　　　）		
5．製品販売数量差異（３＋４）	〔　〕	（　　　）		
6．売上高差異（２＋５）			〔　〕	（　　　）
7．変動売上原価価格差異	〔　〕	（　　　）		
8．変動売上原価数量差異	〔　〕	（　　　）		
9．変動売上原価差異（７＋８）			〔　〕	（　　　）
10．変動販売費価格差異	〔　〕	（　　　）		
11．変動販売費数量差異	〔　〕	（　　　）		
12．変動販売費差異（10＋11）			〔　〕	（　　　）
13．貢献利益差異（６＋９＋12）			〔　〕	（　　　）
14．製造固定費差異	〔　〕	（　　　）		
15．販売・一般管理固定費差異	〔　〕	（　　　）		
16．固定費差異（14＋15）			〔　〕	（　　　）
17．差異合計（13＋16）			〔　〕	（　　　）
18．20×2年度営業利益				（　　　）

〔問４〕

経営資本営業利益率差異分析表　　（単位：％）

1．20×1年度経営資本営業利益率				（　　　）
2．売上高営業利益率差異	〔　〕	（　　　）		
3．経営資本回転率差異	〔　〕	（　　　）		
4．差異合計（２＋３）			〔　〕	（　　　）
5．20×2年度経営資本営業利益率				（　　　）

解答〈172〉ページ

問題8-11

（注）不利差異には「△」を金額の前につけなさい。

〔設問１〕

予算損益計算書　（単位：円）

売上高		
変動売上原価		
変動製造マージン		
変動販売費		
貢献利益		
固定費		
製造原価		
販売・一般管理費		
営業利益		

実績損益計算書　（単位：円）

売上高		
標準変動売上原価		
標準変動製造マージン		
標準変動販売費		
標準貢献利益		
変動製造原価差異		
変動販売費差異		
実際貢献利益		
固定費		
製造原価		
販売・一般管理費		
営業利益		

〔設問２〕

営業利益差異分析表　（単位：円）

予算営業利益		
販売量差異		
組合せ差異		
販売価格差異		
変動製造原価差異		
変動販売費差異		
貢献利益差異		
製造固定費差異		
営業固定費差異		
実績営業利益		

解答〈175〉ページ

問題8-12

（注）計算した差異につき，有利な差異は＋，不利な差異には－の記号を（　　）内につけなさい。
差異金額は，千円単位で記入すること。

〔問１〕等級別売上高の予算・実績総差異（単位：千円）

等級	総　差　異
F	（　）
B	（　）
E	（　）
合計	（　）

〔問２〕等級別航空運賃差異と等級別発券枚数差異（単位：千円）

等級	等級別航空運賃差異	等級別発券枚数差異
F	（　）	（　）
B	（　）	（　）
E	（　）	（　）
合計	（　）	（　）

〔問３〕等級別セールス・ミックス差異と等級別総発券枚数差異（単位：千円）

等級	等級別セールス・ミックス差異	等級別総発券枚数差異
F	（　）	（　）
B	（　）	（　）
E	（　）	（　）
合計	（　）	（　）

〔問４〕

市場占有率差異＝ （　） 千円

市場総需要量差異＝ （　） 千円

解答〈177〉ページ

問題8-13

(A)　製造指図書別変動製造原価計算表（20×1年10月，単位：千円）

	#100	#101	#102	#103	#104	#105	合　計
月初仕掛品原価	150	——	——	——	——	——	150
当月製造費用							
直接材料費							
変動加工費							
切削部							
仕上部							
合　計							

(B)　原価計算関係勘定連絡図（一部のみ，単位：千円）

（注）下記の勘定に必要事項を記入して，勘定を締め切りなさい。なお，仕上部の勘定は省略されている。

仕掛品―直接材料費

月初仕掛品原価	100	完成品原価	
当月発生額		月末仕掛品原価	

変動加工費―切削部

月初仕掛品原価	50	完成品原価	
当月発生額		月末仕掛品原価	

固定加工費―切削部

当月発生額		当月予算額	

(C)　切削部加工費予算差異発生原因報告書

（注）次の文章の□内に，下掲の〔考えられる発生原因〕の中から当てはまると思われる原因の番号を選んで，記入しなさい。ただし，予算の設定に誤りはなかったものとする。

切削部において発生した予算差異は，変動加工費については□，固定加工費については□の原因から発生したものと思われる。

〔考えられる発生原因〕

①燃料費が高騰した。　②賃金が値上がりした。　③補助材料を浪費した。
④補助材料を節約した。　⑤設備投資が増えた。　⑥工場消耗品を浪費した。
⑦工場消耗品を節約した。　⑧原因は不明である。

(D) 工場の生産損益計算書（20×1年10月，単位：千円）

	＃100	＃101	＃102	＃104	合　計
生産品の販売金額					
差引：変　動　費					
変動売上原価					
変 動 販 売 費					
変 動 費 合 計					
工場貢献利益					
差引：固　定　費					
切　削　部					
仕　上　部					
工 場 事 務 部					
工場実際固定費合計					
固定販売費・一般管理費					
固 定 費 合 計					
工場営業利益					

解答〈179〉ページ

問題10-1

（注）｛　　｝内の不要な文字を二重線で消去し，（　　）内には金額を記入しなさい。

〔設問１〕

新規注文を引き受けた場合，利益が（　　　　　　　　）円 { 増加 / 減少 } するので，受注すべきで { ある / ない }。

〔設問２〕

新規注文を引き受けた場合，利益が（　　　　　　　　）円 { 増加 / 減少 } するので，受注すべきで { ある / ない }。

〔設問３〕

15,000個の販売単価を引き下げた場合，（　　　　　　　　）円/個までならば，新規注文の引受けは当社にとって有利である。

解答〈183〉ページ

問題10-2

①		円
②		千円
③		円
④	貢献利益　差額利益　変動製造差益　営業利益	
⑤		%

解答〈184〉ページ

問題10-3

（注）｛　　｝内の不要な文字を二重線で消去し，（　　）内には金額を記入しなさい。

{ Ｐ社 / Ｑ社 } からの注文についてその引受けを検討すべきである。

その注文を引き受けた場合，従来の営業利益（　　　　　　　）円が，（　　　　　　　）円に { 増加 / 減少 } し，{ 差額利益 / 差額損失 } が（　　　　　　　）円発生するので，受注すべきで { ある / ない }。

解答〈185〉ページ

問題10-4

〔設問１〕 [　　　　] 円

〔設問２〕 [　　　　] 円/kg

〔設問３〕 [　　　　] kg分の注文を引き受けるべきである。また，そのときの見積営業利益は [　　　　] 円である。

解答〈186〉ページ

問題10-5

〔設問１〕

予算損益計算書　　(単位：円)

売　上　高	(　　　　)
変動売上原価	(　　　　)
変動製造マージン	(　　　　)
変動販売費	(　　　　)
貢献利益	(　　　　)
固　定　費	(　　　　)
営業利益	(　　　　)

〔設問２〕

T社からの追加注文を拒否すれば，営業利益は [　　　　] 円となる。

T社からの追加注文を受諾すれば，営業利益は [　　　　] 円となる。

よって，追加注文を受諾したほうが営業利益は [　　　　] 円だけ {大きい / 小さい} ので，この注文は {受諾 / 拒否} すべきである。

(注) {　　} 内の不要な文字を二重線で消去しなさい。

解答〈189〉ページ

問題10-6

〔問１〕

〔問２〕

製品甲の生産量＝　　　　個

製品乙の生産量＝　　　　個

〔問３〕

(1)　製品甲の生産量＝　　　　個

製品乙の生産量＝　　　　個

(2)　低価格の材料を使用したほうが，しない場合に比べて，　　　　円だけ

有利である。
不利である。

（いずれか適切なほうを◯で囲み，不要な文字を消しなさい。）

〔問４〕

(1)　臨時の注文300個を引き受けたほうが，引き受けない場合に比べて，　　　　円だけ

有利である。
不利である。

（いずれか適切なほうを◯で囲み，不要な文字を消しなさい。）

(2)　臨時の注文400個を引き受けたほうが，引き受けない場合に比べて，　　　　円だけ

有利である。
不利である。

（いずれか適切なほうを◯で囲み，不要な文字を消しなさい。）

解答〈192〉ページ

問題10-7

（注）｛　｝内の不要な文字を二重線で消去し，（　）内には金額を記入しなさい。

〔設問１〕

部品Aを自製すれば，購入するよりも原価が（　　　　　　）円｛節約される／過大となる｝。

したがって，部品Aは自製すべきで｛ある／ない｝。

〔設問２〕

年間必要量が（　　　　　　）個以上であれば，自製する案が｛有利／不利｝である。

解答〈196〉ページ

問題10-8

〔問１〕

(ア)

自製すべき 購入すべき　（該当する方に○を付すこと）

(イ)

自製すべき 購入すべき　（該当する方に○を付すこと）

〔問２〕

［　　　　］個以上から［　　　　］個未満

解答〈198〉ページ

問題10-9

（注）下記の□内に，該当する文字または数字を記入し，「高い・低い」および「有利・不利」のいずれか不要のものを二重線で消去しなさい。

〔問１〕

この問題を解決する最も適切な原価は□である。

〔問２〕

Ａ案のほうが，Ｂ案よりも原価が□万円{高い／低い}ので，Ａ案のほうが{有利／不利}である。

〔問３〕

部品Ｐの年間必要量が□個以上ならばＡ案のほうが{有利／不利}である。

〔問４〕

Ａ案のほうが，Ｃ案よりも原価が□万円{高い／低い}ので，Ａ案のほうが{有利／不利}である。

解答〈200〉ページ

問題10-10

（注）下記の□内に計算結果を記入しなさい。〔問３〕，〔問４〕では，内製・購入のうち，該当する文字または文章を○印で囲み，不要の文字または文章を消しなさい。また，〔問４〕の〔　〕内には適当な番号を記入しなさい。

〔問１〕第４製造部の製造間接費の原価分解

⑴　製品１台あたりの変動製造間接費　＝□万円

⑵　月間の固定製造間接費　＝□万円

〔問２〕

第４製造部長の６か月間の給料総額　＝□万円

〔問３〕

⑴　次期６か月間の生産量が□台より多ければ，{内製／購入}が有利である。／内製，購入どちらでもよい。

⑵　次期６か月間の生産量が□台より少なければ，{内製／購入}が有利である。／内製，購入どちらでもよい。

⑶　次期６か月間の生産量が□台に等しければ，{内製／購入}が有利である。／内製，購入どちらでもよい。

〔問４〕

⑴　外部倉庫の賃借料節約額は，内製というコース選択にとって〔　　〕であるといえる。

⑵　次期６か月間の生産量が□台より多ければ，{内製／購入}が有利である。／内製，購入どちらでもよい。

解答〈202〉ページ

問題10-11

〔問１〕

内製か購入かの問題を解くための原価計算目的は，□である。

（注）上の□の中に該当する原価計算目的の番号を記入しなさい。

〔問２〕

(1)　部品Ｋ４の１個あたりの変動製造間接費＝□万円

(2)　月間の固定製造間接費＝□万円

〔問３〕

部品Ｋ４の総需要量が□個を超えるならば，
{
内製
購入
}が有利である。
内製，購入どちらでもよい。

（注）該当する文字を○で囲み，不要な文字を消しなさい。

〔問４〕

(1)　部品Ｋ４の総需要量が7,500個～8,500個の範囲である限り
{
内製
購入
}が有利である。
内製，購入どちらでもよい。

（注）該当する文字を○で囲み，不要な文字を消しなさい。

(2)　部品Ｋ４の総需要量が8,500個以上であって，
内製のコストと購入のコストが等しくなる総需要量＝□個

〔問５〕

甲案（部品Ｋ４を内製する案）のほうが，乙案（部品Ｋ４を購入し，部品M16を内製する案）よりもコストが□万円だけ
{
高い
低い
}ので，
{
甲案
乙案
}のほうが有利である。

（注）該当する文字を○で囲み，不要な文字を消しなさい。

解答〈204〉ページ

問題10-12

製品Qを製品Rに追加加工することにより，[　　　　　]円の{差額利益／差額損失}が発生するので，追加加工すべきで{ある／ない}。

（注）不要な文字を二重線で消去しなさい。

解答〈207〉ページ

問題10-13

〔問１〕

(1)　月末仕掛品原価 [　　　　　] 円

(2)　副産物の評価額 [　　　　　] 円

(3)　連産品の結合原価 [　　　　　] 円

(4)　連産品の完成品実際原価

　　連産品Ｐ [　　　　　] 円

　　連産品Ｑ [　　　　　] 円

　　連産品Ｒ [　　　　　] 円

〔問２〕

（　　）内に差額利益の金額を計算した後，〔　　〕内の正しいと思われる選択肢を○で囲みなさい。

(1)　差額利益が（　　　　　　）円〔多く，少なく〕なるので，連産品Ｐは最終製品として〔販売したほうがよかった，販売しないほうがよかった〕。

差額利益の計算：

(2)　差額利益が（　　　　　　）円〔多く，少なく〕なるので，連産品Ｑは最終製品として〔販売したほうがよかった，販売しないほうがよかった〕。

差額利益の計算：

解答〈209〉ページ

問題10-14

〔問1〕

(a)

	製　品　C	製　品　D	合　　計
連結原価配賦額	(　　　　　)円	(　　　　　)円	(　　　　　)円

(b)　製品別損益計算書　(単位：円)

	製　品　C	製　品　D	合　　計
見積売上高	(　　　　　)	(　　　　　)	(　　　　　)
差引：売上原価			
連結原価配賦額	(　　　　　)	(　　　　　)	(　　　　　)
追加加工費	(　　　　　)	(　　　　　)	(　　　　　)
合　　計	(　　　　　)	(　　　　　)	(　　　　　)
売上総利益	(　　　　　)	(　　　　　)	(　　　　　)
売上総利益率	(　　　)%	(　　　)%	12　%

〔問2〕

	製　品　C	製　品　D	合　　計
C，Dともに売上総利益率が12%になる連結原価配賦額	(　　　　　)円	(　　　　　)円	(　　　　　)円

〔問3〕

(a)　製品Dの損益計算書　(単位：円)

見積売上高		(　　　　　)
差引：製品Dに対する連結原価配賦額	(　　　　　)	
追加加工費	(　　　　　)	(　　　　　)
損　　失		(　　　　　)

(b)　下記の文章のうち，正しい答えを○で囲み，不要な文字を ═══ で消しなさい。

原価計算担当者の進言は｛正しい。／誤りである。｝

製品Bを製品Dに追加加工することにより，利益額は（　　　　　）円｛減少する。／増加する。｝

解答〈211〉ページ

問題10-15

（注）数値を補充し，適当な語句に○をつけなさい。

〔問１〕

追加加工したほうが単位あたり＿＿＿＿＿＿円だけ（ 有利　不利 ）である。
よって，追加加工（ すべきである　すべきでない ）。

（計算過程）

〔問２〕

原料γ4,000kgを投入したほうが＿＿＿＿＿＿円だけ（ 有利　不利 ）である。
よって，原料γに（ 代えるべきである　代えるべきでない ）。

（計算過程）

解答〈213〉ページ

問題10-16

〔問１〕

製　　品	X	Y	Z	合　　計
製品単位あたり製造原価	円	円	円	——
売　上　総　利　益	万円	万円	万円	万円

（注）マイナスの場合は，金額の前に△を付すこと。

〔問２〕

製　　品	X	Y	Z	合　　計
売　上　総　利　益	万円	万円	万円	万円

（注）マイナスの場合は，金額の前に△を付すこと。

〔問３〕

製　　品	X	Y	Z	合　　計
売　上　総　利　益	万円	万円	万円	万円

（注）マイナスの場合は，金額の前に△を付すこと。

〔問４〕

	工場全体の売上総利益
(1)	万円
(2)	万円
(3)	万円
(4)	万円

（注）マイナスの場合は，金額の前に△を付すこと。

解答〈215〉ページ

問題10-17

製品Cの生産・販売を継続することで，（　　　　　　　）円の｛差額利益／差額損失｝が発生するので，

製品Cの生産・販売を廃止すべきで｛ある／ない｝。

（注）不要な文字を二重線で消しなさい。

解答〈220〉ページ

問題10-18

〔問１〕

該当する原価計算目的の番号に○印をつけなさい。

(1)　原価管理目的　　(2)　業務的意思決定目的　　(3)　製品原価と財務諸表作成目的

(4)　利益管理目的　　(5)　戦略的意思決定目的

〔問２〕

適切な原価の番号に○印をつけなさい。

(1)　総合原価　　(2)　変動費　　(3)　標準原価　　(4)　差額原価　　(5)　直接原価

〔問３〕

経済的発注量を計算するための

(1)　K材料の１回あたりの発注費＝〔　　　　〕円

(2)　K材料の１個あたりの年間保管費＝〔　　　　〕円

〔問４〕

K材料の経済的発注量＝〔　　　　〕個

解答〈221〉ページ

問題10-19

〔問１〕

⑴　M材料の１回あたりの発注費＝［　　　　］円

⑵　M材料の１個あたりの年間保管費＝［　　　　］円

⑶　M材料の経済的発注量＝［　　　　］個

〔問２〕（注）該当する文字を○で囲みなさい。

乙案のほうが，甲案よりも原価が［　　　　］円｛高／低｝く，｛不利／有利｝である。

〔問３〕

⑴　〔問１〕の経済的発注量を採用したときの，
値引を受けられないことによる年間の機会損失　＝［　　　　］円

⑵　１回に8,000個ずつ発注する場合の，年間保管費＝［　　　　］円

⑶　１回に［　　　　］個ずつ発注するのが最も有利である。なぜならば，このロットの発注費，保管費および機会損失の年間合計額が［　　　　］円となり，この年間合計額が他のロットで発注するよりも最低となるからである。

解答〈223〉ページ

問題10-20

〔問１〕旧型部品用の材料を，旧型部品を１単位製造するのに使用したときの機会原価
［　　　　］円

〔問２〕新型部品と並行して，旧型部品を１単位製造することの機会原価
［　　　　］円

〔問３〕

新型部品の販売価格が［　　　　］円より小さい場合には，並行して旧型部品も製造販売したほうが有利である。

〔問４〕

旧型部品の製造販売を｛行うべきである。／行うべきではない。｝

（注）｛　　｝内は不要な文字を二重線で消去しなさい。

解答〈225〉ページ

問題10-21

〔問1〕

製　品　A	製　品　B	製　品　C	製　品　D
円	円	円	円

〔問2〕

製　品　A	製　品　B	製　品　C	製　品　D
個	個	個	個

月間営業利益
円

〔問3〕

製　品　A	製　品　B	製　品　C	製　品　D
個	個	個	個

月間営業利益
円

〔問4〕

製品Eを月間市場需要限度まで生産して販売することは，問2で計算した月間営業利益より，
（　　　　　　　）円（　有利　　不利　）である。
いずれかを○で囲みなさい。

〔問5〕

アタッチメントは（　組立部　　仕上部　）でレンタルすべきである。
いずれかを○で囲みなさい。
またその場合，月間の営業利益は（　　　　　　）円増加する。

解答〈227〉ページ

問題10-22

〔問1〕［　　　　　］個

〔問2〕［　　　　　］個

〔問3〕［　　　　　］円（　有利　・　不利　）

〔問4〕［　　　　　］円

〔問5〕［　　　　　］円（　有利　・　不利　）

（注）問3・問5は，有利か不利のいずれかを○で囲むこと

解答〈232〉ページ

問題11-1

〔問１〕

３年間の純現金収入の現在価値合計 ＿＿＿＿＿＿ 千円

〈計算過程〉

〔問２〕

３年間の純現金収入の現在価値合計 ＿＿＿＿＿＿ 千円

〈計算過程〉

解答〈235〉ページ

問題11-2

〔設問１〕

	正味現在価値	順位	判　　断
A	万円		採用すべきで（ ある ・ ない ）
B	万円		採用すべきで（ ある ・ ない ）
C	万円		採用すべきで（ ある ・ ない ）

（注）（　　）内は適切な文字を○で囲むこと（以下同様）。

〔設問２〕

	収 益 性 指 数	順位	判　　断
A			採用すべきで（ ある ・ ない ）
B			採用すべきで（ ある ・ ない ）
C			採用すべきで（ ある ・ ない ）

〔設問３〕

	内 部 利 益 率	順位	判　　断
A	%		採用すべきで（ ある ・ ない ）
B	%		採用すべきで（ ある ・ ない ）
C	%		採用すべきで（ ある ・ ない ）

解答〈235〉ページ

問題11-3

（注）｛　　｝内の不要な文字を二重線で消しなさい。

〔設問１〕　正味現在価値 ［　　　　　　］ 円　投資すべきで ｛ある／ない｝。

〔設問２〕　内 部 利 益 率 ［　　　　　　］ ％　投資すべきで ｛ある／ない｝。

解答〈238〉ページ

問題11-4

（注）｛　　｝内の不要な文字を二重線で消しなさい。

〔設問１〕　収 益 性 指 数 ［　　　　　　］ 　投資すべきで ｛ある／ない｝。

〔設問２〕　回　収　期　間 ［　　　　　　］ 年　投資すべきで ｛ある／ない｝。

解答〈239〉ページ

問題11-5

投資案Ｓの正味現在価値＝ ［　　　　　　］ 万円

したがってこの案は，｛採用すべきである。／採用すべきでない。｝　（不要な文字を消しなさい）

〈計算過程〉

解答〈241〉ページ

問題11-6

⑴　年利率10％，期間が５年間の年金現価係数は，（　　　　　　　）である。

⑵　所要年間人件費の節約額は（　　　　　　　）万円以上である。

解答〈241〉ページ

問題11-7

〔設問１〕

	回　収　期　間
A	年
B	年
C	年

〔設問２〕

	投下資本利益率
A	%
B	%
C	%

解答〈242〉ページ

問題11-8

投資案Ｔの回収期間＝［　　　］年

〈計算過程〉

解答〈242〉ページ

問題11-9

投資案Ｐの年間税引後純現金流入額＝［　　　］万円

投資案Ｐの正味現在価値＝［　　　］万円

したがってこの案は，｛採用すべきである。／採用すべきでない。｝（不要な文字を消しなさい）

解答〈243〉ページ

問題11-10

投資案Qの正味現在価値＝ [　　　] 万円

したがって この案は，{採用すべきである。／採用すべきでない。}（不要な文字を消しなさい）

解答〈243〉ページ

問題11-11

(A)　この設備の年間の減価償却費＝ [　　　] 万円

(B)　投資案Rの年間税引後純現金流入額＝ [　　　] 万円

(C)　投資案Rの内部投資利益率＝ [　　　] ％

したがってこの案は，{採用すべきである。／採用すべきでない。}（不要な文字を消しなさい）

解答〈245〉ページ

問題11-12

〔問１〕この投資案の年々の税引後の純増分現金流出額と流入額（単位：億円）

T_0	T_1	T_2	T_3	T_4	T_5
『　　』	（　　）	（　　）	（　　）	（　　）	（　　）

（注）上記の『　』の中には流出額を，（　）の中には流入額を記入しなさい。

〔問２〕年金現価係数

n＼r	4％	5％	6％	7％	8％
5	（　　）	（　　）	（　　）	（　　）	（　　）

〔問３〕この投資案の内部利益率＝（　　　）％

解答〈246〉ページ

問題11-13

〔問1〕

当製作所の税引後加重平均資本コスト率 = [　　　　] %

〔問2〕

20×2年度末に発生すると予想されるキャッシュ・フローの合計額 = [　　　　] 万円

〔問3〕

投資終了時の正味回収額 = [　　　　] 万円

〔問4〕

この投資の正味現在価値 = [　　　　] 万円

したがってこの案は，{有利な投資案／不利な投資案} である。（不要な文字を消しなさい）

〔問5〕

この投資の内部利益率（％未満第2位を四捨五入して第1位まで表示）= [　　　　] %

解答〈248〉ページ

問題11-14

〔問1〕[　　　　]

〔問2〕[　　　　]

〔問3〕[　　　　] 千円

〔問4〕[　　　　]

〔問5〕[　　　　]

〔問6〕[　　　　] %

〔問7〕[　　　　]

解答〈251〉ページ

問題11-15

〔問１〕

甲設備を購入した場合の年間税引後純増分現金流入額＝[　　　　]万円

〔問２〕

甲設備投資案の正味現在価値＝[　　　　]万円

〔問３〕

乙設備の取得原価＝[　　　　]万円

〔問４〕

乙設備投資案の正味現在価値＝[　　　　]万円

解答〈255〉ページ

問題11-16

Ｘ設備をＹ設備に取り替えたほうが，正味現在価値が[　　　　]千円だけ{大きいので，／小さいので，}

Ｘ設備をＹ設備に{取り替えるべきである。／取り替えるべきでない。}（不要な文字を二重線で消しなさい）

解答〈257〉ページ

問題11-17

〔問1〕

利率12%，４年間にわたる年金の年金現価係数＝ ［　　　　］

〔問2〕

法人税の影響を考慮せず，旧機械を売却処分し，新機械を購入する場合の正味現在価値

＝ ［　　　　］ 万円

〔問3〕

法人税の影響を考慮しつつ，旧機械を売却処分し，新機械を購入する場合の正味現在価値

＝ ［　　　　］ 万円

〔問4〕

法人税の影響を考慮しつつ，旧機械の売却を考えずに，旧機械をそのまま使用する場合の

正味現在価値＝ ［　　　　］ 万円

〔問5〕

〔問３〕で計算した新機械の正味現在価値－〔問４〕で計算した旧機械の正味現在価値

＝ ［　　　　］ 万円

したがって新機械に取り替えるほうが，{有利である。／不利である。} （不要な文字を消しなさい）

〔問6〕

①＝ ［　　　　］ 法　　②＝ ［　　　　］ 万円　　③＝ ［　　　　］

解答〈259〉ページ

問題11-18

〔問１〕

(1)	(2)	(3)	(4)
円	円	円	円

〔問２〕

(1)	(2)
円	円

〔問３〕

選択肢として，［　　　　］案を採用するのがもっとも望ましい。

（注）キャッシュ・フローおよび正味現在価値がマイナスの場合は数値の前に△をつけること。

解答〈261〉ページ

問題11-19

〔問１〕各代替案の税引前キャッシュ・フロー

（単位：万円）

	第０年度末	第１年度末	第２年度末	第３年度末	第４年度末
甲　案					
乙　案					

（注）キャッシュ・フローがマイナス（現金支出）の場合は，数字をカッコでくくりなさい。

〔問２〕各代替案の税引後キャッシュ・フロー

（単位：万円）

	第０年度末	第１年度末	第２年度末	第３年度末	第４年度末
甲　案					
乙　案					

（注）キャッシュ・フローがマイナス（現金支出）の場合は，数字をカッコでくくりなさい。

〔問３〕

（単位：万円）

	甲　　案	乙　　案	差額（甲案－乙案）
正味現在価値			

（注）正味現在価値がマイナスの場合は，数字をカッコでくくりなさい。

したがって，新設備を導入するほうが（有利，不利）である。

（二重線を引いて不要の文字を消しなさい。）

解答〈265〉ページ

問題11-20

（注）キャッシュ・フローもしくは正味現在価値がマイナスとなる場合は，数字の前に△を付けなさい。

〔問１〕

新設備の導入にかかる差額キャッシュ・フロー ［　　　］万円

〔問２〕

(1) 税金の影響を考慮した製品売上収入 ［　　　］万円

(2) 税金の影響を考慮した現金支出変動費 ［　　　］万円

(3) 税金の影響を考慮した現金支出固定費 ［　　　］万円

(4) 減価償却費の計上にともなう税金節約額 ［　　　］万円

(5) １年あたりの差額キャッシュ・フロー ［　　　］万円
((1)から(4)までの合計)

〔問３〕

新設備の処分にかかる差額キャッシュ・フロー ［　　　］万円

〔問４〕

新設備導入案の正味現在価値 ［　　　］万円

〔問５〕

新設備導入案の回収期間 ［　　　］年

〔問６〕

新設備導入案が有利となる製品販売価格 ［　　　］円

解答〈270〉ページ

問題11-21

〔問１〕［　　　］円

〔問２〕［　　　］円

〔問３〕［　　　］円

〔問４〕［　　　］円

〔問５〕［　　　］年

〔問６〕［　　　］円

解答〈273〉ページ

問題11-22

〔問1〕 [　　　　　] 円

〔問2〕 [　　　　　] 円

〔問3〕 [　　　　　] 円

〔問4〕 [　　　　　] 円

〔問5〕 [　　　　　] 円

〔問6〕 [　　　　　] 円

〔問7〕 [　　　　　] 円

解答〈276〉ページ

問題11-23

〔問1〕

当社の投資資金の税引後加重平均資本コスト率＝(　　　　)％

〔問2〕

B機械のほうが有利となる年間稼働現金支出費用は，(　　　　　　　　) 万円以下である。

解答〈280〉ページ

問題11-24

〔問1〕

損益分岐点の販売量＝[　　　　　] 個

〔問2〕

年間生産量が [　　　　　] 個以上であれば，{S社製設備／T社製設備} のほうが有利である。

(注) {　　} 内の不要な文字を二重線で消去すること。

解答〈282〉ページ

問題11-25

正味現在価値：

X　　案　＿＿＿＿＿＿＿万円

Y　　案　＿＿＿＿＿＿＿万円

したがって，｛ X案 ， Y案 ｝に投資すべきである。

（注）｛ ｝内の不要な文字を二重線で消去すること。

解答〈283〉ページ

問題11-26

問１

(1) 製品Ｙの製造・販売を開始した後に，製品Ｘを３個製造した場合には，製品Ｙの製造を何個犠牲にすることになるか。　［　　　個］

(2) 製品Ｙの製造を１個犠牲にするといくらの利益を失うか。　［　　　円］

(3) 製品Ｘを３個製造すると，購入済みの材料ｘを売却した場合に得られるであろう収益をいくら犠牲にするか。　［　　　円］

(4) 製品Ｙの製造・販売を開始した後に，購入済みの材料ｘを使って製品Ｘを３個製造することの機会原価はいくらか。　［　　　円］

問２

製品Ｙの製造・販売を開始した後に，購入済みの材料ｘを使って製品Ｘを750個製造・販売することは，製品Ｙのみを製造・販売する場合に比べて

［　　　円］　｛有利 / 不利｝　（いずれかを○で囲む）

問３

アタッチメントをレンタルしない場合と比べて，このアタッチメントをレンタルするほうが，１か月あたり

［　　　円］　｛有利 / 不利｝　（いずれかを○で囲む）

問４

(1) ［　　　円］

(2) ［　　　円］

(3) ［　　　円］

(4) ［　　　円］

解答〈285〉ページ

問題12-1

〔問１〕

Ａ：＿＿＿＿

Ｂ：＿＿＿＿

〔問２〕

研究・開発コスト：＿＿＿＿万円

生産・構築コスト：＿＿＿＿万円

運用・支援コスト：＿＿＿＿万円

退役・廃棄コスト：＿＿＿＿万円

解答〈291〉ページ

問題12-2

（単位：千円）

	第１案	第２案	第３案
ライフサイクル収益			
ライフサイクル・コスト			
ライフサイクル営業利益			

解答〈292〉ページ

問題12-3

①〔　　　　　　　〕

② ［　　　　　　］円

③ ［　　　　　　］円

④ ［　　　　　　］円

⑤ ［　　　　　　］円

⑥ ［　　　　　　］円

⑦〔　　　　　　　〕

⑧ ［　　　　　　］円

⑨ ［　　　　　　］円

⑩〔　　　　　　　〕

⑪〔　　　　　　　〕

解答〈293〉ページ

問題12-4

〔問１〕

トータル・コスト
円

〔問２〕

顧客が支払う上限額
円

解答〈294〉ページ

問題12-5

①＝［　　　　　　］

②＝［　　　　　　］

③＝［　　　　　　］万円

④＝［　　　　　　］

⑤＝［　　　　　　］

⑥＝［　　　　　　］万円

解答〈295〉ページ

問題12-6

〔設問１〕

原価	原価	原価	原価

〔設問２〕20×3年度の品質保証活動費は20×0年度よりも（　　　　　　）万円
｛　増加　　　　減少　｝した。

Ｚ社では，上流からの管理を重視し，品質適合コストを（　　　　　　）万円増加させたため，下流で発生する品質不適合コストを（　　　　　　）万円減少させることができた。

このように，両者には〔　　　　　　　　　〕の関係が成り立つ。

解答〈296〉ページ

問題12-7

〔問１〕

①	工程管理　　検　査　　補　修
②	連産品　　副産物　　仕損品
③	補　修　　修　理
④	補　修　　修　理
⑤	（万円）
⑥	（%）

〔問２〕

⑦	意思決定　　業績評価　　予算管理
⑧	原価差異分析　　差額原価収益分析　　ＣＶＰ分析
⑨	（万円）
⑩	（万円）
⑪	（万円）
⑫	（万円）
⑬	第１案　　第２案
⑭	（万円）

解答〈298〉ページ

問題12-8

〔問１〕

①		②		③		④	

〔問２〕

社長が要求する［②］は［　　　　］万円であるが，［④］によって［　　　　］万円，さらに，量産段階に入ってからの原価削減効果が［　　　　］万円期待できるので，結局，目標原価は［　　　　］万円と計算され，これを標準原価にした。

解答〈302〉ページ

問題12-9

(1)　単位あたりの許容原価		円/個
(2)　単位あたりの成行原価		円/個
(3)　単位あたりの目標原価の未達成金額		円/個

解答〈302〉ページ

問題12-10

〔問１〕 (1)［　　　　］円/個　　(2)［　　　　］円/個

〔問２〕［　　　　］円/個

〔問３〕

①	②	③	④	⑤	⑥	⑦

解答〈303〉ページ

問題12-11

（注）[　　] には適当な数値を，（　　）内には有利または不利を記入すること。

(1) 標準原価差異分析

① 予　算　差　異 [　　　　] 円（　　　）差異

② 操 業 度 差 異

段取・調整ロス差異 [　　　　] 円（　　　）差異

故障停止ロス差異 [　　　　] 円（　　　）差異

③ 能　率　差　異

空転・チョコ停ロス差異 [　　　　] 円（　　　）差異

速度低下ロス差異 [　　　　] 円（　　　）差異

異常仕損差異 [　　　　] 円（　　　）差異

正常仕損差異 [　　　　] 円（　　　）差異

(2) 設備総合効率

（注）端数は％未満第２位を四捨五入すること。

① 時 間 稼 働 率 [　　　　] ％

② 正 味 稼 働 率 [　　　　] ％

③ 速 度 稼 働 率 [　　　　] ％

④ 良　　品　　率 [　　　　] ％

⑤ 設備総合効率（＝①×②×③×④） [　　　　] ％

解答〈304〉ページ

問題12-12

〔問１〕変更前の原価計算方式（直接作業時間基準）による各製品の単位あたり原価

（単位：円）

製　　品	A	B	C
単位あたり原価			

変更後の原価計算方式（機械運転時間基準）による各製品の単位あたり原価

（単位：円）

製　　品	A	B	C
単位あたり原価			

〔問２〕新しい原価計算方式（活動基準原価計算）による各製品の単位あたり原価

（単位：円）

製　　品	A	B	C
単位あたり原価			

解答〈306〉ページ

問題12-13

〔問１〕

製　品　X	製　品　Y
円	円

〔問２〕

製　品　X	製　品　Y
円	円

〔問３〕

円

解答〈307〉ページ

問題12-14

〔問１〕

各製品の年間計画生産・販売量……………　製品Ａ　＿＿＿　台

製品Ｂ　＿＿＿　台

製品Ｃ　＿＿＿　台

〔問２〕

(1)　製造間接費，販売費及び一般管理費予算総額………　＿＿＿　円

(2)　各製品の単位あたり総原価…………………　製品Ａ　＿＿＿　円

製品Ｂ　＿＿＿　円

製品Ｃ　＿＿＿　円

(3)　製品別の年間営業利益総額…………………　製品Ａ　＿＿＿　円

製品Ｂ　＿＿＿　円

製品Ｃ　＿＿＿　円

（注）損失が生じる場合は金額の前に△を付すこと。

〔問３〕

(1)　各製品の単位あたり総原価…………………　製品Ａ　＿＿＿　円

製品Ｂ　＿＿＿　円

製品Ｃ　＿＿＿　円

(2)　製品別の年間営業利益総額…………………　製品Ａ　＿＿＿　円

製品Ｂ　＿＿＿　円

製品Ｃ　＿＿＿　円

（注）損失が生じる場合は金額の前に△を付すこと。

〔問４〕

①＝　＿＿＿　円

②＝　（過大・過小）

③＝　＿＿＿　円

④＝　（過大・過小）

⑤＝　＿＿＿　円

⑥＝　（過大・過小）

解答〈310〉ページ

問題12-15

〔問１〕

(1)	@　　　　　　　　円
(2)	回
(3)	時間
(4)	台
(5)	回

〔問２〕

製品Ｓの製造単価	円
製品Ｓの販売単価	円

〔問３〕

％

解答〈313〉ページ

問題12-16

取引先別営業利益および売上高営業利益率

	Ａ　社	Ｂ　社	Ｃ　社
営　業　利　益	円	円	円
売上高営業利益率	％	％	％

解答〈314〉ページ

問題12-17

(1) 原料の購入と消費

借方科目	金額	貸方科目	金額

(2) 加工費の発生

借方科目	金額	貸方科目	金額

解答〈315〉ページ

問題12-18

⑴　伝統的全部原価計算方式による勘定連絡図（単位：円）

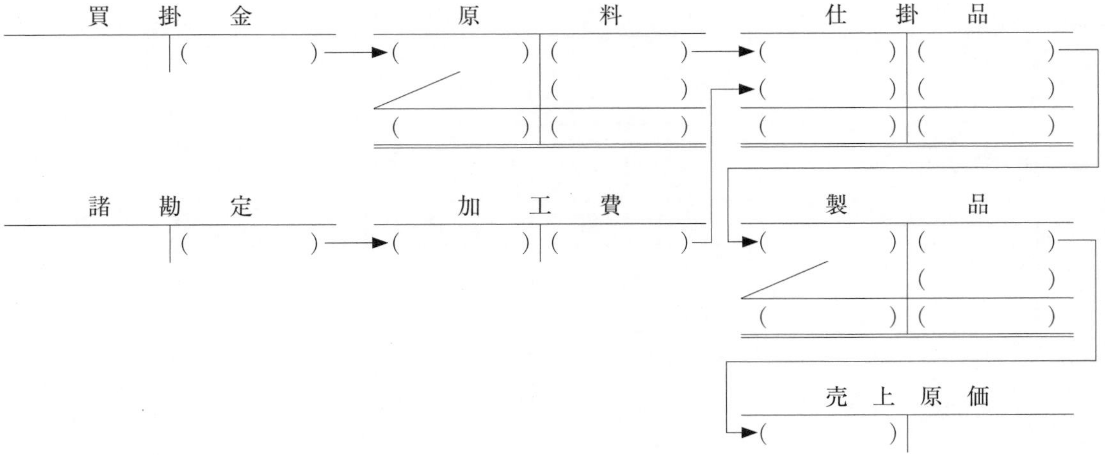

⑵　バックフラッシュ原価計算方式による勘定連絡図（単位：円）

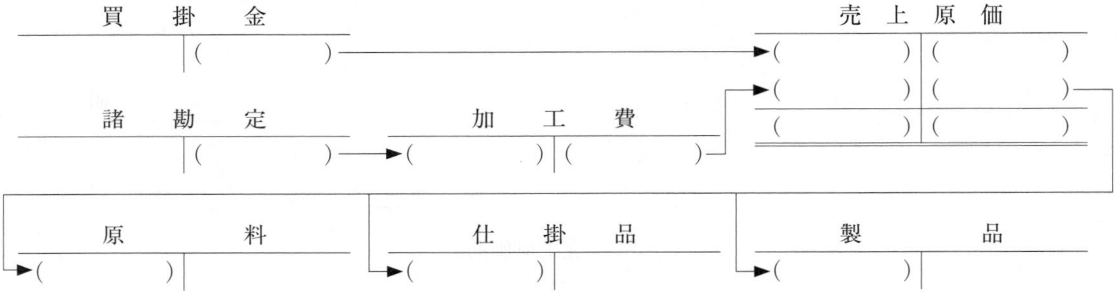

解答〈316〉ページ

問題12-19

(1)　原料購入時

借方科目	金　　額	貸方科目	金　　額

(2)　加工費の発生

借方科目	金　　額	貸方科目	金　　額

(3)　製品の完成時

借方科目	金　　額	貸方科目	金　　額

(4)　製品販売時

借方科目	金　　額	貸方科目	金　　額

(5)　加工費差異の処理（少額なので内部管理上，売上原価勘定へチャージする）

借方科目	金　　額	貸方科目	金　　額

〈勘定連絡図〉　　　　　　　　　　　　　　　　　　　　（単位：円）

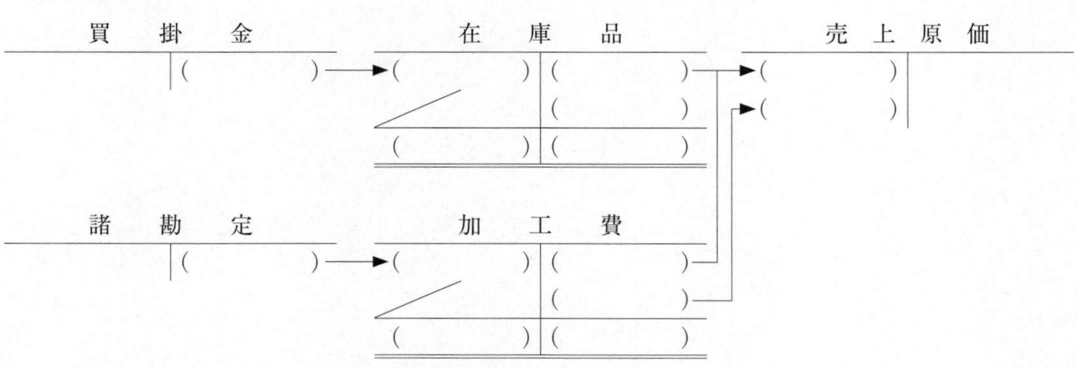

解答〈317〉ページ